浙江省哲学社会科学重点研究基地课题（项目批准文号：20JDZD050）

绍兴文理学院越文化传承与创新研究中心资助出版

越文化研究丛书

绍兴文人雅集与结社研究

佘德余 著

ZHEJIANG UNIVERSITY PRESS
浙江大学出版社
·杭州·

图书在版编目(CIP)数据

绍兴文人雅集与结社研究 / 佘德余著. —杭州：
浙江大学出版社,2023.2
ISBN 978-7-308-21553-4

Ⅰ．①绍… Ⅱ．①佘… Ⅲ．①文化史－研究－绍兴
Ⅳ．①K295.53

中国版本图书馆 CIP 数据核字(2021)第 130161 号

绍兴文人雅集与结社研究

佘德余　著

责任编辑	李瑞雪	
责任校对	吴心怡	
封面设计	周　灵	
出版发行	浙江大学出版社	
	（杭州市天目山路 148 号　邮政编码 310007）	
	（网址：http://www.zjupress.com）	
排　　版	浙江时代出版服务有限公司	
印　　刷	广东虎彩云印刷有限公司绍兴分公司	
开　　本	710mm×1000mm　1/16	
印　　张	27	
字　　数	415 千	
版 印 次	2023 年 2 月第 1 版　2023 年 2 月第 1 次印刷	
书　　号	ISBN 978-7-308-21553-4	
定　　价	88.00 元	

自　序

　　关于"绍兴文人结社"的研究,早在 20 世纪 80 年代中期我就开始注意了。教学之余,我常跑绍兴市鲁迅图书馆,摘录了不少资料,做了卡片,后来撰写了《绍兴文人结社》的论文,以连载的方式,发表在《绍兴师专学报》1990 年第 1—3 期、1991 年第 1 期上,约 4 万字。由于查阅这些资料都得跑到鲁迅图书馆古籍部,当时查阅资料有很多规定,因此费时,且效率很低,进一步深入研究的困难很大,于是只得暂时搁置,转向其他课题的研究。此后,我与人合作校点了张岱著的《快园道古》、文言小说《禅真逸史》,独立校点《韩湘子全传》,陆续撰写了《越中曲派研究》《张岱家世》《浙江文化简史》《城市文人——张岱传》等,2006 年退休后,又撰写了《宦游集——域外名人与绍兴》《山阴(绍兴县)吴氏家族研究》等。但是,我从未放弃对绍兴文人结社这一课题的探索,时刻关心相关研究成果,从中学习借鉴,探索深入这一课题的可行性。在不断搜索资料、学习思考的过程中,利用原来研究的资料,再进行深入研究的思路逐渐清晰了。

一、将文人雅集与文人结社熔铸在一起研究

　　我原来写的《绍兴文人结社》一文,只是说:"绍兴文人结社之风最早可以追溯到东晋永和九年王羲之等 42 人在兰亭的修禊活动……不失为文人结社的滥觞。"其中未对文人雅集与文人结社两个概念作出辨析,也未对绍兴地区后来的文人雅集活动予以注意。后来看到了曾莹的《文人雅集与诗歌风尚研究初探——从玉山雅集看元末诗风的衍变》、王文荣的《明清江南文人结社考述》两书中对文人雅集与文人结社概念的表述,受到了启发。文人雅集与文人结社来自同一源头,文人结社与文人雅集有相通之处,文人结社肯定离不开雅

集。但从其形成发展过程来看,两者之间又有区别。相对而言,雅集的概念更为宽泛,诗社则是从雅集分化出来的一种特殊形式。与雅集的随意性不同,诗社对于结盟十分强调,组织形式更为严密,人员构成也相对固定,活动内容均有社规章程可依。雅集出现较早,而结社的出现较迟。绍兴文人雅集始于东晋永和九年(353)王羲之与谢安等 42 人于会稽郡山阴县兰亭的修禊活动,其后又经历了唐宋时期的文人唱和;绍兴文人结社始于宋末元初的"吟社""汐社""越中诗社"和"山阴诗社",明清时期八股文科举考试制度的完善,推动了文人结社与文人雅集的兴盛。绍兴的文人雅集与文人结社时而并行,时而交叉发展,从未中断,一直延续到近现代,这在我国的地方文化史上是一种少有的现象。我在前文的基础上,不仅增加了唐宋时期外域文人来越地的唱和,也有越地文人参与外地的唱和与结社活动,还有现代绍兴文人在北京、上海结社的活动,极大地丰富了文人雅集与文人结社的内容。无论是文人雅集,还是文人结社,都是属于文人社团史的范畴,李玉栓《中国古代的社、结社与文人结社》一文根据中国古代文人结社发展情况,将文人结社的历史概括为魏晋南北朝的萌芽期、隋唐的形成期、宋元的发展期、明代的繁荣期、清代的衰落期、近代重新兴起这六个阶段。绍兴地区的文人雅集和文人结社的发展,与上述论述的阶段,既有重合之处,又有不同之处,我将其归结为东晋南朝时期文人社团史的滥觞期、唐宋时期文人社团的发展期、宋末元代的成熟期、明清时期的兴盛期、近现代的转型期等五个发展阶段。

二、对文人雅集与结社在各个阶段的社会文化背景的研究

文人雅集与文人结社活动的开展往往与当时的社会政治、经济、文化、自然地理环境密切相关。本书将文人社团的滥觞期、发展期、成熟期、兴盛期、转型期等五个发展阶段各设为一章,每章都有专节对形成的背景展开较为详尽的描述。如在第二章绍兴文人结社的滥觞期阶段,我着重探讨了西晋末年永嘉南渡,中原人士大量南迁,汉族政权的政治中心亦向东南地区转移,文化重心亦随之倾斜。越地当时远离战乱,吸纳了大量南迁的人员,其中包括琅邪王氏、陈郡阳夏谢氏、北地泥阳傅氏、高阳许氏、太原王氏、江夏李氏、谯国戴氏、高平金乡郗氏、颖州鄢陵庾氏等世家大族。在此机遇下,会稽郡在南朝时迅速

成为物阜民丰的都市,与当时的建康形成对峙。域内在政治文化上形成了一个追求个体精神自由、风流优雅风尚的文人集团,他们吸纳了少数土著士人参加,从而产生了兰亭雅集的文化壮举。唐宋时期,越州州治已经成为"会稽天下本无俦,任取苏杭作辈流"的著名都市。唐代"安史之乱"后,北方战乱,社会动荡,而浙东地区相对稳定,越州比较富庶的经济和千岩万壑的山水环境,经过王羲之、谢安、谢灵运等人的文化张扬,使得"登会稽者如鳞介之集渊薮",不少文人骚客纷纷奔赴浙东地区,或宦游,或探访,寻求心灵慰藉。于是有李白、孟浩然、杜甫等诗人的探游,有任浙东观察使薛兼训幕府的鲍防等众诗人的浙东联唱,也有身任越州刺史的李绅、元稹和旅越隐居的方干参与酬唱。两宋期间,蒋堂于景祐三年(1036)以吏部员外郎知越州,与僚属"曲水阁"唱和;秦观于元丰二年(1079)至越州探亲,与时任越州知州的程师孟、杭州知州赵抃诗词唱和;辛弃疾在绍兴知府任上与姜夔、张镃、刘过等人唱和;姜夔、吴文英与绍兴府官员和文士唱和;陆游于张镃北园与杨万里、尤袤等集会。宋元易代之际,由于元僧杨琏真珈盗掘南宋皇陵,妄图通过宗教手段摧残汉人的民族意识,打击江南人民反元情绪,激起了具有强烈民族感情的一批文士的反抗,他们以结"吟社""汐社""越中诗社"的手段,以诗词为武器,抒发故国之思,批判元朝政权的残暴。明清时期绍兴已经失去了行政区域的优势,但由于前几代的频繁移民,经过长期的积淀,绍兴所属八邑出现了一批世家望族。随着明清八股科举制度的完善,这些世家通过耕读传家的文化传统,出现了大批科举人才和文士,因而推动了文人雅集和结社活动趋向高潮。

三、对文人雅集和文人结社的三大发展趋向进行分析

绍兴作为一个郡州府级的行政区域,文人雅集和文人结社持续发展1600余年,从参与人员的籍贯考察,域外文化与绍兴本土文化交流来看,大约经历了三个大的发展趋向:第一个发展趋向,即东晋南朝至唐宋时期。绍兴在历史上原是于越族的发祥地,越国的首都,秦灭六国后成为会稽郡。东汉永建四年(129)吴会分治,成为会稽郡郡治所在地,隋、唐、宋建制改为越州或绍兴府,但仍是浙东道治所地,具有辖领浙东六州或六府的优越地位,从而吸引了大批的中原士人,或宦或游或隐居。这些文士在越地组织诗歌联唱,如唐大历年间

(767—779)鲍防、严维的浙东联唱,元和年间(806—820)李绅与薛苹的唱和,长庆年间(821—824)元稹与白居易的酬唱,方干客居越地与当地州县官员的唱和,两宋年间(960—1279)宦游于越的官员与越地文士之间的唱和。据竺岳兵考察,这一时期进入浙东唱和的中原文士就有 420 余人,为此称之为"浙东唐诗之路"。其实应为"浙东唐宋诗之路"。据《全宋诗》《全宋词》《嘉泰会稽志》《剡录》记载统计,两宋进入浙东唱和的诗人也有 273 人。此时的文人雅集与诗歌唱和仍是以外籍文士为主,本地文士只是配角、被邀请的对象。通过唱和交流,提升了本籍文士的文学创作水平,也为外籍文士的文学创作提供了生动丰富的题材。第二个发展趋向,即宋末至明清时期。这一时期绍兴所属八邑已经出现了一批世家望族,他们通过八股科举考试,涌现了一大批官员和文士,将文人结社、文人雅集推向高潮。出现了由本籍文士为主,吸纳外籍文士参与唱和的现象。不仅如此,绍兴文士还走出绍兴,参与外地的文人雅集与结社活动,并发挥了很大作用,如杨维桢、王阳明、徐渭、陶望龄、吕胤昌、张汝霖、王思任、祁彪佳、黄宗羲、商盘、李慈铭等。第三个发展趋向在近现代,这一时期绍兴籍文士走出绍兴,走向北京、上海等大城市,通过创办学校、出版刊物、书籍等方式结社雅集,或组织革命团体,积极参与近现代的文化和文学的建设。

四、深入探讨文人雅集与文人结社对绍兴文化史的影响

绍兴自古以来,其优越的山水人文环境吸引着外籍的文人墨客,给当时宦游于越地的文士提供了文学创作的丰富资源,他们写作的大量诗词文不仅充实了他们个人的文学创作,同时也助推了当时时代文学的发展,并对后来文学发展产生深远的影响。《晋书·王羲之传》说他"雅好服食养性,不乐在京师,初渡浙江,便有终焉之志。会稽有佳山水,名士多居之,谢安未仕时亦居焉。孙绰、李充、许询、支遁等皆以文义冠世,并筑室东土,与羲之同好"。他们徜徉于会稽的明山秀水之间,诗酒风流,山阴兰亭雅集诗借助自然山水表现玄思理致,艺术水平不高,却为以后的谢灵运开创山水诗派奠定了基础。王羲之为兰亭修禊写的《兰亭集序》也成为东晋优秀的散文,为世人所推重,其曲水流觞的

修禊形式也为后世所继承。后或宦或游于越地的唐宋文士更是络绎不绝,如李白三次来到越中,写下《梦游天姥吟留别》的千古名篇,李绅在越州刺史任上创作《新楼诗》20 首,元稹在越州刺史任上作《以州宅夸于乐天》,诗中有"我是玉皇香案吏,谪居犹得住蓬莱",后人遂在州宅原址上兴建"蓬莱阁",辛弃疾在绍兴知府兼浙东安抚使任上,曾写下了《汉宫春·会稽蓬莱阁观雨》的千古绝唱,又创建秋风亭,亭成,又写下了《汉宫春·会稽秋风亭怀古》词,引得姜夔、张镃、丘崈、李兼善纷纷和作。

唐大历年间鲍防、严维于越州的联唱,对诗歌联句体的发展起到了承前启后的重要作用,在文体发展史上对文人词的发展也有促进作用。南宋遗民词人缔结"吟社"唱和的《乐府补题》之作,对清初诗(词)人产生了极为深刻的影响,大大激发了清初词人写作咏物词、隐逸词的兴趣。王沂孙最工咏物词,为清中叶以后的常州词派所推崇备至。杨维桢凭借参与顾瑛"玉山雅集"的平台,为铁崖诗派成员的创作活动与发展兴盛提供了场所,也使杨维桢成为"元末最主要的诗文家之一,在元代诗坛上也是个色彩最突出的诗人之一"。[1] 明清两代,热衷参与雅集和结社的文士更多,他们中虽然未能出现一流的文学大家,却也涌现了各具个性特色的众多诗词文作家、戏曲家、教育家、思想家。如著名思想家、教育家、诗人王阳明、周汝登、刘宗周,诗文、戏曲、书画皆有成就的徐渭,诗人、戏曲家吕胤昌,文学家陶望龄,还有诗文皆擅的戏曲理论家祁彪佳、王思任,散文家、史学家、戏曲鉴赏家张岱、毛奇龄,诗词、戏曲家吕师濂、吕洪烈、金烺、吴棠祯等,诗人刘正谊、金以成、商盘、周长发、刘文蔚、童二树、陶元藻等等。近代则有著名文史学家李慈铭等,现代更有鲁迅、蔡元培等一批新型的文化人,他们为中国现代的文化、文学都曾作出了巨大贡献。

绍兴文人雅集与结社活动所创作的诗词作品大多得到保存并流传。东晋兰亭雅集至北宋熙宁(1072)七百年间,雅集(或集会)活动所酬唱的诗作,为孔延之《会稽掇英总集》保存下来。其后雅集或集会的诗文作品,《嘉泰会稽志》《宝庆会稽续志》和高似孙编的《剡录》也有收集。参与当时集会酬唱的唐宋作家的专集,后人整理的《全唐诗》《全唐文》《全宋诗》《全宋词》也有收录。宋末

---

[1] 杨镰《元诗史》,人民文学出版社 2003 年,第 508 页。

至元、明、清雅集与结社的作品，大多由作者的诗文专集保存下来，明清编纂的《绍兴府志》和各县县志也有记述，此外还有山水专志，如《兰亭志》《云门山志》《龙山诗巢志》等，还有大量的氏族谱中都有记载。近现代的作者都有专集流传。他们的作品不仅彰显了那个时代的文学成就，更是绍兴地方的巨大文献库。

本书是一项纵向的整体性的研究，除了资料难于收集、头绪太繁等显而易见的原因外，还有一个原因，即没有一个现成的理论框架或曰研究模式可以利用或参照。近年来，地域文化或文学研究成为热点，我曾留意过不少这方面的论著，觉得到目前为止，人们还没有找到一个比较有效、能得到大家公认的研究地域文化与文学的理论框架或研究模式。为此我只能根据历史上作为郡州府级建制的绍兴，研究其在特定时代中特定形式的文化与文学的发展状况，一方面必须遵循文化与文学发展的共同规律，另一方面又必须从当时的时代背景出发，寻找合理的观察角度和解释路径，构建自己的理论框架和研究模式。囿于自身识见水平，宏观把握和微观审视不妥之处难免，敬请专家批评指正。

书稿写作中曾得到老同学王嘉良教授和本校俞志慧教授的指正，儿子佘宇东在电脑打字中多次指导帮助，老伴傅鹤琴默默支持，在此一并表示衷心的感谢。

佘德余书于庆德斋

2020 年 5 月 20 日

目　录

第一章　绪　论

　　中国古代文人雅集与文人结社是中国文化史、文学史上文人群体参与文学活动的一种普遍现象,表现为同一地域的一些文人同气相交,或由跨地域的一些文人同声相求,聚集在一起,或临时集会,或结成社团,饮酒赋诗,吟咏歌唱,抒发思想感情。一般而言,文人雅集与文人结社现象产生较早且能连续发展的情况,往往发生于历史古都,因为文人集会及文人结社的主体不同于其他社会人群,他们的特征是具备文人身份。从秦汉到六朝,拥有文化背景的人群主要集中在贵族阶层和皇室,故文人集会主要以贵族家庭和宫廷为中心。随着时代发展,文化和文学不再完全为上层社会所垄断而得以传播,尤其是唐以诗赋取士制度的确立,使得越来越多的庶族出身的人加入文人群体,这个变化使文人集会和文人结社的重心也随之下移。一些文人通过科举考试走上仕途,成为中央或地方的官员,更多的文人由于科举考试失败,或是寄身幕府,或是流寓江湖,或是退归田园。人文群体内部形成了更多的层次区分,不同层次文人群体的不同情况的集会,分散在都市或州郡县级的城市,不再仅以皇室和宫廷所在的都市为中心。绍兴是约2500年前越国古都的所在地,但越国消亡后沦为一个郡、州、府级的行政城市。公元前222年,秦国平定了长江中下游以南的地区,降百越之君,置会稽郡,当时郡治设在吴县,在绍兴地区设置山阴县。但在全郡的26个县中,山阴县无疑是个显要的大县,秦始皇曾于其在位的第37年,即公元前210年,巡狩南方,登上山阴县境内的会稽山以望南海。秦以后,整个西汉王朝维持吴会合治的局面,一直延续到129年(后汉顺帝永建四年)才实行吴会分治,大体上以钱塘江为界,江北置吴郡,郡治建于吴县,江南置会稽郡,郡治建于山阴县。会稽郡领山阴、余暨、剡、上虞、余姚、句章、鄞、鄮、乌伤、太末、章安等十三县,山阴县既为会稽郡治,重新成为该郡的政治经济中心。随着社会生产力不断发展和人口增加,208 年(后汉献帝建安十三年)于今浙皖间建立新都郡,浙江西南部首先与会稽郡分离。到了 256 年(三国吴太平三年)会稽郡东南部建立了临海郡,260 年(三国吴永安三年)会稽郡南部建立了东阳郡。至此会稽郡辖区缩小到今绍兴、宁波两个地区。454 年(南朝宋孝建元年)在浙东的会稽、东阳、永嘉、临海、新安五郡设置东扬州,州治设在会稽郡。到了 459 年(南朝宋大明三年)一度把扬州州治从首都建康移到会稽,会稽郡的地位又上升了。整个南北朝时期,会稽与建康东西相埒,成为当时江南的两大都会。605 年(隋炀帝大业元年)会稽郡改为越州,所辖区域大体相当今天的绍兴和宁波两个地区,州治所在地仍在山阴县。738 年(唐玄宗开元二十六年)以鄮县为中心设立了与越州相等的明州,越州的辖区进一步缩小,所属山阴、会稽、余姚、萧山、诸暨、上虞、嵊县、新昌八县,但仍然是浙东道治所在地,领有越、明、衢、婺、温、台、处七州,越州仍然还是大城。长庆年间担任越州刺史的元稹曾以"会稽天下本无俦"的诗句描绘当时山阴城的繁华景象。五代时,钱镠在杭州、越州等地建立了吴越国,把杭州定为吴越国的西府,西府是吴越国的首都,越州为吴越国的东府,是吴越国的陪都,仍然是东南重镇。北宋时,绍兴仍称越州,浙东道治所在地。宋建炎三年(1129)十月,宋高宗赵构一度驻跸越州,越州成为南宋临时首都。1131 年改元绍兴,迁都临安府,越州改为绍兴府,成为南宋朝廷的陪都,皇陵就在府城稽北丘陵的上皋山,绍兴仍是浙东的重要城市。元、明、清及近现代,绍兴仍然是一个府级的行政区域。绍兴作为一个历史悠久的城市,在这里文人雅集和文人结社的活动,经历了晋宋南北朝的滥觞期,隋唐两宋的发展期,宋末元初的成熟期,明清的兴盛期,近现代的转型期。从东晋永和年间至中华人民共和国成立前的约 1600 年中,文人雅集与文人结社持续发展,对绍兴地区的文人性格和文学思想的形成发展、科举教育的兴盛,皆具有深刻的影响,它也是成就绍兴"名士之乡""科举之乡"的最直接的动因。

第一节　文人雅集与结社概念的界说及研究现状

　　文人雅集与文人结社都是文人群体的文化的或文学的活动,它不是从来就有的,而是文人群体文化或文学活动发展到一定历史阶段才形成的。有的学者追索古代"社"之名,考释"社"之本义,认为是指古代民间祭祀土地神的活动,引申义为古代的基层行政单位。《左传》"昭公二十五年"条云:"齐侯曰:自莒彊以西,请致千社,以待君命。"对此,杜预注:"二十五家为社,千社二万五千家。"孔颖达疏云:"《礼》有里社……以二十五家为里,故知二十五家为社也。"当时将二十五家划为一里,同一里共为一社,可见"社"相当"里"。顾炎武《日知录》释云:"社之名起于古之国社、里社,故古人以乡为社。"①后来"社"逐渐衍变成乡村的基本单位,一直沿用至现代。

社祭在中国古代与人们的宗教生活和社会生活休戚相关。社祭以一种宗教行为向文人提供进行群体活动的场所和机会,由此不断培植和强化其社群意识和集体意识。首先,社祭时有社肉、社饭、社酒之类,且有"各以社糕,然后飨其胙"②的会饮习俗,是文人雅集与文人结社饮宴活动的文化渊源之一。社酒可驱邪祛病,人们皆尽情畅饮。此种风俗直接与人们生活及文学艺术活动发生紧密的关系。其次,社祭的赛会是我国古代文学艺术活动的重要舞台,也是文学艺术产生的源头之一。《诗经·周颂》中有《丰年》《载芟》《良耜》,《诗经·小雅》中还有《甫田》《楚茨》《信南山》《大田》等,都与社祭有关,朱熹《诗传》结篇旨用吕氏说曰:"《楚茨》极言祭祀所以事神受福之节,致详致备。所以推明先王致力于民者尽,则致力于神者详"③,又在《大田》指出"此篇农夫以'雨我公田,遂及我私',而欲其享祀'以介景福'"④,认为那些都是古代社祭祈年所诵之诗。由此可见古代社祭赛会诵诗习俗,对后来文人雅集与结社的诗会活动的产生具有重大的影响。

古代文人结社之"社",主要渊源于其引申义——即古代地方基层行政单位的社,它原是人们生产与生活最基本的社会单位。这种"社"的含义演变经历了一个漫长过程。陈宝良在《中国的社与会》一书中认为:"中国传统社会的身份分层主要有士、农、工、商四个等级,此外即为贱民(惰民、奴仆、田仆)和四

---

① 顾炎武《日知录集释》卷 22《社》,黄汝成集释,中州古籍出版社 1990 年,第 520 页。
② 孟元老《东京梦华录》卷 8《秋社》,中国商业出版社 1993 年,第 56 页。
③ 朱熹《诗集传》,上海古籍出版社 1980 年,第 154 页。
④ 朱熹《诗集传》,上海古籍出版社 1980 年,第 158 页。

民以外的游民。传统的结社,往往也以身份的不同而划分层次。"①士为四民之首,有人认为,在养士之风影响下形成的门客集团是古代文人团体的最初形态之一。战国时期齐国孟尝君、赵国平原君、魏国信陵君、楚国春申君,其门下食客皆达三千人;以"喜文学游说之士"著称的齐宣王,在稷下聚集一个"且数百千人"的学士群体,其中有邹衍、淳于髡、田耕、慎到等思想家、学者。胡适称其为"大混合的思想集团"②。汉代,一些诸侯王如淮南子刘安沿袭了先秦时期的养士之风,王逸《楚辞章句》卷十二《招隐士章句序》云:"昔淮南王安,博雅好古,招怀天下俊伟之士,自八公之徒,称咸慕其德,而归其仁,各竭才资,著作篇章,分造辞赋,以类相从,故或称小山,或称大山。"③他的门客多以文学见长,实质上是一个文学性质的文人团体。梁孝王刘武门下也有一个梁园文学集团,主要是一些辞赋作家,如枚乘、邹阳、严忌、司马相如等,这也是一个文学性质的文人集团。魏文帝曹丕的邺下文人胜游,实际上也是一个文学性质的文人团体的聚会。

春秋战国时期各国士大夫均通过结党扩大自己的力量,如史籍记载,晋国的里克、邳郑、栾氏之党,齐国的公子牙之党,郑国的子阳之党。东汉时期一些士大夫"别相署号,共为部党……刻石立(土单)"④。这种带有政治结社性质的"土单",实为后世文人结社或结会的先河。其后唐代的牛李党争,北宋王安石与司马光新旧两党,元祐时期的洛、朔、蜀之党争,庆元党争,明代的党争更是层见叠出。历朝的朋党之争与门户之见,与文人结社之风互为联系,互为影响。读书人所谓的"以文会友"传统在进入仕途前,他们通过文人雅集或结社,聚文会,联络感情,交流才学,增长学识,一旦在科举考试中获得成功,他们又增添了一层"同年"的关系,而结成"同年会"的团体。始于唐代进士科的"同年会"一直沿袭至宋、元、明、清各朝。

中国是一个诗的国都。孔子所谓"诗可以兴,可以观,可以群,可以怨"的诗学主张,是后世千百年而流风不泯的中国诗教传统的理论基石。在中国传

---

① 陈宝良《中国的社与会》,中国人民大学出版社 2011 年,第 22 页。
② 胡适《中国中古思想史长编》,胡适纪念馆 1971 年。
③ 洪兴祖《楚辞补注·楚辞卷第十二》,白化文、许德楠等点校,中华书局 2015 年,第 247 页。
④ 《后汉书》卷 67《党锢列传》,中华书局 1965 年,第 2210 页。

统的士大夫的生活中,诗酒唱和是许多人乐此不疲的风雅之举。唱和之风,源远流长,从汉魏开始,诗歌文学进入了一个自觉和文学创作的个性化时代。汉末三国时期,赤壁之战后,孙权据江东之险,刘备占据荆州之利,孙刘联盟抗曹,三国大势基本形成,有了相对稳定的局面,曹操退回到魏都邺城,从此时起建安文士云集邺下,他们以曹氏父子(曹操、曹丕)为中心经常集游,诗酒酬唱。曹丕《与吴质书》回忆当时盛况曰:"昔日游处,行则连舆,止则连席,何曾须臾相失!每至觞酌流行,丝竹并奏,酒酣耳热,仰而赋诗,当此之时,忽然不自知乐也。"①当时文风之盛,成一时风气。所以后人评价说:"诗酒唱和须群雄,文人雅集开风气。"邺下聚会标志着文学自觉时代的出现,也是开创了文人雅集的先河。

　　其后,西晋的贾谧、左思、潘岳等二十四友于石崇的金谷园雅集,成为历史上真正意义上的文人雅集。石崇以生活奢靡著称,《世说新语·汰侈》记有他的事迹。石崇也有文名,他建有一座别墅,因金谷水贯注园中,故名之金谷园。金谷园因地势高低筑台凿池而成,是当时最美的花园。郦道元《水经注》卷十六"穀水"条谓其"清泉茂树,众果、竹、柏,药草备具"②。石崇曾召集左思、潘岳、贾谧等"二十四友"聚会于金谷园中。"二十四友"以当时的特殊人物贾谧为中心,其人是西晋开国功臣贾充(217—282)的外甥,贾谧作为晋惠帝之后贾充之女贾南风的亲侄儿,权倾一时。"二十四友"中有当时很有名的诗人、理论批评家潘岳、左思,他们聚集在石崇河阳别墅金谷园中饮酒赋诗,石崇成了东道主,也是发起人,他不仅最为阔气,诗才也足以领袖群伦。他们畅游园林,饮酒赋诗,并将所作诗歌集为诗集,石崇为作《金谷诗序》,惜今已亡佚。后人称此次聚会为历史上真正意义上的文人雅集。到了东晋时代,"雅好服食养性,不乐在京师,初渡浙江便有终焉之志"③的王羲之,见"会稽有佳山水,名士多居之,谢安未仕时亦居焉。孙绰、李充、许询、支遁等皆以文义冠世,并筑室东土,与羲之同好"④,便与朋友们徜徉于会稽的名山秀水之间,逍遥度日。受金谷园

①　傅亚庶注释《三曹诗文全集译注》,吉林文史出版社1997年,第465页。
②　《水经注》,陈桥驿注,王东补,中华书局2016年,第127页。
③　《晋书·王羲之传》,中华书局1974年,第2098页。
④　《晋书·王羲之传》,中华书局1974年,第2098页。

雅集之影响,永和九年(353)三月三日上巳节,他们参照金谷园雅集模式,于山阴兰亭修禊雅集。据《世说新语·企羡》载:"王右军得以《兰亭集序》方《金谷园序》,又以己敌石崇,甚有欣色。"①

文人雅集与文人结社来自同一源头,但在其形成发展过程中的目的不同,因此它们之间概念也有区别,曾莹在《文人雅集与诗歌风尚研究初探——从玉山雅集看元末诗风的衍变》②一书中说:"文人雅集与文人结社并不是完全等同的两个概念。相对而言,雅集的概念更为宽泛,诗社则是从雅集分化出来的一种特殊形式。与雅集的随意性不同,诗社对于结盟十分强调,组织形式更为严密,人员构成也相对固定,活动内容均有社规章程作为依归。还有,诗社的出现也较雅集要晚。虽然早在陶渊明时代就有慧远等人发起的'白莲社',但它并非以诗歌创作活动为内容。唐代虽有'七老会''九老会'的组织形式,但诗歌在其中仍属余事。那些真正具有社规章程、主盟领袖、命题赋诗、品评甲乙等内容,呈现严密组织形态的文人诗社,一直到宋末元初方告出现。宋元之际的作家有个很大的特点,就是经常进行一些集体活动。……在中国文学史上只有这一时期,才大批涌现自觉形成的诗社。"王文荣在《明清江南文人结社考述》也有类似的说法。

关于文人结社与文人雅集的辨析,王文荣在其所著的《明清江南文人结社考述》中似乎说得更为明白:文人结社与雅集有相通之处,即文人结社肯定会有雅集,否则就失去了结社的意义,但雅集不等于结社。

结社与雅集的不同之处主要体现在四个方面:第一,结社肯定有社名,往往冠以某某社(会、课),而单纯的雅集则不会有这种称呼;第二,就组织形式而言,结社较雅集更为正式,一般会有社长,成员较为固定,而雅集成员通常数量不定,成员之间没有组织上的从属关系;第三,时间方面来说,结社一般历时较长,活动较为规律,而雅集通常只是一两次兴趣勃发的临时之集,活动无固定规律;第四,有些规模大的文人结社还有社约,而雅集无论如何是没有"集约"的。

---

① 徐震堮《世说新语校笺》,中华书局 1984 年,第 346 页。
② 曾莹《文人雅集与诗歌风尚研究初探——从玉山雅集看元末诗风的衍变》,广东高等教育出版社,2011 年,第 6 页。

　　另外,结社的作品一般称为社作,有时候还以"社集"等字眼来表示,而雅集则一般不会如此表示。所谓文人雅集,指的就是由文人作为参与者,以风雅为标榜的一类群体集会活动。其活动并不拘泥形式,或宴饮唱酬,或游赏山水,或讲学论道,或竞才逞艺,或佐以声伎,可谓多种多样。所呈现的形态也不尽相同:有的随心所欲,活动自由松散;有的也有严密的组织与规章;有的与政治紧密相关,有的却把政治排除在活动之外;有的拥有庞大的宾客群,有的却限于三五知己;有的只偶一为之,有的却持续相当长的时间;有的留下了大量的文献记录,有的却仅存片言只语。然而不管怎样,一个"雅"字,就规定了这样的集会势必与一般世俗性聚会有泾渭分明的差异,这类集会始终秉承风雅的宗旨,而这个"雅"字,主要便是由诗歌这一文学样式来承载的。绍兴地区的文人雅集也明显早于文人结社。

　　文人结社概念的内涵比文人雅集更为丰富,顾名思义,简单而言,就是由文人(或读书人)参与文学活动的团体。但从其参与的动机和目的而言,有抒发民族与个体思愤的,如以王英孙等为首的"吟社",明末清初的慈溪人魏耕与山阴祁理孙、班孙、朱士稚、张宗观的秘密结社,清末民初的"越社"等;有以流连诗酒、怡然自乐为主旨,既可交流诗艺又可以酬唱邀取时誉的诗社,如上虞魏仲远等的"敦交社",嘉靖年间的"越中十子社",明季的"枫社",清初孙如洵、徐咸清的"蓬莱社",康熙雍正年间的"龙山诗巢二十子",乾隆年间的"西园十子吟社",嘉庆道光年间的"泊鸥吟社",道光咸丰年间的"言社"等等;也有怡老崇雅兼而有之,多由退休里居的昔日官员,以耆年硕德在文坛享有盛誉的绅士的诗社,如山阴四皓社,稽山八老社;也有以消闲性质的艺术娱乐性的会社,晚明士人追求生活艺术化,有清玩清赏之好,一些人留恋于琴棋书画,一些人追求闲适快乐,声色犬马之好,如"越中曲派",张岱的"丝社""斗鸡社",张联芳的"嗅社";还有以科举仕进,揣摩时文为目的的文会或文社,他们在文社中不仅以文娱情,交流学问,更多的是互相切磋八股时艺,如"龙山观文堂社";也有以书院讲学,辨明儒释之道,如刘宗周创立的"证人社";此外还有以矫正科举弊端,主张"经生之学,不过训故,熟烂口角,圣经贤史古今治乱邪正之大端,漫不省为何物"①的读书社和以扫盲识字为主要目的的吴广遂等的"崇文惜字社"等等。

　　文人结社往往有一定的组织形式,社有社主,或称社长、盟长、坛主、祭酒等,社有社约,其内容大概包括立社宗旨、吟诗规范及对同社诗人的约束。绍兴早期的结社社约很少保存下来,现在能见到的只有刘宗周为"证人社"撰写的《证人社约》。《证人社约》分为四部分:一曰学檄,二曰会议,三曰约言,四曰约戒。王思任为"萍社"诗集出版写的《萍社诗选引》曰:"萍社者,鸟鸣之变也。曷为乎鸟鸣之变也?鸟以求而萍以合也。萍可合不可散乎?曰:合散何常,随散随合,付之无心焉尔。媚草之粘瞩也,瑞蒲之腊根也,石发之牵带也,皆族于水而不能无挂碍者也。惟萍则资化徜来,鳞被漠尔。菱花背日,欲共友其无炎;兼露为霜,愿独师其虚白。萍之义有取尔也。社中诸君子,皆东西南北之人,亦玄释墨兵之士,语必清真,调皆香洁。色或泽于苕健,味更甘乎繁藻。从兹鸠合,散于四小海,而聚则一大萍。始称萍有实,而萍之旨乃大畅。以此满余常、圣月两诗长之志,或亦不甚谬乎?"②这里谈到了萍社之隐含聚合之意义,社中之友来自四面八方,佛道墨兵皆有造诣,唱和之诗篇清新纯洁,诗味醇厚。不啻萍社之社约。此外还有张岱为"丝社"写的《丝社小启》,为结"斗鸡社"写的《斗鸡檄》。李慈铭写于清咸丰三年(1853)七月的日记:"秋七月,与同邑孙子久秀才(垓)、祥符周素生大令(灏)、孙叔云庶常(誉芬)、季贶布衣(星诒)、山阴周息鸥孝廉(光祖)、沈寄帆上舍(昉)、王平子秀才(章)、杨渔宾秀才(师震)、青田端木叔总明经(石禄)、阳湖许太眉征君(械)、上虞徐葆善明经(虔复)、萧山陈荃普孝廉(润)、丁鹤琴州佐文蔚结言社。每人捐分贲一番金,每月捐钱二百,推孙子九为社长,以沈寄帆为监社。每月秋冬两大会,社长拈诗文题分课。"③

　　中国古代文人结社始于何时?目前尚无一致的看法。欧阳光《宋元诗社丛编稿》下编《牟言》中说:"诗社之名最早出现是在唐代。"他举例有"大历十才

---

① 黄宗羲《南雷集·吾悔集》卷3《高古处府君墓表》,《黄宗羲全集》第20册,浙江古籍出版社1985年,第312页。

② 王思任《王季重小品》,李鸣选注,文化艺术出版社1996年,第143页。

③ 李慈铭《越缦堂日记说诗全编》,张寅彭、周容编校,凤凰出版社2010年,第75页。

子"之一的司空曙诗中有"洛阳诗社",高骈诗中有"鄂社",还提到影响更大的白居易加入的"香山九老会",他认为"九老会"的活动有组织、有相对固定的成员和活动地点,并定期举行聚会唱和,已经具备后世诗社的几个要素了。他同时又认为"唐代诗社活动毕竟十分有限","诗社的大量出现,则是在宋代以后"①。何宗美在《明末清初文人结社研究》中认为:"文人结社现象,自中唐以后日益多见。……宋元时期,诗社林立;到了明代,出现了极盛之势;清代以后虽然衰落,但余绪衍流,直到二十世纪之抗战时期。"②李玉栓则根据中国古代文人结社发展情况,将其概括为魏晋南北朝的萌芽期,隋唐的形成期,宋元的发展期,明代的繁荣期和清代的衰落期,直至近代的重新兴起等几个阶段。绍兴地区的文人雅集和文人结社的发展,既有同于也有异于上述论述。总体而言,东晋会稽的文人雅集也属于文人社团范畴,它只是文人社团的初期状态,或称滥觞期;至唐宋两代为联唱、唱和的发展期;宋末元初文人结社的成熟期,明清趋于兴盛期,近现代趋于转型期,具有自身的特点。

关于文人雅集和文人结社研究现状,何宗美《明末清初文人结社研究》和张涛《20世纪中国古代文人社团研究史论》中都有涉及,大体把对中国古代文人结社的研究划分为五个阶段。

一是明末清初文人结社研究的滥觞阶段。这一时期对文人结社的研究,虽然"有关记载资料既丰富又较为零散",但有"专门记载社事的资料",如陆世仪《复社纪略》、吴伟业《复社纪事》、杨彝《复社事实》、杜登春《社事始末》、吴山嘉《复社姓氏传略》等。还有一些明清笔记杂纂、诗文类集、诗话、诗纪事,明遗民的有关诗文集、地方志和氏族谱等,如张大复《梅花庵笔谈》、屈大均《广东新语》、冒襄《同人集》、沈季文《槜李诗系》、钱谦益《列朝诗集小传》、孙静庵《明遗民录》等有关人文结社的资料记载。上述研究尽管与今天学术研究不同,但清初诸学者对于结社资料的搜集和整理,事实上已澄清了许多有学术意义的问题。

二是民国时期(1911—1949)研究的发展阶段。这一阶段有李元庚的《望

① 欧阳光《宋元诗社丛编稿》,广东高等教育出版社2011年,第156页。
② 何宗美《明末清初文人结社研究》,南开大学出版社2004年,第5页。

社姓氏考》,发表在《国粹学报》1910 年第 71 期上,首先吹响了文人结社研究的号角。接着有商务印书馆 1934 年出版的谢国桢以党争和结社为背景来叙述明清之际的历史,以唤起民族精神的《明末清初党社研究》。此书有十三节:第一节为"引论";第二至六节分别写了万历、天启、崇祯、南明三朝、清初顺治、康熙朝的党争;第七至十二节分别写到复社、几社始末,大江南北诸社、浙中诸社、附闽中诸社、粤中诸社;第十三节为"余论";附录写了明季奴变考、东南沿海迁界考、清初通海案。朱侈《明季杭州读书社考》载于民国十八年(1929)十二月北京大学《国学季刊》第 2 卷第 2 号;《明季南应社考》刊于同刊民国十九年(1930)九月第 2 卷第 3 号;《明季桐城中江社考》刊于《国立中央研究院历史语言研究所集刊》民国十九年第一卷第 2 号。陈楚豪《两浙结社考》刊于《越风》1936 年第 2 期;容肇祖《明末复社领袖张溥》一文刊于《读书与出版》1948年第 3 卷第 5 期;胡怀琛《西湖八社与广东的诗社》刊于《越风》1916 年第 4 期;郭绍虞的《明末文人集社年表》刊于 1947 年《东南日报·文史》第 55、56 期;《明代的文人结社》刊于 1948 年《文艺复兴·中国文学研究号》。

三是中华人民共和国成立后至改革开放前(1949—1978)研究的低潮阶段。这一时期的文章只有:谢国桢的《明末清初的学风》,刊于《四川大学学报》1963 年第 2 期;《顾炎武与惊隐诗社》刊于《中华文史论丛》1978 年,第 8 辑;杨国桢《宣南诗社与林则徐》刊于《厦门大学学报》1964 年第 2 期。

四是改革开放至 20 世纪末(1979—1999)研究的成熟阶段。这一时期主要有:李庆立《明"后七子"结社始末考》刊于《山东大学学报》1996 年第 1 期;日本学者小野和子《东林党考》,发表于刘俊文主编的《日本学者研究中国史论著选译》第 6 卷;郭英德《中国古代文人集团与文风貌》、戴玄子《中国秘密宗教与秘密会社》等尚未出版的硕士博士论文若干篇。此外还有欧阳光《宋元诗社研究丛稿》,陈宝良《中国的社与会》,钱杭、承载合著《十七世纪江南社会生活》,王世刚《中国社团史》,郝春文《东晋南北朝的佛教结社》,薛虹《函可与冰天诗社》,吕妙芬《阳明学讲会》,佘德余《绍兴文人结社》等专著。

五是 21 世纪以来研究的繁荣阶段。这一时期发表的论文有:李绪柏《明清广东诗社》,刘水云《明末清初文人结社与演剧活动》,张涛、叶君远《文学史视野下的中国古代文人社团》,景遐东《论中唐时期江南地区的诗酒文会》,高利华《宋季两浙路词人结社联咏之风》,陈小辉《唐代诗社考论》,耿传发《明代徽州文人结社综论》,李玉栓《中国古代的社、结社与文人结社》,方勇《南宋遗民诗人群体研究》,何宗美《明末清初文人结社研究》,丁楹《南宋遗民词人研究》,徐林《明代中晚期江南士人交往研究》,宗方小太郎《一九一二年中国之政党结社》,佘德余《越中曲派研究》,谭坤《晚明越中曲派群体研究》,王文荣《明清江南文人结社考述》。此外有硕士、博士的论文。

与文人结社研究相比较,文人雅集的研究显得滞后与冷清,仅见于 20 世纪 90 年代,如贾晋华《大历年浙东联唱集考述》《大历年浙东联唱集补考》,金陵生《大历年浙东联唱集补考》,蒋寅《大历诗人研究》,邹志方《浙东唱和"考释"》,贾晋华《唐代集会总集与诗人群体研究》,曾莹《文人雅集与诗歌风尚研究初探》,熊海英《北宋文人集会与诗歌》等,对唐宋时期的文人雅集唱和活动展开了比较深入的研究。

第二节 绍兴文人雅集与结社的成因和特色的探究

绍兴文人雅集始于东晋永和年间王羲之与谢安等 42 人于会稽郡山阴县进行的兰亭修禊活动。其后,唐大历年间鲍访、严维多次组织雅集,史称"浙东联唱"。唐元和年间,李绅与浙东观察使薛苹唱和,长庆年间,元稹出任越州刺史与副使窦巩等雅集唱和,时号"兰亭绝唱",其间,又与出任杭州刺史的白居易"竹筒酬唱"。两宋年间,宦游于越州的官员与文士相与唱和,如秦观与程师孟、赵抃的唱和,辛弃疾出任绍兴知府兼浙东安抚使期间,诗人姜夔、丘崇、张镃、刘过等相与唱和,词人吴文英四游绍兴,与绍兴府官员史宅之、吴潜及荣王赵与芮、钱德阳、尹梅津等集会唱和。元末上虞魏仲远于夏盖湖畔雅集,杨维桢首创"西湖竹枝词"唱和,参与顾瑛"玉山雅集",刘仁本于余姚县城组织"续兰亭会",明清两代兰亭雅集更是频繁。绍兴文人结社始于宋末元初的"吟社""汐社""越中诗社"和"山阴诗社",明清由于科举考试制度的完善,有力推动了文人雅集与文人结社的兴盛。绍兴的文人雅集与文人结社时而并行,时而交叉发展,从未中断,一直延续到近现代,这在我国的地方文化史上是一种少有的现象。文人雅集与文人结社现象经久不衰,呈现出连续性的特点,极大地推动了绍兴地区文学艺术和科举教育的繁荣。

那么是什么原因促使绍兴文人雅集与文人结社经久不衰、连续发展？是越地的悠久历史文化，优美的自然山水环境，和亚热带季风性湿润气候，富庶的经济和安定的社会环境，共同孕育并推动了文人雅集与文人结社的繁荣发展。

绍兴是一个属于郡州府级的行政区域，原是于越民族的发祥地，早在新石器时代的跨湖桥和河姆渡文化，就以丰富的考古实物证明了于越祖先创造了不同凡响的古越文明。绍兴也是越国国都大越城的所在地，越王勾践为灭吴称霸而"十年生聚"，发展经济，在农业生产实践中开始应用金属农具，使越国的农业由原始的迁徙生产方式发展为定居的农业生产模式，创造了以水利、冶金、纺织为主的越国农业经济，继而完成了称霸中原的伟业。战国后期，由于越国贵族的内斗，最后为楚国所亡。秦始皇统一中国后，在越地更名设郡，强迫迁徙越民，导致越地农业经济衰落。汉武帝时期出于开发边疆的需要，将关东贫民转移到江南垦荒。据《汉书·武帝纪》载：元狩四年（公元前119）"冬，有司言关东贫民徙陇西、北地、西河、上郡、会稽，凡七十二万五千口。"汉民族南迁带来了中原文化，越汉两族文化融通，促进了越地农业经济的发展。东汉永和年间，马臻出任会稽郡太守，修筑鉴湖，山会平原得到了充分的开发利用，农业经济得到了进一步的发展，也为手工业、商业、制瓷业提供了剩余劳动力和物质的保障。汉末北方群雄逐鹿战乱不绝，而会稽的社会形势相对稳定，吸引了如蔡邕、管宁、嵇康、阮籍等众多的名流前来避乱和定居。孙吴时期，南方政局稳定，统治者实施"封山占泽"、驱掠山越之民出山定居的方针，会稽人口迅速增加，会稽地区已成为江南富饶的鱼米之乡。西晋末年，由于"八王之乱"，大批中原贵族举家南迁，给会稽地区输送了大量部曲和佃客，有力推动了贵族庄园经济的发展。"既耕以饭，市商贸农，艺菜当肴。"①庄园经济的主业是农业，其次是园林、养鱼业、畜牧业、商业。庄园经济发展，土地综合开发，向纵深方面发展，对会稽郡经济发展具有示范和带动作用。在此背景下，会稽成为当时三吴（吴郡、吴兴、会稽）的腹心地带，开发潜力最大，经济最为富庶。会稽在东晋称"国"而不称"郡"，并且以郡为方镇，会稽郡治山阴县是南朝户口最多、

---

① 《晋书》卷80《王羲之传》，中华书局1974年，第2102页。

聚落最密集的县,可谓盛极一时。"苏峻之乱"以后,建康宫殿一片狼藉,"三吴之豪,请都会稽",后因王导力主保留建康才作罢①,会稽在当时的地位可见一斑。南朝宋孝建元年(454)设东扬州,会稽即为州治。大明三年(459),因为自晋室南渡以来,建康作为扬州州治,一国之都的地位从未受到撼动。会稽在六朝时被视为物阜民丰的都会,与建康呈东西对峙之势。刘宋时仅山阴一县就达到"民户三万",人口数居全国诸县之冠,号为"海内剧邑,前后官长,昼夜不得休,事犹不举"②。到了陈朝,会稽郡治山阴县始分山阴、会稽两县,这一举措影响深远。汉族政治中心的暂时转移,使越地的政治地位得以凸现,并极大地丰富了越地文化的内涵。

绍兴地区属于亚热带季风湿润气候,季风明显,四季分明,气候温和,湿润多雨,年平均气温 16.4℃,无霜期 251 天左右,一般年降水量在 1400 毫米上下,其气候具有典型的江南特征。境内既有"崇山峻岭,茂林修竹",又有清流激湍的丘陵地,也有江河湖泊和平原地带,这种地域环境与北方景象大不相同。东汉以后,随着鉴湖的开发及其配套工程的增设与完善,这一大型的蓄水工程在滞洪、灌溉、航运等方面发挥出巨大效益,有效地促进了绍兴地区农业经济的发展,极大地改善了海潮直薄,旱涝频仍的恶劣水环境,湖水面积广达173 平方公里,湖水清澈见底,鉴湖上游约 420 平方公里的稽北丘陵森林植被得到了有效的保护。东晋时期,《世说新语》载:"顾长康从会稽还,人问山川之美,顾云:'千岩竞秀,万壑争流,草木蒙笼其上,若云兴霞蔚。'"③王徽之也说:"从山阴道上,山川自相映发,使人应接不暇。若秋冬之际,尤难为怀。"④绍兴特有的气候山水自然环境,与东晋士人的审美精神结合,是文人修禊和结社的重要基础,也是山水诗产生的重要条件,同时也推动了佛道宗教文化在越地的发展。

隋唐五代时期(581—960)的 380 年间,紧邻的杭州在隋代开始崛起,本来属于越州辖区的明州在唐开元二十六年(738)设置了以鄞县为州治的明州行

---

① 《晋书》卷 65《王导传》,中华书局 1974 年,第 1751 页。
② 《宋书》卷 81《顾恺之传》,中华书局 1974 年,第 2079 页。
③ 徐震堮《世说新语校笺》,中华书局 1984 年,第 81—82 页。
④ 徐震堮《世说新语校笺》,中华书局 1984 年,第 81—82 页。

政区域。明州的独立是原越州人口膨胀的一个结果,是越州社会经济发展的见证,同时也是越文化面向海洋发展的新时代,明州自此成为中国对外交流的主要门户。虽然越州作为越文化中心所辖的行政区域有所缩小,但越州还是唐代浙东地区的政治经济和文化的中心,越州州治已经成为"会稽天下本无俦,任取苏杭作辈流"的著名城市。唐代自"安史之乱"以后,北方遭受战乱,社会动荡,人民流离失所,而浙东地区虽然也发生袁晁(762—763)和裘甫(859—860)起义的短暂战乱,但社会相对稳定。越州富庶的经济和千岩万壑的美丽山水环境,经过王羲之、谢安、谢灵运等人的文化张扬,使得"登会稽者如鳞介之集渊薮"①。不少文人骚客仰慕东晋王羲之、谢安优游山水的潇洒胸怀和谢灵运清新自然的山水诗篇,纷纷奔赴浙东地区,或宦游,或寻访,或隐居,以求心灵慰藉。晚唐杜牧称越州"西界浙河,东奄左海,机杼耕稼,提封七州,其间茧税鱼盐,衣食半天下"②。吴越国升杭州、越州为大都督府,以杭州为国都,称西都,西府;以越州为陪都,称东都、东府、会稽府。越州仍为浙东首脑,仍然是东南重镇。但是杭州已成为政治中心,越州进一步丧失其固有的优势,而退居其次,正如宋人王明清所说:"杭州在唐,繁雄不及姑苏、会稽二郡,因钱氏建国始盛。"③

北宋时期,越州承袭了吴越国经济发展的余绪,在当时两浙路仍占有绝对优势,仍然是东南重镇,但随着杭州的地位继续上升,成为"东南第一州"后,越州已失去了往日的主导地位。南宋,越州一度成为王朝的首都,改为绍兴府后,绍兴成为王朝的陪都和皇家的陵寝之地,贵族、商人和北方移民的涌入,再次促进了绍兴城市建设和工商业的繁荣,农业经济的发展,极大地改变了城市居民的社会结构,从而引发人们的思想观念、生活方式乃至社会风气的转变和文化教育的发展。一些世家大族逐渐转向重读书做官的重文社会风气,鼓励家族年轻人走读书从文道路,一些贫寒家族也纷纷效法,发扬耕读传家的家风。

唐宋两代,有一大批诗人追慕晋宋文士之遗风,入越探胜,络绎不绝,李白

---

① 穆员《鲍防碑》,李昉《文苑英华》卷 896,中华书局 1966 年,第 4720 页。
② 杜牧《李讷除浙东观察使兼御史大夫制》,见《全唐文》卷 748。
③ 王明清《玉照新志》卷 5,中华书局 1985 年,第 76 页。

"此行不为鲈鱼美,自爱名山入剡中"①,杜甫"剡溪蕴秀异,欲罢不能忘"②,孟浩然"我行适之越,梦寐怀所欢"③,他们不约而同地走着同一条富有诗意的浙东漫游之路,后人称之为浙东"唐诗之路"。中唐以后,在越地的山水间又聚集了众多诗人,形成了唱和之风,史称"浙东唱和"。他们或来浙东做官入幕,或来探胜旅游。如大历年间鲍防(722—790)在越州任浙东观察使薛兼训幕府期间,与山阴人严维等浙东仕宦名流共 35 人,于越州名胜云门寺、法华寺、若耶溪兰亭等地联句酬唱,后人称为"浙东联唱"。李绅三次入越,第一次为贞元十八年(802)秋天,经越州剡县,东游天台山;第二次于元和三年(808)应浙东观察使薛苹招游,聘为越州常侍,与之唱和;第三次于大和七年(833)闰七月以太子宾客授浙东观察使越州刺史,与下属唱和。元稹自长庆三年(823)至大和三年(829)九月,历时七年担任浙东观察使兼越州刺史,其间与白居易"竹筒酬唱",与窦巩应和。王十朋《会稽风俗赋》说:"唐元微之一代奇才,罢侍玉皇,谪居蓬莱,宾窦邻白,唱酬往来,由此鉴湖秦望之奇益开。古今奇俗,至今好吟咏而多风骚之才。"④陶望龄《歇庵集·翁氏遗稿序》中亦云:"元微之观察浙东,其参佐窦巩辈以声韵相尚,简帙流布,目之曰'兰亭绝唱'。"⑤北宋词人柳永青年漫游时期曾到越州"渡万壑千岩,越溪深处",探寻越地山水名胜,写有著名的词作《夜半乐·冻云黯淡天气》。秦观于元丰二年(1079)春天至越州探亲,与时任越州知州的程师孟、杭州知州赵抃诗词唱和。王十朋于南宋绍兴二十七年(1157)状元及第,初添绍兴府通判,后又出任会稽大宗丞,遍涉会稽山水,写有《会稽三赋》和许多诗篇。南宋嘉泰三年(1203)辛弃疾出任绍兴知府兼浙东安抚史期间,诗人姜夔、丘崇、张镃、李兼善、吴子似、刘过等相与唱和;姜夔还与张鉴、葛天明、黄长庆、苏泂唱和;词人吴文英曾四游绍兴,与史宅之、吴潜、冯去非、荣王赵与芮、钱德闲、尹梅津等有词作唱和。词人周密、张炎也与绍兴籍词人唱和。

---

① 《秋入荆门》,见《全唐诗》卷 181,中州古籍出版社 2018 年,第 856 页。
② 《壮游》,见《全唐诗》卷 222,第 1086 页。
③ 《题云门山寄越府包户曹徐起居》,见《全唐诗》卷 159,第 749 页。
④ 王十朋《王十朋全集》卷 16,上海古籍出版社 1998 年,第 837 页。
⑤ 陶望龄《陶望龄全集》,李会富编校,上海古籍出版社 2019 年,第 178 页。

每当国家民族危亡之际,越地文人往往会出现一批轻死赴难的慷慨节义之士,他们组织社团,以诗词为武器,抒发坚贞不屈、怀念故国、反抗新朝的刚烈感情。南宋末年的王英孙、唐珏等于浮翠山房、紫云山房、余闲山房、天柱山房结"吟社""汐社",共举唱和活动。同时还有黄庚、胡天放等结"越中诗社""山阴诗社";明季则有祁彪佳、王思任等创立"枫社""文昌社",祁豸佳、陈洪绶、王雨谦等结"云门十子社",陶堰的陶渭、姜与可等结"废社"等等。

明清时期,绍兴作为一个州郡级的行政区域,往日的区域优势已经消失殆尽,加之绍兴地区众多的人口与有限土地的矛盾日益尖锐,围湖造田、垦殖山地的潜力发挥殆尽,只能采取兴修水利、继续围湖造田、向外移民等一系列措施,城镇传统的手工业如纺织、造纸、陶瓷、酿酒、棉织业渐趋兴盛。地狭人稠的矛盾,促使绍兴地区的世家大族更加重视走考科举的道路。正如张岱在康熙《会稽县志凡例》中所说:"郡城为八邑之人所聚,多迁居焉。其姓之最著者,余姚之孙之王之吕之姜,上虞之徐之倪之李,嵊县之商,皆登山阴、会稽之版籍久矣。"①除上述这些世家望族外,山阴县有白洋朱氏、东浦前林杜氏、梅市祁氏、峡山何氏、州山吴氏、白鱼潭张氏、山阴县城水澄巷刘氏、状元坊张氏等,会稽县陶堰陶氏、富盛童氏、称山章氏、贤庄金氏、渔渡董氏、张溇胡氏等,这些世家大族经过几代积累,至明清两代,犹如火山爆发,他们通过家族的族塾、文社、诗社和书院的四书五经的研读与诗文习作训练,由科举走入仕途,"簪缨甲第,蝉联累叶",成为声势赫奕、门第高华的世家望族。

张岱所说的余姚之孙,即余姚烛湖孙氏。余姚孙氏自南宋以后,沉寂了很久,至明代中后期突然爆发,邵廷采《思复堂文集》赞道:"孙氏自燧及嘉绩六世,世以文章忠孝嗣其家绪,蔑有废坠。海内高仰之为当代宗臣。"②孙燧,字德成,号一川,弘治六年(1493)进士,历任刑部郎中、福建按察使、河南右布政使。宁王朱宸濠蓄谋异志后,出镇江西,正德十四年(1519)宁王引诱他投降,孙燧宁死不屈,被宁王杀害。王守仁平定后,追赠礼部尚书,谥曰"忠烈"。孙燧有三子:长子孙堪,承袭锦衣卫千户,文武双全,既工于诗文,又善骑射,嘉靖五年

---

① 《张岱诗文集》,夏咸淳校点,上海古籍出版社1991年,第413页。
② 邵廷采《思复堂文集》,祝鸿杰点校,浙江古籍出版社2012年,第154页。

（1526）武会试第一，累官都督佥事，主要著作有《孙孝子集》20卷。次子孙墀，嘉靖八年（1529）以乡试预修《大明会典》，授中书舍人历大理寺正，著有《漆园集》。三子孙升，嘉靖十四年（1535）中进士第二名，授编修，后转为东宫词林，迁右中丞，参修《大明会典》，历任国子祭酒、礼部右侍郎、吏部左侍郎，终官南京礼部尚书，著有《文恪集》。孙堪长子孙钰，字文昇，亦以勇武著称，嘉靖三十三年（1554）中武举，署指挥同知，后晋升南镇抚部指挥使，隆庆年间为都督巡捕都督同知，著有《思则堂前后稿》。孙墀有子四：长子早夭；次子孙钶，官至晋州判官；三子孙镃，嘉靖二十二年（1543）举人，官至岳州同知；四子孙鏊，官至上林苑监丞，著有《松菊堂集》24卷。孙升有子四：长子孙鑛（1525—1596），嘉靖三十五年（1556）进士，历任文选郎中，光禄寺卿，大理寺卿、南京吏部尚书、兵部尚书，卒赠太子太保；次子孙铤，嘉靖三十二年（1553）进士，选庶吉士、编修历左中允、南京礼部右侍郎，参与《永乐大典》校勘；三子孙鏮，进士出身，终官太仆卿；四子孙矿，以父荫入南雍，万历二年（1574）会试夺魁，授职方主事，后凡六迁，升为考功郎中，万历十九年（1591）以左佥都御史主持考察，累官南京兵部尚书，加太子太保参赞机务。四子文学用力最多，影响最大。编纂诗文集《今文选》12卷，著有《居业初编》《次编》等多种，史学方面著有《评史记》130卷，《评汉书》37卷，《班马异同》《太史真笔》等多种，还参与《后越绝书》、万历《绍兴府志》的编写等。

孙氏第四代子弟甚多，孙钰子孙如律，官至都督佥事；孙鑛子孙如法，万历十一年（1583）进士，授刑部主事，于经史、戏曲皆有研究，著有《古春秋传》6卷、《广战国策》17卷；其弟孙如洵，万历四十一年（1613）进士，终官山东副使及参议；孙鏊子孙如游，万历二十三年（1595）进士，累官礼部左侍郎、礼部尚书，卒赠太子太保。

孙氏第五代孙有闻系孙如法之子，户部主事，著有《桐庐诗文》8卷。孙氏第六代以孙嘉绩显名，崇祯十年（1637）进士，授兵部主事，历任职方司郎中、九江佥事之职。清顺治二年（1645），散家财，招兵数万，辅佐鲁王监国绍兴，擢左佥都御史，东阁大学士，兵败后病卒于舟山。

余姚之王即王阳明家族，其父王华（1446—1522）成化十七年（1481）廷试一甲第一，授翰林院修撰，累官翰林院学士，礼部右侍郎兼日讲官等职，著有

《龙山稿》《读书杂录》等。王阳明,明代大儒,诏赠新建侯。门人为其辑成《王阳明全书》,后裔袭伯爵。

余姚之吕氏于元末明初由新昌县迁入,新昌吕氏于南宋初年由山东青州迁入,由一般耕读之家成为一方望族、相门之家。至明嘉靖十一年(1532)吕本(1504—1583)进士及第,累任翰林院国史检讨、南京国子监司业、少詹事兼翰林院学士入直文渊阁,吏部左侍郎兼东阁大学士,礼部尚书兼东阁大学士,死后追封太傅,谥号文安,恩荫子孙。吕本有六子:长子吕元,以父荫任礼部司祭郎中,与徐渭、汪道昆、何良俊、屠隆友善,著有诗文集《芳润斋集》;三子吕兖(1538—1597)以荫入太学,授后军都督府都事;四子吕兑以荫任中书舍人,升礼部精膳清吏司主事,娶孙升之女孙镤为妻。吕兑之子吕胤昌(1560—1612)万历十年(1582)中举,十一年(1583)进士,出任宁国府推官,南太仆寺丞、南京工部虞衡清吏司郎中,奉政大夫,戏曲家。吕胤昌之子吕天成(1580—1618),著名戏曲家,著有《齐东绝倒》等杂剧和《曲品》理论著作,小说《绣榻野史》等。其子吕师著(1599—1664)中举后授江宁府北辅通判、三衢教授,著有传奇七种。其三子(钜烈、相烈、洪烈)皆为旷代轶才。吕师濂为吕师著族弟,诗文词书画皆擅,著有《何山草堂诗稿》。

会稽陶堰陶氏元末由江西新建迁入,至明代成化七年(1471)由陶悌发迹中举,弘治三年(1490)进士,官至广东参议。此后至清代,该家族共孕育举人111人,进士42人,其中榜眼、探花各1人。贡生83人,还有非科举出身的官宦、学者多人,近现代更是名人辈出。陶谐(1474—1546),弘治九年(1496)进士,官至兵部尚书;陶大临,嘉靖三十五年(1556)榜眼,官至吏部尚书;陶望龄万历十七年(1589)获会元和"探花"衔。清代著名书画家陶杏秀、陶浚宣、陶元藻、陶方琦等,著有画册和诗文集,如《泊鸥山房集》《全浙诗话》等。辛亥革命时期光复会领袖陶成章,祖籍陶堰的教育家陶行知和美术家陶元庆等。

山阴县城状元坊张氏系南宋张浚后裔,经过数百年后,至明中期始盛。张天复(1513—1574),嘉靖二十六年(1547)进士,官至云南副使;其子张元忭(1538—1588)隆庆五年(1571)状元,翰林院修撰,参与万历《绍兴府志》《会稽县志》《山阴县志》编撰,著有《不二斋文选》等。张元忭之子张汝霖、张汝懋,一为万历二十三年(1595)进士,官至广西布政使、参议;一为万历四十一年

(1613)进士,官至大理寺丞。张汝霖之子张耀芳(1574—1623),以贡生任山东鲁献王右长史,其子张岱(1597—1688),明末清初的文学家、史学家,著有《陶庵梦忆》《西湖梦寻》《琅嬛文集》和《石匮书》等。

山阴县梅墅祁氏原为陕西韩城,于南宋建炎年间迁居于此,经过三四百年繁衍积淀,至四世祁仁中为成化二十年(1484)进士,终官礼部员外郎;五世祁司员,成化十四年(1478)进士,终官安徽池州知府;七世祁清,嘉靖二十六年(1547)进士,累官南京礼部给事中、福州知府、湖广参政、陕西布政使;九世祁承㸁(1563—1628),万历三十二年(1604)进士,累官江西吉安知府,为明代藏书家,著有《澹生堂文集》《两浙古今著书考》。祁承㸁生有五子:长子祁麟佳,郡庠生,戏曲家,著有《太室山房四剧》《救精忠》《红粉禅》《庆长生》《错转轮》;次子祁凤佳,增贡生,戏曲家;三子祁骏佳,岁贡生,戏曲家;四子祁彪佳(1602—1645),天启二年(1622)进士,初授福建兴化府理刑,福建道御史、历任巡按苏松道、河南道、京畿道,福王时升大理寺丞、都察院右佥都御史等职,戏曲理论家,著有《远山堂曲品》《远山堂剧品》和《祁彪佳集》;五子祁象佳,监生。祁豸佳,天启七年(1627)举人,以教谕迁吏部司务,戏曲家兼画家,著有《眉头眼角》《玉犀记》杂剧和《仿北宛溪桥图》《水亭观鱼图》画轴。祁熊佳,崇祯十三年(1640)进士,官福建南平知县、兵科给事中。其子祁鸿孙、戏曲家,抗清志士;祁苞孙、祁理孙、祁班孙皆为文学家兼抗清志士。祁彪佳夫人商景兰(1605—1675),字媚生,吏部尚书商周祚长女,擅书画,尤善诗词,祁彪佳殉国后养育子女,其二子班孙、理孙为抗清志士,女儿、媳妇皆以诗名,著有《锦囊诗余》。长女祁德渊、次女祁德玉嫁于山阴朱用调;三女祁德琼、四女祁德蒥皆为才女;儿媳张德蕙、朱德蓉也是才女,均有诗作留传。

山阴州山吴氏明初由江苏无锡迁入,历经百年至五世。吴舜,弘治六年(1493)进士,官至吏科给事中。其后陆续有子弟中进士,吴兑中,嘉靖三十八年(1559)进士,官至兵部尚书,蓟辽昌保总督;吴兴祚,康熙二十年(1681)兵部尚书、两广总督。吴氏于明清共有文进士15名,武进士29名,将军55名。

山阴峡山何氏先世居安徽庐江县,宋室南渡后徙居于越州。元末有何茂昌者,官提举,入赘峡山郭氏,为峡山何氏始祖。五传而其族始盛,自明中期以来,名人辈出,成为越中望族。何诏,字廷纶,号石湖,弘治九年(1496)进士,累升都察院右副都御史,巡抚保定,寻召为工部侍郎,升南京刑部尚书,改南京工部尚书。《明实录》誉其"谆谨自持,耿介有守"。其子何鏊,字巨卿,号沇溪,正德十二年(1517)进士,授刑部主事,以谏武帝南巡被杖,謇然有直声。嘉靖中历四川、河南、江西布政使,所至咸有能声,官刑部尚书,有《沇溪诗集》。《明实录》赞其"清正直谅,有古大臣风,士论重之"。何诏、何鏊父子卒后,朝廷均赠太子少保。何继高,字泰宁,万历癸未(1583)进士,为南刑部侍郎,善决疑狱,每多平反,人们常将他与海瑞相比,南都民谣曰:"执法无阿海如何?"历任河南卫辉、归德、江西临江、福建福州知府,迁长芦盐运使、江西布政使司参政,政绩卓著,著有《轩岐新意》《瀛东杂著》,与冯学易等同撰《长芦盐法志》。何师俭,清康熙六十年(1721)选授兵部员外郎,雍正元年迁广西右江道佥事,擢按察使,执法公正,不避权贵,多次平反冤错案,《清史稿》有传。何煟,字谦之,雍正间以捐纳授州同,后任河南按察使、布政使、巡抚等职,为官期间,曾重修浙江尖山海塘、治理淮河、扬子江、黄河,深得乾隆厚爱,赐诗褒以"爱民知政",乾隆十九年(1754)加总督衔,继以兵部尚书衔,卒赠太子太保,谥恭惠。其子何裕城,字福天,贡生,以捐任官。乾隆四十三年(1778)授山东督粮道,历官河南、河北道,五十五年调安徽巡抚,受命赴京祝皇上八旬万寿,行至合肥而卒,撰有《全河指要》。何煟、何裕城父子,《清史稿》皆有传。何国仁,字道安,著有《道安集》。何鼎,字夏九,号晴山,以举人授河南长葛知县、嘉兴知府,撰有《香草集》词。何嘉珣,字玉羽,岁贡生,著有《玉笋山诗钞》。何焯,字念修,号雨山,乾隆元年(1736)荐举博学鸿词,官河南通判,著有《雨山书屋诗钞》。何澂,字竞山,号心侣,贡生,长于金石之学,工篆刻,善画花卉,与秀水蒲华为书画友,撰有《台湾杂咏》《何竞山日记》等。吴仁安《明清江南著姓望族史》谓:"浙江绍兴山阴何诏家族,科举相继高第,父子祖孙四世进士,簪缨联翩,朱紫盈门,是明清时期绍兴显赫的官宦世家,堪称江南名门望族。"①

上虞之徐,诗书礼易,代多闻人。徐学诗,嘉靖二十二年(1543)进士,终官南京通政参议,与叶经、陈诏、谢瑜合称"上虞四谏";徐如翰,万历二十九年(1601)进士,累官天津兵备道,晚年与陶石梁、陈宴等结"稽山八老社";徐宗

---

① 吴仁安《明清江南著姓望族史》,上海人民出版社 2010 年,第 54 页。

儒,万历四十四年(1616)进士,历官河南陈州牧工部员外郎;徐人龙,万历四十四年进士,历官苏松兵备道、右金都御史巡抚山东、户部尚书等职,著有《守虔经历》《留虔纪实》等;其子徐咸清以荫为监生,康熙十七年(1678)推荐参与博学鸿词科试未中,与弟允定蜚声艺苑,其子东、女昭华皆有才名。

　　之倪即为上虞倪元璐(1593—1644)家族,天启二年(1622)进士,翰林院编修、南京司业、右中允、兵部右侍郎兼侍读学士、户部尚书兼翰林院学士,追赠文贞。工书画、能诗文,著有《倪文贞集》。其父冻、弟元珙、子会鼎皆为名人。

　　明清时期绍兴文化之盛,离不开众多世家望族,这些世家望族的兴盛与族中子弟的科名获取息息相关,科名是衡量家族兴衰的标志。这种重要性主要体现在子弟读书的强烈进取意识,家族子弟在童试后,全身心投入县(府)试、乡试、会试准备中。在此期间,他们会自动结成文社、诗社或参加雅集,磨炼自己。追求科名具有强大的吸引力。也有的抛弃功名追求,潜心于诗文酬唱,取悦于戏曲、书画之乐而参与结社或雅集等文化活动。以农耕或商贾为本业的家族,由科举进入士绅望族,一般需要三四世,即百余年时间,而缙绅家族奕世科第也很难保持长久,大多世家在三至五代之后也就衰败了。在这种盛衰兴替过程中,绍兴大多世家也演绎证明了这一规律。如余姚之孙氏、吕氏,山阴状元坊之张氏,水澄巷之刘氏等。但也有少数世家,如山阴州山吴氏、峡山何氏,会稽陶堰之陶氏,它们在明清六百年中,仍然延续发展,展现世家的光辉。

　　明清时期随着科举制度的完善和选官制度"惟尚文一途",参加举业的士人也逐渐增多。由于科举道路的艰难,绍兴的读书人,有的为了应试,往往参加文社学习八股文,冀图博得功名。然而科举考试竞争十分激烈,中举的比例也越来越低,据有关资料统计,清代浙江乡试的录取率仅为3.77%。通过科举之途而出人头地的可能性大大降低。有些读书人虽然没有完全放弃科举之途,却也不再似从前那样执着,有些则率性放弃功名之念,逐渐转向更为广泛多彩的生活领域。或以治文书律令,寄托官府为幕僚,或出外经商,或习手艺,或寻求诗词歌赋之好,或纵情戏曲娱乐消遣,有的致仕官员也以赋诗怡情终老。他们中的大多数看淡科举功名,文化意识却在增强,不仅重视传统的诗文戏曲创作,而且还拓展到儒学之外寻求文化营养,因而释道之教盛行,创作也走向多样化。但这仍然无法排遣内心的郁闷,因而通过频繁的社会交往,或宴饮品茗、谈诗论文、戏曲娱乐，或结社讲学，寻求弥合自身与社会裂痕之法。如成化年间朱纯、罗顾、张皓等结"鉴湖吟社"，弘治九年（1496）王阳明于余姚龙泉山结"龙泉诗社"，正德八年（1513）于山阴县牛头山讲学并结"浮峰诗社"，正德十六年（1521）又于余姚龙山寺讲学并结"龙山会"，又至牛头山参与"浮峰诗社"活动。嘉靖二十三年（1544）沈炼、陈鹤、徐渭等于府城结"越中十子社"，嘉靖末年至隆庆年间，朱簪、朱篦、胡方山于家乡山阴县白洋村结"山阴四皓社"，万历初年徐渭与上虞车任远等结"越中七贤社"，又与弟子王骥德、史槃结"越中曲派"；万历中期会稽陶氏家族陶允嘉、陶奭龄等结"阳辛文学社"；万历末年陈治安与陶奭龄、董懋中、徐如翰等结"曹山八老社"；万历四十四年（1616）张岱与范与兰、尹尔韬、何紫翔、王士美、张介子、张平子等人结"丝社"；天启末年张岱与其叔张联芳结"斗鸡社"；陶氏家族陶祖龄、陶履平等 18 人结"丛云文学社"；崇祯四年（1631）刘宗周创"证人社"，参与者甚众。同年，祁彪佳、王思任等于杭州西湖后又移至山阴结"萍社"；崇祯八年（1635）祁彪佳从苏淞巡按任上因病辞职家居，于杭州西湖祁氏别墅与王元寿、张遂辰等人结"雁社"，同年又于家乡山阴寓山创"文昌社"；崇祯九年至十年（1636—1637），余姚诸士奇与里人结"昌古社"，王毓耆于会稽县城创"素明社"；崇祯中后期周懋谷与兄周懋宗、弟周懋宜等结"因社"，崇祯末年至顺治初年，周懋谷又与骆复旦、姜承烈等结"旧雨堂文会"，砥砺八股文写作。

　　明末清初，由于封建政治极端腐败和人文主义思潮的浸润，文人结社异常活跃，不仅有切磋学业文章的社团，还有想通过结社来影响朝政的党社，如复社、几社。对此，封建皇权是绝对不允许党社来干预朝政、监督政府的。到了清初，先有顺治九年（1652）的禁止结社干预政治法令："生员不许纠党多人立盟结社，把持官府，武断乡曲，所作文字，不许妄行刊刻。违者听提调官治罪。"①继之，顺治十七年（1660）又颁布禁止结社主盟令："士习不端，结订社盟，把持衙门，关说公事，相煽成风，深为可恶，着严行禁止。以后再有这等的，各该学臣即行革除参奏，如学臣隐徇事发，一体治罪。"②从此曾喧闹一时的社团

----

　　①　佚名《林下杂录》，转引自谢国桢《明清之际党社运动考》，中华书局 1982 年，第 96 页。
　　②　佚名《林下杂录》，转引自谢国桢《明清之际党社运动考》，中华书局 1982 年，第 98 页。

活动消沉下去，即使有小型松散的社事，也只管诗酒清逸，远离政治了。

直到康熙五年（1666），金烺与胡韦若、王石甫等于府城龙山结"观文堂社"，论文讲义，揣摩八股写作。康熙二十年至三十年（1681—1691），商和、何嘉珝、李登瀛等十人在龙山诗巢结社，雍正年间又有刘正谊、薛载德等于龙山诗巢结社，后人称为"龙山诗巢二十子"；乾隆年间商盘、周长发又于龙山西园结"西园十子吟社"，同时又有陶元藻、童钰等结"越中七子社"；嘉庆年间岑振祖、邬鹤征结"泊鸥吟社"，社员多至 40 余人；道光、咸丰年间周星誉、李慈铭创立"言社"，孙廷璋、陈寿祺、王星诚结"越中三子社"；同治年间秦树敏创建"皋社"，再次出现了结社的热潮。

从 1840 年至 1911 年辛亥革命的 70 多年间，是一个内忧外患两种势力煎熬和逼迫的交接时期。从世界范围看，资本主义自由贸易体系的发展，迫切需要扩充原材料基地和销售市场，以自给自足的自然生产关系为主体的农业中国，加上地大物博的空间环境，使得它成为资本主义力图用商品重炮轰击的靶子。然而，实施"闭关锁国"政策的清王朝对于外界懵懂无知。当从 1840 年 6 月英国"远征军"轰击珠江口的炮声中惊醒过来的时候，措手不及的清王朝只有屈辱地接受西方强国的城下之盟，从此中国逐步沦为半殖民地半封建社会。第二次鸦片战争、中日甲午战争一波接着一波的失败，中国社会的危机一步一步地加深，《辛丑条约》《马关条约》的签订使清政府完全变成了一只任人宰割的绵羊，"量中华之物力，结与国之欢心"的承诺，换取"洋人的朝廷"暂时的稳定。

面对屈辱的侵略，亡国灭族的危险，有识之士不断奔走呼号，振衰救弊，挽救国民于水火。19 世纪西方革命思潮的输入，壮大了革命队伍。秘密社会的发展，新的知识分子的崛起，妇女地位的提高和华侨的广布，构成了晚清革命运动的社会基础。清末废科举，兴办新式学堂，新学勃兴，教育风气为之一变。中国的人才结构与知识结构也逐渐改变，为新文化的开拓奠定了基础。绍兴一批有识之士大力倡导新学，革新教育，光绪二十三年（1897）徐树兰创办了绍郡中西学堂，这是浙江省最早的普通中等学校。第二年冬，蔡元培接任绍郡中西学堂总理，实施新式教育，使该校成为新式学堂的佼佼者。在此期间，绍兴的读书人接受新思想，宣传新思想，他们抱着"天下兴亡，匹夫有责"的雄心壮志,挺身而出,把笔杆子作为武器,从事推翻清专制政权的斗争。一批新知识青年如陶成章、徐锡麟、秋瑾、蔡元培、蒋智由等组织革命团体"光复会",积极从事推翻清政权的革命活动。1902年,蔡元培、蒋智由在上海创办中国教育会、爱国女校、爱国学社,1903年又组织"对俄同志会",同年,徐锡麟创办热诚小学,鼓吹革命;1904年陶成章、徐锡麟、蔡元培在上海创建光复会。同年秋瑾、刘道一于日本东京组织"七人团",1905年秋瑾经东京组织"女子雄辩会",宣传革命,提倡女权;1906年,秋瑾与学生尹锐志、尹维俊于绍兴创办明道女学;1907年,陶成章与章炳麟于日本东京组织"东亚亡国同盟会";1909年,诸宗元、胡颖之等一批文士先后加入"南社"。光绪七年(1881)周炳奇与其友王秋成等十余人结"志学会";光绪末年,嵊县商宝慈等14人于县城结"鹿泉社";民国元年,宋紫佩、王文浩、陈子英、范爱农、鲁迅等人于府城结"越社",创办《越社丛刊》《越铎日报》,宣传革命思想,参与推翻腐朽清王朝的活动。民国二年(1913)绍兴漓渚人张拯亢、张振滋兄弟创办"螭阳诗文社",社员人数达百人。民国三年(1914),绍兴府中学堂的施宗昱、杜尔梅、屠钦越、周作人等40余名学生反对袁世凯窃国,为纪念黄花岗烈士成立了"爰社"。现代则有鲁迅、周作人参与《新青年》,罗家伦、孙伏园、孙福熙、周作人结"新潮社",鲁迅、孙伏园、周作人、周建人等结"文学研究会",邵洵美、孙大雨、陈梦家创办"新月社",鲁迅、孙伏园创办"语丝社"。鲁迅参与"左翼作家联盟",鲁迅创办"莽原社""未名社",周作人、陶亢德、邵洵美于上海创办"论语派",董秋芳、许钦文等于北大结"春光社",经亨颐于上海创办"寒之友社"等等。

第三节　研究缘起与研究观念的创新

目前研究文人结社和文人雅集的著作和论文甚多,但皆是属于断代的,即关于某一朝代的研究。有关文人结社研究的,如熊海英《北宋文人集会与诗歌》、方勇《南宋遗民诗人群体研究》、欧阳光《宋元诗社研究丛稿》、丁楹《南宋遗民词人研究》、周焕卿《清初遗民词人研究》、何宗美《明末清初文人结社研究》和《明末清初文人结社续编》等;有的则是某一地域某一时代的研究,如彭民权《江西文人群与宋代文学观念的演变》、王文荣《明清江南文人结社考述》

等;论文如李绪柏《明清广东诗社》、景遐东《论中唐时期江南地区的诗酒文会》、耿传友《明代徽州文人结社综论》、陈小辉《唐代诗社考论》、高利华《宋季两浙路词人结社联吟之风》,硕士论文如阴达《明代科举文人与文人结社》、王遥江《南宋绍兴地区文人群体研究》、唐朝晖《元庆元路遗民诗人群考论》、赖智龙《越中十才子研究》、张桂丽《"言社"考述》、吴震《证人社与明季江南士绅的思想动向初探》等等。关于文人雅集的论著有《唐代集会总集与诗人群体研究》、曾莹《雅集与诗歌风尚研究》等;论文有邱江宁《论元代"续兰亭会"》、唐朝晖《元末续兰亭会及其文学意义》、孙明君《兰亭雅集与会稽士族的精神世界》《明代中晚期文人雅集》等。以上研究有的是着眼全国,但也仅涉及当时的都城及相关的城市,有的则属于一个较大的地区,如"江南"或"江西""广东""两浙路"等,但都是属于断代的研究。

本书从绍兴历史文化发展的实际出发,将文人雅集与文人结社融为一体,作纵向式的研究,构建的则是从一个历史上仅属于州郡府级建制的行政区域——绍兴(会稽郡、越州、绍兴府),从东晋永和九年(353)王羲之兰亭雅集开始,历经唐宋诸多诗人集会酬唱,再到宋末元初首个文人结社"吟社"的出现,至明清、近现代,文人雅集与文人结社兴盛且延续不断,纵向地展现长达1600余年全景式的活动图景,从而探讨其发展规律和对现当代文化的深刻影响。

本书研究范围如下。空间范围上,涉及中华人民共和国成立前的绍兴府——一个属于州郡府级行政建制区域,即从东晋会稽郡至唐开元二十六年(738)的越州,再至南宋以后绍兴府所辖的山阴、会稽、上虞、诸暨、嵊县、新昌、余姚、萧山等八县地域,包含今天绍兴市所辖的全部、宁波市所辖的余姚市、杭州市所辖的萧山区的一个较大地区。时间范围上,纵向展现从东晋永和年间至近现代长达1600余年间,凡在该地区内举行的文人雅集和结社活动,参加的人员无论是本籍或外籍的人士,都尽量详加叙写,而在外域举行的雅集或结社活动,一般只对本籍人士作出叙述,而对外籍人士则略而不写。从而全景式地展现绍兴文人雅集与结社的鲜活图景,论证绍兴之所以成为"名士之乡""科举之乡"的成长累积过程。

本书创新之处包括以下三个方面。

一、考证创新

本书以文献为突破,以文本为例证,展现绍兴文人雅集与结社的本来面貌。

绍兴是中华人民共和国第一批的 24 个历史文化名城之一,地方文献丰富。首先,其中地方志众多,保存完善,如南宋嘉泰年间施宿编纂的《会稽志》,南宋宝庆元年(1225)张淏续纂的《会稽续志》,明万历年间由张元忭、孙矿纂的《绍兴府志》,清康熙二十二年(1683)知府王之宾修的《绍兴府志》,康熙三十年(1691)知府李铎修的《绍兴府志》,康熙五十八年(1719)知府俞卿主持修纂的《绍兴府志》,乾隆五十七年(1792)由知府李亨特主持编写的《绍兴府志》,乾隆五十九年(1794)悔堂老人编撰的《越中杂识》,还有属于八县各个时期修纂的县志。其次是有关的山水专志,如《兰亭志》《云门志》《龙山诗巢志》。再次是氏族谱,如光绪年间的《会稽陶氏族谱》《会稽渔渡董氏族谱》《山阴前梅周氏宗谱》《山阴州山吴氏族谱》《阴川孙氏宗谱》,以及民国年间的《绍兴白浦朱氏家谱》《水澄巷刘氏家谱》等等。然后是名人诗文集,如王思任《王季重十种》、张岱《琅嬛文集》《陶庵梦忆》、祁彪佳《祁彪佳集》及日记、毛奇龄《西河集》、商盘《质园集》等等;最后是有关汇编的类书:如《会稽掇英总集》《越风》《山阴道上集》《越风诗人小传》等等。上述文献皆有文人雅集与文人结社的资料,虽然有的比较零碎,但皆可作为依据,与其他资料参照研究。

二、思路创新

本书以文人交游酬唱为研究对象,依据有关资料,还原当时雅集或结社的画面,再现当时与会人员诗酒唱和的生动场景。

据乾隆《绍兴府志》卷五四引毛奇龄《西河集》记载:"魏寿延,字仲远,唐郑公二十四世孙。世居上虞夏盖湖上,绕屋植万竹。昆弟三人仲仁、仲远、仲刚,并嗜奇好古。仲远尤工诗,一时贤士大夫过上虞者必造其居。集倡酬之什,为《敦交集》。其人则淮南潘纯,钱塘沈惠心、陆景龙,永嘉李孝光,高明,天台陈廷言、毛翰、朱右,诸暨陈士奎(起章),剡王肃(公玉),会稽王冕(竹斋)、陈谟

(仲嘉)、唐肃(起敬),山阴陈敬(白云)、赵俶(本初)、余姚郑彝(元秉)、张克问(九思)、徐本存(存敬)、宋僖(无逸),上虞徐士原(仁初)、严贞(宗正)、俞恒(时中)、徐用文(用章)、则文(惟章),又有于德文、释宗泐、李延兴、戴良、凌彦翀,大抵同里者十七。宋濂为作《见山楼记》,朱彝尊为搜补诗集。"其社名可以"敦交"名之。这是一个既有文人结社又具有文人雅集功能的大型的文人社团,当时很多名流汇集于此。"同里者十七",是比较固定的人员,可视为文人结社;而域外的淮南潘纯、钱塘沈惠心、陆景龙,永嘉李孝光、高明,天台陈廷言、毛翰、朱右等,皆是不固定的人员,视各人情况来此雅集的。光绪《上虞县志》卷三十六《经籍》载云:"上虞魏氏《敦交集》一册,《浙江通志》魏仲远辑,集中皆名贤唱和诗,其卷数无考,沈奎刊补载,朱彝尊跋曰《敦交集》一册,上虞魏仲远录其友酬和之诗作也。作者二十四人,诗七十六首,其末宜有仲远题识,而今亡之,非完璧矣!册为我乡李太仆君实,紫桃轩藏本,康熙丁酉(1679)予购得之,稽诸竹斋、丹崖、全业,多有与仲远赠答诗。"如对照《元诗选》中李孝光、高明、王冕等人之诗作,皆可还原当日魏仲远之敦交社活动之大概。

三、观念创新

本书揭示绍兴文人雅集与结社活动的发展轨迹,及其对绍兴区域文化和全国文化产生的巨大影响。

本书涉及的范围虽是指向东晋以后的会稽郡,隋唐、北宋的越州及南宋至明清近现代的绍兴府,但也包含了越地文士参与外域的雅集与结社活动,还有中原文士来越地举办的雅集集会酬唱活动,更为主要的是以大量翔实的史料,揭示绍兴作为一个郡、州、府级的行政建制区域,在南宋以前,其郡州府的行政建制具有特殊的地区优势,是大郡郡治和浙东道治所在地。

东晋永嘉南渡,流寓会稽的北方士族以王羲之、谢安等为代表开创的山阴兰亭雅集,唐宋时期或宦或游的中原文士在越州举行的集会酬唱,呈现的是以外域文士为主,本地文士为辅的唱和格局。这是绍兴文人雅集与结社在南北文化交流中发展的第一种趋向。

南宋末年至元末、明清时期,绍兴虽然失去了往日的区域优势,但由于历代的移民,境内的居民相互交流影响,众多的姓氏经历长期的积累,以农耕或商贾为本业的家族,由读书、雅集、结社科举入仕,逐渐成为当地的世家望族;由南宋开启的"浙东学派",创事功学与心学两大体系,至明清之际,集心学之大成的王阳明哲学与以黄宗羲为代表的浙东史学,促成事功学与心学合流,建构一种兼具主体精神与事功精神的哲学体系,使这里成为当时新思想、新思潮的主要启蒙地区。为此延续并发展了绍兴的文学艺术的繁荣和人才的兴旺。如宋末元初王英孙家族聚集外来文士,创建"吟社""汐社",元末上虞魏仲远三兄弟创建"敦交社",或雅集或结社;明清时期绍兴境内出现了众多的文人社团和频繁的雅集活动,本地文士雄踞文坛,吸纳外域文士参加,同时又积极参与外域文士的雅集和结社活动,如杨维桢参与顾瑛的"玉山雅集",王阳明追随李梦阳于京城结社唱和,吕胤昌于宁国府与汪道昆结"白榆社"等等。这是绍兴文人结社与雅集在南北文化交流中发展的第二种趋向。

近现代,大批越地文士走出绍兴,走进北京、上海等大城市,参与文人结社的宗旨不再是围绕科举锤炼诗文,结社的方式也不再是传统的诗词酬唱,而是办报刊、出书,他们在思想上自觉地接受中国共产党的领导,学习运用马列主义的思想理论,揭露和批判封建文化和资产阶级文化毒素,他们不仅构建新的绍兴区域文化,同时又在构建新民主主义的中国文化中,作出了巨大贡献。以鲁迅领衔的绍兴群体作家,"各自成为一个方面领袖人物和代表人物",构成一种"典型的具有区域特征的重要文学现象"①。产生了以鲁迅为首的浙东乡土作家群,汇聚于上虞境内的白马湖作家群,以绍兴人为主的语丝作家群,声势壮观的浙东左翼作家群。绍兴文学作家群立足地域又超越地域,凸显于 20 世纪中国文学史上,以其特殊品格及传统累积的先导性文学思想,引领中国现代文学潮流,对于中国当代文学的发展也有直接的借鉴意义。这是绍兴文人雅集与结社在南北文化交流中发展的第三种趋向。

纵观绍兴文人雅集与文人结社 1600 余年的发展历史,文士们相互酬唱、启迪竞争,留下了大量的唱和诗篇,不仅极大地丰富了绍兴地方文献,促进了绍兴地方文学艺术的繁荣发展,同时又培养造就了大批科举人才,成就了绍兴

---

① 王嘉良《越文化视阈:区域文化与文学关系的思考》,《中国越学》第五辑,中国社会科学出版社2013 年,第 180 页。

的"名士之乡""科举之乡"的美名。从这一角度观察,这不仅是一部绍兴人才的成长史,也是一部绍兴文化的发展史。同时由于绍兴优越的山水人文环境,也为当时宦游越地的文士提供了丰富的文学创作契机,他们创作的大量诗文不仅丰富了个人文学创作,同时也为当时文学创作繁荣作出了巨大的贡献。

第二章 绍兴文人社团的滥觞:经久不衰的兰亭修禊活动

总体而言,东晋永和年间的文人雅集活动仍属于文人结社的范畴,它是文人结社的初期状态,或称滥觞阶段,它与民间的修禊习俗联系在一起,在文人结社成熟以后,它仍然继续存在,但纪念的意义往往大于雅集活动本身。

第一节 东晋永和年间山阴兰亭修禊的文化背景

西晋末年的"八王之乱"直接导致了西晋王朝的衰亡,司马睿于永嘉元年(307)七月以安东将军都督扬州江南诸军事的身份出镇建业(后改为建康),建兴四年(316)西晋灭亡,在江东的司马睿在琅邪王氏的提议与拥戴下,于建康建立了东晋政权,一度形成了"王与马,共天下"的格局。东晋疆域占地八州,但政权的巩固主要取决于吴兴、丹阳、吴、会稽四郡。当时吴兴郡的豪门士族,有着雄厚的武装实力,司马睿集团要坐镇江东,保住半壁江山就必须稳定与丹阳、吴、会稽三郡的关系,结成政治集团。当时会稽郡的土著豪门士族,以著名的孔、魏、虞、谢四大家族为代表,其势力不及太湖流域的豪门士族强大,且地域分布很不平衡。当时会稽郡统辖山阴、上虞、余姚、句章、鄞、鄮、剡、永兴、诸暨等十县,豪门土著士族主要集中聚居于平原地区的山阴、余姚两县。山阴有孔、魏、谢、张诸姓,以孔氏家族为最盛。余姚主要有虞氏家族。土著豪门士族势力薄弱的剡溪—上虞流域的剡、始宁、上虞诸县则成为北方士人流寓会稽的集聚地。"北来上层社会阶级虽在建业首都作政治活动,然殖产兴利,进行经济开发,则在会稽、临海之间的地域。上层阶级的领袖王谢诸家,之所以到会稽临海之间求田问舍，是因为京都近旁既无空余之地，京口晋陵一带又为北来次等士族所占有，至若吴郡、义兴都是吴人势力强盛的地方，不可插入。故唯有渡过钱塘江，至吴人士族势力较弱的会稽郡，转而东进，求经济发展。"①作为会稽郡治所在地的山阴，只有出任会稽郡内史的北方士人得以凭借权力暂居于此，安顿家口，其余北方士人只得向剡溪—上虞流域的剡、始宁、上虞诸县流寓。

据王志邦《六朝江东史论》研究：从西晋末年到东晋建立政权以后迁入会稽的北方士族，可分三个时期。

第一个时期，即西晋末年至东晋元帝时期，是永嘉南渡时期。"中州士女，避乱江左者十六七。"②迁入会稽郡的北方士族主要有以下几个家族。北地泥阳傅氏：傅玄的孙子傅敷、傅晞兄弟俩，傅晞曾为上虞令，甚有政绩……傅晞的后人家居上虞。颍州鄢陵庾氏：庾琛"过江为会稽太守"，其子庾亮随父琛避地会稽，其弟妹也随父在会稽。高阳许氏：许归以琅邪太守随中宗（元帝）过江，迁会稽内史，因家于山阴，其子许询元帝时征为议郎辞不受职，遂托迹寓居永兴。陈郡阳夏谢氏：谢奕在成帝咸和年间任剡县令，谢安寓居上虞东山，谢玄寓居始宁，谢氏家族在上虞东山、始宁建有庞大的庄园。

第二个时期，即成帝到康帝时期。由于苏峻之乱，迫使又一批北方士人自都城建康一带东下流寓到会稽，主要有以下几族。陈留阮氏：阮裕于咸和初除尚书郎，苏峻乱后去职还家，迁居会稽剡县。太原晋阳王氏：王述于永和初年任会稽内史，母亲去世，停山阴治丧，可见王述一家在咸和年间已经寓居山阴。削发为僧的琅邪王氏：高僧竺潜系琅邪王敦之弟，成帝末年于剡县东柳山水帘洞侧建禅院。

第三个时期，即穆帝时期。这一时期流寓会稽的北方士人最多，主要有以下几族。太原中都孙氏：孙统于永和二年辞参军之职，家于会稽，性好山水，后为余姚令；其弟孙绰少与高阳许询俱有高尚之志，居于会稽，游放山水，十有余年，曾作《遂初赋》致共意。江夏李氏：李充，字弘度，征北将军褚裒引为参军，

①　陈寅恪《魏晋南北朝史演讲录》，黄山书社1987年。
②　《晋书》卷六十五，中华书局1974年，第1746页。

后任剡县令,筑室东土,与王羲之交游。琅邪王氏:王羲之于永和六年(350)出任会稽内史,在郡城东北隅的戴山兴建别业,家居于此。永和十年(354),因与扬州刺史、太原中都王述有隙,称病辞职,与其子操之自会稽徙居剡县东部的金庭。高平金乡郗氏:郗愔废帝时任会稽内史,后居会稽,其子郗超,在剡为戴逵起宅,在剡有家业。谯国戴氏:戴逵于穆帝时隐居于剡山,郗超为他在剡县建屋。乐安高氏:高柔字世远,寓居会稽畎川,与孙绰为邻居,孙统曾为其文集作序。高僧支遁,陈留关氏子,25岁出家,永和年间至会稽与会稽内史王羲之交游,遂居会稽灵嘉寺讲经,参与永和九年(353)兰亭修禊活动,后于沃州山立寺行道,放鹤养马,游于东柳山、沃州石城间。

一、流寓会稽的北方文化名流在兰亭的汇聚

孙绰、李充、支遁皆以文义冠世,戴逵"好谈论,善属文,能鼓琴,工书画,其余巧艺靡不毕综",实为多才的艺术家;王羲之一门以书法著称于世。移居永兴的许询后亦入剡,常与沙门支遁及谢安、王羲之等来往交游。先迁于上虞东山的谢氏一门,也与他们"出则渔弋山水,入则言咏属文"。此时会稽的学术气氛空前宽松自由,剡县成为东晋佛教的中心之一,七宗佛学流派,其中五宗的代表人物就齐聚在剡东。唐代白居易《沃洲禅院记》记载,当时居剡的高僧就有18位,在剡游乐或居住的名士也不下18位之多。

流寓会稽的北方士人秉承司马氏政权与会稽豪门士族结成政治共同体的既定原则:一是以不侵犯会稽郡豪门士族的经济利益为前提,北方士人除了担任会稽内史职务暂住郡城以外,他们大多数寓居在剡溪至上虞流域附近;二是在政治上与会稽土著士族保持一致,相互联合交往。他们相互谅解和赞赏,如山阴谢奉,"免吏部尚书,还东,谢太傅赴赵桓公司马,出西相遇破冈,既当远别,遂停三日共语。太傅欲慰其失官,安南辄引以它端。虽信宿中涂,竟不言及此事。太傅深恨在心未尽,谓同舟曰'谢奉故是奇士'"[①]。会稽土著士族对于在政治纷争中的同道北方士人施以援手。苏峻之乱,吴郡内史庾冰逃奔会

---

① 徐震堮《世说新语校笺》,中华书局1984年,第209页。

稽,"寄山阴魏家,得免"①。"孔君平(孔坦)疾笃,庾司空(庾冰)为会稽,省之,相问讯甚至,为之流涕。"②

永和九年三月三日,会稽内史王羲之"与同志宴集于会稽山阴之兰亭",参加者除寓居会稽的北方士人外,亦有会稽土著豪门士族与其"同志"者,"前余姚令会稽谢胜"便是其中之一。他们之间的互相谅解、相互交往,使得北方士人与会稽土著豪门士族比较融洽地结成了文人集团。

二、东晋会稽郡政治地位的显要与经济文化的昌盛

东晋会稽郡治所在地山阴城曾经是越国的古都,由于在城市地理区位、经济条件以及文化资源方面的优势,继续发挥着区域行政中心的作用。《晋书·地理志》载:"会稽郡秦置。统县十(山阴、上虞、余姚、句章、鄞、鄮、始宁、剡、永兴、诸暨),户三万。"会稽地处宁绍平原,春秋时期是越国的核心地带,其国都大越城就建在山阴县城,越国在发展壮大过程中对山会平原地带已作了初步开发,特别是东汉马臻兴筑鉴湖水利工程,极大地促进了会稽地区经济文化的发展。其后,三国孙吴、两晋会稽内史开筑西陵运河和浙东运河等水利工程,从而使会稽经济又得到了新的发展。东晋初年诸葛恢为会稽太守,晋元帝对恢说:"今之会稽,昔之关中,足食足兵,在于良守。"苏峻之乱后,山阴已有"民户三万",郡治山阴城市的规模有所增大,"周二十里七十二步"③,山阴县城不仅是著名的绢米交易中心,而且陶瓷、铜镜的交易量也很大。交通发达体现在以下方面:以山阴为中心,向东西辐射,形成宁绍平原的东西干线;自山阴向西至永兴(今萧山)为绍萧平原干线,这是一条宁绍平原通向杭嘉湖平原的战略要道;由山阴往东,出上虞,经余姚,抵句章(今慈溪)、鄞县,这是宁绍平原的交通要道,有人曾建议将京都迁徙于此。可见其政治和经济、文化地位非寻常郡县可比。从宗室封王地位上看,会稽王正是"统摄万机"的宰辅司马昱,属三要之一,正因为属于封国名下领域,这里的行政首脑称为内史。会稽在东晋名为一郡,实以一州视之。

---

① 徐震堮《世说新语校笺》,中华书局 1984 年,第 400 页。
② 徐震堮《世说新语校笺》,中华书局 1984 年,第 184 页。
③ 嘉泰《会稽志》卷 1《古城》。

水利是农业发展的命脉。自东晋以来,"会土边带湖海,人丁无士庶皆保塘役。"①民丁不分贵贱,按夫交差,修建塘埭,是东晋南朝浙江地区特有的一种现象,只有水利灌溉工程的数量大为增加以及在工程布局比较系统化的情况下,才可能出现。民间自筹资金,皆保塘役,在当时对农业生产影响很大。东晋南朝年间,会稽郡内土地大都为王、谢、孔、虞等豪族占据,成为他们的庄园,孔灵符除了在山阴县有田庄外,在永兴还有别业,周围达三十三里。谢灵运在始宁县田庄"田连同而盈畴,岭通水而通阡",他们皆在庄园内兴建了水利设施。水利的兴筑,既能扩大灌溉面积,促使农作物的增长,又能防止水旱灾害。由于牛耕大量使用,山区河谷之地得以开发,使得水稻栽培的条件大为改观。北方人口大量南迁,土著和侨民得以彼此交换农作物的品种和交流生产技术,为农业、手工业生产等发展提供了充裕的劳动力和技术的支持,人们不仅在平原地带广泛种植水稻,而且不断引进如麦、粟、菽等新的品种,山区丘陵地区也得到了开发。水田种稻,旱地种植麦、粟、菽等杂粮。稻、麦、菽等作物生长季节不同,种植与收割期交错,使得地尽其利,人尽其力,提高了农田复种率,提高了单位面积的产量,极大增加了粮食生产的产量。与此同时,根据山地自然条件,多种经营,植桑养蚕,纺织丝绸,从事青瓷制造的窑场遍布山阴、上虞、诸暨、余姚、鄞、鄮等地。此外,造纸业、矿冶业、酿酒业等都得到较大发展。

两晋六朝时期,会稽郡是当时东南政治经济文化中心,虽然时有战乱,但教育一直为统治者所重视,不同程度地兴学办学。孔晔《会稽记》"种山"条载"江夏太守宋辅于此立学校教授"。江夏太守宋辅为三国吴时人,可见会稽郡学在三国时已经出现。东晋谢石向孝武帝上书,建议兴复国学,州郡普设学校。义熙八年(412)孙靖复为会稽内史,"修饰学校督课诵习"。会稽除设官学外,私学也比较兴盛。避乱会稽的儒学大师徵宗、宋膺之、何胤和本籍的贺琛、孔金都聚徒讲学。会稽郡的虞(余姚)、魏(上虞)、孔、贺(山阴)四姓土著豪族均设有自己的族塾。王羲之、谢安两姓皆有氏族私学。

三、会稽郡成为东晋宗教活动的中心之一

东晋时期会稽宗教主要有道释两家。道教与越地重神信巫的民俗传统有

---

① 《南齐书》卷45《王敬则传》,中华书局1975年,第1130页。

关。东汉时期会稽上虞炼丹术士魏伯阳所著《周易参同契》是中国最早的炼丹术经典,为后世道士所崇尚并成为道教丹鼎派形成的理论基础。丹鼎派创始人东晋葛洪在会稽山阴县梅山等地的活动遗迹至今仍然可寻。创立于巴蜀地区的五斗米道自孙吴时传入会稽以后,风靡于东晋社会各个阶层。王羲之、王凝之及谢氏、郗氏,本土孔氏等家族都是道教五斗米道的忠实信徒。他们追求得道成仙,长生不老,采药辟谷。王羲之与道士许迈相交甚厚,共修服食,采药石,不远万里遍游东中诸郡;曾为会稽内史的王凝之更是奉之弥笃。孙恩起义军攻打会稽郡时部下皆请备战,凝之不从,入室请祷,出语诸将,曰:"吾以请大道,许鬼神相助,贼自破矣!"①遂不设防,终为孙恩所害。民间信奉神仙、鬼怪之风更为昌炽,道教徒众多,记载鬼神志怪之书籍大量出现。自晋至南朝,比较著名的志怪小说就有《搜神记》《神仙传》《观世音应验记》《幽明录》《玄中记》《拾遗记》等。

东晋会稽还是南方三大佛教中心之一。以"诸法空相"为主要义理的般若学的"六家七宗",除道安的本无宗在北方外,其余六宗皆活动在江南,而其中六人在会稽,并在剡东为主要建寺之处。本无异宗的代表人物竺道潜,琅邪王氏后人,东晋丞相王敦之弟,于咸康六年(340)至剡,隐剡 30 年,一生受到晋室五位皇帝的敬重,对会稽佛教中心地位的确立,贡献很大;即色宗的创始人陈留人支遁,以佛理与王羲之为莫逆之交,曾短暂住居山阴灵嘉寺,注释庄子《逍遥游》,后往剡东沃洲山建寺讲道;心无宗代表人物竺法蕴为竺法潜之徒,亦生活于剡中;识含宗的创始人于法开居剡东西北山灵鹫寺;缘会宗的创始人物于道邃隐居石城;幻化宗创始人竺道壹为简文帝所看重,名僧白道猷招其入会稽创嘉祥寺,奉为僧首,所作《神二谛论》与慧远的"神不灭论"遥相呼应,成为中国佛教的正统理论。唐代白居易《沃洲山禅院记》所记高僧有 18 人之多,其实在剡高僧有 20 余人。

东晋会稽佛教的兴盛以及众多道士高僧活跃在这一地区,促使鬼怪神仙信仰、佛教故事在民间广泛传播,志怪小说产生,同时宗教活动也推动了会稽山水的进一步开发。"南朝四百八十寺,多少楼台烟雨中",会稽郡中寺院、道

---

① 《晋书》卷八十"凝之"条,中华书局 1974 年,第 2102 页。

观林立,晨钟暮鼓不绝于耳。山阴县城有灵宝寺、灵嘉寺、嘉祥寺、云门寺、法华寺、静林寺,剡县有新建寺、元华寺、安东寺等。

四、会稽郡自然风光优美,文化积淀深厚

会稽郡北濒杭州湾,南连会稽山四明山脉,广阔的宁绍平原上河湖交错,是一个水乡泽国;丘陵山地中佳木葱茏,绿树掩映,是一片自然林园。东汉会稽太守马臻兴建鉴湖水利工程后,这里出现了一个面积为 206 平方公里的大型人工湖。它是我国古代最大的灌溉陂塘之一,具有防洪、航运、养殖、灌溉等综合性的功能。鉴湖的兴建从根本上改善了山会平原的水利条件,并与剡溪、姚江连接,进一步改观这个地区的山水风光,使得会稽郡地区呈现出水木清华、山川映发、平畴远风的自然胜景。其间名胜繁多:传说中的大禹治水得金简玉字之书和禹藏金简玉字之书的宛委山;越王勾践"十年生聚,十年教训""尝粪恶之后,遂病口臭,范蠡遂令左右皆食岑草,以乱其气"的蕺山和种植兰草的兰渚山;秦始皇命丞相李斯刻石以颂秦德的刻石山(原名为鹅鼻山);越国美女采荷起舞的若耶溪和浣纱洗衣的浣纱溪;以东汉孝女命名的"曹娥江";两岸万壑争流、众源并注的剡溪。会稽郡内多山水,峰崿隆峻,吐纳云露,鉴湖澄澈,万顷碧波如镜,与峰峦叠翠相互映照。著名画家顾恺之从会稽还,人问山川之美,他说:"千岩竞秀,万壑争流,草木蒙笼其上,若云兴霞蔚。"王羲之云:"山阴道上行,如在镜中游。"王献之说:"从山阴道上行,山川自相映发,使人应接不暇。若秋冬之季,尤难忘怀。"由此,会稽郡赢得了"山水国""山水郡""山水州"的美誉。

五、北方南来之士文化心态的充分展露

东晋士人继承并发展了西晋士人任自然、重情性的玄风,追求个体精神自由,肯定自我价值、个性觉醒。这一时代特征的产生,原因是多方面的。汉末"白骨露于野,千里无鸡鸣",西晋虽有短暂统一,但不久就是"八王之乱",紧接着又是异族入侵,中原沦丧的动荡混乱的社会局面。处在这个时代的文人知识分子,生命时刻受到威胁,政治上的改朝换代,豪门士族内部之间倾轧,频发的战争,夺取了大量文人的生命。魏晋之际"名士少有全者",永嘉之乱,许多

著名文人未得善终。外部环境的险恶,造成了东晋文人精神上的极大痛苦,内心世界的极端不平衡,正是魏晋动荡的社会现实,儒学衰落,玄佛思想兴盛,激发了东晋文人士大夫的强烈生命意识与自我意识。为此他们在东晋偏安局面下追求宁静、潇洒高雅的精神境界,在举止行为上追求风流、优雅、从容的风度。王羲之、谢安是会稽名士群中的代表人物,和他们交往的孙绰、许询、支遁和戴安道等名士,在会稽郡秀美山水的吸引下,无不倾心陶醉:山阴兰渚山下的"崇山峻岭,茂林修竹,又有清流激湍,映带左右",东山"岿然独立于众峰间,拱揖蔽亏,如鸾鹤飞舞,山林深蔚,望不可见"①。会稽辖区的剡县更是一个山明水秀,令人神往的处所。剡县之南有沃洲山,更是当时名流游处之所。"这种宁静秀美的山水景色,正好给予偏安一隅、正需要安宁心静的名士们以最合适不过的环境。于是他们的心灵便与会稽的山水一拍即合。他们所需要的就是这样一个天地。"②在这种宁静秀美的自然山水中,他们"出则渔弋山水,入则言咏属文,无处世意"③。王羲之归隐之后与东土人士尽山水之游,"与道士许迈共修服食,采药石不远千里,遍游东土诸郡,穷诸名山,泛沧海,叹曰:'我卒当以乐死'"。在山水中,王羲之寻到人生乐处。谢安"家于会稽上虞县,优游山林,六七年间,征召不至。虽弹奏相属,继以禁锢,而晏然不屑也"④。与王羲之、许询、支遁游处,"出则渔弋山水,入则言咏属文,无处世意","尝与孙绰等泛海,风起浪涌,诸人并惧,安吟啸自若",放情丘壑。孙统"家于会稽,性好山水,乃求为鄞令,转在吴宁,居职不留心碎务,纵意游肆,名山胜川,靡不穷究"⑤。他们住则依山傍水,尽幽居之美,行则跋山涉水,饱览逸秀清新的山水之美。通过赏心悦目的感官感受,实现人的精神同山水的亲和,在山水中慰藉自己的生命,达到自由超脱的审美境界。

---

① 王铚《东山记》,见光绪《上虞县志》卷19。
② 罗宗强《玄学与魏晋士人心态》,中华书局2019年,第338页。
③ 《晋书·谢安传》卷79,中华书局1974年,第2072页。
④ 《晋书·谢安传》卷79,中华书局1974年,第2076页。
⑤ 《晋书·孙楚传》卷56,中华书局1974年,第1543页。

第二节　兰亭修禊，曲水流觞

东晋穆帝永和九年(353)二月中旬，王羲之与郗昙、庾友、袁峤、孙绰等人在上虞东山谢安新建的大厅聚会，朋友相会，美酒佳肴，觥筹交错，各叙所见。席间，刚从京城来探望胞兄谢安的谢万向大家报告了一个好消息：三月三日皇上要在京城秦淮河举行祓禊大礼，祈求国泰民安，五谷丰登。听后，在座的无不怦然心动，议论纷纷。孙绰首先提议结伴前往。也有人认为，眼下已是二月中旬，无论走陆路或者水路，十余天时间肯定赶不上了。谢安认为："会稽多山水，何必一定要赶到京城去凑热闹呢，不如让羲之兄选择一个地点举办祓禊大典，不是更有意思吗！"王羲之听罢，遂满口应承说："我一定全力操办，诸位务必广约亲朋，前去助兴才是！"回郡后，王羲之马上组织人力选择景点，最后选择在南距会稽城 30 里，背靠古博岭，面临鉴湖兰渚山下的兰亭。于是确定时间，遍邀名流，确定祓禊内容，精心准备祓禊大典的事务。

一、修禊时间

修禊时间为三月三日的上巳节。参加人员有会稽郡内史府的官员及其辖官，即在会稽郡居住的北方士人名流及王羲之与谢安亲朋共 42 人。他们于郡城会聚，乘马车向城南迤逦而行，秦望山绵延至古博岭的山岭皆不高，"镜湖澄澈"，湖水微波不兴，清澈见底，山川自相映照，如诗如画，使人应接不暇。

《后汉书·礼仪志》谓："三月上巳祓禊，官民皆洁于东流水上，曰'洗濯祓除，去宿垢疢为大洁'。"魏以后固定为三月三日，到水边嬉游以消除不祥，叫作"祓禊"。祓禊沿用香熏花草沐浴，或用香草祛病患除魅，作祈禳。

二、修禊地点

修禊地是"勾践种兰渚山"的兰亭。宝庆《会稽续志》云："《越绝书》曰：'勾践种兰渚山'。《旧经》曰：'兰渚山，勾践种兰之地，王谢诸人修禊兰渚亭。'"①

---

① 施宿、张淏《(南宋)会稽二志点校》，李能成点校，安徽文艺出版社 2012 年，第 442 页。

兰亭之名源于越王勾践卧薪尝胆之际,为了治尝粪口臭,他常独自来此种兰,其地得名兰渚山。随从有感于大王种兰辛劳,便建了座凉亭供主人歇息,遂以"兰亭"名世。秦汉时这里成了山阴、诸暨两县交界处的驿亭。王羲之担任会稽内史后曾多次来过兰亭。加上兰亭之畔长有兰草,暮春三月兰花盛开,正是采集百花香草祓除不祥的理想之处所,所以王羲之就选择了山阴县兰渚山下的兰亭作为修禊之地。

三、参与修禊的人员

王羲之领衔的 42 人参与其中。据《世说新语》刘孝标注:"右将军司马太原孙承公等二十六人,赋诗如左。前余姚令会稽谢胜等十五人不能赋诗,罚酒各三杯。"[①]宋朝的桑世昌在《兰亭考》中列出了详细名单,大概他认为王羲之没有把自己计算在内,故将 41 人改为 42 人。人员构成约为以下三种情况:

(一)王羲之会稽郡内史属官及下辖属官:郡功曹魏滂、郡府幕僚谢绎、内史府主簿任凝、府主簿后绵、府功曹劳夷、右将军司马孙统、右军长史孙绰、中军参军孙嗣、山阴令虞谷,前余姚令谢胜。

(二)会稽王司马昱属官及亲友:镇军司马虞谷、镇军大将军椽卞迪、抚军从事中郎谢万。

(三)王羲之亲属及朋友:王羲之长子玄之、次子凝之、三子涣之、四子肃之、五子徽之、七子献之;朋友庾友、庾蕴、任城吕系、吕本,彭城曹茂之、曹礼,广陵华茂、华耆,谢安。

(四)临时出使会稽郡的京师官员:散骑常侍郗昙、王彬之、王蕴之、龙骧将军袁矫之、桓伟、徐州西曹华平、侍郎谢瑰、行参军徐丰之、王丰之、邱髦、羊模、孔炽、刘密等。

上述 42 人中,其中绝大多数是北方南来之士,也有会稽土著豪族如郡功曹魏滂、郡府官佐谢绎、山阴令虞谷、镇军司马虞说、前余姚令谢胜、参军孔炽等。

---

① 徐震堮《世说新语校笺》,中华书局 1984 年,第 346 页。

四、祈禳敬神，曲水流觞的修禊程序

（一）祈禳敬神：于兰亭之畔采集百花香草，于清流之旁持兰草沾水祈禳祛病，除魅、敬神，求健康平安。

（二）曲水流觞：文人雅士列坐于曲折的溪水两旁，侍女将羽觞立于曲水，任溪水把羽觞流到哪个人面前，哪个人即席赋诗，做不出者罚酒三觞。参与当时流觞的 42 人中，右军将军会稽内史王羲之、谢安、谢万、孙绰、徐丰之、孙统、王凝之、王肃之、王彬之、王徽之、袁矫之等 11 人成四言、五言诗各一首；郗昙、王丰之、华茂、庾友、虞说、魏滂、谢绎、庾蕴、孙嗣、曹茂之、曹华、桓伟、王玄之、王蕴之、王涣之等 15 人成四言或五言诗一首；谢瑰、卞迪、邱髦、王献之、羊模、孔炽、刘密、虞谷、劳夷、后绵、华耆、谢胜、任凝、吕系、吕本、曹礼等 16 人未成诗，罚酒三巨觞。当日共成诗 37 首，编为《兰亭集》。当场由王羲之作序，孙绰作跋。

五、《兰亭集》诗作的特征

《兰亭集》诗作大多以谈玄说理为主，但能结合兰亭的秀丽风光将写景与言理相结合，呈现出一种景象与玄理有机结合、情与理交融的新面貌。正如王羲之《兰亭集序》中所写的"虽无丝竹管弦之盛，一觞一咏，亦足以畅叙幽情"。孙绰原籍山西，南渡后居于会稽，是东晋著名的玄言诗诗人，后期所作的玄言诗明显与前期的古朴、抽象质直、"皆平典似道德论"①完全不同。他所作的《兰亭诗》二首：

> 春咏登台，亦有临流。怀彼伐木，宿此良俦。
>
> 修竹荫沼，旋濑萦丘。穿池激湍，连滥觞舟。
>
> 流风拂狂渚，停云荫九皋。莺语吟修竹，游鳞戏澜涛。
>
> 携笔落云藻，微言剖纤毫。时珍岂不甘？忘味在闻《韶》。

两诗用了较多诗句描绘兰亭周围的自然风光：春台、溪流、修竹、池沼、莺语、游鱼，形象地呈现出美妙的意境，充满生机与活力，叙事写景与抒情言理和谐融合。

----

① 《诗品序》，见《诗品》，上海古籍出版社 2011 年。

又如王羲之《兰亭诗》:

三春启群品,寄畅在所因。仰望碧天际,俯瞰绿水滨。

寥朗无崖观,寓目理自陈。大矣造化功,万殊莫不均。

群籁虽参差,适我无非新。

暮春开启了万物的生机,也启迪了人们在山水游览中体悟大自然生生不息的力量。"仰望"以下四句就是"所因"的对象。抬头远望是无边无际的蓝天,低头则是缓缓流动的清澈见底的溪水,在这晴朗无边的天地万象中,一切都生机盎然;"大矣"四句则是"寄畅"的内容,令人想到造化的伟大——天地间的一切都不偏不倚,宇宙万物都是生生不息、色彩纷呈,只要你去感受它,就会有一种亲和感、新鲜感。诗人以抒发玄理为主,但能结合兰亭所见所思,表达对宇宙人生的一种感慨。由观入感,自然贴切,言理并不深奥无味。

兰亭诗或抒写山水游赏之乐,表现山水审美的情趣,或由山水直接抒发玄理,写游赏的乐趣,包括山水之美、饮酒之乐、临流赋诗之雅兴,其中心内容是在美好的山水风光与人文环境中得到审美愉悦。例如以下几首。

孙统《兰亭诗》:

地主观山水,仰寻幽人踪。回沼激中逵,疏竹间修桐。因流转轻觞,冷风飘落松。时禽吟长涧,万籁吹连峰。

郗昙《兰亭诗》:

温风起东谷,和气振柔条。端坐兴远想,薄言游近郊。

庾蕴《兰亭诗》:

仰望虚舟说,俯叹世上宾。朝荣虽云乐,夕弊理自因。

王玄之《兰亭诗》:

松竹挺岩崖,幽涧激清流。消散肆情志,酣畅豁滞忧。

谢安《兰亭诗》:

相与欣佳节,率尔同褰裳。薄云罗阳景,微风翼轻航。醇醪陶丹府,兀若游羲唐。万殊混一理,安复觉彭殇。

谢万《兰亭诗》：

> 肆眺崇阿，寓目高林。青罗羁岫，修竹冠岑。谷流清响，条鼓鸣音。玄崿吐润，霏雾成阴。

袁行霈主编的《中国文学史》对《兰亭诗》评价说："兰亭社诗无论是写山水还是写玄理，艺术水平都不高，但标志着诗人已开始留意山水审美，并从山水中体悟玄理。这种尝试预示着山水诗将要兴起。兰亭雅集对中国文人生活情趣有重大影响，同时对诗歌流派的形成也有推动作用。"[1]我认为是公允恰当的。

当场结集，并由雅集发起人王羲之当场写定《兰亭集序》，孙绰写定《兰亭集跋》。兰亭修禊雅会，名士们临流即席赋诗，王羲之即兴挥毫作《兰亭集序》，意气风发，书文并茂，为名士雅集的典范，也是自古至今文坛上的一桩盛事。近年吴大新《红月亮〈兰亭序〉解读》对兰亭修禊雅会的主题提出了令人耳目一新的见解，他认为："兰亭雅会并非传统所说的一件'文人雅事'，而是王羲之牵头召开的一次事关东晋命运的政治军事会议。"[2]但此新见却缺乏切实的佐证资料支撑。正如《旷古书圣——王羲之传》的著者徐斌所说："兰亭雅会的参与者中有不少人虽任军职，却只是军府的文职人员，他们大都不是在军事前线掌握实权的高级将领；王羲之等一些名士虽有谋求军国大事的共识，但作为一介地方官，背着朝廷私下召集一次军事会议属'逾制'，是体制运作中的'犯上作乱'的大禁忌，这是王羲之等名士不会做也不敢做的。"[3]东晋之际无论形势如何险峻，名士相聚专习文事，却是当时文化风尚的一种体现。这一分析是有道理的。

六、《兰亭集序》的创新之处

《兰亭集序》是王羲之面对良辰美景赏心乐事"四美具"的难得时刻，经过精心思虑，来到案前铺开蚕茧纸，提起鼠须笔，捋髯蘸墨，提神运腕，一气呵成

---

① 袁行霈主编《中国文学史》第 2 卷，高等教育出版社 1999 年，第 63 页。

② 吴大新《红月亮〈兰亭序〉解读》，西泠印社 2005 年，扉页。

③ 徐斌《旷古书圣——王羲之传》，浙江人民出版社 2007 年，第 180 页。

的。墨定笔定，围着看王羲之运笔作文的人无不啧啧称羡，齐呼文章书法双绝。王羲之第二天酒醒之后意犹未尽，想再书写一帖，然数月间"书百数十本，无如被禊所书者"。可见当时确是神来之作，而神来之作是无法复制也无法超越的。全帖共 28 行，324 字。书帖的创新之处为后世称道者主要有二：其一是"引草入行"，以求字形更流利，摆脱隶意。7 个"不"字，20 个"之"字，形态各异，无雷同；笔画体态间欹侧中奇均衡，变化无穷，曲尽其妙，尽是动态之美，所谓"烟霏露洁"，"状若断而还连"，"纵不复端正者，爽爽有一种风气"。其二为谋篇布局，使书法更有画意，开创了书画熔为一炉的书法大格局。纵行之间，距离不一；纵行之内，左右摆动以气韵贯通，笔断意连。从横列来看，左顾右盼，避就迎让，不偏不倚，自然和谐。长短扁方，即兴写来，或激越，或沉着，搭配呼应，无不恰到好处，妙相天成，赞为天下第一行书。王羲之以善书名世，文名为书名所掩。其实在东晋一代，他的文章是很有特点的，尤其是书信之文，大抵纵意而谈，感情真挚，能见肺腑。而《兰亭集序》系为宴游而作，写得极有情致，不同于寻常应酬文字。

第三节　兰亭修禊活动的深远影响

一、《兰亭集》诗作预示了山水诗的萌芽

玄言诗的产生与魏晋动荡的社会现实，仕途和人生的失意，以及消极出世心态看待人生的玄佛思想密切相关。东晋初年，南迁的士族在会稽一带大多拥有了自己安身立命的庄园经济，他们满足于这片安乐之土和秀丽的山水环境。在此社会环境下，激发了王、谢等人强烈的生命意识和自我意识，使其转而投身自然怀抱，转向与山水和谐共处，在山水中寻求心灵的宁静和精神满足，转向对个人修养的完美追求，转向玄理心境的陶冶。

山水，是玄理所寄托的物质对象，由玄言到山水，是一个必然的变化。可以说，玄言诗本身就孕育着山水诗的萌芽。兰亭诗中有的直接体悟玄理，如孙嗣的"望岩怀逸许，临流想奇庄。谁云真风绝，千载挹余芳"。有的在山水描摹中抒发人生感慨，如王羲之"仰望碧天际，俯磐渌水滨。寥朗无涯观，寓目理自

陈"。有的则是在抒写山水游赏之乐,如孙统的"地主见山水,仰寻幽人踪。回沼激中逵,疏竹间修桐。因流转轻觞,冷风飘落松。时禽吟长涧,万籁吹连峰"。兰亭诗人已经注重山水审美,并从山水自然中体悟玄理,预示了山水诗的萌芽。山水诗经过玄言诗的长期滋育,至谢灵运时代更为茁壮,为人注目。以陶渊明为代表的田园隐逸诗人兴起,也与玄学和玄言诗的盛行密切关联。

《兰亭集序》也是一篇脍炙人口的美文。东晋一代,文章高手林立,世谓"唐诗宋词晋文章"。王羲之自己十分欣赏,《晋书》本传云:"或以潘岳《金谷诗序》方其文,羲之比于石崇,闻而甚喜。"①《世说新语·企羡篇》云:"王右军得人以《兰亭集序》方《金谷诗序》,又以己敌石崇,甚有欣色。"②金圣叹评选古今才子文,《兰亭集序》列在其中,评为"真古今第一情种也"。《古文观止》选晋文,也只选了《兰亭集序》一篇。由隋树森等人选编的《古代散文选》也选了《兰亭集序》一文,评论"这是宴游诗序中很著名的一篇,文字朴素自然,像一篇优美的散文诗"③。

二、兰亭修禊曲水流觞,临流赋诗形式的流传

修禊是古代的一种习俗,于三月上旬巳日,官民并洁于东流水祓除不祥。应劭《风俗通》曰:"按周礼,女巫掌岁以祓除疾病,禊者洁也,故于水上盥洁之也;巳者祉也,邪疾已去,祈介祉也。"郑国之俗三月上巳,于溱洧两水之上,执兰招魂续魄,排除不祥。后来这一风俗的仪式发展为于暮春之初的河边宴饮嬉游,祓除不祥倒退成为一种意味。西晋成功绥《洛禊赋》曰:"考吉日,简良辰,祓除解禊,会同洛滨。妖童媛女,嬉游河曲,或振纤手,或濯素足。临清流,坐沙场,列罍樽,飞羽觞。"④这描写的正是以嬉游为主的场面,而不是祓除不祥的仪式。兰亭修禊活动的中心,也是重在名士会聚,曲水流觞,宴饮赋诗。曲水流觞的起源,目前尚无统一的说法:一说起源于周初。据南朝梁吴均《续齐谐记》记载:"昔周公城洛邑,因流水以泛酒,故逸诗云:'羽觞随波流。'"一说起

---

① 《晋书》卷80,中华书局1984年,第2099页。

② 徐震堮《世说新语校笺》,中华书局1984年,第346页。

③ 《古代散文选》上册,人民教育出版社1980年,第311页。

④ 欧阳询《艺文类聚》卷四,上海古籍出版社1982年,第69页。

于东汉,《续汉书礼仪志》曰:"是月上巳,官民皆洁于东流水上,曰洗濯祓除宿垢,痰为大洁。"①也有说起于西晋。曲水流觞亦称流杯曲水,是旧上巳节的一种饮宴风俗,其大致方式是众人围坐在回环弯曲的水渠边,将特制的酒杯(多数是质地很轻的漆器)置于上游,任其顺着弯曲水流缓缓地漂流,酒杯漂到谁的跟前谁就取杯饮酒,并赋诗一首,如此循环往复,直到尽兴为止。不能赋诗者则罚酒三觚。罚酒的办法似仿自西晋太康六年(285)石崇的金谷之会。

　　无论曲水流觞起于何时,但兰亭修禊曲水流觞,临流赋诗的形式自晋穆帝永和九年上巳伊始,其后历代都沿袭绵延。邹志方在《兰亭雅集小录》中曾作过统计:"从晋穆帝永和九年(353)至民国二年(1913),从留存诗作能够推考的雅集活动共计四十五次,即六朝三次、唐朝四次、宋朝六次、元朝六次、明朝七次、清朝十八次、民国一次。"②兰亭雅集往往曲水流觞,临流赋诗,但形式多样。有的先定一个主题,彼此联句,用同一个诗韵或分韵、限韵作诗。还有别出心裁地给前人补诗等形式出现;兰亭雅集的时间主要在上巳节,以三月三日为多,诗题中称为"春禊",后来也有称"秋禊"的,一般在重九日举行。如南朝宋年份不确,谢惠连《三月三日曲水集诗》云:"携朋适郊野,昧爽辞廛廓。""解辔宴崇丘,藉草绕回壑。际渚罗时簌,托波泛轻爵。"③题中"曲水"及上述诗意皆指"兰亭"饮宴赋诗。南朝梁年份不明,庾肩吾《三月三日侍兰亭曲水宴诗》云:"策星依夜动,銮驾总朝游。""百戏俱临水,千钟共逐流。"④这说明皇帝也参与,规模宏大,热闹异常。初唐四杰之一的王勃(650—676)曾于唐高宗上元二年(675)在会稽云门寺王献之山亭仿效兰亭修禊活动。唐玄宗开元二十年(732),孟浩然《江上寄崔少府国辅》诗曰:"不及兰亭会,空吟祓禊诗。"⑤说明此年在兰亭举行过祓禊聚会,作者未赶上,遂有不能与会的感叹。唐肃宗乾元元年(758)至唐代宗广德元年(763),皇甫冉《三月三日后亭泛舟》诗曰:"越中山水高且深""风俗犹传晋永和"⑥,这里的"后亭"即指兰亭,说明曾经在兰亭举行

---

① 《后汉书·礼仪志》第十一册,中华书局1965年,第3110页。
② 邹志方、车越乔编《历代诗人咏兰亭》,新华出版社2002年,第235页。
③ 邹志方、车越乔编《历代诗人咏兰亭》,新华出版社2002年,第2页。
④ 邹志方、车越乔编《历代诗人咏兰亭》,新华出版社2002年,第3页。
⑤ 邹志方、车越乔编《历代诗人咏兰亭》,新华出版社2002年,第12页。
⑥ 邹志方、车越乔编《历代诗人咏兰亭》,新华出版社2002年,第13页。

过雅集。唐代宗大历四年(769),鲍防、严维、刘全白、朱迪、吕渭、吴筠等 37 人,曾写有《经兰亭故池联句》诗曰:"曲水追欢处,遗芳尚宛然。名从右军出,山在古人前。赏有文辞会,欢同癸卯年。"①这是一场人数众多,别出心裁的联唱式的雅集活动。唐宪宗元和十年(815)至十二年(817),鲍溶有《上巳日寄樊璹、樊宗宪兼呈上浙东孟中丞简》诗曰:"今日会稽王内史,好将宾客醉兰亭。"②将越州刺史兼浙东观察使孟简比作王羲之,说明在此期间曾举行过兰亭雅集。

宋高宗绍兴三年(1133),曹勋有《绍兴癸丑上巳日》诗曰:"今年禊饮喜如何,甲子先同晋永和。"③其时南北分裂,南宋与金国战事不断,但仍在兰亭举行雅集活动。其后,刘度有《过兰亭书堂》诗:"我行适春暮,及此禊饮辰。"④说明曾举办过被禊活动。宋光宗绍熙四年(1193),姜夔《次朴翁游兰亭韵》诗:"六人同坐树荫中,野花只作晋时红。石碍流杯故恼公,俯仰兴怀自昔同"⑤。这说明此次被禊有六人参加,人数虽少,流觞依旧,兴致浓厚。其后,黄庚有《兰亭会饮观晋帖》诗,既言"会饮",与会人数当不会太少。南宋德祐元年(1275),王恽《越调·平湖乐》云:"山阴修禊说兰亭,使君高宴。……年年此日,歌舞乐升平。"⑥其时南宋政权正处于危亡之时刻,而兰亭修禊活动仍如期举行。

元顺帝至正二十年(1360),越帅刘仁本率赵俶、张宪、朱右、王霖、诸炯、徐昭文、郑彝、张溥、释如阜、释福保等于绍兴府属县余姚"取晋人兰亭会图,诗缺不足者各占其次,补四、五言各一首"。刘仁本《续兰亭会补余姚令谢胜二首》,赵俶《续兰亭会补参军孔盛之诗二首》、张宪《续兰亭会补参军刘密诗》……可见这次雅集规模不小,与会者既有文士,也有方外之人,地点不在兰亭,而在余姚,故冠以"续",仿效兰亭之雅集。其性质、特点与东晋"兰亭会"有着惊人的一致性,确实堪当接续、后继之意,而它所反映、彰显的元代雅集文化,在它所发生的元末江南又有新的历史意蕴,实质是元末江南士流为致力于国家秩序恢复的言论集会方式,而"续兰亭会"的主持人刘仁本,为兰亭文化所作的努力

---

①　邹志方、车越乔编《历代诗人咏兰亭》,新华出版社 2002 年,第 14 页。
②　邹志方、车越乔编《历代诗人咏兰亭》,新华出版社 2002 年,第 15 页。
③　邹志方、车越乔编《历代诗人咏兰亭》,新华出版社 2002 年,第 23 页。
④　邹志方、车越乔编《历代诗人咏兰亭》,新华出版社 2002 年,第 33 页。
⑤　邹志方、车越乔编《历代诗人咏兰亭》,新华出版社 2002 年,第 41 页。
⑥　邹志方、车越乔编《历代诗人咏兰亭》,新华出版社 2002 年,第 42 页。

与贡献也是值得肯定的。此前,贡师泰有《春日宴兰亭分韵得王字》诗曰:"嘉会侈华簪,列坐催流觞。"①从诗题"分韵"和诗句来看,与会人数不少,且地位也不一般。其后,刘履《兰亭》诗曰:"雍容集兰渚,肃肃皆良俦。撷藻遂挥翰,泛觞随曲流。"②可见当时雅集之盛况。

明朝修禊次数和规模都有增加。明世宗嘉靖二十八年(1549)绍兴知府沈启重修兰亭,曾举办过一次规模较大的修禊活动。同年十月重阳,陈鹤《兰亭会饮送沈使君》诗开篇曰"孟冬会兰渚",中曰"协欢曲水际,散坐从性真",结尾曰"遗兹亭上碑,岁岁沾人巾"③。题中"沈使君"即沈启,他们以曲水流觞赋诗的方式为沈启离任送行。明万历四十一年(1613)张岱《癸丑暮春兰亭后集,寻得旧址作》诗有三首,其中有"修禊多车马,谁来憩道旁"之句,可见雅集之盛况。

清代兰亭雅集活动更加频繁,康熙十二年(1673)绍兴知府许宏勋重建兰亭,作《重建兰亭序》《兰亭修禊》诗,诗云"山水私吾辈,诗文继晋人"④,说明参与修禊活动人员很多,也很热闹。乾隆八年(1743),吴高增《兰亭修禊小序》载:"癸亥暮春,陈殳甫师陪侍诸丈,暨同人偕弟峻禊饮赋诗,以'清流激湍,映带左右'⑤"为韵,参加者以钱塘桑调元为首,周京、卢存心,秀水朱嵩龄、檇李吴高增、枫溪许椿、秀水吴高峻、山阴刘鸣玉等。乾隆十三年(1748)绍兴知府杜甲倡议,有浙江省内名士吴高增、李凯、陈元龄、沈冰壶、童钰等25人,其中本地文士15人参与。续和者有舒瞻、李升阶、张元文、金以成、任应烈等17人,其中本地文士7人,共计作诗42首。结集后由檇李吴高增作《兰亭秋禊诗序》,甬上李凯写《兰亭秋禊诗跋》,规模与东晋永和年间相当,诗作超过之。乾隆十六年(1751)高宗南巡,三月到绍兴,在兰亭亲题《兰亭恭咏皇祖摹帖御笔》诗,护驾陪臣皆有诗作。乾隆十八年(1753)、三十四年(1769)、五十七年(1792)皆有较大规模的修禊活动。乾隆五十七年绍兴知府李亨特邀请著名诗

①　邹志方、车越乔编《历代诗人咏兰亭》,新华出版社 2002 年,第 46 页。
②　邹志方、车越乔编《历代诗人咏兰亭》,新华出版社 2002 年,第 55 页。
③　邹志方、车越乔编《历代诗人咏兰亭》,新华出版社 2002 年,第 64 页。
④　邹志方、车越乔编《历代诗人咏兰亭》,新华出版社 2002 年,第 82 页。
⑤　邹志方、车越乔编《历代诗人咏兰亭》,新华出版社 2002 年,第 90 页。

人袁枚等 21 人修禊于兰亭,亲自作序,并作《续兰亭禊饮图》。咸丰三年(1853)徐虔复作《癸丑秋日偕社中诸子修禊兰亭即席分韵得有字》诗,此次活动的参与者有李慈铭、孙垓、陈润、周光祖、孙廷璋、陈寿祺、王星诚、周星誉等19 人,这是言社成员在兰亭的一次结社活动。民国十八年(1929)周辨西、陈福荫、徐曙岑、孙郑、戴鹤龛、袁天庚、孙玉声、姚洪淦、邓眷澍、郁餐霞等 19 人于右军祠举行修禊活动,《己巳上巳兰亭觞咏刻石》皆留有七言律诗各一首。其余年份不明,参加雅集者还有多次,不一一细述。

三、《兰亭序》书帖的流传及对书法艺术的深刻影响

《兰亭序》誉为神品书帖,流传的命运充满神奇。据唐代何延之《兰亭记》所载,王羲之临终之际,将《兰亭序》帖交给第五子王徽之,传到隋代七世孙智永手里。由于家传秘不示人,很长一段时间不被外人知晓。智永死后,将《兰亭序》书帖传给徒弟辩才,后被唐太宗李世民风闻,派监察御史萧翼前往赚取,得到后即命供奉拓书人冯承素、韩道正、赵模等人钩摹复制,以赐皇太子诸王近臣,同时又命善书法的大臣虞世南、褚遂良、欧阳询临摹。而真本即王羲之于雅集之日一气呵成的《兰亭序》“草稿”,却被唐太宗带入昭陵殉葬了。从此,《兰亭序》真迹消失了,而大量的近真的勾摹本、临写本在社会上流传,为后世的书法家提供了学习的经典范本。

(一)从一纸草稿化身为多种钩摹本、临写本

《兰亭序》的草稿书帖被李世民作为陪葬品殉葬了,这是它的不幸;然而由于唐太宗命书法家们勾摹临刻,却又留下了大量的勾摹本、临摹本,刻版本、勒石本,成为人们争相珍藏与复制的对象而世代相传,这又是它的幸运。勾摹本以唐太宗朝供奉拓书人冯承素的勾摹本为最精良的《神龙本兰亭》,复制数量很多。临摹本以褚遂良第 19 次临摹的《洛阳宫本兰亭序》为最,此外还有虞世南临摹本《张金界奴本兰亭序》,传为欧阳询临刻,于北宋发现于河北定武而得名的《定武兰亭序》最为著名。据毛万宝《兰亭序:中国书法史上的永恒经典》,欧阳询据真迹勾勒上石的定武本,风格端庄遒媚,有给人耳目一新之感,比钩

摹的神龙本更接近真迹的风采。苏轼评曰:"世传《兰亭》诸本,惟定州石刻最善。"①又因为它是石刻,人们可以从中"拓"出无数拓片,因此流传速度很快,由数十种乃至数万种:"《兰亭帖》。当宋末南渡时,士大夫人人有之。石刻既亡,江左好事者往往家刻一石,无虑数十百本,而真赝始难别矣。"②在定武本得到大量复制的同时,以神龙本为代表墨迹钩摹仍在进行。随着南宋灭亡,内府所藏的神龙系统摹本遂流入社会,人们又纷纷采用定武本复制的技术,将神龙本系统摹本勾勒于石,这样,神龙系统的摹本复制数量大增,到明清之际,已彻底取代定武系统"一统天下"的辉煌。直到乾隆四十四(1779)年,弘历帝命臣下将虞世南临《兰亭序》(张金界奴本)、褚遂良《兰亭序》(米芾题诗本)、冯承素摹《兰亭序》(神龙本)、柳公权书《兰亭诗》《兰亭序》(戏鸿堂刻本)、于敏中补《兰亭序》(戏鸿堂刻本缺笔本)、董其昌《兰亭序》仿写本、弘历临董其昌《兰亭序》仿写本共八种及题跋题咏,分别摹刻于八根石柱上,合称《兰亭八柱帖》。此后这种官刻的声势及影响才大大超过了此前私刻的声势及影响。

(二) 从"古今法帖第一"到"天下第一行书"

王羲之的《兰亭序》真迹曾经被唐太宗评为"古今法帖第一",其后唐代书法家兼书法理论家的孙过庭也对《兰亭序》书帖作过高度评价。到了宋代,不少书法家、理论家均称《兰亭序》为"天下第一行书"。黄庭坚(1045—1105)在《兰亭序》周绍邃本跋中云:"王右军《禊饮诗序》,为古今行正之祖。"米芾(1051—1107)也多次提到《兰亭序》:"《乐毅论》正书第一,此乃行书第一。"或谓"天下法书第一"。

(三)为历代书法家奉为习帖的经典

《兰亭序》为后世书法家奉为经典习帖,这一传统始于王氏七世孙智永。他把《兰亭序》作为范本常年临摹,书风逼近《兰亭序》真迹,以至于从宋代开始,便有人认为"定武《兰亭》其一为智永所模",唐太宗所得到的《兰亭序》是智永的临本。智永之后,唐太宗李世民曾多遍临仿《兰亭序》,从他的传世之作《晋祠铭》《温泉铭》中可以发现他受到《兰亭序》书风的深刻影响。此外,如虞

---

① 　王连起《赵孟頫书法艺术简论》,见《赵孟頫研究论文集》,上海书画出版社 1995 年。

② 　《赵孟頫集·跋语》,钱伟强点校,浙江古籍出版社 2016 年,第 302 页。

世南、欧阳询、褚遂良、柳公权、李邕、颜真卿、杨景度等,都受到王羲之书风的影响。北宋苏轼早年曾对《兰亭序》下过临仿的苦功,黄庭坚更是一个《兰亭》迷,他自述:"游荆州得古本《兰亭》,爱玩不去手,因悟古人用笔意,作小楷日进,曰'他日必有知我者'。"①清人王铎评米芾:"米芾书本羲、献,纵横飘忽,飞仙哉!深得'兰亭'法,不规规模拟,予为梵香寝卧其下。"②宋高宗赵构30岁后,因有人进献定武本《兰亭序》,转而临摹《兰亭序》,"拟之益严""详观点画,以至成诵,不少去怀也"③。元代赵孟頫针对元初书坛笔法衰退的趋势,不仅提出"书学二王"回归魏晋的主张,而且为《兰亭序》不同版本作跋,临写《兰亭序》,以致"笔笔提起,就显得遒媚不减,而平添了挺拔劲健"④。明代董其昌"以意背临"《兰亭》,深受影响,他的临摹观还影响了朱耷、王铎、傅山和郑板桥等书家。清代书家王文治、王宗炎却把《兰亭序》作为"神物"亦步亦趋。现代书法家沈尹默、郭沫若、陆维钊等苦学苦临《兰亭序》,其书艺皆受到《兰亭序》的深刻影响。

(四)《兰亭序》的研究成为后世的一门显学

毛万宝精心搜集了从南朝宋刘义庆《世说新语》对"兰亭集序"篇目的提及,梁刘孝标作注、节录其文且命名为"临河序",唐代刘𫗧《隋唐嘉话》、何延之《兰亭记》、房玄龄等编纂《晋书·王羲之传》和宋人桑世昌《兰亭考》、俞松《兰亭续考》等一系列史料,到近现代李文田、郭沫若等提出《兰亭序》真伪而引发的争论等关于《兰亭序》评价、研究的资料多达300万字,将其编成《兰亭学文献汇览》一书,并贯以"兰亭学"的命题,认为"足以同中国古典文学中的《红楼梦》的'红学'相媲美"。这是一个值得关注的新课题,也是兰亭修禊雅集活动影响的产物。

(五)兰亭遗迹历代得以保护、重建、重修

"江山也要伟人扶",胜迹仰仗名人而显胜,名人靠胜迹而久传,相得益彰。兰亭遗迹因为王羲之主持祓禊,曲水流觞,临流赋诗和乘兴书写《兰亭序》而千

---

① 桑世昌《兰亭考》卷九。
② 王铎跋米芾《吴江舟中诗卷》语。
③ 赵构《翰墨志》。
④ 王连起《赵孟頫书法艺术简论》,见《赵孟頫研究论文集》,上海书画出版社1995年。

古流传。兰亭的原址，据郦道元《水经注》记载："湖南有天柱山，湖口有亭，号曰兰亭，亦曰兰上里，太守王羲之、谢安兄弟数往造也。"王、谢等于东晋永和九年(353)祓禊活动以后，到晋安帝隆安三年(399)，由于自然变化，"太守王廙之，移亭在水中"，义熙元年(405)"晋司空何无忌之临郡也，起亭于山椒，极高尽眺矣"。到了南朝梁陈期间，"山阴郭西有兰渚，渚有兰亭，王羲之所谓曲水之胜境，制《序》于此"①，又迁兰亭于湖中。到了北宋，华镇(1051—?)《兰亭记》载："山阴天章寺，即逸少修禊之地，有鹅池墨池，引溪流相注。"②可见此时兰亭已由鉴湖中的兰渚迁到了天章寺，而且营造了两个池，并引溪水入注。南宋绍兴八年(1138)高宗赵构亲书《兰亭序》刻碑石于天章寺旁。明嘉靖二十七年(1548)绍兴知府沈启重修兰亭于天章寺北，"因其地有二池，乃构亭其上，甃石为沟，引田水灌入，摹仿曲水流觞"③，自此兰亭地址一直延续至今。清康熙十二年(1673)绍兴知府许宏勋于原址重建兰亭，作《重建兰亭序》："属虞子卿庀材鸠工，化荆芜为雅丽，辟旧址而增华。"④康熙三十四年(1695)朝廷下令重修，"御书《兰亭序》勒石于天章寺侧，上覆以亭；三十七年复御书'兰亭'二大字悬之，其前疏为曲水，后为右军祠。密室回廊，清流碧沼，入门即以小桥，翠竹千竿环绕左右"⑤。康熙五十七年(1718)山阴知县伍士备重修兰亭曲水流觞和右军祠。民国三年(1914)至五年(1916)又于兰亭旧址上扩建墨华亭、文昌阁、驿马亭等。新中国成立后于1979年8月拨款全面修建，成今日规模。

① 顾野王《舆地志》。
② 《嘉泰会稽志》卷七。
③ 张岱《古兰亭辨》，见《张岱诗文集》，夏咸淳校点，上海古籍出版社1991年，第208页。
④ 清康熙十二年纂修《绍兴府志》，见《绍兴丛书·地方志丛编》第1辑第2册，中华书局2006年。
⑤ 嘉庆《山阴县志》。

第三章　文人社团的发展:唐代文人联唱和两宋文人唱和

越州唐代文人联唱和两宋文人的唱和是在东晋永和年间的兰亭雅集活动影响下产生并发展的,它主要表现为宦游于越州的官员和文士之间的联唱和唱和,是方镇在州郡的基础上发展起来的,它与成熟期的以中下层文士为主和结社唱和不同。有人将这一时期文人的唱和归结为浙东唐诗之路,其实应为浙东唐宋诗之路。依据《全宋诗》《全宋词》《嘉泰会稽志》《剡录》进行不完全统计,两宋进入浙东唱和的文士就有 250 人之多。

第一节　唐代和两宋年间文人于越州联唱的文化背景

一、越州为首辖管浙东七州的政治文化兴盛的景象

越州建制始于隋炀帝大业元年(605),其管辖范围相当于今日的宁波和绍兴两大区域,后又复称会稽郡。大业初改称越州,将陈朝时的山阴、永兴、上虞、始宁四县并入会稽县,陈朝的余姚、鄞、鄮三县并入句章,加上剡、诸暨二县,共领四县。自此越文化中心地开始有了"越州"的名称。总管府辖越、衢、丽、严、婺、榖等 11 个州。后屡有变动,直到唐乾元元年(758)以后才正式固定下来。乾元元年于江南东道以浙江为界,分置浙江东道、西道节度使。由于东部鄮县海上贸易的开发,经济得到了快速的发展,其地位日益明显,于是在唐玄宗开元二十六年(738)建立了以鄮县为中心,在行政地位上与越州相对等的明州。至乾元元年,越州的建制和名称从此固定,辖领山阴、会稽、诸暨、剡县、

上虞、余姚、萧山等七县,总人口达 53 万人。辖境虽然缩小了,但在其后的行政区域划分中仍作为浙东道治所在地,辖管越、衢、婺、温、台、明、处七州,越州刺史兼任浙东观察使,所谓"浙右称雄镇,山阴委重臣",越州州治所在地的山阴城仍是七州的首城。

隋开皇年间杨素镇守会稽郡,在越国旧城的基础上扩建罗城,所谓"罗城",就是为了加强防守,在城墙外加建凹形的小城圈,周围达二十里二百五十步,设陆门四水门一,这是越国筑城以来第一次关于城垣修建的记载。元稹于长庆三年(823)出任越州刺史兼任浙东道节度使,"功夫两衙尽,留滞七年余"①,在任七年忙于两衙事务。如果加上山阴、会稽两县衙,当时越州城正好是三个行政层级、四个衙门。历史赋予越州城的行政中心功能,决定了越州城的地位与影响。唐天宝年间(741—755)越州总人口为 529589 人,如按学者赵冈关于中国城市人口比重计算,唐时(745)为 20.8%,那么州城人口当在 11 万人以上。所以元稹才会说"会稽天下本无俦"②。可见越州城的城市规模在当时已是一个大城。

唐时的越州当政者十分重视鉴湖水利工程的配套建设,大历十年(775)观察使皇甫温,大和六年(832)会稽县令李左次等多次修筑山会海塘;贞元元年(785)浙东观察使皇甫政改建玉山斗门,极大地改善了鉴湖河网的灌溉、排涝、泄洪之功能,促进了农业生产的发展。农耕和插秧等技术的推广,水稻、小麦、菽、稷等农作物的种植,以粮为主,林、茶、桑、果、蔬菜、鱼类和畜牧养殖等多种经营,有力推动了城市和农村集镇集、市的商品交易。越州城内店肆四布,已出现了一个同一行业组成的"行"和堆放商品的"栈"。《太平广记》卷四十一《黑叟》中有这样的记载:"唐宝应(762—763)中,越州观察使皇甫政于宝林寺设大斋,富翁来集。政又择日,率军吏州民大陈伎乐……百万之众,鼎沸惊闹。"③宝林寺即今塔山上的寺庙。一次寺庙活动便有"百万之众"未免夸张,但其规模盛大是可以肯定的。因为这种寺庙活动,既有免费的斋饭,又有精彩的杂技演出,州治越州又是人口密集繁华之地,万众云集是情理中事。越州的丝

---

① 《元稹集》外集卷 7《醉题东武》,中华书局 1982 年,第 695 页。
② 《元稹集》外集卷 7《再酬复言和夸州宅》,中华书局 1982 年,第 702 页。
③ 《太平广记》,中华书局 1961 年,第 259 页。

织业、麻织业已很盛行,《新唐书》记载:唐贞元间(785—805)越州丝绸贡品有吴绫、异样吴绫、花鼓歇纱、吴朱纱、宝花纱、纹罗、白编纱、多棱纱、十样花绫、轻容兰纱、美绢等十余种。唐诗人杜甫有"越罗与楚练,照耀舆台躯"①的诗句。《资治通鉴》记载:唐代越州轻容纱织工精,既薄又轻,品质优异,风行一时,朝廷一度每十日向越州征调一万五千匹。越窑的越瓷生产更是全国青瓷的烧制中心,其烧制工艺已采用匣钵(装坯用窑具)装烧,火候易控,易瓷化度高,器形端正,胎壁减薄,釉面晶莹,产品、产量、质量皆居全国之冠。诗人陆龟蒙有"九秋风露越窑开,夺得千峰翠色来"的诗句,形容越瓷之优美。越窑青瓷除供应国内使用,还远销至朝鲜、日本、印度尼西亚、非洲等地。越州酿酒业发达,已普遍使用小曲即酒药的制酒技术,它是用米粉、米糠或观音土为原料,添加少量的中草药或辛辣蓼草,靠人工控制温度制成,因其呈颗粒状,古称小曲。越州城镇草市酒肆林立,酒帘相招,饮酒、沽酒之风盛行,嗜酒之徒日众,就连偏僻的山村也有酒肆,"水村山郭酒旗风"之谓也。越州刺史元稹也有"老大那能更争竞,任君投暮醉乡人"的诗句,称越州为"醉乡"。此外越茶生产兴旺,据陆羽《茶经》记载,"浙东,以越州为上,明州、婺州次,台州下"②,说明会稽山地的茶叶,当时已位居浙东第一。大历二年(767)陆羽曾应越州刺史薛兼训、好友皇甫冉、鲍防之邀来越州监制茶叶,陆羽曾写有《会稽东小山》诗赞扬那儿的茶叶。东小山即在上虞、剡县一带,是越茶的主要产区。越州的造纸业也很发达,李肇《国史补》载曰:"纸则有越之剡藤苔笺。"③舒元舆有《悲剡溪古藤文》,称扬藤纸质地光滑透亮。

越地水陆交通便捷。东晋时会稽内史贺循利用山阴古水道开辟了自浙江至曹娥江的西兴运河,其后又与上虞以东运河和姚江、甬江相接,可以直达明州,这就是著名的浙东运河。隋大业六年(610)开凿了自京口至杭州的江南运河,这样江南运河与京口以北的北运河相连,构成了纵贯南北的大运河。商贾游客骚人从北方南下,皆可沿大运河直达杭州,转浙东运河至越州,然后至曹娥江、剡中、天台诸地,或再向东至余姚、明州;或向南至处州、婺州、温州等地,

①　《后出塞五首》,见《全唐诗》卷218,中州古籍出版社2018年,第1055页。

②　陆羽《茶经》,中国工人出版社2003年,第35页。

③　李肇《唐国史补》卷下,上海古籍出版社1979年,第65页。

越州成为交通枢纽。

二、越地儒释道文化对唐宋文士的影响

越州是古代越国政治经济文化的中心地带，是浙江文化的发祥地，舜禹传说和遗迹遍布越地各县，越王勾践"十年生聚，十年教训"，卧薪尝胆，发愤图强的文化精神和传统美德深刻影响越地民众。东汉上虞人王充所著的《论衡》，无论从内容到表达形式都别具一格。全书84篇，从开始的《逢遇》到《物势》共14篇，选取当时理论界的热点问题，如人的遭遇命运、天性、才气、骨相等颇有深度的议题，紧紧围绕自身的困扰而展开阐述，体现了王充对现实的积极参与，表现了他对人类的终极关怀。《论衡》一书是一部论辩性的著作，文风雄辩，多方展开论述，有很强说服力。嵇康（224—263），字叔夜，原籍会稽上虞，其诗歌以表现追求自然高蹈独立，厌弃功名富贵的人生观为主要内容，其中《幽愤诗》自述平生的遭遇和理想抱负，对自己无辜受冤表示极大愤慨。诗末说"采薇山阿，散发岩岫。永啸常吟，颐性养寿"，表现了对自由生活的向往。词锋爽利，语气清峻，可与其散文《与山巨源绝交书》合读。他的《声无哀乐论》等论辩文成就最为突出，多涉及当时玄学的命题，析理缜密，辞喻丰博，将论辩文推到了一个新的高度。王羲之等人于兰亭修禊，谢安东山再起等人文精神深深地吸引着唐宋士人。宋之问（656—713）曾于唐中宗景龙三年（709）至唐睿宗景云二年（711）被贬为越州长史，在越达三年之久。下车伊始就写了《祭禹庙文》，歌颂大禹治水救灾拯民的千古圣德。他的《游禹穴回出若耶》对越州一带人文胜景如数家珍，诗云："禹穴今朝到，耶溪此路通。著书问太史，炼药有仙翁。鹤往笼犹在，龙飞剑已空。石帆遥海上，天镜落湖中。水底寒白云，天边坠叶红。归舟何处晚，日暮使樵风。"李白一生曾先后五次游越，其中三次至越中：第一次游越是在开元十四年（726）夏秋之交，在越中写有《越女词》《浣纱石上女》《采莲曲》《渌水曲》《西施》《王右军》等；第三次游越是在天宝六年夏天，在越中写有《对酒忆贺监》《同友人舟行游台越作》；第四次游越是天宝十二年（753）秋天，写有《越中怀古》。他津津乐道越中山水自然之美，深深钟情于越中悠久丰富的文化积淀，表现了浓厚的向往和眷恋之情。孟浩然也于开元十七年（729）春夏之交入越，在越四年，饱览浙东名胜，写下了《渡浙江问舟中》

《云门寺西六七里闻符公兰草最幽与薛八同往》《耶溪泛舟》《题大禹寺义公禅房》《久滞越中赠谢南池会稽贺少府》等诗篇。

佛教在浙东盛行。东晋时著名色宗创始人支遁长居越州,到处讲经诵佛,影响深远;名僧竺法潜、于法兰、白道猷等众多高僧曾齐聚剡县沃州山,东晋会稽名士深受影响,王羲之、王献之父子等纷纷舍宅为寺。高僧竺道潜在剡县水帘洞建石窟,又在窟旁建寺。齐梁时高僧法茂子建隐岳寺,后经护、俶、祐三代高僧费时30年,凿石建弥勒佛像高13.74米,莲座高15.6米,慈目凝视,栩栩如生,为当时江南第一大佛。会稽嘉祥寺僧上虞人慧皎于梁武帝天监十八年(519)撰高僧传,成为中国佛教史上第一部高僧传,所创体例为后世列代僧传所效法。陈末隋初天台高僧智𫖮在天台创建国清寺,为隋代名刹,他提出"一念三千""三谛圆通"学说,成为中国佛教史上第一个宗派天台宗的哲学思想核心。越州会稽嘉祥寺高僧吉藏(549—623)系波斯伊朗佛门后裔,他继承了印度佛教大乘宗,以《中论》《十二门论》和《百论》三部论为依据,于会稽嘉祥寺讲学授道,创立三论宗。曹洞宗创始人良价(807—869),越州诸暨人,他与弟子本寂以君臣功勋等封建伦理比附佛教的体用真俗、理事等关系,创建禅宗之一的曹洞宗,著有洋洋八十余万言的著作《宗镜录》和《万善同归集》,在国内影响甚大,宋时流传日本。华严宗四祖澄观(739—839),越州山阴人,他先诵天台《法华经》后,遍学"三藏",又研习《华严经》,最后成为华严宗理论的集大成者,被尊为华严宗四祖,唐贞元十一年(795)应诏赴朝廷,赐号"清凉国师",著有《华严经疏》《华严法界玄镜》《三圣圆融观门》等。南山律宗创始人道宣(596—667)是浙江长兴人,其高足文纲是越州会稽人,文纲最负盛名的弟子道岸居会稽龙兴寺,南山律宗通过文纲、道岸及其弟子的弘传,才得以盛行。

道教在浙东有深厚的土壤,越人信巫好鬼神之说,东汉上虞人魏伯阳著《周易参同契》将炼丹与周易、黄老合而为一,成为道教经典之一。三国时葛玄在浙东赤城、桐柏、华顶一带结庐炼丹。西晋时葛洪又在浙东一带如上虞兰芎山、会稽宛委山、云门山等地炼丹传道,丹阳道士许迈又入会稽传道,王羲之、王凝之父子及谢氏家族都是道教的忠实信徒。道教的全盛时期在唐朝,唐高祖李渊自称为老子后裔,曾于武德三年(620)在三角山为老子立庙,武德八年(625)规定三教道先、儒次、佛最后的崇道政策。唐太宗以"柱下为帝室胤系",

重申这一规定，唐高宗乾封元年（666）尊老子为"太上玄元皇帝"，唐玄宗亲自为《道德经》作注，命士庶均须家藏一本，命令男女道士皆归皇室管理。唐武宗时兴道灭佛。这一切举措，大大推动了道教的兴盛。越州名贤、著名诗人贺知章告老还乡时，唐玄宗特赐给"道士庄""贺家池"。浙东道教的庙观林立，香火日盛，天台、会稽、金华等地名山都成为道教修炼的重要场所，道教所称的洞天福地。其中天台被视为在道教十大洞天中居其三：黄岩委羽山洞为第二洞天，天台县赤城山玉京洞为第六洞天，仙居括苍山洞为第三洞天。会稽、青田、金华、衢州等均被视为三十六洞小洞天之处。唐代诗人孙狄为寻觅道教圣地龙瑞宫，特地至越州，写有《寻龙瑞》等诗；李白曾多次至越州、天台等地，其《梦游天姥吟留别》表现了他对浙东仙境的向往之情。在唐代初、盛、中期的诗人中，他们的思想儒释道兼具，差别只是成分多少、或隐或显而已。受儒家思想影响，他们富有进取精神，佛教的影响丰富了他们的心境表现，道教的影响则丰富了他们的想象。

三、浙东山水风光和谢灵运开创的山水诗风

　　越州的鉴湖之利在唐代正处于全盛时期。由于唐代的越州官员重视对海塘的修筑和玉山斗门的建造，使鉴湖既可泄洪，又可抗旱，带来了灌溉、航运、养殖、游览和促进气候变温等多方面的效益。鉴湖成为一个面积为两百多公里的大型淡水湖，会稽、四明、天台三座浙东名山盘结环绕，鉴湖上游的三十六源风光更加秀丽幽美，两岸千岩竞秀，舟移景叠，万壑争流，奔腾有声。鉴湖是会稽山下的一颗硕大的明珠，晶莹剔透，舟行其上，如在镜中游，映出一幅幅山水田园风光，浩瀚明洁如珠的鉴湖水与峰峦叠嶂的会稽山脉相互映现，山川秀色令人应接不暇。李白有"镜湖水如月，耶溪女如雪"，杜甫有"越女天下白，鉴湖五月凉""遥闻会稽美，一弄耶溪人"的诗句，就是越地山水风光的诗化表现。剡溪作为曹娥江的上游，北接浙东运河，东连四明山，南通天台、永嘉，贯通整个浙东地区。南宋高似孙《剡录》卷二曰："其水合山流为溪，殆如顾恺之所谓'万壑争流'者，其源有四：一自天台山北流，会于新昌，入于溪；一自婺之武义，西南流经东阳，复东流于北流之水，会于南门，入于溪；其一导鄞之奉化，由沙溪西南转北，至杜潭入于溪；一自台之宁海，历三坑，西绕为三十六渡，与杜潭

会合,出浦口,入于溪。合四流为一,入于江。"①李白曾有"此行不为鲈鱼美,自爱名山入剡中",崔颢也有"鸣棹下东阳,回舟入剡乡。青山行不尽,绿水去何长!"唐代国力强盛和中外文化交流的社会背景形成的唐代士人开阔的胸怀,恢宏的气度和积极进取的精神,促成人们对六朝回归自然,返璞归真思想的钦慕和神仙道教的信仰,他们非常羡慕魏晋名士寄情山水的这份逍遥,希望通过山水游弋体悟印证文献中的浙东山水风光和人生体验。为此,他们重视名山大川的漫游,凡佳山水必有诗人足迹,正如李白"五岳寻仙不辞远,一生好入名山游"。浙东独特的山水之美,进入唐代诗人的审美视野,被空前地发现和欣赏,唐代文人漫游浙东所选择的交通干线主要是水路。他们从江南运河或陆路进入杭州,再沿浙东运河进入曹娥江、剡溪,再沿天台山或四明山脉,或沿富春江、新安江、瓯江等进入括苍山脉构成的浙东漫游的文化圈。据有关学者统计,唐代诗人进入浙东漫游留下诗作的共有 448 人,其中安史之乱前的诗人有83 位,约占总数的 18.5%;安史之乱后的诗人达 385 人,约占总数的 81.8%。

　　唐代文人由于喜欢山水游赏,所以促使他们同时喜欢前人创作的山水诗。李白等一批唐代诗人特别推崇谢灵运具有人格魅力的山水诗风,他在《梦游天姥吟留别》和《劳劳亭歌》中以当代谢灵运自期自许,倾倒和赞赏之情,溢于言表。杜甫曾经慨叹"焉得思如陶谢手,令渠述作与同游",对谢灵运的艺术天才十分仰慕。从杜甫开始,文学批评史上由以往的"颜谢"并称转为"陶谢"并称,从而正确揭示出田园诗和山水诗的血肉关系。这一认识上的进步,反映出谢灵运的山水诗在文学史上已确立了牢不可破的地位。白居易有《读谢灵运诗》:"谢公才廓落,与世不相遇。壮士郁不用,须有所泄处。泄为山水诗,逸韵谐奇趣。大必笼天海,细不遗草树。岂推玩景物,亦欲摅心素。往往即事中,未能忘兴谕。"他对谢灵运不遇于时的悲惨命运表示深切的同情,对他的山水诗给予很高评价,对谢灵运创作思想和山水诗的美学价值提出了精辟的见解。唐代诗僧皎然在其所著的《诗式》卷一中说:"两重意已上,皆文外之旨。若遇高手,如遇康乐公,览而察之,但见情性,不睹文字,盖诣道之极也。"他对谢氏推崇备至,极尽赞美之能事。皎然系谢灵运后裔,把谢氏视为艺术的"极"境,

_____

① 《剡录》,浙江省嵊县县志编纂委员会办公室辑印,第 8 页。

自然是夸大其词,言过其实,难以令人首肯。

第二节 唐大历年间鲍防、严维于越州的浙东联唱

贾俊华在《唐代集会总集与诗人群考论》中对唐大历年间(767—779)浙东联唱活动辑的情况作了分析,认为根据相关诗文可获知当时参与联唱的文人名单,具体情况如下:

①《经兰亭故池联句》:鲍防、严维、刘全白、朱迪、吕渭、吴筠等26人;

②《松花坛茶宴联句》:严维、吕渭等人;

③《法华寺西溪联句》:贾弇、陈允初、吕渭、张叔政、鲍防、周颂、成用、郑概、严维;

④《云门寺小溪茶宴怀院中诸公》:严维、诸良弼、裴晃、郑概、庾骙、陈允初、贾肃;

⑤《征镜湖故事》:陈允初、吕渭、严维、谢良弼、贾肃、郑概、庾骙、裴晃;

⑥《自云门还泛若耶溪入镜湖寄院中诸公》:谢良弼、吕渭、郑概、严维、裴晃、陈允初、萧幼和;

⑦《秋日宴严长史宅》:郑概、裴晃、严维、徐嶷、张著、范绛、刘全白、沈仲昌、阙名;

⑧《严氏园林》:严维、郑概、王纲、沈仲昌、贾全、段格、刘题;

⑨《柏梁体状云门山物并序》:秦瑀(序)、鲍防、李聿、李清、杜奕、袁邕、吕渭、崔泌、陈允初、郑概、杜倚;

⑩《花严寺松潭》:张淑政、严维、吕渭、贾弇、周颂、郑概、陈允初、成用;

⑪《入五云溪寄诸公联句》:鲍防、严维、郑概、成用、吕渭、陈允初、张叔政、贾弇、周颂;

⑫《登法华寺最高顶忆院中诸公》:周颂、成用、张叔政、贾弇、鲍防、严维、吕渭、郑概、陈允初;

⑬《忆长安十二咏》:《正月》谢良辅、《二月》鲍防、《三月》杜奕、《四月》丘丹、《五月》严维、《六月》郑概、《七月》陈允初、《八月》吕渭、《九月》范恺、《十月》樊珣、《十一月》刘蕃、《十二月》谢良辅;

⑭《状江南十二月（每月须一物形状）》：《孟春》鲍防、《仲春》谢良辅、《季春》严维、《孟夏》贾弇、《仲夏》樊珣、《季夏》范恺、《孟秋》郑概、《仲秋》沈仲昌、《季秋》刘蕡、《孟冬》谢良辅、《仲冬》吕渭、《季冬》丘丹；

⑮《中元日鲍端公宅遇吴天师联句》：严维、鲍防、谢良辅、杜奕、李清、刘蕡、谢良弼、郑概、陈允初、樊珣、丘丹、吕渭、范淹、吴筠；

⑯《酒语联句各分一字》：刘蕡、鲍防、谢良辅、严维、沈仲昌、丘丹、吕渭、郑概、陈允初、迥；

⑰《云门寺济公上方偈序》鲍防：《护戒刀偈》鲍防、《茗侣偈》李聿、《芭蕉偈》杜奕、《山啄木偈》阙名、《澡瓶偈》阙名、《山石榴偈》郑概、《漉水囊偈》杜倚、《藤偈》袁邕、《蔷薇偈》崔泌、《斑竹杖偈》阙名、《题天章寺偈》任遵。

以上 17 条资料，也可看作 17 场（次）活动，每场参加的人数不同，现按上列诗次序作为活动的场次，统计每人参加次数。

从统计中可以看到：参加活动并有具体姓名的有 40 人，其中活动较为频繁达 10 次以上的有 5 人。郑概参加的场次最多，达 17 场，场场皆到；其次是严维达 15 场，吕渭 13 场，鲍防、陈允初各为 12 场；参加 5 次以上的有张叔政、成用、贾弇各 7 次；杜奕、周颂各为 6 次，刘蕡、沈仲昌、杜倚、谢良弼、裴晃各为 5 次；其余皆为 4 次以下，其中朱迪、刘题、任遵、范淹、秦瑀均只有 1 次。贾俊华考证为 38 人，其中杜奕名字重复，实为 37 人，缺谢良弼、袁邕、贾全 3 人。贾俊华认为可能还有秦系、朱放、张志和、灵澈、清江、陆羽、李某等 7 人。

一、浙东联唱文人集团的形成与鲍防、严维的影响关系

首先，鲍防是这个集团的领袖人物。鲍防（720—790），湖北襄阳人。《旧唐书·鲍防传》记载："鲍防善属文，天宝末举进士，为浙东观察使薛兼训从事。"薛兼训于宝应元年（762）至大历五年（770）为浙东观察使，在越八年，鲍防为其从事即在这段时间。鲍防亲身经历了安史之乱，并跟随薛兼训参与了主将李光弼的平乱活动，他精明练达，佐治有方，深得薛兼训的信任，与薛兼训有非同寻常的关系。薛为浙东观察使，他为僚佐；薛兼训迁太原尹河东节度使，他为太原少尹；薛兼训卒，他继任河东节度使之职。《唐薛兼训墓志》据赵振华

考证①,出自鲍防手笔,可见两人关系之密切。时中原战乱未息,浙东一带除宝
应元年至代宗广德二年(764)的台州袁晁起义,此后很长时间再无战乱。穆员
《鲍防碑》载:"公之佐兼训也,令必公口,事必公手,兵兼于农,盗复于人。自中
原多故,贤士大夫以三江五湖为家,登会稽者如鳞介之集渊薮,以公故也。"②这
里有两点值得注意:第一,鲍防善于吏治。薛兼训名义上是浙东观察使,他十
分信任放手鲍防,浙东观察使的行政权实际多由鲍防主持,而且在他的治理
下,社会很快得到安定,生产得到恢复;第二,鲍防是个儒雅之士,享有文名,喜
欢结纳文士,又是浙东地区执掌实际权力的官员,为此各地的文学之士纷纷趋
集于他的羽翼之下。李华《送十三舅适越序》曰:"舅氏适越,华拜送西阶之下,
俟命席端。舅氏曰:'吾交侍御鲍君,夫玉待琢者也。知我者鲍君,成我者鲍
君,是以如越,求琢于鲍。'"③皇甫冉《送陆鸿渐赴越诗序》曰:"尚书郎鲍侯,知
子爱子者,将推食解衣以拯其极,讲德游艺,以凌其深,岂徒尝镜水之鱼,宿耶
溪之月而已?"④刘长卿为睦州司马,写有《上巳日越中与鲍侍郎泛舟耶溪》诗,
担任诸暨县尉的严维也有《鲍侍御宿云门》诗,隐居剡溪的越州诗人秦系也有
《鲍防员外见寻因书情呈赠》诗。以上二序及有关诗作足以说明鲍防的地位名
望,在文士中具有很大的感召力。有这样一位名望很高的地方官员主盟诗坛,
有效地保障了浙东联唱的成功开展。

严维,字正文,越州山阴县(今绍兴)人,至德二年(757)进士及第,又擢辞
藻宏丽科,因家贫需侍奉双亲,不能远离,授诸暨县尉,迁余姚令,十余年皆在
越州,交游颇广,与刘长卿、李嘉祐、秦系、包佶、皇甫冉、崔侗、丘为、耿玮、朱
放、灵一等皆有交往。其著名诗句"柳塘春水漫,花坞夕阳迟"就是酬赠刘长卿
的。章八元、灵澈曾师从严维学诗。《嘉泰会稽志》卷十四载:"(严维)大历中,
与郑概裴晃、徐嶷、王纲等宴其园宅,联句赋诗,世传浙东唱和。"⑤又卷十三云:
"严长史园林,颇名于唐,大历中有联句者六人。"⑥严维官职虽不高,却是本地

① 赵振华《唐薛兼训残志考索》,见《唐研究》第 9 卷,北京大学出版社 2003 年,第 477—490 页。
② 《全唐文》卷 181 中华书局 1983 年,第 810 页。
③ 《全唐文》卷 315,中华书局 1983 年,第 3200 页。
④ 《全唐诗》卷 250,中州古籍出版社 2018 年,第 1285 页。
⑤ 施宿、张淏《(南宋)会稽二志点校》,李能成校点,安徽文艺出版社 2012 年,第 277 页。
⑥ 施宿、张淏《(南宋)会稽二志点校》,李能成校点,安徽文艺出版社 2012 年,第 255 页。

名流的代表,具有较广的人脉关系,17 次联唱中有两次就是在其家或园林举办的。鲍防将其罗致,这是地方性的文人团体不可缺的。所以成为浙东联唱文人团体中的第二号人物。除越州人严维外,睦州人徐嶷,元和间有诗名,与施肩吾同里闬,方干曾师事之。

参加浙东联唱的文士,据贾俊华考证有 57 人之多,绝大多数是北方来越避乱人士。据宋代计有功《唐诗纪事》卷 47 记载:"(谢)良辅,登天宝十一年进士第。德宗时,刺商州,为团练所杀。"鲍防"与中书舍人谢良弼友善,号鲍谢"。谢良辅与谢良弼可能是兄弟,故一同来越。丘丹"隐临平山,与丰苏州往还"。"吕渭,字君戴,河东人。德宗时,为礼部侍郎,与裴延龄姻家。"刘蕃"天宝六年进士第"。"(贾弇)登大历进士第。柳子厚《先友志》云:'弇,长乐人,善士也,为校书郎卒。'"沈仲昌登天宝九年(750)进士第。萧颖士《送刘方平、沈仲昌秀才同观所试杂文》云:"山东茂异,有河南刘方平、临汝沈仲昌,以郡府计谐之尤,当礼闱能赋之试,余勇待贾,未始踰展。"可见沈仲昌为河南临汝人。又据《宋高僧传》卷十七《唐越州焦山大历寺神邕传》载:"旋居故乡法华寺,殿中侍御史皇甫曾,大理评事张何、金吾卫长史严维、兵曹吕渭、诸暨长丘丹、校书陈允初赋诗往复,卢士式为之序引,以继支、许之游。"这里提到吕渭曾任兵曹之职,丘丹曾任诸暨长,陈允初曾为校书。蒋寅《大历诗人研究》中有关于吴筠的研究文字:"吴筠,字贞节,华阴人,生平不详。"安史之乱后"泛舟下建业,登会稽,渡浙江,定居天柱山。暇日参加江东文士的诗酒联唱活动,成为文字场上一位颇世俗化的'天师'"[1]。其余虽具姓名,然生平未详。

大历浙东文人集团联唱诗作共同思想倾向就是继承了东晋文人任自然、重情性,追求个体精神自由和宁静潇洒高雅的精神境界。在举止行为上追求风流儒雅、淡泊平和的风度。他们游赏胜景,品茶赋诗,表现为一种无忧无虑、陶然忘世的心境。他们效法东晋王谢兰亭祓禊活动:"赏是文辞会,欢同癸丑年",虽然是"事感人寰变,归惭腑服牵",但还是"野兴攀藤坐,幽情枕石眠","山游称绝调,今古有多篇"[2],"夜禅三世晤,朝梵一章清"(李峯),"焚香忘世

① 蒋寅《大历诗人研究》,北京大学出版社 2007 年,第 284 页。
② 《大历浙东联唱集·经兰亭故池联句》,见贾俊华《唐代集会总集与诗人群体研究》,北京大学出版社 2001 年。

虑，啜茗长幽情"（鲍防），"水流惊岁序，尘网悟簪缨"（杜倚），"从此应贪味，非惟悔近名"（李清）①，"枕石爱幽眠，寻源乐清宴"（吕渭），"竹影思挂冠，湍声忘摇扇"（鲍防），"从事慕澄清，看心得方便"（严维），"逸兴发山林，道情忘贵贱"（郑概）②，"自愧落沾冠冕，何如乐在丘园"（沈仲昌）③，"忘鸟知无迹，看猿欲学心"（周颂），"从来谢公意，山水爱登临"（周颂）④，"古寺思王令，孤潭忆谢松"（郑概）⑤。他们向往隐居生活，厌倦官场和人世间的喧嚣纷争，仰慕东山高卧的谢安，纵游山水的谢灵运，和舍宅捐寺的王献之，兴致勃勃地"步月""寻溪"，游山玩水，吟诗探险，沉迷于"狂流碍石，迸笋穿溪"的幽美景色之中，原来是"厌问城中喧喧多鼓鼙"⑥，为了逃避北方的战乱而来此寻找暂时栖息的场所，得到心灵的闲适恬静。这种无可奈何的避世态度，不仅是鲍防为首的文人集团集体的心理特征，也反映了当时大部分士大夫的共同思想倾向，与盛唐文人以隐居为仕进的终南捷径方式有明显的不同。

　　同样是这一批诗人，在安史之乱前却曾经表现出与此相异的思想和创作倾向。穆员《鲍防传》称："天宝中，天下尚文……公赋《感遇》十七章，以古之正法，刺讥时病，丽而有则，属诗者宗而诵之。"⑦《唐诗纪事》卷 47 于鲍防名下录有一首《杂感》，当即《感遇》十七章存篇，这一组诗后来曾获得白居易的高度赞扬，与陈子昂的感遇相提并论："唐兴二百年，其间诗人不可胜数，所可举者，陈子昂有《感遇》诗二十首，鲍防有《感兴》诗十五首。"⑧《感兴》亦即《感遇》，引录如下：

---

　　① 《大历年浙东联唱集·松花坛茶宴联句》，见贾俊华《唐代集会总集与诗人群体研究》，北京大学出版社 2001 年，第 284 页。

　　② 《大历年浙东联唱集·寻法华寺西溪联句》，见贾俊华《唐代集会总集与诗人群体研究》，北京大学出版社 2001 年，第 285 页。

　　③ 《大历年浙东联唱集·严氏园林》，见贾俊华《唐代集会总集与诗人群体研究》，北京大学出版社 2001 年，第 286 页。

　　④ 《大历年浙东联唱集·花严寺松潭》，见贾俊华《唐代集会总集与诗人群体研究》，北京大学出版社 2001 年，第 287 页。

　　⑤ 《大历年浙东联唱集·征镜湖故事》，见贾俊华《唐代集会总集与诗人群体研究》，北京大学出版社 2001 年，见贾俊华《唐代集会总集与诗人群体研究》，北京大学出版社 2001 年，第 285 页。

　　⑥ 《大历年浙东联唱集·入五云溪寄诸公联句》，见贾俊华《唐代集会总集与诗人群体研究》，北京大学出版社 2001 年，第 287 页。

　　⑦ 《全唐文》卷 783，中华书局 1983 年，第 8190 页。

　　⑧ 白居易《与元九书》，见朱金城编《白居易集笺校》，上海古籍出版社 1980 年，第 347 页。

汉家海内承平久，万国戎王皆稽首。

天马常衔首蓿花，胡人岁献葡萄酒。

五月荔枝初破颜，朝离象郡夕函关。

雁飞不到桂阳岭，马走皆从林邑山。

甘泉御景垂仙阁，日暮无人香自落。

远物皆重近皆轻，鸡虽有德不如鹤。

此诗作于杨氏兄妹气焰嚣张的天宝中期，诗中极其辛辣讽刺了唐玄宗在"承平久"的天宝年间，宠幸贵妃，穷奢极欲，劳民伤财的事实。诗人"刺讥时病"的胆量令人崇敬。诗歌写得气势遒劲，既有盛唐七古的活力，又有中唐新乐府的锐气。严维在《余姚祗役奉简鲍参军（防）》诗中自称"童年献赋在皇州，方寸思量君与侯"①，可见其年少时应试长安，与其他盛唐诗人一样满怀"举头望君门，屈指取公卿"的政治抱负和积极向上精神。然而经历安史战乱之后，鲍防、严维等浙东文士集团思想感情和诗歌创作倾向改变了。《忆长安十二咏》深情眷恋安史之乱前的长安从正月到十二月的不同景致和游乐往事：献寿彤庭，曲江寒食，上宛花枝、京郊旌旗、避暑华池、终南灞上、登高昆池、王陵冬猎、御园琼树、温泉彩仗……长安是大唐帝国的象征，诗人眷顾的实际上是那刚刚成为旧梦的开元天宝盛世。"献寿彤庭万国""千官贺玉丹墀"，富强帝国的声威，表现了诗人怀念盛世的心理。《状江南十二咏》也表现了四季的江南越州不同景致和游乐之事。《唐诗纪事》"丘丹"条载："现十二月诗（《状江南十二咏》和《长安十二咏》）与《中元联句》（《中元日鲍端公宅遇吴天师联句》），皆在江南时事也。"这指出《忆长安》《状江南》与《中元联句》作于同一地点。已知《中元联句》作于鲍防宅，这两组同题联唱诗作当然也在越州，此其一。状江南者，描摹江南之景色，如"荇""梅""莼""慈竹""卢柑""甘蔗""稻""藕""鲈""栗""紫蔗""盐"，乃越州盛产之风物，其涉及地点的景色，大都在越州管辖范围之内；石门，在剡县（今嵊州）境内，此其二。这 24 首诗作，参加联唱者计 13 人，均参加过上述 17 场地点的联唱，如果联唱不在越州，那是不可想象的，此其三。总之，《忆长安》《状江南》均属浙东唱和是毋庸置疑的。《忆长安》《状江

---

① 《全唐诗》卷 263，中州古籍出版 2018 年，第 1331 页。

南》是相为关联的两组诗,忆长安而状江南,这正是当时南渡文士的典型心理。盛世回忆使他们产生了绵绵不尽的感伤情绪,北方中原的动乱和破坏使他们灰心失望,唯有眼前宁静富饶的江南美景才使他们的心灵获得某种程度安慰和满足。安史之乱以后诗人的自信心与自豪感锐减,然越中山水的美景对诗人心灵的陶冶作用仍然很大,只是诗歌的色调变得冷寂与奇特幽深罢了。

二、浙东联唱涉及的人员、地点考辨

蒋寅《大历诗人研究》认为:从参加联唱人员与诗作所涉时令、地点来看,以上 18 首(实为 17 首)诗起码分属 9 次游宴活动:

(一) 忆长安十二咏;

(二) 状江南十二咏;

(三) 游云门寺联句:《经兰亭故池联句》《茶花坛茶宴联句》《云门寺小溪茶宴怀院中诸公》《自云门还泛若耶溪入镜湖寄院中诸公》《征镜湖故事》;

(四) 游法华寺诸联句:《一字至九字诗联句》《寻法华寺西溪联句》《花岩寺松潭》《登法华寺最高顶忆院中诸公》;

(五) 秋日严维宅联句;

(六) 春日严维园林联句;

(七) 云门寺上方联句:《柏梁体状云门山物》《云门寺济公上方偈》;

(八) 中元日鲍防宅联句;

(九) 酒语联句。[①]

因为蒋寅不是绍兴人,很少游历绍兴名胜,所以对上述名胜的处所归属安排错乱。生于斯、长于斯的邹志方在《浙东唱和考索》一文中根据联唱的地点作了正确的归纳:

(一) 鲍防宅:《中元日鲍端公宅遇吴天师联句》《酒语联句》《状江南》《忆长安》;

(二) 兰亭:《经兰亭故池联句》;

(三) 法华寺:《寻法华寺西溪联句》《登法华寺最高顶忆院中诸公》(一字

---

① 蒋寅《大历诗人研究》,北京大学出版社 2007 年,第 132 页。

至九字);

　　(四)镜湖:《征镜湖故事》《自云门还泛若耶溪入镜湖寄院中诸公》;

　　(五)严氏园林:《秋日宴严长史宅》《严氏园林》;

　　(六)若耶溪:《入五云溪寄诸公联句》(从一字至九字);

　　(七)云门寺:《松花坛茶宴联句》《云门寺小溪茶宴怀院中诸公》《柏梁体状云门山物》《云门寺济公上方偈》;

　　(八)花严寺:《花严寺松潭》。

　　鲍防宅位于今绍兴市城区西北卧龙山东南麓。《嘉泰会稽志》载:"卧龙山,为越州州治所在。《寰宇记》:隋开皇十一年(591)越国公杨素于种山(即卧龙山)筑城,自隋迄唐,即山为州宅。"长庆三年(823)至大和三年(829)元稹任浙东观察使兼越州刺史时,写有《州宅夸于乐天》,诗云:"我是玉皇香案吏,谪居犹得住蓬莱。"蓬莱阁因而得名。据此推知鲍防宅当在蓬莱阁附近,这里居高临下,风景优美。早于浙东唱和的孙逖,他在《登越州城》诗中已有描写:"越嶂绕层城,登临万象清。封圻沧海合,廛市碧湖明。晓日渔歌满,芳春棹唱行。山风吹美箭,田雨润香粳。代阅英灵尽,人闲吏隐并。赠言王逸少,已见曲池平。"大历年间诗人们聚会越州,登高望远,在鲍防宅上饮酒赋诗,是极其自然的。

　　严维宅及园林在今绍兴市东十二里东湖。《康熙会稽志》载:"严维宅在东湖。唐大历中,维为长史,因名长史村。自题云:'落木秦山近,衡门镜水通。'又有园林,颇名于唐。其诗云:'策杖山横绿野,乘舟水入衡门。'又曰:'杉松交日影,枕簟上湖光。'"诗友皇甫冉《秋夜宿严维宅》诗中有"君住东湖下,清风继旧踪。秋深临水月,夜半隔山钟"之句。作为浙东诗坛领袖,生活在如此山水秀丽之处,自然会招引诗友光临唱和了。

　　至于兰亭、镜湖、若耶溪、云门寺、法华寺、花严寺皆为越州名胜之地,人文资源极其丰富,交通十分方便,且越地所产的酒与茶都十分名贵,"酒语""茶宴"皆为文士社会时尚。

　　上述17首联唱诗作分属8个地点,实为17场联唱活动。其中在鲍防宅进行的四场联唱活动、云门寺的四场活动,都不可能在同一日举行,蒋寅认为"起码分属九次游宴活动",只能说大体正确,因为至少在9次以上,但仍然有估计猜测之疑,不如说"十七场联唱游宴活动"更为准确。

　　浙东唱和诗作的体裁较为多样。首先,联句较多,联句形式多样:一是五言诗。有每人赋一句的,计 1 首,如《经兰亭故池联句》;有多人赋两句的计 8 首,如《中元日鲍防宅遇吴天师联句》《云门寺小溪茶宴怀院中诸公》《征镜湖故事》等。二是六言诗,每人两句,计 1 首,如《严氏园林》。三是七言诗,每人一句,计 2 首,如《酒语联句各分一字》《柏梁体状云门山物》,均属柏梁体。四是宝塔诗,即一言至九言,计 2 首,如《入五云溪寄诸公联句》《登法华寺最高顶忆院中诸公》。其次是同一题目的唱酬,如《忆长安》《状江南》各 12 首,按时间顺序排列。再次是同一体裁的唱酬,如鲍防等诗人的 11 首偈语。可见唱和形式的丰富多样,新颖活泼。

三、浙东联唱在文学史上的影响

　　"浙东唱和"名称,最早见于《嘉泰会稽志》:"严维,字正文,为秘书郎。大历中,与郑概、裴晃、徐嶷、王纲等宴其宅,联句赋诗,世传'浙东唱和'。"而最早以诗集见称的则是北宋欧阳修、宋祁等撰的《新唐书》卷 60《艺文志》中明确记载《大历浙东联唱集》2 卷,但未标明作者。北宋孔延之《会稽掇英总集》卷 14 收录有《中元日鲍端公宅遇吴天师联句》等 14 首诗。南宋计有功《唐诗纪事》卷 47 录有两组诗:一为《忆长安十二咏》,一为《状江南十二咏》,参加者与前一组略同,又录有《中元日鲍端公宅遇吴天师联句》,可与《会稽掇英总集》互校。其后,《宋史·艺文志》集部总集类录"有《大历浙东酬唱集》一卷"[1],可见此集至元末尚存,但已亡佚过半。到了明代胡震亨在《唐音癸签》中写道:"同人唱和有《珠英学士集》《大历浙东联唱集》二卷……"但是胡震亨已经见不到这二卷完整的诗集,"志不详何人,疑鲍防、吕渭与严维诸人唱和诗也"的解释,即是明证。其后,《全唐诗》的编纂者,康熙年间彭定求、杨中纳等人在已经看不到《大历浙东联唱集》的情况下,他们只是根据明末胡震亨的《唐音癸签》和清初季振宁在《唐诗》卷 789 中记录的鲍防、严维等人的三首联句。贾俊华《大历浙

---

①　脱脱等《宋史》,中华书局 1985 年,第 5598 页。

东联唱集考述》一文对其内容作了初步的勾勒①,其后又在《唐人集会总集与诗人群考论》一书中辑有《大历年浙东联唱集》,对联唱的诗作作了全面的辑校。

在唐代诗坛上,唱和是诗人间交游的一种方式。有的此唱彼和,各赋诗篇,以见高低,如高适、岑参、薛据、储光羲、杜甫等人的登慈恩寺塔所赋;有的前后联句,缀合成诗,各见情性,《全唐诗》卷788就有收录李白、高霁、韦权舆《改九子山为九华山联句》。此风初唐已开其端,盛唐有所发展,到中唐则蔚为大观。唐代宗大历年间的"浙东唱和"规模盛大,活动频繁,而且当时就编定了《大历年浙东联唱集》二卷。分析《大历年浙东联唱集》的作者与所存诗篇,可以看出,浙东唱和极大地推动了安史之乱后的越州诗歌的创作活动。胡可先通过考察浙东联唱,在《唐代越州文学试论》一文中认为:"安史之乱后的越州文学有以下两个特点:其一,文学群体的包容性。这一时期的文学集团的领袖人物无疑是鲍防,在他的组织与影响下,由不同类型的士人组成较大的群体。有官僚,如吕渭、裴晃、皇甫曾;有文士,如严维、刘全白、陈允初;有隐士,如丘丹、秦系、朱放、张志和;有僧人,如灵澈、清江。……其二,使府文学的区域性。……这时的方镇首领大多由京官莅任,他们在南方地区既致力于经济的繁荣,又致力于文化的振兴。和京官相比,他们有了接触方外之士之机会,故而能将京官文化、方镇文化与方外文化融为一体。这种特点在南方的方镇都不同程度地表现出来,而以越州为中心的浙东方镇最有代表性。"②

除了胡可先所说的两点外,我觉得浙东联唱还具有辐射性,有力推动了联句与唱和之风的兴盛:其一,浙东联唱的一些诗人如吴筠、吕渭、沈仲昌、刘全白、张著等人,后来又去了湖州参与湖州文人集团的联唱,这显然充当了诗会由浙东向湖州转移的桥梁作用。鲍防在浙东时,陆羽曾出游越州,皇甫冉送以诗及序,虽然没有留下陆羽与鲍防的唱酬之作,而陆羽是湖州诗会的重要角色,自然也起到了纽带作用。陆羽在越中曾拜访过张志和,张与颜真卿的交往可能是以陆为媒介。其二,湖州文人的诗会与浙东联唱的创作倾向相同,即都是追求诗境的闲适宁静、淡泊平和,这固然与大历年间的大背景有关,同时也

① 《文学遗产》增刊18辑,山西人民出版社1989年。
② 《陆游与越中山水》,人民出版社2006年,第550—551页。

说明浙东联唱对湖州诗会的影响。如颜真卿等创作《七言重联句》"独赏谢吟山照耀，共知殷叹树婆娑"，仰慕东山高卧的谢安，向往纵游山水的谢灵运，充满了对隐居生活的向往。皎然屡用"少长还同宴永和，诗书宛似陪康乐"述谢安、谢灵运之事，神往的仍是兰亭诗会，便是明证。这种追求逸乐的倾向还表现在《登岘山观李左相石尊联句》，他们缅怀的不仅有襄阳岘山羊祜留下的那令人感伤的堕泪碑，其实更欣赏日日从高阳池大醉而归的山简。在诗题上浙东与浙西联唱大抵不出游赏、宴集、赠别、咏物、优游闲适、消遣笑乐的范围，具有很多的相同点。其三，酬唱的体裁相同，绝大多数为联句，形式丰富多彩，有五言、六言、七言、柏梁体，一字至九字诗。比较而言，湖州诗会还有三言、四言。联唱方式也完全相同：有一人一句、一人两句，或一人一首变化多端，不拘一格。

浙东联唱对诗歌联句体的发展起到了承前启后的重要作用。中国诗歌史上最早的联句，可以追溯到传说中的汉武帝及其群臣的《柏梁诗》，其后经过魏晋南北朝至盛唐，虽时有继作，但数量不多，规模不大。浙东诗人群以多达数十人的大规模进行往复联句，并且场次频繁，达 17 场之多。他们尝试了五言、六言、七言及一字至九字等多种句式，以及人各一句、句句押韵的柏梁体，人各四句二韵的六朝体，日本学者赤井益久认为《忆长安十二咏》及《状江南十二咏》是一种各探一月，相互关联的联句形式，其说甚有道理。人各二句一韵的正规体等联句形式，不仅盛况空前，而且显然有意地对唐诗的体式格调进行开拓。在此之后联句诗大量出现，此起彼兴，连绵不绝，如其后的颜真卿的浙西联唱，孟郊（751—814）、韩愈（768—825）、裴度（765—839）、白居易（772—846）、刘禹锡（772—848）、张籍（766—830）等中唐后期诗人的大量联句，晚唐陆龟蒙（？—881）、皮日休（834—883）等人联句的余波。可以说，联句体始盛于浙东联唱，从而成为中晚唐的流行诗体。

幕府中的诗歌酬唱与大历鲍防集团的浙东联唱偏重联句不同，大约是联句之诗需众人合作，既可逞才使气，亦需雕章琢句，故拘束与限制颇多，而唱和之诗既能表现群体的氛围，又能发挥自己的个性，因此颇受薛苹、李绅、元稹等人的喜爱。中唐后期，以州郡为中心的同地唱和与邻近数州郡的异地唱和现象的兴盛不得不说是受到大历浙东联唱的影响。

大历浙东联唱在文体发展史上对文人词的发展也有促进作用。《忆长安十二咏》和《状江南十二咏》实际上皆为歌词。敦煌有《长安词》,岑参(715—770)有《忆长安曲二章寄庞潍》,说明《忆长安》本为曲子名。《忆长安十二咏》以十二月分咏长安风物,句法一致,皆是"三三、六、六六、六六",皆押四平韵,可见是以乐曲曲拍成句,故任半塘断言:"杂言《忆长安》之为填词,完全肯定无疑。"①《状江南十二咏》为五言四句齐言体,与《忆长安十二咏》基本相同,也是模仿民间歌谣及佛教讲唱中的时序歌词,如《十二月》《五更转》《十二月辞》等,采用时序辞起,调的句式及重字的句式,以四时十二月分咏江南风物,整首诗只押一韵,且《古今岁时杂咏》录此组诗题为《状江南十二月,每句须一物形状》,颇近于宴会酒令游戏格式。故此组作品应与前一组作于同时,并同为幕府酒宴上倚声创制的酒令歌词。大历浙东联唱确实有其音乐背景。唐时方镇皆蓄伎乐,薛兼训浙东幕府也不例外。严维有《余姚祇役奉简鲍参军》,鲍参军即为鲍防,诗云:"歌诗盛赋文星动,萧鼓新亭晦日游。"曰"歌诗"、曰"萧鼓",正表明其诗有歌舞音乐为诗会助兴。而其时私宅聚会,亦往往有琴乐助兴。严维、刘全白等以《秋日宴严长史宅》联句云:"卷帘看彩翠,对酒命丝桐。"严维、吕渭等八人《云门寺小溪茶宴怀院中诸公》联句云:"猿饮无人处,琴听浅溜边。"参与联唱的诗人中,吕谓即精通音律及琴曲,撰有《广陵止息谱》一卷。②大历之前,民间虽已出现不少曲子词,文人词却寥寥无几,大历浙东诗人以数十人之众,大张旗鼓地联章迭唱,结集流行,其对中唐文人词之风兴起的影响,当不可低估。其后,引出了一大批专咏南方风物的诗词,有张志和等人的《渔夫》、刘禹锡的《竹枝词》、白居易的《梦江南》、皇甫松的《梦江南》、韦庄的《菩萨蛮》、欧阳炯和李珣的《南乡子》等等。这些众多的诗词都以描写南方美景、物产、风土人情为中心,它们虽然各有其特定的写作背景和旨意,但从总体上看,都具有一个总的大背景,即唐中央集权的日益削弱,南方政治、经济、文化的日益强盛;并且都有一个总的潜主题,即通过赞美江南风物,感伤叹惜北方中原的衰落和动乱。从这些方面看,《状江南十二咏》可以说有开风气之先的作用。再说,张志和、刘禹锡、白居易、戴叔伦、韦应物等诗人都与浙东联唱诗人有一

---

① 任半塘《唐声诗》,上海古籍出版社 1982 年,第 502 页。
② 《新唐书》卷 263,中华书局 1982 版,2918 页。

定联系,从浙东联唱的诗体中受到启发也是必然的。

第三节　唐元和、长庆和大中至咸通年间越州唱和的盛况

一、唐元和年间李绅与薛苹的唱和

李绅(772—846),字公垂,无锡(今属江苏)人。元和元年(806)进士,一生中曾三次至越州。第一次为贞元十八年(802)秋天。前一年赴长安举进士落第后南返,东游天台山,经越州剡县,与当时被贬谪为剡县县令的崔芄相遇,并因崔氏与龙宫寺僧人修真相识,写了华顶诗。第三次为大和七年(833)七月,由太子宾客授浙东观察使越州刺史之职。与薛苹唱和是其第二次至越州,元和三年(808),李绅在《龙宫诗碑》中云:"元和三年,余罢金陵从事,河东薛公苹招游镜中,卜师己卧病而约言无易。"① 作为浙东观察使薛苹从事期间,与薛苹曾有唱和活动。宋神宗熙宁四年(1071)以度支员外郎知越州军州事领浙东兵马钤辖的孔延之,于熙宁五年编定《会稽掇英总集》卷八"禹庙"条下,收录了薛苹《禹庙神座,顷服金紫。苹自到镇,申牒礼司,重加衮冕。今因祈雨,偶成八韵》,诗云:

> 玉座新规盛,金章旧制非。列城初执礼,清庙重垂衣。
>
> 不睹千箱咏,翻愁五稼微。只将蘋藻洁,宁在饩牢肥?
>
> 徒市行应谬,焚巫事亦违。至诚期必感,昭报意犹希。
>
> 海日明朱槛,溪烟湿画旗。回瞻郡城路,未欲背山归。

《嘉泰会稽志》卷二载:"薛苹,元和二年正月自湖南观察使授,五年八月移浙西观察使。"又卷一六载:"薛苹《禹庙祈雨唱和诗》。薛苹及和者崔述等十七人,共十八诗。豆庐署正书。刻于《夏禹衮冕碑》之阴。"李绅作《禹庙》诗和之,诗云:

> 削平水土穷沧海,奋锸东南尽会稽。
>
> 山拥翠屏朝玉帛,穴通金阙架云霓。

---

① 《李绅集校注》,卢燕萍校注,中华书局 2009 年,第 288 页。

秘文镂石藏金璧，宝检封云化紫泥。

清庙万年长血食，始知明德与天齐。

绅诗抒发了大禹在会稽治水的功绩及当地人民长期祭祀之感情，为七律四韵。薛诗则是叙写禹庙金紫，服以冠冕的神像及至诚祭以蘋藻、饩牢的情形，五律八韵。难怪《欧阳文忠公集》卷一四二《集古录》跋尾卷九《唐薛苹唱和诗》云："右薛苹唱和诗，其间冯宿、冯定、李绅皆唐显人，灵澈以诗名后世，皆人所想见者，然诗皆不及苹。岂唱者得于自然，和者牵于强作耶？"可见，欧阳修是将李绅的《禹庙》诗视为与薛苹的唱和之作。受薛苹祭禹祈雨影响，李绅于大和七年（833）浙东观察使越州刺史赴任之初，命押衙先行祭拜大禹庙祈祷天晴，果然"雨收云息，日朗者三旬有一五日，刈获皆毕，有以见神之不欺也"，后"冬暄无雪，亲自诣禹庙祈祷"，"其日回舟至湖半，阴云四合，飞霰大降者三日，积雪盈尺，浙江中流乃分阴雪，杭州并无所沾"[1]，于是写下了《登禹庙回降雪五言二十韵》。

他在越州刺史任上创作的《新楼诗二十首》小序云："到越州日，初引家累登新楼望鉴湖，见元相微之题壁诗云：'我是玉皇香案吏，谪居犹得住蓬莱。四面寻常对屏障，一家终日在楼台'。微之与乐天此时只隔江津，日有酬和相答。时移官九江，各乖音问。顷在越之日，荏苒多故，未能书壁，今追思为《新楼二十首》。"[2]序中言元稹于长庆三年（823）八月至大和三年（829）九月任越州刺史兼浙东观察使期间，与时任杭州刺史的白居易竹筒酬唱之事。"新楼"即元稹诗中的"州宅"，可见《新楼诗二十首》也是与元稹《州宅》诗的酬和之作。

二、唐长庆年间元稹与白居易竹筒酬唱及与幕下名士"兰亭绝唱"

唐长庆三年（823）至大和三年（829）元稹出任越州刺史兼浙东观察使期间，办公之余，常与时任杭州刺史的白居易频繁唱和，常以竹筒贮诗递送，他的《以州宅夸于乐天》，诗云：

---

① 《李绅集校注》，卢燕萍校注，中华书局 2009 年，第 71 页。

② 《李绅集校注》，卢燕萍校注，中华书局 2009 年，第 160—161 页。

> 州城迥绕拂云堆，镜水稽山满眼来。
>
> 四面寻常对屏障，一家终日在楼台。
>
> 星河影向檐前落，鼓角声从地底回。
>
> 我是玉皇香案吏，谪居犹得住蓬莱。

白居易收到后立即复以《答微之夸州宅》，诗云：

> 贺上人回得报书，大夸州宅似仙居。
>
> 厌看冯翊风沙久，喜见兰亭烟景初。
>
> 日出旌旗生气色，月明楼阁在空虚。
>
> 知君暗数江南郡，除却余杭尽不如。

元稹接到白居易的酬和之诗后，立即作了《重夸州宅旦暮景色兼酬前篇末句》，诗云：

> 仙都难画亦难书，暂合登临不合居。
>
> 绕廓烟岗新雨后，溢山楼阁上灯初。
>
> 人声晓动千门辟，湖色宵涵万象虚。
>
> 为问西州西刹岸，涛头冲突近何如？

又有《再酬复言和夸州宅》，诗云：

> 会稽天下本无俦，任取苏杭作辈流。
>
> 断发仪刑千古学，奔涛翻动万人忧。
>
> 石缘类鬼名罗刹，寺为因坟号虎丘。
>
> 莫著诗章远牵引，由来北郡似南州？

欣喜之情，溢于诗行。当时越州经济繁荣，州城规模较大，市容昌隆。州城四周群山环围，镜湖揖拱，州衙傍山而建。宝庆《会稽续志》载："元微之云州宅居山之阳，凡所谓台榭之胜皆因高而为之，以极登览，尝以诗夸于白乐天。"元稹还在阳明洞天和龙瑞宫参加了投龙简活动，写有《春分投简阳明洞天作》五言长诗，白居易随即写了《和微之春日投简阳明洞天五十韵》。长庆四年（824）结集为《杭越唱和诗集》，大和元年（827）结集为《元白唱酬集》。身处"蓬莱""仙都"的元稹，对此已经忘却在京做官互相倾轧的忧虑和贬官时的不快。

他的幕下有当时的名士，比如：节度副使窦巩，工诗；掌书记卢简求，诗人；判官郑鲂，工诗文；推官韩抒材，能文工书。他们"鉴湖秦望之游，月三四焉。而讽咏诗什，动盈卷帙。副使窦巩，海内诗名，与稹酬唱最多，至今称兰亭绝唱。"①王十朋《会稽三赋·会稽风俗赋》也说："唐元微之一代奇才，罢侍玉皇，谪居蓬莱，宾窦邻白，唱酬往来，繇是鉴湖秦望之奇益开，故其俗至今好吟咏，而多风骚之才。"②明代陶望龄在其《歇庵集》卷三《公翁氏遗稿序》中载曰："会稽山阴之兰亭以禊事显，篇咏翰墨，映照千古，不独为江左殊胜之事，即逸少文若诗多矣，未有及此者，盖山川之助也。元微之观察浙东，其参佐窦巩辈以声韵相尚，简帙流布，目之曰兰亭绝唱，意其时相与俯深眺崇，羽觞上下，歌咏相属永和故事嗣兴于兹山乎，不然何称名之肖也？"③

元稹在越期间还结交了一些浙东名士，与他们之间也有唱和，如睦州人徐凝，其《奉酬元相公上元》《酬相公再游云门寺》《奉陪相公看花宴会》等诗，均为元稹浙东唱和作。山阳人赵嘏也写有《浙东陪元相公游云门寺》诗。

三、方干客居越州期间与当地州县官员及山阴诗人吴融的唱和

方干（809—873），字雄飞，浙江桐庐人。工诗有奇才，因缺唇而貌丑，多次应举而未取。曾浪游中原，中年以后隐居越州会稽寒山（后称方干岛）至终，殁后，宰臣张文蔚奏请方干等名儒不遇者15人追赐进士出身，门人杨弇与僧居远整理其诗得370余首，私谥其为"玄英先生"，名为《玄英集》，《全唐诗》编为六卷。

方干出身寒微，出生时缺上唇，由于当时医疗条件得不到医治，长大后影响了他的容貌，但他非常刻苦读书，欲通过科举改变自己的状况。《全唐诗方干小传》云："谒钱塘太守姚合。合视其貌陋甚卑之。坐定览卷，乃骇目变容，馆之数日，登山临水，无不与焉。"④张弘生《姚贾诗派的界内流变和界外余响》一文认为："大和八年（834），贾岛赴金州谒刺史姚合，合旋改任杭州刺史，贾作《送姚杭州》一诗送之。开成元年（836），姚合自杭州返京，贾岛作《喜姚郎中自

---

① 《旧唐书·元稹传》，见《元稹集》附录1，中华书局1982年，第724页。

② 王十朋《王十朋全集》，上海古籍出版社1998年，第837页。

③ 陶望龄《陶望龄全集》，李会富校，上海古籍出版社2019年，第178页。

④ 《全唐诗》卷648，中州古籍出版社2018年，第3343页。

杭州回》一诗迎之。"那么，方干谒见姚合当在大和八年至开成元年之间，其时，方干年龄当在 26 至 28 岁之间，已经通过府试考试，其后才多次参加由吏部继由礼部负责的中央级考试。从其诗作来看，他曾多次北上，几乎游历了大半个中国，例如：《金州客舍》《路入金州江中作》的"金州"即今陕西安康县；《将谒商州吕郎中道出楚州留献章中丞》的"商州"即今陕西商南县，"楚州"即今湖北荆州；《怀州客舍》有"朝去太行色，坐卧沁河声"，"怀州"即今河南沁阳县；《途中逢孙辂因得李频消息》有"灞上寒仍在，柔条亦自新"，"灞上"即今陕西西安灞水旁；《早发洞庭》的"洞庭"即今太湖一带；《江州送李侍御归东洛》的"江州"即今江西南昌市；《收两京后还上都兼访一二亲友》的"上都"即今长安；《过申州作》的"申州"即今河南信阳市；《旅次扬江客居郝氏林亭》的"扬州"即今江苏扬州市；《题长洲陈明府小亭》的"长洲"即今江苏苏州；《漳州阳亭言事寄于使君》的"漳州"即为今福建龙溪县；《滁上怀周贺》的"滁上"即今安徽滁县；《称心寺中岛》的地点在中州，即今河南开封。可见，方干曾至长安参加进士考试。《古今诗话》载：有司奏议以为"干虽有才，但科名不可与缺唇人，使夷闻之，将谓中原鲜士矣"，"干潜知所论，遂隐居不出。十年后，遇医补其唇，而干已老矣"。因为缺唇而相貌丑陋，影响了他的前程，于是只得隐居不出，以游览山水，创作诗歌消遣日月。

　　方干何时隐居越州会稽呢？大致有两种说法。一种说法为大中中。元代辛文房《唐才子传》卷七载："干，字飞雄，桐庐人。……大中中，举进士不第，隐居镜湖中。湖北有茅斋，湖西有松岛，每风清月明，携稚子邻叟，轻棹往返，甚惬素心。"大中中即为唐宪宗大中六年至七年（852—853）期间，时方干 45 岁。又说："初，李频学干为诗，频及第，诗僧清越贺云：'弟子已折桂，先生犹灌园'。"方干《寄李频》诗云："明年见名姓，唯我独何颜！"李频大中八年（854）中进士，可见方干在大中七年后不再参加科考而开始隐居。另一种说法是咸通中。《全唐诗·方干小传》云："咸通中，一举不得志，遂遁会稽，渔于鉴湖。太守王龟以其亢直，宜在谏署，欲荐之，不果。"《越中言事诗二首》自注"咸通八年琅邪公到任后作"。"咸通"即唐懿宗李漼年号，对应公历年份为 860—874 年。《嘉泰会稽志》卷二载："王沨，咸通八年，自前尚书户部侍郎授。李绾，咸通十一年五月，自中书舍人、充史馆修撰授，十三年十二月追赴阙。"王沨自咸通八年(867)至十一年(869)四月在越州太守任上。方干有《送王侍郎浙东入朝》诗赞扬他的清廉:"自将苦节酬清秩,肯要庞眉一个钱。"可见,方干在咸通八年(867)前已经隐居会稽了,其时59岁。这两种推测皆有举进士不第,遂遁会稽之说,学生已经中进士,老师再去继续参加科举,自觉无颜,亦是情理中事。当以前说为是。如果依据辛文房之说,方干隐居会稽至终则有20年左右。

但也有人依据北宋范仲淹《留题方干处士旧居》说他隐居桐庐白云源。《留题方干处士旧居》写道:"某景祐初典桐庐,郡有七里濑,子陵之钓台在,而乃以从事章岷往构堂而祠之。召会稽僧悦躬图其像于堂。洎移守姑苏,道出其下,登临徘徊,见东岳绝壁,白云徐生,云方干处士之旧隐,遂访焉。其家子孙尚多儒服,有楷者新策名而归。因留二十八言,又图处士像于严堂之东壁。楷请刊诗于左。风雅先生旧隐存,子陵台下白云村。唐朝三百年冠盖,谁聚诗书到远孙?"①

上述范仲淹序及诗所言"旧隐",其实是指出生地或籍贯而言,并未指其晚年隐居于此。方干《思桐庐旧居便送鉴上人》诗第二联云:"林中夜半双台月,湖上春生九里花。"双台,指严子陵钓台的东西二台,白云源在钓台对江下数里;九里,指桐庐江上的九里洲(今洋州乡)。《初归故里献侯郎中》诗深悔归隐太迟:"此日早知无爵位,当时便合把渔竿。"这些说明方干中晚年隐居会稽以后,仍思念自己的家乡,有时也去探访家乡的朋友。桐庐令陈维岳《方先生赞》中的"遁于会稽,渔于鉴湖,往来桐庐之芦茨"之说是符合事实的。

方干为什么要选择离家乡不远的越州会稽作为自己终隐之地呢?第一,无论从政治、经济、文化、交通诸方面来说,唐代的杭州、睦州及桐庐与越州所在地的会稽都是不能对等的。唐时的越州乃为浙江东道七州所在地,在越、明、温、台、婺、衢、处七州中,越州城仍不失为七州的首城,中唐时著名诗人元稹在越州刺史任上曾有"会稽天下本无俦,任取苏杭作辈流"的诗句,可见唐代越州的城市地位还是在苏州、杭州之前。越州继承前代会稽郡的政治、经济、文化、交通诸有利条件,远的如大禹、越国时期的文化胜迹不说,单就两晋等六朝文化而言,就有兰亭修禊、谢安东山再起、谢灵运首创山水诗派等;越州境内

---

① 《范仲淹全集》,李勇先、王蓉贵校点,四川大学出版社2002年,第102页。

名僧辈出,山阴、新昌佛教寺院林立,其中沃州禅院曾聚集了著名的十八高僧;越州交通便捷,浙东运河连贯杭州、越州、明州,沿曹娥江可溯游剡中、天台诸胜。怪不得中唐时期,这里成了浙东唐诗之路的中心。据竺岳兵考察,《全唐诗》有诗人 2200 余人,其中就有 430 余人曾经因宦游、壮游、隐游、避乱游来过此地。方干好友晚唐李群玉有《赠方处士兼以写别》诗:"喜于风骚地,忽见陶谢手","所知心眼大,别自开户牖"①。此诗表明,方干非常仰慕谢灵运的山水诗,他的诗集中多次提到谢灵运:如《和于中丞登扶风亭》有"谢公吟望多来此,此地应将岘首齐";《胡中丞早梅》有"谢公吟赏愁飘落,可得更拈长笛吹";《题仙岩瀑布呈陈明府》有"谢公岩上冲云去,织女星边落地迟"。在这些诗中,他对谢灵运不直呼其名,而尊称为"谢公",表现出一种崇敬态度,尤其是《叙钱塘异胜》中的"谢公吟处依稀在,千古无人继盛名",不仅表现了对谢灵运的深切缅怀与崇高评价,还表现了一种"无人继盛名"的感慨,言外之意,就是要继承谢灵运的绝响。

第二,俗话说,"衣锦及早还乡,落魄羞见父老",方干不愿在自己家乡——桐庐白云源隐居终老。当然,这不是说他不爱家乡,他的根还是在桐庐,所以在隐居会稽期间,他也常常思念家乡,《思桐庐旧居便送鉴上人》《与乡人鉴林上人别》《初归故里献侯郎中》等诗,皆表现了这种思想感情。这也说明"遁于会稽,渔于鉴湖,往来桐庐之芦茨"之说可信。

第三,方干嗜酒,越州盛产美酒,对于"裴回却怕酒壶空"②的方干来说,会稽是隐居的理想之所。

方干《镜中别业二首》诗云:"寒山压镜心,此处是家林。"③寒山,位于会稽山北麓。唐时,镜湖未湮,水满时,寒山在水中,故名镜湖西岛。方干曾在此建别墅,后人称之为"方干岛"。方干隐居寒山的生活来源,主要是依靠自己耕种、打鱼和教授生徒所得过活,有时也通过与官员结交得点恩赐作为补充。"香粳倩水春",自种水稻,用水碓春米;"绕砌紫鳞欹枕钓,垂檐野果隔窗攀"④,

---

① 《全唐诗》卷 658,第 3430 页。
② 《同萧山陈长官县楼登望》,见《全唐诗》卷 651,中州古籍出版社 2018 年,第 3358 页。
③ 《全唐诗》卷 648,中州古籍出版社 2018 年,第 3344 页。
④ 《鉴湖西岛言事》,见《全唐诗》卷 650,第 3355 页。

院前的池里有鱼,靠在枕上可以垂钓,那是自己捕的鱼,吃不完就养着;檐下挂着野果,隔窗可以采摘,这也是自己种植的;"偶斟药酒欺梅雨,却着寒衣过麦秋。岁计有时添橡实,生涯一半在渔舟"①,药酒也是自己做的,偶然喝点,用来抵挡梅雨的侵袭,已是初夏的季节,还穿着寒天的衣服。考虑到全年粮食不足,有时还要添点橡实充饥,自个儿的生活非常简朴,一半在渔舟上渡过;"隔岸鸡鸣春耦去,邻家犬吠夜渔归","执爨纵曾欲橡实,纫针曾角补荷衣。常凭早月来张烛,亦假清风为掩扉"②,起早贪黑,辛勤劳作,可见生活还是十分艰苦却又是十分自由的;"湖北湖西往复还,朝昏只处自由间。暑天移榻就深竹,月夜乘舟归浅山"③,湖北湖西,乘船来来去去,从早晨到黄昏,总是自由自在,暑热天气,移床在竹林里睡,月明之夜,又乘船回到山边的茅屋。除了自己耕种、打鱼外,方干还教授生徒,"受业几多为弟子,成名一半作公侯"④。"山鸟踏枝红果落,家童引钓白鱼惊"⑤,这里的"家童"其实是生徒,有时也帮着干些杂活。整个岛上"樵猎三两户,萧疏是旧邻"⑥,砍柴打猎的还是这两三户人家,稀稀落落的茅屋,原是旧时的邻居。除了岛上几户邻居外,还有一位曾经做过州县长官姓袁的伴侣,"隔竹每呼皆得应,二心亲热更如何?文章锻炼犹相似,年齿参差不校多。雨后卷帘看越岭,更深欹枕听湖波,朝昏幸得同醒醉,遮莫光阴自下坡"⑦,他们有同样的年龄,同样的文化修养和志趣,晨昏相伴,有时还有赠礼往来,"袁明府以家酿寄余,余以山梅答赠"⑧,相得甚欢。

方干在隐居会稽的日子里,当地的甚至远地的州县官员,因为仰慕他的才名,和他都有频繁的交往,方干也乐于和他们来往,用诗篇诉说自己的怀才不遇、求名未遂与追寻隐遁的矛盾和痛苦,甚至希望他们引荐或者资助。如会稽的张少府,上虞的胡少府,山阴崔明府,在剡县做官的越州人陈永秩明府,萧山

① 《山中言事代韵寄李支使》,见《全唐诗》卷 653,第 3368 页。

② 《山中言事代韵寄李支使》,见《全唐诗》卷 653,第 3368 页。

③ 《山中言事代韵寄李支使》,见《全唐诗》卷 653,第 3368 页。

④ 《湖北有茅斋,湖西有松岛,轻棹往返,颇谐素心,因成四韵》,见《全唐诗》卷 650,第 3355 页。

⑤ 《鉴湖西岛言事》,见《全唐诗》卷 650,第 3355 页。

⑥ 《镜湖西岛言事寄陶校书》,见《全唐诗》卷 653,第 3367 页。

⑦ 《赠邻居袁明府》,见《全唐诗》卷 650,第 3355 页。

⑧ 《袁明府以家酿寄余,余以山梅答赠,非唯四韵兼亦双关》,见《全唐诗》卷 650,第 3355 页。

彭少府、陈长官，上虞的李侍御，会稽的杨长官，越州的杨严中丞、胡中丞，越州王龟刺史，以及睦州侯郎中、陶校书等。如《同萧山陈长官县楼登望》诗云：

> 坐看南北与西东，远近无非礼义中。
>
> 一县繁花香送雨，五株垂柳绿牵风。
>
> 尽潮背郭喧还静，驿路穿林断复通。
>
> 仲叔爱恩多感激，徘徊却怕酒壶空。

首联写登楼所见，以礼义之地赞扬陈县令德政。颔联以潘岳比陈，以陶潜自喻。颈联再写登楼所见，由远及近，再次赞扬县令政绩。尾联又以鲍叔、管仲之事作比，表示感激陈长官的恩惠。

辛文房《唐才子传》卷七载："王大夫廉问浙东，礼邀干至，误三拜，人号为'方三拜'。王公嘉其操，将荐于朝，托吴融草表，行有日，王公以疾逝去，事不果成。"[①]《全唐诗》《方干小传》亦载："咸通中……太守王龟以其亢直，宜在谏署，欲荐之，不果。"[②]《嘉泰会稽志》卷二载："王龟，咸通十三年十一月自同州防御兼长春宫等使检校右散骑常侍授。裴延鲁，咸通十五年六月自中书舍人授。"王龟在越州太守任上自咸通十三年（872）十一月至十五年（874）五月病故止，方干写有《陪王大夫泛湖》《献浙东王大夫二首》《献王大夫二首》《谢王大夫奏表》《哭王大夫》等诗，可见方干与王龟刺史关系之密切。

方干隐居会稽期间，虽然有时也外出，如《初归镜中寄陈端公》诗云："去岁离家今岁归，孤帆梦向鸟前飞。必知芦笋侵沙井，兼被藤花占石矶。"[③]芦笋延伸到沙井旁，藤花遮盖了石矶，可见外出时间之长。但是他后半生大部分时间仍居住在鉴湖，他亲自参加耕种、舂米、钓鱼、养鱼、灌园、栽花等劳动。他在《山中言事》诗中写道："日与村家事渐同，烧松啜茗学邻翁。"可见，他在鉴湖已与村民的生活打成一片，真正深入了乡村生活。《镜湖别业》诗开头说："寒山压镜心，此处是家林。"他在镜湖不是作客，而是以此为家。该诗结尾又说："身外无能事，头宜白此峰。"他不是一时在此侨寓，而是要白头于此，终身为家，过

---

① 辛文房《唐才子传校正》，周本淳校正，江苏古籍出版社1987年，第226页。

② 《全唐诗》卷648，第3342页。

③ 《全唐诗》卷651，第3359页。

着自由自在,无拘无束的隐居乡村的生活。因此,方干的镜湖山水诗,洋溢出一种热爱家乡的深厚感情。这一点与陶渊明的田园诗感情相同,与谢灵运山水诗的"寡情"相反。但是,他又与陶渊明甘心田园的心境不同,他是在不得已的情况下,才归隐镜湖的。面对隐居的生活他有时陶醉于湖光山色,感到十分惬意,如《湖北有茅斋,湖西有松岛,轻舟往返,颇谐素心,因成四韵》所说:"湖北湖西往复返,朝昏只处自由间。暑天移榻就深竹,日夜乘舟归浅山。绕砌紫鳞移枕钓,垂檐野果隔窗攀。古贤暮齿方如此,多笑愚儒鬓未斑。"但有时候,物质生活贫困,又会迫使他要谋求出路,求人推荐。"未必圣明代,长将云水亲。""知音不延荐,何路出泥尘。"①"寸心似火频求荐,两鬓如霜始息机。"②"死灰到底翻腾焰,朽骨随头却长肥。便杀微躯复何益,生成恩重报无期。"③直到晚年,寻求功名出路的幻想已经完全破灭,隐居的生活道路再也无从改变,这时候,他才完全解除了沉重的精神枷锁,他的诗也就表现出一种真正逍遥自在的情调了。如《山中》诗:

爱山却把图书卖,嗜酒空教僮仆赊。只向阶前便渔钓,那知枕上有云霞。
暗泉出石飞仍咽,小径通桥直复斜。窗竹未抽今夏笋,庭梅曾试当年花。
姓名未及陶弘景,髭鬓白于姜子牙。松月水烟千古在,未知终久属谁家。

与前面诗句的牢骚不平不同,"髭鬓白于姜子牙"是一种乐天知命的态度。随着岁月的流逝,方干达到了他所能达到的最高精神境界。

方干还常来往于寺观之所,与僧道人士交往。例如,《题龙瑞观兼呈徐尊师》诗云:"此中唯有师知我,未得寻师即梦师。"《题宝林游禅院》云:"我来可要归禅老,一寸寒灰已达玄。"《题龟山穆上人院》云:"修持百法过半百,日往月来心更坚。……我爱寻师师访我,只应寻访是因缘。"《叙龙瑞观胜异寄于尊师》云:"若弃荣名便居此,自然浮浊不相关。"这些诗句体现了他于释、道两教中寻求精神寄托。

方干在《镜湖西岛言事寄陶校书》诗中有"桑麻难救贫,山禽欺稚子",《袁

---

① 《镜湖西岛言事寄陶校书》,见《全唐诗》卷 653。
② 《山中言事寄赠苏判官》,见《全唐诗》卷 653。
③ 《谢王大夫奏表》,见《全唐诗》卷 652,第 3365 页。

明府以家酿寄余,余以山梅答赠,非唯四韵,兼亦双关》诗中有"樽罍泛蚁堪尝日,童稚驱禽欲熟时"。两处提到"稚子"或"童稚",辛文房《唐才子传》也有"每清风月明,携稚子邻叟,轻棹往返,甚惬素心"之说,可见他晚年曾娶妻生子。

方干诗歌的艺术成就,晚唐王赞在《玄英集原序》中早就评论说:"夫干为诗,浸肌涤骨,冰莹霞绚,嘉淆自将,余隽不吮,丽不葩纷,苦不棘癯。"据我理解,这里说了两个特色:一是指诗歌意象,声色并茂,形貌逼真,情感丰富;二是指语言清新朴实,有余味。方干寓居会稽时期的诗歌创作主要有山水及交游投赠之作,皆体现了上述特点。无论是山水诗,还是交游投赠诗,其中描写大自然景物形象,不仅声色并茂,形貌逼真,而且还融入了人的情感、思想、意志,因而显得灵动,给人留下深刻的印象。

首先,方干诗歌继承并拓展了谢灵运诗歌"声色大开"的传统,生动描写了大自然的各种声音与颜色,如《山中言事》:

> 日与村家事渐同,烧松啜茗学邻翁。
> 池塘月撼芙渠浪,窗户凉生薜荔风。
> 书幌昼昏岚气里,巢枝夜折雪声中。
> 山阴钓叟无知己,窥镜持多鬂欲空。

此诗中间两联写山中景色十分出色,对仗也十分工整。池塘里,风吹荷叶,摇动月影;窗户外,薜荔生风,感到凉意。由于山中岚气太浓,书房有帷幕遮白昼昏暗;因为积雪过重,深夜里听到鸟巢的树枝折断。两联皆通过听觉和视觉,写"芙渠"绿色和"月影"白色,"帷幕"灰黑色与积雪白色相映,将自然景物写得有声又有色。又如《越州使院竹》诗云:"细看枝上蝉吟处,犹见笋时虫蚀痕。月送绿阴斜上砌,露凝寒色湿遮门。"前两句是细节描写,今日所见竹枝的"蝉吟处",正是往日所见嫩笋上的"虫蚀痕",对疤痕的观察与描写,体现了持久的时间知觉,又展现了由笋到竹的成长过程。后二句是环境描写,月光将绿荫送上斜阶,竹枝凝结寒露遮住院门,又表现了方位的空间知觉,也表现了深夜气温的变化,此四句,刻画竹子形貌逼真,景色如绘。方干的诗作,一方面描绘了自然景色的声色形貌,另一方面象中有意,即在自然景物的形象中,寄寓了人的意识,作者的思想感情。

　　其次,方干写诗注重炼字琢句功夫,他曾在《贻钱塘县路明府》诗中说:"志业不得力,至今犹苦吟。吟成五字句,用破一生心。"他继承了贾岛苦吟推敲的诗风,他在《赠邻居袁明府》诗中说:"文章锻炼犹相似。"这里的锻炼,就是推敲。如《初归镜中寄陈端公》"必知芦苇侵沙井,兼被藤花占石矶","侵"与"占"互文,均是侵占的意思,这里写芦苇侵占沙井的地盘,藤花侵占石矶的地盘,通过植物的生长描绘离开镜中时间之久,生动形象,又通俗易明,深得推敲之力。方干的苦吟、锻炼,不是为了拟古袭旧,而是为了求异创新。他在《赠喻凫》诗中说:"所得非众语,众人那得知。才吟五字句,又白几茎髭。"这里,既是评价喻凫,也是自评。他的苦吟、推敲,是为了避免人云亦云,避免一般化,为了与众不同,头白了也在所不惜。

　　方干隐居会稽县镜湖,创作了不少脍炙人口的诗篇,为繁荣绍兴的文化作出了应有的贡献。绍兴的历史也如实地记载了他的活动足迹,《乾隆绍兴府志》卷六十三有"方干小传",卷七十一有"方干宅:会稽县澄波坊方干所居",还有"方干岛""方干池"古迹。《越中杂识》"古迹""西园及廉夫诗巢"条下皆列有"方干"或"方雄飞"之名,康熙间曾塑像祀之。

第四节　两宋时期宦游于越的官员与文士之间的唱和

一、蒋堂与僚属"曲水阁"唱和

　　宋仁宗景祐三年(1036),蒋堂以吏部员外郎知越州,偶游州治卧龙山下的西园,忆及王羲之、谢安兰亭雅集韵事,忽发诗兴,命监兵傍卧龙山凿渠,引来鉴湖水,筑曲水阁、流觞亭、茂林亭,邀同僚唱和,自作《曲水阁诗》曰:

　　　　危构跨大渊,沦清涤世纷。飞湍逢石转,漱玉隔山闻。
　　　　影乱林花落,丛幽涧草薰。兹为禊饮地,何美右将军。

　　和者有唐询、林概、刘述、邵必等21人。唐询《和题曲水阁诗》云:

　　　　依山营废壤,结宇跨通沟。派引平湖远,声分几曲流?
　　　　交阴覆修竹,照影下轻鸥。此日群贤集,宁疏晋世游?

杜概《和题曲水阁诗》云:

> 胜绝千岩地,清涵一水滨。石泉寒绕涧,山水翠和春。秀入壶中望,
> 幽凝物外身。贤侯足真赏,王谢有劳尘。

刘述《和题曲水阁诗》云:

> 面势俯岩偎,雕轩映水开。云从栋间出,人自鉴中来。
> 棹楫歌声度,渐裳禊事回。东山如未起,好住小蓬莱。

邵必《和题曲水阁诗》云:

> 凿石得春渠,波环阁势孤。新痕涨微雨,远碧注平湖。
> 士俗山阴旧,风光洛曲殊。回眸见危岭,凭槛有惊凫。
> 堕蕊浮旋濑,疏篁荫叠栌。人间多拾翠,鱼乐半依蒲。
> 河朔谁觞友?沂津昔咏儒。遗芬知未泯,游盖此为娱。

众人和诗后,蒋堂又作《诸官诗成,因书二韵于后》,诗云:

> 一派西园曲水声,水边终日会冠缨。
> 几多诗笔无停缀,不似当年有罚觥。

《曲水阁诗》及《和题曲水阁水诗》最后由唐询作《曲水阁诗序》。宋神宗熙宁四年(1071)由孔延之编纂的《会稽掇英总集》收录。《曲水阁诗》及《和题曲水阁水诗》皆为五律。所咏皆为西园周围之景色,"举酒环视,四阿无蔽,灌木回映,鸣禽互变,层岩在右,流水相续",面对此景,"方其乐甚愉愉,自得缅然,盖游于世俗之外,而百虑不得奸焉"①。

二、秦观与程师孟、赵抃之间的唱和

北宋文学家秦观(1049—1100),字少游,号淮海居士,高邮(今江苏)人。诗词文皆有较高成就,尤以词显,卓然成家,和婉纯正,体现了婉约词的艺术特征,有婉约词正宗之说。秦观出生于一个正趋于衰落的中小官僚家庭,祖父任承议郎,父亲在其 15 岁时去世,他与母亲戚氏跟随祖父承议公、叔父定一起在

---

① 《曲水阁诗》,见邹方点校《〈会稽掇英总集〉点校》卷 2,人民出版社 2006 年,第 22 页。

大家庭中生活。叔父秦定于熙宁三年(1070)登进士,授会稽尉。元丰二年
(1079)春,秦观搭乘苏轼调任湖州的便船南下,赴越州看望祖父和叔父,前后
在越州约八个月,与时任越州知州的程师孟一见如故。"为郡守程公辟馆之于
蓬莱阁,酬唱百篇"①。

程师孟,字公辟,吴(今苏州)人,景祐元年(1034)进士,熙宁十年(1077)以
给事中、集贤殿修撰知越州,元丰二年(1079)离任。任上政绩颇丰,深得越民
爱戴。在越时虽年已六十余,但为人豁达,风流倜傥,华镇《览古》云:"民服其
政,日有余裕,放浪于山水间,泛镜湖,款禹祠,探藏书,访丹井,揽宛委之秀,挹
若耶之胜,往来必由稽山之溪中,山中之民相率而治之,芟繁夷险,使肩舆安
行,飞盖无阻。""喜登临,乐吟赋,故其雅好视游,从中为厚。"②他尤喜与青年才
俊结交。秦观《次韵公辟即席呈太虚》诗,曰:"与君邻并共烟霞,乘兴时时过我
家。"③其时他叔父秦定的住宅位于州衙内,与程师孟住宅相邻。秦定自熙宁三
年(1070)授会稽尉,长时间在会稽县工作,秦观祖父承议公、叔父秦定与程师
孟两家关系甚好。秦观至越州后由于有原来的交情,加上秦观身为青年才俊,
慷慨溢于文辞,又于熙宁年间多次应试失利,乐于结交像程师孟这种在官场中
有盛名的人物,为此两人相得甚欢。程师孟颇加优容,馆之蓬莱阁,日与游宴
唱和。"不谓修撰给事误赐采苹,曲加推毂,引置金台之馆,俾参珠履之
游。……往来乎十洲三岛之上,俯仰于千岩万壑之间。……从游八月,大为北
客之美谈,酬唱百篇,永作东吴之盛事。"④程师孟的诗文集未见流传,故其与秦
观唱和之作未能引述。

蓬莱阁位于州治卧龙山山脊,是当时越州名胜,也是游宴之所。秦观以此
为题唱和的诗作有《蓬莱阁》诗云:

> 雄檐杰槛跨峥嵘,席上风云指顾生。
>
> 千里胜形归俎豆,七州和气入箫笙。
>
> 人游晚岸朱楼远,鸟度晴空碧嶂横。

---

① 《谢程公辟启》,见《淮海集笺注》卷 28,徐培均笺注,上海古籍出版社 2000 年,第 923 页。

② 《会稽唱和诗序》,见《淮海集笺注》卷 39,上海古籍出版社 2000 年,第 1265 页。

③ 《淮海集笺注·后集》卷 3,第 1432 页。

④ 《谢程公辟启》,见《淮海集笺注》卷 28,第 924 页。

今夜请看东越分，藩星应带少微明。

还有《会蓬莱阁》《次韵公辟会蓬莱阁》《次韵公辟将受代书蓬莱阁》等诗。除诗之外，还有著名的《望海潮·秦峰苍翠》，词云：

> 秦峰苍翠，耶溪潇洒，千岩万壑争流。鸳瓦雉城，谯门画戟，蓬莱燕阁三休。天际识归舟。泛五湖烟月，西子同游。茂草台荒，苎萝村冷起闲愁。　何人览古凝眸？怅朱颜易失，翠被难留。梅市旧书，兰亭古墨，依稀风韵生秋。狂客鉴湖头。有百年台沼，终日夷犹。最好金龟换酒，相与醉沧州。

此外，还有被人称道的《满庭芳·山抹微云》词中的"多少蓬莱事，烟霭纷纷"名句，一直为后人传唱。

流觞亭在越州州治西园内，秦观常在流觞亭与程师孟宴游唱和，以"流觞亭"为题唱和的诗歌有《流觞产亭并次韵二首》《再赋流觞亭》《次韵公辟流觞亭》等。此外还有《次韵公辟州宅月夜偶成》《次韵公辟即席呈太虚》《次韵公辟闻角有声》《游龙门山次程公韵》《游龙瑞宫次程公韵》《和程给事赠虞道判六首》《程给事赟阁黎化去之什》等诗。

衢州人赵抃与程师孟为同年进士，又为前任越州知州。和程师孟为越州知州时，赵抃为杭州知州，赵抃致仕后，回家乡衢州途中顺道至越州看望好友，两人登临吟诗，唱和甚多，秦观亦参与唱和，并为之作《会稽唱和诗序》。

三、辛弃疾在绍兴知府任上与姜夔、张镃、刘过等人的唱和

辛弃疾于嘉泰三年（1203）被起用为绍兴知府兼浙东安抚使，虽然只有短短的七个月时间，在政务上来不及实施整套措施，但在打击贪官污吏，改革食盐专卖法，多方减轻百姓的负担，奏请在绍兴府诸暨县增置县尉，省罢税官，奖掖有才干的属官等方面，做了不少实事。同时于卧龙山东侧，蓬莱阁相向之地创建秋风亭，亭成，辛弃疾登临蓬莱阁，乘兴写下了千古绝唱的《汉宫春·会稽蓬莱阁观雨》：

> 秦望山头，看乱云急雨，倒立江湖。不知云者为雨，雨者云乎。长空万里，被西风、变灭须臾。回首听，月明天籁，人间万窍号呼。　谁向若

耶溪上,倩美人西去,麋鹿姑苏。至今故国人望,一舸归欤。岁云暮矣,问何不、鼓瑟吹竽。君不见,王亭谢馆,冷烟寒树啼乌。

蓬莱阁在府治后卧龙山下,由唐五代时吴越王钱镠据中唐元稹出任越州刺史时所写"谪居犹得小蓬莱"之诗句取名而建,成为后来著名的游览胜地。此词抒写登临蓬莱阁所见景物,寄托了作者再次出仕,希望一展北伐收复失土壮志的喜悦心情。

写于同时的还有《汉宫春·会稽秋风亭怀古》,词云:

亭上秋风,记去年袅袅,曾到吾庐。山河举目虽异,风景非殊。功成者去,觉团扇,便与人疏。吹不断,斜阳依旧,茫茫禹迹都无。　　千古茂陵词在,甚风流章句,解拟相如。只今木落江冷,眇眇愁予。故人书报:莫因循、忘却莼鲈。谁念我,新凉灯火,一编太史公书。

此词前三句不仅切题,而且也点明了词人此时的境况与去年此时尚在瓢泉家居的对比。接着两句一转,由家园推及中原故土,会稽与家园瓢泉和中原山河虽异,但秋景却无大的不同。暗用东晋南渡士大夫新亭对泣的典故,讽刺南宋江左偏安麻木。接着以时序变换,用"团扇""人疏"之比喻,抒发自己多年来因谋北伐收复失土,难免落得如秋来团扇人疏之惊叹。接着再回到"风景非殊",毕竟"禹迹难寻,山河已异"的题旨上来。上片由近及远,由小到大,寄慨之深,意脉之回环,笔法之曲折,显示了沉郁顿挫之妙。下片由赞扬汉武帝的文治武功,国运昌盛,山河统一,与今日半壁江山,国势衰落对比,使人在此清秋时节愁绪万端。接着以故人催归书信,并以张翰见秋风起,思念家乡莼菜、鲈鱼而弃官归家之典告诫自己,揭示了词人内心的矛盾,以及对北伐前途的忧虑。最后以韩愈诗句总绾全词。经历过功成被疏的挫折,熟读了《太史公书》的自己,肯定能妥善对待今后复杂的政事。

以上两词皆写于退隐后复出,既有参与恢复大计的喜悦,也有对恢复大计充满艰辛,高层统治者能否持之以恒的忧虑,且忧虑多于喜悦。故两词以用典寄意。前词用了越国范蠡、西施,东晋王谢家族之事,后词有东晋新亭对泣、团扇人疏及大禹、汉武帝、张翰和韩愈诗句等典故,因而使词意曲折,词情深婉,顿挫沉郁。

　　两词一出,立即引来了不少和作。姜夔随即依辛词原韵写了《汉宫春·次韵稼轩蓬莱阁》和《汉宫春·次韵稼轩》两首和词。张镃也随后写了《汉宫春》和词,词前小序云:"稼轩帅浙东,作'秋风亭'成,以长短句寄余,欲和久之。偶霜晴,上楼登眺,因次来韵,代书奉酬。"丘崈也有《汉宫春·和辛幼安秋风亭韵》词。此外,辛弃疾还写有《汉宫春·答李兼善提举和章》。李兼善,名浃,宝庆《会稽续志》卷二载:"李浃,嘉泰三年十月初八日以朝散大夫到任,嘉泰四年二月二十日磨勘,转朝请大夫,当年六月二十六日召赴行在。"其在提举浙东常平期间,"会稽督零税急,械系满府县,值公提帅,尽释之。士民欢呼,以手至额,曰'真李参政儿也'",有惠民政绩,和辛弃疾相处甚为投和。

　　在此期间,辛弃疾特地看望了 79 岁高龄,退休鉴湖三山的好友陆游,当他看到陆游还居住在湖边草房时,曾主动要为陆游另建新舍。陆游《剑南诗稿》卷六一《草堂》诗云:"幸有湖边旧草堂,敢烦地主筑林塘。"自注云:"辛幼安每欲为筑舍,予辞之,遂止。"[①]这既表现了辛弃疾对陆游的关心爱护,也显示了陆游的清廉自重。当年十二月辛弃疾进京面圣,启程前陆游作《送辛幼安殿撰造朝》诗相送,诗曰:

> 稼轩落笔凌鲍谢,退避声名称学稼。
> 十年高卧不出门,参透南宗牧牛话。
> 功名固是券内事,且茸园庐了婚嫁。
> 千篇昌谷诗满囊,万卷邺侯书插架。
> 忽然起冠东诸侯,黄旗皂纛从天下。
> 圣朝仄席意未快,尺一东来烦促驾。
> 大材小用古所叹,管仲萧何实流亚。
> 天山挂旆或少须,先挽银河洗嵩华。
> 中原鳞凤争自奋,残虏犬羊何足吓。
> 但令小试出绪余,青史英豪可雄跨。
> 古来立事戒轻发,往往谗夫出乘罅。
> 深仇积愤在逆胡,不用追思灞亭夜。

---

　　①　钱仲联校注《剑南诗稿校注》,上海古籍出版社 1985 年,第 3488 页。

陆游对辛弃疾参与恢复大计一再勉励并寄予了极大希望,同时也委婉告诚他要谨慎从事,表现了陆游对辛弃疾的关心爱护的真挚感情。

辛弃疾在绍兴知府任上还与词人刘过有深切的交往。据岳珂《桯史》所载,辛弃疾"闻其名,遣介招之。适以事不及行,作书归辂者,因效辛体《沁园春》一词,并缄往,下笔便逼真"①。《沁园春·斗酒彘肩》一词,借三位不同时代的著名词人白居易、苏轼、林逋盛情挽留,作为不能及时赴召的理由,使全词妙趣横生,声情毕现,充分显示刘过此词的独创性。辛弃疾读后大喜,立即招之至绍兴幕府,"馆宴弥月",待为上宾,"致馈数百千"。刘过至幕府后,又作《沁园春·寄辛稼轩》,辛弃疾赴朝临别时,刘过又写了《念奴娇·留别辛弃疾》感谢其知遇之情,辛弃疾又为之筹资千缗,买船送归,表现了两人之间的深情厚谊。

四、姜夔与绍兴府官员、文士之间的唱和

南宋著名词人、诗人兼音乐家、书法家姜夔,青少年时期生活于沔鄂,青壮年后寓居湖州、杭州,游历过金陵、合肥、扬州、绍兴等地。他长期浪迹江湖,寓居及游赏之地皆为名胜,江山秀发,诗兴触动,写下了许多著名的诗词名篇。约在南宋绍熙三年(1192),姜夔结交了豪爽侠义的杭州人张鉴,周密《齐东野语》卷十二引《姜尧章自序》云:"旧所依倚,惟有张兄平甫,其人甚贤。十年相处,情甚骨肉,而某亦竭诚尽力,忧乐关念。"张鉴,字平甫,为南宋大将张俊之孙。张俊死后,赐葬于绍兴平水,有坟庄,绍兴城内有豪宅。② 据夏承焘先生研究,姜夔于绍熙四年(1193)春天跟随张鉴至绍兴,十二月赴苏州吊唁范成大,旋回绍兴,至绍熙五年春"与张鉴之吴,携家妓观梅于孤山之西村"③,在绍兴整整一年时间。其间,与张鉴、葛天民、黄长庆、苏泂等交游。又于嘉泰元年(1201)游萧山、钱清,打算游剡县未果。嘉泰三年(1203)辛弃疾从家居江西铅山赴知绍兴府兼浙东安抚使,姜夔与之酬唱,开禧年间于金陵与山阴诗人苏泂交游。前后写下了诗作《陪张平甫游禹陵》《同朴翁登卧龙山》《次朴翁兰亭韵》

---

① 岳珂《桯史》,中华书局1983年,第23页。

② 祁骏佳《禅悦内外合集》,清宁书屋抄本。

③ 夏承焘笺校《姜白石词编年笺校·行实考系年》,上海古籍出版社1981年,第308—309页。

《越中仕女游春》《项里苔梅》《萧山》等,词有《水龙吟·黄长庆夜泛鉴湖》《玲珑
四犯·越中岁暮》《徵招·越中山水幽远》《汉宫春·次韵稼轩》《汉宫春·次韵
稼轩蓬莱阁》,还有歌曲《越九歌》诸作,在绍兴的文化史上留下了弥足珍贵的
华章。

　　姜夔生活于偏安一隅的南宋,由于科场失意,屡试不第,终其一生从未进
入仕途,因而在生活上主要是凭借自己写作诗词、书法与达官贵人交游,倚靠
亲友的资助而寄人篱下。如此的生活经历和环境,决定了他的诗词创作必定
是流连山水风景,咏物赠答,或以歌咏恋情为主。在绍兴写作的诗词中有七绝
《萧山》,"归心已逐晚云轻,又见越中长短亭。十里水边山下路,桃花无数麦青
青"①,此诗首句点明"归心",追随浮云,又与长短亭相连,寓情于景,突出思归
之意。三四两句展现了春天明丽景色,背景是越中的山和水,而"十里水边山下
路"又与归程关联,虽云归心似箭,但是"桃花无数麦青青"的美景又让人留恋。

　　作于同年秋冬的有《水龙吟》《玲珑四犯》,前词的写作背景是:作者客寓绍
兴,与友人黄长庆夜里泛舟鉴湖,黄长庆作了一首抒发怀归情绪的词,请姜夔
作词和之。词的上片以写景起笔,写泛舟鉴湖所见所闻:"夜深客子移舟处,两
两沙禽惊起。红衣入桨,青灯摇浪,微凉意思。"接着写思乡情绪,因倦游,更因
闺中久久思念:"把酒临风,不思归去,有如此水。况茂陵游倦,长干望久,芳心
事,箫声里。"下片:"屈指归期尚未,鹊南飞,有人应喜。画阑桂子,留香小待,
提携影底。我已情多,十年幽梦,略曾如此。甚谢郎、也恨飘零,解道月明千
里。"②归期未定,却听喜鹊报喜,归期有望,请朋友再留几天,以便携手共赏桂
花,并声明自己也是情深之人,十年中过的也是这种夫妻分居、客居他乡的梦
幻般生活,你我都是漂泊之人,都有思念家人的深挚情感。他以此聊以自慰,
亦以慰人。全词不仅体念友人之情,亦写自己与友人具有共同的心情,紧扣
"和"原作的"怀归"主题。写景抒情,构思精巧,流转畅达,宕折自如。俞陛云
《唐五代两宋词选释》云:"此乃和友人鉴湖怀归之作。借酒杯自浇块垒,言愁
欲愁,曲折写来,绝无平衍之笔。"③

---

① 《全宋诗》第 51 册,北京大学出版社 1998 年,第 32035 页。
② 夏承焘笺注《姜白石词编年笺注》,上海古籍出版社 1981 年,第 52 页。
③ 俞陛云《唐五代两宋词选释》,上海古籍出版社 1985 年,第 412 页。

后词也有小序，点明写作背景："越中岁暮，闻箫鼓感怀。"作者一生坎坷不遇，不仅无缘仕途，而且生活也无着落，不得不依附寄食于亲友。此词写于寄寓的张平甫处，对于这种依人寄食生活，作者深感尴尬难堪。此词就是哀叹羁旅客寓之苦，抒发怀才不遇之悲。上片借岁暮景象"叠鼓夜寒，垂灯春浅"，引入客中离别的愁绪和身世飘零之感："倦游欢意少，俯仰悲今古"，"万里乾坤，百年身世，唯有此情苦"①。下片回忆过去梦幻般的生活，深感酒醒梦逝，感叹如今文才难展，身世飘零的命运。词情愤怨慷慨，无奈中充满了不平之气。

姜夔作为一个文人，在他的流连山水、咏物赠答的诗词中不仅表现了个人身世之感，偏安一隅、金瓯缺损、家国沦丧的感慨也屡有表现。如七古《项里苔梅》："旧国婆娑几树梅，将军逐鹿未归来。江东父老空相忆，枝上年年长绿苔。"诗前有小序："项里，项王之里也。在山阴西南二十余里，地多杨梅、苔梅，皆妙天下。王性之赋项里杨梅云：'只今枝头万颗红，犹似咸阳三月火。'予近得苔梅一枝，古怪特甚，为作七古"。② 作者由眼前几株婆娑之梅树联想到"旧国"，秦末项羽"将军逐鹿未归来"。项羽有勇无谋而败于刘邦，但他对乌江亭长所言大有知耻而近勇的精神："籍与江东子弟八千人渡江而西，今无一人还，纵江东父兄怜而王我，我何面目见之！"③所以李清照《夏日绝句》赞扬他"生当作人杰，死亦为鬼雄。至今思项羽，不肯过江东"。姜夔此诗既有李诗之意，并兼有陆游"南望王师又一年"④，"几处今宵垂泪痕"⑤之感情。此外在山水游赏中随意抒发兴亡之感的还有"望山怜绿远，坐树觉春归。草合平吴路，鸥忘霸越机"⑥，"山色最怜秦望绿，野花只作晋时红。夕阳啼鸟人将散，俯仰兴怀自昔同"⑦。

---

① 夏承焘笺校《姜白石词编年笺注》，上海古籍出版社 1981 年，第 53 页。
② 《全宋诗》第 51 册，北京大学出版社 1998 年，第 32046 页。
③ 《史记选·项羽本纪》，王伯祥选注，人民文学出版社 1982 年，第 23 页。
④ 《秋夜将晓出篱门迎凉有感》，见钱仲联校注《剑南诗稿校注》卷 25，上海古籍出版社 1985 年，第 1774 页。
⑤ 《关山月》，见钱仲联校注《剑南诗稿校注》卷 8，上海古籍出版社 1985 年，第 623 页。
⑥ 《全宋诗》第 51 册，北京大学出版社 1998 年，第 32040 页。
⑦ 《全宋诗》第 51 册，北京大学出版社 1998 年，第 32040 页。

不仅是抒发兴亡之慨,更有对家国的热爱,现实的关心,对抗金英雄的期许,对北伐收复失土的渴望。嘉泰三年(1203)秋,老朋友辛弃疾再次被起用,任为绍兴知府兼浙东安抚使,在登临府城卧龙山上的蓬莱阁并于兴建秋风亭落成之机,写下了《汉宫春·会稽蓬莱阁怀古》《汉宫春·会稽秋风亭观雨》两首激昂慷慨之词。姜夔随即依辛词原韵写下了《汉宫春·次韵稼轩蓬莱阁》《汉宫春·次韵稼轩》两首和词。前词上片怀古,先从西施"倾吴"写起,提出越吴相争,犹如对弈,越兴吴亡,并非人力,而是天命,引出千古须臾的沧桑之感和客游倦乏的怅恨。下片抚今议论,宣泄感慨,写眼前青山不改,而人事全非,越王故垒成了时下的采薪打草之地、弹唱之场,笔致苍凉沉郁。后词上片将自己与辛弃疾对比,说辛弃疾纵有鲲鹏"垂天"之志,最终还是存归隐之想;而自己十年浪游,与辛弃疾毕竟"俯仰差殊"。下片由辛弃疾入剡,称扬辛弃疾也有李白、苏轼那样的才情;作者也很自信,"公歌我亦能书",确是词坛上辛弃疾的对手。姜夔两词与辛词抒发收复故国河山,盼望汲取盛衰兴亡的历史教训的思想感情,因为两人经历、地位不同,正如姜夔自叹"俯仰差殊"一样;若从词风与艺术而言,辛弃疾是南宋词坛豪放派的巨匠,姜夔则是婉约派的圣手。姜夔有意属和,语言豪放俊逸,词情悲痛慷慨,显示了要与辛词之豪放相协调的努力和追求。

与追求上述词风有关的,还有他创作的与绍兴密切相关的《越九歌》,歌前小序云:"越人好祠,其神多古圣贤。予依九歌之为辞,且系其声,使歌以祠之。"小序明确标明这是模仿屈原《九歌》所作的祀神歌曲,对越地有关的"古圣贤"——帝舜、大禹、越王勾践、越相文种、项王、涛神、曹娥、庞将军、唐琦、蔡孝子一一歌颂,继承了《九歌》"因彼事神之心,以寄吾忠君眷恋不忘之意。"①如第三首《越王》:

> 云苍凉,山截薛,瞻灵旗,闽越绝。故宫凄凄生绿芜,谋臣安在空五湖,酹君君毋西入吴。洪涛卷地龙工呼,函坚操剡何睢盱,彼苗竹箭杨梅朱。壶觞有酹盘有鱼,千春万春,勿忘故都。

---

① 　朱熹《楚辞集注》卷二《九歌第二》,上海古籍出版社1979年,第29页。

"故宫凄凄生绿芜,谋臣安在空五湖",明显是在慨叹北宋故都汴京沦落敌手,而"壶觞有耐盘有鱼,千春万春,勿忘故都",则是对南宋小朝廷沉溺在声色宴饮之中,"直把杭州作汴州"的讽示。第五首歌《项王》:

> 民茶赢,天纪渎,群雄横徂君逐鹿。博悬于投,匪智伊福。或肉以昌,或斧以亡。谓予复归,有如大江。我无君尤,君胡我慊。亦有子孙,在阿在崦。灵兮归来,筑宫崔嵬。

此歌辞与其七绝《项里苔梅》"将军逐鹿未归来","江东父老空相忆"之意差似,直讽南宋小朝廷屈辱求和,苟且偷生,置中原人民于不顾的卖国行径。第八支歌咏刺杀金将琶八未遂而被俘牺牲的高宗卫士唐琦,其辞云:

> 师环城兮鸟不度,万夫投戈兮子独武。车辙厉兮螳螂怒,抗予义兮出行伍。   诗书发冢兮嗟彼伧父。父老死兮后生莫知其故。庙无人兮鼠穴堵,歌予诗兮诏万古。

高宗南渡,金将琶八率师追至绍兴。李邺为越州太守以城投降,唐琦愤而举石欲击杀琶八和李邺,不幸被俘,愿以布裹灌油焚死,以拖延金兵追赶。姜夔热情赞扬他的忠烈行为,又为其身后"庙无人兮鼠穴堵"的冷清深感悲哀,希望后人永远记住他们。处于民族矛盾尖锐又积贫积弱的南宋和明末清初时期,许多诗文作家往往呼唤不畏强权、不畏牺牲的英雄,赞扬"义烈"精神,为正义事业慷慨赴义。

南宋会稽人诸葛兴曾感屈原《九歌》之作,而作《九颂》颂祭大禹、嗣王、二相、越王勾践、马臻、王右军、贺知章、庞将军、曹娥[①],但姜夔给《越九歌》配乐,便于歌唱,更易于流行。客居绍兴一年有余的姜夔,对绍兴的山水和文化产生了无限的留恋和向往之情,他在嘉泰元年(1201)写的《徵招》一词序中写道:"越中山水幽远,予数上下西兴钱清间,襟抱清旷……予欲家焉而未得,作徵招以寄兴。"他再三申明"记忆江南、落帆沙际,此行还是","迤逦剡中山,重相见,依依故人情味","漫赢得一襟诗思"。[②]

---

① 宝庆《会稽续志》卷六。
② 夏承焘笺校《姜白石词编年笺校》,上海古籍出版社 1981 年,第 73 页。

五、南宋淳熙十三年(1186)陆游于张镃北园与杨万里、尤袤等集会

据陆游《剑南诗稿校注》卷二十四《和张功父见寄》诗云：

> 举世何人念此翁？敢期相问寂寥中。
>
> 回思旧社惊年往，细读来书恨纸穷。
>
> 我用荷锄为事业，君将高枕示神通。
>
> 叮宁一语宜深听，信笔题诗勿太工。

钱仲联为陆游《和张功父见寄》作"题解"云："此诗绍熙三年春于山阴"。于北山《陆游年谱》载：淳熙十六年己酉(1189)十一月，"为谏议大夫何澹所劾，二十八日诏罢官，返乡里"①，绍熙三年壬子(1192)陆游"在故乡仍领祠禄，封山阴县开国男(从五品)食邑三百户。……张镃寄诗至，有所作"②。陆游自孝宗淳熙十六年十月为谏议大夫，何澹弹劾罢官，至光宗绍熙三年春作此诗之际，一直在山阴故里。陆游所谓"回思旧社惊年往"，当系回忆他与杨万里、尤袤、莫仲谦等人在朝结诗社唱和活动的情景。

据于北山《陆游年谱》宋孝宗淳熙十三年(1186)条载："二月，祠禄将满，陈乞再任，起知严州。过阙陛辞，上谕曰：'严陵山水胜处，职事之暇，可以赋咏自适。'时友人名流杨万里、尤袤、莫仲谦、沈虞卿、沈子寿、周元吉等皆在朝，共为文酒之会，上巳日赏海棠于张镃园，有启致谢各方。"③杨万里《诚斋诗集》卷十九载："上巳日予与沈虞卿、尤延之、莫仲谦，招陆务观、沈子寿小集张氏北园赏海棠，务观持酒酹花，予走笔赋长句。"④周密《浩然斋雅谈》卷中载："放翁在朝日，尝与馆阁诸人会饮于张功甫南湖园，酒酣，主人出小姬新桃者，歌自制曲以侑尊；以手中团扇求诗于翁，翁书一绝云：'寒食清明数日中，西园春事又匆匆。梅花自避新桃李，不为高楼一笛风。'(题为《饮张功甫园戏题扇上》)盖戏寓小

---

①　于北山《陆游年谱》，上海古籍出版社 1985 年，第 338 页。
②　于北山《陆游年谱》，上海古籍出版社 1985 年，第 366 页。
③　于北山《陆游年谱》，上海古籍出版社 1985 年，第 297 页。
④　《全宋诗》第 42 册，北京大学出版社 1998 年，第 26333 页。

姬名于句中,以为一笑。当路有恚之者,遽指以为所讥,竟以此去。"①

从上记载可见,陆游所说的"旧社"并非文人结社的诗社,而是一次文人集会,它没有结社的名称,也没有社约。

六、吴文英与绍兴府官员文士的唱和

吴文英(约1200—约1260),字君特,号梦窗,晚年又号觉翁,四明(今浙江宁波)人。本为翁姓子,过继为吴氏后嗣。一生未仕。其活动足迹在现今的江苏、浙江两省,南至绍兴,北及淮安,所到之地,有德清、杭州、苏州、无锡、绍兴等地,而以杭州、苏州为主。他曾四次至绍兴:第一次,史宅之于淳祐四年(1244)七月至六年一月知绍兴府期间,吴文英有《喜迁莺》词,前有小序"甲辰冬至寓越,儿辈尚留瓜泾萧寺"②云云,《丑奴儿慢》词"麓翁飞翼楼观雪"透露了其中的信息;第二次,淳祐九年(1249)八月至淳祐十一年(1251)三月,吴潜知绍兴府兼浙东安抚使,吴文英入其幕;第三次,冯去非于宝祐四年(1256)召为宗学谕期间,吴文英曾与其同登禹陵;第四次,理宗景定元年(1260)寓越,客嗣荣王赵与芮府邸。前后四次至绍兴,曾写有不少词作。吴文英是一位专业词人,是南宋词坛上具有独创成就的词人之一。他的词运意深远,构思绵密,用笔幽邃,于超逸之中时有沉郁之思,显示出迥异于其他词人的独特艺术风格。

吴文英不仅是词人,更是江湖游士。其交游面十分广泛,他结交并以词酬赠的主要有两类人:一是与自己地位悬殊的朝廷显贵,二是与自己身份相近的"文期酒会"的词人。吴文英在绍兴府交游的皆是达官贵人。

吴文英至绍兴,第一次是在淳祐四年(1244),《喜迁莺》词前小序云:"甲辰冬至寓越,儿辈尚留瓜泾萧寺。"③其时妻子儿女皆留在瓜泾,即在吴江县北九里的瓜泾萧条的寺院中,而自己孤身前来越中。词云:

> 冬分人别。渡倦客晚潮,伤头俱雪。雁影秋空,蝶情春荡,几处路穷车绝。把酒共温寒夜,倚绣添慵时节。又底事,对愁云江国,离心还折。

---

① 周密《浩然斋雅谈》,"丛书集成初编"本,中华书局1985年,第19页。

② 吴文英《梦窗词汇校笺释集评》,吴蓓笺校,浙江古籍出版社2007年,第593页。

③ 吴文英《梦窗词汇校笺释集评》,吴蓓笺校,浙江古籍出版社2007年,第593页。

　　吴越。重会面，点检旧吟，同看灯花结。儿女相思，年华轻送，邻户断箫声喧。待移杖藜雪后，犹怯蓬莱寒阔。晨起懒，任鸦林催晓，梅窗沉月。①

　　可见，刚40岁的吴文英，为生活所迫，岁暮严冬离开苏州之家，远涉绍兴。他感叹自己一年四季，如雁追暖，如蝶恋春，疲于奔徙，依人而食。而秋去雁将栖身何处，春尽蝶将何以安身？本来在冬至的寒夜，应该是一家人融融乐乐团聚的日子，而自己却不知道为了什么，竟然陷落如此遥遥相望的离别困境，凄凉伤心之情溢于字里行间。苏州与绍兴两地相隔，何时回家相聚，细数因相思而赋的旧诗篇，秉烛谈心，共看灯花。在邻户如泣如诉的箫声中，自己的年岁不知不觉地在羁旅离别中消逝。本想回到家人的身边，然而回来又有什么用呢？由于心情不好，天亮了自己还懒得不肯起床呢！

　　此时的吴文英，有家室也有子女，可是没有固定的收入，只能依靠做官的朋友接济。那么这位做官的朋友是谁呢，《丑奴儿慢·雪（麓翁飞翼楼观雪）》词写于淳祐四年（1244）十一月于绍兴。麓翁，即史宅之（1205—1249），号云麓，宰相史弥远之子。理宗绍定六年（1233）赐同进士出身，权户部侍郎兼崇政殿说书。曾两次任平江府（苏州）知府，一为嘉熙二年（1238）闰四月二十四日到任，三年正月一日召赴行在。一为淳祐元年（1241）三月初九日到任，三年二月离任。《宝庆会稽续志》卷二载："史宅之，淳祐四年七月以华文阁学士通奉大夫知，十月十九日到任，十二月磨勘转正议大夫，五月十一月以职事修举除敷文阁学士，六年一月离任。"可见在吴文英至绍兴之前，他已与史宅之相识，且关系密切。梦窗酬史宅之词有11首之多，其中如《垂丝钓近·云麓先生以画舫载洛花宴客》《江神子·喜雨上麓翁》皆作于淳祐元年（1241），《风入松·麓翁园堂宴客》《烛影摇红·麓翁夜宴园堂》作于次年，其时吴文英皆在苏州。吴文英于淳祐四年冬至的绍兴之行，与"麓翁飞翼楼观雪"，并"相扶轻醉，越王台上，更最高层"的陪游词酬，其目的是要求史宅之给予经济上的接济，以便解决入冬后家人衣食之需。史宅之死于淳祐九年（1249）十二月，这不仅使吴文英失去了一位朋友，更失去了一位"衣食父母"。但吴文英交游甚广，他绝不会

① 吴文英《梦窗词汇校笺释集评》，吴蓓笺校，浙江古籍出版社2007年，第593页。

傻到只吊在一棵树上。

吴文英的第二次绍兴之游，是在淳祐九年（1249）八月至淳祐十一年（1251）三月，其时，他在苏州结交的达官吴潜徙知绍兴府兼浙东安抚使。吴潜（1196—1262），字毅夫，号履斋，德清（今浙江德清）人。宋宁宗嘉定十年（1127）进士第一，官参知政事，拜右丞相兼枢密使。后遭权臣贾似道排挤，贬化州团练使，死于循州（今广东曹阳）。嘉熙二年（1238）八月知平江府，其时，吴文英曾陪同吴潜看梅沧浪亭，作《金缕歌·陪履斋先生沧浪看梅》，吴潜有和作。《宝庆会稽续志》卷二安抚题名："吴潜淳祐九年八月以资政殿学士太中大夫知，十一月八日到任。十二月八日，除同知枢密院事兼参知政事。""吴潜淳祐九年帅绍兴，已在梦窗卸苏幕之后，梦窗又入吴幕，惟吴十一年即去任。……吴去而梦窗随离绍兴。"①可见吴潜除同知枢密院事兼参知政事未上任，一直拖至十一年初。《宝庆会稽续志》卷二在吴潜之后载："洪蕴，淳祐九年十二月十八日，再以朝请郎、直秘阁、浙东提刑札兼权，十年三月十三日被旨兼权，八月十二日除刑部郎官。马天骥，淳祐十年八月二十七日，以朝请大夫、直秘阁、浙东提举被旨兼权，十月五日除宗正少卿，十四日除秘阁修撰知，仍兼提举，十一年十一月十一日除权兵部侍郎，十一日除知庆元府。"可见吴潜在淳祐九年八月知绍兴府后，直到淳祐十年（1250）十月十四日才任命马天骥知绍兴府仍兼提举。由此可知，淳祐十年十月十四日前，吴潜仍在绍兴府任上。吴文英有《浣溪沙》词，前有小序："仲冬望后，出迓履翁，舟中即兴。"②吴潜"十一月八日到任"，十一月即题云"仲冬"，"望后"，到任后七日矣。词云：

> 新梦游仙驾紫鸿。数家灯火灞桥东。吹箫楼外冻云重。
>
> 石瘦溪根船宿处，月斜梅影晓寒中。玉人无力倚东风。

此词上片以"梦"托指吴潜以资政殿学士太中大夫知绍兴府事，谓吴潜腾云驾雾般跨鸿而来。二三两句指吴潜游仙之地，"数家"谓于西湖风雪中寻找诗兴，于城楼处吹箫引凤，极乐逍遥，一派"游仙"境界。下片谓自己在溪舟静待迎候，意境清寒孤瘦，与上片迥异，系二人身份不同。"玉人"，借托自己，"东

---

① 吴文英《梦窗词汇校笺释集评》，吴蓓笺校，浙江古籍出版社 2007 年，第 355 页。
② 吴文英《梦窗词汇校笺释集评》，吴蓓笺校，浙江古籍出版社 2007 年，第 291 页。

风",喻指吴潜。欲待依凭东风之力,说明了自己的依存关系。

《绛都春·题蓬莱阁灯屏,履翁帅越》词云:

> 螺屏暖翠,正雾卷暮色,星河浮霁。路幕递香,街马冲尘东风细。梅槎凌海横鳌背。倩稳载,蓬莱云气。宝阶斜转,冰娥素影,夜清如水。　　应记,千秋化鹤,旧华表、认得山川犹是。暗解绣囊,争掷金钱游人醉。笙歌晓渡晴霞外。又上苑、春生一苇。便教接宴莺花,万红镜里。①

此词作于淳祐十年(1250)正月,在吴文英赠吴潜四首词中,篇幅仅次于《金缕歌》。据《宰辅表》及《宋史·吴潜传》记载,淳祐十年吴潜尚在越任。这与题中"履翁帅越"相符。蓬莱阁,在今绍兴市区府山上。《舆地纪胜》载:"绍兴郡治在卧龙山(又称府山)上,蓬莱阁在郡设厅后,取元微之'谪居犹得住蓬莱'句也。"词的上片描写当时见到的上元景象,起句就点出"屏"字,以卧龙山色,夜幕降临之色,蓬莱阁灯花浮动犹如"星河"之状,凸现了蓬莱阁上的热闹动人之景;接着写街上车马观灯的热闹景象及天上星斗转移。下片抒写词人之感,作者在拜见吴潜帅越之前已来过绍兴,此番是重来。但对于绍兴的繁华灯市,男女互赠信物、轻掷千金的豪情还是初次领略。可是一年一度的元夕很快就要过去,转眼又是新年的春天;同样,映现于如镜之水中的春景繁华还能永远吗?这种感慨哀伤,不仅"符合梦窗对于吴潜的一份忠心,也符合梦窗词于璀璨铺陈的描述中,别寓感慨苍凉之托意的一贯作风"②。

吴文英的第三次绍兴之游是在宝祐四年(1256)秋,《齐天乐·与冯深居登禹陵》就写在此时。词云:

> 三千年事残鸦外,无言倦凭秋树。逝水移川,高陵变谷,那识当时神禹?幽云怪雨。翠萍湿空梁,夜深飞去。雁起青天,数行书似旧藏处。　　寂寥西窗久坐,故人悭会遇,同剪灯语。积藓残碑,零圭断璧,重拂人间尘土。霜红罢舞。漫山色青青,雾朝烟暮。岸锁春船,画旗喧赛鼓。③

冯去非(1189—1265?),字可迁,号深居,南康都昌(今属江西)人。淳

---

① 吴文英《梦窗词汇校笺释集评》,吴蓓笺校,浙江古籍出版社2007年,第517页。
② 叶嘉莹《迦陵论词丛稿》,吴蓓笺校,上海古籍出版社1980年,第193页。
③ 吴文英《梦窗词汇校笺释集评》,吴蓓笺校,浙江古籍出版社2007年,第158页。

祐元年(1241)进士,尝任淮南东路转运使司干办公事。宝祐四年(1256)召为宗学谕。理宗下诏立石三学,禁诸生上书,去非不肯书名碑之下方,罢归。吴熊和先生《梦窗词补笺》云:"释文珦《潜山集》卷七有《冯深居宰会稽》诗。吴文英与冯深居同登禹陵,当为冯去非宰会稽时。"①此词上片起句直抒登临禹陵的思绪万千。从夏朝至南宋,有三千多年历史,凭吊大禹,而千言万语,一时无以言说。沧海桑田,大禹的丰功伟绩何处追寻?传说梁时修庙,禹祠之梁来自大梅山之木,张僧繇图龙其上,风雨夜飞入镜湖与龙斗,后人见梁上水草淋漓,乃以铁索锁于柱。又传禹登宛委山,发石室金匮之书,乃知水理。上片写词人登临禹陵"倦凭秋树"所感。下片转入夜灯之下,与友人冯深居对坐,回忆白天所见的禹庙、禹碑以及对禹陵展开的思绪。词人与友人一边摩挲从历朝历代君王大臣的祭禹仪式中残存下来的碑石,一边拂去留存在上面的尘埃,面对眼前春秋代序,自然变化,更产生对大禹的怀念。歇拍句"岸锁春船,画旗喧赛鼓",这一想象中有声有色的热闹场面,正是说明了绍兴民间于春季祭祀大禹、缅怀大禹的深厚感情。全词充满了对夏禹的讴歌怀念之情,暗中含有对宋理宗在元灭金后,不思图复,仍然向元蒙求和,沉溺声色的昏庸亡国行径的痛斥。

吴文英第四次进入绍兴,是在理宗景定元年(1260)六月,客幕嗣荣王赵与芮邸,时已晚年。《梦窗词集》中有献嗣荣王词七首,其中有寿词四首,包括《水龙吟·寿嗣荣王》《烛影摇红·寿嗣荣王》,还有寿嗣荣王夫人词两首,《宴清都·寿荣王夫人》《齐天乐·寿荣王夫人》。嗣荣王赵与芮(1208—1289),宋理宗之弟,度宗之父,居绍兴府山阴县。刘毓崧《重刊吴梦窗词稿序》谓此四首作品"虽未注明年月,然必在景定元年六月之后,盖理宗命度宗为皇子,系宝祐元年正月之事。立度宗为皇太子,系景定元年六月之事"②。四首所用辞藻皆系皇太子故实,不但未命度宗为皇子之时万不敢用,即已命为皇子之后,未立为皇太子之前,亦万不宜用。然则此四阕之作断不在景定元年五月以前,足证度宗册立之时,梦窗因得躬逢其盛矣。据寿词所言时令节候,荣王生辰当在八月初旬,荣王夫人生辰当亦在秋月,《水龙吟》词言"璇海波新",《齐天乐》词言"少

---

① 吴文英《梦窗词汇校笺释集评》,吴蓓笺校,浙江古籍出版社 2007 年,第 158 页。
② 吴文英《梦窗词汇校笺释集评》,吴蓓笺校,浙江古籍出版社 2007 年,第 147 页。

海波新",必在甫经册立之际。则此两阕当即作于庚申(1260)秋间。若《烛影摇红》《宴清都》两阕之作,至早亦在辛酉(1261)秋间。四首寿词用蟠桃、仙桃、蓬莱、瑶池、玉皇、南极仙翁等华丽词辞,写得花团锦簇,切合对方身份的浮泛歌颂。毕竟只像丝绢制成的假花,毫无生气。也只是清客对主人的应酬颂词,谈不上有什么真情厚谊。

吴文英先后四次绍兴之游,其中第一次、第三次的时间较短,第二次、第四次的时间较长,可能达一两年。其间还写有《点绛唇·越山见梅》《高阳台·过种山》《西江月·登蓬莱阁看桂》《生查子·稽山对雪有感》《烛影摇红·越山霖雨应祷》《瑞龙吟·赋蓬莱阁》《惜秋华·八日登高飞翼楼》,因为无法确定写作时间,故放在一起介绍,其中《高阳台·过种山》词云:

> 帆落回潮,人归故国,山椒感慨重游。弓折霜寒,机心已堕沙鸥。灯前宝剑清风断,正五湖两笠扁舟。最无情,岩上闲花,腥染春愁。　　当时白石苍松路,解勒回玉辔,雾掩山羞。木客歌阑,青春一梦荒丘。年年古苑西风到,雁怨啼、绿水蘋秋。莫登临,几树残烟,西北高楼。①

越国勾践灭吴以后,范蠡深知越王勾践"可与共患难,不可与共安乐",遂功成身退,而文种自以为有功于越国,不肯引退,终于被勾践杀死,死后葬于种山。词人经过此地,想到文种有功于越国,结果不免遇害,南宋王朝对于抗金有功的岳飞等人,不也同样如此吗?《高阳台·过种山》写的就是这种复杂的感受。此词入手擒题,把文种的不幸遭遇和时代氛围、个人感慨交织在一起,融历史时空与个人情感、古与今、情与景于一体。上片首三句交代题中"过"字。"故国"指古越地,也是作者故乡。此三句借鉴了苏轼《念奴娇·赤壁怀古》"故国神游"的写法,既可看作是文种"神游故国",也是作者的"神游"。"弓折霜剑"以下,均可视为"重游"的感慨。"弓折"两句谓文种良弓未及收藏,越王已起杀机。"灯前"两句抒写两种不同遭遇:文种在灯前伏剑自杀之日,正是范蠡笠帽蓑衣隐于五湖之时。歇拍三句,人们往往认为草木无情,但是面对这一悲惨的结局,它却用当年沾染的血迹腥氛,向路人和凭吊者抒发深深的哀

---

① 吴文英《梦窗词汇校笺释集评》,吴蓓笺校,浙江古籍出版社 2007 年,第 639 页。

愁。下片紧扣"种山",谓当日文种助勾践灭吴时走的"白石苍松路",因未及时回归山林,致使雾掩山羞。只有当年的伐木工人为文种的不幸而歌唱,文种的青春梦想如今只剩下一垄荒丘,年年春去秋来哀鸿啼叫,春水碧绿,秋蓼花开。面对文种荒塚的凄凉景象,词人透过"几树残烟",向西北望去。战争的威胁,亡国的危险,是否还会降临呢? 想到此,内心禁不住发出了"莫登临"的呼喊。

吴文英在绍兴期间,写了多首登临怀古感事伤时的爱国词篇,也有思家念姬恋情之作,如《生查子·稽山对雪有感》,词云:

> 暮云千万重,寒梦家乡远。愁见越溪娘,镜内梅花面。
> 醉情啼枕冰,往事分钗燕。三月灞陵桥,心蔺东风乱。[①]

此词可能写于淳祐四年(1244)冬至初游绍兴期间。上片只有一二两句"暮云""寒梦"切合词题"稽山对雪有感",其余皆是写思念在苏州的爱姬,回忆当日送别情景,写得缠绵悱恻,极其沉痛,反映了词人丰富的内心世界和美好情感。

吴文英在绍兴期间,还与一位钱镠后裔——钱德闲有过交往,《庆春宫·越中钱德闲园》,叙写了钱氏园中四时花事之盛;《柳梢青·题钱得闲四时图画》叙写了钱氏家藏四季山水屏幅。

吴文英与山阴尹梅津有深挚的交往。尹梅津,名焕,字惟晓,号梅津,山阴(今浙江绍兴)人。嘉定十年(1217)进士,曾任湖北潜江县县尉,淳祐元年(1241)知江阴军,六年(1246)任运判,七年(1247)除左司,八年(1248)为朝奉大夫太府少卿兼尚书左司郎中,兼敕令所删修官。工倚声,有《梅津集》传世,已佚,仅存词三首。清朱彝尊《孟彦林词序》云:"越州才尤盛,陆游、高观国、尹焕倚声于前。"吴文英赠尹焕之词有 11 首:《水龙吟·寿尹梅津》《水龙吟·寿梅津》《梦芙蓉·赵昌芙蓉图梅津所藏》《风池吟·庆梅津自畿漕除右司郎官》《惜黄花慢(送客吴皋)》《声声慢·畿漕新楼上尹梅津》《汉宫春·追和尹梅津赋俞园牡丹》《汉宫春·寿梅津》《八声甘州·和梅津》,为梦窗酬赠数最多者之一。其中《风池吟·庆梅津自畿漕除右司郎官》词云:

> 万丈巍台,碧眔恩外,衮衮野马游尘。旧文书几阁,昏朝醉暮,覆雨翻

---

① 吴文英《梦窗词汇校笺释集评》,吴蓓笺校,浙江古籍出版社 2007 年,第 708 页。

云。忽变清明,紫垣敕使下星辰。经年事静,公门如水,帝旬阳春。

长安父老相语,几百年见此,独驾冰轮。又凤鸣黄幕,玉霄平溯,鹊锦新恩。画省中书,半红梅子荐盐新。归来晚,待赓吟、殿阁南薰。①

　　此词标题有误,畿漕指南宋两浙漕司,负责催征税赋,出纳钱粮,办理上供及漕运诸事。朱祖谋《梦窗词集小笺》云:"按《咸淳临安志·秩官门》,两浙转运名氏尹焕下注:'淳祐六年运判,七年除左司。'则此词于淳祐七年(1247)作也,特左右异耳。"②夏承焘《梦窗词集后笺》也认为应作左司。词的上片写畿漕台署极其壮观繁华,称扬梅津上任后雷厉风行,整肃吏治,为官清明廉政,一改此前漕署职事荒疏、文书混乱、徇私舞弊等混乱局面,使京城充满欣欣向荣景象。下片写京城父老对他口碑极佳,词人也对梅津的德才满口称扬。此词虽是对尹焕新任畿漕左司郎官的颂词,但指出其人清廉为官,受到百姓称赞,是有积极意义的。

　　综观吴文英与绍兴籍文人交游及在绍兴期间写的词共有 39 首之多,占《梦窗词集》341 首的十分之一以上。这些词作在内涵上与其在苏州、杭州创作的词作稍有不同,其中应酬词、登高怀古词居多,爱情词较少,艺术上与其整体词作融合在一起,呈现出共有的两大特色。

　　其一,想象丰富,运思奇幻。吴文英善于通过幻境或梦境反映他的内在情思和审美体验,这不仅体现于带有神话传说的《齐天乐·与冯深居登禹陵》"幽云怪雨,翠萍湿空梁,夜深飞去。雁起青天,数行书似旧藏处",也表现在以梦境构筑词体的《浣溪沙》"新梦游仙驾紫鸿"和《高阳台·过种山》"本客歌阑,青春一梦荒丘"等等上。即使对极其平常的现实生活,他也能运思奇幻,写得耐人寻味。如《瑞龙吟·送梅津》词云:

　　　黯分袖。肠断去水流萍,住船系柳。吴宫娇月婀花,醉题恨倚,蛮江豆蔻。

　　　吐春绣。笔底丽情多少,眼波眉岫。新园锁却愁阴,露黄漫委,寒香半亩。

───────────────

①　吴文英《梦窗词汇校笺释集评》,吴蓓笺校,浙江古籍出版社 2007 年,第 420 页。

②　吴文英《梦窗词汇校笺释集评》,吴蓓笺校,浙江古籍出版社 2007 年,第 402 页。

还背垂虹秋去,四桥烟雨,一宵歌酒。犹忆翠微携壶,乌帽风骤。西湖到日,重见梅钿皱。谁家听、琵琶未了,朝骢嘶漏。印剖黄金籀,待来共凭,齐云话旧。莫唱朱缨口,生怕遣、楼前行云知后。唳鸿怨角,空教人瘦。①

该词写法颇为别致,陈洵《海绡说词》认为:"题吴梦窗送梅津,词则惟说梅津伤别。所伤又是他人,置身题外,作旁观感叹,用意透过数层。"②此种别致在于梦窗并不全部直抒其与被送者的惜别之情,而是多从梅津方面着笔层层展开,而自己则偶尔插上几句似画外音的旁白。第一段从梅津与其情人伤别角度着笔。"黯分袖"二句渲染离别时黯然伤感的气氛,"吴宫"三句虚写梅津在苏州的情人的美貌,也有梦窗旁白戏谑的成分;你一走,吴地不少女子如我一样将你牵挂。第二段紧承上意,写梅津走后美人新园花草芜萎,美人只能孤芳自赏。第三段转入梅津由吴入杭,往昔烟雨化作今宵别酒。"犹忆"两句暗用龙山孟嘉落帽典故,回忆秋日登高之事。"西湖"两句,设想梅津一到西湖,当会移情别恋,此也梦窗调侃戏谑之言。"谁家听"两句,用孙巨源于李太尉家闻召事,言梅津入朝赴阙,为梅津祝颂。"印剖"三句,转入来日和梅津重聚话旧。"莫唱"以下五句,作旁观者言,结以怨妇声响,与第一段"吴宫娇月娩花"对应,以圆所造之境。

其二,意象密集,丽藻壮采。吴文英写词往往运用多种修辞手法,作多侧面、多层次的"渲染",使意象密集,如《瑞龙吟·赋蓬莱阁》的上片,首三句以"堕虹际。层观翠冷玲珑,五云飞起"突出蓬莱阁所处之高,接着又以"玉虬萦结城根"写蓬莱阁在郡城卧龙山之上及卧龙山林野之景,又以"梦游宫蚁"三句,踞阁下望,城中车马行人如蚁行,既突出了蓬莱阁之高,又描写城中车马行人之多。用"南柯蚁梦"之典,则有下观宇宙人生之冷峻意味。歇拍三句"秦鬟古色凝愁,镜中暗换,明眸皓齿",又从秦望山春天的"明眸皓齿"似的山峦,转换到秋天的颜色苍老暗淡、使人发愁的山峦。作者通过比喻、用典等修辞手法,多层次描写渲染,抒发了作者登阁对往盛今衰的感慨。在用词上,"翠冷玲

---

① 吴文英《梦窗词汇校笺释集评》,吴蓓笺校,浙江古籍出版社 2007 年,第 261 页。
② 吴文英《梦窗词汇校笺释集评》,吴蓓笺校,浙江古籍出版社 2007 年,第 264 页。

珑""玉虬萦结""梦游宫蚁""秦鬟古色""明眸皓齿"富有强烈的色彩感、装饰性和象征性。这些描摹物态的词句，很少单独使用名词、动词或形容词，而用一些情绪化、修饰性色彩感极强的偏正词组，达到意象密集，丽藻壮采，含意曲折的效果，形成了梦窗特有的密丽幽深的语言风格。

第四章 文人社团的成熟:宋末元初的结社与元末文人雅集

由于民族矛盾的激化,这一时期文人雅集与结社主要是以沉抑下层的文士为主,即域内的贵族子弟与尚未取得科举功名的读书人之间的结社唱和,它与发展期宦游于越地的官员和文士间的唱和不同,标志着社团发展进入成熟期。

第一节 宋末元初文人结社的社会背景

中国历史上的两宋时期国势不如汉唐那样强盛,北宋开国之初,北方被石晋割让出去的燕云十六州仍然归辽国统治,辽和西夏经常侵害边疆。北宋末年,强大的金、元相继崛起,铁马胡笳,不但骚扰边境而且长驱南下。靖康二年(1127)金灭北宋。南宋更是偏安淮河秦岭的半壁江山,军力孱弱。宋宁宗时开禧北伐失败后,宋室再次与金国签订了屈辱的和议。宋理宗端平元年(1234)蒙古灭金后,南宋面临更加强大的蒙古汗国的威胁,直至灭亡。在这段时间里,宋理宗赵昀是一个昏庸无能、荒淫无耻的君主,朝政大权先后为史弥远、贾似道等相继擅权,朝政昏暗,国势孱弱,权相贾似道一贯推行民族投降政策,打击迫害主战的官员和将领,咸淳九年(1273)元军攻占襄阳,十年六月,元军直趋南宋首都临安,德祐二年(1276)三月,南宋政权投降灭亡。五月,宋端宗赵昰在福州即位,被元军羁押的文天祥脱逃后被任命为右丞相,与张秀杰、陆秀夫等将领继续坚持抗元。景炎三年(1278)四月赵昰死于广州,赵昺即位,文天祥再次被元军抓捕,祥兴二年(1279)正月,元军包围崖山,陆秀夫于崖山抱赵昺投海死,张世杰等南宋将领及家属皆战死。

元朝贵族原本诞生于一个游牧兼狩猎的民族,长期逐水草而居,过着"自春徂东,旦旦逐猎"①的流动生活,使他们养成了习惯于奔驰杀掠的特有本领。在他们所进行的长达半个世纪的灭金覆宋的战争中,一幕幕夷城掠地,劫夺财货,屠戮生灵的野蛮场面,使人不寒而栗。丞相伯颜因所谓"不嗜杀"而被任命为南下攻宋的主帅,但当其率兵至常州时,因城中军民奋力固守,即"役城外居民运土为垒,并人筑之,杀民煎膏取油以作炮,及城破之日,尽屠戮之"②。元世祖忽必烈号称英主,但先后任用的权臣,如阿哈马桑哥等,大都为残暴贪婪、横敛巧剥、无恶不作的恶棍。南宋灭亡后,官员需要量激增,桑哥等权臣趁机卖官鬻爵,只要货以财货,皆可署江南之官,故"南方郡县官属,指缺愿去者,半为贩缯屠狗之流、贪污狼藉之辈"③。他们妄兴横事,罗织罪名,骗取家私,夺占妻女,甚则害人性命,气焰之嚣张,心肠之残忍,手段之毒辣,简直是空前绝后。更有甚者,元朝统治者企图从心灵上摧毁宋遗民的身份意识,竟指使江南释教总统西僧杨琏真珈发掘南宋六帝之陵寝,"下令裒陵骨,杂置牛马枯骼中,筑一塔压之,名曰镇南"④,"至断残肢体,攫珠襦玉柙,焚其胔,弃骨草莽间"⑤。

元朝推行民族分化和民族压迫政策,按照民族的不同和降附的先后,把国民分成蒙古人、色目人、汉人、南人四个等级,在刑法、赋役、任官等方面都严格规定不平等的待遇,其中最受凌辱和欺剥的自然是原属南宋的江南汉人,即所谓的"南人"。江南汉人在败亡腐朽的赵宋王朝之后,所遭受到的却是更为残暴野蛮的统治和前所未有的压迫,特别是江南的文士。他们在饱尝了兵火流离的巨大痛苦之后,又被元朝统治者彻底抛弃,成为从原来的"四民之首"的座上宾位置上一下子跌落到最底层的不幸者。两宋赵氏王朝崇尚文治,无论在政治经济和法律方面都给儒士以前所未有的优待,使他们真正成了万民钦慕的对象。而今宗国覆亡,元代科举考试时行时停,儒生失去入仕机会,地位下

---

① 孟珙《蒙鞑备录》"军政"条,见《说郛三种》影印本,上海古籍出版社,1988年。
② 《宋史纪事本末》卷106《蒙古陷襄阳》,中华书局1977年,第1157页。
③ 程钜夫《雪楼集》卷10《吏治五事·取会江南仕籍》,见《文渊阁四库全书》第1202册,上海古籍出版社1987年。
④ 罗有开《唐义士传》,见《宋遗民录》卷6,"丛书集成初编"本,中华书局1991版,第60页。
⑤ 陶宗仪《南村辍耕录》卷4,《发宋陵寝》,中华书局1980年,第43页。

降,号称尊儒的元仁宗,在即位伊始的皇庆元年(1312)就明确规定"儒户杂泛差役……与民一体均当"①,更使文士们感到无比悲哀与无奈,陷入了绝望的境地。民族歧视的屈辱和社会地位的沦丧,功业幻梦的破灭,人格形象的扭曲所引起的极度悲愤,使他们更加仇恨元朝统治者。努力挣扎,寻求患难知己,以群体的力量奋起向进入江南的元朝统治者的残酷统治发起抗争,同时也使他们更加留恋故宋王朝,并反思批判旧朝政权的腐败。

两宋也是理学从形成走向兴盛的时代,自伊洛诸子以来大都重人格、崇气节、尚道义、讲廉耻,尤其是理学集大成者朱熹,提出了华夷之辨高于君臣之分的原则,这就把民族的大义提到了一个新的高度。宋元易代是中国历史上一个独特的时代,即第一次出现汉族政权被少数民族政权取代,宋王朝优待文人的政策与元朝统治下南方文人低下的社会地位,形成强烈鲜明的对比与反差。况且宋末的文士大多为朱、陆(九渊)两派门生,他们深受"民族大义"的教育和前辈道德人格的影响,因此他们"持民族观念至坚,立夷夏之防之严"(郑振铎语),为此促使归隐、羡隐成为当时文士的主要行为方式和心理特征。即使应召元朝官职的文士,其心理也异常复杂,大多悲观、内疚,盼望能早日归隐。这些南宋遗民文士在宋元易代之际集中体现为,遗民强烈的民族自尊,大多深受"严夷夏之大防"的思想影响,崇尚民族气节,不愿与新朝合作,如宋末遗民文士的领袖人物周密在《弁阳老人自铭》中云:"一身之承兮,百世之泽。始终无端兮,远化莫测。……其所当为者为之,不敢不力;有志而不得为者天也,吾何与焉!何诞漫兮,鹜荒远而无成。何底泽兮,不能与时而偕行。"②宁为玉碎,不为瓦全,不能与时偕行,表明了他们不与元朝统治者合作的决心,这也是宋末遗民文士共同的思想表现。与此思想行为相对应,他们往往坚持"诗与道最大,与宇宙气数相关"③,几乎与歌咏结下了不解之缘。他们携手共游,结社砥砺唱和,有力地促进了遗民诗人群体的形成。

宋末元初,绍兴文人结社成熟的远因,是当时的政治、经济、民族关系和文

---

① 《元典章》卷 31《儒人差役事》,光绪杭州丁氏藏本。

② 周密《弁阳老人自铭》,转引自金启华、萧鹏《周密及其词研究》,齐鲁书社 1993 年,第 27 页。

③ 谢枋得《叠山集》卷二《与刘秀岩论诗》,见《文渊阁四库全书》第 1184 册,上海古籍出版社 1987 年,第 865 页。

化政策及民族传统文化的差异等多方面的因素,近因则是南宋皇陵——六陵冬青之役。

南宋绍兴元年(1131)哲宗昭慈孟皇后崩,"遗命择地攒殡,俟军事宁,归葬园陵"①,时任江东漕兼摄二浙应办曾纡议曰:"帝后陵寝今存伊洛,不日复中原,即归祔矣,宜以攒宫为名,遂从之。攒宫之名实始于纡之请也。"②其后,南宋自高宗以下六代皇帝及帝后均攒葬于此山。高宗陵名永思,孝宗陵名永阜,光宗陵名永崇,宁宗陵名永茂,理宗陵名永穆,度宗陵名永绍,是为六陵。元兵下江南,元朝贵族的铁骑不仅打碎了南宋六陵归葬中原的美梦,更使其遭受了一场残酷无比的浩劫。元江南释教总统西僧杨琏真迦秉承元世祖忽必烈的意志,竟然将南宋六陵尽行发掘,"至断残肢体,攫珠襦玉柙,焚其骼,弃骨草莽间"③。他们"截理宗顶以为饮器","其俗以得帝王髑髅,可以厌胜致富,故盗去耳"④,甚至"衰诸陵骨,杂置牛马枯骼中,建白塔于故宫……塔成,名曰'镇南',以厌胜之"⑤,元僧杨琏真珈发陵的目的不仅只是掠取金银财宝,更主要的是妄图通过宗教的手段将赵氏诸帝的灵魂打入万劫不复的地狱之中,折磨并摧残汉人的民族意识,打击江南人民的反元情绪。值国家民族沦亡之际,这种卑劣的伎俩自然激起了江南人民和南宋遗民文士,特别是绍兴府的节义之士极大的愤慨,他们一起密谋,有步骤地开展了拾掇、埋葬诸帝后陵的遗骸,瘗葬于兰亭天章寺旁,从宋常朝殿移冬青树栽植其上作为标志,史称"六陵冬青之役"。他们还结社,赋诗吟词,纪事抒怀,表现了强烈的反元思宋的民族感情。

宋末元初的诗社活动频繁,正如张宏生在其著的《宋诗:融通与开拓》中说:"元初诸诗社多以亡宋遗老为中心,所以和南宋一般诗社仍有不同,带有那个时代的特定特色。"⑥所以这些诗社活动多与元初士人的遗民心态和对于元代科举废除的不满有关。随着时间的推移,这种遗民的政治色彩便渐渐退去,文人群体活动的组织形式也由元初的严密逐渐趋向松散,结社的风潮渐告淡

---

①　《宋史》卷 243《哲宗昭慈圣献孟皇后传》,中华书局 1977 年排印本,第 25 册,第 8637 页。
②　万历《绍兴府志》卷 20。
③　陶宗仪《南村辍耕录》卷 4,中华书局 1980 年,第 43 页。
④　周密《癸辛杂识》别集上《杨髡发陵》,中华书局 1998 年,第 264 页。
⑤　毕沅《续资治通鉴》卷 184《元纪》,上海古籍出版社 1986 年,第 1031 页。
⑥　张宏生《宋诗:融通与开拓》,上海古籍出版社 2001 年,第 23 页。

化,取而代之的是雅集活动的盛行。在绍兴地区,有上虞魏仲远的夏盖湖雅集,诸暨人杨维桢在杭州西湖的"竹枝词"酬唱,与昆山顾瑛玉山雅集及率领门下弟子的雅集,刘仁本"续兰亭诗会"等等。值得注意的是,这些规模空前的雅集盛事几乎不带什么政治色彩,是真正以诗歌为事的文人雅集,这种以雅集活动的诗歌创作与元末的诗歌风尚有着密切的关系。

由于结社的时间与元僧杨琏真珈发掘宋六陵的时间有直接的关系,因此对发陵的时间必须作一辨析。根据有关资料记载的明显分歧,发陵时间有三种说法:一说为元世祖至元十五年戊寅(1278)。元代罗有开《唐义士传》首开此说,其后陶宗仪《南村辍耕录·卷四》"发宋陵寝"条记载甚详:"岁戊寅,有总江南浮屠者杨琏真珈,怙恩横肆,势焰烁人,穷骄极淫,不可具状。十二月十有二日,帅徒役顿萧山,发赵氏诸陵寝。至断残肢体,攫珠襦玉柙,焚其骴,弃骨草野间。唐时年三十二岁,闻之痛愤,极货家具,得白金百星许;执券行贷,得白金又百星许。乃具酒醪,市羊豕,邀里中少年若干辈,狎坐轰饮。酒且酣,少年起请曰:'君儒者,若是,将何为焉?'唐惨然具以告,愿收遗骸共瘗之。众谢'诺'。"①张孟兼《唐珏传》、程明政《宋遗民录》、毕沅《续资治通鉴》、万斯同《南宋六陵遗事》及《书唐林二义士传后》、全祖望《答史雪汀问六陵遗事书》、王仲光《南宋诸陵复土记》、周予业《会稽六陵考》,以及近人夏承焘《乐府补题考》均同此说。二说为至元二十年甲申(1283),《元史》、柯绍忞《新元史》、屠寄《蒙兀儿史记》及程敏政《宋遗民录》所载明初阙名作者的《穆陵行并序》等主此说。三说为至元二十二年乙酉(1285),周密《癸辛杂识》主此说。清初邵廷采《思复堂文集》卷三《宋遗民所知传》"唐珏"条下载:"至元二十二年,杨琏真珈利宋攒宫金玉,上言'宋陵王气盛,请发之。'至断肢体,攫珠襦、玉柙,焚其骴,弃骨莽间。"②徐乾学《资治通鉴后编》亦持此说。以上三说以至元十五年影响为最大,自《续资治通鉴》及夏承焘亦主此说,迄今似乎已成定论。对此欧阳光《宋元诗社研究丛稿·与元初遗民诗社有关的一次政治活动——六陵之役考述》认为:若联系有关史料,则大致可以推断,"发陵的过程业当从至元二十一年即已开

---

① 陶宗仪《南村辍耕录》,中华书局 1980 年,第 43 页。
② 邵廷采《思复堂文集》,浙江古籍出版社 1987 年,第 207 页。

始,断断续续,一直到至元二十二年方才结束"。我们同意这一判断。

第二节　宋末元初的文人社团

一、吟社

"吟社"产生于南宋诸皇陵被掘之后,其活动时间据欧阳光考证当在至元二十二年(1285)。值多事之秋,具有强烈民族感情的爱国文士,如王英孙、唐珏、林景熙、郑朴翁等冒着生命危险,亲身搜寻诸陵遗骨参与冬青之役。嗣后,他们中的一些人于绍兴的宛委山房、天柱山房、紫云山房、浮翠山房、余闲书院结"吟社"赋词,抒发怀抱。参加"吟社"活动的共有以下14人。

王英孙,字才翁,号修竹,会稽县(今绍兴)人。父王克谦为南宋少保端明殿学士,家资豪富。英孙为监簿,入元不仕。为人豪爽,尚义乐施。宋亡之际延致四方名士如林景熙、谢翱、周密、唐珏等,一时为文士所宗。实为搜寻陵骨重葬陵骸的主使者,也是"吟社""汐社"的组织者。

王沂孙(？—1290),字圣如,号碧山,又号中仙、玉笥山人,会稽县(今绍兴)人。元至元中曾任庆元路学正。宋亡之际参与"吟社""汐社"活动。工词,与周密、张炎、陈允平等隐居杭州西湖期间,参与西湖吟社等唱和,著有《碧山乐府》(又名《花外集》)传世。

周密(1132—1298),字公瑾,号草窗,祖籍济南,后流寓吴兴,居弁山,自号弁阳老人,又号泗水潜父。曾为义乌令,宋亡后不仕,往来吴越间,参与绍兴府的"吟社""汐社"吟咏。著有《草窗词》及《齐东野语》《癸辛杂识》《武林旧事》《浩然斋雅谈》等多种笔记。

张炎(1248—1230?),字叔夏,号玉田,又号乐笑翁。张俊六世孙,先世陕西凤翔,家临安,宋亡后家产尽失,浪迹不仕,曾长期漫游浙东西一带,落拓而卒。工词,与王沂孙、周密唱和,著有《山中白云词》《词源》《乐府指迷》等。

陈恕可(1257—1339),字行之,自号宛委居士,祖籍固始(今属河南),以荫补官,咸淳十年(1274)中诠试,授迪功郎泗州虹县主簿,入元曾任西湖书院院长、吴县尹,中年后隐居会稽。爱好词与小篆,《乐府补题》有其词。

唐艺孙,字英发,生卒年、里居不详。与唐珏、吕同老、陈恕可等于天柱山房赋《桂枝香·蟹》词,有《瑶翠山房集》传世。

吕同老,字和甫,济南(今属山东)人。宋亡之际流寓越,《乐府补题》有其词作。

王易简,字理得,号可竹,山阴人,尚书王佐之玄孙。宋末登进士第,除瑞安县主簿,后因战乱未赴,隐居绍兴城南。工词,与周密有唱和。著有《山中观史吟》,《乐府补题》有其词作。

唐珏,字玉潜,号菊山,山阴人。家贫,聚徒授经以养其母。宋六陵被盗掘,曾邀里中少年暗易帝后陵骨葬于兰亭天章寺前。为王英孙门客,与王沂孙唱和,《乐府补题》有其词作。

李彭老,字商隐,号筼房,生卒年、里居不详。淳祐中沿江制置司属官。宋亡后流寓越,与周密、王易简等唱和,周密《绝妙好词》采录其词不少。

仇远(1127—?),字仁近,居余杭仇山,自号山村民。咸淳中与白廷齐名称为"仇白",元大德九年(1305)尝为溧阳学正,未几归隐,优游湖山。著有《兴观集》《金渊集》《山村遗稿》等。

赵汝钠,字真卿,号月洲,南宋宗室。《乐府补题》有其词作。

李居仁,字仲吕,号玉松,生卒年与里居不详。《乐府补题》有其词作。

冯应瑞,字祥父,号友竹,生卒年与里居不详。《乐府补题》有其词。

结社地点宛委山房、天柱山房,紫云山房、浮翠山房和余闲书院,皆在绍兴府城近郊。丁楹根据陈其年《乐府补题序》,在《南宋遗民词人研究》中说:"《乐府补题》唱和作者为玉笥王沂孙与苹州周密公瑾、天柱王易简理得、友竹冯应瑞祥父、瑶翠唐艺孙英发、紫云吕同老和甫、筼房李彭老商隐、宛委陈恕可行之、菊山唐珏玉潜、月洲赵汝钠真卿、玉松李居仁师吕、玉田张炎叔夏、山村仇远仁近共13人,又无名氏2人。题为宛委山房赋龙涎香、浮翠山房赋白莲、紫云山房赋莼、余闲书院赋蝉、天柱山房赋蟹。词调则为天香、为水龙吟、为摸鱼儿、齐天乐、桂枝香凡五,共词三十七首,为一卷。"① 又说《乐府补题》作者共14人,大多隐居浙江的越州杭州等地,认定"会稽唐艺孙隐居于浮翠山房",陈恕

---

① 丁楹《南宋遗民词人研究》,凤凰出版社2011年,第275页。

可隐居于"宛委山房",吕同老隐居于"紫云山房",王英孙隐居于"余闲书院",王易简隐居于"天柱山房"。但从参与活动的情况看,隐居于宛委山房的陈恕可却没有参加在宛委山房的咏《天香·龙涎香》的活动,隐居于紫云山房的吕同老同样也没有参与在紫云山房的咏《摸鱼儿·莼》的活动,隐居于浮翠山房的唐艺孙也没有参加在浮翠山房的咏《水龙吟·白莲》的活动,隐居于天柱山房的王易简同样也没有参与在天柱山房的咏《桂枝香·蟹》的活动,而他却参加了其他的四次,只有隐居于余闲书屋的王英孙参与了在余闲书屋的咏蝉活动。一般而言,结社吟咏在某一主人隐居之所,主人肯定是要参加的,而上述情况不是令人费解吗?可见陈其年的《乐府补题序》记载有误。

从《乐府补题》的词作来看,吟社活动共进行了五次,每次地点不同,选择一个词牌和专题进行赋吟,参加的人员有多有少,是一种比较松散的自由组合。如在宛委山房用的是《寄天香》词牌,赋的专题是"龙涎香",参与者有王沂孙、周密、王易简、冯应瑞、唐艺孙、吕同老、李彭老、无名氏共 8 人;于紫云山房用的词牌是《摸鱼儿》,赋的专题是"莼",同赋者 5 人,有王易简、唐珏、王沂孙、李彭老、无名氏,计 5 首;在浮翠山房赋"白莲",词调为《水龙吟》,同赋者 9 人,有周密、王易简、陈恕可、唐珏、吕同老、赵汝钠、李居仁、张炎各 1 首,王沂孙赋 2 首;在余闲书院赋"蝉",调寄《齐天乐》,参加者 8 人,有周密、仇远、王易简、唐艺孙、吕同老、唐珏各 1 首,王沂孙、陈恕可各 2 首;于天柱山房赋的词牌为《桂枝香》,赋"蟹",同赋者 4 人:陈恕可、吕同老、唐艺孙、唐珏。

吟社赋咏的 37 首词全为咏物词,这些词作具有明确的针对性,即直指宋六陵的被发掘。在封建社会里,皇陵是神圣不可侵犯的。发陵和置陵骨于塔下镇压的行径,不啻是对江南人民感情的最强烈的刺激和最严重的伤害。在强敌凌辱的情况下,他们以词为武器,分别以赋龙涎香、白莲、蝉、莼、蟹为题,大抵龙涎香、莼、蟹托喻为宋帝,蝉、白莲则托喻为后妃,以咏六陵遭遇为主,但亦不限于六陵,有时还涉及崖山覆亡之事,运用比兴手法抒发民族的悲愤和反抗强暴压迫的呼声。他们的义举无疑是爱国的,可歌可泣的。如王沂孙《寄天香·龙涎香》:

> 孤峤蟠烟,层涛蜕月,骊宫夜采铅水。讯运槎风,梦深薇露,化作断魂心字。红瓷候火,还乍识,冰环玉指。一缕萦帘翠影,依稀海天云气。

几回滞娇半醉。剪春灯,夜寒花碎。更好故溪飞雪,小窗深闭。苟令如今顿老,总忘却、樽前旧风味。漫惜余熏,空篝素被。

词的上片写采集、制作龙涎香的经过。"孤峤"三句写采集时的情形:龙涎香产于大海中,滔滔海浪中孤峤(礁石)耸立,波涛中映照着一轮明月,这种环境神秘而凄凉。"讯运"三句写采集后制作的情形:鲛人乘槎驾浪采到后,在晚上制作"心"字形的盘香,制作时发出神奇香味,使人闻到后如醉如痴。"红瓷"三句写制成后的样子:用火把它烘干后,成了"冰环""玉指"形状的香料。"一缕"两句写点燃后的情景:香气如烟雾在帘幕间袅袅缭绕,就像海上的云气。夏承焘先生认为插此两句"或疑是指厓山覆亡事","补题诸家皆不限于六陵,或故意乱以他辞其寄慨亡国,涉及厓山,尤情所应有,不能因此疑其与六陵无关"[1]。下片回忆点香时的美妙情景,反衬今日悲凉凄苦。前三句回忆同佳人一起喝醉酒后,点灯关窗焚香,充满情味。"苟令"指东汉荀彧,相传曾得异香,这里是词人自比。"顿老"是说已失去了美好时光,剪灯滞娇半醉之人已经不存,唯余素波余熏,但却忘不了失去的香味,而今日只能凭回忆来重温往日温馨的岁月。

从词的本义来看,完全是写龙涎香的采集、制作、焚香的过程,但言外之意足以使人联想无限。夏承焘先生考证说:"周密《癸辛杂识·别集》记载杨琏真珈发陵,以理宗头颅含珠夜明,故倒悬其尸于树间,汲取水银,如此三日夜,竟失其首。此龙涎香所赋采铅捣唾之本事也。"相传皇帝死后,为了让其尸体不腐烂而灌水银于其中。杨琏真珈为获水银而将宋理宗尸体倒挂,竟使头颅掉下,后颅骨被制成饮器(尿壶)。此词是暗指宋理宗死后的遭遇,隐含强烈的悲痛感情。朱彝尊《乐府补题序》说:"诵其词,可以观志意所存。虽有山林友朋之娱,而身世之感别有凄然言外者,其骚人《橘颂》之遗音乎!"[2]厉鹗《论词绝句》载"头白遗民涕不禁,补题风物在山阴。残蝉身世香莼兴,一片冬青冢畔心。注《乐府补题》一卷,唐义士玉潜与焉"[3],抒发了当时遗民的痛悼亡国之情。

---

① 夏承焘《唐宋词人年谱·周草窗年谱》附录2《乐府补题考》,上海古籍出版社1979年,第382页。
② 朱彝尊《曝书亭集》卷36,《文渊阁四库全书》第1318册,上海古籍出版社1987年,第61页。
③ 厉鹗《樊榭山房集》,见《四部丛刊初编》集部,上海书店1989年,第73页。

吟社赋咏的 37 首词成功地运用寄托手法。吟社诸人用词而不用诗,完全是出于当时恶劣的形势,因为词的形式更适合于表达南宋覆亡、陵寝被毁的哀怨悲凉的情绪,更便于运用比兴象征手法寄慨亡国之情。咏物词讲究比兴,借"比"来表达较深的含义,寄托则是用一种更深层次的创作构思方法,表意更为隐蔽丰富。清人周济曾说:"咏物最争托意,隶事处以意贯串,深化无痕,碧山胜场也。"①蟹是江南特产,秋风起时,蟹肉肥美,人们用它下酒。词中借"蟹"喻帝,咏"蟹"也是暗喻帝陵被盗,大概通过比喻蟹活着时的"横行"与死后被人下酒的对比,暗喻对帝王生前死后的嘲讽。唐珏《桂枝香·咏蟹》词云:

> 松江舍北,正北落晚汀、霜老枯获。还见青匡似绣,绀螯如载。西风有恨无肠断,几番潮汐,夜灯争聚微光,挂影误投帘隙。　　更喜荐、新篘玉液。正半壳含黄,一醉秋色。纤手香橙风味,有人相忆。江湖岁晚听飞雪,但沙痕、空记行迹。至今茶鼎,时时犹认,眼波愁碧。

上片写江南秋天蟹肥螯坚,蟹随潮汐爬上岸,人们用灯光吸引它误入竹篓。下片写蟹被煮熟后壳红肉白腊黄,玉人用纤手掰开,正是下酒的好菜。最后词人感叹一到飞雪寒冬,虽然沙滩上还留有蟹的爬行之迹,可它却成了回忆,只是人们茶余饭后的话题。咏蟹的词另有唐艺孙、吕同老、陈恕可所作的三首,与其他四类咏物词相比,这四首比较明晓易懂,蟹生前横行不可一世,死后成为人们下酒之菜肴,前后变化让人感叹不已。吕同老咏蟹词下片云:"如今漫有江山兴,更谁怜草泥踪迹。但将身世,浮沉醉乡,旧游休忆。"在哀悼宋帝陵墓被盗时,自然引发对南宋诸帝生前的反思:他们在位时威风无比,丧国害民,致使江山沦陷。死后陵寝被盗,尸首难以保全,这与蟹的遭遇何其相似!

吟社《乐府补题》中写得最成功的当推王沂孙。王沂孙最工咏物词,他现存 64 首词,咏物词占了 34 首。他的咏物词的特点,一是善于隶事用典,不直接描摹物态,而是根据主观的意念巧妙地选取有特定含义的典故与所咏之物有机融合,使客观事物与主观情意相互生发,所以受到周济的赞扬,谓"碧山餍心切理,言近旨远"。叶嘉莹对此解说:"其所谓'餍心',自当指其情意之足以

---

①　《宋四家词选目录序论》,见《宋四家词选》,"丛书集成初编"本,中华书局 1985 年,第 4 页。

予人以真切感动,而其所谓'切理'则指其安排叙写思致和法度。所以方能使人有'言近旨远'之喻托的感发与联想。"①二是擅长用象征和拟人的手法,用象征性的语言将所咏之物拟人化,使之具有丰富的象征意蕴,因而他的词往往被认为有深远的寄托。如《齐天乐·蝉》:

> 一襟余恨宫魂断,年年翠阴庭树。乍咽凉柯,还移暗叶,重把离愁深诉。西窗过雨,怪瑶佩流空,玉筝调柱。镜暗妆残,为谁娇鬓尚如许? 铜仙铅泪似洗,叹移盘去远,难贮零露。病翼惊秋,枯形阅世,消得斜阳几度? 余音更苦。甚独抱清商,顿成凄楚。漫想薰风,柳丝千万缕。

此词以"宫魂"点题,借用齐王后"忿而死,尸变为蝉"的典故,暗喻哀悼南宋后妃之意。上片以拟人手法写蝉的生活习性和特征,寄寓了对宋室后妃的哀思;下片由蝉饮露联系金铜仙人落泪,以生命即将结束的秋蝉,象征宋代遗民悲惨的命运,暗示亡国之痛和自身境遇。对于王沂孙这一类咏物词,胡适在其《词选》中论及《齐天乐·咏蝉》(一襟余恨宫魂断)时曾讥评说:"作者不过是做一个'蝉'字的笨谜,却偏偏有这班笨伯去向那谜里寻求微言大义!"②袁行霈主编的《中国文学史》第三卷中论及王沂孙词时评论说:"前人评价甚高,尤其是清中叶以后的常州词派,更是推崇备至。其词艺术技巧确实比较高明,将咏物词的表现艺术推进了一大步,但词境狭窄,词旨隐晦,也是一大缺陷。"③我们觉得还是叶嘉莹的评论比较中肯:"王沂孙曾经身历亡国之痛,当其结社填词之际,也别具一种悼念故国之思,这正是王沂孙咏物词之所以兼具社交性与喻托性之属于咏物之作的双重特质的缘故。"又说:"无论在铺陈安排之用笔方面,或者在寄托喻意之用思方面,可以说都有相当可观之处,而且线索分明,结构细密,足以矫正初学为词者的荒疏粗率之弊,所以周济乃谓其'思笔''双绝',可以为'入门阶陛',这是颇为有见之言。"④

---

① 叶嘉莹、缪越《灵谿词说》,上海古籍出版社1987年,第552页。
② 胡适《词选》,中华书局2007年,第318页。
③ 袁行霈主编《中国文学史》第三册,高等教育出版社1999年,第185页。
④ 叶嘉莹、缪钺《灵谿词说》,上海古籍出版社1987年,第561页。

二、汐社

"汐社"与"吟社"同时。据谢翱《登台恸哭记》云："始故人唐宰相鲁公开府南服，予以布衣从戎。明年别公漳水湄，后明年，公以事过张睢阳及颜杲卿所常往来处，悲歌慷慨卒不负其言而从之游。……又后三年，过姑苏。姑苏，公初开府旧治也。望夫差之台而始哭公焉。又后四年而哭之于越台。……"①这里的"故人唐宰相鲁公开府南服"即指宋景炎元年（1276）七月，文天祥开府南剑州，谢翱"杖策诣公，署谘事参军"②事。景炎二年正月，文天祥移军漳州，翱于此时与文天祥别，故有"明年别公漳水湄"之语。"后明年"，即祥兴二年（1279）文天祥被押北上途中曾题诗张巡庙。"又后三年"，指至元十九年（1282），谢翱过姑苏，登夫差之台祭文天祥。"又后四年而哭之越台"，则指至元二十三年（1286），谢翱来到绍兴，登越王台祭文天祥。元张孟兼注《登西台恸哭记》于此句下注云："此丙戌年（1286）也。按行述谓公是年过勾越，行禹穴间，北向而泣焉。"据此可知谢翱到达绍兴的确切时间是至元二十三年（1286）。又据方凤所撰《谢君皋羽行状》云："大率不务为一世人所好，而独求故老与同志以证其所得。会友之所名汐社，期晚而信，盖取诸潮汐。"③，何梦桂《汐社诗集序》进一步阐发了汐社以"汐"为名的含义："海朝谓潮，夕谓汐，两名也。汐社以偏名何？志感也，社期于信，而又适居时之穷与、人之衰暮，偶而犹薪以自立者，视汐虽逮暮夜，而不爽其期，若有信然者类此。谢君皋羽所以盟诗社之微意也。……潮以朝盈，汐不以夕亏，君有取诸此，固将以信夫盟，抑以为夫人之衰颓穷塞、卒至陆沉而不能自拔以死者之深悲也！"④由此可见，汐社之命名，有两方面含义：一是有按定期聚合之意；二是在国破家亡之际，诗社同人之间要互相鼓励，不以衰颓穷塞而屈志改节。这正是汐社结社的宗旨。

元朝人胡翰《谢翱传》云："天祥转战闽广，至潮阳被执。翱匿民间，流离久

①　程敏政《宋遗民录》卷 2，《丛书集成初编》本，中华书局 1991 年，第 21 页。
②　方凤《存雅堂遗稿》卷 3，见《文渊阁四库全书》第 1189 册，上海古籍出版社 1987 年，第 547 页。
③　方凤《存雅堂遗稿》卷 3，见《文渊阁四库全书》第 1189 册，上海古籍出版社 1987 年，第 547 页。
④　何梦桂《汐社诗集序》，见曾枣庄、刘琳主编《全宋文》第 358 册，上海辞书出版社 2006 年，第 85 页。

之。间行抵勾越。勾越多阀阅故大族,而王监簿诸人方延致游士,日以赋咏相娱乐。翱时出所长,诸公见者,皆自以为不及,不知其为天祥客也。"①明人季本云:"予尝考王英孙,号修竹,为宋勋戚之裔,好义乐施,延致四方名士,林(景熙)、郑(朴翁)、谢(翱)、唐(珏)皆其客也。结社稽山之麓,与寻岁宴之盟,慷慨激昂形诸吟咏。"②明万历《绍兴府志》卷三十九"谢翱"条云:"王监簿诸人方延致游士,日以赋咏相娱乐。翱时出所长,见者绝倒,不知其为文天祥客也,然终不自明,遂结社会稽,名其会所曰汐社,其晚而信也。"可见,汐社乃谢翱为王英孙延致其家后所建,那么,王英孙在汐社中亦起到了辅助谢翱的作用。又据邵廷采《思复堂文集》卷三《宋遗民所知传》记载:"王英孙……会郡大饥,倾困全赈,为衣冠避乱者所宗。闽人谢翱、东瓯林景熙、郑宗仁共结汐社同里唐珏与焉。"③汐社结社活动除了在会稽外,据现今掌握的资料,它还随着谢翱的游历在浙西的浦江、桐庐等地有过活动。方凤《谢君皋羽行状》云:"(皋羽)游倦,辄憩婺、睦之江源月泉、仙华岩、小妒峰三瀑布,复爱子陵台下白云原唐元英处士旧隐,有终焉之志。且欲为文冢,瘗所为文稿于台南。甲午(1294)寓杭,遗人刘氏女为女。至是买屋西湖,日与能文辞者往还。乙未(1295)官复来婺睦,寻汐社旧盟。夏由睦至杭,肺疾作,以秋八月壬子终。"④可见谢翱在会稽结汐社达十年之久,期间曾至婺之浦江、睦之桐庐两地与吴渭、吴思齐、方凤等交游。

汐社在会稽结社的成员有以下几位。

谢翱(1249—1295),字皋羽,号晞发子,福建长溪人。咸淳中试进士不第。景炎元年(1276)七月,文天祥开府延平倾家资率乡兵数百人投奔,任谘议参军。文天祥被元军所执殉国后,翱避地浙东,先为王英孙延揽,遂结汐社。后至浦江、桐庐、杭州一带。至元二十七年(1290)与友登严子陵钓台之西台,设文天祥神主以祭,作楚歌招魂,撰《登西台恸哭记》纪念。卒后葬于西台之侧,有《晞发集》传世。其《古钗叹》诗云:

---

① 陈敏政《宋遗民录》卷二,"丛书集成初编"本,中华书局1991年,第10页。
② 悔堂老人《越中杂识》,浙江人民出版社1983年,第167页。
③ 邵廷采《思复堂文集》,浙江古籍出版社1987年,第206页。
④ 方凤《存雅堂遗稿》,见《文渊阁四库全书》第1189册,上海古籍出版社1987年,第548页。

刑徒鬼火去飘忽，息妇堆前殡齐发。

白烟泪湿樵叟来，拾得慈献陵中发。

青长七尺光照地，发下宛转金钗二。

持归熏沐置高堂，包裹恐为神所将。

妻儿朝拜复暮拜，冉冉卧病不得瘥。

省知天物厌凡庸，夜送白龙潭水中。

叩头却顾祈兔死，永入幽宫伴龙子。①

王英孙，字才翁，号修竹，会稽人。少保端明殿学士克谦之子，宋末将作监簿，入元不仕。家资富裕，为人豪爽尚义，广交文士，曾暗中组织收掩六陵遗骼，善诗。林霁山《王修竹诗集序》云："予数从公游，啸吟泉石，每一篇出，有飞出宇宙之意，已而敛入丝粟，寂乎无声，使人三叹不能已。"②

林景熙（1242—1310），字德阳，号霁山，温州平阳人。咸淳辛未（1271）太学释补褐，授泉州教授，历礼部驾阁，转从政郎，宋亡之际，尝寓越适杨髡发陵为会稽王监簿延揽，与同舍生郑朴翁、唐珏等相率采药于陵上，协谋收掩陵骨，并与谢翱结汐社唱和，往来吴越间二十余年，庚戌（1310）卒于家。著有《林霁山集》。此外还有《山阴道中呈郑朴翁》《秋社寄山中故人》等诗。

郑朴翁，字宗仁，温州平阳人。与林景熙"居同里，学同师，由长至老，又同出处"，历福州教授、国子正。宋亡不仕，与林景熙同至越中，为会稽王英孙延致宾馆，教授子弟近二十年。与林景熙、唐珏一起协谋收埋诸陵遗骨，并结社吟咏。后因病归卒于家，有诗文传世。

唐珏，字玉潜，号菊山，绍兴山阴人。

汐社在会稽的活动与吟社相似，主要是吟咏六陵冬青之役，只不过一是以诗，一是以词的不同罢了。谢翱有《冬青树引别玉潜》诗：

冬青树，山南陲，九日灵禽居上枝。

知君种年星在尾，根到九泉护龙髓。

_____

① 厉鹗辑《宋诗纪事》卷78，上海古籍出版社1983年，第1894页。

② 林景熙《王修竹诗集序》，见庄仲方编《中华传世文选：南宋文范》，吉林人民出版社1998年，第711页。

> 恒星昼陨夜不见,七度山南与鬼战。
>
> 愿君此心无所移,此树终有开花时。
>
> 山南金粟见离离,白人衣拜树下起。
>
> 灵禽啄粟枝上飞。①

唐珏有《冬青行》二首与之唱和:

> 马棰问髓行,南面欲起语。野麋尚屯束,何物敢盗取?
>
> 余花拾飘扬,白日哀后土。六合忽怪事,蜕龙挂茅宇。
>
> 老天鉴区区,千载护风雨。(其一)
>
> 冬青花,不可折,南风吹凉积香雪。
>
> 遥遥翠盖万年枝,上有凤巢下龙穴。
>
> 君不见,犬之年,羊之月,霹雳一声天地裂。②(其二)

林景熙也有《冬青花》诗:

> 冬青花,花时一日肠九折。
>
> 隔江风雨清影空,五月深山护微雪。
>
> 石根云气龙所藏,寻常蝼蚁不敢穴。
>
> 移来此种非人间,曾识万年觞底月。
>
> 蜀魂飞绕百鸟臣,夜半一声山竹裂。③

此外还有《梦中行》四首,《遂昌杂录》为林景熙作,《辍耕录》作唐珏诗,今从《遂昌杂录》,有《酬谢翱父见寄》《立春郊行次唐玉潜》《郑宗仁会宿山中》等诗。

他们上临安祭奠岳飞墓,登绍兴城宝林寺也有唱和,如王英孙有《岳武穆王墓》诗:

> 埋骨西湖土一丘,残阳荒草几经秋。
>
> 中原望断因公死,北客犹能说旧愁。④

---

① 厉鹗《宋诗纪事》卷 78,上海古籍出版社 1983 年,第 1895 页。

② 厉鹗《宋诗纪事》卷 79,上海古籍出版社 1983 年,第 1913 页。

③ 厉鹗《宋诗纪事》卷 79,上海古籍出版社 1983 年,第 1843 页。

④ 厉鹗《宋诗纪事》卷 79,上海古籍出版社 1983 年,第 1915 页。

还有《宝林寺》诗:

> 飞来几千载,台殿压岩峣。落日飞仙鼠,秋风下健雕。
>
> 山腰微露石,海眼暗通潮。堪叹玄英后,诗名竟寂寥。①

葛庆龙也有《游宝林寺》诗:

> 坐如有待思依依,看竹回廊出寺迟。
>
> 宵宵绿荫清寂处,半窗斜日两僧棋。②

汐社曾刊刻《汐社诗集》,宋濂《吴思齐传》谓吴编有《汐社诗集》,何梦桂撰有《汐社诗集序》,此集当为汐社同人唱和的结集,惜今已不传。

上述有关六陵冬青之役诗作与吟社所赋之词借用比兴寄托手法一样,谢翱的《冬青树引别玉潜》、唐珏的《冬青行》、林景熙的《冬青花》及《梦中作》四首,皆为托冬青以见其凄婉悲恻之怀。他们迫于元朝贵族的淫威而不敢明言其事,而采用了托冬青以见意的手法,故词旨幽恻,较为隐晦。时人任士林评论谢翱诗风说:“所为歌诗,其称小,其旨大,其辞隐,其义显,有风人之余,类唐人之卓卓者。”③可视为对此类诗作风格的共同评价。

三、越中诗社、山阴诗社

越中诗社、山阴诗的活动时间虽无明确记载,但黄庚《月屋漫稿·提要》云:“黄庚客山阴王英孙家,该越中诗社《枕易》题庚为第一,考官乃李侍郎。”可见,它的活动时间与“吟社”“汐社”相后先。越中诗社成员主要有以下诸位。

黄庚,字星甫,天台人。生卒年未详。宋亡之际尝客会稽王英孙家,与林景熙、胡天放、连文凤等结越中诗社。黄庚有《王修竹馆舍即事》《夜坐即事呈修竹》《修竹宴客东园》《月夜次修竹韵》《修竹宴客广寒游亭分韵得香字》《渔舍观梅寄修竹韵》等诗,其《枕易》诗诗题下原注:“越中诗社题都魁。”诗云:

---

① 厉鹗《宋诗纪事》卷79,上海古籍出版社1983年,第1916页。
② 厉鹗辑《宋诗纪事》卷80,上海古籍出版社1983年,第1950页。
③ 任士林《谢翱传》,见程敏政《宋遗民录》,见《四库全书存目丛书·史部》第88册,齐鲁书社1997年,第453页。

> 古鼎烟销倦点朱,翛然高枕夜寒切。
>
> 四檐寂寂半床梦,两鬓萧萧一卷书。
>
> 日月冥心知代谢,阴阳回首验盈虚。
>
> 起来万象皆吾有,收拾乾坤在草庐。①

从诗题到内容都表现了对世事变幻如梦以及归隐田园的无奈,它正是元初遗民歌咏的主题之一。黄庚《月屋漫稿》中还载有《秋色》诗,诗题原注:"山阴诗社中选。"诗云:

> 凭高望不极,望断动愁情。落日凄凉处,西风点染成。
>
> 丹枫明野驿,白水浸江城。马上人回首,戍戍黯客程。②

可见黄庚既是"越中诗社"成员,也是"山阴诗社"的成员。

王英孙,"汐社"中已介绍。

林景熙,"汐社"中已介绍。

连文凤,字伯玉,号应山,三山(今福建福州市)人。宋咸淳间为太学生,德祐前尝授官,入元不仕。其诗集《百正集》中有《枕易》诗,诗云:

> 身世相忘象外天,青风一枕几千年。
>
> 有时默默焚香坐,闲看白云心自玄。

与黄庚《枕易》诗一样,表现了隐逸避世的思想情绪。连文凤还参加了"月泉吟社"的活动,其诗作尝评为第一。

胡天放,严陵(今浙江桐庐)人,生平不详。戴表元《剡源集》卷八有《胡天放诗序》,谓其"淳安诸公中之一人也。读其诗,独无呻吟憔悴无聊之声焉,余疑而询之,盖夫天放生二千石之家,而甘箪瓢之操,怀四方万里之志,而存丘壑之好。自其童年,厌薄世禄,疏摈举子业,耽为诗。……天放名侨",可见也有淳安人之说。

徐天明,严州(今浙江建德市)人,生平不详。

山阴诗社成员除黄庚外,其余人员生平未详。

---

① 《元诗选初集》,中华书局 1987 年,第 267 页。

② 《元诗选初集》,中华书局 1987 年,第 254 页。

"越中诗社"和"山阴诗社"的活动,根据黄庚《月屋漫稿》所录《枕易》诗后附有诗社所聘考官李侍郎应祈的评语云:"诗题莫难于《枕易》,自非作家大手笔讵能模写,盖以其不涉风云雨露,江山花鸟,此其所以为难也。予阅三十余卷,鲜有全篇纯粹,正如披沙拣金,使人闷闷……此诗起句'倦'字,便含睡意。颔联气象优游,殊不费力,曲尽枕易之妙。颈联'冥心''回首'四字,极其精到。结句如万马横奔,势不可遏,且有力量。全篇体制合法度,音调谐宫商。三复降叹,此必骚坛老手,望见旗鼓,已知其为大将也。冠冕众作,谁曰不然。"①从上述评语中可以推测"越中诗社""山阴诗社"活动的有关情况:第一,诗社活动有别于宋代诗社那样采用分韵、次韵、联句等唱和形式,而是事先拟定一个诗题如《枕易》,参与者均须作同一题目,这就具有某种竞争比赛的性质;第二,诗社专门聘请考官主持评判,写出评语,并裁定甲乙;第三,从"此必骚坛老手,望见旗鼓,已知其为大将也"等评语看,诗卷上并未署作者姓名而是采用"糊名"的形式。可见,"越中诗社""山阴诗社"活动与"月泉吟社"活动都采用了宋代科举考试的誊封形式,反映了元初遗民文人是借诗社活动来模拟科举考试,以此作为心理补偿。

第三节　元末绍兴的文人雅集活动

张宏生在《宋诗:融通与开拓》中指出:"元初诸诗社多以亡宋遗民为中心,所以和南宋一般诗社仍有不同,带有那个时代的特定色彩。"②这些诗社多与元初士人心态及其对于元代科举制度的不满密切相关。随着时间的推移,有关民族矛盾的观念逐渐退化,文人群体活动的组织形式也由元初的严密结社逐渐趋向松散,结社的风潮渐趋消隐,取而代之的是雅集的盛行。

在元末动荡不安的背景下,文士们面对个人和社会吉凶祸福难定的状况,虽然感到沮丧、恐惧,但始终难以忘怀"晤言一室"、交际应酬、寄言所托、释放自由的传统雅集活动,努力寻求享乐、寻找刺激以忘却现实中的烦忧。于是,

---

①　《元诗选初集》,中华书局 1987 年,第 267 页。
②　张宏生《宋诗:融通与开拓》,上海古籍出版社 2001 年,第 216 页。

一些在文坛上享有盛誉的官员或名士,与一些广有资财的文士结合,以他们的政治威望、文坛盛誉和舒适豪畅的住宿条件,招揽聚集一大批文士,无论是文人墨客、名公大儒,抑或方外游仙、岩栖谷隐之辈,都乐于周旋其间。这里有发生在至正八年(1348)到至正二十年(1360)的历时整整 13 年之久的杨维桢与顾瑛玉山雅集;也有从至正十五年(1355)到至正二十五年(1365)的上虞魏仲远与李孝光、王冕、朱右、潘纯等大批文士的雅集唱和和结社;还有至正二十年由浙江地方官员刘仁本在府属的余姚秘图湖畔的"续兰亭会"的雅集活动。

一、元末上虞魏仲远夏盖湖雅集与结社

乾隆《绍兴府志·儒林传》载:"魏仲远,名寿延,唐郑公二十四世孙。世居夏盖湖上,绕屋植万竹。兄弟三人:仲仁、仲远、仲刚,并嗜奇好古。仲远尤工诗。一时贤士大夫过上虞者必造所居,集唱酬之什为《敦交集》。"

(一)魏仲远其人及其位于夏盖山之美居

魏仲远,名寿延,号竹深,元末明初上虞人,生卒年不详。据宋濂《魏氏世谱序》载:"濂居浙河东,尝闻上虞魏氏为簪缨大族,其先盖出于唐郑国文贞公征之裔。……学录生迪功郎震龙监婺州东阳县酒税,监酒生文炳,文炳生寿延,寿延生镇,此其传系,可见之大略也。"由上可见魏仲远出生于名门望族,经唐魏征至仲远历二十四世,其遗风余烈犹能不废,家有园亭之胜,兄弟三人皆能文善诗。宋濂《见山楼记》云:

> 见山楼者,上虞魏君仲远之所建也。仲远居县西四十里所,龙山委蛇走其南,将升而复翔。其旁支斜迤,而西则为福祈诸峰,若车、若旌、若奔马、若渴鹿饮泉,不一而足。势之下降为阴阜、为连坡、为平林。一奋一止,复襟带乎后先。东则遥岑隐见青云之端,宛类蛾眉,向群山相妩媚为妍。其下有巨湖,广袤百里,汪肆浩渺,环浸乎三方。晦明吐吞,朝夕万变。方屏插起湖滨,曰夏盖山,去天若尺五。岩崎谷张,尤可玩爱,诚越中胜绝之境也。
>
> 仲远心乐之,以为非高明之居,不足延揽精华而领纳爽气,于是构斯楼,日与贤士大夫同登。鼎俎既备,殽核维旅,壶觞更酬,吟篇叠咏。及至神酣意适,褰帘而望。远近之山,争献奇秀,晴容含青,雨色拥翠,不俟指

呼，俨若次第排闼而入。使人涵茹太清，空澄中素，直欲骖鸾驾凤，招偓
佺、韩终，翩然被发而下大荒。其视起灭埃氛，弗能自拔者为何如也？①

可见，魏仲远的"见山楼"所处既有夏盖山的胜绝之境，又有夏盖湖畔的绝
妙风光。见山楼规模宏敞，内有"尚古亭""筠深轩""寄傲轩""寿乐堂"等建筑。

魏仲远不仅有此美居，且广有资财，夏盖湖周围农田依靠湖水灌溉，旱涝
保收。物产丰富，有菱芡、荷藕、鱼虾等既可自给，又可满足文士们游乐垂钓的
嗜好，是文士们雅集的理想之地。加上魏氏兄弟为人轻财好义，"群从子姓皆
彬彬嗜学"，乐于结交当时文士，故文人士大夫亦乐于与之唱和。

（二）雅集的时间及政治背景

上虞魏仲远夏盖山雅集始于元代至正（1341—1360）年间，由魏仲远辑录
的《敦交集》中，有李孝光《宿魏仲远宅》诗，此诗未标明写作时间。李孝光至正
七年（1347）以秘书监著作郎召，见帝于宣文阁，进《孝经图说》，帝大悦。明年
升秘书监丞，卒于官。据杨镰等人整理的《草堂雅集》卷后"李孝光"条，其小传
有云："字季和，永嘉人。诗文自成一家，为东南宿，儒。戊子春（至正八年）过
娄江回憩草堂，继即应召秘书监著作，故其述作不多得，今所刊录，皆口授云。"
《宿魏仲远宅》可能写于至正七年进京赴召途中。潘纯有《秋日与仲远昆季饮
有怀李季和先生》，此诗也未标写作时间。高明《丁酉二月二日访仲仁、仲远、
仲刚贤昆季，别后赋诗以谢》，同时又有《子素先生客夏盖湖上，欲往见而未能，
因赋诗用简仲远徵君，同发一笑》，"子素"即潘纯之字，潘纯作客在夏盖湖上也
在同时。"丁酉"即元至正十七年（1357），因李孝光卒于至正九年（1349），且曾
与魏仲远昆季有交往，故有怀念之作。另陈起章有《奉次仲远丙戌新正之作》
诗，"丙戌"为至正六年（1346），可见，魏仲远举办雅集活动开始于至正初年是
可以确定的。王瓛《至正二十五年季夏望日燕寿堂分韵得高字》诗，郑彝《乙巳
春三月八日和仲远近作二首》："至正二十五年""乙巳"为同一年（1365），可见，
雅集活动一直延续到元灭亡。宋濂《见山楼记》有"夫自辛卯兵兴，阎庐所在，
往往荡为灰烬，狐狸昼舞，鬼磷宵发，悲风倏然袭人，君子每为之永慨。……仲
远之去乱离仅三四载尔，乃能抗志物表，修厥故事如承平时。此无他，皇化神

————————
① 宋濂《宋濂全集》第 3 册《宋学士文集（二）》，浙江古籍出版社 2014 年，第 712—713 页。

速有非前代所可及,雍熙之治将见覃及于海内,是楼之作,其殆兆之先见者欤!"①元至正以后朝廷政治更加黑暗腐败,民族矛盾日趋尖锐,反元暴动此起彼伏,军阀割据,兵火四起,绍兴之东台州诸郡被方国珍所控制,绍兴之西及苏杭之诸郡由张士诚盘踞,绍兴路所属各县仍为元统治。"辛卯"即至正十一年(1351),白莲教领袖韩山童与刘福通起义,浙东境内方国珍早在至正八年(1348)十一月在台州起事,占领海道,侵扰浙东,江浙行省参政朵儿只班率兵讨伐,兵败被浮,方国珍胁迫其上书朝廷请求招降,朝廷降旨准行,授方国珍为定海尉。至正十年(1350)十二月方国珍复叛入海,攻掠温州。至正十一年,江浙行省左丞相孛罗帖木儿、浙东帅泰不华分两路下海剿捕方国珍,六月孛罗帖木儿和郝万户遭到方国珍的伏击,兵败被俘。郝万户乃第二皇后奇氏眼前的红人,为了遮掩自己兵败被俘的丑行,在顺帝和奇后面前为方国珍说好话,于是乃重新招谕方国珍。至正十二年(1352)三月,方国珍复叛入海,占据台州,浙东帅泰不华奉命讨伐,兵败战死。在至正年间的二十几年中绍兴路政局相对稳定,除于至正十九年(1359)正月,明军胡大海攻打绍兴,守护城池的是原张士诚将领投诚元廷的吕珍,双方对峙三个月时间,最终以明军粮食乏绝而退兵。元廷对方国珍的几次围剿多数发生在海上,绍兴路几乎没有受到大的战事滋扰,直到至正二十六年(1366)元王朝覆灭前两年,才归属明军。在此期间,大都元廷由于江南割据势力的强大,粮道经常受堵,从而造成大都粮荒的恐慌,无暇顾及绍兴路这样的江南小城。杨镰认为绍兴、余姚、上虞一带在元末成为元朝的"飞地"是有一定道理的。②正因为绍兴路成为乱世中的暂时安稳的"飞地",文士们才纷纷避乱绍兴,他们既不愿出仕元朝,也不想依附军阀,只愿以隐士身份生活。为此才得以形成至正年间上虞魏仲远夏盖山雅集与结社,至正二十年(1360)刘仁本主持的余姚秘图湖畔的"续兰亭会",因而成就了绍兴在元末江南地域引人注目的文化地位。

上虞夏盖湖一带是否遭遇战火,《上虞县志》不见记载,宋濂也未与魏仲远交游,仅闻之于好友丹崖(唐肃)先生云。且《记》中有"自非真人龙兴拨世乱而

---

① 宋濂《宋濂全集》,浙江古籍出版社 2014 年,第 713 页。

② 杨镰《元代文学编年史》,山西教育出版社 2005 年,第 536 页。

反之正,含齿戴发之氓孰不在枯鱼之肆哉!""今仲运得雍容于观眺之际,亦曰帝力难名,而吾民恒获遂其生"之语,可见此记应写于洪武二年(1369)二月开局修《元史》,唐肃、朱右亦预纂修官之后。

（三）参与雅集与结社的文士

据雍正《浙江通志》载:"上虞魏氏《敦交集》一册,魏仲远辑。"朱彝尊跋云:"《敦交集》一册,上虞魏仲远录其友酬和之诗也。作者二十四人,诗七十六首,其末宜有仲远题识。"对照乾隆《绍兴府志·儒林传》载"魏仲远"条下所列参与雅集与结社人员,明显分为两批。

第一批为当时名声较显者,如李孝光、潘纯、王冕、高明、朱右、唐肃等。

李孝光(1285—1350),字季和,名孝光,号玉峰、乐清人。至正七年(1347)应诏入京,官至文林秘书丞,至京途中顺道参与雅集活动,写有《宿魏仲远宅》诗,诗云:

> 每忆君家好兄弟,轻舟远出践深期。
> 春风吹雨曹娥渡,夕照满山虞舜祠。
> 即问寒暄如梦寐,各言加饭慰相思。
> 重来应记呼灯处,夏盖山前月上迟。

潘纯(1292—?),字子素,安徽合肥人。少好学,壮游京师,名公卿争相延揽之,工诗,喜谈笑以讽当世。至正十二年(1352)移家绍兴,行台大夫奉为上客,后为行台御史大夫纳麟子安安所杀。曾为魏仲远延揽唱和,写有《秋日与仲远昆季饮,有怀李季和先生》诗,诗云:

> 涵晖轩下重经过,爱客情怀久更多。
> 晴日上帘分竹色,晚风移席近鸥波。
> 相看把酒贤兄弟,却忆题诗老季和。
> 头白校书无禄阁,无由共饮恨如何?

王冕(1287—1359),字元章,别号煮石山农,诸暨人。幼年家贫,牧牛自学,后屡试进士不第,焚所为文,归隐九里山。尝赴魏仲远宅唱和,有《乙未春访仲远,宿寄傲轩,观李作,遂赋长句》《题魏仲远筠深轩》等诗,现录前首诗:

花竹参差荫石苔，幽居却似小蓬莱。

山光入座青云动，水色摇天白雨开。

得兴不妨闲觅句，忘机尽自可衔杯。

主人爱客能潇洒，许我携琴日日来。

高明（1306—1359），字则诚，号东嘉，瑞安人。青年时师从黄溍，与黄门刘基、陈基、宋濂交游，至正五年（1345）中进士，授处州录事，历任江浙行省掾，浙东帅府泰不华幕府参军、江南行台掾等职，因反对招降方国珍而辞官。至正十七年（1357）除福建行省都事，道经庆元为方国珍阻拦，强留幕下，力辞不从。二月作客上虞，写有《丁酉二月二日访仲仁、仲远、仲刚贤昆季，别后赋诗以谢》，此年夏，又作《子素先生客夏盖湖上，欲往见而未能，因赋诗用简仲远徵君，同发一笑》。现录后诗如下：

夏盖山前湖水平，杨梅欲熟雨冥冥。

吴门乱后逢梅福，辽海来时识管宁。

野雾连村迷豹隐，江风吹浪送鱼腥。

伯阳旧有《参同契》，好共云孙讲《易经》。

朱右（1314—1376），字国贤，自号邹阳子，临海人。元至正年间累举不第，后教习萧山、慈溪，因家上虞五夫，遂与魏氏兄弟交游。洪武三年（1370）由宋濂荐修《元史》，除翰林院编修，相府长史，著有《白云稿》，其参与唱和诗有《访竹深贤昆玉，观与五云拙守诸君唱和诗因次韵》《竹深宴客于寿乐堂即席赋诗一章》《席上次玉交山韵》《与竹深君同舟过姚江，秋雨应侯，凉气袭人，陪隐拙守斋，醉余而还，明日竹深以二诗来寄，因次韵以答》《新居既成，重辱竹深、识趣二先生下访，就用见贻之韵以答来意》《次韵奉谢，竹深契兄》《客临濠奉寄竹深隐君》《寄简棣萼桥梓诸亲友，兼汉章征君》等诗。其与魏仲远唱和最多，来往密切。

唐肃（1331—1374），字处敬，号丹崖，山阴人。少与上虞谢肃齐名，人称"会稽二肃"。元至正二十二年（1362）举人，授杭州黄冈书院山长，迁嘉兴路儒学正，洪武三年（1370）召修礼乐，授翰林文字兼国史馆编修，洪武六年（1373）以疾失朝，谪佃濠州。工诗善画，通历法、医术、数学，著有《丹崖集》。有《七月

廿日翰林东署有怀竹深、商隐兼简上虞诸故人》《上虞魏氏尚古亭》等诗,现录后诗:

> 兰凤山中两枢土,云是唐朝九弟墓。
>
> 唐朝九弟郑公孙,远自钜鹿来兹所。
>
> 福州文学文章家,石首大夫民父母。
>
> 短碑三尺犹可读,剥落龟跌卧榛莽。
>
> 有孙有孙心独苦,来拜松楸泪如雨。
>
> 藤蔓苔荒五百年,上世遗余此其古。
>
> 福祈山连下盖湖,辇载两石归吾庐。
>
> 正怜斯文纪先德,不但铁画银钩书。
>
> 贤孙有子复好德,重作兹亭覆此石。
>
> 当时吊者复有碑,李公文章秦公笔。
>
> 吾来正值兵革余,荒村废城狐兔迹。
>
> 岿然独映马鬣封,乔木垂荫一千尺。
>
> 不见他家冢累累,亦有圭首蟠蛟螭。
>
> 只今断裂半为础,敲火不禁刍茇儿。

赵俶(1294—1375),字本叔,山阴人。元元统三年(1335)进士,后归里。洪武六年(1373)授太常博士、翰林待制,不久乞归。善诗文,有《奉和入邑感怀三首》《仲远隐君自钱唐道过学诗斋信宿而别,见示客中佳章五首,因和韵以答枉教之意》等,此录《次韵余姚客中》诗如下:

> 有客远游寻十洲,尤泉山前移采舟。
>
> 长江回潮向东去,高城日落令人愁。
>
> 青春看花莫谩过,锦囊题诗那得休。
>
> 船头放歌醒复醉,也知此老足风流。

郑彝(1271—1367),字元秉,余姚人。以孝友与文学教授称于当时,又擅作兰蕙画,人争购之。有《乙巳春三月八日和仲远近作二首》诗。

宋禧,字无逸,号庸庵,余姚人。少好学,不远千里从师。至正十年(1350)中浙江乙榜,授繁昌教谕,在职十九日即弃归,归后以授徒自给,暇则赋诗酬

唱。洪武二年(1369)召修《元史》,事成不受职。著有《庸庵集》,有《奉寄仲远、仲刚、汉章贤主宾》诗云:

> 贫病交攻一布衣,寸心长望太平时。
>
> 杜陵百日苦寒热,唐室几年忧乱离。
>
> 枕上难听长夜雨,灯前为赋古人诗。
>
> 更看冬至阳生后,南浦梅花好寄谁。

戴良(1317—1383),字叔能,号九灵山人,婺州浦江人。少年时受业于柳贯,从游于黄溍、吴莱,善诗文,旁及天文地理、医卜佛老之学。元末荐授淮南江北等处行中书省儒学提举,依附张士诚。洪武六年(1373)南还,变姓名隐居四明山,十五年(1382)被征入京都,欲授官职,戴以老疾坚辞,朱元璋大怒,羁留不释,次年四月卒于京师,著有《九灵山房集》。

李延兴,字继本,号一山,北平人,生卒年不详。少以诗名,至正进士,授太常奉礼,兼翰林院检讨。值元末之乱,隐居不仕。著有《一山文集》。

凌彦翀,名云翰,以字行,号拓轩,仁和县人。至正十九年(1369)以《周易经》登浙江榜,荐授平江路学正,不赴。才高学博,善诗工词。

魏仲远与上述文士雅集交游,大大拓展了他在江、浙文士的社交圈,也让他明白了获得这一社交圈的重要性,为他遍交浙江境内如钱塘、台州等地的朋友提供了条件,从而扩展了影响,也拓展并提高了本邑文士的眼界和诗才。

第二批是名声不显的本地及邻县文士。

严宗正,名贞,上虞人,生平不详,写有《和拙守王先生竹深轩赏杏花诗韵呈上尊春叔》七律诗一首。

魏仲刚,名弜,仲远弟,上虞人,生平不详。写有《奉和竹深兄长入邑感怀诗韵》《敬和幽居长律》《用湖上采莲诗韵》《奉和冬夜偶成高韵二首》《谨和夜雨无寐之作》等诗。

徐用章,名以文,上虞人,生平不详。光绪《上虞县志》卷七《人物》有:"徐继文,字彦章,至治三年(1323)任鄞县教谕天性粹如,志趣杰傥,每以作成人才为己任,凡秀民髦士必以礼下之。"堂弟徐昭文,字季章,家世业儒,试艺不售,杜门力学,后应荐为吴淞教谕。徐惟章,名则文,上虞人,生平不详,疑为徐用章兄弟辈,有《奉答尊舅见示高作》。《光绪志》案:徐以文用章、则文惟章想皆能文士,亦当是昭文、以文昆季行。用章写有《奉次舅氏暮春过余姚诗韵》《用湖上燕集韵》两首七律诗,可见系魏仲远外甥辈。

俞时中,名恒,上虞人,生平不详。有《敬和竹深庚兄雨中感怀诗韵》。

于焕卿,名德文,上虞人,生平不详。有《奉简仲远隐君》七律诗。

徐仁初,名士原,上虞人,生平不详。有《奉和竹深亲长暮春过余姚诗韵》《谨次见示高韵》。此外尚有邻县的文士:

陈白云,名敬,山阴人,生平不详。有《次韵竹深隐君入邑感怀》《次韵暮春即事》诗。

张九思,名克问,余姚人,生平不详。有《姚江对月有怀仲远征君》《奉次出邑感怀诗韵》《王五云宿识趣斋值连雨暴涨,竹深有诗予以次韵》等诗。

徐存敬,名本诚,余姚人,生平不详。有《谨和竹深舅氏诗韵》《用冬夜书怀韵》两首。系魏仲远外甥辈。

王公至,名璠,剡县人。乾隆《绍兴府志》卷十七《方伎》称其"操行端悫,能诗文,且工篆楷"。写有《次韵竹深征士感怀二首》《次韵竹深隐君韵》《至正二十五年季夏望日燕寿乐堂分韵得高字》《王五云宿识趣轩值连雨暴涨,竹深赋诗,余亦次韵》《朱云巢访竹深隐君,座上有诗,余因次韵》等诗。

陈仲嘉,名谟,会稽人,生平不详。有《和李五峰先生韵》诗。

陈起章,名士奎,诸暨人,生平不详。有《奉次仲远丙戌新正之作》诗。

陈君从,名廷吉,天台人,生平不详。有《客上虞奉寄竹深贤契》诗。

毛翰,字仪仲,天台人,生平不详。有《春日有怀仲远征士赋诗二首》。

陆德明,名景龙,钱塘人,一说台州人。以诗人流寓于鄞,生平不详。有《寄上竹深契家以寓怀耿之情》《过伏龙山访诸故旧,诗呈竹深老友》《酒边话旧,情契绸缪,见教二诗,词意深至,辄步来韵以呈》《至正庚子三月十七日,魏处士昆季邀予游夏盖湖憩福源精舍,胥会者九人,各赋诗一章》等多首诗作,可见与魏仲远交谊深厚。

沈亨道,名惠心,钱塘人,生平不详。有《奉次竹深先生感怀诗韵》诗。

释宗泐,生平不详。有《短歌寄魏仲远》七古一首。

《敦交集》未录却与魏仲远酬唱的,还有陈樵。陈樵,字居采,自号鹿皮子,东阳人。介特自守,隐居园谷,屡荐不出,专意著述,与黄溍等以文章相砥砺,所作古赋落落有奇气,诗则古体五言胜七言,近体七言胜五言。有《上虞魏氏湖上精舍图》七律二首。

（四）雅集和结社成果《敦交集》的评价

朱彝尊《敦交集序》载:"右《敦交集》一册,上虞魏仲远录其友酬和之诗也。作者二十四人,诗七十六首。"细观诗集,其实有作者 30 人,诗 80 首。不知为什么,作为雅集的主人魏仲远,却不将自己的诗作辑录在内,以致无法像了解"玉山雅集"主人顾瑛和"续兰亭会"的主持人刘仁本那样,了解魏仲远的生平经历和诗作成就,这不能不说是个遗憾。

现从《敦交集》辑录的 30 人和 80 首诗作观察:其赋咏形式和众多的文人雅集一样,有唱和、分韵赋诗、分题赋诗三种。其中唱和出现的频率最高,如陈士奎的《奉次仲远丙戌新正之作》、陈谟的《和李五峰先生韵》、王公至的《次韵竹深征士感怀三首》等;其次是分韵赋诗,如李孝光《宿魏仲远宅》、潘纯《秋日与仲远昆季饮,有怀李季和先生》、陆景龙《至正庚子三月七日魏处士昆季邀予游夏盖湖,憩福源精舍,胥会者九人各赋诗一章》等;也有分题赋诗,如王公至的《至正二十五年季夏望日蒸寿乐堂分韵得高字》等。从体裁看,有五古 6 首、七古 4 首、五律 5 首、七绝 1 首,其余皆为七律。题材与文人雅集的诗歌创作一样,存在题材范围相对狭窄局限的弊病,歌咏的内容无非是山光水色、花月诗酒、宴集风雅等等。其诗作最为常见者,莫过于对雅集本身的夏盖山、夏盖湖风物的赞美,对雅集主人魏仲远昆季及其对朋友间情谊的珍视,还有欢会难得的欣喜与怀念。如潘纯《秋日与仲远昆季饮,有怀李季和先生》诗云:

> 涵晖轩下重经过,爱客情怀久更多。
>
> 晴日上帘分竹色,晚风移席近鸥波。
>
> 相爱把酒贤兄弟,却忆题诗老季和。
>
> 头白校书天禄阁,无由共饮恨如何?

此诗内涵十分丰富,描写了"涵晖轩"下的"竹色""鸥波"的美好景色,又赞扬了雅集主人魏仲远昆季热情招待的友情,抒发了只见李孝光的题诗,而不见其人共饮的感慨。又如至正十七年(1367)二月,高明受邀参与雅集,作《丁酉二月二

日访仲仁、仲远、仲刚贤昆季,别后赋诗以谢》云:

> 隐君家住越江边,烟雨江村绕舜田。
>
> 玉树郎君宜彩服,紫荆兄弟正青年。
>
> 山云晓暗读书屋,湖水春明载酒船。
>
> 何日重来伏龙下,《参同契》里问神仙。①

据《列女传》载老莱子侍亲最孝,行年七十犹穿五彩衣,学婴儿啼叫以娱亲。南朝吴均《续齐谐记》小说集中说,有田真兄弟三人共议分财,堂前有棵紫荆树,也将分成三份。但第二日准备砍伐时,紫荆树突然枯死,就像大火烧过一样。田真见而大惊,对诸弟说:"树木同根,听说将分开,也憔悴而死,难道人不如树吗?"说完悲不自胜,不再砍树,紫荆又突然复活,更加郁郁葱葱。兄弟为之感动,不再分家。高明在颔联中运用斑衣娱亲和紫荆复生两个典故,赞扬魏氏兄弟的孝悌,又在尾联表达了对隐逸生活的向往之情。其中也有对天灾(旱灾)和人祸(战乱)的怨恨;如赵偘《奉和入邑感怀三首》其二云:"十载兵戈四海疲,可堪旱虐值时危。""卒岁秋成还可望,四郊兵后更堪悲。"其三云:"干戈满地无多屋,鼓角连山十万营。六月黍苗忧旱叹,新凉草树起秋声。"也有对战乱造成人民死亡,城市、乡村萧条寂寞的谴责,如魏仲刚《奉和竹深兄长入邑感怀诗韵》之二:

> 江流一带分吴越,人迹稀疏世事危。
>
> 月照孤城伤白骨,马嘶芳草识青丝。
>
> 山川寂寞星河近,关塞萧条鼓角悲。
>
> 扰扰甲兵何日息,莫云千里共相思。

也有对隐居留恋山色无奈的感叹,如魏仲刚《谨和夜雨无寐之作》:"隐居自可逃名节,行乐何妨恋物华。"

参与上虞夏盖山雅集的文人中有些人与顾瑛玉山雅集、婺州作家群都有交往,如李孝光、高明、潘纯等。考察上虞夏盖山雅集的诗歌创作,有一个现象非常值得关注,它既有别于顾瑛"玉山雅集"漠视社会问题的存在,迷恋耳目声色,醉心于聚饮唱和,追求尚丽尚奇的诗歌风尚;也与婺州作家群"道貌岸然,洁身寡

---

① 高明《高则诚集》,张宪文、胡雪冈辑校,浙江古籍出版社1992年,第49页。

欲","更有热情和抱负",关注社会问题及个人操行节守的题材,大多写些温柔敦厚,合乎儒家诗教观念不同,它更多趋向于刘仁本"续兰亭会"文人的生活方式,政治倾向和创作风尚:反对军阀割据、战乱频兴,期望恢复原来的社会秩序,面对国家危乱、民生凋敝的局面深感忧虑,却又无法改变,因而甘愿隐居避世,从自然山水中探求一份淡定平静,显示出哀时伤世的诗风中以温柔敦厚为皈依的"雅正"风格。这与元末绍兴地区成为乱世中暂时安稳的"飞地"的社会环境有关,这是其一;其二,从参与魏仲远夏盖山雅集的组成人员看,少部分是诗名卓著的外域文士和本地的少数文士应邀,不定期参加雅集唱和,大部分是本邑和邻县名声不显的年青士人,这部分人结成诗社,定期集会唱和,他们又参与应邀而来的外域诗人的雅集活动,从中受到启迪,提高自己的诗歌创作水平。所以,它又兼有雅集与结社两种特点。

二、杨维桢与"西湖竹枝词""玉山雅集"及弟子间的雅集唱和

杨维桢是绍兴历史上继唐贺知章、宋陆游走出绍兴,与外域文士雅集唱和,且影响最大的人之一。杨维桢(1296—1370),字廉夫,号铁崖、铁笛道人,晚号东维子,绍兴路诸暨人。泰定四年(1327)进士,授天台县尹,因惩治地头蛇黠吏而被免官,后改绍兴钱清盐场司令,因盐场连续亏损而久不升调,接着父母相继去世,丁艰服丧,服除,却未能按例起用,在家闲居近十年。元顺帝至正初,朝廷纂修宋、辽、金三朝史,书成,杨维桢上《正统辩》千余言,修史总裁欧阳玄举荐,却长期沉抑下僚。在此期间寓居西湖,首创"竹枝词唱和"。至正八年(1348)徙居松江,参与昆山顾瑛"玉山雅集"。至正十年(1350),授杭州四务提举,迁居钱塘,转建德路推官,最终升为江西儒学提举,却时逢战乱,避兵富春山而未赴职。张士诚占据苏杭,他浪迹浙西山水间,时而参与玉山雅集,时而与弟子唱和,过着"风流浪子"的放荡生活。明洪武二年(1369)朱元璋召修礼乐书,书成,主动辞归,不久去世。著有《铁崖古乐府》《东维子文集》等。

(一)首创"西湖竹枝词"唱和

杨维桢的《西湖竹枝词》极负盛名,他在小序中说:"予闲居西湖者七八年,与茅山外史张贞居、苕溪郯九成辈为唱和交。水光山色,浸沉胸次,洗一时尊俎粉黛之习,于是乎有《竹枝》之声。好事者流布南北,名人韵士属和者

无虑百家。"杨维桢闲居西湖的七八年，指的是丁忧结束在钱塘的七八年。这七八年他的足迹遍布苏州、无锡、昆山、湖州、宜兴多地。由杨维桢发起的"西湖竹枝词"唱和，是元代后期一次规模空前的"同题集咏"活动，影响颇广。据明人和维《西湖竹枝词序》说："前元，杨维桢寓居湖上，日与郯韶辈流连诗酒，乃舍泛语为清唱，赋《西湖竹枝词》。一时从而和者数百家，虽妇人女子之作亦为收录。"①仅仅编入《西湖竹枝词集》就有虞伯生而下，凡122人。吴郡士26人，而昆山在列者11人。其间最有名者，时称"郭、陆、秦、袁"（郭翼、陆仁、秦约、袁华）。其中杨谁桢首创之作9首，其他诸人和诗，多者5首，少者1首。和诗者有诗坛泰斗，如"元诗四大家"的虞集，顾瑛父子，蒙古色目诗人同同、甘立等，有释子羽士，还有曹妙清等西湖女子，代表性相当广泛。在结集时杨维桢为这些诗人写了小传，作了评论。

杨维桢《西湖竹枝词》为上百人一和再和，成了经典之作。他共写了九首竹枝词，并非作于同一时间。他的第一首写道：

> 苏小门前花满株，苏公堤上女当炉。
>
> 南官北使须到此，江南西湖天下无。

第一首是为西湖风光张本，也是为西湖作竹枝词的开场白。在那时，西湖早已经是南方人、北方人（包括蒙古人、色目人和汉人）共同拥有的西湖。第四首是：

> 劝郎莫上南高峰，劝郎莫上北高峰。
>
> 南高峰云北高雨，云雨相催愁杀侬。

每个人心目中都有自己的西湖，西湖始终活在诗人的心目中。杨维桢的竹枝词歌语言浅显通俗，既具有西湖地域特色，又将历史人物与个人体验结合起来，蕴含深厚的历史文化内涵。在众多的和诗之中，李廷臣写道：

> 杨花飞尽荷花开，南人北人湖上来。
>
> 荡舟自唱黄陵曲，载得山头月子回。

---

① 《杨维桢诗集》，邹志方校点，浙江古籍出版社1994年，第500页。

西夏人完泽写道：

> 堤边三月柳荫荫，湖上春风似海深。
>
> 游人来往多如雨，半是南音半北音。

欧阳公瑾写道：

> 第一桥边第一家，瓜皮船子送琵琶。
>
> 妾身自是良家女，不是当年苏小家。

熊进德写道：

> 销金锅边玛瑙坡，争似侬家春最多。
>
> 蝴蝶满园飞不去，好花红到剪春罗。

钱塘女子曹妙清写道：

> 美人绝似董娇娆，家居南山第一桥。
>
> 不肯随人过湖去，月明夜夜自吹箫。

这确实是贴近西湖日常生活的诗，也是写给普通的"西湖人"和向往西湖的人读的诗。明人和维《西湖竹枝词序》评云："（西湖）山水之胜，人物之庶，风俗之富，时代之殊，一寓于词，各见其意。……板行海内，而竹枝之音过于瞿塘、东吴远矣。"[1]冯梦祯评云："吴越音妖冶浮艳，故其歌皆饶轻浅之味，而于情独深，如俗所传嘉兴歌出于妇人、儿子、船家、贩竖之口，而正使学者士大夫深思苦索或不能就，乃知情之所肖即为诗。西湖竹枝词，所谓肖之者也。"[2]这确是独具只眼的行家之言。杨镰也说："杨维桢和他的竹枝词，就是将诗从士大夫的书斋斗方，拉回到民间。虽然这是'仿帖'，是文人学着用'妇女、儿子、船家、贩竖之口'吟唱，但它的影响之大，这场将诗拉向下层的同题集咏，实际起到了扩大诗的影响的作用。"[3]曾莹在《文人雅集与诗歌风尚研究初探》中也说："铁崖诗派通过《西湖竹枝词》的唱和，又在元末诗坛形成了一股追逐清新质朴

---

① 《杨维桢诗集》附录《西湖竹枝词序》，邹志方校点，浙江古籍出版社 1994 年，第 500 页。

② 《杨维桢诗集》附录《西湖竹枝词序》，邹志方校点，浙江古籍出版社 1994 年，第 504 页。

③ 杨镰《元诗史》，人民文学出版社 2003 年。

风气的潮流,我们不妨称之为元末诗坛的'民歌风。'"①

(二)杨维桢参与昆山"玉山雅集"唱和

杨维桢与顾瑛之间可谓是意气相投,具有热衷纵情诗酒,放浪形骸的性格。杨维桢对于顾瑛的看重,称其"才性高旷,尤善小李诗及今乐府。海内文士乐与之交,推为片玉山人"②。顾瑛对于杨维桢的尊重,可以说到了超乎寻常的程度,"其首内交于余也,筑亭曰某亭,以尊余之所学也;设榻曰某榻,以殊余之所止也"③。在顾瑛宾客中得此殊遇的只有杨维桢一人而已。正是由于顾瑛这份超乎寻常的尊崇,真诚地喜爱,所以杨维桢从至正八年(1358)二月移居松江后,顾瑛的玉山雅集从至正八年二月开始到至正二十年(1360)的 13 年中,可靠的雅集聚会共有 75 次,杨维桢参加了近 20 次之多。

杨维桢不仅自己积极参与顾瑛玉山雅集的唱和,还热情引导他的门人,或者称为"铁崖诗派"的成员也参与玉山雅集的唱和。据黄仁生研究:所谓"铁崖诗派"就是以杨维桢为宗主的一个诗歌流派,这一诗派的主要风格是取向晚唐诗人李贺,以奇气淋漓为追求,同时与元末写作古乐府诗歌的热潮紧密结合在一起。作为铁崖诗派的主要成员的 30 人中,就有 18 人,如李孝光、张雨、顾瑛、郯韶、陈基、倪瓒、钱惟善、陆仁、张简、王逢、于立、郭翼、张宪、袁华、吕诚、杨基、释行方等。此外还有一批铁崖诗人,如卫仁近、马琬、卢熊、吕恒、吕恂、张守中、殷奎、冯潜、余善、吴毅、释照等。正是由于这一批铁崖诗派的诗人参与了玉山雅集,才撑起了玉山雅集唱和的天空。在这些人中有的与杨维桢深交并认同其诗歌主张,有的则是他的弟子,直接受到铁崖诗风影响。如以下几位。

李孝光(1285—1350),字季和,温州乐清人。元天历(1328—1330)以后杨维桢与李孝光相互唱和古乐府辞。杨维桢《潇湘集序》自述道:"余在吴下时,与永嘉李孝光论古人意,余曰:'梅一于酸,盐一于咸,饮食盐梅,两味常得于酸咸之外,此古诗人意也,后之得此意者,惟古乐府而已耳。'孝光以余言为韪,遂相与唱和古乐府辞。好事者传于海内,馆阁诸老以为李杨乐府出而后补元诗

---

① 曾莹《文人雅集与诗歌风尚研究初探》,广东高等教育出版社 2011 年,第 167 页。

② 杨维桢《杨维桢诗集》,邹志方点校,浙江古籍出版社 1994 年,第 537 页。

③ 杨维桢《玉山草堂雅集序》,见《全元文》第 41 册,凤凰出版社 2004 年,第 245 页。

之缺,泰定文风为之一变。"可见李孝光诗风与杨维桢为同一流派。

陈基(1314—1370),字敬初,号韦羌山人,临海人。从学于黄溍,后随之京师,授经筵检讨,后归寓于吴。明初预修《元史》,赐金而还,著有《夷白斋稿》。其诗受到杨维桢"铁崖体"诗风的深刻影响,特别爱写"咏史""古乐府"之类的诗作,其《乌衣啼引》《鸿雁篇》等几乎可以乱入《杨维桢诗集》。在玉山雅集写的诗篇,也是杨维桢一派的风格。

张宪(1311—1370),字思廉,号玉笥生,山阴(今浙江绍兴)人。少负才气,走游四方。平生不置产业,年逾四十而犹独居。有兼济天下的远大抱负,但身处乱世,难以施展才略。张士诚占据吴中,辟为枢密院都事,张士诚败后,张宪变姓名混迹僧人中,寓居杭州报国寺而终。曾从杨维桢作诗,是"铁崖体"忠实追随者。杨维桢赞扬说:"吾'铁门'称能诗,南北凡百余人,求其似张宪及吴下袁华辈者,不能十人。"著有《玉笥集》十卷,《元诗选》选其诗144首。

袁华(1316—?),字子英,昆山人。少颖悟,从杨维桢学,工诗,尤长乐府,亦善品题书画。明初为苏州府学训导,因儿子为县史获罪,坐徙南京而卒。有《耕学斋诗集》十二卷,为杨维桢删定为《可传集》一卷,并序其集曰:"吾铁门称能诗者,南北凡百余人,求如山阴张宪及袁华辈者不能十人。"

于立,字彦成,号虚白子,南康庐山人。因其学道会稽山中,故有"会稽外史"之称。以诗酒放浪江湖,杨维桢曾于《西湖竹枝集》中称其诗"如行云流水,无所凝滞,游方之外者也"。与顾瑛交好,常参与玉山雅集。

卫仁近,字叔刚,华亭人。从杨维桢游,好学善文,不求仕进。《玉山名胜集》有其诗。

马琬,一作马璧,字文璧。江宁人。从杨维桢授春秋学,善画人物,工诗书画,时号三绝。

张简,字仲简,号云丘道人,吴郡人。初师张雨为道士,后以母老归养返儒服。其诗淡雅,深得杨铁崖之风格。

吕恂,字德厚,恒弟,自号铁冠生,华亭人。从杨维桢学春秋,辟海盐州判。与顾瑛交好。

殷奎,字孝章,号强斋,昆山人。从杨维桢学《春秋》,笃志儒学。洪武初除咸阳教谕,著有《强斋集》。

吴毅,字近仁,浙江富阳人。父吴复为杨维桢弟子。与杨维桢、顾瑛等人联句唱和。

余善,字复初,昆山清真观道士,为杨维桢弟子,与顾瑛亦有交往。

杨基(1326—1378),字孟载,号眉庵,先世为蜀嘉州人,生于吴中,少有诗名,为杨维桢门人,效铁崖体赋《铁笛歌》,杨维桢称:"不惟为作《铁笛歌》,尤切效老铁体。"时有"老杨少杨"之称。元末为张士诚辟为丞相府记室,不久辞去。明初被迁置临濠,授荥阳知县、山西按察使,后因谗夺职,服劳役于役所。有《眉庵集》,与高启、张羽、徐贲称为"吴中四杰"。

至正八年(1348)正月廿二日杨维桢与顾瑛、郯九成、徐师颜宴姑苏路义道舍,以诗咏妓,《铁崖逸编注》卷七《琼花珠月二名妓》序曰:"春正月,廿有二日,偕昆山顾仲瑛、郯九成、大梁徐师颜燕于吴城路义道家,佐酒者六姝,皆苏台之选。内有琼花与珠月者,选中之绝也。……琼花者捧砚,请余题首。"顾瑛《玉山逸稿》载《路义道席上同杨铁崖作》诗。二月十二日顾瑛买船,邀杨维桢、张渥、于立诸人游虎丘。杨维桢赋《泊山塘桥》诗曰:

> 百华楼船高八柱,主人春游约春渚。
>
> 山塘桥下风兼雨,正值灌坛西海妇。
>
> 桃花弄口小蛮娘,腰身杨柳随风扬。
>
> 翡翠屏深未肯出,蹋歌直待踏春阳。
>
> 喜闻晴语声谷谷,明朝豫作《花游曲》。
>
> 小蛮约伴合吹笙,解调江南有于鹄。

并邀请诸公和之。于立、张渥皆有和诗。十九日顾瑛书招杨维桢诸人,次日杨维桢与郯九成同舟赴昆山,舟中联句,顾瑛待杨维桢以贵宾礼。《玉山逸稿·昆山联句》载杨维桢序云:"至正八年春二月十又九日,昆山顾君仲瑛以书来招致。予明日即顾君所……"《铁崖逸稿》卷七《同郯九成过玉山,舟中联句》诗云:

> 城角初升旭日遑,舵楼东向起遐瞻。鳌头直下痴云暗(杨),鹢尾徐开波浪恬。野色微明金水曲(郯),清江隐见玉山尖。雨收暮燕檐牙起(杨),风飐樯乌帆腹添。波影白翻鸥个个(郯),烧痕青出麦纤纤。弋来野鹜毛

金蚴(杨),笋得冰鱼口尚唅。解箨上萌莲荙苦(郯),泼醅新盎蜜脾甜。避船好鸟机先识(杨),入座江花手自拈。未必江山惟有客(郯),也知吏隐许吾兼。桃花不隔仙源路,诗就宁辞晷刻淹(杨)。

张渥作《桃源雅集图》,杨维桢题诗并跋,《游志续编》载杨维桢《桃源雅集图志》:"右《桃源雅集图》一卷,淮海张渥用李龙眠白描体之所作也。桃源主人为昆山顾德辉氏……故至正戊子二月十有九日之会为诸集之冠。主客凡十人,从者十三人,妓奴四人。衣紫绮坐案而探卷者,铁笛道人会稽杨维桢也。"

二十一日偕顾瑛、姚文涣、张渥、郯韶、于立共六人游山。首唱《玉峰诗》,余者和之,又相与联句。《玉山逸稿》卷三《游昆山联句》杨维桢序云:"至正八年春二月十有九日,昆山顾君仲瑛以书来招致,予明日即顾君所。又明日,命百花舫集宾客,自予而次凡六人……予遂书《玉峰诗》……诸客各和诗。又复联句,用'江'字窄韵,推予首倡,诸客以次分韵……顾君录诗,请序,且将刻石壁左方……客曰:京兆姚文涣、淮海张渥、吴兴郯韶、匡庐于立,会稽杨维桢也。"

二十五日李孝光至昆山,张雨亦至,杨维桢与袁华、郭翼共宴昌诚舍。李孝光应召赴京,杨维桢作《送李玉峰先生召著作》诗赠行,又写《碧桃溪诗送句曲张先生东归》诗送张雨。

三月三日与顾瑛饮于书画舫,相与联句。杨维桢乘兴奏笛写诗云:"人生嘉会不有述,何异市中群聚蚊。"寻还姑苏。十日又与顾瑛、张雨游石湖诸山,各以诗咏妓。杨维桢作《花游曲》,前有序云:"至正戊子三月十日,偕茅山贞居老仙、玉山才子烟雨中游石湖诸山。老仙为妓者琼英赋《点绛唇》词。已而午霁,登湖上山,歇宝积寺行禅师西轩。老仙题名轩之壁,琼英折碧桃花。下山,予为琼英赋《花游曲》,而玉山和之。"诗云:

　　　三月十日春濛濛,满江花雨湿东风。

　　　美人盈盈烟雨里,唱彻湖烟与湖水。

　　　水天虹女忽当门,午光穿漏海霞裙。

　　　美人凌空蹑飞步,步上山头小真墓。

　　　华阳老仙海上来,五湖吐纳掌中杯。

　　宝山枯禅开茗碗，木鲸吼罢催花板。

　　老仙醉笔石栏西，一片飞花落粉题。

　　蓬莱宫中花报使，花信明朝二十四。

　　老仙更试蜀麻笺，写尽春愁子夜篇。

　　顾瑛、郭翼、袁华、陆仁、马麟、秦约、于立皆有和诗。又与顾瑛、倪瓒、张简游虎丘，各赋诗唱和。倪瓒赠以筝，杨维桢赋诗答谢。

　　六月一日顾瑛作诗招杨维桢，时杨客寓昆山，作《玉山以诗相招，用韵奉答》。四日与姚子章、马公振、陆良贵、袁子英诸人于东沧诗酒唱和。二十四日至昆山，与高智、于立、张师贤、袁华、陆仁宴集顾瑛浣华馆，联句，杨维桢作序。

　　七月顾瑛大兴土木，筑山穿池，修建园林亭馆。杨维桢编辑前几年各地诗家关于《西湖竹枝》词的唱和诗篇，凡百余篇，名为《西湖竹枝集》，撰序书于玉山草堂，顾瑛为之刊刻。

　　八月一日为顾瑛撰《玉山佳处记》，赋写景、题画诗多首：《玉山草堂诗》《小游仙四章》《湖光山色楼》《湖光山色楼口占》《玉山斋中题》《丽人行》《内人琴阮图》《内人吹笛图》《内人剖瓜图》等。

　　九月游虎丘，与张雨、郑元祐、倪瓒、陆谦诸人追和东坡留题石壁诗韵。这一年参与玉山雅集最多。

　　至正九年（1349）九月二十五日，杨维桢为顾瑛撰写《碧梧翠竹堂记》《小桃源记》《书画舫记》等。

　　至正十年（1350）十二月一日上任杭州四务提举，经昆山，与顾瑛、于立、曹新民聚饮唱和，用"对酒当歌"分韵，杨维桢作《芝云堂分韵得对字》，诗云："穷冬积繁阴，快雨不破块。问途玉山下，系船桃花汇。主人闻客来，把酒欣相徕。窈宨双歌声，婵娟两眉黛。谈笑方云云，妍媸各成态。忆昔献策时，目炯重瞳对。下马宴琼林，宫花出西内。俯仰三十年，同袍几人在？明当理舟行，天远征鸿背。那能事烦剧？晓出星犹戴。行当谢冠冕，归荷山阳来。"该诗抒发了满腹牢骚却又不得不赴任的复杂情怀，又为顾瑛作《雪巢记》。

　　至正十一年（1351）五月廿八日，顾瑛具牲酒，杨维桢、葛元哲、张渥、顾佐、冯郁等于西湖致祭张雨墓下，杨维桢作《悼句曲外史》，诗云：

> 黄篾楼头仙一去，明年黄篾扫狼峰。
>
> 不知天上修玄史，只讶山中伴赤松。
>
> 石室秘书愁摄电，星池遗剑已成龙。
>
> 思君不见夜开户，月在金钟玉几峰。

至正十四年（1354）春偶得苍玉箫一枚，字为玉鸾，以配铁笛，喜甚，作书顾瑛索赋《玉鸾谣》，邀顾瑛唱和，顾瑛为之赋《玉鸾谣》。

至正十九年（1359）十二月廿五日，淮南省郎中周义卿遣漕船送顾瑛至云间杨维桢在，遂与张灯开宴联句分题。

至正二十年（1360）九月九日，与顾瑛等聚饮谢伯理所，赋七律《咏菊》一首。

至正二十一年（1361）立秋日，赋诗二首：一寄顾瑛，一落寄琦元璞。

至正二十五年（1365）七月一日，杨维桢与顾瑛会于顾之金溪别业，相互赋诗唱和。

参与玉山雅集的绍兴籍文士除杨维桢外，还有韦珏，字德韦，号梅亭主人，山阴人，生卒年不详。早年工诗好游，知名于乡里，酷爱梅花，自署读书处为"梅雪窝"。至正二年（1342）应宪使李仲山之命作《梅花百咏》。至正五年（1345）十一月十四日杨维桢曾为其《梅花百咏》撰序，谓"观百咏之梅，不独逼其真，而又得其神，则虽单章只句足以流布人口，而况至于什百之多乎！"韦珏曾参与"西湖竹枝词"唱和，杨维桢《西湖竹枝集》谓其"西湖竹枝词二章，语意俱新，可称作者矣！"

王濡之，字德辅，山阴人，生卒年不详。曾参与顾瑛的玉山雅集，至正八年（1348）二月十九日参与玉山佳处唱和，淮海张渥《玉山雅集图》，曾录有其五言诗，诗云："雅道久寥落，驰骋争相先。襟期属幽旷，丘园乐无边。披图得良玩，燕集群才贤。……主人三绝俊，晋宵今犹传。胜事有如此，妙写呼龙眠。"至正九年（1349）中秋顾瑛于湖山楼张乐置酒招待吴兴沈明远，王濡之也在列，席间，以"银汉无声转玉盘"分韵赋诗，王濡之得"汉"字，赋五言古诗一首。至正十一年（1351）八月廿四日游锡山登惠山，赋七律三首，其一云：

> 玉箫桥上听余音，夜月长淮动客心。
>
> 杜牧风流俄返斾，汤休寂寞自高吟。
>
> 石门云冷龙藏钵，蕙帐霜清鹤在林。
>
> 且盍逃禅共樽酒，玉山池馆尚梧阴。①

杨维桢除常赴顾瑛玉山雅集外，还经常带领门下弟子雅集唱和：至正九年（1349）五月廿日率诸生郑华卿、施彦昭、赵彦良、冯渊如、吕希颜、萧阜、韩旬之、宇文叔方、柳仲絜等，访横溪朱焕章，又过泖环，饮清晖堂。杨维桢为首唱，率坐客各和之。

至正十年（1350）四月四日，率门下弟子袁景文、程冲宵等出游，有诗唱和。《铁崖逸编》卷七收录其《四月四日偕蜀郡袁景文、大梁程冲宵、益都张翔远、云间吕德厚、会稽胡时敏、汝南殷大章同游钱氏别墅，饮于菊亭僧舍，赋此于壁》。

杨维桢参与雅集的形式和众多的文人雅集一样，包括分韵赋诗、唱和、联句和同题集咏诸种常见的形式。玉山雅集的分韵诗通常不限体例，同一次分韵赋诗的场合，既有统一体例，也有各种诗体杂陈，如五古、七绝、五律、七律和五绝。分韵赋诗的韵脚平仄也无一定的限制，通常以全句分韵，不论平仄。唱和与联句在杨维桢参加的玉山雅集中也有一定的篇幅。联句不拘人数的多少，也不限形式，杨维桢参与玉山雅集中出现的联句诗歌有五言排律、七言排律，有时唱和与联句兼而有之。此外，杨维桢常用同题集咏的模式，如在西湖期间的《西湖竹枝词》唱和以及其率领门下弟子外出游宴皆常使用这一形式。同题集咏围绕同一个题目展开题咏，它与唱和相似，却也有不同：唱和对于诗歌的韵脚和体裁都要有一定要求，而同题集咏则在韵部、体式上没有这些要求，只要求是同一题目的歌咏。杨镰在《元诗史》中曾说："在元代'同题集咏'是诗坛的一个推动力。……它是元诗史的特点，也是元诗的组成部分。"②

三、刘仁本与"续兰亭会"

元至正二十年（1360）三月三日，曾任温州路总管江浙行省左司郎中的刘

---

① 顾瑛辑《玉山名胜集》，杨镰、叶爱欣编校，中华书局 2008 年，第 505 页。

② 杨镰《元诗诗》，人民文学出版社 2003 年，第 624 页。

仁本,担任割据浙江投降元廷的方国珍幕府主管海运之事,于绍兴路所属的余姚州州署龙山左麓的秘图湖上,特意建造了一座"雩咏亭",召集并主持了瓯越名士42人参加的规模盛大的曲水流觞、修禊赋诗的"续兰亭诗会"。杨镰在《元诗史》中认为,这是"元末战乱中影响颇大的一次诗人聚会,也是诗人表示仍然存在的行为艺术"。

这次诗会举办时,距元朝灭亡仅剩8年,时局混乱,战火四起,江南地域处于浙江方国珍、江苏的张士诚、安徽的朱元璋等起义或割据势力如火如荼状况。至正十九年(1359),在浙江绍兴就发生元军与明军的一场大战,时任守护绍兴城池的是投降元廷的张士诚手下将领吕珍,与明军大将胡大海之间一场攻防之战,两军对峙3个月,最后以胡大海的明军因为粮草困乏而退兵。吕胡战后,绍兴一直比较安定,直到至正二十六年(1366),吕珍与明军大帅徐达湖州之战后才归属明军。在这段时间里大都朝廷由于江南割据势力的强大,粮道经常受堵,从而造成大都粮食恐慌,无暇顾及远在江南的绍兴小城。杨镰认为绍兴余姚一带在元末竟成为元朝的一块"飞地"。正由于绍兴成为乱世中暂时安稳的"飞地",文士们才纷纷避乱绍兴,得以形成当时规模盛大的"续兰亭会"雅集,使绍兴在元末江南地域成为引人注目的城市。

"续兰亭会"与会者42人,今姓名者已不能悉知。从清吴增高《兰亭志》看,有刘仁本(1308—1368),字德玄,号羽亭,天台(今黄岩)人。元末进士,历官温州路总管,元顺帝至正十九年(1359)任江浙行省左右司郎中。方国珍占据温台,从海路为元朝运粮,刘仁本加入方国珍幕府主持其事。至正二十年(1360)春天,刘仁本治师绍兴之余姚,为纪念王羲之的兰亭雅集,特意在余姚州治建造"雩咏亭",并于三月三日在当地举行曲水流觞、修禊赋诗的"续兰亭会",参加者大都是瓯越之地知名诗人。以东晋《兰亭会图》为例,为原来没有写出诗作的人一律补齐。刘仁本写了《续兰亭会·补参军刘密》二首,一为四言,一为五言,并亲自写了《续兰亭诗序》。至正二十七年(1367)十二月,朱元璋部将朱亮祖攻占温州,刘仁本被擒,次年三月被鞭背,溃烂而死。有《羽亭集》传世。

朱右(1314—1376),字伯贤,自号邹阳子,临海人。元时历官慈溪教谕、萧山主簿,江浙行省照磨,至正二十年(1360)授江浙行省左右都事,转员外郎。洪武三年续修《元史》,史成,以病辞归。有《白云稿》五卷传世。"续兰亭会"上写有《续兰亭会补余姚令谢胜》二首,一为四言,一为五言。并作《上巳燕集补兰亭诗序》。

赵俶,字本初,山阴人。元末进士,洪武六年(1373)授国子博士,九年(1376)以翰林院待诏致仕。"续兰亭会"上写有《续兰亭会补参军孔盛诗》二首,一为四言,一为五言。

谢理,字号、生卒不详,南阳人。官都事。有《续兰亭补侍郎谢瑰二首》,一为四言,一为五言。

徐昭文,字季章,上虞人。从韩性读《尚书》,杜门为学,后辟为平江儒学学正,著《通鉴纲目考证》,朱右为之作《通鉴纲目考证序》,赞曰:"学者自是无缺略抵牾之患,徐君之用心可谓公且勤矣,使朱子复生必将有起予之叹。"写有《续兰亭会补府主簿后绵诗》二首,一为四言,一为五言。

诸炯,字号、生卒不详,至正二十年(1360)官萧山教谕。写有《续兰亭会补府曹劳夷诗》二首,一为四言,一为五言。

王霖,字叔雨,括苍人。官侍郎、江浙行省枢密院都事。元季战乱,与弟廉乐于上虞夏盖湖之胜而家焉。写有《续兰亭会补王献之诗》二首,一为四言,一为五言。

张溥,字号、生卒不详,余姚人。官嘉兴路经历,写有《续兰亭会补镇国大将军掾卞迪诗》二首,一为四言,一为五言。

郑彝,字符秉,别号小辉,又号密园隐者,余姚人。以文学教授称,有师法。著有《小辉集》十卷,工画兰竹青草,人争购之。写有《续兰亭会补山阴令虞国诗》二首,一为四言,一为五言。

释福报,字复添,临海人。住四明山智门寺,洪武初被召赐还。赋《续兰亭会补彭城曹諲诗》二首,一为四言,一为五言。

释如阜,字物元,余姚明真院僧。洪武初征至南京,卒于天界寺。刘仁本《送物元阜上人序》云:"至正二十二年春,江浙行省大丞相枢密院事橄旧住钱塘西林物元阜上人主越之圆通寺,时上人在灵源山中,适余过余姚,方外交朱景纯来征言曰:'余尝至正二十年夏督旅道,经真明寺访支许旧迹'。"即明真寺院离晋代支遁许询隐居之所不远。赋《续兰亭会补任城令吕本诗》二首,一为四言,一为五言。

释自悦,号白云,天台人。居余姚之烛溪。明洪武初征至南京赐归,住杭州灵隐寺。赋《续兰亭会补任城令吕系诗》二首,一为四言,一为五言。

刘仁本主持下的"续兰亭会"是一次继承东晋王羲之"兰亭会"遗绪的诗会,无论是从活动的形式、诗歌的内容、指导思想都具有很多的相似性。时间是"天气清淑,东风扇和,日景明丽,实三月吉也"①;地点是"相龙山之左麓州署之后山,得神禹秘图之处,水出岩罅,潴为方沼,疏为流泉,卉木丛茂,行列紫薇,间以篁竹,仿佛乎兰亭景状,因作雩咏亭以表之"②;人员结构是"合瓯越来会之士,或以官为居,或以兵而成,与夫避地而侨,暨方之外者,若把枢密都事谢理,元帅方水,邹阳朱右,天台僧白云以下得四十二人,同修禊事焉"③;活动形式是"浮羽觞于曲水,或饮或酢,或咏或歌,徜徉容与,咸适性情之正,而无舍己为人之意。乃按图取晋人所咏诗率两篇。若阙一而不足者,若二篇皆不就者,第各占其次补之。总若干首,目曰'续兰亭会'殊有得也"④。所写诗篇如刘仁本诗云:

> 阳春沐膏泽,草木生微暄。灵图发幽秘,感此禹迹存。衣冠继芳集,临流引清樽。性情聊自适,理乱复奚言。

僧福报《续兰亭会补彭城曹谭诗》其一五言诗曰:

> 柔条扇微风,轻波漾晴旭。群彦此委蛇,鸣条集中谷。列席依岩隈,飞觞随水曲。缅怀古先哲,庶以继逶躅。

这些诗篇皆描述他们沉浸于气清境秀、诗酒相尚的山水之乐中,将所处时代的风云变化、民生艰难困苦统统都抛弃于九霄云外,于此追求一份暂时恬淡安乐的精神境界。

刘仁本周围聚集着一批与他志趣相投的士人,其中就有贡师泰、危素、盛熙明、遁贤、金元素等一批名流;更多的是普通士流,如同宗的余姚刘彦方,也是"隐居自放"的人物,曾筑寄傲轩于龙泉山南,在轩边种植四时花草,置放琴

---

① 刘仁本《续兰亭诗序》,见《全元文》第60册,凤凰出版社2004年,第319页。
② 刘仁本《续兰亭诗序》,见《全元文》第60册,凤凰出版社2004年,第319页。
③ 刘仁本《续兰亭诗序》,见《全元文》第60册,凤凰出版社2004年,第320页。
④ 刘仁本《续兰亭诗序》,见《全元文》第60册,凤凰出版社2004年,第320页。

书醋茗之具，他也参加了"续兰亭会"；同乡秦思齐也崇尚自然，热爱山水，喜好吟咏；黄岩人王彦机，自名"松溪渔隐"，居处极为清幽、雅洁。此外还有一批生活于寺院中的喜欢吟诗作画的僧人。续兰亭会之前与会诸人就保持着密切联系，形成了一个较为稳定的文人群体。他们与元末很多士人一样，虽然身处急剧动荡的社会环境中，却仍然追求游山玩水、诗酒风流、恬淡自适的风尚，所以"续兰亭会"之类的雅集活动，其实是士人们的一种行为方式，它反映了元末东南士流，期望恢复和平安定生活的愿望。但由于他们依附的政治势力方国珍、张士诚先后失败，无论是上虞魏仲远的敦交雅集，还是杨维桢等人参与顾瑛的玉山雅集，刘仁本的"续兰亭会"雅集，这些士人群体迅速凋零衰败，直到明代中后期，思想控制与社会风尚相对宽松自由，追求个性风雅相尚的江浙文人才逐渐占据文坛的主导地位。

四、元至正年间杨维桢、唐肃参与嘉兴濮乐闲创立的聚桂文会

据杨维桢《东维子文集》卷六《聚桂文集序》记载："嘉禾濮君乐闲为聚桂文会于家塾，东南之士以文卷赴其会者凡五百余人，所取三十人。"朱彝尊《静志居诗话》卷二记载："唐肃，字处敬，会稽人。元末官嘉兴儒学正。……当元之际，浙西岁有诗社，而濮市濮仲温丰于资，集一时名士，为聚桂文会，以卷赴者五百人，请杨廉夫评其优劣。于是纪风土者曰为乐郊。"据何宗美《文人结社与明代文学的演进》认为：聚桂文会主要活动于元至正十年（1350）至十六年（1356）间，创立者为嘉兴濮乐闲，主社者实为杨维桢等人。结社性质与元初浦江吴渭的月泉吟社相同。其实，唐肃为嘉兴路儒学正是在至正二十二年（1362）之后，那么聚桂文会的活动当延至元至正二十二年之后。杨维桢于至元五年（1339）丁父忧还乡，至正初服阕至杭，却未能按常例被起用，自是不调诠者十年。遂浪迹钱塘、吴兴、姑苏、昆山、松江等地，以授徒为生。此时，从杨维桢受经学和古文的人很多。昆山的顾瑛、松江的吕辅之、曹云石，无锡的倪瓒等都是著名的富商兼文人，在他们周围聚集着不少作家和艺术家。他们一边经一营商业，一边从事文学艺术活动，松江的吕辅之曾举"应奎文会"，"走金帛聘四方能诗之士，请杨铁崖为主考、试笔，铁崖第甲乙。一时文士毕至，倾动三吴"。至正九年（1349）三月，杨维桢合家迁徙居松江，参与顾瑛玉山雅集活动。

唐肃(1331—1374),字处敬,自号丹霞,会稽人。通经史兼及阴阳、医卜书数。少与上虞谢肃齐名,人称"会稽二肃"。元至正二十二年(1362)以辞赋中浙江乡试,以道梗未赴京会试,滞留吴门与杨维桢游处,曾任嘉兴路儒学正,期间参与"聚桂文会"活动。至正二十六年(1366)冬以张士诚故官例遣至京。洪武二年(1369)召修乐书,擢应奉翰林文字,因疾失朝,谪还临濠,洪武十年卒,著有《丹崖集》。此外还参与了至正二十年(1360)嘉兴南湖诗会,据徐一夔《至正己亥兵后明年八月之望同守缪公招同诸彦集南湖即席分韵得久字》诗题,朱彝尊《静志居诗话》卷二"唐肃"条下:"及杨完者乱,州无定郛,然缪同知思恭德谦犹招群彦集南湖,与会分韵者一十有四人。"可见唐肃参与了至正二十年由嘉兴同知缪思恭招集的南湖诗会,诗会之后由僧克新总编为《至正庚辛唱和集》。又据《新安文献志·先贤事略》卷上载:"洪武初以吏谪濠梁时,会稽唐肃、钱塘董喜、吴申、王瑞,临川元瑄,甬东王胄,天台梁楚材、刘昭文皆谪居濠上,相与结诗社,后免归。"据此唐肃于洪武六年(1373)谪居濠梁期间曾同结濠梁诗社。

五、元至正十四年(1354)刘基于山阴县参与"牡丹诗会""竹林文会"

据《刘基集》卷二《牡丹会诗序》记载:"甲午之春,予避地会稽,始识祝茂卿于吴君以时之所。三月既暮,茂卿之牡丹大开,因得与寓官郡士往观焉。主人崇酒肴,登客而侑之。……乃取唐人罗邺诗二句十四字为韵,命探丸,信所得为诗,不限以体制。诗成,属余序。"①又《竹林宴集诗序》载:"基既从左丞公至越而辞戎事,始得与越士大夫游。乃四月丁巳,与嘉兴王纶、赵郡吴溥、会稽王俨、华亭唐虞民会于黄本之舍,主人出酒肴劳客,乐甚,徙席于竹林之下。主人奉觞酌客而言曰:昔司马氏之臣有饮于竹林,而以贤称者七人,今日之会亦七人,其乐同与?……虽然今日之会,文会也,必有事以欢。……词成,击竹而咏之,有金玉之声,听之泠然,飘飘乎有遗世之态,浩浩乎不知其所如也。于是比而书之,俾基为之序。……至正十四年,岁在甲寅夏四月,括苍刘基序。"

刘基于至正十三年(1353)十月被罢免江浙行省都事之职,并"羁管绍兴",

---

① 《刘基集》卷4《牡丹会诗序》,林家骊点校,浙江古籍出版社1999年,第77页。

至正十四年(1354)春天到达绍兴路。"羁管"原是拘管之意,即将犯罪的官员安置某地,接受当地官员的监督、管制,行动有一定限制。但从刘基在绍兴路时期的活动来看,当地官员对他的看管较为放松,他在绍兴路及下辖之县的活动较为自由。黄伯生《刘基行状》云:"公在绍兴,放浪山水,以诗文自娱。时与好事者游云门诸山,皆有记。"①刘基羁管绍兴时携带妻儿,寄居于山阴县城塔山古刹下南边的王文明家,他在自己写的《王文明墓志铭》中说:"基自台来越,寓其家南楼,居数月,麟为诗益大进,基每叹而异之,谓王氏有佳子弟,必当复振矣。"②王文明,名麟,文明为其字。曾从刘基学诗。至正十四年暮春参与祝茂卿家举办的牡丹诗会,与会者"取唐人罗邺诗二句十四字为韵,命探丸,信所得为诗,不限以体制",诗成,众人推举刘基作序,刘欣然命笔,为《牡丹会诗序》。然《刘基集》中未见咏牡丹会的诗作。与会者除刘基外,祝茂卿,籍贯生平不详;吴以时,山阴人,生平不详。

查林家骊点校的《刘基集》(浙江古籍出版社 1999 年版)卷二中无《竹林宴集诗序》一文,据序文所言,刘基参加竹林文会是在至正十四年(1354)的夏四月,仿竹林七贤之作为,参加者也有七人,主人黄本应是绍兴山阴人,生平不详。其余如嘉兴王伦、赵郡吴溥、会稽王俨、华亭唐虞明、左丞公等生平皆不详。

第四节　宋末元初文人结社与元末文人雅集对后世产生的影响

明末钱谦益在其《牧斋有学集》卷十八《胡致果诗序》中曾说:"唐之诗入宋而衰,宋之亡也,其诗称盛。皋羽之恸西台,玉泉之悲竹国,《水云》之茗歌,《谷音》之越吟,如穷冬沍寒,风高气慄,悲意怒号,万籁杂作,古今诗莫变于此时,亦莫盛于此时。至今新史盛行,空坑厓山之故事,与遗民旧老灰飞烟灭。考诸当日之诗,则其人犹存,其事犹在,残篇啮翰,与金匮石室之书,并悬日月。"③随

①　《刘基集》,林骊点校,浙江古籍出版社 1999 年,第 631 页。
②　《刘基集》第 13 卷,林骊点校,浙江古籍出版社 1999 年,第 189 页。
③　钱谦益《牧斋有学集》,《续修四库全书》第 1391 册,第 170 页。

着蒙古铁骑的南下,沉睡于酣梦中的宋末士子终于猛然惊醒,于是出现了一大批忧国忧民、崇尚民族气节的仁人志士型的诗人,他们在创作风格上继承了《诗经》、屈赋、陶渊明、杜甫,使南宋后期的衰颓诗风为之一变,为宋末诗坛披上了一道灿烂的霞光。从诗歌的主题取向看,南宋遗民诗人一变四灵、江湖诸派只是嘲风弄月或抒写个人感触之情的创作模式,而以悲壮激越兼以哀怨凄楚的调子,谱写出一首首充满民族悲愤和个人幽怨的爱国忧民诗章。从艺术风格看,他们继承了先秦、汉魏、晋唐诗歌中的优秀传统,根据诗人个性经历和言志、抒情、叙事的表现需要,选择适合自己的表现形式,因而使他们的诗歌呈现出或沉郁、悲壮、哀怨,或崎崛幽峭的风格。从整体的风格取向而言,则主要表现为如杜甫的悲壮沉郁一类,有力反拨了宋末卑弱琐屑的诗风,显示了南宋遗民诗人创作实践的积极作用。宋濂《浦阳人物记·方凤传》亦云:"世言杜甫一饭不忘君,今考其诗信然。凤虽至老,但语及胜国事,必仰视霄汉,凄然泣下,故其诗亦危苦悲伤,其殆其有得于甫者非耶?凤尝与闽人谢翱、括人吴思齐为友。思齐则陈亮外曾孙,翱则文天祥客也,皆工诗,皆客浦阳,浦阳之诗为之一变。"①这里说的是浦阳方凤,但若移至会稽王英孙、王沂孙、唐珏、周密、张炎、仇远、谢翱、林景熙、黄庚等"吟社""汐社""越州诗社""山阴诗社"诸社的社友身上,也是恰当的。这些南宋遗民群体虽然不是一流的诗人,但他们集体唱出的充满爱国激情的歌声,毕竟一扫迷漫当时诗坛"卑弱""衰气"的诗风,而使宋末诗坛、词坛有了一个光辉的结尾,同时也给元代隐逸诗风、明末清初遗民和近代的一些民主革命者以深刻的启迪,他们往往情不自禁地追踪南宋遗民,或通过诠释、刊印他们的诗词等作品,继承他们的民族大义精神,激发人们的爱国热情。

元代隐逸风气盛行,抒写高蹈隐逸情怀是整个元代文学创作的主潮之一,词体文学尤为明显。钟振振在他的《论金元明清词》文中说:"汉族知识分子于元朝统治集团或因感情隔阂而不愿合作,或因仕进无门而不得合作,或因受倾轧而不肯合作到底,一时间避世高蹈、屏迹隐居之风蔚然以成。"②元代词人往

① 宋濂《宋濂全集》第 6 册,浙江古籍出版社 2014 年,第 2054 页。
② 《第一届词学国际研讨会论文集》,台北"中研院"文哲研究所筹备处 1994 年,第 275 页。

往坚持隐居不仕,很大程度上是出于对南宋的故国之思,不愿与新朝合作,或放浪山水,啸傲林泉,或寄身佛寺,栖隐道观,或闭门著述,聚众授徒,或交游唱和,沉浸在艺术的象牙之塔。隐逸避世是他们共同的特点,即使迫于生计而勉强任为学官,也可视为是一种特殊的隐逸之途。南宋遗民词在元代的延续和传承,主要在于构成基本主题的隐逸思想上,他们对隐逸生活的选择和讴歌,将元代词人的价值选择引向了易代之际遗民隐逸避世的精神家园。正如《续修四库全书提要·无弦琴谱》谈到遗民词人仇远对元词的影响时说:"盖远虽元人,而家在钱塘,所交者皆知名之士,又与宋末遗民相切磋,故其词骎骎入古,元词之不尽衰者,乃仇远、张翥之功,而翥学又出于远,故所系甚重也。"遗民词人入元后,往往秉持人格精神的继承,如张翥周围就有一个以隐逸出世意趣为导向的词人群体。清胡薇元《岁寒居词话》说:"蜕岩词,张翥撰,宋末人,至元初犹在。为仇远门人,与吕渭老诸人于元初相唱和。蜕岩年八十八乃卒。上及仇山村,下与张羽、倪瓒、顾阿瑛、危素相唱和,以身历元之始终。"[1]元代词人不仅在隐逸心理上与宋末遗民词人内在契合,在词风上也深受南宋遗民词的影响。郑骞在谈南宋遗民词人张炎时说:"玉田词转折分明,最便初学……元人如张翥辈,亦学玉田而不能出者。"[2]

　　元末诗人的复古复雅思潮和宋末诗(词)坛兴盛的隐逸风气也有着密切的关系,这一时期的诗人词人的雅集酬唱在某种程度上也可视为南宋遗民诗(词)人雅正诗(词)风的自然延续。元代后期"师古"的倾向呈现出强有力的发展态势,持此论者往往强调作诗(词)要上溯到汉魏甚至三百篇,以"雅正"为宗。参与"玉山雅集"的众诗人中如杨维桢就主张"风雅而降为骚,骚而降为《十九首》,《十九首》而降为陶、杜,为二李,其情性不野,神气不群,故其骨骼不庳,面目不鄙。嘻!此诗之品,在后无尚也。下是为齐梁,为晚唐、季宋,其面目日鄙,骨骼日庳,其情性神气可知已。嘻!学诗于晚唐季宋之后,而欲上下陶朱、二李,以薄乎骚雅,亦落落乎其难哉!"[3]可见杨维桢所尊崇的正是"诗三百"所确立的"雅正"传统。他认为得情性之正的诗歌在《诗经》而外,尚有《楚

---

[1]　《词话丛编》,中华书局2005年,第4035页。
[2]　郑骞《成府谈词·张炎》,见《词学》第10辑,第155页。
[3]　《赵氏诗录序》,见《全元文》第41册,凤凰出版社2004年,第239页。

辞》《古诗十九首》以及陶渊明、杜甫、李白、李商隐等人的作品。所谓师古，就是要向这样一些作品学习。此外，明确举起"师古"旗帜的，在雅集诸君中还有玉山主人顾瑛。王祎、郑元祐、秦约和周砥等。此数人在论诗之时，大都推崇《诗经》，认为后世诗歌创作皆须以"诗三百"为指归，同样力倡所谓"雅正"的美学标准。

南宋遗民词人结社唱和之作的《乐府补题》，对清初诗（词）人产生极为深刻的影响，因为清初词人的生活环境与元初南宋遗民词人十分相似。清初遗民邵廷采曾做过比较："明之季年，犹宋之季年也；明之遗民，非犹宋之遗民乎？曰节固一致，时有不同。"①清初一大批汉族士人经历了与南宋末年士人同样的改朝换代的巨变，在异族统治下，心中隐藏着黍离之悲和身世之痛，他们大都转向山林之中逃避现实，借优游山水，求禅问道，闭门著述等隐居生活方式来排遣心中的苦闷，抒发隐逸超脱的情思。康熙十六年（1677）朝廷开设博学鸿儒科，诏示招贤纳士的诚心，正好这一年，朱彝尊在江南的一个私人藏书家那里发现了《乐府补题》词集，十七年（1678），他赴京应试，把《乐府补题》带到了京师。《乐府补题》复出和传阅于当时聚集京师的诸家词人时，立即产生了始所未料的轰动效应，朱彝尊、陈维崧、蒋景祁纷纷作序，马上得到了刊刻，一时间，文人词客竞相作起咏物词来。朱彝尊在《乐府补题》序中重点介绍了唐珏、周密、仇远、张炎、王沂孙等南宋遗民词人，他说："《乐府补题》一卷……集中作者唐玉潜氏以攒宫改殡义声著闻，周公瑾氏寓居西吴，自称弁阳老人，而《武林遗事》题曰泗水潜父者，《研北杂志》谓即公瑾。仇仁近氏诗载月泉吟社中。张叔夏氏词序谓郑所南氏作。王圣与氏先叔夏卒。叔夏为题集译其词，殆尝仕宋为翰林。其余虽无行事所考，大率皆宋末隐君子也。诵其词可以观志意所存，虽有山林友朋之娱，而身世之感，别有凄然言外者，其骚人《橘颂》之遗音乎？度诸君子在当日唱和之篇，必不止此。"②严迪昌认为此序中的"'皆宋末隐君子'这六字是全序点睛之笔"③，他在评论该序时，就是着眼于清初词人在隐

---

① 邵廷采《明遗民所知传》，见《思复堂文集》，浙江古籍出版社 1987 年，第 211 页。

② 朱彝尊《曝书亭集》卷 36《乐府补题序》，见《文渊阁四库全书》第 1318 册，上海古籍出版社 1987年，第 61 页。

③ 严迪昌《清词史》，江苏古籍出版社 1999 年，第 256 页。

士人格精神上与南宋遗民词人的内在契合之处。朱彝尊也正是抓住《乐府补题》寄托着南宋遗民词人的"身世之感，别有凄然言外者"的一点灵犀。家国破亡的黍离之悲和蹭蹬失意的沦落之痛，是联结南宋遗民和清初词人的心理纽带。处于易代之世，清代许多词人采取不与统治阶级合作的态度，他们或适迹田园，啸傲山林，或寄迹寺院，流落江湖，他们的行为和心理与南宋遗民词人的思想感情自然地契合在一起。为此，南宋遗民词人的隐逸行为方式和心迹情感，不仅为清初词人提供了一种人生选择、生活方式、价值态度，而且为他们积累了相同的审美理想与审美情趣，雅正清空的美学风尚成为他们共同坚持的词学标准，"情景交融，得言外意"是他们共同追求的艺术境界，故此清初词人也蓬起写作咏物词、隐逸词的兴趣。

朱彝尊成长在一个虽已中落，但人文仍然极盛的家族，叔辈中才艺之士尤多，如对其影响很大的朱茂晥、朱茂曜、朱茂暅均为浙西著名词人，甲申明亡时，朱彝尊虚龄 16 岁，次年嘉兴城破，他曾随乡邑义军参加抗清武装活动。顺治十五年（1658）前后又参与魏耕等与浙东祁班孙兄弟、朱士稚等人的秘密反清活动。他写歌颂文天祥遗砚的《玉带生歌》中就有这样的诗句："当年文墨宾，代汝一一数：参军谁？谢皋羽！""冬青成荫陵骨朽，百年踪迹人莫知。会稽张思廉，逢生赋长句。"这里提到的"冬青之役"就是谢翱、王英孙、王沂孙、唐珏等南宋遗民诗人结吟社、汐社的缘由。张思廉即张宪，元末会稽人。叶嘉莹在《碧山词析论》中说："乾嘉以来，常州词派词评家中张惠言、周济、陈廷焯诸人对王沂孙（碧山）词十分推赏。"[①]他们之推崇碧山词，主要是为了借碧山词中的托意以推尊词体。再则，碧山词中之运思、用笔，既深微细密，又有层次脉络可寻，可以矫正一般人的空疏粗率之弊。

到了晚清，一些词人不仅推崇而且竞相模仿南宋遗民词人王沂孙的词作，如端木埰在其《碧瀣词》的自序中，曾自称其"笃嗜碧山"；又介绍其《碧瀣词》的得名说："遂僭以'碧瀣'自张其编。露气之下被者为瀣，以是为碧山之唾余可也，为中仙之药转可也，若以为《花外》嗣音，则不敢也。"其对碧山之崇嗜向往之情，可以概见。另一词人王鹏运，他常与端木埰相唱和，又曾整理刊印王沂

---

① 叶嘉莹《迦陵论词丛编》，河北教育出版社 1997 年。

孙的《花外集》，并引举端木埰之说阐述碧山词中的寄托之意。他自己写词也深受碧山影响，朱祖谋为王鹏运《半塘定稿》作序曾有"君词导源碧山"之说。光绪庚子之乱，八国联军入京，朱祖谋、刘福姚皆移居于王鹏运之四印斋，每夕篝灯唱酬，借填词以寓写幽愤。这种填词的环境，与南宋末年王沂孙、周密诸人集合填词以寄托亡国之痛的情景，极为相近。所以碧山词受到晚清一些词人的推重和模仿，不仅只是因为受了常州派词论的影响，更有一份与碧山词的亡国之痛相近似的时代之哀痛在。

元末江南地面虽然存在战乱的威胁，但文人雅集的风气却趁着暂时的社会安定环境颇为兴盛。这既与元代士流热衷于雅集吟咏的风气有关，从元初到元末，从翰苑高层到世家名流，从文艺界到社会地方各界，从书画鉴赏到歌诗吟咏，从聚赏良辰美景到赋诗饯行送别，形式繁多，文人雅集聚会，文士们在诗歌创作切磋交流中，受到身边人的启发刺激，很容易激发灵感，催生优秀诗作。正如清人翁方纲在其《石洲诗话》中说："古人唱和，自生感激。若《早朝大明宫》之作，并出壮丽；《慈恩寺塔》之咏，并且雄宕，率由兴象互相感发。至于裴蜀州之才诣，未遽齐武右丞；而辋川唱和之作，诏诣不减于王。此亦可见。"①绍兴地方的文人雅集中以杨维桢参与玉山雅集活动影响最大，他每作一诗，立刻成为雅集众人争相效仿的对象。如杨维桢的《周郎玉笙谣》诗前小序云："予尝于灵岩、虎阜闻其奇弄，令人飘飘然有伊洛间意。时坐客句曲张贞居、东海倪元镇、昆山顾仲瑛、云丘张仲简、吴兴郯九成，咸名能诗者也。予为赋《玉笙谣》一首，且率诸君子同赋。"②张雨、张简、于立所作与杨维桢诗最为酷肖。《花游曲》一诗是杨维桢写于至正八年（1348）三月十日与顾瑛、张雨同游石湖之时，即席唱和者有顾瑛，事后参与唱和者有郭翼、陆仁、马麟、于立、袁华等人。《小游仙》也是杨维桢为顾瑛玉山"小蓬莱"亭馆题写的具有代表性的乐府小诗，共有四首。四章一出，和者如云。杨维桢一有新作问世立即就由顾瑛等人唱和宣扬。杨维桢的首倡之举，为玉山唱和之友树立了一个榜样，通过这种诗作唱和，杨维桢诗歌风格得到了推广和普及。顾瑛由于杨维桢的参与和影响，

---

① 翁方纲《石洲诗话》卷1，见《清诗话续编》，上海古籍出版社，第1369页。
② 《杨维桢诗集》，邹志方点校，浙江古籍出版社1994年，第33页。

遂使玉山雅集的规模、声势在元末可谓空前。杨维桢凭借顾瑛玉山雅集的平台，为铁崖诗派成员的创作活动与发展兴盛提供了场所。铁崖诗派中最具影响的人物几乎都被玉山雅集所吸纳。据黄仁生考订，铁崖诗派成员有90人之多，主要者有近30人，其中近三分之二曾参与玉山雅集活动。除杨维桢本人外，就有李孝光、张雨、顾瑛、郯韶、陈基、钱惟善、陆仁、张简、王逢、于立、释行方、郭翼、张宪、袁华、杨基、吕诚，此外还有卫仁近、马琬、卢熊、吕恒、吕恂、张守中、殷奎、释照、冯濟、余善、吴毅等人。正是这些铁崖派的诗人撑起了玉山雅集的大半个天空，铁崖诗派与玉山雅集的关系十分紧密。

　　以杨维桢为宗主的铁崖诗派，主要风格雄畅怪丽，有李贺之奇诡，李白之醺畅，李商隐之诞幻，而又非"三李"所能包容。杨维桢写诗、论诗都有较重的复古倾向，他说："惟好古为圣贤之学，愈好愈高，而入于圣人之域。"① 又说："自《三百篇》后，人传之者凡几何人？屈、贾、苏、李、司马、杨雄尚矣，其次为曹、刘、阮、谢、陶、韦、李、杜之迭自名家，大抵言出而精，无庞而弗律也；义据而定，无淫而弗轨也。下此为唐人之律、宋人乐章，禅林提唱，无乡牛社下俚之谣，诗之敝极矣。"② 他尚古，力斥"末唐季宋语"，以为"非诗也"。③ 对于元代中期文坛流行的复古风尚也持肯定的态度："我朝文章肇变为刘、杨，再变为姚、元，三变为虞、欧、揭、宋，而后文为全盛。"④ 又自称早年与李孝光"相与唱和古乐府辞，好事者传于海内，馆阁诸老以为李杨乐府出，而后始补元诗之缺，泰定文风为之一变"⑤。杨维桢非常重视古乐府的美刺劝诫的"比兴之旨"，同时又强调诗人之性情、神气，主张："诗者，人之性情也。人各有性情，则人各有诗也，得于师者，其得为吾自家之诗哉？"⑥ 可见杨维桢尚古并不局限于古，尤其不局限于正统文人所倡导的雅正淳厚之古，他作乐府好为五言四句的小乐府，自称用三体咏史，"绝句人易到，吾门章木能之；古乐府不易到，吾门张宪能之；至小乐

① 《好古斋记》，见《全元文》卷41凤凰出版社2004年，第394页。
② 《金信诗集序》，见《全元文》卷41，凤凰出版社2004年，第248页。
③ 《郭羲仲诗集序》，见《全元文》卷41，凤凰出版社2004年，第246页。
④ 《王希赐文集再序》，见《全元文》卷41，凤凰出版社2004年，第229页。
⑤ 《潇湘集序》，见《全元文》卷41，凤凰出版社2004年，第310页。
⑥ 《李仲虞诗序》，见《全元文》卷41，凤凰出版社2004年，第240页。

府,二三子不能,惟吾能之"①。又好作艳体,如宫词、香奁诗。可见其师古而不期于古,还有明显的师心自用、自我作古的倾向。

其古乐府诗歌在当时影响很大。宋濂曾有评论说:"元之中世,有文章巨公起于浙河之间,曰铁崖君。声光殷殷,磨戛霄汉,吴越诸生多归之殆犹山之宗岱,河之走海,如是者四十余年乃终。"②在元末诗坛,甚至整个有元一代的诗坛之上,都堪称巨擘。当代学者杨镰在《元诗史》中称:"杨维桢是元末最主要的诗文家之一,在整个元代诗坛也是个色彩最突出的诗人之一。他的作品的数量、影响与成就都相当可观。"③

明初文风陡变,以宏正清丽为尚,铁崖体遂不复有人问津,王彝作《文妖》斥之。其后台阁体兴起,与铁崖体势同水火,元末文风被视为亡国之音加以批判。到了天顺、弘治时期,李东阳在《麓堂诗话》评其诗说:"盖廉夫深于乐府,当所得意,若有神助。但恃才纵笔,多率意而作,不能一一合度。"大力肯定杨维桢虽尚古并不局限于古。到了明中期成化年间,章懋论诗称:"自王迹熄而诗亡,一变而骚,再变而选、而乐府、而歌行诸作,至三变而为律。作者徒知从事声偶之间,而不能驰骋以极夫人情物理之妙,其去古也远矣。独先生(指杨维桢)之作,逸于诗而豪于才,抑扬开阖,有美有刺,陈义论事,婉而微章,上下二千年间理乱兴亡之故若指诸掌,而其命辞皆即史传故实隐括而成,叶诸金石,若出自然。昌黎所谓'横空盘硬语,妥帖力排奡'者,先生有之。"④杨维桢的古乐府又被重新肯定,加以收集刊印。胡应麟说:"杨廉夫胜国领袖一时,其才纵横豪丽,亶堪作者,而耽嗜瑰奇,沉沦绮藻,虽复含筠吐贺,要非全盛典型。至他乐府小诗,香奁近体,俊逸浓爽,如有神助。余每读未尝不惜其大器小成也。"又说:"元末杨廉夫歌行,声价腾涌。今读之,大率秾丽妖冶,佳处不过长吉文昌,平处便是传奇史断。汉魏风轨,未睹藩篱。而一时传赏楮贵,信识真未易也。"⑤这段话在批评中充满了肯定钦羡之情。其后前后七子高举复古大

① 章懋《〈铁崖古乐府〉序》,见《杨维桢诗集》,浙江古籍出版社 1994 年,第 501 页。
② 宋濂《元故奉训大夫江西等处儒学提举杨君墓志铭》,见《杨维桢诗集》,浙江古籍出版社 1999 年,第 484 页。
③ 杨镰《元诗史》,人民文学出版社 2003 年,第 508 页。
④ 《章懋〈铁崖古乐府〉序》,见《杨维桢集》,浙江古籍出版社 2017 年,第 1200 页。
⑤ 《诸家评论·元诗纪事》,见《杨维桢集》,浙江古籍出版社 2017 年,第 1279 页。

旗,比如:李梦阳论诗推崇汉魏盛唐的格调,重视情感在诗歌创作中的作用;王世贞提出"有真我而后有真诗"的主张;隆万年间的屠隆提出"诗以吟咏写性情之适者也";李贽提出"童心说";徐渭提出"存吾真";陶望龄提出"常怪相倚";袁宏道则主张"独抒性灵,不拘格套";钟惺、谭元春倡导以深幽孤峭为宗;清代乾嘉时期的诗人袁枚提倡抒写真情,显露真我,反对矫饰虚伪,抨击封建礼教压抑人性,追求畅快明达,真实动人等等的诗歌创作理论。这些无不与杨维桢的诗歌理论相吻合,都可视为受到杨维桢铁崖诗派诗歌创作理论的影响。

绍兴地方文士深受有元诗人杨维桢的影响,杨维桢于越城卧龙山之西园结诗巢。"垂老居淞,犹颜其楼,曰'小蓬莱',以越古有'蓬莱'也。其奉之不忘诗巢,若此。"[1]后人尊崇杨维桢遗绪,清代康熙雍正年间的"龙山诗巢二十子",乾隆年间的"西园吟社十子""越中七子",嘉庆道光年间的"泊鸥吟社",道光咸丰年间的"言社""越三子社",同治年间的"皋社",20世纪二三十年代的"诗巢壬社",一代又一代的文士先后于杨维桢西园诗巢故址建庙结社,奉祀杨维桢。可见杨维桢参与雅集对绍兴地方文士结社影响之大。

上虞魏仲远夏盖湖"敦交社"的雅集和刘仁本余姚"续兰亭会"在当时及后世的影响虽然不及杨维桢,但魏仲远的"敦交社"雅集邀请唱和的有当时著名的诗人李孝光、陈樵、高明、潘纯、朱右、赵俶、王冕、唐肃等,与地方上的文士唱和,切磋诗艺;刘仁本"续兰亭会"参与人员如戴良、陈基、陈高、赵俶、朱右、郑彝皆是江浙一带的名士。他们的雅集既代表了元末东南士流期望维护社会秩序,增进地方文化交流,扩大绍兴文化对外地的影响,同时也是为繁荣绍兴地方文学创作,对地方文化建设的一种投入。从明至清,绍兴地方效法兰亭修禊活动屡有举行,如明嘉靖二十八年(1549)绍兴知府沈启重修兰亭,亭成之后曾举行规模较大的修禊活动;明万历四十一年(1613)张岱《癸丑暮春兰亭后集寻得旧址》诗有"修禊多车马,谁来憩道旁""按图呵欲活,读记喜成狂"[2]之叙写;清康熙十二年(1673)绍兴知府许宏勋重建兰亭后举行修禊活动;乾隆十三年(1748)绍兴知府杜甲在兰亭又举办规模盛大的秋禊活动,乾隆十六年

---

① 悔堂老人《越中杂识》,浙江人民出版社1983年,第576页。
② 《张岱诗文集》,夏咸淳校点,上海古籍出版社1991年,第91—92页。

(1751)、十八年(1753)、三十四年(1769)、五十七年(1792),嘉庆十年(1805)、咸丰三年(1853)、同治八年(1869)皆举行过规模盛大的修禊活动,还有年份不明的文人修禊活动更加频繁。

第五章 文人雅集与结社的兴盛：明清频繁的文人雅集与类型众多的社团

第一节 明清时期文人雅集与结社频繁的社会背景

文人雅集和结社与社会稳定和经济繁荣密切相关。文人雅集与结社在明初、清初皆处于相对低落时期，自明洪熙以后出现初兴，弘治之后逐渐进入高潮，嘉靖、万历之后达到高峰。同样清自康熙以后文人雅集与结社渐趋高潮。这种发展轨迹与明清经济发展的基本趋势恰相一致。

一、明清时期的政治文化经济的特征

经过长期战乱之后的明初社会土地荒芜，人口减少。洪武初年，朱元璋采取了一系列恢复生产，发展经济的措施，如解放奴婢，恢复他们的人身自由，提高佃户地位，颁布法令："佃见田主，不论齿序，并加少事长之礼，若在亲属，不拘主佃，则以亲戚礼行之。"[1]奖励农垦，承认已被农民垦殖或将开垦的土地归农民所有，并分别免除三年徭役或赋税。把城市附近的荒闲土地分给无地之人耕种，"额外垦荒，永不起科"。朱元璋还下令各地农民扩种经济作物，如桑麻棉，开展多种经营。这些政令的落实，防止了农民的流徙，保证了额内的赋税收入，扩大了耕地面积，对农业生产的恢复和发展起了积极作用。明成祖永乐年间继续实行恢复生产，发展经济的一系列政令和举措。经过较长时期的

---

① 《明太祖洪武实录》，上海书店 1982 年。

努力,初步显示出国家兴旺,人民安居的繁荣景象。史载:"宇内富庶,赋入盈羡,米粟自输京师数百万石外,府县仓廪蓄积甚丰,至红腐不可食。"①此后,又经仁、宣二朝的发展,明代经济臻于鼎盛,明中叶东南一带商业经济迅速发展,城市得到进一步的繁荣。

明清易代之际,由于南明政权在江南地区的负隅抵抗,清政权对包括浙江在内的江南地区的征服比其他地区更为困难,遇到的反抗更为激烈,因此统治者除了采取加强军事镇压的政策外,还实施了强制剃发易服,迁界禁海等惨绝人寰的强硬手段。顺治二年(1645),清军进入绍兴,由于余煌、祁彪佳、刘宗周、王思任等一批明朝遗臣以身殉国,放弃抵抗,才避免了一场大屠杀。但清人占领绍兴后,为巩固统治,实行强制同化政策,强迫汉人按照满人的习俗改变发式和服饰,并以极其残酷的手段加以推行,这对素以衣冠发式作为文化标志的汉人无疑是一种精神上的摧残,因此在民间激起强烈的反抗。清政府为消除汉人的反抗意识,打击汉人的文化优越感,同时鉴于明末士林结社干预朝政造成的党争激烈、政局动荡,多次颁布严禁集会结社之号令,顺治九年(1652)、十七年(1660)曾两度下令,规定"诸生不许纠党多人立盟结社,挟持官府,武装乡曲",并制定出严惩重罚律例,"以后再有这等事,各该学臣即行革黜参奏,如学臣隐徇,事发一律治罪"②。为此,清初从顺治至康熙二十年(1681)的近40年时间里,文人结社基本停止。

清初浙江一带燃烧起轰轰烈烈的反清复明的斗争,战乱导致浙江的农业生产经济发展一度遭到严重破坏。其后,从康熙中期到雍正、乾隆年间,清王朝加强了中央集权,强调满汉一体,崇奉孔子,提倡理学,竭力宣扬忠君和三纲五常等封建道德,颁布废止圈地,减免赋税,鼓励垦荒和重视兴修水利等举措,民族矛盾得到了缓和,社会日趋安定,农业生产、商业经济逐渐恢复并进一步发展。

明清时期的绍兴府农业生产在继承前代农业的基础上,皆有一些改革和发展。明代绍兴农业在发展粮食生产和经济作物如棉花、油料、蔬菜种植等方

---

① 《明史》卷78《食货二·赋役》,中华书局1974年,第1908页。
② 转引自张玉法《清季的立宪团体》,北京大学出版社2011年,第149页。

面都有较大进步,林业和经济林的生产包括竹木等用材林、花卉、乌柏、桐籽以及桑茶果树的生产渐趋完善,畜牧与养禽业、渔业已趋家庭化,规模和专业程度都有较大发展。

由于明代绍兴人口的自然生育很快,元至正年间,绍兴府八县人口已达854847人,后因战乱有所回落。到了明洪武后期(1368—1398),绍兴府有26704户,人口超过百万大关。这仅是官方统计数字,实际人口远不止此数,因为当时人们为了逃避丁口税,人口瞒报现象十分严重,这种情况一直延续至清代。由于人口剧增,而可耕地增加有限,平原地区的湖泊、沼泽经过南北朝和两宋时期的大肆围垦,已无耕地潜力可挖;山区的缓坡丘陵地在宋代已大多开垦为旱地,或种茶、桑、果等经济林木,山地开发的潜力也十分有限;海涂资源虽然丰富,但钱塘江主江道在明初道出南大门,围垦十分困难,直到16世纪后主江道北移,才给围垦创造了有利条件,使其得以进行。为此,人多地少矛盾十分突出,缺粮日趋严重。加之在明代抵御水旱、海溢、蝗虫等自然灾害能力较低,如遭以上灾害,粮荒程度就会进一步加剧。据《万历绍兴府志》记载:嘉靖二十三年(1543)、二十四年(1544)合郡大旱,湖沼干涸,斗米银二钱,郡县于便民仓散谷赈济,饥民得食。崇祯十四至十五年(1641—1642)山阴会稽两县连旱,民大困;萧山县淫雨塘坏,诸暨县蝗虫遍野,余姚、上虞蝗灾,斗米价千钱,城中乞丐满街,乡村饿殍遍野。为此绍兴府县官吏与民间采取多种措施缓解缺粮矛盾,大力兴修水利,整治曹娥江、浦阳江河道,兴建三江闸和海塘工程;扩大耕地,扩种旱粮,将平原地区的桑园地大批改种粮食,桑园种植向山区河谷地带发展;对外移民,减轻人口压力;鼓励读书科举,或做官在外,或为师爷,或外出经商,或做手艺,当"百作师傅",或外出种田、养鱼、养鸭。自明中叶后,绍兴人在外生活的人甚多,一定程度上缓解了绍兴府县的人地矛盾和粮食的压力。

清代绍兴府的农业生产,在承袭明代农业生产的基础上,有了进一步提高和完善,农、林、牧、副、渔五业结构更趋合理。五业的生产比重、经济规模也有新的调整,耕地种植因人口增长的需要得到进一步的发展,农产品加工和农林副业、畜牧业、渔业在生产规模和技术上都有较大提高,林业生产由于用材林砍伐量增加,山林破坏严重,平原桑园大片消失,水果生产趋向萎缩。

　　清代初期绍兴府人口一度停滞,进入康熙年间,由于朝廷实行"滋生丁口,永不加赋"的政策后,致使人口剧增。据《越中杂识》记载,康熙年间绍兴府有167331 户 676597 人,到了乾隆五十六年(1791),绍兴府已有 609527 户4023970 人。在一百余年的时间里,人口增加近 5 倍。而耕地增加有限,为此人与地的矛盾更加突出。除了扩大耕地,调整粮食种植,提高粮食产量,向外籴粮外,还继续实行向外移民。正如《会稽县劝业所报告册》中所说:"会邑人稠地狭,向无荒土,水岸田畔凡可借资种植者几无一隙之存……农者大有无田可耕之叹,虽本省之嘉湖余杭,苏省之昆山等处,堪为绍属殖民地,迁徙往佃有加无已,转瞬亦患人满。"①这种现象无疑促进了绍兴人走读书科举或做官府幕僚,或经商,或学手艺的生存道路。

　　明清时期绍兴府各县的城镇建设发展很快,明代市镇只增加纂风、剡镇,随着农副手工产品的发展,市镇集贸发展迅速。据万历《绍兴府志》记载,绍兴府境内著名市集有:府城内清道桥,酒务桥、江桥市;山阴县有漓渚、柯桥、夏履桥、钱清、安昌、玉山陡门;会稽有平水、三界、马山、樊江、道墟、伦塘、白米堰、曹娥;上虞有丰惠、梁湖、五夫、小越;嵊县有县市、毕堂、上冈、长乐、崇仁;新昌有黄泽、胡卜、长谭、堂墅、坑西、蔡岙;诸暨有枫桥、黄阆;萧山有临浦、长山;余姚有江桥、临山、浒山、姚家店、李家闸、新坝、梁弄等。到了清代,由于农产品及加工产品种类增多,质量优良,农村市集商贸活动更为活跃。各县的建制镇明显增加,据乾隆《绍兴府志》记载,清代嵊县新增建制镇有华堂、两头门、开元、长乐、崇仁等五镇,新昌增设石牛、祥溪二镇,这样一来,乾隆年间绍兴府的建制镇已有钱清、西兴、渔浦、南安、枫桥、纂风、剡镇、蛟镇、华堂、两头门、开元、长乐、崇仁、石牛、祥溪等 15 个镇。

　　明清两代绍兴府县的土地资源大多为有权势的富家占有,他们凭借手中的土地资源盘剥农民,富家的土地除自留一部分雇工耕种外,多数租佃给缺乏土地的农民。除了耕地的租赁外,绍兴丰富的水域资源也为荡主霸占,或租于农民种菱、荷,或租于渔民养鱼。渔民养鱼得交荡租,才能获得使用权。随着水利设施不断完善,农业生产条件和技术的不断提高,粮食产量也不断提高。

---

　　① 民国《绍兴县志资料》第 1 辑,杭州古月书店 1985 年。

加上农副产品的丰富,大批富户挟资投入商业活动,不少商人资本雄厚,声势
煊赫,有的还拉帮结伙组织商帮,为此促进了农林商贸活动发达。在此情景
下,出现了两极分化:富的更富,富裕的地主进行土地兼并,占有更多的土地,
善于经营的商人则更加富有;穷的更穷,大多穷困的农民失去土地沦为雇工,
小商小贩失去了经营本钱,成为无业的游民。

二、心学影响,社会风气追求豪奢

绍兴乡贤王阳明于嘉靖元年(1522)返乡,至嘉靖七年(1528)止,在越地讲
学办书院,收授门徒,"辟稽山书院聚八邑彦士,身率讲习以督之"①。他的"心
外无物"就是鼓励和引导人们以一己之"本心"去判断是非,他说:"夫学,贵得
之心,求之于心而非也,虽其言之出于孔子,不敢以为是也,而况其未及孔子者
乎?"②"夫道,天下之公道也;学,天下之公教也,非朱子可得而私也,非孔子可
得私也。"③在程朱理学一统天下的时代,这种学说不啻是一针强烈的清醒剂,
给苦苦挣扎的文士以一丝思想的亮光。他们循此展开了对人生的重新思考,
压抑于心中的主体意识也逐渐苏醒过来,争取自由,还人性于社会,逐渐成为
文人探讨的热点话语。王门弟子弘扬师学不遗余力,钱德洪"在野三十年无日
不讲学,江、浙、宜、歙、楚、广名区奥地皆有讲舍"④。王畿"林下四十余年,无日
不讲学,自两都及吴、楚、闽、越、江、浙皆有讲舍,莫不以先生为宗盟。年八十,
犹周流不倦"⑤。进入晚期,王学传播更加如火如荼。继起者有周汝登、陶望
龄、陶奭龄两兄弟、刘宗周、黄宗羲等。正如刘宗周所说:"吾乡自阳明先生倡
导龙山,时则有钱(德洪)、王(畿)诸君子,并起而为之羽翼。嗣此流风不绝者
百年。至海门、石篑两先生,复沿其绪论,为学者师。迨二先生没,主盟无人,
此道不绝如线。而陶先生有弟石梁子,于是称二难。士心属望之久矣。"⑥崇祯
四年(1631),刘宗周与陶奭龄举创证人社。《先君子蕺山先生年谱》云:"先生

①　《王学编年》俞樟华,吉林大学出版社 2010 年,第 131 页。
②　《答罗整庵少宰书》,见《王阳明全集》卷 2,浙江古籍出版社 2010 年,第 83 页。
③　《答罗整庵少宰书》,见《王阳明全集》卷 2,浙江古籍出版社 2010 年,第 85 页。
④　《浙中王门学案一》,见《黄宗羲全集·明儒学案》卷 11,浙江古籍出版社 2012 年,第 237 页。
⑤　《浙中王门学案二》,见《黄宗羲全集·明儒学案》卷 12,浙江古籍出版社 2012 年,第 252 页。
⑥　刘宗周《证人社约跋》,见陈谷嘉、邓洪波主编《中国书院史资料》上册,浙江教育出版社 1995 年。

于三月三日率同志大会于石篑先生祠,缙绅学士可二百余人,同主事者为石梁先生。石梁,石篑先生之介弟民。初登讲席,先生首谓学者曰:'此学不讲久矣。文成指出良知二字,直为后人拔取自暴自弃病根。今日开口第一义,须信我辈人人是个人,人便是圣人之人,圣人人人可做。于此信得及,方是良知眼孔,因以'证人'名其社。'"①刘宗周面对"遍天下皆禅学"的局面,力主僻佛,在证人社里,与王学三传代表人物陶奭龄发生了思想上的冲突,双方分席而讲,展开激烈的论辩。

在阳明心学浸染下,人们的主体意识比前任何一个时代都要鲜明,他们有一种挣脱传统束缚的强烈欲望,这时的文人不管是在位还是退隐闲居,对世事都有一种厌烦情绪,他们向往魏晋名士的越名教而任自然的精神境界,千方百计给自己营造一个享受尘世之乐,又不受尘世之累的理想境界。他们以文自娱,重交游,或雅集或以社团形式,以文会友,以玩会友,在社会上广传适世的休闲文化。

绍兴外出人口很多,与外地联系密切。外地崇尚清谈,清赏、清玩、尚奇媚俗之风和造园、招朋宴游、社稿盛行,以及蓄妾狎妓等享乐之举,也迅速地传染蔓延。由于以上众多因素的作用,原来"崇孝弟,尚廉耻,畏刑辟。乡之长老多厚重,耻言人过失,子弟稍纵恣,辄以规矩绳之。其仕进率砥砺名节,能建立山林之遗逸,各以诗文名其家。其行业为后生典刑,虽鄙暴者亦知所尊礼,农工商贾勤力敦笃,不敢犯非其分;妇人慎内闲而修女事,尚志节。似太过"②。而到明嘉靖、万历以后,"今之所安者,父母死,不哀戚,乃反高会召客,如庆其所欢;民不力本业,而博塞以为生;群少年日骛于市井,并黜佃者、逋主者之租,又从而驾祸以胁之;丝布不服,鱼蛤蔬菜不食,而务穷四方绮丽,极水陆珍味,妇女皆竞华饰。或至拟王家,不可望于数十年前之越郡,又似诋太过。若夫婚,论财嫁率破家乃至,生女则溺之,嗜货利,崇富而贱贫,兄弟好异财别籍,则诚恶俗"③,前后世风大变。

随着明代中叶嘉靖万历年间工商业渐趋发达,商业经济活跃,许多省区大

---

① 吴光主编《刘宗周全集》第 9 册,浙江古籍出版社 2012 年,第 97—98 页。
② 萧良干修,张元忭、孙矿纂《万历〈绍兴府志〉点校本》,李能成点校,宁波出版社 2012 年,第 261 年。
③ 萧良干修,张元忭、孙矿纂《万历〈绍兴府志〉点校本》,李能成点校,宁波出版社 2012 年,第 261 年。

批富人挟资投入商业活动，不少商人拉帮结伙组成商帮，从事商业盈利活动。商业获利最快、最厚，为此逐渐产生"士商渗透"和"官商融合"的社会现象。如山阴县朱敬衡，号石门，倚仗身任礼部尚书兼东阁大学士的父亲朱赓的权力和家声，巧取豪夺，广置田产，极喜收藏，"秦铜汉玉，周鼎商彝，哥窑倭漆，厂盒宣炉，法书名画，晋帖唐琴，所蓄之多，与分宜埒富"[①]。不少耕读之家也出现转而"弃本逐末"，或是弃儒经商的思想倾向。绍兴府的一些文人在仕途上屡屡受挫，他们反思质疑朝政的不公，对世事由热心趋于平淡，放浪形骸之外，玩世不恭，狂放不羁。时任山东副使的张汝霖于万历三十四年（1606）为朝廷荐举人才，在落卷中录取名士李延赏，却遭到了礼科给事中汪若霖的弹劾而罢官归里。归家后的张汝霖，心情郁闷，意志消沉，为了排遣罢职的不快，效法老友范长白、包涵所移情戏曲的做法，采办优童，创办"可餐班""武陵班"，亲自教习，早晚观剧，沉浸在丝竹之中。又大兴园林，其"岞园"建筑极其豪华，人称"蓬莱阆苑"。万历十年（1582）陶堰陶承学辞去南京礼部尚书家居期间，在吼山从事园林建筑，兴建了"酣中阁"，其后陶望龄辞去国子监祭酒家居期间，又在吼山兴建"歇庵""远曙斋""丛云阁""青棘园"等。

三、科举催生文人交游翕集

科举进入明清两代已趋向程式化、规范化，形成了一种固定的选官制度，使得从事举业的士人逐渐增多。明中叶以后，全国生员数量剧增，既有廪膳生，又有增广生员，附设生员。正如沈鲤在《新设商丘县学记》中所言："成弘以后，人文日胜。……咕哔呻唔者遍东西，家青衿济济，登贤书，第南宫者累累辈出。"绍兴府所属八县，仅以山阴县为例：明末山阴县童子不下一二千人，三年岁科两试新生 60 余名，岁入新生 60 余人，两项相加就有 120 余人，以县试童子 2000 人作为考察对象，排除其间新生之盈缩不计，大体可知儒童入学率为 5.5％左右。明代生员中举比例多为三十取一，其中举率大约为 3.3％，这一比例为科举生员之中举率，并非所有在学生员中举之比例。原因是所有在学生员经过科举以后，只有少部分生员才有幸参加乡试。据明人统计在不同地区

---

①　张岱《陶庵梦忆·朱氏收藏》，西湖书社 1982 年，第 80 页。

或同一地区的不同的县,科举生员占生员总数的比例颇有不同,显示出某种差异性。一般而言,进学易,出身难,儒童中生员远远要比生员中举容易得多,于是生员这一层次成了进身之阶中的瓶颈。一方面,生员数在无限地增加,另一方面中举率有限额,获出身十分不易。生员本是一种暂时性的身份,读书人获取这种身份,其目的无非是为了中举人、进士,释褐通籍。当然确有一部分生员过了几年即能中举,甚至第二年也能联捷中进士,但这种情况毕竟为数很少。由于中举率太低,三年一科能中举者毕竟只是属于少数的幸运儿,大部分人十几年甚至几十年仍无望中举,只有一直保留生员的身份,无奈者只得放弃科举,以远离衣巾或冠带终身。在长期的科举生涯中,士子们必须借助各种社会关系,如启蒙阶段,邻里乡亲就学同路,朝夕相伴,情投意合,往往结下深厚友谊,在其后的科举生涯中彼此照应。考中生员就学府州县学,参加岁科考试,社会交往的范围进一步扩大,同学来自不同地方,相互间有的建立起深厚的交情,特别是那些有功名的同学更是可以相互激励,共同提高。有的在落第以后为了排解落第不快或是为了继续参加考试,不甘寂寞,不论喜怒哀乐,都爱以风雅为标榜,常常聚在一起诗文酬唱。这种交游不仅表现在频繁的宴饮翕集活动,还表现在结交不局限在某一地域的某些名人,还往往会远走他乡,遍访名师,或异地寻友。"令甲以科目取人,而制义始重,士既重于其事,咸思厚自濯磨,以求副功令,因共尊师取友,互相砥砺,多者数十人,少者数人,谓之文社。"①这是在科举取士制度刺激下,读书人自发组织的专攻八股制义的社团。这种文社大致可为两种:一是作为"好修之士进修学问之地"的社团;一是作为"驰骛之徒"的"功名之门"的社团。二者目标门径皆有所不同,前者遵循以文会友,以友辅仁的遗则,后者以揣摩风气,交通关节为能事,但相同的来源都是科举八股制度的产生物。

四、兰亭雅集,曲水流觞成为历代文士们仰慕的风雅之举

兰亭,原是越国时勾践种兰之地,秦汉时成为驿亭。因为此处是有"崇山峻岭,茂林修竹,清流激湍,映带左右"的清幽之所,东晋永和九年时任右军将

---

①　陆世仪《复社纪略》卷一《续修四库全书》第 438 册,上海古籍出版社 2002 年,第 473 页。

军、会稽内史的王羲之看中此地而修禊于此，曲水流觞，产生了由 42 位名流和 27 人饮酒即兴撰写的诗集《兰亭集》，以及王羲之为诗集撰写的《兰亭集序》法帖。这是我国文学史上第一本以玄言诗为主的诗集，序言是一篇光耀千古的优美散文，更主要的是王羲之趁着酒酣之机，用蚕茧纸、鼠须笔即兴书写的 28 行 324 字的《兰亭集序》的行书，成为我国文化史、书法史上的盛事。又因为唐太宗酷爱王氏书法，命将《兰亭集序》真迹陪葬昭陵，自此集幽美的山水环境和丰富、深邃的文化内涵于一体的兰亭被禊，便成为后世文人效法的榜样，上巳节成为人们被禊的习俗，兰亭雅集、曲水流觞成为文人雅士们奉行的风雅之举，就连唐代著名诗人孟浩然也有"不及兰亭会，空吟被禊诗"的慨叹。

兰亭雅集曲水流觞自东晋王羲之首创，以后历代文人皆有效法。唐大历四年（769）鲍防、严维等 35 人仿永和故事，在兰亭举行大型联唱活动，《经兰亭故池联句》诗云："曲水邀欢处，遗芳尚宛然。名从右军出，山在古人前。芜没成尘迹，规模得大贤。湖心舟已并，村步骑仍连。赏是文辞会，欢同癸丑年。"

唐穆宗长庆年间元稹担任越州刺史与副使窦巩等人于兰亭酬唱，时称"兰亭绝唱"。元至正二十年（1360）浙江地方官刘仁本在时属绍兴路的余姚秘图湖畔举办"续兰亭会"，虽然地点不在兰亭，但从内容、形式乃至性质内涵都有续和后继东晋"兰亭会"的意思。到了明清时代，或雅集或结社，聚会兰亭，曲水流觞，品酒赋诗，泼墨挥毫，更是成了文人雅士的风雅之举。地方政府长官也要借修建兰亭的亭、台、楼阁竣工之机，举行大规模的修禊雅集活动，显示他们重视地方文化的政绩，也借此联络地方文化名流，加深感情，取得地方文化名人的支持和赞誉。地方文士们也乐见此类文化盛事，能聚在一起"仪观伟然，雄怀顾盼，举止蕴藉，吐纳风流"[1]，诗酒流连，标榜高雅，一展才情。嘉靖二十八年（1549）绍兴知府沈启重修兰亭，竣工之日，文徵明为其作《重修兰亭记》曰："绍兴郡西南二十五里兰渚之上，兰亭在焉。郡守吴江沈侯省方出郊，得其故址于荒墟榛莽中。顾而叹曰：'是晋王右军修禊之地也。今《禊帖》传天下，人知重之。而胜迹芜废，守土者不当致意耶？'既三年，道融物敷，郡事攸理，乃访求故实，稽遗起废。时起围诎，以此修举，而兰亭嗣葺焉。……经始于戊申

---

① 赵翼《廿二史札记》卷 34，曹光甫校点，上海古籍出版社 2011 年。

之十月,成于己酉三月,不亟其工也。"①万历《绍兴府志》卷二十六《职官志》载:
"沈启,吴江人,嘉靖二十四年。梅宁德,宣城人,二十九年。"可见沈启于嘉靖
二十四年(1545)任绍兴知府,二十八年(1549)冬离任。兰亭修建于嘉靖二十
七年(1548)十月,成于二十八年三月。陈鹤《与荆川太史约修兰亭旧约书》载
曰:"诚能停觞一呼,吴越良类,则和声而至,上者可得数十人,次者也可得百
余。千年奇会,一旦复新,且以山川孕灵,人物盛出,盛时佳赏,恐也无逊于晋
耳。"②可能是沈启公务繁忙,或是经费拮据,兰亭雅集未能在新亭修葺后举行。
不久,沈启便调任他郡。离绍在即,陈鹤与众友于新建兰亭为沈启举行了送别
饯饮,其《兰亭会饮送沈使君》诗四首,其三首句云:"孟冬会兰渚","孟"即四季
中的首月,"孟冬"即为十月。"协欢曲水际,散坐从性真。微酣播芳味,自觉觞
有神"可见这次送别会饮是在十月,会饮的形式也是曲水流觞,俨然是一次修
禊雅集活动。

　　到了清代康熙乾隆年间,由于祖孙两代皇帝都酷爱王羲之的书法艺术,康
熙于三十四年(1695)御书《兰亭序》,勒石天章寺侧之兰亭,三十七年(1698)又
御书"兰亭"二大字悬于前楣;乾隆于十六年(1751)亲题《兰亭即事诗》勒诸石。
由此绍兴地方官员更加重视对兰亭的修建和保护,绍兴知府许宏勋于康熙十
二年(1673)重建兰亭,竣工之后于上巳日举行修禊活动;康熙三十四年知府李
铎奉敕重修兰亭,乾隆八年(1743)以桑调元为首,乾隆十三年(1748)以绍兴知
府杜甲为首,皆举办过修禊活动。十六年(1751)乾隆南巡,三月至绍兴,在兰
亭亲题《兰亭恭咏皇祖摹帖御笔》诗,即《兰亭即事》诗。护驾之文臣皆有诗作。
乾隆十八年(1753)山阴令李升阶为首,乾隆三十四年蒋士铨为首,乾隆五十八
年(1793)绍兴知府李亨特为首先后举行了规模庞大的雅集活动。其后又于嘉
庆十八年(1805)、咸丰三年(1853)、咸丰十一年(1861)、同治八年(1869)以及
其他不明年份举行多次雅集活动。

---

① 《文徵明集》,周道振辑校,上海古籍出版社1987年,第502页。

② 《文徵明集》,周道振辑校,上海古籍出版社1987年,第502页。

第二节 明清时期类型多样的文人社团

明清时期绍兴的文人结社十分频繁,类型多样。这些文人社团的涌现肇始于当时域内诸多名门望族的兴起和八股科举制度的完善。文人社团类型的区分,不同标准或角度可以划分不同类型。郭绍虞先生在其《明代文人集团》中,将文人社团分为"怡老性质者""比较纯粹的诗社""专门研究八股文的文社"三类,并从文体的角度分为两大类,即"诗社""文社";又从文人结合的角度划分为"兴趣的结合""主张的结合""政治的结合"三类。郭英德在《中国古代文人集团与文学风貌》中,将明代文人结社分为"纯粹之诗社""怡老之会社""文社""政治会社"四种类型。王文荣在《明清江南文人结社考述》中,从社约规范、社集场所、诗文唱和等几个方面,将其分为"耆老社""诗社""文社""讲学会"四种。绍兴文人结社在明清时期的社团,除了上述诸家提到的几类外,还有上述诸家未曾提到的在职官员研习进修的会社:张汝霖在南京结的"读史社";消闲娱乐性质的会社,如"丝社""斗鸡社""饮食社""蟹会""蕺山亭聚会";秘密的政治会社等。大致可以分为下列 7 种类型。

一、耆老会社

耆老会社是退休致仕的官员,他们居家结社,诗酒优游,怡情适性,犹如现在的退休老干部中心的文化生活。其中也有缙绅参与,他们以逸老怡乐,犹如现在的老人乐园。如以下几种。

(一)会稽漏瑜于明宣德(1426—1435)年间于湖州乌青镇结"九老会"

据《笔精》卷七载:"宣德间,湖州乌青镇有九老:赵曦,官序班,年九十;吴焕,年九十;赵岐,年八十九;孙孟吉,建文中太常博士,年八十五;水宗达,运司,年八十二;漏瑜,建文中御史;唐其谅,建文中县丞;胡敏、钱郁皆八十。漏瑜会稽人……革除后流寓乌镇,俱能诗,结社唱和,亦一时之盛。"①《枣林杂俎·智集·逸典》载:"乌镇九老会:漏瑜,字叔瑜,一字大美,号越南,会稽人。

---

① (明)徐𤊹《笔精》卷 7,福建人民出版社 1997 年,第 282 页。

革除时以河南道监察御史……寓乌镇。"①又据朱彝尊《静志居诗话》卷六"漏瑜"条云:"漏瑜,字叔瑜,一字大美,别号越南,会稽人。革除间河南道监察御史,有《石轩集》。"又云:"时人有诗纪其事云:'景迫桑榆尽日闲,更邀同志效香山。寻常樽酒频酬劝,适意林泉任往还。心远自忘尘世事,年来不锁利名关。莫言九老非前比,养得天和总一般。'流传以为佳话。"②

(二)明成化年间的"鉴湖吟社"

徐象梅《两浙名贤录》卷二载:"朱纯,字克粹,与罗顷、张皓结鉴湖吟社,太守戴琥深敬礼焉。"陈田《明诗纪事》乙签卷十四作"鉴湖诗社",钱谦益《列朝诗集小传》乙集也作"鉴湖诗社"。郭绍虞先生在《照隅室古典文学论集》(上卷)考定结社活动时间当在永乐二十二年(1424),何宗美《文人结社与明代文学的演进》认为,罗顷《从军行》诗作于正统十四年(1449),遂认定该社活动举办于正统十四年。然而戴琥于成化九年(1473)至十八年(1482)出任绍兴知府,在绍十年,为绍兴的水利建设立下了功劳。朱纯(1417—1492),字克粹,号肖斋,山阴县白洋人。以明经教授乡里,赡养母亲与二弟。时知府戴琥聘修郡志,后召京师修英宗、宪宗实录,录成后不就官而归。朱纯名震东南,一时显宦,宾客盈门,自厌烦剧,遂遍历名山大川,与结诗社。著有《陶铅集》《农余杂言》《驴背集》等。据上可知,所结"鉴湖诗社"当在成化年间。罗顷,字仪甫,山阴梅山人,生卒年不详。祖绂父新皆以儒学为乡人所重。顷幼慧好学,经史百家、稗官野史、佛老诸书无不阅读钩玄,知识渊博弟子盈门。罗顷与父祖三代隐居梅山,并以文学名于时,所著有《物源》及训诂、诗话共二百余卷,称"梅山丛书"。为人刚正不阿,见权势不加礼,人亦不敢以权势加之。郡守戴琥崇礼隐逸,于顷尤为敬重,尝修郡志未成而殁。张皓,与朱纯同里,生平不详。

(三)"山阴耆英会"和"山阴四皓社"

"山阴耆英会"和"山阴四皓社"系隆庆年间和万历初年山阴县白洋村地方乡绅所结的诗社。他们中有的是年老弃官在家的官宦,有的是地方的富绅,因大半生宦途艰险,或辛苦操劳,晚年遂"怡然自适,绝口不言往事",以"余年悠

---

① 谈迁《枣林杂俎》,中华书局 2006 年,第 31 页。

② 朱彝尊《静志居诗话》,人民文学出版社 1990 年,第 144 页。

游山水，非公事足迹不入城"，他们结社连舟于稽山鉴水间，朝夕赋诗，饮酒乡阎，携杖放歌，遂自称"山阴耆英会"或"商山四皓"。

"山阴耆英会"成员有朱篁、王元春、胡元凯等。

据万历三年(1491—1571)朱篁为《张川胡氏族谱序》记载："余居林下效白香山(白居易)故事，与元春王君图南，元凯胡君方山及儒流同志六七人诗酒唱和，亦有年矣。维乙亥八月望日会饮，方山捧缃帙示余曰：'此吾族宗谱，相传久矣，不辑者将四十年，有弟启贤，邑庠彦也，兹重修之，敕丐片言以增光。'"同谱王元春序曰："同拙斋朱君篁，方山胡君元凯为耆英会。"朱序所言"乙亥"即是万历三年(1575)，可见此前，他们已在结社活动。

朱篁(1491—1576)，字守贵，号拙斋，山阴白洋人。年少时随在蜀为官的父亲朱导生活，正德庚午(1510)归邑就试。据《山阴白浦朱氏宗谱》记载："庚午春，同篁(拙斋)归越就浙试，就读于四水书亭。时王守仁先生开篜授士，叔母陆宜人送朱篗、篁等兄弟求学于门下……白洋朱和妻矢节抚子，设宅(翠园精舍)延王文成守仁为师，其子侄篁、篗、篦、节等俱成品。"丙子年(1516)中浙江乡试举人。丙戌年(1526)成进士。

王元春(1502—?)，字廷和，号图南，山阴东林里(今越城区林头村)人。嘉靖七年(1528)乡试落第，后屡试不售，乃以授徒为业。二十九年(1550)中进士，出任南昌府司理，累官户、工、刑科给事中，江西布政使参议、陕西按察使等职，后被流言所伤，退归乡里。万历十一年(1583)蒙诏复原官致仕。

胡元凯，字舜臣，号方山，山阴张溇人。曾任按察使司从事，福建汀州府知事。与王元春为姻亲。

山阴四皓社成员有朱篗、朱篁、胡元凯、黄涂峰等。

朱篗(1491—1571)，字守业，号存斋，山阴白洋人。父朱和英年早逝，在母亲陆氏抚养下成长。正德己卯年(1519)中浙江乡试，赴庚辰礼闱不第，卒业南雍，谒选授直隶松江府判，深得当道信任和郡民称颂。嘉靖庚子(1540)入觐，升南京刑部广东司员外郎，旋晋郎中之职。因秉公办案，受到了严嵩党羽大司寇何鳌的竭力抵制，相持于公堂上，以墨涂何脸，直斥其扰乱朝廷法度以为己私，菅草野之命以为诣资，遂毁裂袍带，弃职东归。此后以俸余给二弟周宗党之贫乏者，居乡二十年，与张溇之胡公方山，西庄之黄公涂峰，乃兄拙斋结社连舟于稽山鉴水间，自称为山阴四皓。

朱箎，字守贵，号拙斋，山阴白洋人，生平见上。胡元凯生平见上。黄涂峰生平不详。

（四）崇祯初年曹山八老社

据乾隆《绍兴府志》卷三十四《人物》"陈治安"条："与陶奭龄、董懋中、徐如翰辈为'曹山八老'，每遇登临，则吟啸忘倦。"光绪《上虞县志》卷十《人物》"徐如翰"条："引疾归卜居山阴戢山之麓，与陶石梁、陈元晏诸君赋诗饮酒，称'稽山八老'。"

陈治安，字迩道、汝道，又字镜清，会稽人。明万历三十四年（1606）举于乡，选授新华令，以古法治民，清廉如水。未几以母忧归，以经史为性命，年老仍持卷矻矻不少休，足罕入城市，与陶石梁等结"曹山八老社"。忧归时有诗六首，题寒溪寺壁，谭元春见之惊叹，对人啧啧称羡。诗甚清远，越畦径之外，所著古文词近柳宗元和欧阳修，所著《梅山纪事》《南华真经本义》尤见卓识。

董懋中，字建叔，号黄庭，董玘之曾孙。兄弟三人（长懋史、次懋策、季懋中）皆有文名。万历四十一年（1613）进士，授武进知县，历刑部清吏司主事，转员外郎，迁宁国知府，谪福建建宁府推官，升尚宝司卿。崇祯初入逆案，坐赎徙为民。

陶奭龄（1562—1640），字君奭，号石梁，会稽人。明万历三十一年（1603）举人，授建德教谕，改吴宁知县，旋调肇庆司李，有政声，后擢济宁太守，以年老不赴任而归。学宗王守仁以禅入儒，门人私谥"文觉"先生，著有《今是堂诗文集》《小柴桑喃喃录》。

徐如翰，字伯鹰，号檀燕，上虞人。十岁应童子试，万历二十五年（1597）举于乡，二十九年进士，授行人，工部郎督理，泰昌元年（1620）升宁武道山西兵备使，适逢方从哲、杨镐辽东败绩，上疏弹劾，反遭削籍归。天启初起天津兵备道，崇祯元年起陕西参政，巡抚江北，引疾归。著有《忠孝未扬疏》《檀燕山集》。

其余四人有张汝懋、谢瘗云、张孔时，一人姓名未详。

二、诗社或词社

诗社或词社的结社宗旨是提高诗或词的写作水平。

（一）嘉靖年间的"越中十子社""越中七贤社"

嘉靖二十三年(1544)，因忤犯巡按御史而调任荏平县令的沈炼丁忧回籍，他是个性情刚直的下级官吏，对当时腐朽的宦官统治十分不满，常与萧勉、陈鹤、徐渭等议论时事，以诗文会友、互相唱和结为诗社，乾隆《绍兴府志·人物志》："沈青霞炼、萧柱山勉、陈海樵鹤、杨秘图珂、朱东武公节、钱八山楩、柳少明文及诸龙泉、吕对明、徐文长渭称越中十子。"越中十子社中有退休的乡绅、丁忧在籍的官员，有山林隐逸，也有少年英俊，其中徐渭、诸龙泉最为年少。

沈炼(1507—1557)，字纯甫，号青霞，会稽人。嘉靖十七年(1538)中戊戌科进士，历任溧阳、荏平、清丰县令，后为锦衣卫经历。嘉靖二十三年(1544)丁忧回籍，以结社酬唱诗文发泄对时政的不满，有《青霞集》十二卷传世。沈炼娶妻于徐家，与徐渭有亲戚关系，有意介绍徐渭与越中名士往来。沈炼不以诗文成名，却以刚直不阿著称，后与泰州学派人士赵贞吉共同反对严嵩而被诬害，在思想性格上对徐渭影响很大。

陈鹤(1504—1560)，字鸣野，号九皋，别号海樵山人，山阴人。出身于世袭百户的军官家庭，因年少病弱辞去世袭军职。在怪山修建飞来山房和息柯亭，广交宾客。兴趣广泛，"其所娱戏，虽琐至吴歈越曲、绿章释梵、诬史祝咒、棹歌菱唱、伐木挽石、蔍辞傩逐、侏儒伶唱、万舞偶剧、投壶博戏、酒政阄筹、稗官小说与一切四方语言，乐师蒙瞍口诵而手奏者，一遇兴至，身亲为之，靡不穷态极调"[1]。其所作诗文，若骚赋诗曲、草书图画，能尽效诸名家，间出己意，工赡绝论，著有《海樵山人集》。

杨珂(1502—1572)，字汝鸣，号秘图，余姚人。少从王守仁学，能诗文，为诗潇洒，尝游天台四明，题咏殆遍，著有《秘图居士集》。尤善书法，万历《余姚县志》载："杨珂幼摹晋人帖逼真，后别成一家。多作狂书，或从左，或从右，或从偏旁之半而随益之。"吴惟岳每论书法，辄云："故人杨秘图珂者，今之右军也。"对徐渭书法影响很大。

诸龙泉，又名景春，字应期，山阴诸生，诸大绶从弟。徐仑著的《徐渭集》、何乐之著的《徐渭》，骆玉明、贺圣遂合著的《徐文长评传》皆把诸龙泉误为诸大绶。

---

① 《陈山人墓表》，见《徐渭集》第 2 册，中华书局 1983 年，第 641 页。

吕对明,字光升,号莲峰,明兵部尚书吕光洵之弟,新昌人生卒年不详。天资敏捷,尝侍督学孔天胤游石梁,命作诗百韵,濡墨立就,一座叹赏。诗词翰墨号称两绝。选贡生入京,授湖广长沙府别驾,甫八月即赋"归去来",年九十而终。

柳文(1514—1574),字彬仲,山阴贡生。嘉靖十八年(1539)纂修《山阴县志》,由贡生出任教谕。与张天复、罗椿斋二人齐名,时人称为"越中三俊"。与沈炼、徐渭交情甚笃。万历二年(1574)死于都昌县任内。

朱公节,字允中,号东武,山阴人生卒年不详。嘉靖十年(1531)中举,曾任彭泽县令、泰州知州,晚年讲学稽山,与沈炼、陈鹤交情甚厚,其子朱赓之妻即陈鹤之女。著有《东武山房集》。

钱楩(？—约1551),字世材,号立斋,又号八山,山阴人。嘉靖五年(1526)中进士,官至刑部郎中,后弃官回乡,别妻子,焚衣冠,学长生之术,筑室于秦望山半岩,淡然修道,死后,人呼半岩为钱公岩。

萧勉(1515—1557),字女行,号柱山,太学生,会稽人。萧与徐家有亲戚关系,与渭友情深厚。其父萧鸣凤是徐渭的姑表姐夫,论辈分,萧勉是徐渭的表外甥,但年龄比徐渭大。萧勉与陈鹤关系亲密,由于他的介绍,徐渭才结识了陈鹤。

徐渭(1521—1593),字文长,号天池,又号青藤,会稽人。少有才志,九岁能属文,二十岁为诸生,屡应乡试不中。曾为浙闽总督胡宗宪幕客,参与谋划抗倭战事,以草《献白鹿表》负盛名。胡宗宪被劾下狱,徐渭惧株连而数次自杀,后因失手杀死其妻银铛入狱,得张元汴、诸大绶等救援得免。晚年生活贫困。徐渭诗文不为时风所染,奇逸恣肆,独具一格。善草书,工花草竹石,文学批评强调独创,对公安派和王思任、张岱等有很大影响。著有《徐渭集》《四声猿》《南词叙录》等。

越中十子社没有什么政治文化的固定宗旨,与全国各地也没有什么联系,是在野士大夫和青年文人的地域性的结社组织。该社既议论时政,交流思想,发泄感慨,切磋诗文,共同长进,又有前辈识拔、培养后进的极有益的结社活动,无形中对青年徐渭的成长产生了深远影响。沈炼、陈鹤最早赏识徐渭的才华,曾对人说:"关起城门,只有这一个①!"在政治上,徐渭十分钦佩沈炼等爱国

---

① 《徐渭集·畸谱》,中华书局1983年,第1334页。

爱民、反对气焰熏天的严嵩集团的胆略和气节,沈炼死后,他曾在诗文中多次表达自己悲愤之情,亲手校阅《沈青霞先生集》,杂剧《狂鼓史》的创作就与沈炼殉难有关,对于徐渭孤介绝俗的思想性格的发展也有很大影响;在文艺方面,徐渭继承了杨珂的书法、陈鹤的花卉画法,而且青出于蓝而胜于蓝,创立了青藤画派。徐渭曾为陈鹤遗著《息柯余韵》作序,称扬他的广泛兴趣和造诣。与年龄比自己大七岁的柳文关系很好,中年以后仍有诗文往来,互相切磋。该社培育并造就了徐渭、杨珂等文学之士,正如黄宗羲指出:"吾越自来不为时风众势所染,当何、李创为唐诗之时,阳明与之更唱迭和,未几弃去。何李而下,叹惜其未成,不知其心鄙之也。太仓之执牛耳,海内无不受其牢笼,心知徐渭、杨珂之才而欲招之,徐、杨皆不屑就,太仓遂肆其讥弹,而徐杨之名终不可掩。顾昧者以乡邑二十年之闻见,妄谓吾越无诗,越非无诗也,无今日之假唐诗也,又何异饮狂泉者之怪国君穿井而汲乎?"①

"越中七贤"社,据《上虞县志(光绪)》记载,"车任远尝与杨秘图、徐文长、葛易斋等七人仿竹林轶事,结为社友",杨秘图有赠车任远诗云"七贤结社今何在? 尚古风流赖有君",然未详结社之具体时间。

车任远(约1550年前后在世),字远之,上虞人。廪生,性耿介,常闭户著书,非其人不结纳。博学多识,上虞县令徐待聘闻其才且贤,延修《县志》,邑人陈绛著《金垒子》,曾为之校订。所著有《知希堂稿》《萤光楼识林》《濯缨集》等。工曲,著有杂剧《福先碑》和传奇《弹铗记》《四梦记》等。

葛晓,字云岳,号易斋,上虞人,生卒年不详。少以恩荫让其叔祖臬,里人称扬之。善诗文,工书法,士大夫多与交,万历间上虞县令徐待聘延其修县志。

其余未详。

(二)吕胤昌与"白榆社""上林诗社"

吕胤昌(1560—1612),一作允昌,字玉绳,号麟趾,又号姜山,明绍兴府余姚人。祖父吕本,父吕兑,母孙镮,是孙升与杨文俪的女儿,孙矿是他的舅父,又是老师,生长于贵族兼文学的吕孙两家,自小受到良好的传统文化教育,嗜读古书,涉猎驳杂。孙矿《与吕甥玉绳论诗文书》中提到,吕胤昌打算刊刻和已经刊刻的就有《汲周书》《太玄》《前诗纪》《全唐诗纪》等，还曾搜罗汇聚《古今逸史》《华阳国志》等古代小说，惜因工程浩大，未能刊刻。万历元年（1573）十四岁的吕胤昌考中秀才，舅父孙矿作《赠吕甥玉绳》五言古诗曰："嗟子世家彦，十四衣青衫。行将献长策，至身青云端。筮仕方在初，努力期先贤。高位岂难跻？无使颜色惭。"①既贺其少年进学，又勉励他再接再厉。作为吕家长子的吕胤昌没有辜负家人的期望，万历十年（1582）即以23岁中第43名顺天乡试，次年中进士，十一年（1583）秋出任宁国府推官，十七年（1589）升吏部文选司员外郎，二十一年（1593）受党争牵连，降职工部主事，二十六年（1598）自工部都水司主事改官九江通判，未到任即改调南太仆丞，万历三十年（1602）以南京工部虞衡清吏司郎中授阶奉政大夫，不久挂职归里，舅父孙矿曾作长诗《吕甥艾园歌》深表惋惜："古称五十服官政，甥前数年已挂冠。千岩万壑每乘兴，修竹茂林常纵欢。"②

吕胤昌出任宁国府推官期间，当时的宁国府府治在宣城，与汪道昆晚年里居的徽州为近邻，尽管他与这位文坛前辈年龄相差三十多岁，但汪道昆对吕胤昌青眼有加，以"为千古，任斯文"相推许，"折简谩劳招石隐"，加入了声名显赫的由汪道昆主持的"白榆诗社"。先后入社的有余翔、龙膺、屠隆、胡应麟、汪道昆、汪道会、梅鼎祚、潘之恒等人，多为当时东南地区的社会名流。据龙膺所作《汪伯玉先生传》云："汪伯玉先生者徽之千秋里人也，讳道昆，馆司马。予小子释褐徽里，为万历庚辰下车，首式先生之庐，先生五十六矣！……久之，屠纬真仪部、李本宁太史、吕玉绳司法、沈嘉则、郭次甫、俞羡长诸名流先后至，乃结白榆社于斗城南集。"③"万历庚辰"即为万历八年（1580），白榆社的结社当在吕胤昌担任宁国府推官的万历十一年（1583）左右。汪道昆《太函集》有《宛陵吕相君历新都招入社二首》诗云：

> 枌榆生事近来荒，有客停车背郭堂。
> 伏枕白头俄雀跃，承家绿鬓早荐扬。

① 《月峰先生居业次编》，见《四库禁毁书丛刊》第172册，北京出版社1997年。
② 《月峰先生居业次编》，见《四库禁毁书丛刊》第172册，北京出版社1997年。
③ 《汪伯玉先生传》，见《龙膺集》卷3，湖南人民出版社2008年。

> 行春雾散开三辅，入夜星河动七襄。
> 海岱只今移咫尺，齐风千古正浃浃。（其一）

> 斗口氤氲戴六星，城头缥缈出孤亭。
> 合宫地划芙蓉紫，叠嶂天连薜荔青。
> 折简谩劳招石隐，挥毫瞥见走山灵。
> 君从秦望杯沧海，肯托湘流问独醒。①（其二）

吕胤昌为吏部主事，汪道昆作《送宛陵吕相君应召入朝二十四韵》相送，赞扬其"经术推高第，词华引后生。"吕胤昌到京城后，汪道昆又作《寄同社吕主爵玉绳》二首，其二云："白榆秋社叹离群，黄鸟春声转忆君。荃露深霭华省树，炉烟遥引敬亭云。论交一札春前寄，启事千言海内闻。举目玉绳天北极，疏星犹聚浙江济。"②可见汪道昆与吕胤昌之间的忘年之交情深。汪道昆因自己年岁已高，曾希望由年富力强的吕胤昌主持白榆社，他给《吕玉绳》信中说："不佞家食十余年，老奄奄至矣。……诚愿束牲载书主盟里社。"③可见他对吕胤昌寄予厚望。

吕胤昌也极其服膺汪道昆，虚心求教，孙矿《月峰先生居业次编》卷三附有《玉绳答论诗文书》，信中有吕胤昌向孙矿谈及他与汪道昆交往的情况："绳屡过新安，虽常辱汪司马杯酒，晤言犹苦未尽。近日有暇得常造太涵馆中剧谈，闻所未闻，深自快耳。""汪司马惓惓劝甥，勿看类书，勿看僻书，勿博洽而少精诣，勿急字句而缓章法，勿矜辞采而忘神髓，文且学质木，学艰深，而勿偷快于疏畅，此其诀也，甥亦服膺其训矣……"④从中可见汪道昆将自己为学的经验教训倾心向这位后辈相授，吕胤昌也在与这位文坛前辈相交中得到提高。吕胤昌加入白榆社后，常在家乡上林湖举办上林诗会，祖父吕本晚年亦参与诗文之会，《期斋吕先生集》卷四有诗《元夕孙上林启会请王洲明府主席》《黄毅所理刑祝邑篆赴上林社，会予以病不与，漫赋简毅所》，其中《孙上林宅集社友，亦速予

---

① 汪道昆《太函集》卷118，黄山书社2004年，第432页。
② 汪道昆《太函集》卷118，黄山书社2004年，第438页。
③ 汪道昆《太函集》卷101，黄山书社2004年，第236页。
④ 《月峰先生居业次编》，见《四库禁毁书丛刊》第126册，北京出版社1997年，第616页。

属首倡以纪其盛》诗云:"白社何人是主盟,清秋开宴集群英。高踪欲继荀陈会,宿好应谈管鲍情。酒兴不辞鹦鹉劝,歌声如听凤凰鸣。念予老拙忘机久,一度陪从万虑轻。"该诗说明了吕本晚年亦积极参与孙子吕胤昌举办的上林社诗会。该诗社活动时间不长,参与者多为余姚县有关官员及吕氏家族人员,吕本去世后也就停止了。

吕胤昌善音律,好戏曲创作,《神女记》《戒珠》《金合》三传奇原是他的手笔,但为了给儿子吕天成在文坛上扬名,这些作品的署名都给了儿子吕天成。白榆社中的屠隆、梅鼎祚、汪道昆都是戏曲家,共同的丝竹声律之好使他们之间的情谊比其他同社人更为笃厚。万历十六年(1588)吕胤昌在宁国府推官任上曾嘱咐梅鼎祚搜罗古乐府作品,梅鼎祚全力搜集,旋校旋刻,编辑成《古乐苑》,万历十八年(1590)完工,十九年(1591)汪道昆欣然为序:"司理吕玉绳相视莫逆,校而版之宛陵。……禹金又言,玉绳既召,鼎祚亦有所撄心,幸而萧守君、吴相君相与程督之始告成事。"

梅鼎祚(1549—11615),字禹金,号胜乐道人,安徽宣城人。少年时即负诗名,然屡试不中,中年后弃举子业,以诗文、戏曲创作为乐。著有《鹿裘石室集》和小说集《青泥莲花记》、杂剧《昆仑奴》、传奇《玉合记》等。万历十一年(1583)吕胤昌出任宁国府推官,梅鼎祚与其相识,此后交往密切,友谊持续二十余年。梅鼎祚《鹿裘石室集》中保存了大量写给吕胤昌的诗文书信。《古乐苑》堪称是两人友谊的结晶。

屠隆(1541—1605),字长卿,又字纬真,别号由拳山人,浙江鄞县人。万历五年(1577)进士,历任颍上知县、青浦令、礼部主事郎中。万历十年(1582)遭受诬陷,削籍罢官,著有传奇《昙花记》《修文记》《彩毫记》三种,诗文集《栖真馆集》《白榆集》《鸿苞集》《由拳集》等。万历十五年(1587)屠隆去宣城祭奠好友沈懋学,与吕胤昌相识。吕胤昌对罢官后经济拮据的屠隆多有接济,《栖真馆集》卷十四《与吕玉绳使君》云:八口今日得仁兄相助,堪为半岁资粮。助不佞成道者,宰官也,功德不堪小矣。为此,屠隆在人前人后不遗余力地褒扬,反复称道吕胤昌的"魏晋风度"。《白榆集》卷七《寄吕使君二首》其一云:"才如沈马畅玄风,官是宣城列郡雄。"其二云:"人如子晋霞衣薄,书寄华阳鹤使迟。"

汤显祖(1550—1616),字义仍,号海若,江西临川人。万历十一年(1583)

进士，历任南京太常寺博士、礼部主事，万历十九年（1591）因上《论辅臣科臣疏》抨击朝政，被贬为广东徐闻县典史，万历二十年（1592）升任浙江遂昌知县，五年后弃官归家，专心戏曲创作，著有《紫钗记》《牡丹亭》《南柯记》《邯郸记》，合称"临川四梦"。吕胤昌与汤显祖为同年进士，两人一直保持密切关系，有诗词唱和。万历十一年（1583）吕胤昌出任宁国府推官，汤显祖作《朝天宫夜别吕玉绳司马宁国》七律，此后汤显祖任南京太常博士，曾邀约吕玉绳等同科进士宴饮，有《初秋邀于中父、吕玉绳、孙世行、乐之初邸阁小饮》记之。万历十五年（1587）吕胤昌祖父吕本病逝，汤显祖作《闻吕玉绳大父相国谥议作》七绝吊唁，万历十九年（1591）汤显祖贬为广东徐闻县典史，吕胤昌时刻挂念，万历二十八（1600）年七月，汤显祖因长子汤士蘧病卒于南京，年过半百，受此打击，遂一病不起，此时吕胤昌正在南京工部任职，他竭尽朋友之谊鼎力相助，料理丧葬之事。他们还曾因传奇《牡丹亭》改本的纠葛，导致"汤沈之争"。

（三）王思任于万历十六年（1588）京城结社

据王思任《谑庵文饭小品》卷五《知希子诗集序》载："神庙戊子秋，京闱榜放，太仓王辰玉领解，华亭董玄宰占魁，而必大先生以戴记夺锦。都人士甚喧得士之盛，而更喧先生为青麟火玉，以婴儿中大科，则尔时先生总角，未亲迎也。……与予盟社，称两岁之长，拈弄帖括后，即庚互韵语。都人士窃笑之，以为少年辈何为是蒇蒇者。而尉氏阮太冲、中牟张林宗见而悦之，独谓两生旗鼓正锐，中原七子，未知鹿谁得也。既而予幸第去，先生终吝公车，犹忆庚戌九月，分手春明门，惨惋不怿，杯酒哽咽，遂成车过腹痛之兆。"同书卷二《阿育王寺夜坐》注："时忆中牟张林宗、阮氏阮太冲二社友。"

所谓"神庙戊子秋"即为万历十六年（1588），王思任时年仅 15 岁，参与顺天乡试，中榜者有太仓王衡、华亭董其昌等，都中称"得士之盛"。王思任深受鼓舞，立即与中牟张林宗，尉氏阮太冲缔结社盟。万历二十三年（1595）王思任成进士，时年刚满 20 岁。"庚戌九月"即为万历三十八年（1610）九月，他在文中回忆结社之事，对社友深表怀念，同时感到那次结社在其人生道路上起过重要作用。

王思任（1574—1646），字季重，号谑庵、遂东，浙江山阴人。据张岱《琅嬛文集·王谑庵先生传》载："年十三即从漏衡岳先生馆于樵李黄葵阳宫庶家。

先生落笔灵异,葵阳公喜而斧藻之举业日进。万历甲午(1594)以弱冠举于乡,乙未(1595)成进士。房书出,一时洛阳纸贵。士林学究以至村塾顽童,无不口诵先生之文。"先后任兴平、当涂、青浦知县、袁州推官、刑部主事、江西佥事,然而"淹蹇宦途,三仕三黜。……通籍五十年,三为县令,一为司李,一为教授,两为枭幕,三为主政,一为备兵使者,直至监国,始简宫詹,晋秩少宗伯……五十年内,强半林居,乃遂沉湎麴蘖,放浪山水"①。平生喜与文士结社,如与祁彪佳结萍社、枫社等。著有《王季重十种》《谑庵文饭小品》等。

张林宗(1570—1642),名民表,字法幢,一字林宗,自号原圃猎徒,大梁中牟(今河南省)人。中州名士和诗人。父张孟南,累官至南京兵部尚书。万历十二年(1584)中秀才,据周亮工《书影》记载:张民表与阮太冲和王思任"俱生于都门",万历十六年(1588)19岁的张民表与同窗仅15岁的王思任、阮太冲在京城结社,风雅赋诗,同时还参与了王思任与巢必大的诗社活动。十九年(1591)中举,十上会试不达,年七十志不少衰,常葛衣野服参与地方公益活动。晚年书法日进,诗益工。与尉氏阮太冲、汝南秦京相友善。王思任《谑庵文饭小品》卷一有《简张林宗》,卷二《应龙无尾操》注:"中牟孝廉张林宗,余同社兄也。有道孺子之亚与,上公车五十五年不厌。……闯贼至决河灌汴,登坊极馁,数日死,讬桐友伤之。"周亮工于崇祯六年(1633)前后八年曾为其家塾师,教授其三子。崇祯十五年(1642)李自成攻开封,放水淹城,林宗为水淹死。著有《原圃集》《塞庵诗》等。周亮工《赖古堂集》卷十八有《张林宗先生传》。

阮太冲,浙江人,移家河南尉氏,居京城,积学嗜奇,授徒于尉,朝廷数下诏征聘不起,好游山水,与张林宗、秦京号为"天中三君子"。李自成攻洛阳时被执,骂而死。著有《尉缭子解》《阮太冲集》。王思任《谑庵文饭小品》卷二《简阮太冲》五律诗《天宁寺夜月偶忆太冲》云:"向夜吴门月,何时江渡来。天空如杳绝,金气尚徘徊。照佛谁明镜,愁人是石苔。屋梁颜色到,宜梦不宜猜。"周亮工《赖古堂集》卷十二有《阮太冲集序》,称其为文一脱稿,其门人张甫晋即为缮录梓之,顺治二年(1645)周亮工在金陵为之刊行。

---

① 张岱《王谑庵先生传》,见《张岱诗文集》,夏咸淳校点,上海古籍出版社1991年,第287页。

（四）陶望龄与袁宏道等于万历二十六年（1598）京城崇国寺结葡桃社

据袁中道《珂雪斋集》卷十七《石浦先生传》载："戊戌，再入燕。先生官京师，仲兄亦改官，至予入太学。乃于城西崇国寺葡桃林结社论学。往来者为潘尚宝士藻、刘尚宝日升、黄太史辉、陶太史望龄、顾太史天峻、李太史腾芳、吴仪部用先、苏中舍惟霖诸公。"①同书卷二三《答陶石篑》载："念愚兄弟，数年以来，彼此慈爱，异常深重，如左右手，不能相离。自入都门，两日不见，则忽忽若有所失；一时相聚，载欢载笑。中郎仕进之念渐已灰冷，弟亦惟以去年了场屋事还山。"②同书卷十八《吏部验封司郎中中郎先生行状》载："戊戌，伯修以字趣先生入都，始复就选，得京兆校官。时伯修官春坊，中道亦入太学，复相聚论学，结社城西之崇国寺，名曰蒲桃社。"③《万历野获编》卷十"黄慎轩之逐"条载："黄慎轩（晖）以官僚在京时，素心好道，与陶石篑辈结净社佛，一时高明士人多趋之，而侧目者亦渐众，尤为当涂所深嫉。壬寅之春，礼科给事张诚宇（问达）尚疏劾李卓吾……并暗攻黄慎轩及陶石篑诸君也。"④。

陶望龄（1562—1609），字周望，号石篑，绍兴府会稽县人。万历十七年（1589）会试第一，授翰林院编修，参与编撰国史，后晋升为国子祭酒，因母老辞归未任。陶望龄有"词苑鸿儒"的美称，以讲学而名世。著有《歇庵集》《天水阁集》，《明史》卷216有其传。

陶望龄与公安派袁氏三兄弟交谊深厚，尤其是与袁宏道交往密切，二人多有书信来往。在《袁宏道集笺校》中，袁宏道与陶望龄交往的诗文有二十多篇，多为论学之文。陶望龄与袁宏道的相识是由同僚袁宗道引见而促成的。万历二十三年（1595）陶望龄回乡，途中顺访了袁宏道，第二年九月，陶望龄携弟陶奭龄再次拜访袁宏道，一起游玩了洞庭两山，住了十几天后告别。此次交往，袁宏道写下了《陶望龄兄弟远道来访，诗以别之》一诗作为纪念。陶望龄的《歇庵集》中有《游洞庭记》以记其事。万历二十五年（1597）袁宏道游历绍兴，住在陶望龄家里，两人之间交情进一步加深。在绍兴游历的十几天里袁宏道创作

①　袁中道《珂雪斋集》，钱伯诚点校，上海古籍出版社1989年，第709页。
②　袁中道《珂雪斋集》，钱伯诚点校，上海古籍出版社1989年，第972页。
③　袁中道《珂雪斋集》，钱伯诚点校，上海古籍出版社1989年，第758页。
④　沈德符《万历野获编》，中华书局1959年，第270页。

了《兰亭》《山阴道》《鉴湖》《禹穴》《五泄》等多首诗篇。万历二十六年(1598)袁氏三兄弟与黄辉、江盈科、潘士藻、吴用先、李腾芳、陶望龄等人在北京城西崇国寺结蒲桃社,共同致力于诗文创作。清人陈田云:"公安楚咻,始于伯修(宗道)、黄平倩(辉)、陶周望与伯修同馆,声气翕合,中郎稍晚出,推波助澜,二人益降心从之。"①

(五)山阴张联芳于天启四年(1624)与谭元春等京城结长安古意社

据《谭元春集》卷二三《长安古意社序》载:"予来京师,僦居城外寺。柏二株,鸢一只,送声递影,常若空虚。暇则如退院僧,不常接城中人,书亦罕至。自以为虽非学问所得,然躁心名根,退去四五,往往有不负师友处。一日,步至城东,值桐乡钱仲远、山阴张葆生、平湖马远之、武进恽道生、公安袁田祖、兴化李小有、阆中徐公穆饮正畅。予久不见奇士,怦怦心动,徙倚难去。……庚申岁,予在西湖,看两山红叶,葆生、远之先后挐舟相寻,予适去,然犹蹑予叶上履痕,皆可径称故人。……于是乐甚。酒半酣,问年齿少长,忽下拜,兄已而弟人。是日,觉有古意,令谭子授笔记其事。记成,无所附,附以他文字,人若干首,刻焉,题为《长安古意社》。"②

张联芳(1575—1645),字尔葆,又名葆生,号二酉,张岱二叔。万历四十六年(1618)赴京乡试,与漏仲容、沈德符、韩敬仲等结"噱社"。万历四十八年(1620)谭元春至杭州西湖,张葆生与之交。天启四年(1624)在京师再次参加乡试,与谭元春等结"长安古意社"。

(六)明季的"枫社""文昌社""云门十子社""萍社""雁社"

明末,正是处在改朝换代大变动之标,在这时代的大风暴里,爆发了抗清斗争,许多士大夫、知识分子倡言结社,或借诗歌抒发抗清斗志,或则逃避于山水风月,以全身远害。杨凤苞在《书南山草堂遗集》中说:"明社既屋,士之憔悴失职,高蹈而能文者,相率结为诗社以抒写旧国旧君之感,大江南北,无地无之。"枫社、文昌社、云门十子社就是这种历史背景下的产物。

"枫社"由"明季王季重、李毅斋两先生创于萝纹坂"③,后由祁彪佳主盟。

---

① 周群《文道并焕,儒释兼综——论陶望龄的学术与文学》,载《南京大学学报》2000 年第 6 期。

② 谭元春《谭元春集》,陈古珍标校,上海古籍出版社 2018 年,第 877—878 页。

③ 陈锦《越中观感录》,见"绍兴丛书"第 3 辑《史迹汇纂》,中华书局 2009 年。

据《祁忠敏公日记·山居拙录》载："四月十三日，同王照邻至山侯枫社诸友，午间，谢瘵云、詹无咎、赵孟迁、孟子塞、张毅儒、张亦寓、张子威、李受之、王尔瞻、王伯含，举酌于四负堂，散憩山上，复酌舟中，与游柯园、密园，酣饮至日上始去。""四月二十日，得枫社诸友游寓山诗，并得王士美记事甚妙。""余与倪元璐于张岱家举枫社，演《红丝记》剧。"《山居拙录》系记于丁丑岁，即崇祯十年（1637）。由此可见，枫社活动是在崇祯在位的中期，活动方式以集体游览山水名园，饮酒赋诗，自由抒发感情为主。

孟子塞，名称舜，字子若、子塞，号卧云子，会稽人。崇祯时诸生，明末参加复社活动，入清后为顺治六年（1649）贡生，任浙江松阳县任教谕。他的创作活动主要在天启、崇祯年间，是晚明一位重要的戏曲作家。著有传奇《娇红记》等五种，杂剧《桃花人而》等六种，现均有传本。

倪元璐（1594—1644），字玉汝，号鸿宝，上虞人。天启二年（1622）中进士，授为编修，历任南京司业、国子祭酒、户部尚书等职，敢于与魏仲贤阉党斗争。李自成攻陷北京，自缢而死。能诗文，尤善画山水竹石，著有《倪文贞集》等。

张岱（1597—1689），字宗子、石公，号陶庵，山阴人。为人落拓不羁，喜游山水。明亡，入山隐居。著有《琅嬛文集》《陶庵梦忆》《西湖梦寻》《石匮书》等。

张毅儒，张岱堂弟。《琅嬛文集》有《与毅儒八弟》《又与毅儒八弟》等文，曾编辑《明诗存》。生平未详。

谢瘵云（1570—1645），名国，又名弘仪，字简之，号瘵云，会稽人。万历庚戌（1610）进士第一人，曾任广西左都督兼右都御史。能诗工曲，著有《蝴蝶梦》传奇。

其余未详。

文昌社系由祁骏佳、祁凤佳、祁彪佳兄弟开创。祁彪佳自崇祯八年（1635）罢官家居至乙酉（1645）以身殉国，崇祯十六年（1643）复官赴任除外，前后共十年从未间断结社唱和活动。他们以每年阴历正月十二日为文昌社日，社友必集于文昌庙进行社祭，然后或游名山胜园，或举酌赋诗。如乙卯岁（1635）"正月十二日，德公兄举文昌社，予预焉"①，丙子岁（1636）"正月十二日举文昌社，

---

①　《祁忠敏公日记·弃录》，见《祁彪佳日记》，浙江古籍出版社 2017 年。

作寓山卜筑七律,与社中友小酌"①。参加者除祁氏兄弟外,还有董天孙、蒋安然、王云岫、陈长耀、陈振孟、陈绳之、赵应侯等。

祁彪佳(1602—1645),字幼文,号世培,山阴人。天启二年(1622)考取进士,历任兴化府推官、御史等职,清兵攻陷南京,闻讯绝食,后投水自尽。著有《祁彪佳集》《远山堂剧品·曲品》《祁忠敏公日记》等。

祁骏佳(1604—1681),字季超,号方山,山阴人。崇祯戊辰(1628)选贡生,彪佳四兄,能诗工曲,著有《鸳鸯锦》传奇。

祁凤佳(？—1643),字德公,增贡生,彪佳次兄,能诗工曲。

王云岫,名应进,字云岫,山阴彤山人,生卒年不详。曾官浔州通判。家有彤园,祁彪佳《越中园亭记》有记载。

陈长耀、陈振孟、陈绳之皆嵊县人,生平未详。

关于云门十子社,朱彝尊《静志居诗话》载曰:"豸佳、董一、王雨谦、陈洪绶、赵甸、王作霖、鲁集、王霪、罗坤、张逊庵为云门十子。"云门十子社系成立于明清易代之际,他们哀痛明王朝覆灭,不愿与清政府合作,在清兵压境的严峻形势下,躲进云门。云门者,寺院也。云门寺在今绍兴县平水镇。

祁豸佳(1595—1670),字止祥,号螺仙,山阴人。天启丁卯(1627)举人,以教谕迁吏部司务。明亡后,坚拒当事延聘,弃职隐居云门寺,日与老衲蒲团相对,谈世外烟霞,间呼伶人奏丝竹,亲执管和之。工诗文,妙解音律,尤善书画,著有《眉头眼角》《玉麈记》传奇。

董玚(1615—1692),字叔迪,号无休,会稽人。出身于世勋家庭,年七岁读五经,十岁能诗文,陈志龙为绍兴府推官,见其文奇之。喜言兵研习战术,欲以功名奋迹,会国变,遂隐于僧,但不喜读佛书,亦不居禅室,夫妻父子骨肉聚处,独蔬食终其身,著有《学林园稿》。

王雨谦,字延密,号白岳,山阴人,生卒年不详。自幼阅读甚富,性倜傥好任侠,喜谈兵使刀。崇祯癸未年(1643)举于乡,南都破,潜身归家。与张岱交情甚厚。清初,同年生王三津以监司聘,婉辞,遂闭户与女婿俞公谷共辑《廉书》,年九十而卒。

---

① 《祁忠敏公日记·居林适笔》,见《祁彪佳日记》,浙江古籍出版社 2017 年。

陈洪绶(1598—1652),字章侯,号老莲,又称云门僧,诸暨人。清军入浙东,至绍兴云门寺为僧,纵酒自放。能诗文,尤善绘画,工人物仕女,书法遒劲飘逸,绘有《水浒叶子》《西厢记》等绣像插图,著有《宝纶堂集》。

赵甸,字禹功,一字璧云,山阴诸生,生卒年不详。甲申后绝意进取,逍遥云门寺,终身未婚。能诗文,善画山水,深得倪云林意趣,尝修《显圣寺志》。

王作霖,字用之,山阴人。自幼日诵千言,诗文古朴,间户绝人事者十数年。福王立,授中书舍人,鲁王立于绍兴,负玉牒献,授原官加仪制司主司。江上师溃,入云门寺为僧。工书法,善画山水花鸟。

罗坤,字宏载,号萝村,会稽诸生,生卒年不详。康熙己未(1679)举博学鸿词,罢归,益肆力诗文词的写作,一时名流推重之。余怀《萝村诗集序》云:"萝村诗乐府直追陈思,歌行竟如昌谷,近体不让随州,深情逸韵,磊落英多,洵可东南之胜矣!"著有《萝村诗集》《半山园集》。

王畺,字予安,别号遁衲,会稽诸生,生卒年不详。崇祯六年(1633)中乡举,明亡后为僧。工诗文,著《匪石堂集》。

鲁集、张逊庵生平未详。

崇祯四年(1631)至十一年(1638),祁彪佳、陈情表、郑季公等人结"萍社",时而在杭州西湖,时而在绍兴结社唱和,王思任《谑庵文饭小品》曾为此写了《萍社诗选引》曰:"萍社者,鸟鸣之变者。……社中诸君子,皆东西南北之人,亦玄释墨兵之士。"①祁彪佳《远山堂诗集》五言古诗有《初夏社中诸子》《喜陈圣鉴入社各赋五言限社字》诗;七律有《薄寒切换,微雨新霁,偕社中诸子放舟鉴湖,探兰荡之胜,是为萍社之四集。时舟中酒瓮倾倒,亟呼酪奴解渴。于其归也,各赋近体一章。翁艾诗不成,罚依金谷例,无酒以水沃之,满腹而止》。另据《祁彪佳日记·栖北冗言》记载:"正月初一日,与郑茂晔、陈谛、蒋倪、李模谒关公庙,分韵赋除夕、元旦二诗。又至李模寓所快饮,刻烛鸣磬联诗。"《远山堂诗始》题云:"元旦同李子木、郑季公、陈自誉、蒋安然集吕祠,即席联句,命童子击磬为节,磬三击,句不成,浮大白,刻寸烛得三十韵。"

崇祯五年(1632)日记《栖北冗言》载曰:"正月初二日,至李模寓,燃香击

---

① 《续修四库全书》第 1368 册,上海古籍出版社 2002 年,第 34 页。

钵,与众以'临雪飞觞'为题联诗。诗见《远山堂诗始》,题为《泡影亭同李子木、郑季公、蒋安然、陈自誉飞觞晤雪,各拈四韵,刻香成句》。初四日,祁彪佳接着与李模等人以'紫气访真人'为题联诗,诗见《远山堂诗始》。"

崇祯九年(1636)《林居适笔》日记载:"正月廿七日,与赵善征、陈谛、祁凤佳等拈牌作七律《喜晴》诗一首。三月初四日,携董玄陈谛及二子出游,登稽山书院,出绍兴城至六和庄净业山房及水印庵,薄晚至小隐山下,秉烛游观钱象坤家怡园。八月十一日,午后与陈谛坐远阁,各赋五古,祁彪佳作《秋日同陈自誉坐月寓园远阁》诗。

崇祯十一年(1638)《自鉴录》日记载:"正月十七日得陈谛寓山诗。"陈谛为祁彪佳《寓山注》作寓山十六景诗。

根据以上日记所载,萍社活动从崇祯四年(1631)至崇祯十一年(1638)前后延续七年,活动地点从杭州西湖至绍兴城区一带。参与人员除祁彪佳外还有:

陈情表(?—1638),字自誉,又字圣鉴,绍兴陶堰人。陈情表与祁彪佳交往始于崇祯二年(1629),有信函可据,祁彪佳《远山堂尺牍·与赵应侯》函云:"昨阅陈兄大作,尖爽之语每出人意表,真妙才也。此兄若在,弟愿与之言交,乞仁兄为我介绍之。"可见他们二人相识交往是由赵应侯引荐的。陈情表一生不得志,诗文皆善,有传奇《弹指清平》,杂剧《钝秀才》《桐江老》,今已亡佚,祁彪佳评为逸品,作品意趣较高。

郑季公,字茂烨,生平未详。

崇祯八年(1635)至十年(1637),祁彪佳与王元寿等人结"雁社"。

崇祯八年(1635)祁彪佳从苏淞巡按任上辞职归里后,先在杭州西湖上祁氏别墅偶居里养病期间,常邀请王元寿、张遂辰、顾圤等宴饮看戏,同结"雁社",泛舟游乐,拈韵赋诗。《归南快录》日记记载云:五月十七日,祁彪佳晚赴席,与沈德潜,汪汝谦、王元寿等观《双串记》。二十八日同王元寿观《黄孝子记》,优伶扮演生动,令人出涕。六月初九,邀王元寿、张遂辰观吴中携归之书籍。十九日,与堂兄豸佳邀王元寿、张遂辰、顾圤等聚湖舫,泊南屏山下,拈韵赋诗,作《湖中小集泊南屏山下》五古诗,张遂辰作《同王伯朋、顾山臣、祁幼文夜泛》五古诗。

崇祯十年(1637)七月二十五日,祁彪佳至杭州参加"雁社"活动,同社有王元寿、顾圤、吴弘文、张遂辰、柳人会、蒋倪等。众人从芙蓉园登舟。泊舟什锦塘,移至陆宣公祠,登孤山之南快雪堂,共游湖心,拈题作七律《丁丑秋月社集湖舫得三字》。二十六日,祁彪佳又与雁社诸友王元寿、顾圤、汤淡友、张遂辰泊舟南屏山下,登白苏阁,众人共评昨日所作社集诗。祁彪佳拈题作五古《秋晚堤畔移舟得九字》未成,集会毕,归祁氏偶居里小酌,祁彪佳约请众友往游山阴寓山。同年,祁彪佳寓园新建将成,广泛搜求士绅吟咏寓山诗词,裒集为《寓山注》及《寓山十六景诗余》。九月二十九日,致函王元寿,索其所作《寓山题咏》。国图收藏的《寓山注》收入了王元寿的《抱瓮小憩》五绝一首。

（七）清初孙如洵的"蓬莱社"、徐伯调的"越三子社"

"蓬莱社"之名原出于元稹《以州宅夸于白乐天》"我是玉皇香案吏,谪居犹得小蓬莱"的诗句,五代时吴越王钱镠在府山兴建了"蓬莱阁",明末清初"蓬莱阁"早已变成丘墟。蓬莱社主要由孙如洵、徐咸清创建,成员有以下几位。

孙如洵,号木山,余姚人,生卒年不详。万历四十一年(1613)进士,授刑部主事,善决疑狱,更生者二十余人。督饷关中,夙弊一清,晋员外郎,乞终养母归,定居府城。日与图书为伍,暇则结社唱和为蓬莱社发起者之一,年七十七而卒。

徐咸清,字仲山,明兵部尚书人龙之子。人龙自上虞徙郡城,咸清以荫为监生,幼敏,精字学,著有《资治文字》。与毛西河友善。康熙十七年(1678),郡县荐咸清参加博学鸿词科考试,未中归越,十余年后卒。

徐承清,字晏公,诸生,笃学好古,有孝行,著有《铁冶集》、《毫素草》等。

孙以衡,字平子,余姚人。崇祯三年(1630)以门荫授廉州通判摄灵山县事,爱民如子,修治水道,迁武定同知。晚年归居郡城。

孙有闻,字子长,孙如洵子,后出嗣孙如法为子,余姚人。以荫入仕,历官户部主事。以疾归,卒年七十,著有《桐竹庐诗文集》八卷。

徐允定,字克家,咸清从弟,上虞岁贡生。与咸清蜚声艺苑,时称"二徐",萧山毛西河造门定交,谓其诗体俱近襄阳。尝游京师以诗谒益都相国,相国奇之,延见万柳堂,立成《万柳堂赋》,一时传诵。著有《涉江草》《更斋诗文集》。

诗社具体活动不详。

"越三子社"的"越三子"系指徐伯调、毛大可、何之杰,他们年轻时互相唱和,并将唱和诗作合刻成集,名为《三子集》。

徐缄,字伯调,山阴诸生,生卒年不详。初擅制举,后以诗文争长海内。中丞祁彪佳爱其才,使二子从游,移缄家于梅市。及彪佳死,宣城施闰章心折于缄,两人相交甚笃。兼治经史,尝自著《读书说》《岁星堂集》。

毛奇龄(1623—1716),字大可,号西河,萧山人。康熙己末年(1679)举博学鸿词,授翰林院检讨。《四库全书别集著录提要》称:"其文纵横博辩,傲睨一世,与其经说相表里,不古不今,自成一格,不可以绳尺求之,然议论多所发明,亦不可废。其诗又次于文,不免伤于猥杂,而要亦我用,我不屑随人步趋者,以余事观之者可矣。"著有《西河集》。

何之杰,字伯兴,萧山人,工诗。

(八)清顺治十二年(1655)的名媛社

据清代王端淑《名媛诗纬初编》①卷九,王端淑《乙未上元,吴夫人紫霞招同王玉隐、玉映、赵东玮、陶固生诸社姊集浮翠轩,迟祁修嫣、张婉仙不至,拈得元字》诗题提供了丰富的信息:"乙未"为清顺治十二年(1655),"上元"为正月十五日,"社"即"名媛社","浮翠轩"为山阴州山吴国辅园林所在地。召集人胡紫霞,号浮翠主人,山阴人。其丈夫为山阴州山吴国辅(1615—1668),字治城,号期生,邑庠生,为明万历间兵部尚书吴兑之曾孙。天启七年(1627)广东武解元,崇祯三年(1630)覃恩授锦衣卫镇抚,升正千户掌印,指挥金事加三级,崇祯七年(1634)为定南抚民监军都督同知,荐加太子太保左都督。清初隐居州山。胡紫霞为其继配,有子理桢,女祥桢,曾拜王端淑为师,长大后嫁于翰林沈振嗣为妻。胡紫霞善诗,博雅爱才,著有《浮翠轩集》,篇什甚多,轻不示人,惜未传世。

黄媛介,字皆令,嘉兴人,生卒年不详。善古文诗词及书画,楷书仿《黄庭经》,山水画景似吴仲圭,后适同县士人杨世功。杨家贫寒,皆令黾勉同心,怡然自乐。南明亡,家破,逃难至绍兴,在绍期间曾与祁彪佳孀妻商景兰、王思任季女王端淑结"名媛社"唱和。与张岱亦有应酬,张岱曾作《赠黄皆令女校书》

---

① 王端淑《名媛诗纬初编》,清康熙清音堂刻本,哈佛燕京图书馆藏。

诗赞扬之。后侨居杭州。著有《湖上草》《离魂词》传世，《湖上草》中有《梅市唱和》诸诗，另有画作《为河东夫人（柳如是）作浅绛山水》长卷传世。

王静淑，字玉隐，号隐禅子，山阴县人。王思任长女，陈树勳妻。夫亡清节自守，与妹玉映俱擅才华，能诗善词，著有《青藤书屋集》。

王端淑（1621—1681），字玉映，号映然子，王思任季女，丁肇圣妻。博学工诗文，善书画，长期侨居武林，与四方名流相唱和，张养重、孙自成、钱谦益皆有酬唱。清顺治中欲延入宫中教习诸妃，力辞不就。著有《映然子吟红集》。

赵东玮，法名智琦，字梵慧，山阴学博赵之蔺女，刑部主事朱应曾孙某之妻，未二载夫亡，誓不他适，居悠然堂，遂号悠然子。与姒陶履坦为生死友，交相唱和，晚年薙发为尼。

陶履坦，字固生，号稽散子，会稽陶堰陶荣龄之女，大学士朱赓长子衡州知府朱敬循之子朱骝之妻。法名智明，早卒。

祁德琼（？—1662），字昭华，又字修嫣，祁彪佳之季女，同里王鄂叔之妻。自幼工诗，在她去世后的康熙十三年（1674），其夫整理其遗诗得 66 首，编为《末焚集》刊刻，其中有五律《吴夫人上元燕集，以病不克与，遥和黄皆令原韵》《喜黄皆令过访》《同皆令游寓山》等诗作。

张微，字婉仙，山阴人。文学龚荣春之妻。聪慧不凡，工诗善词，又善裁衣，越之衣饰皆其手创。

此外尚有张德慧，字楚镶，为张元忭之曾孙女，祁理孙之妻。工诗善曲，其诗作大多散佚，留存至今仅有 5 首，如《送别黄皆令》《秋日哭修嫣》等。

祁德姬，字湘君，祁彪佳四女，嫁同城沈子合为妻。著有诗集《寄灵草》，其诗大多散佚，留存至今仅有 9 首，如七律《送别黄皆令》。

祁德渊，字㻑英，祁彪佳长女，嫁同邑姜桐音，夫姜桐音早卒，贞心抚子，著有《静好集》，然大多散佚，仅存《送黄皆令归鸳湖》七律。

朱德蓉，字赵璧，朱燮元之孙女，祁班孙之妻。工诗，其诗作大多散佚，现仅存《送别黄皆令》《哭修嫣》《咏虞姬》等 10 首。

名媛社成立早于清顺治十二年（1655），至十六年（1659）仍有活动。从王瑞淑于顺治十七年（1660）迁居武林吴山看，该社集活动至此也就停止了。

（九）从康熙五年（1666）的"五云初社"到康熙二十年（1681）间的"端州词社"

金烺《念奴娇·送姜克由之江右省觐，兼呈尊公绮季先生》词云：

　　骊歌初唱，问征人、何事片帆高挂。为尊椿庭虚岁月，翘首白云亲舍。满目湖山，凄人云树，一任樯乌下。欣看瀑布，匡庐天半如泻。　君当遍地干戈，烽烟未歇，海上楼船驾。破浪乘风须乘早，莫小英雄声价。拂袖功成，放怀诗酒，剪烛西窗话。休教辜负，草堂诸友词社。自注：昔方举五云初社。①

金烺此词写于康熙二十四年（1685）加入吴兴祚幕府之后。姜克由，名克猷，生平未详。其父姜廷干（1644—1722），一名廷翰，字绮季，山阴人。明崇祯礼部尚书姜逢元之子，行九，称姜九，入清不仕，以文章书画受知于一时，风流倜傥，善画山水，尤精写生花鸟，也能诗文。周亮工借龚半千题其所临《崔白花卉》云："绮季名家子，所藏佳迹甚富，如崔白、艾富、丁贶之流，皆极力摹写，非今人随意所到，不事章程也。"②其侄姜垚（1638—1698），字汝皋，号苍崖，其时也在吴兴祚幕府，吴兴祚《留村诗钞》有《送姜苍崖归越》诗。

"五云初社"词社活动时间与"龙山观文堂社"活动时间相同，大约都在康熙五年（1666）至八年（1669）的四年中，参加人员大多相同。"端州词社"是吴兴祚在两广总督期间，其幕府人员组织的词社，其活动时间大约在康熙二十三（1684）年至二十八（1689）年左右。吴兴祚是位儒将，公余或节日常设宴聚集幕下文士赋诗，吟词、演剧唱和，万树擅长诗词和戏曲创作，幕中文士有的是吴兴祚的亲属，有的是乡友，得吴兴祚支持，遂与幕中其他幕僚结词社相与唱和。其主要成员有万树、金烺、吴棠桢等：

万树（1626—1689），字花农，一字红友，自号三野先生，江苏宜兴人。太学生，是明末著名戏曲家吴炳的外甥。擅长戏曲创作和词作，著有《曲律》。康熙十八年（1679）加入时任福建巡抚的吴兴祚幕府，深得信任，一切奏议皆出其手，直至康熙二十八年（1689）冬，吴兴祚在两广总督任上因"设炉鼓铸"受到弹

---

① 《全清词》第14册，中华书局2002年，第8060页。
② 商盘编撰《越风》，国家图书馆出版社2016年。

劾,而降调离任,万树不得已而归乡,不久去世。

吴秉钧(1664—1697),官名彝铭,字子衡,又字琰青,号醒园。吴兴祚长子,曾任直隶定州深泽知县,吴兴祚升任两广总督后,将他调到自己身边。秉钧与万树交谊最深,对万树的才学十分崇敬,经常参与幕府中的词社活动,并参加万树《词律》的修订,著有《课鹅词》一卷。吴秉钧深受万树戏曲创作影响,学习戏曲创作,著有《电目书》传奇一种。

吴秉仁(1651—?),字子元,号慎庵。康熙十七年(1678)吴秉仁由将才随叔父吴兴祚克复厦门、金门有功,升为都督,在叔父麾下。受万树影响学习填词,著有《慎庵词》《摄寒词》各一卷。

吕师濂,字黍字,号守斋,浙江山阴人,生卒年不详。清顺治末年曾与魏耕、朱彝尊、屈大均一起从事抗清复明活动。康熙十七年(1678)与侄吕洪烈应邀一起赴福建巡抚吴兴祚幕府,与万树交往密切,结词社酬唱。著有《何山草堂诗稿》和《守斋词》。

吕洪烈(1639—1702),字弦绩,又字清卿,号药庵,浙江山阴人。善词曲,其父吕师著与吕师濂为同族兄弟。金烺为吕洪烈之女婿,又是他的学生。毛奇龄《西河集》卷105《山阴金司训雪岫墓志铭》记载:"越中以词禅世者三人:一吕君弦绩,一吴君伯憩,一雪岫也。雪岫为弦绩馆甥,曾学古今文于弦绩。"著有《药庵词》和《念八翻》传奇三种。

姜垚(1638—1698),字汝皋,号苍崖,浙江会稽人。著有《柯亭词》。

"端州词社"创立与两广总督吴兴祚的政治活动和万树钟情于戏曲创作有关。其一,凡吴兴祚外出巡海或归来,或节日皆设宴请幕中文士聚会,词社成员皆作词送行或迎归。如万树的《风入松·和大司马得月楼韵闻署》《祝英台近·庆投琼六赤词》《宴新都·新正六日公宴,时大司马有巡海之行,幕中宾从辞归者将二十人》《莺啼序·上元赋呈大司马》《明月逐人来·中秋用芦川韵,制府开宴,吴大司马词先成,是夕先阴后月》《望海潮·八月大司马巡海》等;吴棠桢有《望海潮·八日送家大司马巡海》,金烺有《金明池·上吴大司马伯成公》《南乡子·五日公宴锡祉楼,同留村先生、药庵家翁、红友、黍字、集之、韩若、雪舫分赋》,吕师濂有《夏初临·立夏,和万、吴两先生》《明月逐人来·制府中秋公宴,限用张芦川韵》等等。

其二，幕府同僚之间相互酬唱，或三四人，或四五人，时间也不固定，随遇而行，灵活机动。万树《贺新郎·六月七日饮琰青台上》，词后注曰："慎庵、琰青、子静、虞尊近结词会，所作甚富。"《明月逐人来·守斋往西轩，雪舫住东阁，每晚必过谈，漏声动则别，约不远送，月中戏占此词》中的守斋即吕师濂，雪舫即吴棠桢。可见他们经常聚会，感而写词。吴秉钧有《满江红·八月廿六日偕红友、莫庵、升公、禹金、九锡游七星岩，和红友韵》，金烺有《夜合花·凌云阁同章集之、吴子衡坐月》，章集之不详何人，吴子衡即吴秉钧。《瑶台聚八仙·同吕仲子登宝月台，为宋包孝肃建。吴制府重修》中的吕仲子即吕师濂。《安公子·安誉亭观季茂、子衡角射，用陆渭南韵》中的季茂即吴兴都，为吴兴祚同父异母弟，子衡即吴秉钧。可见幕府中同僚间的活动也十分频繁。

其三，以戏曲创作助兴词会活动，由于万树擅长戏曲剧本创作，金烺、吴棠桢、吴秉仁、吕洪烈俱受他影响，纷纷拜其为师，在词会之余，学习戏曲创作。金烺《满江红·自制〈红鞑鞳传奇〉题词》下半阕云："初未识，阳关叠。从不解，鹦哥舌，也邯郸学步，自惭痴绝。板错还凭雪舫校（自注：同里吴伯憨），句讹常向鹅笼别（自注：阴羡万红友）却成来，减字与偷声，红鞑鞳。"这表明他在学习中创作了《红鞑鞳》传奇。"鞑鞳"为宝石名，大如巨粟，为鞑鞳所产。红鞑鞳，即赤如樱桃的宝石，为宝石中的上品。吴棠桢《粉蝶儿慢·樊川谱传奇编成，喜万鹅洲为余改订，赋此奉谢》词云："戏翻新，谱写来，杜牧参军豪荡。自况，痴情蠢状。愧何曾协律虽供清赏。"此词表明吴棠桢以戏曲创作来宣泄自己一生不遇的境况及一种无可奈何的自嘲心情。金烺《汉宫秋·读吴雪舫新制四种传奇》词云："小立亭台，见一双么凤，竞逐丹焦。爱着吴郎乐府，直压吴骚。移宫换羽，却新翻，字句推敲。雄壮处，将军铁板，温柔二八妖娆。　如锦绣心胸，想琅玕劈纸，翡翠妆麾。自有宝簪低画，红豆轻抛。当筵奏伎，听莺啭，响彻檀槽。若更付、雪儿唱去，座中怕不魂销。"此词赞扬吴棠桢创作的四种传奇既有雄壮的风格，也有婉约的情调，其曲词锦心绣口，既婉转又高亢，演出定能产生使观众魂飞魄散的效果。吕洪烈与万树一起在吴兴祚闽粤督署中十余年，深受万树戏曲创作影响，曾创作《念八翻》传奇三种，据其《念八翻序》记载："先生（指万树）即令雪舫与余效之而作。雪舫遂成四种，余自不量力，强颜勉作三种。"

"五云初社"与"端州词社"的结社活动不仅锤炼了一大批词人,提高了他们写作词的技巧,拓展了他们观察生活反映生活的能力,而且通过结合传奇曲辞写作和参与《词律》的修订,培养锻炼了一批戏曲作家,既丰富了词社活动的内涵,也将歌词与曲词两种与音乐相关的文体捆绑在一起,有力地推动了歌词与戏曲曲词的创作。

(十)康熙雍正年间的"龙山诗巢二十子"

李慈铭《越中先贤祠目序例》载:"吾越郡城龙山西麓旧有诗巢,传为东维遗址,国朝初,先天山府君与郡中名士重建诗巢于偏门之壶觞村,称诗巢二十子。其地湖山秀艳,亭榭映带,蔚然花竹,传为图画。"①乾隆《绍兴府志》载:"越人即西园故址构庐以祀六君子,名为诗巢。国朝康熙间,商和、何嘉珩重葺,集同志者联吟其中。"其成员有:

商和(1635—1700),字安世,号介庵,祖籍嵊县,后迁居会稽。康熙庚午年(1690)举人,官中书舍人。

何嘉珩,字玉羽,号玉笋山,晚号洁堂,山阴诸生,生卒年不详。康熙戊子科恩贡生。屡试不售,遍历名山大川,挥毫落纸,则为人传诵。尝于中秋乘月凌泰山绝顶,酣饮达旦,羁愁沉郁之思以诗发之。归而与越中诸名士结诗巢于石帆宛委间。诗以盛唐为宗,缠绵悱恻,更得三百篇之遗。著有《玉笋山房集》。

李登瀛(1656—1730),字俊升,号梅溪,山阴人。康熙壬辰年(1712)进士,官内阁中书,历任江西安仁知县,为李慈铭六世祖。著有《梅溪集》。

钱为鼐,字苍液,号石渠,会稽人。康熙丁卯(1687)举人,著有《石渠诗钞》。

徐之炽,字西来,号竹溪,余姚人,诸生。《越风》云:"竹溪为诗巢一名宿,生平好客,有顾阿瑛之风。殁后家落,诗亦散失。"有《病中喜刘大戒谋同石庭过访,兼忆王七屆遐,田十三易堂》诗。著有《竹溪集》。

厉煌,字思悔,号皓然,又号石梁,会稽人。康熙癸巳年(1713)进士,官编修。《越风》选有其诗,著有《思悔诗草》。

---

① 李慈铭《越中先贤祠目序例》,收入《越缦堂所著书》,上海图书馆藏。

朱悦仁,名坚,字盂班,号查轩,山阴人,康熙时岁贡生。

王诠龄,号芥山,会稽人。

田易(1669—1726),字滨遇,号易堂,山阴诸生。读书手不释卷,穷搜博考,常与越中名士联诗,于玉屏山房讲学,郡守俞卿延修府志。著有《快秋斋稿》《天南一峰集》《乡谈》等。

鲁国书,字湘臣,号雪堂,会稽贡生,官户部司务,著有《雪堂诗集》。

刘正谊(1672—1744),字戒谋,山阴人,贡生。"少负诗名,其派别得自西昆,而出入于眉山、放翁间。朱竹诧、毛西河辈交口推许。"①子文蔚性颖悟,每持其草角,令口占为乐。知名士多出其门,与其有终始。著有《宛委山人诗集》《石帆集》。

薛载德,字舆瞻,号厚庵,山阴贡生。历任贵州定香知州、兵部职方郎中等职,著有《素心堂集》。《越风》评云:"太守长于五言,东越诗巢一老也。"

王鹤龄,字届遐,号素堂,会稽贡生,官永嘉训导,著有《竹中巢诗草》等。

施敞,字衢次,号莲溪,会稽人。康熙乙卯(1675)举人,官广昌县知县,著有《莲溪诗草》。

余懋杞,字建伟,号玉京,又号瞿庵,诸暨人。康熙戊子(1708)顺天举人,官内阁中书。"尝与同郡名流结诗巢于鉴湖之曲,春秋佳日,觞咏其中。"②著有《藕香草堂集》《东武山房诗巢》。

鲁士,原名国士,字思庭,号佩儒,会稽岁贡生,历官庆元训导、阳城县知县,著有《镜湖集》。

章大来,字泰颠,号对山,会稽岁贡生。著有《玉屏山房集》《后甲集》。"玉屏诗孤峭沉郁,学杜而得其骨者,文品亦高,老困名场,终于不遇,人咸惜之。"③仇兆鳌《后甲集序》曰:"山阴章子泰颠,毛西河高第弟子也。深造不已,手胝口沫,不肯苟以从事。其探讨六籍能抉诸家之纰缪而不诡于理,其文章能躏班马韩欧之室,其为诗标格闲远,不随言诠,而间参之才调以佐其趣,其所得若与西河议论,时有出入。"

---

① 商盘编撰《越风》,国家图书馆出版社 2016 年。
② 乾隆《绍兴府志》卷 54《人物志》。
③ 商盘编撰《越风》,国家图书馆出版社 2016 年。

章琦，字湘维，号白坡，会稽诸生，著有《白辉诗集》。"湘维好游，足迹半天下，所在流连凭眺，与其贤士夫慷慨而唱叹之，盖其怀抱无所发抒，又不欲为无病之呻吟，故诗作风格极醇，神韵独远，而一种沉雄奇杰之气时时涌见。"①

章钟，字华甫，会稽人，大来之从孙，雍正癸卯年（1723）拔贡生。著有《鹤泉诗集》。商盘评曰："鹤泉同予贡成均，予年方冠以师事之。鹤泉与其祖对山论诗，宗仰韩杜，立坫树坛每与人不合，予独心契手追。今两翁诗具在，沉雄矫健，各有可传。"②

金以成，字素成，号补山，会稽人。康熙戊戌年（1718）二甲一名进士授编修，出知兖州府。"以成未第时，以百韵长篇投新城王尚书，王曰：'诗家上乘，全在妙悟'，取所订《唐贤三昧集》贻之。以成归曰：'新城一生只识王孟境界，杜之《北征》韩之《南山》，岂是一味妙悟哉？盖敏妙出于灵府，而沉酣资于学历。然为其诗，往往以书卷掩其性情'。"③著有《补山诗存》。诗巢原为元末杨维桢建于绍城卧龙山原北宋西园故址书室之名，全称为廉夫诗巢。诗巢之名，金以成《西园诗巢复古记》载：廉夫"结诗巢其中，以拟放翁书巢。"龙山诗巢二十子结社无一定的政治目的和主张，主要是发扬前贤，激励后进。所祀六君子者，除贺知章功成名就，得到殊遇，退隐"鉴湖一曲"外，其余如唐之方干、秦系，宋之陆游，元之杨维桢，明之徐渭，虽有满腹才学，皆未能得以施展驰骋，但其爱国爱民的气节更加执着，与不遇的命运的抗争更加坚韧。嘉道年间泊鸥社成员杨荣《诗巢怀古》诗云："兹巢胡独取六君，不惟其才惟其节。缅昔黄冠归去来，见几特早推狂客。纪恩还以贺名湖，一曲三公真不易。白云原上处士方，姓氏不与科名列。却笑当年貌取人，补唇先生聊自适。公绪萧然野鹤姿，历辞征聘甘泉石。遗构犹传丽句亭，五字长城摧屹屹。老学庵前放翁居，团扇新诗播芳洁。北定无忘告乃翁，丹心沥血血凝碧。浙东提举有廉夫，骨立苍崖坚比铁。辽金特重编史才，《遗音》更著《丽情集》。青藤老笔擅瑰奇，仿佛风驰与电掣。三百年来无此人，岂但七子非其匹。人生富贵朝槿荣，既死还随烟草没。惟有各垂炳日星，任阅沧桑光不灭。此六君者皆人豪，忠孝绪余兼多识。

①　缪沅《余园诗钞·白坡诗集序》，乾隆十六年葆素堂刻本。
②　商盘编撰《越风》，国家图书馆出版社 2016 年。
③　乾隆《绍兴府志》卷 54。

临崖结宇祀事崇,千载瓣香如可接。松风时作卧龙吟,长为诗人壮魂魄。"①益社诗人陶仲彝撰写的楹联云:"远溯盛唐两宋元明清,诗卷长留各秉宗风辉祖国;兼考诸公之功勋气节,英灵不爽应期后学还前贤。"龙山诗巢二十子中大多是屡试不中的诸生,或是仕途艰辛的下级官吏,他们的处境与方干、秦系、陆游、徐渭大致相同,虽饱学多才,胸怀大志,然而八股文的科举考试致使读书人大都只是背诵范文,揣摩格式语气,稍有自己思想或越出八股文规行矩步的程式,往往被头脑冬烘的考官黜落,遂酿成终生遗恨。为此,他们结社以抒怀才不遇之愤慨,联系前代才人坎坷命运,聊以自慰,从而求得心理上的暂时平衡。诗巢活动地点并不固定,或在"石帆宛委间,或在龙山之宋西园故址,或在偏门之壶觞村"。但结社的时间是固定的,每年举行两次,即以二月四日徐渭生日、十月十七日放翁生日(皆阴历)为会设祭。此日群贤毕至,先行祭祀活动,由主事人宣读祭文祭奠;然后举行饮酒赋诗活动:确定题旨抽定韵签,斟酌诗句,品评高下。祭祀只是集会的形式,与吟咏并无关联。龙山诗巢二十子活动时间分为两期,前十人活动时间在康熙中期,商和、何嘉玥、李登瀛为主,后十人活动时间当在雍正与乾隆之初年间,刘正谊、薛载德主之。

(十一)乾隆年间的"西园吟社""越中七子"

龙山诗巢日久渐圮,乾隆中,商宝意先生等于龙山之麓结社唱和,称为"西园吟社",瓣香龙山诗巢追奉贺知章、方干、秦系、陆游、杨维桢、徐渭等六君子,塑像祀之,同时又立龙山诗巢二十子牌位祀之。吟社成员有以下几位。

商盘(1701—1767),字苍雨,号宝意,会稽人。先生美须眉,善音律,衣冠修伟,状如古仙人。雍正庚戌年(1730)进士,历任编修,元江知府等职。著有《质园诗集》。《四库全书》录入存目,提要云:"盘与钱塘厉鹗名声相埒,才情富瞻,生平篇什甚多。"王昶《蒲褐山房诗话》称"其才情横厉,出入于元白苏陆诸家,足以雄视一世也"。晚年采编本朝郡邑诗人之诗为《越风》三十卷。

章本成,字大枝,号密林,会稽诸生,生卒年不详。著有《密林诗草》。《越风》称"密林为西园之首,天真烂漫,见人或瞠目不语,或娓娓不休。幕游所得,半助戚党贫乏,诗得浣花一体"。

---

① 沈复灿辑《诗巢香火证因录》,绍兴印刷处 1934 年。

周长发（1696—1760），字兰坡，号石帆，会稽人。雍正甲辰（1724）进士，历任广昌知县、乐清教谕，乾隆丙辰（1736）举博学鸿词，为侍读学士。著有《赐书堂集》。

刘世贵（1648—1723），字芸文，号云门，山阴诸生。少年勤学，能诗，尤工书，得二王神骨。惜年未三十而死。著有《啸月斋集》。

刘大申（1691—1761），字来岳，号柳村，山阴诸生，刘正谊长子。负才学，尝自题斋壁曰："有工夫读书便为造化，得功名到手才是文章。"然竟赍志以殁。著有《柳村自鸣集》。

刘大观（1696—1779），字岩雨，号达夫，山阴岁贡生，刘正谊次子。博学多才，与兄大申、弟文蔚有"三刘"之称。著有《菊塍诗集》。

李国梁，字巩基，号梅墅，上虞人，生卒年不详。康熙庚子（1720）副贡生。浮沉场屋二十余年，家遭火，累世图籍及著述俱荡然无存。著有《梅墅诗集》，《越风》仅录其《华书叹》一首。

刘文蔚（1700—1776），字伊重，一字豹君，号楠亭，山阴人。乾隆时优贡生，工诗，能贯通古诗人风旨而自出性灵，著有《石帆山人诗集》。

董相（1695—1750），字周望，号啸岩，山阴人。曾官古田知县，著有《独石轩稿》。

商琏（1696—1750），字又南，又字黍华，号墨亭，世居嵊县，会稽贡生，曾官曹县知县，原著有诗稿，卒后散佚，《越风》录有其诗。

西园吟社结社目的与活动方式承袭龙山诗巢二十子。

在西园吟社活动的同时，结社活动比较频繁的还有"越中七子社"，陶元藻《凫亭诗话》载："童二树与同郡刘文蔚、沈翼天、姚大源、刘鸣玉、茅逸、陈芝图结社联吟，称'越中七子'"。他们是以下几位。

童钰（1721—1782），字二如，号二树，会稽人，弃举业专注诗与古文，兼工兰竹、水石，尤善画梅，兼长隶、草书，有青藤之风。尝作《青藤小像》诗云："抵死目中无七子，岂知身后得中郎。"又作诗云："尚有一灯传郑燮，甘心走狗立门墙。"性豪侠，不为家计，卖画钱随手散尽。著有《二树山人诗稿》。

沈翼天，字式乾，又字云鹏，号西村，会稽岁贡生。生卒年不详。少与刘凤冈应邑试，各冠一军。及长，游历四方，入吴元戎幕，后有诬元戎者连及西村，西村赴都雪冤,义声流播。著有《西村山房集》。

姚大源,字雨方,山阴诸生,著有《芝乡诗钞》。

刘鸣玉,字枫山,号凤冈,山阴诸生。生卒年不详。天资聪颖、博学,兼通绘画,工篆刻,贤达钜公咸以国士器之。乾隆壬申学使欲拔为选士,为郡守所阻。贫病相继,中道摧折,遂郁郁而死,年仅 43 岁。其诗典丽绵邈,有玉溪之格韵。著有《梅芝馆诗集》。

茅逸(1711—1750),字商隐,号小菊,会稽人。少能文,不屑举业,好为吟咏,然贫不能娶,中年浪迹中州,不幸殂亡,遂葬于汴城。著有《少菊诗钞》。

陈芝图,原名法乾,字昆谷,号月泉,诸暨诸生。《越风》载:"月泉为老莲族孙,工书画,有声。少游两粤,又游燕、赵、吴、楚、闽、豫,历十余年,诗盈行箧,古体直入昌黎,长吉门庭,近体亦不在大历以下。"著有《秋晖楼集》。

刘文蔚,见"西园吟社"。

"越七子"结社是在青年时期,结社之初当是为了切磋时艺,后转为发抒感情排遣不满,活动时间不似龙山诗巢、西园吟社固定,结社活动较频繁,形式比较灵活。

(十二)嘉庆、道光年间的"泊鸥吟社"

西园吟社以后,诗巢失修倾圮,继起的有泊鸥吟社。《两浙輶轩续录》"潘衍相"条载曰:"余姚岑振祖久客江南,晚岁归里与邬鹤征、茹蕊等诸人结'泊鸥吟社',岑年最高为社长。"泊鸥吟社重葺龙山诗巢作为社址,继续祀奉贺知章、陆游、徐渭等六君子,又以黄宗羲、毛西河、胡天游、陶篁村诸先生泊越中以诗名者四百二人配祀,仍以二月四日天池生日、十月十七放翁生日为会设祭。

岑振祖,字镜西,余姚诸生,生卒年不详。少喜吟诗,多识前朝掌故,中年客游江南,晚岁归居郡城,与郡名流结泊鸥社,为众人推为社长。诗风追宗嘉州,著有《延绿斋诗存》。

邬鹤征,字雪舫,山阴诸生,尝游江淮,与吴中诗人赛诗,后归越,授徒为生。著有《秋楼诗草》,其诗清华委婉,自然入妙,享年 69 岁。

纪勤丽,字百谷,号椵翁,山明岁贡生。阮元抚浙爱其才,曾进西湖诂经精舍学习,于许、郑学多所研通,后授徒金陵。古近体诗峭拔苍凉,晚年喜作涩体。兼工书法,与杨榮、周师濂鼎峙,著有《邻彭山馆诗钞》。

商嘉言(1775—1827),字拜亭,嵊县人。幼有神童之目,然屡踬棘闱。友人陈景初令蜀中邀为记室,后因母病辞归,授徒度日。歌行及骈文豪迈奇横,兼隶书,性爱梅竹兰石。山阴令汪仲洋慕其名。数造访不肯见,以拔贡生殁于家。著有《拜亭诗钞》。

王衍梅(1776—1830),字律芳,号笠舫,会稽人。嘉庆辛未(1811)年进士,任粤西武宣令,未履任以挂误而去官,后为阮元书记。性嗜酒,不修边幅,跌宕自信,有徐青藤之风,著有《绿雪堂诗文集》二十卷传世。

杨棨,号吉园,山阴岁贡生,生卒年不详。十四岁入泮,屡试前茅,声名籍甚,擅诗兼工书画,同邑陈大文制军为粤藩时延为课子。自粤归,求书者盈门,遂以笔墨自给。所作诗画不多,皆潇洒有尘外之致。嘉庆贡生,选泰顺训导,因病不赴而卒。著有《一枝山房诗抄》。

周师濂,字双溪,号竹生,山阴人,生卒年不详。少有诗名,尤工书法,尝与同里十人结书画会:童震隶书,柴传业楷书,师濂与杨棨、施琦、纪勤丽行草;画则李锡指墨,章坤山水,朱瑞凝人物,庞忠谋梅花。晚年纵横变化自成一家,求者踵门,碑版、摩崖流传郡邑。尤爱竹、画竹、写竹诗、钤竹印,以仿童二树"万幅梅花万首诗"。性耿介,书画自给外,一毫不肯与人。著有《竹生吟馆诗钞》。

赵惠,字鼎成,号省园,会稽人。家有池亭林木之胜,在郡城东南,有日省园,故以为号。与蒋士铨、任承烈等时相来往。喜吟诗,好客,泊鸥社济老恒集于此,著有《省园诗草》《省园杂咏》。

陈祖望,字冀子,号拜香,山阴诸生。少年时文思敏捷,下笔数千言如刺蜚绣,其诗清旷哀怨,超然于酬对之外,兼工书法。著有《思退堂诗钞》《青琅玕吟馆诗钞》。

杜煦(1780—1850)字春晖,号尺庄,山阴人。嘉庆丁卯年(1807)举人,曾选县令而不乐为。家藏书数万卷,幼而嗜学,老而不倦,广搜乡贤遗墨编辑成帙。道光三十年(1850),郡人推举孝廉方正,坚辞,不久病卒。著有《苏甘廊集》。

王望霖(1774—1836),字济苍,号石友,上虞诸生。从小酷爱读书、藏书,有书数卷,建天香楼收藏。著有《天香楼遗诗》。

何一坤(1769—1816),字平余,号经香,山阴人,嘉庆六年(1801)优贡。善饮能诗,著有《经香草堂集》。

施琦,字朴园,山阴人,著有《朴园诗钞》。

诸创,字丹罗,山阴人,著有《丹罗吟稿》。

释卍香上人,字宏与,小云栖寺住持,著有《卍香诗草》。

释妙香上人,宁汉兆,郡城观音寺住持,著有《妙香诗草》。

陶元藻(1716—1801),字龙溪,号篁村,晚号凫亭,会稽诸生。少负俊才,久困场屋,襟怀超旷。尝游京师,题诗旅壁,袁枚见而赏之,为撰《篁村题壁记》。客扬州时,庐抱孙转运使大会名士,于红桥即席赋绝句十章,一时传诵。倦游归里,于西湖筑泊鸥山庄以撰述自娱。著述甚富,撰有《全浙诗话》《凫序诗话》《越谚遗编考》和《泊鸥山房集》。

泊鸥诗社诗友甚多,在两三年时间内,由十余人发展为 40 余人的诗社。活动形式亦由初时严格遵循龙山诗巢、西园诗社社规一年两次,以后活动渐增,除仍沿旧规外,还常社集省园,较为自由。其结社宗旨仍如龙山诗巢,发扬蹈厉,抒发幽怨,排遣自适,同时也研讨诗法。

三、文社

文社以谋求科举功名为主要目的,他们以揣摩时文、精研八股文为主,学习内容以探讨程朱理学的四书、五经为研习对象,参与人员主要是未有功名的读书人。

(一)会稽徐介眉崇祯元年(1628)于京师结"因社",又于崇祯三年(1630)结"广因社"

据艾南英《天佣子集》卷十三《国门广因社序》载:"戊辰春,会稽徐介眉、蕲州顾重光、宜兴吴圣邻,纠合四方之士聚辇下者,订定因社。是年社中得曹允大为礼部第一人……予谓'因'字为说,始于《论语》,而释者诂之为'依',谓如吾夫子之与司城贞子、蘧伯玉、颜雠由之类是也。"又据同序,"庚午、辛未之试,旧社皆集,乃复寻盟而增之为广因社,于是中礼部试者六人。而予罢归,过济上,则圣邻行馆寓焉。圣邻方裒集社稿,以纪盛事,而属序于予"①。

---

① 艾南英《天佣子集》,见《四库禁毁书丛刊》第 72 册,北京出版社 1997 年,第 370 页。

徐介眉，生平字号不详，会稽人。系参加崇祯元年(1628)、四年(1631)会试之文士。经查康熙《会稽志·选举志》崇祯元年戊辰科刘若宰榜，会稽中者三人，为张星、商周初、鲁元宠；崇祯四年辛未科陈于泰榜中四人，马权奇、严奇恒、章正宸、曹惟才。可见徐介眉两次于京城会试期间与有关文士结社，然两次会试未中。

(二)明天启至崇祯初年、清顺治年间的"旧雨堂文会"

明末文社盛行，崇祯二年(1629)复社成立，其后分别在尹山、金陵、虎丘举行了三次集会，聚会者达数千人。越中文人如刘宗周、倪元璐、祁彪佳、孟称舜、黄宗羲等，与复社、几社皆有密切的关系。刘宗周本人就是魏珰颁示的东林党人榜中的成员，倪元璐、祁彪佳也被视为东林党人，黄宗羲则更是以东林后裔勉励自己。崇祯三年(1630)，黄宗羲由金坛周镳引荐，参与张溥倡导的复社大会，后又参与复社声讨阉党余孽阮大铖的政治斗争。崇祯十一年(1638)，复社在陈贞慧、周镳主持下，由吴应箕起草，顾杲、黄宗羲等列名于首，发布著名的《留都防乱揭》，声讨阮大铖，表现了复社文士为国除奸、不惜以身贾祸的凛然正气。

据乾隆《绍兴府志》卷五十四《人物志·文苑》"周懋谷"条载："周懋谷常集越中名流为旧雨堂文会，互相砥砺。其后松陵创复社，亦推懋谷为越士冠。"

周懋谷(1588—1675)，字戬伯，绍兴府山阴县人。天启元年(1621)举人，壮年气雄志盛，期用世，每综辑政事得失，辨人物之贤奸，以及朝廷典故，边檄机宜，一一记录之，讨论切中时弊。其后科举不顺，遂栖迹蓬蒿，当道或造其庐，莫能得其踪迹。尝集越中文士为旧雨堂文会，复社兴，众推周懋谷为越中文士代表赴会。周懋谷与同邑张岱相唱和，"结发为知己，相与共笔砚者六十三载"[①]。懋谷曾为张岱校正《石匮书》，深得张岱赞赏，谓其"无艺不精，无事不妙；与之为制艺，则才同冯、许；与之为古文，则笔过欧、苏；与之匿迹商山，则衣冠甪里；与之怡情剧戏，则顾曲周郎；与之编纂史记，则一出一入，字挟风霜；与之唱和诗词，则一吟一咏，声出金石；与之摹仿书法，则细楷《麻姑》，抄书盈箧；与之参研禅理，则提撕谑笑，各出机锋。得吾戬伯一人，则数十人之精华，皆备

---

① 张岱《琅嬛文集》卷3《与周戬伯》，见《张岱诗文集》，上海古籍出版社1991年，第238页。

于一人之身。而虞翻交籍,不求多人,思得天下一人以为知己,亦足无恨,殆吾戡伯一人之谓也"①。懋谷死后,张岱亲作祭文哀悼。

周懋谷集越中文士为"旧雨堂文会"的时间不明,但从其于天启元年(1621)中举后仕途不顺及"复社"创立情况看,该"旧雨堂文会"创立应在天启末年至崇祯初年。复社成立于崇祯二年(1629),其后接连举办了三次大会,第一次是崇祯己巳年(1629)的尹山大会;陆世仪《复社纪略》卷一云:"吴江令楚人熊鱼山开元,以文章经术为治,知人下士,慕天如名,迎至兰邑馆。……于是为尹山大会,苕霅之间,名彦毕至……远自楚之蕲黄,豫之梁宋,上江之宣城、宁国,浙东之山阴、四明,轮蹄日至。比年而后,秦、晋、闽、广,多有以文邮置者。"周懋谷作为旧雨堂文会的代表参加了此次复社举办的集会。

又据乾隆《绍兴府志》同卷"骆复旦"条记载:"当顺治初年好为文社,每会集八邑豪士百余人,钟鼓丝竹,觞咏盘桓。复旦必为领袖,尝率越人赴十郡大社,连舟数百艘,集嘉兴之南湖。太仓吴伟业、长洲宋德宜等数十人争于稠人中觅复旦,既得环而观之,皆叹息。"顾师轼《吴梅村年谱》卷二引毛奇龄《骆明府倪孺人合葬墓志铭》云:"骆姓讳复旦(1622—1685),字叔夜,山阴人。……尝同会稽姜承烈、徐允定、萧山毛甡赴十郡大社,连舟数百艘,集于嘉兴南湖。太仓吴伟业,长洲宋德宜实颖,吴县沈世奕、彭珑、尤侗,华亭徐孚远、吴江计东,宜兴黄永、邹祗谟,无锡顾宸,昆山徐乾学,嘉兴朱茂暶彝尊,嘉善曹尔堪,德清章金牧、金范,杭州陆圻,争于稠人中觅叔夜,既得叔夜则环而拜之,越三日乃歃血定交去。"②此次十郡大会集会时间,据杜登春《社事始末》记载,是在顺治六年(1649)之冬。当时几社名士宋德宜、彭珑、尤侗等联合吴郡松江两郡人士推而广之,共举十郡大社,或又名作七郡大社或九郡大社。

骆复旦(1622—1685),字叔夜,绍兴府山阴人。9岁即能属文,塾师疑其伪,面试后大惊。以拔贡授推官,例改知县,除陕西三原,因事罢官,事白补江西崇仁县,又以逋赋落职。性慷慨,喜交游。骆复旦于顺治四年(1647)创立的文社之名称是沿用"旧雨堂文会",还是另有他名已不得而知,但其于顺治六年

---

① 张岱《琅嬛文集》卷6《祭周戡伯文》,见《张岱诗文集》,上海古籍出版社1991年,第361页。
② 毛奇龄《西河集》,上海古籍出版社1990年,第110页。

（1649）率领同会者会稽姜承烈、徐允定、萧山毛奇龄，参与几社发起的嘉兴南湖的十郡大会，并与吴伟业、尤侗、邹祇谟、朱彝尊、曹尔堪、陆圻等歃血定交，已有资料可证。所著有《溪山别业诗集》《山雨楼集》《骆叔夜集》，现存有《至乐堂诗钞》七卷，康熙四年（1665）刻本。其诗朗隽，落笔有才气，博大而卓朗。

骆复旦创立的文社成员有绍兴府所属八邑人士百余人之多，现在仅知道除骆复旦外，尚有以下几位。

姜承烈（1612—1695），字武孙，绍兴府会稽人。陈子龙司理绍兴府校士，姜承烈为冠，并服其学之正，欲举以应盛典备顾问，承烈辞之。顺治初年入太学，才名藉甚，名公巨卿以一识面为荣。与骆复旦创立文会，六年（1649）与骆复旦一起参与几社发起的嘉兴南湖十郡大社。康熙五年（1666）为周亮工江安督粮道记室，奉行一言一行必依乎礼，有利于民，无累于民，有关案件涉及人命者，即终夜不寐思为其生。尝谓吾辈虽不以科名为重，而文章之光焰不可自我而灭。康熙十八年（1679）拒荐博学鸿词科，二十年（1681）大魁京闱，然两上春宫不第，而其子姜之珍已于二十一年（1682）中进士，为高密县令，迎养于县衙。康熙三十年（1691）已近八秩，仍冒雪参与进士试，以一字错而落第，因患目疾不能视，慨然叹曰："是则命矣！"然著述不歇，有《东志堂集》传世。

毛奇龄（1623—1713），又名甡，字大可，号西河，绍兴府萧山县人。明末诸生，明亡后曾随南明毛有纶部抗清，失败后遭到"聚人杀营兵""抗命"诸罪名指控，亡命江淮间，后遇赦还乡，捐资为廪生。顺治初年加入文会，参与几社发起的十郡大社集。康熙十七年（1678）由时任福建按察使的吴兴祚和宁绍台道许宏勋推荐，入京参加博学鸿词科试，授官翰林院检讨，入史馆预修《明史》。康熙二十五年（1686）冬从明史馆告假南归，从此称病不出。毛奇龄长于经史学及音韵学，文学、音乐亦有造诣，著作颇丰，有《西河全集》等。

徐允定（？—约1695），字克家，号更斋，为徐咸清从弟，绍兴府上虞人。岁贡生，与徐咸清蜚声艺苑，时有"二徐"之称，与萧山毛奇龄为友，尝以诗谒益都相国，延见至万柳堂，写《万柳堂赋》，一时传诵。著有《涉江草》《更斋诗文集》等。

其余文会成员不明。

（三）崇祯中后期的"因社"

据《绍兴县志资料》第一辑第 24 册《周懋宗小传》所载："周懋宗,字因仲,监生,与兄载庵懋谷、弟默庵懋宜并擅才名,人称'周氏三凤',结因社,与祁熊佳、来集之、王自超、陶履卓、王观瀛、余增远、鲁桌皆先后成进士,而懋宗不得志,以酒人自放,兼游戏词曲。"可见"因社"成员不仅有"周氏三凤",还有祁熊佳、来集之等"先后成进士者"。探其活动时间约在崇祯中后期,参加人员主要有以下几位。

周懋宗,字因仲,又字石侯,监生,山阴人,生卒年不详。因屡试不第,而其他社友皆先后成进士,遂借酒游戏戏曲自娱,撰有杂剧《哑炼丹》《祭碑记》《桃花源》,合称"禅隐三剧",曲多禅机透悟语。又著《石侯易释》《谚笺》等。

周懋谷(1588—1675),字戬伯,号载庵。天启元年(1621)举人,尝集越中文士为"旧雨堂文会",复社兴,众推懋谷为越中文士代表。然与其兄懋宗一样,数次参加进士考而不中,遂栖遁蓬蒿,当道造其庐,莫能得其踪迹。与张岱友善为挚友。

周懋宜,字馨叔,号默庵,又号黄叶道人,监生,鲁监国绍兴时授中书舍人。

祁熊佳(?—1673),字文载,祁豸祥胞弟,山阴人。少年博学,"棋为国手,独步江南,留心学艺,游戏词坛,教习梨园,有老优教师不曾见者"[①]。崇祯十三年(1640)中进士,任延平县令五年,至明亡后离职回乡,削发披缁,禁足寓山,参禅礼佛,深究佛理终老。

来集之(1606—1669),名镕,字元成,号集之,学者称倘湖先生,萧山县人。崇祯十三年(1640)进士,历任安庆府推官,兵科给事中、太常寺少卿等职。明亡后隐居萧山倘湖之滨,以诗文自娱。康熙初年拒应博学鸿词,喜古文,通音律,尤工曲。著有《读易偶通》《春秋志在》《倘湖诗余》《南行随笔》,杂剧《两纱》《秋风三叠》等。

余增远(1605—1669),字谦贞,号若水,会稽人。祖父相为肇庆府通判,父幼美为兵部尚书,兄弟五人,增远为老三。崇祯十六年(1643)进士,授庶吉士,除宝应知县,弘光朝为礼部仪制司主事,明亡弃官归隐,二十余年不离城南一

---

① 张岱《琅嬛文集》卷 6《祭祁文载文》,见《张岱诗文集》,浙江古籍出版社 1991 年,第 358 页。

步,以授村童《三字经》为乐。

鲁栗(1607—1675),字季栗,号丰庵,会稽人,生卒年不详。祖父锦万历五年进士,南京刑部郎中,父湘太学生,与徐渭读书于阳山。父死时才 13 岁,崇祯十六年(1643)进士,为庶吉士。明亡弃官归乡,怀抱亡国之痛以终其身。

陶履卓,字岸生,会稽陶堰人。崇祯十五年(1642)举人,第二年成进士,授行人,奉诏安抚粤东,授翰林编修知制诰,乞归养父母,父母卒,成疾而逝。著有《孝经解》《安雅堂集》《人子要言》等。

王自超,字茂远,王舜鼎之子,会稽人。崇祯十五年(1642)举人,第二年成进士,授庶吉士。制举为世所誉,穷乡僻壤无不诵其文。崇祯十七年(1644)李自成进北京慕名物色之,乃远遁归乡,不与当政者交往。年三十卒,著有《柳潭集》。

(四)康熙五年(1666)龙山观文堂社

据金烺《龙山会·寄观文同里诸子》词前小序记载:"忆丙午岁(即康熙五年,1666),予与诸子有龙山观文堂之订,同学数十人,皆英英时彦也。论文讲义,饮酒赋诗,风雨晦明不彻,迄今二十年来,同人联翩获隽者,不可枚举,独予与二三知己,犹然偃蹇篷窗。今者(指康熙二十四年,1685)同子贞作岭南之游,入开府署中,晤雪舫。偶于蛮烟瘴雨之乡,谈及越水稽山之胜,不觉倍增浩叹,为赋此阕,以抒鄙怀,以寄韦若、式甫、载问、季来、梦九、珥公、长威、介昱、克由诸子。"①金烺《念奴娇·送姜克由之江右省觐,兼呈尊公绮季先生》词中云:"休教辜负,草堂诸友词社。自注:昔方举五云初社。"②可见,在结"观文堂文社"之同时,又结"五云初社"的词社。参与人员皆与"观文堂文社"同。

金烺(1641—1702),字子暗,号雪岫,出身于山阴世家,曾事师吕洪烈。年轻时尝与越郡中名士于龙山结"观文堂文社",与浙东、西、三吴名士交游。康熙二十四年(1685)与岳父吕洪烈、同邑山阴州山吴棠祯,加入两广总督吴兴祚幕府,《龙山会·寄观文同里诸子》词就是写于此年。康熙四十一年(1702)以贡生授儒林郎官湖州府学训导,次年病卒于任所。著有《观文堂集》《绮霞词》

---

① 《全清词》第 14 册,中华书局 2002 年,第 8089 页。
② 《全清词》第 14 册,中华书局 2002 年,第 8060 页。

及《红鞯鞳》传奇。

观文堂,据金烺《飞雪满群山》词前小序:"同友人龙山观文堂看雪,旧为张阳和公书院。"①可见观文堂即在龙山山麓张阳和(即张元忭)书院旧址,同结文社者有"数十人"之多,"五云初社"之词社也在此同时,参加人员大致相同,序中提到名字者有以下几位

韦若,又作唯若,姓胡,山阴人,生平不详。金烺《念奴娇·春日招同江陵曹叔方、长洲李仲木、华亭长洮侯、蒋大鸿、钱子璧、武塘丁文博、仁和丁药园、同邑朱晋叔、胡韦若、董子揩、方文虎、王叔道、姜苍崖、吴伯憩、张长威游土城山,分赋,山为西施教歌处》,②可见韦若姓胡,山阴人。

式甫,又作石甫,姓王,山阴人,生平未详。金烺《征招·赠王石甫明府》词中:"蛮天瘴雨难扫,处处说湟川,有郎官星到。鸟仙正年少……畴昔会兰亭(自注:石甫向曾举兰亭社)。"③王石甫不仅参与观文堂文社,还一起结兰亭诗社,与金烺早已认识。后为官作广东阳山知县。其友商子贞游粤赴王石甫幕,金烺则赴吴兴祚两广总督幕。金烺曾至阳山看望王石甫,作《归国遥·别商三子贞王三石甫》词。

载问,姓平,生平不详。金烺《满庭芳》词前小序:"三韩张钝五招董子揩、平载问、王叔道游镜湖,即席赠云卿校书。"④可见载问姓平。

季来,姓王,名观复,季来是其字,山阴人,疑为王思任后裔。金烺《蓦山溪》词前小序云:"九日同王季来、吕五荀登识舟亭,亭为王季重先生所建。"⑤又有《金缕曲·榕城雨后怀季来、珥公、梦九、伯憩、长威、克由诸同学》。

梦九,姓王,生平不详。何鼎《双双燕·留别胡韦若,王梦九、金子暗、张长威》,词云:"公等华堂列俎。倘午夜,棋敲瑟鼓,遥忆游子吟怀,定不悲秋研赋。"

珥公,又作耳恭、而恭,何思之字,兄何鼎,山阴人。一生游幕,著有《玉艳

---

① 《全清词》第14册,中华书局2002年,第8062页。
② 《全清词》第14册,中华书局2002年,第8058页。
③ 《全清词》第14册,中华书局2002年,第8090页。
④ 《全清词》第14册,中华书局2002年,第8050页。
⑤ 《全清词》第10册,中华书局2002年,第7689页。

词》。何鼎《点绛唇·怀珥公家弟客毗陵》词曰："漂泊经年，霜蓬露，枕同消受。"①金烺曾作《沁园春·送何而恭之鸠兹，时令叔子受先生为督榷使者》，何思有《清平乐·客毗陵金雪岫至不晤而归，怅然赋寄》《万年歌·长葛署中送雪舫归越》，可见曾依胞兄何鼎在长葛县作过幕宾。

长威，姓张，山阴人，生平不详。金烺曾作《六州歌头·题赠长威读易窝》词曰："吾友张子，常自励三余。锄小径，构精舍，敞幽居。……每向小窗，独坐滴花露，点易研朱。"②可见张长威喜钻研易经。另张汝霖著有《易经澹窝因指》，可见张长威系状元坊张氏曾孙辈。

克由，又作克猷，姓姜，山阴人，生平不详。金烺有《念奴娇·送姜克由之江右省觐，兼呈尊公绮季先生》，可见姜克由系姜廷干之子。姜廷干（1644—1722）一名廷翰，字绮季，山阴人。系崇祯间礼部尚书姜逢元之子，行九，称姜九，入清不仕，以文章书画受知于时。

子贞，姓商，山阴人，生平不详。金烺有《金菊对芙蓉·同子贞过亦载、汝长卧龙山馆》《劝金船·过严陵同子贞访唐雪堂》《满路花·送子贞过阳山》等词。

方文虎，名炳，会稽人，诸生。文多奇气，不遇于时，累困场屋，家居授徒，以诗文自娱，与陆进、吴棠祯、王暐酬唱，年五十而病逝，有《倚和词》为康熙元年（1662）至二十年（1681）间所作，内有与毛奇龄、徐沁、罗坤、商子贞、吴棠祯、朱晋叔、丁衍公、王丹麓唱和之作。

姜垚（1638—1698），字汝皋，号苍崖，山阴人。京兆少尹姜希辙之子。幼从学于黄宗羲，康熙十五年（1676）以岁贡生授新昌县教谕，迁国子监学正，不久辞归，姜垚懂堪舆之学，是华亭堪舆家蒋大鸿弟子。著有《从师随笔》《易源》《苍崖诗草》《柯亭词》《樗里山房文稿》等。曾入两广总督吴兴祚幕府，不久北上，临行，万树、吕洪烈皆作词为之送行。其《念奴娇·送克由叔之豫章》词，可见姜克由与其是叔侄关系。嘉庆《山阴县志》有传。

吴棠祯（1644—1692），字伯憩，号雪舫，山阴县州山人。由邑庠补太学生，

---

①　《全清词》第 10 册，中华书局 2002 年，第 7679 页。

②　《全清词》第 14 册，中华书局 2002 年，第 8069 页。

吴兑玄孙。毛奇龄称其词"掞华披藻,艳才绝才"。然终不遇,以幕宾书记终其身。康熙十八年(1679)吴兴祚时任福建巡抚,来其幕府。擅长词作,有《风车词》《吹香词》各一卷。在幕府中受万树影响,创作《赤豆军》《美人丹》《樊川谱》三种传奇。与金烺、吕师濂、姜垚、何鼎等俱有交往,如《拜星月慢·贺金雪岫纳姬》《穆护砂·送何夏九明府归山阴》等。

鲁超,字文远,号谦庵,会稽人,金烺舅父。明诸生,顺治十七年(1660)副贡,尚可喜入觐,超为书疏召见,赐翰林院庶吉士,后改中书,出为苏州同知。康熙十五年(1676)擢知松江府,守郡九载,迁淮扬道副使、布政司使。著有《谦庵词》,蒋景祁编《瑶华集》选有其词。

金镇(1623—1685),字又镳,号长镇,原为山阴人,寄籍顺天宛平。崇祯十五年(1632)举人,顺治初授曹县知县,以艰归服阕,补阌乡县知县,康熙十五年(1676)以分部使者巡行河南,授河南汝宁知府,历任扬州知府、江南按察使,康熙二十三年(1684)引疾归,明年卒。著有《清美堂集》。

王衮锡,字补臣,会稽人。著有《十三楼诗集》。

何鼎,字静山,山阴人。由湖广靖州籍中康熙五年(1666)举人,二十四年(1685)授河南长葛知县,劝农积粟,修理学宫,兴修水利,葛民,建祠以祀,后升嘉兴知府。著有《香草诗词集》。

王倩,字曼仙,山阴人。与王衮锡为同宗兄弟,宋俊表弟。词与吴棠祯齐名,年龄相当。与蒋平阶、徐沁相善。著有《空翠集》词作。

罗坤,字宏载,号罗村,会稽人。明末诸生,入清不仕。康熙十八年(1679)召试博兴学鸿词罢归,后入吴兴祚幕府。肆力古文词,工绘事,精小学,能篆刻。著有《罗村集》《罗村词》。

孟士楷,字彦林,号晴山,会稽人。明经,工吟咏,著有《山晖堂诗草》《夕葵园词》。

龙山观文堂社和五云初社词社活动时间同为康熙五年(1666)至八年(1668)的几年里,由于相继有人出仕或作幕,文社和词社相继停滞。也由于文社、词社相互切磋,论文讲义,他们都得到了提高和磨砺。

四、讲学会社

讲学会社是一种以研习儒家经典,修身齐家为宗旨的会社,学习内容、举会时间及纪律都有明确的规定,会社成员也参与科举考试,与文社有相通之处,区别在于更加重视修身齐家,在行为上有较严格的要求。

(一)王阳明等结浮峰诗社

明代中后期,文人结社之风盛行,诗社、文社、文会,几乎成为明代文人生存方式和文学交游方式的共同经历,作为出身于官宦家庭,以后又成长为封建王朝的官员,明代最有影响的思想家、教育家、文学家的王守仁,自然也受到这种社会文化大环境的影响。弘治九年(1496)王阳明 25 岁,在余姚龙泉山寺结龙泉诗社,弘治十年至正德元年(1506)十二月王阳明贬谪贵州龙场驿丞的近十年间,大多时间寓居京师,李梦阳举诗会倡复古,王阳明追随其左右。黄绾《阳明先生行状》载其与李梦阳、何景明、乔宇、汪俊、徐祯卿、边贡、顾鳞等人"以才名争驰骋,学古文诗"。[①] 嘉靖三年(1524)李梦阳作《甲申中秋寄阳明子》诗寄赠远在浙江的王阳明,其诗曰:"眷兹千里共,眇焉望吴越。"此诗表达了他们之间曾经保存的深挚情谊。正德八年(1513)王阳明 42 岁在山阴县牛头山结浮峰诗社,正德十六年(1521)王阳明 50 岁,在回乡归省祖茔期间于余姚龙山寺结龙山会,又赴浮峰诗社活动。诸社中,他对浮峰诗社情有独钟。

据《王阳明全集·年谱》:"(弘治)五年壬子,先生二十一岁,在越。……及丙辰会试,果为忌者所抑。……归余姚,结诗社龙泉山寺。致仕方伯魏瀚平时以雄才自放,与先生登龙山对弈联诗,有佳句辄为先生得之,乃谢曰:'老夫当退数舍。'"[②]

明正德七年(1512)十二月,王阳明升任南京太仆寺少卿,随后便道归省,次年十二月至越,九年(1514)十月以督马政至安徽滁州赴任,在家乡生活约有八月之久,与多人于山阴县牛头山结社,后王阳明将其改名为浮峰山,称为"浮峰诗社"。其后至滁州任上写的《滁州诗三十六首》组诗,其中有《寄浮峰诗社》

---

① 《王阳明全集》卷 38,上海古籍出版社 2011 年,第 1047 页。
② 《王阳明全集》卷 3,上海古籍出版社 2011 年,第 1223—1224 页。

抒发了他在家乡结社的清雅自乐生活的留恋难忘之情,诗云:

晚凉庭院坐新秋,微月初生亦满楼。

千里故人谁命驾?百年多病有孤舟。

风霜草木惊时态,拈杵关河动远愁。

饮水曲肱吾自乐,茆堂今在越溪头。

浮峰山原名牛头山,万历《绍兴府志》卷四"牛头山"条载:"在府城西六十五里(在今杨汛桥镇内)小江萦其西。唐天宝间改名临江山。山产石,可作假山,其小碎者取为盆山,尤宜草木,皆葱茜耐久,与昆山所出相埒。东坡先生所谓'盆山不见日,草木自苍然'是也。"《县志》云:"石疏理,入水则浮,名浮石。近者王新建改山名为浮峰,以此或云以其临江瞰海,山势若浮云。峰南有石如台,曰石台。江之西为萧山县界。"这是一个奇险幽静的所在,正如王阳明在结社诗所写的《游牛峰寺四首》诗云:

洞门春霭蔽深松,飞磴缠空转石峰。

猛虎踞崖如出神,断螮蟠顶讶悬钟。

金城绛阙应无处,翠壁丹书尚有踪。

天下名区皆一到,此山殊不厌来重。(其一)

萦纡鸟道入云松,下数湖南百二峰。

岩犬吠人时出树,山僧迎客自鸣钟。

凌飚涉险真扶病,异日探奇是旧踪。

欲扣灵关问丹诀,春风萝薜隔重重。(其二)

偶寻春寺入层峰,曾到浑疑是梦中。

飞鸟去边悬栈道,冯夷宿处有幽宫。

浮云晚渡千岩雨,海月凉飘万里风。

夜拥苍崖卧丹洞,山中亦自有王公。(其三)

一卧禅房隔岁心,五峰烟月听猿吟。

飞湍映树悬崖玉,香粉吹香落细金。

翠壁年多霜藓合，石床春尽雨花深。
胜游过眼皆陈迹，珍重新题满竹林。（其四）

诗中提及“飞磴”“虎崖”“断螭”“鸟道”“岩犬”“栈道”“飞湍”，可见这是一个奇险幽深的境界，还有“石床”“洞门”“幽宫”“金城绛阙”“翠壁丹书”，又是一个可以供人居住、思考、修身养性的寂静世界。据徐爱《同志考叙》曰：“……癸酉春（正德八年）侍先生自北南来，检简牍中，始观多皆未识者，乃重有感焉。夫斯道之不明于天下也久矣。先生重光以来，世方大疑以怪，而又能挺然特出真心信心不为所挠者，顾弗可谓豪杰呼！则相与共室堂，朝夕切磋，观善砥行弗替，期斯道复大明可矣。”这正是王阳明当时潜心研习学问的理想场所。其《又四绝句》，诗云：

翠壁看无厌，山池坐益清。深林落轻叶，不道是秋深。（其一）

怪石有千窟，老松多半枝。清风洒岩洞，是我再来时。（其二）

人间酷暑避不及，清风都在深山中。
池边一坐即三日，忽见岩头碧树红。（其三）

两到浮峰兴转剧，醉眼三日不知还。
眼前风景色色异，惟有人声似世间。（其四）

二首五绝，二首七绝正好反映了他当时在浮峰山讲学、研习良知的心境。从时间上看，“一卧禅房隔岁心”可能是正德七年（1512）年底进入此地；“深林落轻叶，不道是深秋”正是八九月之秋，是他离越赴滁州上任之时。除了在此结社讲学，他还从上虞入四明，观白水，寻龙溪之源；登林锡，至雪窦，上千丈岩，以望天姥华顶，途经宁波，与日本了庵和尚见面，游览风景名胜和访友活动。

王阳明与多人在浮峰山结社讲学，虽未详列出姓名，据其当年行踪来看，有徐爱、蔡宗兖、朱节、黄绾等人。

徐爱（1487—1517），字曰仁，号横山，余姚横河（现归慈溪）人。王阳明妹夫。正德二年（1507）师从王阳明，是王阳明早期弟子之一。次年秋举进士，正德四年(1509)七月为祁州知州。正德十年(1515)升南京兵部车驾清吏司员外郎,正德八年(1513)侍王阳明自北而南来,作《同志考》,其《横山遗集》中有《浮峰次韵》,诗云:

> 西云洞口锁双松,天末秋云数点峰。
> 海内尘氛今日远,江南奇气此山重。
> 林深草木诸贤化,郡复书堂太傅踪。
> 欲采天风洒然去,振衣直入紫霞重。

从诗题和押韵看,皆是次王阳明《游牛峰寺四首》诗。

蔡宗兖,字希渊,号我斋,绍兴府山阴县白洋人,生卒年不详。中举后十年才取进士,留为庶吉士,孤介不为当道所喜,辞职以教授奉母。初教授福建莆田,后移教南京,入为太学助教,升四川督学金事。是王阳明早期弟子之一。

朱公节,字守中,号白浦又号轼,绍兴府山阴县白洋人。早年师事王阳明,后举进士,官御史,巡按山东,死于农民起义战事中,赠光禄寺少卿,著有《东武集》。

黄绾(1480—1554),字宗贤,号久庵,台州府黄岩人。以祖荫入官,授后军都事,告病归家居十年。正德八年(1513)王阳明归越师事之,称门弟子。后起光禄寺少卿,转大理寺,改少詹事兼侍讲学士、侍读学士,升南礼部右侍郎,礼部左侍郎,礼部尚书兼翰林院学士等职,享年 75 岁。著有《石龙集》《久庵集》等。

正德十五年(1520)王阳明在江西南昌任上,六月祖母岑太夫人讣,四疏省葬不允。十六年(1521)六月十六日奉旨从南昌至京师,道由钱塘,上疏恳求便道归省祖茔,朝廷准令归省。八月至越,九月归余姚省祖茔,痛母生不及养,祖母死不及殓,日与宗族亲友宴游,弟子钱德洪等乡中故老通贽请见。从正德十六年至嘉靖六年(1527)的七年时间,王阳明在绍兴。嘉靖元年(1522)王阳明遭父丧家居,嘉靖四年(1525)例应起服,御史石金等人交章论荐,皆不报,直至嘉靖六年(1527)九月起复,征思恩田州。期间,于余姚龙山寺结"龙山会"。据《王阳明全集》卷 36《年谱附录》载:"龙山在余姚县治右。辛巳年,师归省祖茔,门人夏淳、孙升、吴仁、管州、孙应奎、范引年、柴凤、杨柯、周于德、钱大经、应扬、谷钟秀、王正心、王正思、余大本、钱德洪,周仲实等七十四人侍师讲学于龙泉寺之中天阁。师亲书三八会期于壁。吴仁聚徒于阁中，会同志讲会不辍。丁亥（嘉靖七年）秋，师出征思、田，每遗书洪、畿，必念及龙山会。"一般讲会都是每月一会或二会，甚至还有隔月一会或每季一会。而龙山讲会由于有王阳明的参与，却增加到每月三会，极大地推动了绍兴讲学活动的展开。

龙山讲会人员众多，计有：

钱德周，字仲实，余姚人，嘉靖二十二年（1543）举人，钱德洪之弟。

钱大经，钱德洪族兄。

钱应扬，字俊民，号后峰，余姚人。嘉靖十四年（1535）进士，广东巡按。

夏淳，字夏吾，余姚人。四岁丧母，不为后母所爱，闻讲孝道，始于事亲。正德十五年（1521）师事王阳明，嘉靖七年（1528）举于乡，后为肇庆府通判，卒于官。

管州，嘉靖辛卯年（1531）举人，余姚人。师事王阳明，官终兵部司务。

范引年，字兆期，余姚人。师事王阳明，嘉靖廿一年（1542）以经师为有司延为教事，从游甚众。

柴凤，正德十五年（1521）与夏淳一起师事王阳明。

孙应奎（1543年前后在世），字文卿，号蒙泉，余姚人。正德十六年（1522）师事王阳明，嘉靖八年（1529）进士授行人。擢社科给事中，忤旨下狱，谪华亭尉。卒年83岁，著有《燕话录》十三卷。

钱德洪（1496—1574），本名宽，字德洪，号绪山，余姚人。正德十四年（1519）诸生，十六年（1521）师事王阳明，嘉靖元年（1524）举人，翌年（1525）下第归，侍师王阳明。嘉靖五年（1528）登进士，然不参加廷试，引疾归，卒业于阳明。嘉靖十一年（1534）赴廷试，登进士第，聘广东乡试，历任刑部湖广司主事，嘉靖二十年（1543），奏武定候郭勋罪，下诏狱，革职归农，此后从事讲学。

杨珂，字汝鸣，号秘图，余姚人。正德十六年（1521）与孙应奎、徐珊等师事王阳明，后隐居秘图山，不以科举为事，自放于山水之间。为诗洒脱不群，誉为"越中十子"之一。

王阳明大弟子钱德洪是中天阁讲会的召集人，非常珍惜王阳明难得归姚的机会。后又在南镇禹穴阳明洞讲学。他对这几次讲学活动评价甚高："先生初归越时，朋友踪迹尚寥落，既后四方来游者日进。癸未年（即嘉靖二年）以后,环先生而居者比屋,如天妃、光相诸刹。每当一室,常合食者数十人,夜无卧处,更相就席,歌声彻昏旦。南镇,禹穴,阳明洞诸山远近寺刹,徙足所到,无非同志游寓所在。先生每临讲座,前后左右环坐而听者常不下数百人,送往迎来,月无虚日;至有在待更岁,不能遍记其姓名者。每临别,先生常叹曰:'君等虽别,不出在天地间,苟同此去,吾已可以忘形似矣。'诸生每听讲出门,未尝不跳跃称快。尝闻之同门先辈曰:'南都以前,朋友从旧游者甚众,未有如在越之盛者。此虽讲学日久,孚信渐博,要亦先生之学日进,感召之机申变无方,亦自有不同也。"①

在省祖茔和丁忧期间,王阳明再次至山阴浮峰山,其《再游浮峰次韵》诗云:

> 廿载风尘始一回,登高心在力全衰。
>
> 偶怀胜事乘春到,况有良朋自远来。
>
> 还指松萝寻旧隐,拨开云石蔼蒿莱。
>
> 后期此别知何地?莫厌花前劝酒杯。

此年王阳明已 50 岁,虽有登高兴致却感力不从心,但由于良朋远来,偶怀胜事,仍然兴致勃发游览浮峰山。

又有《夜宿浮峰次谦之韵》诗云:

> 日日春山不厌寻,野情原自懒朝簪。
>
> 几家茅屋山村静,夹岸桃花溪水深。
>
> 石路草香随尘去,洞山萝月听猿吟。
>
> 禅堂坐久发清磬,却笑山僧亦有心。

"谦之"为邹守益(1491—1562)之字,号东廓子,江西安福人。王阳明弟子。正德六年(1511)进士,官翰林院编修。嘉靖初,因议"大礼"下诏狱,谪广德州判官,建复初书院以传播阳明学说。嘉靖二年(1522)曾来绍参加王阳明的讲学活动,其《同郭善夫魏师颜宿阳明洞》七律诗云:

---

① 《王阳明全集》,上海古籍出版社 2011 年,第 118 页。

> 躐足青霄石万寻，谢墩何处更投簪？
>
> 云穿草树春亭静，水点桃花洞口深。
>
> 屋漏拂尘参秘诀，匡床剪烛动幽吟。
>
> 千年射的谁能中？莫遣桑蓬负壮心。

　　王阳明曾作《夜宿浮峰次谦之韵》，以和此诗。在此期间，邹守益曾经跟随王阳明参加过浮峰山讲学结社，其《侍阳明先生及蔡希渊、王世瑞登浮峰书房》七律诗云：

> 远随谢屐出东皋，直访梅岩未惮劳。
>
> 杯酒百年几胜践，初晴千里见秋毫。
>
> 沙光映日开平野，石势连云涌海涛。
>
> 醉下长林生别思，烟汀回首越山高。

　　据此诗题，参加浮峰讲会的还有：蔡希渊，即蔡宗兖；王世瑞，即王琥，号心斋，绍兴府山阴县人。钱明《浙中王学研究》认为，王琥不仅是阳明早年的道友，还可能是阳明晚年的弟子。

　　王阳明在余姚龙泉山、阳明洞、禹穴、浮峰山结社讲学，为什么独对浮峰山情有独钟，多次亲临，留下多首诗章呢？浮峰山具备奇险幽静的山水环境，正如其极尽赞美的“会稽素号山水之区，深林长谷，信步皆是，寒暑晦明，无时不宜，安居饱食，尘嚣无扰，良朋四集，道义日新，优哉游哉，天地之间宁复有乐于此者！”①其实，与其说是浮峰山奇险幽静的山水引得“良朋四集，道义日新”，倒不如说是王阳明一生对探讨性理之学，充实和完善自己的学说和讲学事业的执着，对弟子的关心爱护使然。嘉靖五年（1526）王阳明弟子江西安福人刘邦采等聚友讲学，结“安福惜阳会”，宣扬良知之学。“远近豪杰闻风而至者以百数。”②时王阳明在越，闻听后马上作《惜阳说》：“同志之在安成者，闻月为五会，谓之惜阳；其志笃矣。然五日之外，孰非惜阳时乎？离群而索居，志不能无少懈，故五日之会所以相稽切焉耳。”王阳明虽然自己未能与会，但对子弟立会探

---

① 《王阳明全集》，上海古籍出版社 2014 年，第 81—82 页。
② 《寄安福诸同志》，《王阳明全集》卷 6，上海古籍出版社 2011 年。

讨良知之学寄予厚望,同时又责以"离群而索居,志不能无少懈",因而勉励他们不仅要以"五日之会相稽切焉耳",而且应坚持时时处处"惜阳",持之以恒,决不松懈。次年复举会,王阳明离越,过吉安,又作《寄安福诸同志书》曰:"诸友始为惜阳会,当时惟恐只成虚语,迩来乃闻远近豪杰闻风而至者以百数,此可以见良知之同然,而斯道大明之几于此亦可以卜之矣。"王阳明亲眼所见"安福惜阳会"常年不懈地展开活动,而且参加人数达百人左右,才有此宽慰之感。

除此之外,浮峰山还是王氏族祖居住之地。王俊彦(1102—1192),字应求,号省斋,山阴县禹会乡广陵里人。绍兴五年(1135)进士,绍兴十三年(1143)赴金和谈因功封光禄大夫,称进一品官,会稽县开国公,加封上柱国太师,越国公,食邑五千四百户,实授三千六百户,开府仪同三司。后以年高辞官,居于浮峰山下石里,为石里派始祖。其子王佐(1126—1191),字宣之,号敬斋,幼居禹会乡广陵里,出任后迁居绍兴城石里。绍兴十八年(1148)进士,廷对第一,赐为状元。历任礼部尚书、户部侍郎、户部尚书、知临安府,宝文阁直学士,出守江东。绍熙二年(1191)赠银青光禄大夫,山阴县开国男,墓葬于浮峰山下。墓傍建有王佐祠,同榜进士朱熹题额,上书"忠孝"两字。陆游为作《墓志铭》。

王思舆,名文辕,字司舆,又作思舆,山阴县浮峰山人。他是王阳明同族朋友,据季本《王思舆传》载:"厉志力行,隐居独善,乡人慕其德者,皆乐亲之。少学为古文,级类庄列,诗通唐人。……成化、弘治间,学者守成说,不敢有私议朱子者,故不见信于时,惟阳明先师与之为友,独破旧说,盖有所本云。"他是王阳明早年最相契的志同道合者。"诗通唐人"的王思舆,在诗才上亦堪与阳明颉颃。据钱明研究,王思舆可能死于正德末年,当时阳明刚提出"改良知说不久",故而"人多非议之",阳明遂感叹说:"使黄舆子(即王思舆)在,于吾言必相契矣。"①

上文提及的王琥,字世隆,山阴县人,也是王阳明同族,早年的道友,还可能是王阳明晚年的弟子,曾与邹守益于嘉靖初年陪侍阳明等人游浮峰山。

由于山阴县浮峰山特殊的人文地理环境,致使王阳明多次莅临,而且频频

---

① 钱明《浙中王学研究》,中国人民大学出版社 2009 年。

作诗抒发自己的缱绻之情。

王阳明在绍兴结社讲学,极大地推动了王学在浙中的形成与发展,培育了一批如王畿、钱德洪、徐爱、季本、黄绾、孙应奎等王学弟子,突显了浙中王学在王阳明心学发展中的地位,对王学在浙西和全国的发展都产生了巨大影响。

(二)周汝登、陶望龄于万历二十七年(1599)秋与同郡数十人缔结"证修社"讲学

据周汝登《东越证学录》卷四《越中会语》载:"己亥季秋,先生同石篑陶公及郡友数十人,共祭告阳明之祠,定为月会之期。"①同书卷六《证修会录序》载:"余与石篑陶子,以个事相质,扁舟往来娥江、剡水间。而因诸公造请入为镜波洗心之会,盘桓良久,更书此以弁会录之首。益将与诸君共证共修,而且以质诸陶子,其当有以进我云。"②又据《陶望龄全集》卷十四《证修社会跋语》载:"耳听目览之谓证,手持足运之谓修。耳目不以不证而不明,手足不以不修而不利。然非修而证,则未亏听览而有聋瞽之虞;非证而修,则未废持行而抱痿痹之病。然则证者证无证,修者修无修。未尝克证而言无证,未契真修而言无修者,狂与惑也。越,二子之乡也。自龙溪殁,而讲会废。钱君、刘君与同志若干人始缔为社,名曰证修,而谒海门子主之,以仆之辱交于海门也,令书一语于册后。"③据上可知,"证修社"是一个传播阳明心学的讲学性组织,社长是周汝登,参与人员有陶望龄及钱刘等同郡中的年轻读书人数十之多,每月一聚,由陶望龄写的《证修社会跋语》其实就是他们的社约。

社长周汝登(1547—1629),字继元,号海门,绍兴府嵊县人。嘉靖四十三年(1564)成为诸生后,曾在家乡结文社砥砺举业,万历元年(1573)中举,五年(1577)成进士,先后担任工部屯田主事、两淮盐运判官、南京尚宝卿等职。《嵊县志》称其"通籍五十年,林居三十年",因其受王阳明心学影响,研习王学,热衷讲学,从万历二十七年(1599)至四十二年(1614)的15年中,多在家乡剡中、越中、杭州、新安等地进行讲学活动,是王畿之后阳明学重要的传承者之一。著有《王门宗旨》《东越证学录》等。

① 《周汝登集》,张梦新、张卫中点校,浙江古籍出版社2015年,第38页。
② 《周汝登集》,张梦新、张卫中点校,浙江古籍出版社2015年,第165页。
③ 《陶望龄全集》中册,李会富编校,上海古籍出版社2014年,第822页。

陶望龄(1562—1609),字周望,号石篑,会稽陶堰人。早年致力于文学,对阳明心学的兴趣是在与焦竑同处翰林院之后,可以说焦竑是陶望龄从事阳明心学的引路人。其后陶望龄成为周海门的弟子,成为周海门之后的阳明心学的传承人,他在《海门先生文集序》中说:"望龄蒙鄙,获以乡曲事先生,受教最久。"①

(三)崇祯初年刘宗周创举的"证人社"

"证人社"成立的背景及活动情况:明末自邹元标、冯从吾、高攀龙去世后,全国书院禁毁,讲学中绝,道学虽不断线,但流弊甚烈。王学末流的代表人物管志道、周海门、陶望龄亦相继去世,陶奭龄继起广收门徒,"借途于释氏,一时从游之士多以禅起家。"全祖望《鲒埼亭集》卷十一《黎洲先生神道碑文》中说:"越中承海门周氏(周汝登)之绪余,援儒入释,石梁陶氏奭龄为之魁,传其学者沈国模、管宗圣、史孝咸、王朝式辈,鼓动狂澜,翕然从之,姚江之绪,至是大坏,忠介忧之,未有以为计也。"②为此,崇祯四年(1631)刘宗周自上年从京兆守位上奉旨回籍,赋闲家居,为讲学明道,整肃人心,遂邀请陶奭龄会同讲学,希望清理以禅诠儒的学风,以致良知,陶奭龄欣然应从。遂于三月三日集缙绅约二百余人,于绍城陶文简公祠(即石篑书院)及阳明祠讲学,刘宗周首创社名"证人社",并作《证人社约》。《证人社约》分四篇:一曰学檄,二曰会仪,三曰约言,四曰约戒,附在书后。会期取每月之三日,辰而集,午而散,专以讲学明道。特置姓氏一籍,凡愿入会者而卜久要者,随时登载。如遇远方贤者至,则特举一会,以展求教之诚。望后听诸生自推举会课一次;会费听入会者捐资,自一钱以上,多不过三钱;每会推掌书记记录。凡与会者毋谑言、毋戏笑、毋交足、毋接耳、毋及朝事迁除,毋及里中鄙亵,犯者司约纠之。《约言》为十戒:一戒讥侮儒先,诋诃名教,不讲学,不读书,及读非圣之书;二戒私财私蠹,出入交际,制中宴乐,酷好风水,年久停丧;三戒利己妨人,驾势瓯人辱人,及致人于官;四戒会中投递书揭,及借名道学,生事地方,把持官府,雌黄人物;五戒呼庐酗酒,饮以长夜,蓄顽童,挟优妓,挎蒲为生,求田问舍终讼;六戒侧听淫视,疾言遽色,

---

① 《周汝登集》,张梦新、张卫中点校,浙江古籍出版社 2015 年,第 3 页。
② 全祖望《鲒埼亭文集选注》,黄云眉选注,齐鲁书社 1982 年,第 101 页。

跛立箕坐之类；衣不紫，履无朱，冠不采，闺阃无惰容，丧不用浮屠，祭无淫外神，动行祈祷；七戒结交衙门官吏，说事过钱，及以碑轴献谀当涂者；八戒嫁娶相竞，宴会相高，宫室、舆马、服饰逾制，尤痛禁梨园宴会；九戒多言及市井闺阃事；十戒腹诽背憎，乐道人短，匿怨结交。《约戒》即规定违戒者之处罚方式，分出会，上罚、下罚三种。上罚罚杜门谢会饮一次，静坐讼过，至赴会日，捐古书一册，藏古小学；或治具以供酒饼一次，诸友不更赍分。下罚谢会讲一次，静坐讼过，至赴会之日，仍捐古书一册，藏古小学，若因罚而竟不赴会者皆听。出会即清除出会。

《证人社约》不是一次定稿，而是逐年增补而成。一般认为始订于崇祯四年（1631），修订于崇祯十六年（1643）。讲会地址也有变动，初集于陶文简祠，继集于阳明书院，再集于古小学，白马山房，间有私集于冷然阁者。第一年举行十一次讲会，编有《证人社语录》一卷，这是学者于讲会讨论发言的记录。崇祯五年（1632），陶奭龄学不违禅，因与刘宗周观点分歧，常有辩难，双方门人龃龉尤甚，遂别门户。陶奭龄等集于白马山房，刘宗周主讲古小学，额曰"证人书院"，因袭前称为"证人社"。书院定每月初三为讲期，设会讲一人以阐道，会史一人以纪事，会约二人以纠仪，会赞二人以相礼。刘宗周主讲道学于此，于是四方之士负笈影从。"证人社"从崇祯四年于石篑书院与陶奭龄共同主讲，到分门别户进入古小学成立证人书院，到刘宗周去世的顺治二年（1645）前后15年时间里，刘宗周带领门下弟子讲学，辨明儒释之道，以"诚意"为宗旨，以"慎独"为修养之要，以"气"为本的蕺山学派，在刘宗周及其众弟子的论辩质疑中屹立于世人面前，产生了《人谱》《圣学宗要》《证学杂解》《学言》《证人社约言》《中庸首章说》《阳明先生传信录》等著作。

（四）16—17世纪绍兴府的讲会活动

绍兴府的讲会活动渊源于宋代书院的讲学，这种讲学原是一种教学活动，由于当时官学数量的有限和效率的低下，遂使私学成为当时学者获得知识的主要途径，因此讲学在很大程度上是指私人讲学，讲学的内容，不是汉唐的训诂、注疏学问之学，而是与身心修养紧密相连的性命之学。

绍兴宋代书院讲学，最早可追溯到北宋。宝元元年（1038），范仲淹知越州，于州治卧龙山西岗创建稽山书院，聘请州内新昌著名学者石待旦担任山长，又聘请丹阳李泰伯来书院讲学，以儒家诸经为教学内容。在范仲淹倡导下，越州办学之风大兴，四方之士来稽山书院求学者甚众。北宋末年则有尹和靖、杨龟山等在书院讲学。正如万历《绍兴府志·理学》所言："道学之名自宋始，道学之有传亦自宋始。当其时，濂、洛、关、闽诸大儒后先迭兴，远绍洙泗，有宋文运之隆，驾轶前代矣。……吾越自考亭来领常平游，杨、罗、尹诸先生或官于斯或寓于斯，风之所自者远矣。石子重羽翼乎程朱，韩庄节讲道于乱世，潘太常振响于东隅，彼皆生乎文成之先，故以世次而先之，及其学则考亭之派也。道固并行而不悖也。"这里的"濂、洛、关、闽"即指濂溪的周敦颐，洛阳的程颢、程颐，关中的张载，闽中的朱熹，他们皆继承了孔子的儒学。同时又指出越地的理学在朱熹以前有杨龟山、尹和靖等人，其后又有朱熹及秉承程朱之学的南宋新昌人石𡐏，元代会稽人韩性，明初上虞人潘府，他们皆从事书院讲学，传授宋明理学。

首先，据吕妙芬《阳明学士人社群》研究，明代中后期官僚体制已经饱和，而科举考试的名额及士人社群扩大的矛盾日益尖锐。从 15 世纪到 17 世纪，中国全国人口约增加一倍，而生员人数大约从 3 万人增加到 60 万人。尽管生员人数激增，科举的举人、进士名额却并没有增加，科举仕进困难，地方社会累积了相当多的无法挤入官场窄门的生员。其次，又如葛兆光指出，明代中后期讲学风气甚深，随着城市商业、交通及印刷技术和造纸技术的发展，知识传播更加容易，也越来越超出官方意识形态允许的范围，士绅与市民所拥有的财富资源，也使得另外开辟思想表达和知识传播的渠道成为可能。正是在这样的自由的背景下，大批士人重新开创了体制以外的讲学风气。①

正是在上述社会背景下，王阳明倡导的心学讲学活动得风气之先，迅猛流行，恰如吴震所言："阳明学作为一种思想学说，固是理论思辨的产物，同时阳明学的产生及其展开过程本身又是一种思想运动，其具体表现就是讲学。"②而真正使讲学活动遍行天下的则是王门后学，越中则有阳明弟子如王畿、钱德洪，及其门人周汝登、陶望龄、陶奭龄以及刘宗周、沈国模、邵廷采、董玚、张应

---

① 葛兆光《中国思想史》第 2 卷，复旦大学出版社 2001 年，第 300 页。
② 吴震《阳明后学研究》，上海人民出版社 2003 年，第 422 页。

鳌、黄宗羲等人。

明代的讲会是明代讲学活动中影响最大的一种模式，也是最典型的一种模式，它是一种有组织的学术团体，有一套管理体制：（一）坚持常规的月会制度，月有会，会有讲，证人书院定于每月初三日，姚江书院定于每月朔日，此外还有季会、望会；（二）有一套严格的管理体制，每次聚会规定会讲一人，会史一人，会约二人，会赞二人，各有不同的职责，会讲以阐道，会史以记事，会约以纠仪，会赞以相礼，司会者分工协作；（三）有一套严格的礼仪制度，包括谒先圣，先贤礼，敲云板，童子歌诗，开讲，质疑等；（四）讲会备有茶果点心。

1. 绍兴府讲学的王阳明时代：正德八年(1513)至嘉靖六年(1523)

早在正德二年(1507)，王阳明遭受刘瑾迫害，贬谪至贵州龙场驿，后返乡探亲期间，绍兴府就有徐爱、朱节、蔡宗兖三人成为王阳明正式接收的第一批弟子。正德八年(1513)，王阳明升任南京太仆少卿，便道归省，又在绍兴府山阴县牛头山（又称浮峰山）讲学并结浮峰诗社。由于王阳明公务繁忙，未能久居，讲学活动未能从容展开。这一情况一直等到正德十六年(1521)七月，王阳明外任南京兵部尚书，参赞机务，便道回绍兴省亲，参拜祖茔，绍兴府的讲会活动才得以全面展开。嘉靖元年(1522)二月，父亲王华卒，丁忧赋闲期间，绍兴府一大批年轻士子如钱德洪、王畿、夏淳、范引年、孙应奎、杨珂等七十余人，纷纷归入阳明门下，在余姚城内龙泉山南坡的中天阁开设讲堂。嘉靖二年(1523)，四方来游者与日俱增，"环先生而居者比屋，如天妃、光相诸刹，每当一室，常合食者数十人；夜无卧处，更相就席；歌声彻昏旦。南镇、禹穴、阳明诸山远近诸刹，徙足所到，无非同志游寓所在。先生每临讲座，前后左右环坐而听者常不下数百人，送往迎来，月无虚日，至有在侍更岁，不能遍记其姓名者"①。一时之间，阳明学已成为绍兴府当时的新学。到绍兴就学于阳明之学的人众多，王阳明不能一一指授，也无法长期停在余姚县城或绍兴府城讲学，因而他鼓励这些弟子成立定期的讲会，每月以朔、望、初八、廿三为期，定期讲学。并令初入学者先由大弟子教导，"其后文成之门，来学者益众，文成不能指授，则

---

① 《王阳明全集》卷3《传习录》下，浙江古籍出版社2011年。

属公(王畿)与钱公(钱德洪)等高等弟子分教之"。① 王畿、钱德洪便成为"教授师"。

嘉靖元年(1522)至六年(1527),王阳明赋闲在绍兴的六年时间里,绍兴府成为阳明学的重要根据地。当时绍兴府知府南大吉以座主称门生,为王阳明讲学提供各种方便,令山阴县令重建稽山书院,聘请王阳明主讲;又建造尊经阁在其后,请八邑才俊弟子讲习其中;请王阳明为作《稽山书院尊经阁记》,并刻《传习录》风示远近。此书院提供食宿月廪,曾吸引了湖南、江西、广东等地的士人来此学习,如江苏吴县的黄勉之,江西安福的刘文敏、刘邦采、邹守益,广东香山的黄佐,江西临川的陈九川、聂豹,浙江海宁的董沄等等,纷纷至越拜入门下。王阳明亲自为余姚龙泉寺中天阁讲会书写三八会期于壁,勉励诸生学习,这是王阳明讲会最早的书约。

嘉靖初年王阳明在绍兴府带领讲学的时期,是其讲学生涯最兴盛、最快乐的时日。三年八月中秋,王阳明"宴集群弟子于天泉桥,酒半行,先生命歌诗,诸弟子比音而作,翕然如协金石,少间,能琴者理丝,善箫者吹竹,或投壶聚算,或鼓棹而歌,远近相答,先生顾而乐之,遂即席赋诗,有曰:'铿然舍瑟春风里,点也难狂得我情'"。②

与王阳明同时,上虞驿亭人潘府(1453—1525),字孔修,号南山,明成化年间进士,累任福建长乐县令,南京兵部员外郎,广东提学副使,太仆少卿等职。嘉靖初年以母老乞休归里,在宋人潘時所创的上虞月林书院旧址附近的南山下创办南山书院,聚徒讲学,远近从游者三四十人。潘府学术本于朱熹,对自己要求甚严,为官清廉自励。他去世后,王阳明曾作《挽潘南山》七律,诗云:"圣学宫墙亦久荒,如公精力可升堂。若为千古经纶手,只作终年著作忙。末俗浇漓风盗下,平生辛苦意难忘。西风一夜山阳笛,吹尽南风落木霜。"虽然王守仁与他学术思想不同,但仍然引潘府为挚友,致以诚挚的敬意。

2. 王畿、钱德洪讲学时代:嘉靖元年(1521)至万历十年(1582)

王畿(1498—1583),别号龙溪,绍兴府山阴人。受学王阳明迟至正德十六

---

① 徐阶《龙溪王先生传》,见《王畿集》附录4,吴震编校整理,凤凰出版社2007年,第823页。
② 引自俞章华《王学编年》,吉林大学出版社2010年,第144页。

年(1521)，但他"英迈天启，颖悟绝伦"。① "逾年遂悟虚灵寂感，通一无二之旨。"②

钱德洪(1496—1575)，别号绪山，明绍兴府余姚人。正德十六年(1521)始决意事师王阳明，力排众议，率诸生七十余人，辟龙泉中天阁，请王阳明升座开讲。

王畿、钱德洪两人皆为王阳明晚年得意弟子，对传播王阳明学说、收集整理并出版阳明著作皆有重要贡献。嘉靖初年，王阳明在越中讲学期间，从学之人众多，本人应接不暇，便指定王畿、钱德洪担任辅导任务，新弟子得先经由他俩的讲学后，才有资格直接聆听阳明讲学。嘉靖六年(1527)九月，王阳明起服出征思田，由王畿、钱德洪主持越中书院的讲学工作。其间，王畿与钱德洪入张元冲舟中，因论为学宗旨发生分歧，遂请教王阳明，阳明在天泉桥上与他两进行论辩，史称"天泉证道"或"天泉证悟"；王畿、钱德洪陪侍王阳明出征思田至富春江严陵，师徒之间又有"严滩问答"或称"严滩复申"。

王阳明卒后的嘉靖九年(1530)，王门弟子薛侃等拟在杭州城南天真山建天真书院奉祀先师，同时举办讲会。王畿、钱德洪等联合同志集资筹建天真书院，并负责春秋祭祀和讲会活动。不久，钱德洪因父母年老，便于照顾，离京为苏州教授，讲会中有关事宜皆由王畿决断。其后，王畿、钱德洪周游各地讲学，天真书院及越中书院的讲学活动时停时续。钱德洪于嘉靖十四年(1535)丁内艰归余姚，修复中天阁之会，十五年(1536)与王畿等同人再集资重修杭州天真书院，其间，曾赴诸暨紫山书院讲学。冬服阕，补国子监，十七(1538)年升刑部湖广司主司，后转陕西司员外郎，二十二年(1543)因奏武定侯郭勋死罪，而触帝怒，诏革冠带归农，自此四处讲学不辍，"江、浙、宣、歙、楚、广，名区奥地，皆有讲舍"③。嘉靖四十四年(1565)"不复远游，相期同志春秋会于天真"。其间以编辑、刊刻《传习录》《阳明年谱》《文录》等方式传播王阳明学说。作为最早的阳明讲会的据点，稽山书院和余姚中天阁在后来的讲会活动中未能占据重

---

① 赵锦《龙溪王先生墓志铭》，见《王畿集》附录4，吴震编校整理，凤凰出版社2007，第828页。

② 徐阶《龙溪王先生传》，见《王畿集》附录4，吴震编校整理，凤凰出版社2007年，第823页。

③ 黄宗羲《明儒学案》卷11《浙中王门学案》，见沈善洪主编《黄宗羲全集》第13册，浙江古籍出版社2012年，第237页。

要的位置。同样,天真书院的讲会活动效果也不彰显。正如王畿在《约会同志疏》中所说:"先师祠中旧有初八、廿三会期,频年以来不肖时常出赴东南之会,动经旬月,根本之地反致荒疏,心殊恻然。"①由于缺乏专人经营管理,以致讲会活动不经常,未能发挥应有的作用。

嘉靖二十二年(1543)王畿罢官归越,钱德洪也于此年诏革冠带归农,自此二人四处讲学。不同的是,钱德洪再也没有涉足家乡的讲会,而王畿却时有参与家乡的讲学。嘉靖三十年(1551)秋,周怡至山阴探访王畿,相与探禹穴,登龙山,游鉴湖,访兰亭,又访月泉于天池山,流连十余日,又共同西游,探访东南名胜。直至晚年,才又陆续光顾。嘉靖四十三年(1564)春,李材访王畿于杭州金波园,共游西湖胜景,往复论学,钱德洪也于此年与王敬赤城之会后,始归杭州天真书院。隆庆四年(1570)王畿应嵊县知县邀请至嵊县讲学,周汝登以诸生身份与会听讲。周汝登曰:"隆庆庚午,邑令君请先生(指王畿)入剡,率诸生礼拜,不肖与焉。虽侍侧听讲,而不能领略。故及门而未可谓之授业。后予通籍后,始知慕学,渐有所窥。思先生平日之言,为有味,取《会语》读之,一一皆心契,乃切依归,而先生此时逝矣,实受业而未及门也。"②隆庆五年(1571),王畿遭丧妻之痛,张元忭、裘子充邀王畿于白云山房聚会排遣。万历二年(1574)张元忭因父病归里,于绍兴云门山习静,究明心性之旨,邀请王畿至云门山相聚,三宿山中,相互论学,共同讨论了性善、良知、龙惕、孝悌忠信、狂者与乡愿以及只谈良知不作去欲工夫等五个方面的问题,王畿作《与阳和张子问答》。③同年闰十二月,张元忭又约王畿、裘子充等人聚会天柱山房(绍兴府会稽县境内),相互论学,王畿作《天柱山房会语》。④ 万历五年(1577)八月,江西邓以赞赴绍兴张元忭处,共约王畿,与罗万化等人聚会于会稽龙南庵,纵论良知之旨,王畿作《龙南山居会语》。张元忭、邓以赞各作《秋游记》,记述与王畿论学之事。万历七年(1579),麻城赵望云携子伯慈,远道来会稽山中,向王畿请教象

---

① 吴震编校《王畿集》卷2《约会同志疏》,凤凰出版社2007年,第53页。
② 《周汝登集》卷3《剡中会语》,张梦新、张卫中点校,浙江古籍出版社2015年,第75页。
③ 吴震编校《王畿集》卷5,凤凰出版社2007年,第123页。
④ 吴震编校《王畿集》卷5,凤凰出版社2007年,第115页。

山同异及阳明"有无相生"之旨，王畿作《赵望云别言》。① 八年(1580)因朝廷毁坏杭州天真书院，王畿无奈，不再住杭州金波园而移居绍兴故里。其间，绍兴府稽山书院奉例被毁，田产被佃，经张元忭斡旋，赖时任兵部尚书山阴人吴兑之力，书院及田产得以保全。山阴县令张尚志重修山阴县学，张元忭为作《重修山阴县儒学记》，嗟叹科举与选举数十年前与今日之学风"何相去渐远哉"②。万历十一年(1583)王畿病逝，张元忭为作《祭王龙溪先生文》，赵锦为作《龙溪王先生墓志铭》。万历十二年(1584)春，王畿弟子查毅斋、张应泰等至会稽凭吊王畿，与绍兴知府萧良干会于稽山书院，大举讲会。黄宗羲《明儒学案》卷一二《郎中王龙溪先生畿》说："先生林下四十余年，无日不讲学，自两都及吴、楚、闽、越、江、浙皆有讲舍，莫不以先生为宗盟。"又如吕妙芬《阳明学士人社群》所说："王畿晚年虽然对本乡学者在直接教授和学脉传递上的效果并不特别明显，但他仍是维系浙中阳明学最重要的学者。"

王阳明去世后的半个世纪，王畿、钱德洪等四处讲学，使阳明讲会的思想运动取得了长足的发展。随着王畿、钱德洪等人的去世，阳明后学的讲会活动出现了转向，尽管阳明再传弟子如罗近溪、周海门、查毅斋等仍竭力维持讲会活动，但在儒学内部已经形成针对王门后学讲会活动展开的种种批评，意味着王门弟子主导之下的讲学活动已经受挫，并逐渐走向萎缩，最终被随之而来的东林党运动以及明季结社运动所取代。③

3. 周汝登讲学时代：万历十五年(1587)至崇祯十二年(1629)

王畿、钱德洪之后，绍兴府的王学盟主是周汝登。周汝登(1547—1629)，字纪元，号海门，绍兴府嵊县人。万历五年(1577)进士，历任南京工部屯田主政，两淮盐运判官、兵部郎官、吏部郎官，广东按察佥事，云南参议，南京尚宝卿，光禄寺卿，通政使，户部右侍郎等职。著有《圣学宗传》《王门宗旨》《东越证学录》等多种。黄宗羲在《明儒学案》中将其归入泰州学派，指明周汝登是罗汝芳的门人。但周汝登认为自己是王畿的弟子。隆庆四年(1570)嵊县知县邀请王畿入剡讲学，知县率诸生礼拜，周汝登也在其中。自言是"王畿"及门而未受

---

① 吴震编校《王畿集》卷 16，凤凰出版社 2007 年，第 458 页。
② 钱明编校《张元忭六集·不二斋文选》卷 4《重修山阴县学记》，上海古籍出版社 2019 年。
③ 吴震《明代知识界讲学活动系年》，学林出版社 2004 年，第 365 页。

业,受业而未及门①之弟子。陶望龄也说:"海门子少闻道龙溪之门,晚而有诣焉。自信力故,尊其师说也益坚,其契也亲,故词不饰而甚辩。"②又说:"自龙溪子没而士之明道讲学于其乡者,久而始得一海门子。海门子者,天下之大,百余年之久,众心众目所群聚而交责之身也。"③可见,当时学者确实以周汝登为王畿之后浙中最重要的阳明讲学领袖。

明万历十五年(1587)周汝登与袁日新等集资创办鹿山书院于嵊县县城,并开始在书院讲学。二十年(1592)周汝登与许孚远等在南都讲学,周汝登首先提出"天泉证道",倡王畿的无善无恶为宗,并作《九解》伸其说,与许孚远的《九谛》针锋相对,展开了激烈的辩论,有人认为这是明代儒学的第二次大辩论。周汝登继承王畿之说,名声大振,入学弟子越来越多。二十七年(1599)周汝登辞去云南参议回到故乡嵊县,立即吸引了青年学子谒访活动,会稽陶望龄(1562—1609)至嵊县拜访周汝登,由于陶氏兄弟推崇,郡中一批青年学子纷纷聚集在周汝登门下。九月十一日,周氏与郡中陶望龄等数十人齐聚府城阳明祠祭拜并讲学,"约定每月举会之期,务相多发明其遗教。越有阳明,犹鲁有仲尼;龙溪,一唯参也。今日正顺得一孟子,而后仲尼之道益尊,谁其任? 各自办而已矣!"④此时,周汝登在嵊县鹿山书院的讲会于每月初三举行,参与人数达数十人之多。他的门人王治和吴祖尹、丁美祖等人又在每月大会之外,另成立小会,深得周汝登的赞赏。陶望龄在《证修社社会跋语》提及府城的钱君、刘君等人组成的证修会,也请周汝登主持,周汝登《共学心期录引》曰:"诸君以是事相求,便有性命之期,不可草草,各相黾勉,斯两无负耳。……是用立簿登名,以明共学,申之盟约示以矩绳,盖天地鬼神,实临鉴之。"⑤可见彼此间建立了某种盟约关系,希望借讲会予以相互切磋与落实。

万历二十九年(1601)二月,周汝登在嵊县的惠安寺(即宗传书院)讲学,专门针对赵学训"良知未足尽学,须从不睹不闻上着力"论,指出:"为病不小,大

---

① 《剡中会语》,见《周汝登集》上册,张梦新、张卫中点校,浙江古籍出版社 2015 年,第 75 页。
② 《海门先生文集序》,见《周汝登集》上册,张梦新、张卫中点校,浙江古籍出版社 2015 年,第 3 页。
③ 《陶望龄全集》,上海古籍出版社 2019 年,第 734 页。
④ 《周汝登集》卷 2《越中会语》,张梦新、张卫中点校,浙江古籍出版社 2015 年,第 38 页。
⑤ 《周汝登集》卷 1《共学心期录引》,张梦新、张卫中点校,浙江古籍出版社 2015 年,第 34 页。

须着会。"他提出:致良知"不睹不闻,无处着力,各人但当从日用间喜怒哀乐性情上调理,察之念虑之微,常自见过,不欺不放,绵密将去,自然打成一片,与道相当。此着实工夫,谓诚惧所不睹不闻固可,谓之致良知亦可,谓之慎独,谓致中和,俱可"①。中秋,又与诸友五十余人在阳明家天泉桥上设宴聚谈。教导诸友:"今日我辈复宴于此,秋同节也,地同景也,月同明也,歌同声也,人同济济也,真是百年稀有之遇,既值此遇,便当不负。"②又赋诗,诸友属和引酒浮白,歌笑尽欢,更阑而别。冬天,为袁黄《立命篇》作序,又仿袁黄《立命篇》作《日记录》,专门纪善,勉励人们共发积善之愿。

万历三十一年(1603)门人王世韬随乃父北上,周汝登书扇头二段文字勉励。又至会稽陶堰陶望龄之水天阁讲学。三十二年(1604),浙东地区的主要禅宗人物如临济宗的湛然澄(1561—1626),曹洞宗的密云悟(1566—1640)先后也参与了周汝登的讲学活动。万历三十五年(1607)密云悟参与周汝登讲会。三十六年(1608),密云悟坐进陶望龄的石箦山房(又名护生庵),以护生庵为中心往来论道,更使得明末论道之士与儒士的紧密结合,如陶(望龄)、沈(国模)、管(宗圣)史(孝成)与王金如等辈论说不离宗门,皆与密云悟所倡宗风有关。

湛然澄参与周汝登的讲会,已使儒门之士论佛论道之风蔚起,有不可抑遏之势,而密云悟更以曹洞宗的棒喝教法加巨其势,他以简易当下,喝起现在的法门,使儒门弟子深受影响。③ 同年,刘玉笥,湛然和尚与郡中郑世德、全若可、刘仲倩、范孟兼、王世韬、刘特倩、周聚之、王世弘、沈虞卿、余罗卿、王世文等青年入剡拜见周汝登,周汝登设宴有鱼肉招待。湛然和尚与周汝登就"鱼肉"展开辩论。④

周汝登还积极传播宣扬王阳明心学,万历三十三年(1605),周汝登著《圣学宗传》,由弟子王世韬等刊行,陶望龄为作《圣学宗传序》,邹元标也作《圣学

---

① 《周汝登集》卷 2《越中会语》,张梦新、张卫中点校,浙江古籍出版社 2015 年,第 38 页。
② 《周汝登集》卷 3《剡中会语》,张梦新、张卫中点校,浙江古籍出版社 2015 年,第 75 页。
③ 孙中曾《明末禅宗在浙东兴盛之缘由探讨》,见《国际佛学研究》第 3 期,灵鹫出版社 1992 年,第 165 页。
④ 《周汝登集》上册《剡中会语》,张梦新、张卫中点校,浙江古籍出版社 2015 年,第 75 页。

宗传序》。同年,周汝登《东越证学录》刊行,有自序。万历三十七年(1609)周汝登应门人时任浙江督学的江西浮梁人陈太绶至绍兴瞻仰阳明祠之请,编写《王门宗旨》,有自序。万历四十三年(1615)丁宾重刻王畿《龙溪王先生全集》22卷,周汝登应丁宾之请,为撰《龙溪先生集序》,称扬王畿:"文成之徒,悟领者多,而最称入室则唯先生,其自许曰:'我是师门一唯参',又曰:'致良知,三字唯我信得及……不宗文成则已,宗文成则必绎先生之语言。故先生之《集》与《全书》(指《王阳明全书》)相羽翼,是为吾道者正鹄,俟百世而不惑者也。"①此语高度评价了王畿在阳明学中的地位。

与周汝登同时讲学的陶望龄(1562—1609),字宗望,号石篑,绍兴府会稽县人。万历十七年(1589)会试第一,廷试第三,历任翰林院编修,太子中允右谕德,兼侍讲,国子监祭酒等职。黄宗羲《明儒学案》卷三《泰州学案五》谓:"先生之学多得之海门,而泛滥于方外。"陶望龄自己也曾公开说:"吾自悦禅,从此得力,何人顾人非议耶?"②陶望龄虽热衷讲学,与周汝登及其门人往来密切,喜读王畿,尤喜罗汝芳之书。他并不是一个固守理学阵营的理学家,而且还涉及各类学问,调整自己信念的学者,他也依归佛学,对佛学经典《楞严经》《圆觉经》有很深的研究。

4.刘宗周、陶奭龄、沈国模等讲学时代:万历四十二年(1614)至顺治二年(1615)

刘宗周(1587—1645),字起东,号念台,讲学蕺山,学者称蕺山先生,绍兴府山阴县人。万历二十九年(1601)进士,历任行人司行人,礼部主事,光禄寺丞,右通政,顺天府尹,左都御史等职。天启四年(1624)得罪魏忠贤被削籍;崇祯时,因累疏明思宗(崇祯帝)过失,再度被斥为民;福王监国,弹劾马士英不听,辞归,三起三落。明亡,绝食而逝。著有《论语学案》《圣学宗旨》《阳明传信录》《证人社约言》等,后人汇为《刘子全书》,今为《刘宗周全集》。为蕺山学派创始人。

刘宗周于万历三十一年(1603)三月经杭州陈植槐介绍,专程至德清拜访许孚远,并纳贽称弟子。刘宗周与阳明学派虽无师承关系,但阳明心学对他影响很大。他曾谓:"宗周,东越鄙士也,生于越,长于越,知有越人,越人知有道

---

① 吴震编校《王畿集》附录5,凤凰出版社2007年,第857页。

② 《思复堂文集》卷1《王门弟子所知传》,邵鸿杰校点,浙江古籍出版社1987年,第41页。

者,无如阳明先生。其所谓良知之说,亦即家传而户诵之,虽宗周之敏,亦窃有闻其概,沾沾自喜也。"①万历三十五年(1607)授书于大善寺僧舍,不久迁居蕺山之麓。万历四十二年(1614)因不满朝政,请假回乡,正式授徒讲学,作《心论》传授"天下无心外之理,无心外之学"。四十三年(1615)又讲学于朱氏解吟轩,四十四年(1616)于陈氏石家池讲学,著《酒色财气四箴》,四十五年(1617)于韩山学堂讲学,以慎独为宗,著《论语学案》十卷。天启元年(1621)任礼部仪制司添注司,天启五年(1625)因参劾魏阉被革职为民,三月,会讲于朱氏解吟轩,每月一会。年终放弃讲学,闭门读书于韩山学堂,每日诵读明诸儒文集传记,考订并着手编辑《皇明道统论》,全面拜读《王阳明全集》,对阳明学说的看法发生了根本的变化,可以说到了推崇备至的程度。刘宗周认为阳明良知说在理论、义理方面是周圆的,然而在工夫指点和教法上却存在毛病。于是上府、县长官,要求修复古小学。崇祯元年(1628)升顺天府尹,三年(1630)九月奉旨回家调养,四年(1631)三月应陶奭龄之请集缙绅学士二百余人于石篑书院讲学,著《证人社约》,这是越中证人社的开始,每月初三日讲会,前后举行了11次讲会。参加者有祁彪佳、祁骏佳、王予安、傅中玄、邢淇瞻、周懋宗、史子虚、史子复等人。刘宗周是年撰有《第一义说》《求放心》《静坐说》《读书说》《应事说》《处人说》《气质说》《生死说》等讲会论文。然而由于陶奭龄与刘宗周在治学上的分歧,两人争辩尤为激烈,并且影响到参与讲会的缙绅学士。崇祯五年(1632),陶奭龄自率一批人别聚于白马岩,另树一派。"诸生王朝式、秦弘祐、钱永锡等奉石梁先生为师模,纠同志数十人,别会于白马岩居,日求所谓本体而认识之。"②刘宗周也离开石篑书院,到古小学阳明祠堂讲学。额曰"证人书院",因袭前称为"证人社"。书院定于每月初三为讲期。但尽管他们学术不同,刘宗周与陶奭龄之间的私人关系还是维持着。从崇祯五年(1632)到十年(1637),刘宗周偶尔也应邀参加陶氏的讲会。但看到陶氏门户态度坚决,刘宗周在十年之后就不再参加他们的讲会活动,而且对陶奭龄一派持批判态度。崇祯七年(1634)刘宗周编撰《圣学宗要》。八年(1635),刘宗周命诸生参加山

---

①　《明儒四先生语录序》,见璡璋、吴光主编《刘宗周全集》卷21,台北"中研院"文哲研究所筹备处1997年。

②　吴光主编《刘宗周全集》第6册卷40《年谱》"崇祯五年条",浙江古籍出版社2007年。

阴县天乐乡赈饥,十年入嵊县赈灾。十一年(1638)冬删定《王阳明传信录》,驳斥王畿"天泉证道"的四无说,作《答王生士美书》,批评陶奭龄借途于释氏。崇祯十二年(1639),沈国模等创建姚江义学,奉祀王阳明,刘宗周率证人社弟子参与活动。十三年(1640)正月,古小学经过前后 17 年重修,终于落成,刘宗周从此开始于古小学讲会,作《古小学集记》《古小学通记》。时刘宗周于府城古小学与陶奭龄于白马山房分席讲会,黄宗羲不满陶氏白马山房以禅入理,与王业洵、王元趾等四十余人,执贽刘宗周门下,捍卫师说。不久,陶奭龄卒,刘宗周率门人哭之,作《祭陶石梁先生文》纪念。十四年(1641)十一月,刘宗周擢为吏部左侍郎,十六年(1643)辞官归乡,陈确、祝渊入越拜刘宗周为师,刘宗周作《证学杂解》《良知说》《大学诚意章句》《存疑杂著》等文。从崇祯十六年(1643)至弘光元年(1645)的三年时间里,姚江书院的史孝复与证人书院的刘宗周之间,通过书信来往,在"致知"与"诚意"的先后问题上展开了激烈的学术讨论。

陶奭龄(1571—1640),字君奭,号石梁,又号小柴桑老,绍兴府会稽县人。为王阳明三传弟子(一传为王畿,再传为周汝登、陶望龄,三传为陶奭龄),与其兄陶望龄均以白马山房讲学闻名。著有《小柴桑喃喃录》《赐曲园今是堂集》。陶奭龄自少从兄陶望龄"沉湎于性命之学,久之而有所得也"。万历三十七年(1609)陶望龄卒,此时陶奭龄"独抱文简(指陶望龄)未竟之业,精推而潜伏之,以称二难。……而先生尤以贞素之风,一洗自来空谈之弊,故服习既久,人人归其陶铸,社学岩居,递传胜事"①。陶奭龄年长于刘宗周,资格比刘宗周老,当时在绍兴的学术影响比刘宗周大。刘宗周与陶奭龄直接交往始于崇祯初年。崇祯二年(1629)周汝登卒,浙东王学主盟无人,此道不绝如线,其时陶奭龄"辞济阳之檄,息机林下,于时称二难,士心望之久矣"②。崇祯四年(1631)刘宗周"偶过之,谋所以寿斯道者","今欲通两家之言,以归于一"。③ 由于刘宗周主动上门商量两家合办讲会,于是陶奭龄引刘宗周到陶堰的"文简祠"商订旧闻,于是两家正式在陶文简祠共同主持会讲,郡中缙绅约二百余人参与,这就是越中证人社。其后由于双方学术思想分歧,又另立场所会讲。

---

① 《祭陶石梁先生文》,见吴光主编《刘宗周全集》第 4 册《文编下》,浙江古籍出版社 2007 年。
② 《祭陶石梁先生文》,见吴光主编《刘宗周全集》第 4 册《文编下》,浙江古籍出版社 2007 年。
③ 《与秦弘祐十》,见吴光主编《刘宗周全集》第 3 册《文编上》,浙江古籍出版社 2007 年。

在此期间，沈国模、管宗圣、史孝复、史孝成四先生于余姚义学举办讲会活动。

姚江义学成立于崇祯十二年（1639），是姚江书院的前身。它是由姚江沈国模、管宗圣、史孝复、史孝成四先生共同创办建立的。沈国模（1575—1656）字叔则，余姚诸生，少工举业，因科举蹭蹬而研究王学。万历晚期曾至嵊县周汝登家拜师，周先生以年老婉言谢绝。天启五年（1625）曾设教于余姚城南樛木园，崇祯九年（1636）讲学于姚邑南郊"尚友堂"。王朝式（1603—1640），秦承显等人从其学。崇祯四年（1631）三月，刘宗周、陶奭龄合办越中证人书院，四先生一起参加了讲会。崇祯五年（1632），陶奭龄与刘宗周由于所持学术观点不同，而另创白马别会，沈国模、管宗圣、史孝复、史孝咸及王朝式、秦弘祐等奉陶奭龄为师，共数十人在白马岩居讲会。崇祯十二年（1639）六月，沈国模、管宗圣、史孝复、史教成四先生，为了在阳明故乡延续"姚江一灯"，另辟姚江义学开展讲会活动。义学成立时，刘宗周、陶奭龄、祁彪佳等证人社弟子也参与了成立活动。沈国模还将刘宗周撰写的《义学疏》一文挂在义学内。崇祯十二年至十五年（1642），义学初具规模，月会兴盛，是姚江义学讲会最为鼎盛时期。可是好景不长，随着义学骨干相继去世，崇祯十三年（1640）王朝式英年早逝，十四年（1641）管宗圣病卒，弘光元年（1645）史孝复去世。接着遭遇明清易代巨变，姚江义学师生星散，"藏书，器具，散窜无遗，并板籍亦失"①。虽然如此，崇祯十六年（1643）至弘光元年的三年时间里，姚江义学的史孝咸与越中证人书院的刘宗周之间，书信往来频繁，围绕"诚意"与"致知"等学术问题展开了激烈的讨论，很有探讨价值。

5.史孝咸、韩孔当、俞长民、史标、邵廷采等主持姚江书院讲会活动：顺治六年（1649）至康熙四十二年（1703）

史孝咸（1582—1659），字子虚，号拙修，绍兴府余姚县诸生，系姚江义学创办人之一。顺治六年（1649）浙东时局趋于缓和，姚江义学重新开张，史孝咸主持义学，立《任事规约》，要求在当时政治严峻之时，聚会唯以谨言慎行相勉，规定："言论各须虚怀下气，不得哗然，并举接耳私谈，毋及朝廷时事，里中俗语及

---

① 赵贞《姚江书院缘起》，见《姚江书院志略》卷上，乾隆刻本。

世态寒温；亦不得塞默无言，矜傲自是。犯从中罚，久则请辞。"顺治九年（1652）二月，重订《书院规则》，继续实行月会制："每月一会，以考期成。"①坚持周汝登先生所说的"惟能不忧世之不治，而忧身之不治者，可与言道矣"的学术原则，"各各鞭策自己，令人望风兴起，以自外门墙为愧方是"。② 顺治十四年（1657）重修义学，郑锡元、史孝咸、邵思远、邵鲁公等积极捐款。义学重修后，面貌大为改观，由史孝咸提议，正式命名为"姚江书院"，并增设了季会、望会，讲会活动更为频繁。史孝咸身体力行，每会必亲自赴会，他说："讲先生之学，宣传先正之心。良知非致知不真，证人改过则圣。"并手书勉励会中诸友曰："但将《论语》居处恭，执事敬，与人忠，深佩而力行之，时时如促膝云。"③

韩孔当（1599—1671），字仁甫，学者称遗韩先生，沈国模弟子，绍兴府余姚县人。少攻举业，长而弃去，笃志圣学。顺治六年（1649），史孝咸再次主持姚江义学，聘请韩氏参与义学管理，是当时四任事之一。史孝咸死后，即顺治十六年（1659）至康熙八年（1669）的十年时间里，姚江书院讲会活动停止。康熙六年至七年间（1667—1668），韩孔当于余姚县城创办城隅会，初创阶段，仅同道三四人，至康熙八年，"邑中英彦，翕然咸来问学，至六七十人。数年之间，时复蒸蒸兴起"④。韩氏的讲会活动，引起了姚江书院弟子的重视，纷纷聘请韩氏主持院事。康熙八年，韩孔当出任姚江书院院长，城隅会弟子加入书院。韩氏恢复了姚江书院的月会制度，重新制订了《书院规约》，"合证人之旨，究当世之务"，要求姚江书院弟子接受证人书院的"诚意说"。韩孔当讲学注重学统教育，手辑《学统录》，"今书院之会废而复举，要以至善之知，彻见至善之心，显微无间，左右逢源，即王子之学复明，而书院从此勿替矣"⑤。韩孔当主持院事期间，因为人醇而朴，得到了邵长孺、吴辈臣、史显成、邵廷采等众弟子的支持，从游者日益众多。

俞长民（1597—1682），字吾子，学者称珂雪先生，余姚人。诸生，沈国模的

---

① 史孝咸《重订会约题辞》，见《姚氏书院志略》卷上，乾隆刻本。
② 董玚《史隐君文学兄弟传》，见《姚江书院志略》卷下，乾隆刻本。
③ 董玚《史隐君文学兄弟传》，见《姚江书院志略》卷下，乾隆刻本。
④ 《韩熙布衣传》，见《姚江书院志略》卷下，乾隆刻本。
⑤ 韩孔当《姚江书院纪事》，见《姚江书院志略》卷上。

大弟子,也是韩孔当的弟子。志意激昂,长于辩论,崇祯十四年(1641)曾任司课之职。康熙十年(1671)韩孔当去世,俞长民继任院事,继续举办月会。尝刻《王阳明全集》行世,"年八十余,每朔、望赴讲,即暴雨冰雪,必扶筇着履以往"①。

史标(1616—1693),字显臣,绍兴府余姚县人。沈国模弟子,深得沈氏器重,寄以传承厚望。顺治三年(1646)沈氏退居后,史标侍从左右。韩孔当恢复姚江书院,史氏曾协助韩氏讲学。康熙二十二年(1683)俞长民卒后,邵廷采及先生门人联名奏笺,推举史标主持书院。康熙二十九年(1690)春,余姚知县康如琏亲诣书院讲学,同时也邀请黄宗羲来书院讲学。史标因足疾,卧居小楼,乃对书院之事津津提告,神气愈勍。邵廷采称扬史标:"学识超迈,而言动守规矩,居家应事,不随不激,引遇后进,一以纯诚。于书院创承,始终毕力……淡于利欲,勇于任道,流风余泽,姚人至今思之。"②

邵廷采(1648—1711),原名行中,字允斯,后改名廷采,字念鲁,绍兴府余姚县人。祖父邵曾可,父邵贞显,都是姚江书院派成员。自幼在父祖教育下熟读圣贤之书,20岁拜韩孔当为师,22岁游邑庠补诸生,此后淹滞科场,以教授为业。康熙三十三年(1694)余姚知县韦钟藻聘请邵廷采主讲于姚江书院,作《姚江书院约训》,以学问湛深,操行高洁,见重一方。三十五年(1696)作《姚江书院记》,三十九年(1700)叔祖邵大成为和平知县,重修王文成公祠,受命作《和平县重修王文成公祠碑记》。四十一年(1702)十月,姚江书院从城外迁入城内,邵廷采应知县之请,为作《姚江书院后记》,次年又作《姚江书院传》,著有《思复堂文集》传世。

6.董玚、张应鳌、黄宗羲主持讲会活动:康熙六年(1667)至康熙十四年(1675)

刘宗周创建的证人会停讲二十多年后,于康熙六年(1667)得以重开。董玚、黄宗羲、姜希辙、张应鳌等出力尤多。

董玚(1615—1692),原名瑞生,字叔迪,后更名玚,号无休,学者称东池先

①　乾隆《绍兴府志》卷58《韩孔当传》,附俞长民。
②　邵廷采《思复堂文集》卷3《半霖史显臣先生传》,浙江古籍出版社1987年,第176页。

生,绍兴府山阴县人。崇祯末年,陈子龙司理绍兴府时,见董玚文章以为"绝伦",崇祯十年(1638)追随业师刘宗周,明亡后弃举子业,剃发穿缁衣,虽为释氏,却不喜读佛氏书,不居禅室,夫妻父子相聚,独疏食终身,于兰亭禹穴间,课徒为生。董玚主张调和朱陆、王刘之争,认为"越之学脉,启于和靖尹子,大于阳明王子,会于蕺山刘子"。晚年遵循刘宗周"尊闻行知"师训,主张姚江书院派与蕺山派合流。刘宗周卒后,全力整理《刘子全书》,发扬蕺山"诚意慎独"学说。刘宗周《中庸》《孟子》两书来不及纂述,黄宗羲作《孟子师说》;董玚作《中庸学案》《孟子学案》,完成了老师未竟之愿。康熙六年(1667)九月,董玚主张重开证人讲席,他认为:"'道不可一日不明,后生生今日,不幸失先民余教,出处轻而议论薄,由学会之废也。'善继述蕺山志事者,亟举学会。"[①]于是出面邀请了蕺山大弟子黄宗羲、张应鳌、徐泽蕴、赵禹功等集古小学"敷扬程、朱、王、刘家法"。余姚黄宗羲兄弟、华亭蒋平阶、萧山毛奇龄闻讯,"皆携其弟子,自远而至。适浙江督学巡抚绍兴,会者近千人,越中士习复蒸蒸起矣"[②]。远在江苏的恽仲升来信赞扬:"知贵郡复举学会,同人相讲,有兴起之机。世道人心至今日,益不可问圣学一线,山阴遗诸炎炎将坠之忧。"

张应鳌(1591—1681),字奠夫,绍兴府山阴县人。师事刘宗周门下最久,尝参与编辑汉、唐、宋三代《中兴金鉴》,得刘宗周赞许。"奠夫守其师说,不为新奇可喜之论,宁使听之者嚼蜡无味,旅进旅退,于鼓动乎何有?"[③]可见当时学风不活跃。

由于举会之人术思想的分歧,刚过半年,越中证人会就分崩离析。康熙七年(1669)三月,黄宗羲跑到甬上,别开"甬上证人书院"。康熙八年(1670),董玚也以"禀刘子尊闻行知之遗训"为由,脱离越中证人会,和刘世纯别开"南村会",会期仍从三日。张应鳌,黄宗羲等人也偶尔与会。黄、董走后,越中证人会由张应鳌主持。约于康熙十年(1672)停办。

黄宗羲(1610—1695),字太冲,号南雷,又号梨洲,绍兴府余姚县人。天启五年(1625)尊父意拜刘宗周为师。崇祯四年(1631)黄宗羲再次从学刘宗周的

① 邵廷采《思复堂文集》卷3《东池董无休先生传》,浙江古籍出版社1987年,第177页。
② 邵廷采《思复堂文集》卷3《东池董无休先生传》,浙江古籍出版社1987年,第177页。
③ 《黄宗羲全集》第10册《寿张奠夫八十序》,浙江古籍出版社1985年,第673页。

越中证人书院。因刘宗周与陶奭龄合办的越中证人书院为学宗旨不同,刘氏主"慎独",而陶氏则近禅,不久即分道扬镳。黄宗羲力驳陶氏邪说,邀知名人士六十余人共侍刘氏讲席,从此蕺山门人日益增多。其后从事游学应试。崇祯五年(1633),参加慈溪的"文昌社",十一年(1638)参与"复社",十二年(1639)参加南京的"国门广业社"的文人集会等。刘宗周殉国后,证人书院停办了二十余年,此段时间黄宗羲曾参与抗清复明的活动。康熙三年(1664)应吕留良之邀赴浯溪设馆讲学,五年(1666)又赴海宁海昌讲学。康熙六年(1667)九月,黄宗羲会同门学友董玚、姜希辙、张应鳌等人恢复越中证人书院讲学,整理蕺山遗著,以阐扬先师的道德气节与学术思想。恢复后的越中证人书院设于绍兴城内古小学,因"不能久居越城,念奠夫从先生游最久,因请之共主教事"①。除张应鳌(字奠夫)外,又有徐泽蕴、赵禹功协助教务,亲临讲学。其后两三年,曾数度与学友会讲于绍兴证人书院,反复阐明其师刘宗周的学术宗旨。"奠夫守其师说,不为新奇可喜之论,宁使听之者嚼蜡无味,旅进旅退,于鼓动乎何有?"②康熙六年(1667)五月,黄宗羲应甬上弟子郑梁、万公择、万季野、陈环村、董允韬、钱泽臣等邀请前往甬上讲学,指导他们学习蕺山之学,授以刘宗周《人谱》《原旨》《证学杂解》等。康熙七年(1668),黄宗羲再赴甬上讲学,遂定名为甬上证人书院。"一会于广济桥,再会于廷庆寺,自是,甬上杰出之君子二十余人咸来执贽。"③其后,黄宗羲讲学内容又由蕺山的慎独立身的人生哲学转而求六经之义,以经世为宗旨。甬上证人书院教学方法灵活,坚持教学相长原则,允许学生发表与教师不同的意见;因材施教,允许学生有不同兴趣爱好,鼓励他们向各自不同的学术领域发展;以学生自学为主,教师讲解为辅,自由讨论,相互辩难。甬上证人书院自康熙六年开始至康熙十四年(1641)结束,这段时间,黄宗羲编辑了多种阐述刘宗周学术思想的著作,如《子刘子行状》《子刘子学言》《答董吴仲论学书》《答恽仲升论刘子节要书》等等。在黄宗羲的教导下,甬上涌现了一大批在经学、史学、文学考据方面的杰出人才。

　　明代中后期绍兴府的讲会活动在承继宋代书院讲学的基础上有明显的发

---

① 《黄宗羲全集》第 10 册《寿张奠夫八十序》,浙江古籍出版社 1987 年,第 673 页。
② 《黄宗羲全集》第 10 册《寿张奠夫八十序》,浙江古籍出版社 1987 年,第 673 页。
③ 黄百家《黄氏续录·失余稿》,康熙四十三年刻本。

展和特点,即围绕王阳明心学的继承、发展及修正而展开,正如清初会稽人姜希辙在为海宁许三礼所刻的《海昌会语序》中提到的:"吾越中讲席始于文成,继之者为龙溪、海门、石篑,至先师蕺山先生以慎独宗旨,默契良知之血脉,而文成之学益为无弊,盖百五十年来如一日也。自先师之后虚席者二十余年,丁未岁,辙与同门黄梨洲续为证人之会,至于今亦十年矣。"①尽管从学术史的角度看,16—17世纪的绍兴府的阳明心学研究不是最辉煌的,但在这段时期,阳明心学讲会活动是异常活跃的,对越中的阳明学说的发展和传播作出了卓有成效的贡献。

五、在职官员研习进修的会社

明清时期,受结社风气影响,有的官员凭借自己的兴趣或者出于工作中的需要而研习进修所组织的会社,这种会社并不多见,但也不是杜撰出来的,"读史社"便是其中一例。

（一）张汝霖于万历四十二年(1614)至四十五年(1617)在南京结"读史社"

据张岱《琅嬛文集》卷四《家传》载:"祖讳汝霖,号雨若。……甲寅,当事者以南刑部起大父,与贞父先生复同官白下。拉同志十余人为读史社,文章意起,名动一时。"又据陈继儒于崇祯五年(1632)为张岱《古今义烈传》作序:"昔张肃之与黄寓庵、罗玄夫、张梦泽、王弱生诸公读史于白门,余及见其评骘诸史,议果而确,识敏而老,余手钞其副本归,奉为定论。"②黄寓庵即黄汝亨,字贞父,号寓庵,仁和(今杭州)人;王弱生即王淑士,昆山人;罗玄夫,钱塘人;张梦泽,晋陵(今江苏常州)人。读史社通过评论古人而指摘时弊,用世之意非常明显,他们都有史论性质的著述。读史社是一个松散的文人社团。读史社诸子的读史与著述都受到焦竑的影响。

张汝霖(1557—1625),字肃之,号雨若,晚号砎园居士,浙江山阴县城人。万历二十二年(1594)以南京国子监生资格参加乡试,本拟置解元,后为第六名举人,第二年成进士,历任清江、广昌县令,兵部武选司主事,山东、贵州、广西

---

① 许三礼《天中许子政学合集》上卷《海昌会语》,卷首姜希辙《海昌会语序》,见《四库全书存目丛书》,齐鲁书社1997年。

② 《张岱诗文集》,夏咸淳校点,上海古籍出版社1991年,第440页。

副使参议等职。万历四十二年(1614)起用于南京刑部期间拉同官十余人为"读史社"，借机评论时政，一时成为佳话。天启元年(1621)病归，二年(1622)复出湖西道，三年(1623)还乡，因仕途失意，"与武林函所包先生、贞父黄先生为饮食社，讲求正味，著《饕史》四卷"①。四年转福建副臬，旋又辞官。晚年畜声伎，筑砎园，啸咏其中。著有《砎园文集》《易经澹窝因指》《四书荷珠录》等。

六、消闲性质的文艺娱乐、饮食会社

参加此类会社的人员大多为失意的官员或阔少，他们经受官场挫折，或者是科举的失意，从消闲享乐出发，寻求安慰，却又有艺术追求的志趣：

（一）张汝霖于天启三年(1623)"与武林包涵所、贞父黄先生为饮食社，讲求正味，著《饕史》四卷"。

（二）张岱于万历四十四年(1616)至四十六年(1618)绍兴结"丝社"

据《陶庵梦忆》卷三《丝社》载："越中琴客不满五六人，经年不事操缦，琴安得佳？余结丝社，月必三会之。有小檄曰：'中郎音癖，《清溪弄》三载乃成；贺令神交，《广陵散》千年不绝。器由神以合道，人易学而难精。幸生岩壑之乡，共志丝桐之雅。清泉磐石，援琴歌《水仙》之操，便足移情；涧响松风，三者皆自然之声，政须类聚。偕我同志，爰立琴盟，约有常期，宁虚芳日。杂丝和竹，因以鼓吹清音；动操鸣弦，自令众山皆响。非关匣里，不在指头，东坡老方是解人；但识琴中，无劳弦上，元亮辈正堪佳侣。既调商角，翻信肉不如丝；谐畅风神，雅羡心生于手。从容秘玩，莫令解秽于花奴；抑按盘桓，敢谓倦生于古乐。共联同调之友声，用振丝坛之盛举。'"②又据《陶庵梦忆》卷二《绍兴琴派》载："丙辰学琴于王侣鹅，绍兴存王明泉派者推侣鹅，学《渔樵问答》《列子御风》《碧玉调》《水龙吟》《捣衣环佩声》等曲。戊午学琴于王本吾，半年得二十余曲：《雁落平沙》《山居吟》《静观吟》《清夜坐钟》《乌夜啼》《汉宫秋》《高山流水》《梅花弄》《淳化引》《沧江夜雨》《庄周梦》，又《胡笳十八拍》《普庵咒》等小曲十余种。

① 张岱《琅嬛文集》卷1《老饕集序》，见《张岱诗文集》，夏咸淳校点，上海古籍出版社1991年，第106页。

② 张岱《琅嬛文集》卷2《丝社小启》，见《张岱诗文集》，夏咸淳校点，上海古籍出版社1991年，第187页。

王本吾指法圆静,微带油腔。余得其法,练熟还生,以涩勒出之,遂称合作。同学者,范与兰、尹尔韬、何紫翔、王士美、燕客、平子。与兰、士美、燕客、平子俱不成,紫翔得本吾之八九而微嫩,尔韬得本吾之八九而微迂。余曾与本吾、紫翔、尔韬取琴四张弹之,如出一手,听者骇服。后本吾而来越者,有张慎行、何明台,结实有余而萧散不足,无出本吾上者。"①据上可知,张岱与有关琴友于"丙辰"(万历四十四年,1616)至"戊午"(万历四十六年,1618)结盟成立"丝社",每月聚集三次,一起学习琴曲。成员有以下几位。

张岱(1597—1689),字宗子,号陶庵,山阴县城人。出身于仕宦家庭,受到传统文化教育,爱好广泛,诸如读书、品茶、戏曲技艺、弹琴、灯景、游山玩水、古董鉴赏都有很深的造诣。尤对小品文、诗歌、历史、戏曲鉴赏皆有成就。著有《琅嬛文集》《陶庵梦忆》《西湖梦寻》《石匮书》等。

范与兰,山阴人,生卒年不详,享年73岁。好琴,少年学琴于王明泉,能弹《汉宫秋》《山居吟》《水龙吟》三曲。后从王本吾,尽弃所学而从王本吾学,学得《高山流水》一曲。王本吾去,旋即忘之。虽终年抚琴,只能和弦而已。珍爱兰花,以"小妾"呼之,育有建兰三十余缸。又畜小景,有豆板黄杨,枝干苍古奇妙,盆石称之。是张岱一生的好友,《陶庵梦忆》卷八《范与兰》作专文介绍。

尹尔韬(约1600—1678),原名晔,字紫芝,又字尔毣,号袖花老人,绍兴府山阴人。幼年多病,父命其学琴自娱,成年以后,遍游三吴、八闽、淮海、湘湖等地,访求当地能琴之士,相与切磋琴艺,积20年功夫,乃游京师,曾为崇祯帝召见,演奏了《高山》《塞上鸿》等曲,后为武英殿中书舍人,受命整理内府所藏历代古谱。著有《五音取法》《五音确论》《原琴正议》《审音奏议》等著作。明亡后流落苏州,又谱《苏门长啸》《归曲》等琴曲。这些作品连同其他曲谱共73曲,经友人孙淦编为《徽言秘旨》《徽言秘旨订》,刊于康熙三十年(1691)。

何紫翔,生平生卒年不详,明末绍兴琴家。张岱好友,《琅嬛文集》卷二有《与何紫翔》的书信。

王士美,名业洵,绍兴府余姚人,生卒年未详。王阳明曾孙,好琴,笃信蕺山之学,师从刘宗周,加入证人社,曾与黄宗羲等17人反对陶奭龄白马派引儒

---

① 张岱《陶庵梦忆》,弥松颐校注,西湖书社1982年,第18页。

入禅，上书刘宗周别为讲会，以僻邪说。全祖望将其列入《子刘子祠堂配享碑》中。

张峄，字平子，张岱胞弟，曾为刘宗周弟子，有诗名。张岱于万历四十四年（1616）与其一起学琴结丝社，崇祯十三年（1640）后在诗文集中只字未提其名，《琴操》之感慨疑与平子有关。祁彪佳《寓山注》有其诗作。

张萼（1599—1646），初字介子，又字燕客，张葆生之子，张岱堂弟。七岁入小学，记忆力特强，诗词歌赋、琴棋书画、弄枪弄棒，挝鼓唱曲，说书戏谑，一切游戏撮弄之事，无不工巧入神，极爱古玩。从小养成暴躁率直之性，适其当意，百计购之，不惜用钱，兴尽之后，则随意丢弃。顺治二年（1645）投靠鲁王监国，挂印总戎，清兵入越，战后被俘，不屈而死。

（三）张葆生与漏仲容、沈虎臣等在京城结"噱社"

张岱《陶庵梦忆》卷六《噱社》云："仲叔善诙谐，在京师与漏仲容、沈虎臣、韩求仲辈结噱社，喋喋数言，必绝缨喷饭。"

（四）天启元年（1621）张岱与其叔张葆生、秦一生结"斗鸡社"

《陶庵梦忆》卷三《斗鸡社》载："天启壬戌间好斗鸡，设斗鸡社于龙山下，仿王勃《斗鸡檄》檄同社。仲叔、秦一生，日携古董、书画、文锦、川扇等物与余博，余鸡屡胜之。"《琅嬛文集》卷三有《斗鸡檄》文。参与斗鸡社活动除张岱外，有其叔张葆生（1575—1645），名联芳，字尔葆或葆生，号二酉。喜习古文辞，旁攻画艺，少为舅父朱敬衡所喜。天启七年（1627）中举任太平县副职，崇祯元年（1628）调苏州府，四年（1631）补河南幕，崇祯五年升孟津县令，六年后升扬州司马，分署淮安督理船政。崇祯十六年（1643）李自成攻破河南，张联芳坚守清江浦因积劳成疾，一病不起。

秦一生（1588—1638），张岱家班演员兼侍从，性好山水声伎，丝竹管弦，好赶热闹，凡豪贵肆宴设席或胜地名园、僻居深巷者皆前往观之。秦一生无日不陪张岱游。秦一生死，张岱怏怏不乐，失去了知心的伴当。《琅嬛文集》卷六有《祭一生文》纪念之。

（五）张岱与友人兄弟辈结"蟹会"

据《陶庵梦忆》卷八《蟹会》载："食品不加盐醋而五味全者，为蚶、为河蟹。河蟹至十月与稻粱俱肥，壳如盘大，坟起，而紫螯巨如拳，小脚肉出，油油如螟蛋掀起壳,膏腻堆积,如玉脂珀屑,团结不散,甘腴虽八珍不及。一到十月,余与友人兄弟辈立蟹会,期于午后至,煮蟹食之,人六只,恐冷腥,迭番煮之。从以肥腊鸭、牛乳酪,醉蚶如琥珀,以鸭汁煮白菜如玉版。果蓏以谢橘、以风栗、以风菱。饮以玉壶冰,蔬以兵坑笋,饭以新余杭白,漱以兰雪茶。由今思之,真如天厨仙供,酒醉饭饱,惭愧惭愧。"据此段文字记载推测,结"蟹会"当在天启与崇祯初年,张家家境富裕之时,参与者为友人兄弟辈,因其未列出,故不揣测。

（六）张岱于崇祯七年（1634）创"戢山亭"歌咏大会

据《陶庵梦忆》卷七《闰中秋》载:"崇祯七年(1634)闰中秋,仿虎丘故事,会各友于戢山亭。每友携斗酒、五簋、十蔬果,红毡一床,席地鳞次坐。缘山七十余床,衰童塌妓,无席无之。在席七百余人,能歌者百余人,同声唱'澄湖万顷'。声如潮涌,山为雷动。诸酒徒轰饮,酒行如泉。夜深客饥,借戒珠寺斋僧大锅煮饭饭客,长年以大桶担饭不继。命小傒岕竹、楚烟于山亭演剧十余出,妙入情理,拥观者千余人,无蚊虻声,四鼓方散。月光泼地如水,人在月中,濯濯如清出浴。夜半,白云冉冉起脚下,前山俱失,香炉、鹅鼻、天柱诸峰,仅露髻尖而已,米家山雪景仿佛见之。"[①]这是一场规模盛大的以同声合唱《澄湖万顷》歌曲为主要活动的歌咏大会。能唱者达百余人,助兴者约六百人,观众千余人。形式是坐在戢山的山坡上,以红毡为席,自带果蔬酒肴,唱累了可以喝酒吃点心,还有大米饭可填饱肚子。除了合唱外,还有演剧活动。这场大型合唱会以中秋皎洁明亮的月亮来照明,以整座戢山为背景。

七、秘密的政治会社

参与秘密的政治会社,这是一种以结社为幌子,实际上联络反清志士,暗中传递信息,支持反清武装活动的秘密结社行为。

魏耕(1614—1662),初名时珩,继名璧,字楚白,号雪窦。明亡后改名耕,又名甦,字白衣,号雪窦山人,浙江慈溪人。出生于官宦之家,父魏忠显,善诗

---

① 张岱《陶庵梦忆》,罗伟注译,北方文艺出版社 2019 年,第 144 页。

文，"读书怀古，尝游学雪川，逍遥山川，以歌咏自娱"①，魏耕七岁从父学，"日诵数百言，复背如流"②。年十四，母朱氏去世，父为求生计，携之离家至归安（今湖州）任塾师，挣钱糊口，不久，父又溘然病逝。魏耕遂成孤儿，贫不得食，"学为衣工于苕上"③。时大理寺卿湖州人凌义渠之侄凌祥宇"奇其才，客之，寻以赘婿隶归安籍"④，使魏耕一度中断的学业得以继续。崇祯七年（1634）应童子试列第一。归安知县李长华看完他的试卷后"叹赏不止"，同邑周跃雷在归安县署看到他的试卷，也拍掌称扬："此卷宏深朴密，有古大家风，当不徒为小试冠也。"⑤崇祯十二年（1639），浙江督学许豸主持岁试，魏耕又名列第一，得以补廪食饩，为庠生。两次考试皆名列第一，名声大噪。正当此时，李自成农民起义军推翻了明朝政权，魏耕听到这个消息后痛心疾首，"悬冠于堂上，北面稽首曰：'予虽草莽，亦君臣也'"⑥。顺治二年（1645）六月，清军占领杭州，接着取湖州。面对国破家亡的魏耕，"弃诸生，志图匡复"⑦，毅然参加了抗清斗争的行列。同年七月，原明刑部员外郎钱肃乐等"移檄诸乡老迎监国于天台，遂挟策往从之"。⑧　不久受命返湖州，广交贤豪义侠，"与乌程韩绎祖，费宏玑等首事倡议，迎芜湖黄总兵光著于太湖，遂复湖州"⑨。清军连忙镇压，遂使举义失败，韩绎祖、费宏玑壮烈牺牲，魏耕"亡命走江湖，妻子满狱弗恤也"⑩，披发僧装，麻鞋草屦，奔走四方，与大江南北山寨的抗清义师联络信息，表现了坚定的抗清复明志向与执着的斗争精神。几年后，从外地回到家乡，"与归安钱缵曾居苕溪，闭门为诗，酷嗜李白。长洲陈三岛尤心契之。东归游会稽，与张近道、朱士稚极相得，因并交缵曾、三岛称莫逆。耕又与祁公子理孙、班孙善，得尽读澹生堂书，诗日益工"⑪。继续秘密从事反清复明活动。

① 魏霞《明处士雪窦先生传》，《雪翁诗集·附录》，浙江古籍出版社 1985 年，第 195—196 页。
② 魏霞《明处士雪窦先生传》，《雪翁诗集·附录》，浙江古籍出版社 1985 年，第 195—196 页。
③ 魏霞《明处士雪窦先生传》，《雪翁诗集·附录》，浙江古籍出版社 1985 年，第 195—196 页。
④ 魏霞《明处士雪窦先生传》，《雪翁诗集·附录》，浙江古籍出版社 1985 年，第 195—196 页。
⑤ 魏霞《明处士雪窦先生传》，《雪翁诗集·附录》，浙江古籍出版社 1985 年，第 195—196 页。
⑥ 魏霞《明处士雪窦先生传》，《雪翁诗集·附录》，浙江古籍出版社 1985 年，第 195—196 页。
⑦ 魏霞《明处士雪窦先生传》，《雪翁诗集·附录》，浙江古籍出版社 1985 年，第 195—196 页。
⑧ 魏霞《明处士雪窦先生传》，《雪翁诗集·附录》，浙江古籍出版社 1985 年，第 195—196 页。
⑨ 昌广生《小三吾亭丙集·记魏耕》，抄本。
⑩ 全祖望《雪窦山人坟版文》，见《全祖望集汇校集注》，上海古籍出版社 2000 年，第 174—176 页。
⑪ 全祖望《雪窦山人坟版文》，见《全祖望集汇校集注》，上海古籍出版社 2000 年，第 174—176 页。

魏耕究竟何时至山阴寓园"与祁公子理孙、班孙善,得尽读澹生堂书"的呢?全祖望在《奉万西郭问魏白衣息贤堂集书》中有"山阴祁忠敏公器之,为遍注各诸社中"之说。祁忠敏即祁彪佳,于崇祯七年(1634)巡按苏松任上,因宜兴豪奴引发乱民之变,得罪首辅周延儒,遭周延儒报复,借朝廷官员考核之机,将祁彪佳降俸一级,祁彪佳愤恨之极,于崇祯八年(1635)四月疏请归养,筑寓园于梅墅。崇祯十三年(1640)三月母亲辞世在家守制,期间曾结"枫社",至十五年(1642)六月服阕,九月召掌河南道,十月始行,十六年(1643)朝廷大计,福王接位以原职巡按苏松,至十七年(1644)十二月二十一日抵家,清顺治二年(1645)闰六月六日去世。如果说魏耕受到祁彪佳的赏识,并"遍注名诸社中",则应在崇祯十五年十一月入都之前。而此时魏耕虽已在归安参加童子试,且两列榜首,名噪一时,但"闭户为诗"则是远在其后。所以全祖望之说仍不能信也。魏耕曾于顺治二年七月鲁王朱以海监国绍兴,"挟策往从之",此时,祁彪佳已经辞世,与祁氏公子相识,极有可能。"忠敏死未二旬,东江兵起,恩恤诸忠,而忠敏赠兵部尚书,理孙赐荫。祁氏群从之长曰鸿孙者,故尝与忠敏同讲学于戢山,至是将兵江上,思以申忠敏之志,而公子兄弟罄家饷之。"[1]但魏耕在绍时间不长,随即受命返回湖州,参加苕上抗清活动。

魏耕再次"东归游会稽"的具体时间是哪年哪月呢?《雪翁诗集》不是系年而是分体编排的,他入绍参加复明活动,还有许多理解和考证上的困难,但涉及绍兴的诗中有两首诗题是标明年份的:《甲午冬客山阴二十余日,不得到云门,醉中呈诸公》《丙申夏以事至山阴,客祁生班孙宅,其伯净超昆耶居士后身也,他日邀余游密园宴饮,因为醉歌》。甲午,当指顺治十一年(1554)。丙申,即指顺治十三年(1556)。由此可见,魏耕"东归游会稽"的时间最迟当在顺治十一年前。《雪翁诗集》卷十五有《奉贺祁忠敏中丞公商夫人五秩二十韵》,赞颂商夫人"撒盐儿拟句,指絮女随肩。词翰堪垂则,义方兼有焉。自能开寿域,天复致华年"句,二子理孙,班孙擅诗词古文,俱不愿出仕;二女修嫣、德茝亦能诗,夫人自有诗集,才德兼备,自能长寿。祁彪佳妻商景兰,生于明万历三十三年(1605)十月初八,其《五十自叙》诗曰"岁甲午十月,我言当五十",可见,魏耕

---

① 顾诚《南明史》,中国青年出版社1997年,第820页。

时已在山阴祁氏寓园。

可以与此佐证的还有秀水（今为浙江嘉兴市）朱彝尊写于顺治十七年（1660）的《梅市逢魏璧》,诗云：

> 前年逢君射襄城,山楼置酒欢平生。淳于一石饮未醉,孟公四座人皆惊。
> 今年逢君梅福市,潦倒粗疏已无比。寒暑推移六七年,眼前贫贱犹如此。
> 悲君失意成老翁,况复奔走随西东。揽镜不知头尽白,逢人先说耳初聋。
> 山阴祁生贤地主,好奇往往相倾许。岂无上客朱与姜,齐向高堂饭鸡黍,
> 哀丝急管何其多,酒酣坐起舞波娑。魏生魏生奈尔何!百年强半成蹉跎。
> 天生汝才岂牖下,何为抱膝徒悲歌!

这里的"射襄城",在嘉兴东北三十里,后废,此处指代嘉兴。"前年"即前几年,据"寒暑推移六七年"推算,可知在顺治十一年（1654）,朱彝尊与魏耕在嘉兴相识,魏耕可能介绍了在山阴与祁理孙、班孙、朱士稚交游的情况。凑巧,朱彝尊岳父冯镇鼎此时正在绍兴府学任训导,所以第二年三月,朱彝尊前往绍兴探视,并赴山阴梅墅,访问祁理孙、班孙兄弟,曾作《梅市》《鉴湖》《雨坐文昌阁》《偕谢晋、吴庆桢登倪尚书衣云阁》《谒大禹陵二十韵》《吊王义士（毓蓍）》等诗。

从当时全国尤其是浙、闽、粤、赣的抗清斗争形势来看,顺治初年清朝统治者凶残滥杀和剃发令的颁行激化了矛盾,全国各地尤其是江南的抗清斗争风起云涌。随着鲁王监国和隆武政权的对立和纷争,永历朝廷内部的党争,复明各派势力之间的钩心斗角,互相倾轧,终致错失良机,使得清廷得以凭借有限的兵力各个击破,反清斗争一度趋于低潮。顺治十年（1653）秋,鲁监国所部张名振、张煌言,积极联络各地的复明势力,参与密谋的还有与西南永历朝廷和东南海上水师之间牵线的主要策划人,原弘光朝礼部尚书钱谦益,鲁监国所封仁武伯的钱塘人姚志卓。张名振与张煌言统帅的南明鲁监国水军于次年正月十七日乘海舟三次进入长江:第一次进抵镇江、瓜洲,第二次进至仪真,第三次直逼南京,在一年多时间里积极活动于长江下游及入海口。由于没有得到西南孙可望和福建郑成功的抗清主力的配合,长江之役未能取得预想的效果。尽管如此,但其作用也不容低估:第一,震惊并打击了长江下游的清朝统治,暴

露了清军防务上的弱点;第二,以堂堂正正的南明水师名义直入长江数百里,有力振奋了大江南北复明抗清势力的斗志;第三,客观上配合了李定国进军广东,牵制了大江南北清军驰援广东的行动;第四,取得了深入长江作战的经验,为后来郑成功、张煌言水军再入长江作了准备。顺治十五年(1658)清军分三路进军西南,永历朝廷形势危急,郑成功、张煌言认为这是展开长江之役的极好机会,于是分兵率领主力乘舟北上。十六年(1659),一度占领了瓜州、镇江,兵临南京城下,由于郑成功骄傲轻敌,指挥失当,导致第二次的长江之役以失败而告终。

作为清统治区内复明抗清志士的魏耕,就是在策应张煌言长江之役的形势下再次进入绍兴的。他选择了在江南具有很大号召力,又有一定经济实力的已故明朝高官祁彪佳的山阴祁氏寓园作为据点,因为"公子兄弟自任以故国之乔木,而屠沽市贩之流亦兼收并蓄","同里诸遗民如朱士稚、张宗道辈以疏附之","家居山阴之梅墅,其园亭在寓山,柳车踵至,登其堂,复壁大隧,莫能诘也",魏耕"狂走四方,思得一当,以为亳社之桑榆,公子兄弟独以忠义故,曲奉之"。① 由于祁理孙、祁班孙兄弟与魏耕志同道合,性格相投,加之在祁氏兄弟周围已经聚集了一批复明抗清的人士,山阴梅墅寓园位于水陆交通便利之处,又具有隐蔽撤退之条件,作为反清复明联络据点是最理想的。

魏耕从顺治十一年(1554)入越,至顺治十八年(1661)被捕,前后整整八年时间,以山阴祁氏寓园为据点,以结诗社为幌子,暗中组织扩展力量,传递信息,联络抗清老士,还积极参加了郑成功、张煌言长江之役,"遣死士致书延平(郑成功),谓海道甚易,南风三日可直抵京口。己亥,延平如其言,几下金陵"②。"慈溪义士魏耕遮道说公,以为焦湖入冬水涸,不可驻军,而英霍山寨诸营尚多,耕皆识其魁,请人说之使迎公。"③可以说,他出生入死,积极主动地有力配合了南明张名振、张煌言和郑成功的复明抗清斗争。

从魏耕《雪翁诗集》中的诗题来看,参与当时祁氏寓园复明反清活动的绍

---

① 全祖望《祁六公子墓碣铭》,见《鲒埼亭集》卷13,上海古籍出版社2000年,第256—258页。
② 全祖望《雪窦山人坟版文》,见《全祖望集汇校集注》,上海古籍出版社2000年,第174—176页。
③ 全祖望《明故权兵部尚书兼翰林院侍讲学士鄞张公神道碑铭》,见《全祖望集汇校集注》,上海古籍出版社2000年,第188页。

兴籍人士竟有 40 余人之多，主要分布在山阴、萧山、会稽、上虞四县，参加人员绝大多数是故明官宦之弟，巨家大族，具体情况如下。

其一，山阴祁氏。祁理孙（1627—1675），字奕庆，号杏庵，祁彪佳次子，崇祯十五年（1642）陈子龙取为诸生，与弟班孙（1632—1673，字奕喜，小字季郎）在族中排行为第五、第六，俗称祁五、祁六公子。堂兄祁鸿孙（1611—1656），字奕远，与叔父祁彪佳同受业于刘宗周门下，共同服膺刘宗周舍生取义之说，鲁王监国初，理孙痛父赴义自尽，从兄鸿孙"将兵江上，思以申忠敏之志，而公子兄弟罄家饷之"①。江上义师败，鸿孙忧愤死，理孙、班孙兄弟以故国乔木自任。"魏耕之谈兵也有奇癖，非酒不甘，非妓不饮，礼法之士莫许也，公子兄弟独以忠义故，曲奉之。时其至，则盛称越酒呼若耶溪娃以荐之。又发澹生堂壬遁剑术之书以示之，又遍约同里诸遗民如朱士稚、张宗道辈以疏附之。"②魏耕与祁理孙、班孙、诚孙及三伯祁骏佳（字季超，号西遁先生）皆相交甚欢，集中唱和诗多达 40 余首，如《八月十五日夜寓山宴集》《八月十五日晚同西遁先生祁季超及诸阮泛镜湖登彤山亭子》《重饮祁五藏书楼》《和祁六泛舟问田家》《题赠祁理孙画像引》《白雪歌怀祁六》等。他们通过宴集、诗会、游览等联络同志，交流感情，传递信息。顺治十八年（1661），魏耕旧友湖州孔孟文告密，驻防杭州科魁将军至绍兴山阴祁氏寓园搜捕，祁班孙闻讯让魏耕更衣间道浮海，派死士为卫，结果乃为清廷所得。魏耕、钱缵曾抗词不屈，于杭州菜市口英勇就义，祁氏兄弟因而被捕，经纳贿祁理孙释放归家，祁班孙遣戍宁古塔，祁家就此衰落。

其二，山阴朱氏。朱士稚（1614—1660），字伯虎，又字朗诣，族中排行为廿二，与张宗观（字朗屋）被时人并称为"山阴二朗"。世居山阴城塔山下，为明万历年间吏部尚书、文华殿大学士朱赓之孙，父朱敬循曾任雷州知府。从小好侠，食客百数，明末遭乱散尽千金接客，为人告发，系狱钱塘论死，幸赖好友张宗观筹集重资，贿狱吏得释。出狱后，与魏耕、钱缵曾、陈三岛、祁理孙、祁班孙结交，来往于南京、苏州、嘉兴、湖州一带，联络抗清志士，传递信息。朱士稚没有文字留存下来，仅以魏耕《醉时歌与朱廿二》写道：

---

①　全祖望《祁六公子墓碣铭》，见《全祖望集汇校集注》，上海古籍出版社 2000 年，第 256—258 页。
②　全祖望《祁六公子墓碣铭》，见《全祖望集汇校集注》，上海古籍出版社 2000 年，第 256—258 页。

神庙宰相朱金庭,有孙翯达逞豪英。

黄金白锃随手尽,一身落魄东南城。

可怜疏布缠粗骨,萧瑟秋风不掩胫。

忆昨破屋藏亡命,事败何如燕荆卿。

颈系青丝脚栓木,同日义侣被束缚。

爷娘捶胸不敢送,亲戚拦街齐恸哭。

先生毅然赴法曹,睢阳寸函知无逃,

众囚相对破浊醪,掀髯长歔声转高。

金鸡此日瞳眬赦,只身生渡钱塘潮。

才雄万夫遭人怒,名垂史册有何补,

年来吹箫过黄歇,乞食寻常遍环堵。

与子同病更相怜,河上之歌声最苦。

乌程县前酒如淮,囊中有钱倾百卮,

脱帽慷慨搔白首,更阑银烛尽三枝。

勺卤细盗厄宣帝,宋野狂徒挫仲尼,

自古圣贤皆如此,辀轲蹭蹬复奚疑。

不见青春庶草抽,倏忽西陆繁霜随。

人生有酒须当醉,岂必终日求人知。

升沉聚散随小儿,我曹安用苦踌躇。①

此诗展现了朱士稚豪侠、结客、下狱、释放,又浪迹江湖的生涯。此外,如《含绿堂牡丹盛开,集胡介、陈维崧,朱士稚、陈三岛诸子作》《吴门七夕,云间金是瀛、冯瑞振、彭师度、刘徽之招,同山阴朱士稚、松陵吴兆骞宴集》《同朱士稚、钱缵曾客阊阖归,柬怀处慈一、晓二沙门》《与朱廿二晓发京口》等,上述的"含绿堂""吴门""阊阖""京口"皆是指朱士稚联络、奔波之地。参与宴集人员皆是反清复明志士。顺治十六年(1659)好友陈三岛忧愤死,朱士稚也因长期在外奔涉辛劳,伤怀朋辈致病,卒于次年十二月。顺治十八年(1661)二月葬于大禹

---

①　魏耕《雪翁诗集》卷 4,浙江古籍出版社 1985 年,第 69—70 页。

陵西原，参与送葬者有朱彝尊、祁理孙、祁班孙，屈大均等近百人。[①]　通海案发，朱士稚已死，其弟朱骅元、儿子朱锜于康熙元年(1662)六月被杀。

其三，山阴白洋朱氏。包括以下几位。

朱兆宪(1604—1662)，字叔起，号见符，邑庠生。父为朱燮元，曾任总督贵、湖、川、云、广五省军务兼巡抚贵州，功封左柱国少师兵部尚书，都察院右都御史。袭荫广威将军、上骑都尉、锦衣卫指挥佥事。魏耕有诗《清秋金吾朱公兆宪邀同诸君携酒龟山观海酬之》。

朱用砺(1627—1681)，字若一，号冰在。山阴县白洋村人。朱燮元之孙，锦衣卫指挥使朱兆宜之子。明经，袭荫三品世职，顺治八年(1651)援列授国史院中书舍人，任松江郡丞，直隶永平府同知。魏耕曾作《越中送朱大用砺谒华亭令》诗。

朱用调(1632—1686)，字子彝，号固亭，山阴县白洋村人。为朱燮元之孙，锦衣卫指挥佥事朱兆宪之子。娶祁彪佳之次女德茝(字楚佩)为妻。著有《固亭遗稿》。朱彝尊《静志居诗话》卷 22 评其诗曰："子彝五律，原本襄阳、太白，故以跌宕见长，诵之如食哀家梨，但觉甘脆。"魏耕有《与朱四用调过瓜渚湖作》《晚秋滞山阴与朱四、祁六二生》《山阴留别姜十七廷梧、朱用调、祁五理孙、六班孙、八诚孙兄弟》《忆别梅里祁六班孙昆季，并示朱四用调》等诗与之酬唱，可见交情甚深。

其四，山阴州山吴氏。包括以下几位。

吴邦玮(1600—1671)，字韦玉，号北图，绍兴府山阴县州山人。明大司寇吴兑之曾孙，父孟登，娶郡城大学士朱赓女，曾任云南司郎中、永昌知府。邦玮为邑庠生，授锦衣卫镇抚。

弟邦璿(1607—1646)，字睿玉，号乾则，少自学孙吴兵法，甲申国变，为少师朱大典参将，顺治三年(1646)协同朱大典，坚守金华，城陷以火药自焚殉节。

吴卿祯(1615—1675)，字云章，恩贡生。吴兑之玄孙，祖父孟明，字元桐，号玄素，娶吏部尚书商周祚之季女，与祁彪佳、徐咸清为连襟，由邑庠生袭祖荫锦衣卫正千户，累官至指挥使同知。

---

①　朱彝尊《贞毅先生墓表》，见《曝书亭集》卷 72，上海书店 1989 年。

吴懿祯(1631—1694),字德章,号樵青,父邦璇。由恩贡生授锦衣卫选东宫侍卫领班。

吴理祯(1642—1659),字治文,国辅子,郡庠生。

吴棠祯(1644—1692),字伯憩,号雪舫,由邑庠补太学生,有《清绮轩选词》行于世。毛奇龄《西河集·山阴金司训雪岫墓志铭》提到"越中以词禅世者三人:一吕君弦绩,一吴君伯憩,一金君雪岫。三人皆为两广都府吴君上客",吴伯憩即吴棠祯。清初江苏宜兴人蒋景祁的《瑶华集》中收录其词作20首。

山阴州山吴氏也是魏耕经常来往憩息之所,是复明运动又一个地下联络据点。《客吴卿祯园斋最久,酒中为长句,奉别兼示令弟理祯》一诗叙述了他们相见于四五月间,吴氏叔侄兄弟并不因为他是"失路者""蹉跎人"而怠慢,反而盛情招待:"歌舞筵中邀我去","金花腊酒盏对把",喝酒赋诗,"池塘为句昔所标"。他们相聚甚欢,或游览鉴湖,作《同诸公游鉴湖还,吴六理祯复邀入郡城留别作》;或游兰亭,作《同吴二邦玮及其令阮卿祯、懿祯游王右君所题鹫峰寺》《兰亭留别吴棠祯》;或游东山,作《东山洗屐池与吴将军邦玮别》;或在吴家堂屋、园亭尝画看戏,作《吴锦衣宅观陈章侯丹青图引》《饮吴二金吾园亭观妓》等。

其五,萧山李氏。李文达,又名达、甲,字兼汝,萧山人。"(诸生)好结客,萧山为绍兴门户,四方宾客过其地,虽深夜叩门,无匆留者,有缓急必倾身为之,不计利害,以是浙东西名士以恢复为言者,甲莫不识之。"魏耕在《白苹洲上寄萧然李生文达》诗中,称他为"萧然李生漆园吏""把钓常披严陵裳",认为他是淡泊名利的庄子、严光一样的人物,而自己则是"雪窦山人嵇阮辈""风流散诞事沉醉",他们"拂衣同调"共同从事抗清复明的大业。五绝《答李文达》云"却爱稽山李,酿熟肯邀人。时时载魏子,荡漾鉴湖春",将李文达喻为"稽山李",热情大方,他们经常在一起饮酒吟诗。李文达家也是魏耕辈从事复明运动的地下联络据点。

除上述外,魏耕诗中提到的还有以下诸位。

杨春华,又名越、迁,字友声,号安城,山阴人。诸生,父杨蕃为明末京口总兵。年轻时,"天下多故,慨然有济世志,与里中高才生及四方豪俊交。鼎革后,散金结客,豪侠满门,耿耿欲有所图"①。他与朱士稚、祁理孙兄弟、魏耕来往频繁。魏耕七律《招杨春华泛西湖》云"由来张翰耽杯酒,不爱浮名与世尘",实是两人性格的写照。魏耕被难后,"山阴李达、杨迁经营其丧甚力,亦以是遣戍"②,杨春华因受牵连被流放宁古塔。

孟远(1634—?),字次微,号佣庵,会稽人。诸生,孟称舜之仲子。少与朱士稚、张宗观结交,九赴乡试不举,顺治十八年(1661)为学使谷应泰尝识,拔入国子监,后考授州判,著有《孟次微文集》。魏耕有《寄酬孟远》《送孟远北上》《酬赠孟六》等诗。

吕师濂,字黍字,号守斋,山阴人。明吕本裔孙,甲申后,散财结客,好谈兵,遍历九边,游滇南为幕府上客,又至粤、闽而归。著有《何山草堂诗稿》。诗豪迈不羁,寓沧桑之感。魏耕有《送吕八师濂》《山阴吕师濂宅留题》诗。

钱霍,字去病,会稽人,寄籍上虞。诸生贡太学,精举子业。入清后不愿参知科举而好为诗,性狷介,耻以诗干士大夫。豪饮喜聚谈,酒酣兴至音吐为洪钟,目闪闪有光。与魏耕、朱彝尊等来往甚密,有诗酬唱。

徐芳森,字徽之;蔡仲光,字子伯。两人皆为萧山人,并称"萧山两高士"。魏耕与他们有诗唱酬,如《苕溪草堂酬湘湖徐芳森》有"四面猿声啸,怀君梦里廻"之句,曾一起参与反清复明活动。

方外人士也是魏耕联络的重点。《雪翁诗集》中提到的有《日夕山中忽然有怀山阴道士徐真诚》的徐真诚,《访云门宝掌寺雪厂禅师》的雪厂禅师,《寄云门萧炼师》中的萧炼师等。

在魏耕与山阴祁氏寓园反清复明志士同人之间的关系中,魏耕是主角、核心组织者。他们虽是一个集团,其实"相互之间只有思想、道义、文学和友谊的凝聚力,没有规章、纲领、纪律和组织的约束力"③。魏耕不是拥有领导权的首领,其下也没有分工管理和分级统率的组织系统。他们是一种很松散的,没有约束力的,只凭思想道义和友情维系的秘密政治集团,因此很容易遭受清政府的镇压。当魏耕及其支持者祁班孙兄弟被杀被抓之后,这个集团也就随之土

---

① 孙静庵《明遗民录》卷13,浙江古籍出版社1985年,第100页。
② 全祖望《雪窦山人坟版文》,见《全祖望集汇校集注》,上海古籍出版社2000年,第174—176页。
③ 何龄修《关于魏耕通海案的几个问题》,载于《文史哲》1993年第2期。

崩瓦解。但作为一个秘密的民间反清复明的团体,坚持活动时间长达八九年,活动范围几乎涉及江、浙、闽、徽等长江下游几个省份,有力配合了清初前后两次"长江之役",也有力震慑了清初江南的统治力量,在明末清初的绍兴史上也是一件值得珍视的历史事件。魏耕《雪翁诗集》除了表现其本人经历、个性、思想感情外,还广泛记录了明末清初吴越人士反清复明活动的历史,具有史诗价值。魏耕之诗以古体诗最为擅长,七古尤为气势磅礴,近体诗之作也有佳制。其诗平易自然,只是情之载体而已,并无刻意矜饰。正如其在诗集《自序》中所说:"苟无所为而为之,虽拟议尽变,曲肖曩篇,无疾呼痛,伪托可笑!故余之于诗,初无矜饰,务达其情。凡博弈饮酒、朋友酬酢,以至山川风俗城郭之所历览,遗迹之所辨证,杂然前陈,有触于怀,发之咏叹,以为合乎作者不能自已之指。"①所以他驰情骋志,或高歌,或沉吟,或张扬,或静谧,或奇矫,或平淡,无意求工而自工,完全是诗人心迹的自然流露。

第三节　频繁的文人雅集活动

明清时期绍兴的文人社团众多,文人雅集也相当频繁。明初至嘉靖初年兰亭修禊活动仅见于诗人的诗作,如唐之淳(1350—1401)《三月三日》诗云:"自别乡关已月余,可堪禊日尚南徐? 我家正在兰亭下,曾有流觞念我无?"大型修禊活动的资料留存至今的不多。

一、沈启于嘉靖二十七年(1548)的兰亭雅集

吴江人沈启于嘉靖二十四年(1545)至二十八年(1549)任绍兴知府,二十七年(1548)曾重修兰亭,万历《绍兴府志》卷九《古迹志》载:"天章寺前旧有兰亭书院,嘉靖二十七年知府沈启遂移兰亭曲水于其地,文待诏征明为作记。"文征明《重修兰亭记》曰:"绍兴郡西南二十五里兰渚之上,兰亭在焉。郡守吴江沈侯省方出郊,得其故址于荒墟榛莽中,顾而叹曰:'是晋王右军修禊之地也。今《禊帖》传天下,人知重之。而胜迹荒废,守土者不当致意耶?'既三年,道融

---

① 魏耕《雪翁诗集》,浙江古籍出版社1985年,第5页。

物敷,郡事攸理,乃访求故实,稽遗起废。时其国诎,以次修举,而兰亭嗣葺焉。亭所在,已非故址,坏且不存,而所谓清流激湍,亦已湮塞。于是剪茀决涂,寻其源而通之,导其流于故址左右,迂回映带,仿佛其旧,而甃以文石,视旧加饰。辟其中为亭,榱栋辉奂,栏楯坚完。墨渚鹅池,悉还旧观。经始于戊申(嘉靖二十七年)十月,成于己酉(嘉靖二十八年)三月,不亟其工也。侯于是集僚友宾客而落之,以书抵余,俾纪其成。""是役也侯首捐俸入以倡,而一时僚寀若通守萧君,奇士推郑王君慎征,咸有所取,贰守俞君汝诚最后至,复其厥功,于法皆得书,因附著之。"①兰亭修复后当有一次规模较大的修禊活动,然只见徐渭《兰亭次韵》一诗,诗云:"长堤高柳带平沙,无处春来不酒家。野外光风偏拂马,市门残帖解开花。新觞曲引诸溪水,旧寺岩垂几树茶。回首永和如昨日,不堪怅望晚天霞。"此诗次何人韵不得而知,但就此诗"新觞曲引诸溪水""回首永和如昨日"等诗句来看,当作于兰亭雅集,与会者当有不少,惜未见其他修禊诗篇。倒是在沈启于嘉靖二十八年(1547)十月离任时,当时山阴县诗人陈鹤(?—1560)写了《兰亭会饮送沈使君》五律诗四首,其一云:

> 孟冬会兰渚,亭展蔬豆陈。岂论贵贱疏,志一迹可亲。
> 协欢曲水际,散坐从性真。微酣播芳味,自觉觞有神。
> 缅怀一代贤,遂为千古人。事胜量能继,亭荒当复新。
> 林茂鸟归宅,气回山由春。侯绩及先彦,匪但泽吾民。
> 遗兹亭上碑,岁岁沾人巾。

　　题中"沈使君"即沈启,字子由,吴江人。为"会饮"而送,说明沈启绍兴府太守任满离绍,为其送行者不少。开篇"孟冬会兰渚",说明会饮时间在十月,地点在兰亭。继曰"协欢曲水际,散坐从性真",说明会饮方式不是在太守府衙内聚宴,而是在兰亭曲水边,效法当年王羲之"曲水流觞"的修禊形式,情致深沉,气氛浓烈。结句"遗兹亭上碑,岁岁沾人巾",当指由文徵明撰写的《重修兰亭记》碑石在时人心目中的地位,更是沈启太守在越人心目中的影响。会饮送别除了陈鹤所作的诗作外,还有徐渭写的《再游兰亭诗》,诗云:"使君疏九曲,

---

① 《文徵明集》,周道振辑校,上海古籍出版社 1987 年,第 502 页。

吾党非一游。新觞肇后汛,旧水迷前流。游鳞聚或逝,鸣呚响复收。迁谢理在斯,胡为乎他求? 崇德不择时,晚节志弥道。燕笑非所置,沉湎戒前修。"

此诗原题为《补再游兰亭诗副王翁之索》,题下有"戏效晋体"四字,可见是写于后来。这里的"使君疏九曲",当指沈启重修兰亭之举,"新觞"当指沈启修复兰亭后的"兰亭雅集"。

二、张岱于明万历四十一年(1613)、清康熙十二年(1673)两次在兰亭雅集

明万历四十一年(1613)三月初三日,张岱时年 17 岁,拉同伴周戬伯、陆瘤庵和其弟张登子等人,同赴天章寺侧的兰亭旧址,参与王右军祠的修禊活动。他在《古兰亭辨》文中说:"万历癸丑,余年十七,以是岁为右军修禊之年,拉伴往游。及至天章寺左,颓基荒砌,云是兰亭旧址。余伫立观望,竹石溪山,毫无足取,与图中景象相去天渊,大失所望,哽咽久之。"又谓"今之所谓兰亭者,乃嘉靖(原为永乐)二十七年郡伯沈公择地建造"。可见,从嘉靖二十八年(1549)兰亭修成后,距万历四十一年(1613)已有 64 年,"颓基荒砌"也是自然。张岱与弟登子及好友周戬伯、陆瘤庵"于天章寺之前,得一平壤,右军所谓崇山峻岭者有之,所谓清流激湍者有之,所谓茂林修竹者有之,山如屏环,水皆曲抱。……乃席地铺毡,解衣盘礴,幽赏许久,日晡方归"①。

张岱《古兰亭辨》载:"复检商史部碑文,言万历三年(1575)西蜀刘见嵩、王松屏诸公,得地于崇山之麓,诉流曲折,稍存永和之旧,捐金若干,委寺僧修葺,有亭翼然,扁曰'兰亭遗迹',后建厅事五间,以供宴会。"可见当年也曾举行过兰亭雅集。

清康熙十二年(1673)绍兴知府许宏勋重建兰亭,并亲作《重建兰亭序》云:"余不敏,承守是邦,意其地必亭台燦灿,修竹依然,乃于簿书之暇,偶至兰亭。但见榛莽蒙茸,荒烟灭没,名流高士,无复登眺啸咏其间,不禁感慨系之。乃属虞子卿庀材鸠工,化荆芜为雅丽,辟旧址而增华。自是烟霞有主,岩壑改观,觞咏于曲水间者踵相接也。虞子因拂石摩崖,属余作序。"上巳日又携众修禊兰

---

① 《张岱诗文集》,夏咸淳校点,上海古籍出版社 1991 年,第 208 页。

亭，亲作《兰亭修禊诗》曰"经岁干戈乱"，当指福建耿精忠反清部队入浙，嵊县、新昌民众继起响应，延及山阴、会稽事。"山水私吾辈，诗文继晋人"，说明参与修禊者之多，吟咏诗作热情之高。"从兹游越者，复挹永和春"，可见许宏勋对重建兰亭和举办兰亭修禊活动的满意。然而参与此次修禊活动的诗人诗作未见记载。张岱《古兰亭辨》云："今年又值癸丑，自永和至今凡二十二癸丑，余两际之，不胜欣幸，因檄同志，于三月上巳会于兰亭，仿古修禊。"又作《癸丑兰亭修禊檄》云："禹穴、兰亭为会稽之胜地……自永和到此，已历十六朝；纪癸丑至今，又周二十二度。适当今岁，正值兹辰，欲践古风，乃修禊事。"张岱"两际"兰亭修禊：一在明万历四十一年（1613）三月上巳，当年 17 岁；一在清康熙十二年（1673）三月上巳，73 岁。曾作《癸丑暮春兰亭后集寻得旧址有作》四首（缺第三首），诗云：

> 每当癸丑岁，则想永和年。荒草埋兰蕙，青山泣杜鹃。
> 墨花不再发，曲水枉廻旋。触目皆感慨，还同往代贤。
>
> 新亭极儿戏，华丽益荒凉。曲引田畴水，蛮开邮表疆。
> 两池隔牛脊，一路走羊肠。修禊多车马，谁来憩道旁。
>
> 兰亭佳胜地，端的近天章。溪转犹存曲，崖宽自辟疆。
> 按图呵欲活，读记喜成狂。岂料渔人至，桃源在路旁。

张岱所作与官方修禊活动无关，只是与少数几个知己的活动。

三、陶堰陶氏族人于万历、崇祯年间的雅集

据山阴县《羊山石佛庵碑记》碑文记载：万历三十二年（1604）季春，曾任国子监祭酒的陶望龄正在家乡休假期间，他率领乡宦郑麟、吴显忠、俞应简、陈鹤、徐应箕、王泮、何继高等绍兴籍名士，及三十余位国子监生等，在山阴羊山仿兰亭遗风，斟酒赋诗，举行雅集。至崇祯年间，会稽陶堰陶氏家族三代人也曾举行过一次家族式的雅集活动，据 2017 年西泠秋拍消息可知：陶氏自明成化至天启共传承 6 代，于家族中举行雅集的是以第 4 代的陶祖龄为长，以陶履

中、陶允教为次,以陶崇谦、陶崇义为幼的三代 12 人参加的崇祯某年的新春雅集,他们以"自然风物"为歌咏主题,留下了大量优美的诗篇。

第四代的陶祖龄为这 12 位最年长的族人,他在新春雅集会上写下了"春风叶叶正吹裾,春风微微自剪蔬。知有花天陪丈室,原持香饭一分余",落款为弟祖龄。从落款推断,与之应和的人中,应有他的兄长,也许是陶望龄,或是陶舆龄,如今已不得而知,但可想见的是,当时雅集与会的族人肯定不止这12 人。

陶崇谦(1582—1629),字长吉,别号愚溪,幼颖异,始就塾,目数行下,日诵数百言,弱冠时已博览群书,为文不肯掇拾陈言,而词采清丽。十九补弟子员,与仲兄崇道齐名,时有"元方季方"之称。自少跟随晚明"公安派"与"泰州学派"重要成员陶望龄学习。崇祯元年(1628)好友马仲元召其入都考授运司判官,二年谒选,未赴任而卒。他的《咏梅诗》云:"罗浮古仙种,群卉逊高格。会有霜雪姿,粲英沁肌骨。……笑傲梅花间,仙人采八百。"冬去春来,万物复苏,生命的张扬激发了诗人的雅兴,在陶氏家族新春雅集聚会上,"崇"字辈的陶崇谦一气呵成,引得众人喝彩并纷纷作诗应和。

雅集作为文化家族的诗性存在方式,意义重大。陶氏作为江南文化望族,其形成离不开一个长期的文化积累过程,除了科举外部推动,更有族人潜于学、游于艺的内在动力,使整个家族不断"文"化、"雅"化。

四、顺治十八年(1661)屈大均在山阴与同志名流 30 余人效王右军故事修禊兰亭

《屈大均全集·翁山佚文·董匡传》载:顺治十八年三月"在山阴与同志名流三十余人,以三月三日修禊兰亭,效王右军故事。"[①]屈大均(1630—1696),幼遇家难,寄养于邵姓家,初名邵龙,号非池。顺治元年(1644)生父屈宜遇将其领归番禺,复屈姓,更名大均,字绍龙,先后取号有翁山冷君、华夫一灵等。屈大均生当明清鼎革之际。顺治二年(1645)二月,清军攻克南都后,继续向西南地区推进,次年十二月占领了广州。清军所到之处烧杀抢掠,遭到了各地人民

---

① 王贵忱、欧初主编《屈大均全集》,人民文学出版社 1996 年版。

强烈反抗。屈大均16岁师从陈邦彦，并与陈邦彦之子陈恭尹订交。顺治四年（1647），南明兵部主事陈邦彦起兵于顺德，大均从其师独当一面。同年九月，陈邦彦殉节死，其后大均奉父命至肇庆行在向永历帝上《中兴六大典书》。父殁后一度削发为僧。顺治九年（1652）开始远游，往来吴、越、齐、鲁、荆、楚、秦、晋等地，走访前明遗迹，交结反清复明志士。顺治十六年（1659）六月，参与以魏耕为首的山阴祁氏寓园反清秘密集团，并于南京配合郑成功、张煌言以舟师进攻南京之役，次年三月至山阴寓园，住在祁彪佳之子祁理孙、祁班孙家中，与魏耕、朱士稚、朱彝尊、祁理孙、祁班孙等交往，冬谒禹陵，馆于会稽王曧家。十八年（1661）二月客会稽董匡家，参与朱士稚葬礼，三月参与兰亭修禊活动。五月至杭州，又至桐庐，八月回到绍兴。康熙元年（1662）又至桐庐。六月，魏耕、钱缵曾被杀，不久，祁班孙遣戍宁古塔，屈大均南归，在绍兴前后两年有余，写下了不少诗文作品，如《寓山园吊祁忠敏公》《客山阴赠二祁子》《赠朱士稚》《题山阴祁五、祁六藏书楼》《与客游阳明湖》《耶溪夜游》等诗，文有《王予安先生哀辞（有序）》《董匡传》等。如五古《赠朱士稚》诗云：

> 神虬乐泥蟠，鸿鹄安紫荆。飞腾亦何难？所贵忘吾形。子房久破产，一生如浮萍。英雄不失路，何以成功名。　　高歌送君酒，词采郁纵横。神仙亦何愚，犹未齐死生。明月在沧海，光华虚复盈。毋怀千岁忧，酣放聊沉冥。天地一尘垢，吾心独太清。

屈大均参与兰亭修禊活动，与会有三十余人，虽未指名，但据其当时活动轨迹，参与修禊活动者当有：

魏耕（1614—1662），字楚白，号雪窦山人，浙江慈溪人。顺治二年（1645）七月朱以海监国绍兴，魏耕"挟策往从之"。不久返回湖州参加苕上抗清活动。顺治十一年（1654）再至绍兴山阴祁氏寓园，与祁理孙、祁班孙联络，以结社为幌子，暗中组织扩充力量，传递信息，参与抗清活动的绍兴籍人士有40余人，主要分布在山阴、萧山、会稽、上虞四县，绝大多数是故明官宦子弟。抗清活动一直坚持到顺治十八年（1661）四月被捕为止。

朱彝尊（1629—1709），字锡鬯，号竹垞，浙江嘉兴人。顺治十二年（1655）三月，往绍兴探望时任绍兴府学训导的岳父冯镇鼎，其间参与了以魏耕为首的以山阴祁氏寓园为据点的秘密反清社团。顺治十六年(1659)至十八年(1661)多次穿梭于山阴梅墅祁氏寓园,会见魏耕及应约来绍的屈大均。参与兰亭修禊,写有《兰亭行赠朱大(士稚)》等诗。

祁理孙(1627—1675),字奕庆,号杏庵,祁彪佳次子。鲁王监国绍兴,理孙痛父赴义自尽,从兄鸿孙"将兵江上,思以申忠敏之志,而公子兄弟罄家饷之"①。魏耕至绍兴住其家,来往密切,暗中联络抗清人士。顺治十八年(1661)因魏耕旧友孔孟文告密被捕,经纳贿,祁理孙释放归家,其弟班孙遣戍宁古塔。

祁班孙(1632—1673),字奕喜,祁彪佳季子,与兄奕庆称为"祁五、祁六公子",共同参与魏耕反清秘密结社。败露后被捕遣戍宁古塔。

徐缄,字伯调,绍兴府山阴人,生卒年未详。诸生,擅制举,好诗文,祁彪佳爱其才,使二子从游,移缄家居梅市。祁彪佳去世后,宣城施闰章尤心折之,于郎官历监司任上必迎缄,缄也必往,两人交谊深厚。著有《岁星堂集》《读书说》等。

朱用调(1632—1686),字子彝,号固亭,山阴县白洋人。祖父朱燮元,父朱兆宪,娶祁彪佳次女祁德芷为妻。与朱彝尊、屈大均俱有交往,著有《固亭遗稿》。

董玘(1619—1671),字子一,又字仲扶。少年时为倪元璐、王毓蓍所器重,与兄董正发被称为"会稽二董"。屈大均居其家,两人相识并结交。

五、乾隆时期(1736—1795)绍兴密集的兰亭雅集活动

清乾隆年间,在绍兴府山阴县兰亭接连举行了六次雅集活动,这是空前绝后的一种盛况。据统计,自东晋穆帝永和九年(353)至民国二年(1913),从留存的诗作中推考,前后共举行雅集活动达45次之多,其中南朝宋、梁时期曾各有1次修禊活动,唐代有4次,北宋2次,南宋4次,元代6次,明代7次,清代18次,民国1次。而清代乾隆一朝就举办过6次禊饮活动,占全清的三分之一,占禊饮史的四分之一,可谓盛况空前。

---

① 全祖望《祁六公子墓碣铭》,见《全祖望集汇校集注》,上海古籍出版社2000年。

（一）清乾隆时期举办了 6 次褉饮活动

清乾隆在位 60 年,禅位于嘉庆而退居为太上皇之时,事实上仍把持朝政,直到嘉庆四年(1799)正月去世,合起来计算,共有 63 个年头。在此期间,绍兴府山阴县兰亭前后共举办了 6 次褉饮活动。

第一次于乾隆八年(1743)暮春举行春褉活动。据嘉兴吴高增编辑的《兰亭志》小序记载:"癸亥暮春,随弢甫师侍诸丈,暨同人偕弟峻褉饮赋诗,以'清流激湍,映带左右'为韵。"弢甫即桑调元(1695—1771),字尹佐,号弢甫,钱塘县(今杭州)人。雍正十一年(1733)进士,授工部屯田司主事,后引疾归田,曾主讲江西九江濂溪、浙江嘉兴鸳湖、山东济南濼源等书院。他曾师事余姚名儒劳力,多次至余姚拜访其师,途经绍兴、上虞,写有不少诗文歌颂绍兴的山水风光。曾在家乡辟有"余山书屋",招待四方文友。著作丰富,有《弢甫集》《五岳集》等。吴高增,字继长,号敬斋,嘉兴人。乾隆七年(1742)至乾隆十九年(1754)一直担任山阴县训导,在这 13 年的时间里,他前后参与并见证了在山阴兰亭举行的四次修褉活动,在他编撰的《兰亭志》中都有反映。参与此次修褉的有钱塘周京、卢存心,秀水朱嵩龄、吴高垵,枫溪许椿,山阴刘鸣玉共 8 人,诗篇存吴高增所编的《兰亭志》中。

第二次是在乾隆十三年(1748)闰七月六日,由绍兴府太守杜甲发起主持的山阴兰亭秋褉活动,这是一次规模与东晋王谢相伯仲的雅集活动。吴高增作为山阴县训导参与了此次秋褉活动,并写了《兰亭秋褉诗序》:"戊辰闰七月之六日,太守杜补堂先生集诸博士及弟子员秋褉于兰亭。太守酒阑赋诗,诸人赓和成帙,淹留竟日,月出而还,为一时韵事。高增辑而序之。"甬上李凯写了《兰亭秋褉诗跋》。杜甲,号补堂,江苏华亭人,乾隆十三年、十四年(1749)在绍兴知府任上。郡守杜甲首创七律一首,和诗者有吴高增、李凯等 25 人,其中本地 15 人,续和者舒瞻、李升阶等 17 人,其中本地 7 人。人各一首,计诗 42 首。

第三次是乾隆十六年(1751),清高宗南巡,时值三月,在兰亭亲题《兰亭恭咏皇祖摹帖御笔》诗,即《兰亭即事》诗。陪驾臣僚亦有诗作,如周长发的《圣驾南巡》组诗,平圣樨写有《圣驾临幸兰亭赋》。时任绍兴知府郑肇奎亦到场陪侍。

第四次是乾隆十八年(1753),由时任山阴县令李升阶主持发起,山阴县训导吴高增召集。吴高增写有小序:"癸酉暮春,同人游兰亭,山阴李明府不期而会,即分韵赋诗,以'崇山峻岭,茂林修竹'为韵。与会者八人,山阴令李升阶得'岭'字,吴高增得'崇'字,枫溪许椿得'山'字,鸳湖陈松得'峻'字,山阴王浚得'茂'字,天目李志鲁得'林'字,陆振宗得'修'字,刘鸣玉得'玉'字。"诗存吴增高编纂的《兰亭志》。

第五次是在乾隆三十二年(1767)十二月四日冬禊。刘文蔚有《跋偕游兰亭图后》诗小序曰:"鹅湖蒋定甫太史引假归里,来主蕺山讲席。越三年,将之山左,余仲见菊塍偕同志数人,载酒泛舟,邀太史及嗣辈雅集兰亭,觞宴竟日。太史振笔,得诗八首,兴会淋漓,质文彪炳,于境之迁改,游之初终,无不曲折周至。复令画师绘游兰亭图。"蒋定甫即蒋士铨,乾隆三十一年(1766)应浙江巡抚熊应鹏之邀主讲蕺山书院,蒋士铨初夏赴绍,翌年举家侨居绍兴蕺山天镜楼。乾隆三十二年七月,挚友李清时升任山东巡抚,慕名相邀。十二月蒋士铨欲赴山东,蕺山书院学生动情挽留,府县地方官员出面恳请。临别之前,好友刘文蔚集诸君邀请兰亭。蒋士铨《后游兰亭图跋》:"乾隆三十二年十二月四日,诸君子招予来游。……于是绘《后游兰亭图》。……凡十有一人"云云。三十三年(1768)正月,蒋士铨至杭州欲转道山东,不料李清时病重,于是蒋士铨应浙江巡抚熊应鹏之请,主讲杭州崇文书院两个月后,仍回绍兴主讲蕺山书院,至三十七年(1772)二月为止,前后在绍6年。

第六次是在乾隆五十七年(1792)三月上巳日,时任绍兴知府的李亨特携众于兰亭修禊,亲自作序曰:"壬子春,予承乏绍兴,既与都人士习时,方辑志乘,诸君子惠然肯顾。袁简斋太史年近八十,不远千里而来。……窃与同会诸君子有厚幸焉。因倩工画者绘为图,且自为叙。"徐嵩作后序,姚兴洁作《续兰亭禊饮会记》云:"与会者二十有一人焉。"

清高宗在位60年期间,绍兴于山阴举行兰亭禊饮盛会6次,平均每10年1次,这在绍兴历史上绝无仅有,这与当时社会的政治文化背景密切相关。

(二)密集举办雅集活动的社会背景

清代乾隆时期,开国已历百年,社会政治渐趋稳定,经济日益繁荣,统治者采取恩威并施的政策,知识分子大多潜心典籍,学术文化呈现蓬勃发展的势头。康熙登位初期,满汉民族矛盾尖锐,江南一带连年爆发对清政权的反抗斗争，经过二三十年的镇压和安抚，实行"满汉一体"国策，在经济上废止顺治年间的圈地制度，鼓励垦荒，恢复生产，蠲免税粮以减轻人民负担，康熙五十一年(1712)实行"滋生人丁，永不加赋"的政策；在思想文化上崇奉孔子，提倡理学，编纂图书，竭力宣扬"三纲五常"等封建道德，笼络汉族地主和上层知识分子。雍正年间连续下诏让堕民削籍为良。清高宗弘历继续推行康熙、雍正实行的"满汉一体"国策，多方协调民族矛盾，除了前期征剿西北准噶尔、大小金川和后期镇压台湾朱一贵、林爽文的战争外，江南一带社会长期趋于稳定。

1. 重视水利建设，发展农业生产

乾隆四年(1739)时任绍兴会稽知县曾省修筑石塘、土塘；乾隆五年(1740)时任绍兴知府周范莲大修江塘、海塘；乾隆十六年(1751)知府永贵修建山阴县朱家溇石塘，十九年(1754)知府兴德主持兴筑鱼鳞石塘400丈。二十年(1755)、二十三年(1758)、三十四年(1769)、三十八年(1773)、四十六年(1781)、五十五年(1790)，几乎每隔几年都要兴修水利。这样就使农业生产得到了保障。

2. 蠲免税粮以减轻人民负担

乾隆二十二年(1757)正月，高宗南巡至杭州，三月下诏免除杭州、绍兴等府乾隆十八年(1753)至十九年的逋欠。二十七年(1762)正月又免除浙江历年逋欠。三十三年(1768)十二月下令清查浙江沿袭明代之勋田，令照民田一体纳粮，严禁圈占民田。无疑，上述种种举措一定程度上减轻了人民负担，缓和了清政府与百姓之间的矛盾，对于恢复和发展生产是有益的。

3. 笼络汉族地主和上层士子

清高宗效法乃祖南巡举措，先后曾十次南巡，祭大禹，题匾额，修建文化设施，提倡汉族文化，宣扬"三纲五常"等封建道德，扩大科举和荐辟名额，多方笼络汉族地主和地方名士。乾隆十六年(1751)三月七日南巡至绍兴，驻跸常禧门外麓湖庄，八日亲祭禹陵御题禹庙匾额"成功永赖"，御联"绩奠九州垂万世，统承二帝首三王"，御题南镇庙"表甸南疆"。据府志载乾隆帝先后遣官致祭共17次之多。表彰明臣王守仁的文治武功，御题祠匾"名世真才"。又至山阴兰亭，御题《兰亭恭咏皇祖摹帖御笔》。乾隆南巡至杭州时，山阴县民陈法周妻子王氏渡钱江接驾，皇太后赐食，帝赐银牌两面。乾隆三十年(1765)王氏一百岁,浙江巡抚具题,奉旨赐坊额、粟帛。继雍正削除堕民籍后,于乾隆二十年(1755)、三十一年(1766)两次申令"所属地方官照准雍正元年原议办理。如有未改者,令其番遵恩旨,概行改业,无许地方恶棍豪强抑勒,实力奉行毋违",落实堕民削籍措施。

4. 扩充科举录取名额,重视学校书院教育和文化建设

把更多的地主士绅子弟吸收到清政权中来。乾隆七年(1742)命拔贡生,每 12 年选拔一次,诚乡试广收遗材,使众多的汉族士人有仕途之望。继续执行捐纳、荐辟制度,凡是地主士绅子弟,只要出钱就可以捐银得实官,为士人做官打开大门。乾隆一朝,仅山阴县荐辟 4 人,进士 51 人,举人 280 人,贡生 78 人,武进士 4 人,武举人 38 人,共计 455 人。

乾隆年间,绍兴府学、各县县学皆得到重修发展。乾隆十八年(1753)知府舒宁安、同知汤大宾主持修葺了绍兴府学,五十六年(1791)府学殿阁败坏,祠宇学舍俱倾圮,知府李亨特捐资重修,宫舍焕然一新。清代山阴、会稽两县重建、改建、新建的书院有蕺山、稽山等 12 所,书院教学重心由明代"讲会"转向"考课",聘请学有专长的进士、举人为书院的山长,如陈兆崙、全祖望、蒋士铨先后都曾担任过蕺山书院的山长。

(三) 乾隆年间山阴兰亭雅集盛况

清乾隆时期兰亭 6 次雅集,可谓盛况空前,且具有明显的特点。

第一,倡导者主要是官府或者是当时名士,他们都具有很强的号召力和影响力,如乾隆十三年(1748)绍兴知府杜甲,五十七年(1792)绍兴知府李亨特,十八年(1753)山阴县令李升阶。十六年(1751)乾隆帝南巡,至兰亭亲题《兰亭即事》诗,跟随有浙江巡抚、绍兴知府等大小群臣,还有所属府县教谕训导,乾隆八年(1743)钱塘名士桑调元,三十二年(1767)时任蕺山书院山长蒋士铨,及五十七年(1792)应邀参与雅集的袁枚皆是当时的知名文士。由于他们的倡导和参与,周围名士纷纷赶来参加。如乾隆八年(1743)跟随桑调元而来参加春禊的就有钱塘人周京、卢存心,嘉兴朱嵩龄、吴高峻,福建枫溪许椿,时任山阴训导的吴高增、山阴名士刘鸣玉等。吴高增(1706—?),字继长,号玉亭,又号敬斋,浙江秀水(今嘉兴)人,诗人。嘉庆《山阴县志》卷九《职官》"训导"条下:"吴高增,嘉兴人,乾隆七年任;张升浩,乾隆二十年任。"可见他在山

阴训导任上达 13 年之久。为此他参与了乾隆八年、十三年、十八年的山阴兰亭雅集，并推荐了他的不少朋友参加兰亭雅集活动，并编纂了《兰亭志》，记载了兰亭雅集的盛况。

第二，参加人员众多，且文化层次、声誉较高。乾隆十三年（1748）在时任知府杜甲的倡导下，参与本次秋禊活动的就有 42 人，其中外郡人氏 20 人，本府 22 人。这些人都是当时名士。如沈业富，乾隆初年进士，官至河东转运使；舒瞻为乾隆初年进士，十四年（1749）任山阴县令，著《兰藻堂集》；任应烈为雍正八年（1730）进士，授翰林院编修，曾任南阳知府；平圣台，乾隆十九年（1754）进士，广州府同知；平圣垣，乾隆三十九年（1774）举人，官广东知府，著《九曲山房集》。乾隆五十七年（1792）春禊由时任绍兴知府李亨特倡导，参加者有 21 人，与会者有当时年近八十岁的大名士袁枚，及其弟子张香岩等。

第三，禊饮活动形式丰富多样。兰亭雅集的时间一般是在三月上巳日，以三月三日为多，称为春禊。也有秋禊，一般是在重阳日。还有冬禊的，如乾隆三十二年（1767）蒋士铨等 11 人，禊饮时间则是在十二月四日。雅集赋诗的方式有同仁抽签分韵作诗，如乾隆八年（1743）以"清流激湍，映带左右"为韵作诗；也有定一个主题，用同一个诗韵的，如乾隆十三年（1745）定为秋禊主题，限于"闲湾"韵；也有不限韵的，所赋诗篇有五古、七古，五律、七律，五绝、七绝。禊饮之后往往绘图作记，显得隆重，并将雅集之作结集刊刻出版。

（三）雅集活动的影响

首先，雅集活动成为文人追求的一种生活时尚，一种交友方式。

兰亭雅集禊饮活动经过千百年的传承，在封建士大夫和文人中已成为他们追慕的一种生活时尚、一种交友的方式。雅集所提供的场所，是一个极为特殊的创作环境，在这样一个群贤毕至的场合，文人墨客不只是沉湎于觥筹交错间的交际应酬，附庸风雅，同样也能取诸怀抱，晤言一室，尽享知己之情契；更可因寄所托，放浪形骸，感受释放的自由。他们通过雅集会聚，联吟共咏，相与唱和，诗酒往还，寄兴适情。这与文人结社聚合不同。他们没有固定的组织形式和社长、盟长、坛主之称，也没有立社的宗旨与约束。雅集的聚合往往具有偶然的因素。文人雅集或风流宴赏，或观景赋诗，或拈韵赋诗，诗作成为交朋会友的良媒，堪称逞才煊乐的工具。

雅集也与结社一样，广泛的交友，为文人提供了吟诗作文的绝妙机会，这样吟出的诗篇，大多是临场发挥，即席构思，是从胸臆中流出，无暇推敲。雅集之时写就的诗篇，并非像人们通常认为那样，尽是些水平不高的应景游戏之作。考察古代文人雅集之作，我们总是能够看到一些不俗的诗篇。比如大家熟知的王羲之的《兰亭集序》，王勃《秋日登洪府滕王阁饯别序》及《滕王阁》，李白的《春夜宴桃李园序》，裴迪与王维在辋川别业"浮舟往来，弹琴赋诗，啸咏终日"①留下的《辋川集二十首》。为此清人翁方纲在其《石洲诗话》中写道："古人倡和，自生感激。若《早朝大明宫》之作，并出壮丽；《慈恩寺塔》之咏，并见雄宕，率由兴象互相感发。至于裴蜀州之才诣，未遽齐武右丞；而辋川倡和之作，超诣不减于王，此亦可见。"②正如翁氏所论，以唱和为主的诗歌赋咏形式的古代文人雅集，正是在这样一个能够"自我感激"的创作环境中催生出来的，有时能够提升部分诗人的诗歌创作水平。文人雅集的形式通常是同一题材的唱和和分韵赋诗，在这样的环境下进行诗歌创作，文人之间相互竞技的心理能激发他们创作的热情，他们会重视诗句的安排与锤炼，力求写出不逊他人，甚至远胜朋辈、博人耳目的作品来。

文人雅集具有一定规模，成员层次相对平衡，有时又有比较著名的诗人参与其间，这样的文人雅集不仅能够激发、提升参与者的创作能力，还能直接作用于某一时期或者某一地域的诗歌创作风气。如乾隆十三年（1748）杜甲倡导的秋禊活动，在他首吟《兰亭秋禊诗》后，众人纷纷唱和《兰亭秋禊诗》《续和兰亭秋禊诗》，其中就有一些好的诗篇。又如乾隆三十二年（1767）冬禊，刘文蔚邀请蒋士铨参与兰亭雅集，蒋士铨所写的《游兰亭》五古之诗及《后游兰亭图跋》描摹作者与刘达夫、刘豹君等11人游兰亭时的情景，图中人物各自不同的状貌、服饰、姿态、动作，宛然在目，堪称传神之笔。

其次，雅集与结社推动、催生了大批诗集和诗人的出现。

据清代佚名辑录的《越风诗人小传》记载：从康熙初年至咸丰末年的两百年间，绍兴府涌现了诗人536名，其中有三分之一曾考取举人、进士，有出仕的

---

① 《王维小传》，见《全唐诗》卷125，中华书局1960年，第1234页。

② 翁方纲《石洲诗话》卷1，见《清诗话续编》，上海古籍出版社1983年，第1369页。

经历,有三分之二是布衣诗人或为幕僚,有三分之二的诗人有诗文集刊刻。由清末陶濬宣(1849—1915)编撰的《国朝绍兴诗录小传》,据其友朱友溪于民国三十二年(1943)作序曰:此小传系"苦心慨自商质园(即商盘)太史著《越风》后凡二百年赓续之举"。其中诗人出自道光至光绪年间共计 174 名,其中有二分之一曾考取举人进士,有做官的经历,二分之一或为幕僚、布衣诗人、画家。

以上两小传前后衔接,据记载,清代绍兴府共涌现诗人就有 700 余人,有诗文集 450 余种。这些诗人中有很多人都参与过兰亭雅集和文人结社的活动。如萧山人毛奇龄(1623—1716),康熙十八年(1679)举博学鸿词科,曾多次参与兰亭雅集,又与徐伯调、何之杰结"越三子社",著有《西河全集》。周长发(1696—1761),雍正二年(1724)进士,乾隆元年(1736)举博学鸿词,乾隆十六年陪侍高宗南巡,参与兰亭雅集,乾隆年间曾与商盘、刘文蔚等结"西园十子社",著有《赐书堂集》。刘文蔚(1700—1776),乾隆年间优贡生,曾与周长发、刘大申、刘世贵等结"西园十子社",乾隆三十二年(1767)与蒋士铨参与兰亭雅集,著有《石帆山人诗集》。童二树(1721—1782),乾隆间庠生,布衣诗人,曾与刘文蔚、陈芝图等结"西园十子吟社""越中七子社",参与乾隆十三年(1748)兰亭秋禊,著有《二树山人诗稿》。王衍梅(1776—1830),嘉庆十六年(1811)进士,曾与周师濂、杜煦、陶元藻结"泊鸥诗社",道光十年(1830)参与兰亭雅集,著有《绿雪堂诗文集》。周师濂,嘉庆二十三年(1818)岁贡生,尝与同里人结书画社,又结"泊鸥吟社",参与兰亭雅集,著有《竹生吟馆诗草》。李慈铭(1830—1894),光绪六年(1880)进士,官山西道监察御史,尝于道光、咸丰年间与周星誉、陈寿祺等结"言社""益社",又于咸丰三年(1853)与孙垓等 19 人举行兰亭秋禊,著有《白华绛柎阁诗》《霞川花隐词》等。秦树铬,同治十二年(1873)举人,官大桃知县,曾与马赓、孙垓、陶方琦等结"皋社",又都参与兰亭雅集,著有《娱园诗稿》。以上仅举几例,说明兰亭雅集与文人结社等活动,确实推动了绍兴文士读书、作诗文的社会风气,也促进了科举教育事业的发展,涌现了一大批诗人,催生了一大批诗文集等著作的刊刻。

六、咸丰三年(1853)以孙垓为首的"言社"成员于兰亭举行秋禊活动

清咸丰三年(1853)八月十七日,"言社"社长孙垓率领该社成员 19 人,于兰亭天章寺举行秋禊活动,祭拜先贤,分韵赋诗。徐虔复《癸丑秋日偕社中诸子修禊兰亭即席分韵得有字》诗,题中指明是"言社"的一次诗社活动,属于秋禊,此年上距晋穆帝永和九年(353)正好是 1500 年,故诗中说:"屈指千五百,岁又历癸丑。"李慈铭《癸丑兰亭秋禊偕孙子九等十九人分赋得或字》,诗云:

> 昔贤不可作,性情留空山。觞咏缅曩契,得地堪跻攀。
>
> 修林荫裙屐,夕照余榛菅。遥遥白云暮,秋深未知还。
>
> 有生感哀乐,月月不我闲。达哉莊生旨,今昔归均咸。
>
> 变迁固常理,玄化含其缄。此集亦暂遇,谁能专林岩?

身处 1500 年后的李慈铭,仍然抒发了时事变幻、人生短暂的感慨。题中指明参加秋禊活动的有 19 人,孙垓,字子九,为言社社长。陈润亦写有诗篇,题为《八月十七日集兰渚天章寺,会者十九人,以"群贤毕至,少长咸集"为韵,分得"至"字》,题中指明秋禊日期为八月十七日,地点在兰渚山下天章寺,所谓社中诸子与李慈铭日记所记的 19 人完全符合,这是一次全体出席的诗社活动,也是以兰亭秋禊为主题,进行抽韵即席赋诗的一次社集活动。

第六章　文人结社转型期:近代至民国文人雅集与结社再度蜂起

第一节　近代至民国绍兴文人雅集与结社再度蜂起的文化背景

近代至民国时期是中国历史上社会变迁最为迅速,社会转型最为明显的一个时期。绍兴府地处东南的海防前沿阵地,在 1840—1842 年爆发的第一次鸦片战争中,绍兴人就开始积极防范,展开保卫家园,维护主权的斗争,有的作为清廷海防官员,如担任定海镇总兵的葛云飞积极备战,主动出击;有的自行组织或临时集结积极防守,如金石学家杜煦(1780—1850)挺身而出,首捐巨资,设筹备局,操练兵勇,于三江、沥海等军事要地设险防守。但由于清朝政府的腐败,大多文武官员庸碌无能,武备废弛,军纪松懈,导致中英鸦片战争失败,屈辱签订不平等的《南京条约》,宁波正式开埠,成为近代浙江第一个对外开放的通商口岸。半殖民地化的社会经济促使绍兴的商品经济逐步发展,而自然经济逐步瓦解,西方的宗教文化如天主教、基督教也逐渐进入绍兴府城乡。

清咸丰初年,绍兴有一批青年文人,他们感慨:"典型颓废,风流黯然,后世少年几不知经史文章为何物?"[①]"风雅道微,士大夫无以矜式,后进学者日泪于荣利,而文章之道几乎欲熄,至是趁家居期间慨然以兴复自任。"[②]丁忧而归的官宦周星誉于是首创"言社",与社者大多是越中俊彦,他们自觉承担起复兴风

---

① 周星誉《鸥堂日记》卷 3,光绪十二年刊本。

② 冒广生《续碑传集》卷 41《二品顶戴两广盐运使周公传》,宣统二年刊本。

雅的使命,除瓣香龙山诗巢、西园吟社、泊鸥诗社一年两集,祭祀乡贤饮酒赋诗外,还以江南特有的文化底蕴与生活情趣,"于开花事最盛之时,乘扁舟载旨酒往来云门、南湖间扣舷而歌"①,从事诗歌创作,叙写田园山水,亦写战争乱离、民生疾苦,凸显了浓厚的地域色彩与时代气息,是咸丰诗坛的一道亮光。

清咸丰十一年(1861)太平军来王陆德顺部攻占绍兴,长期接受传统文化教育的士绅有的奋起抵抗,有的逃避;而下层民众则普遍欢迎,有的直接加入了太平军队伍,如诸暨莲蓬党何文庆聚集反清势力多达数千人,余姚十八局佃农团结一致反抗地主逼租的斗争,他们积极配合太平军转战浙东各地,反抗清军,反抗外国侵略,直到太平军失败。

随着两次鸦片战争失败和太平军占领绍兴的打击,中日甲午战争的失败教训,绍兴的一些忧心国事的官员和士绅、读书人逐渐看到时代发展的趋势,积极地提出推行变革的要求。山阴士人汤震(1856—1917),字寿潜,他于1886—1890 年间在山东巡抚张曜幕府充当幕僚,对清政府的运作和社会弊病都有较深入的了解。他于 1890 年出版的《危言》一书,系统地阐述了变革主张:"采西法而变通之'开议院',自王公至各衙门堂官,翰林院四品以上者均隶上议院,而以军机处主之;堂官以下官员……及翰林院四品以下者均隶下议院,而以都察院主之。每以大利之当兴,大害之当替,大制度之当沿革,先期请明喻;得出议者,殚精竭虑,斟酌古今,疏其利害之所以然,届期分集内阁及都察院,互陈所见,由宰相核其同异之多寡,上之天子,请如所议行。在外省、府、县有应议者,自巨绅至举贡生监,与著有能名之农工商,皆令与议,而折其衷。"此说虽与西方议院制度有很大差别,但作为过渡时期的代替性选择还是有可取之处的。汤寿潜还主张"兴新学,以植人材",重视学校教育和科举考试体制的改革,他把专业教育视为西方富强之本,为此主张实施文、理、医、法、教、道六科的分科教学方式。"一艺之成,得专其利,得世其业,无论士农工商、陆军水师,靡不出身学堂,讲明事理,娴习其事。故所以强食弱肉,要自有本源在,而坚船利炮特其未焉者也。"②经过一段时间的观望考虑,1903 年应聘担任上海龙门书院

---

① 绍兴修志委员会编纂《绍兴县志资料》第 1 辑,广陵书社 2011 年。
② 汤震《危言》,见《危言三种》,上海古籍出版社 2013 年。

山长，此后，他才顺应时势，将该书院改为龙门师范学堂，认真付诸实践。

在此同时，绍兴开明士绅徐树兰（1832—1902）于光绪二十三年（1897）开启了浙江民间兴办学堂的风气，他捐银 1000 两，并向知府筹得山阴县纱租及绍郡茶业公所捐款 4000 余银圆，创办了绍郡中西学堂。学堂以古贡院山会豫仓为校舍，于 1897 年 3 月 3 日正式开学，自任督办，先后聘请何琪、何寿章、蔡元培等人为总理，光绪二十五年（1899）六月，学堂改为官办，更名为绍兴府中学堂。光绪二十八年（1902）徐树兰又捐银 3 万余两，在绍兴城古贡院内，创建了古越藏书楼，将家藏和新购中外书籍 7 万余卷，全部对外开放，使之成为近代中国第一个公共图书馆。在此同时，还出现了新昌知新学堂、诸暨毓秀学堂、上虞算术馆等新式学校。

绍兴士绅胡道南和童亦韩于 1897 年 8 月在杭州创办《行世报》旬刊，以经世致用、变法维新为宗旨，聘请章炳麟、陈虬、宋恕等为撰述，宣传维新变革。光绪二十二年（1886）上虞罗振玉、蒋伯斧在上海筹办农学会及《农学报》，二十四年（1898）徐树兰与胞弟徐友兰等在上海黄浦之滨置地百亩，采购各国农作物良种，开辟种植试验场。

由于士人接受传统的文化教育，对于清王朝的腐败政治，绍兴士人与国内绝大多数仁人志士一样，选择的是体制内的变革道路。而参与反清、推翻清王朝政权的革命，只是少数人的密谋，并没有成为一种群众运动。1899 年慈禧发动戊戌政变后，拟于庚子年元旦迫使光绪帝退位，史称"己亥立储"，时任上海电报局总办的上虞士人经元善与蔡元培、章太炎、叶瀚瀚、王诒年及其侄经亨颐等，以联名上书方式致电总理衙门，表示反对废立，结果受到追缉而逃亡澳门，时任翰林院编修的绍兴人蔡元培出于对当局的失望，离京回到老家绍兴，从事文教工作，接受绍郡中西学堂校董徐树兰之聘，担任该校校长。在蔡元培看来，戊戌变法失败的一个重要原因，就是"不先培养革新人才，而欲以少数之人弋取政权，排斥顽旧"。他认为，若要切实推行社会变革，就必须以普及教育，提高民众整体素质作为首选，其目的还是促进体制内的变革。随着一些在国外留学和在新式学堂中系统接受西方社会科学和自然科学教育的新型知识分子的产生，他们对世界大事有比较清醒的认识，有更强烈的国家观念和民族意识，如绍兴籍留日学生中就有陶成章、蒋智由、许寿裳、周树人、经亨颐、马宗汉等。会稽县陶成章庚子以后即从事反清活动,他撰写的《中国民族权力消长史》于 1904 年在东京刊行,流传甚广,表现了鲜明的资产阶级民族主义思想。同年归国参与光复会创建工作,成为光复会的主要领导人之一。有些原期望并支持改革的清政府下层官员和士人,他们对清政府的腐败无能和顽固不化渐生失望,以致愤恨,如嵊县庠生姚麟,目睹"清政不纲,麟孤愤填膺,酒后辄痛诋之,罔识忌讳"①,而转向革命,1905 年任教于大通学堂,后担任光复会联络工作。绍兴的蔡元培(原为翰林)、王世裕(生员)、谢飞麟(生员)等,他们都曾经对清政府的"变法"抱有期望,都曾参加过地方新政和立宪活动,由于清政府的腐败顽固,最后促使他们转向反抗。晚清民族主义思潮在国内兴起与慈禧政权的腐败无能密切相关:对外,一味屈服外国列强势力,只会卖国求安、求荣,巨额的战争赔款,繁多的苛捐杂税,不断上涨的物价,剥削阶级腐朽的寄生生活等等,给劳苦大众增添了沉重负担,据《绍兴县档案馆资料》记载,光绪二十七年(1901)"庚子赔款银"绍兴府分摊 56.4 万两,为浙江各府的第四位,一时城镇交通要道厘局税卡林立;对内,清朝统治者无视下层百姓穷困生活,只是逼捐催税,地主、高利贷者乘机盘剥,使得有些小地主、小商贾也破产失所。各种社会矛盾日益尖锐,人民群众对统治者和封建地主的憎恨情绪也与日俱增。鸦片战争以后的封建的自然经济逐渐瓦解,商品经济缓慢发展,出现了一大批无业游民。太平军高举反清大旗,揭示了"造反有理""造反才有出路"的道理,浙江各地的农民和手工业者,纷纷举行反抗斗争,群众性抗捐抗税斗争更为普遍,1906 年 9 月绍兴盐贩反对加价,捣毁盐仓,1907 年萧山县龛山镇农民捣毁厘卡,余姚大岚山茶农扣押强行收捐的司巡,迫使他们写下字据,绍兴城内贫民多次聚集抢粮等等。

随着外国侵略者瓜分中国的加剧,他们与中华民族的矛盾更加尖锐。在中国各阶层百姓反对外国侵略者的同时,清政府总是出面袒护洋人,镇压民众,为此更加激起了人民群众的反抗情绪,浙江各地会党掀起了以反对外国教会为主要目标的反对外国侵略和反对清朝统治者的斗争。1900 年春,诸暨县东南乡的斯宅、闹桥等地的白旗党民众捣毁牌头镇教堂,进而拥向县

---

① 民国《嵊县志》卷 16《义行》,民国二十三年(1934)县长罗毅监修、县人丁谦总纂。

城,终因武器简陋,迅速被清军击败。1904年夏,宁波天主教法国人赵保禄勾结绍兴官府,收买绰号"捕厅绅士"的高柏林,私订契约,以银币500圆强买绍兴大善寺,企图建造天主教堂。徐锡麟等绍兴志士得知后,立即带领绍兴市民在大善寺集会抗议,并且以绍兴府学堂监督身份,倡议各商号联名上书清政府,敦促外务部与法国公使交涉,取消原来的契约。绍兴官府见群情激昂愤慨,也不敢公开庇护教会,法国传教士也知众怒难犯,只得放弃侵占大善寺的企图。

1903年,在日本东京留学的绍兴学人蒋尊簋、许寿裳、陶成章、周树人等人讨论,决定组织秘密革命团体,用暴力推翻清朝封建专制统治,建立共和民国。1904年10月在上海正式成立光复会,推蔡元培为会长。不久,徐锡麟也加入光复会。其后,陶成章、秋瑾等深入浙江各地宣传革命主张,徐锡麟深入诸暨、嵊县、义乌、东阳等地秘密联络,结交了一批反清志士,并介绍他们加入光复会,扩大光复会力量。为创办武备学校,训练会党头目,他们创办了绍兴大通学堂。1907年2月徐锡麟还利用自己安徽候补道员身份,联系安徽军警界人士,发展武装力量,密谋起义。后由于安庆起义失败,徐锡麟被杀,绍兴革命党人的活动及起义计划暴露,清政府迅速派兵绍兴包围了大通学堂,逮捕了秋瑾。皖浙起义失败,光复会在浙江的革命力量遭到了沉重打击。1910年陶成章决定重新组合,将活动中心移至上海,并在上海设立光复会的总机关。同年11月,光复会凭借武昌起义爆发的大好时机,浙江新军起义光复了上海。1911年5月杭州光复,11月绍兴光复。

在此大变革的形势下,传统的诗酒酬唱,赏景赋诗的结社方式已经不相适应,与政治关联、宣传社会变革的"大同社""越社""燹社"应运而生,结社的方式也不再是单纯的吟诗赋诗,而是与办报、办刊,以及宣扬自己的政治主张和文学、艺术观点密切结合。

至大革命时期,经过清季以民族、民权、民生革命运动的洗礼,绍兴出现了一批新型的知识分子,他们大多走出绍兴,投身于更大、更广的社会政治舞台,他们在北京、上海等大城市中组织文人社团,如诸宗元、胡颖之、宋琳、沈钧业、袁天庚、陈樗、陈无名、潘普恩、郭庆嵩等49人先后参加了由陈去病、高旭、柳亚子在上海成立的"南社",1915年鲁迅、周作人参加了李大钊、陈独秀的"新青

年",罗家伦、孙伏园、周作人组织"新潮社",鲁迅、周作人、周建人、孙伏园组建
"文学研究会",孙大雨、陈梦家结"新月社",鲁迅、孙伏园结"语丝社",经亨颐
在上海与一批文艺家结"寒之友社"等等,而绍兴地方只有零星的文人社团,如
嵊县商子裁发起的"鹿山吟社",绍兴城以名宦乡贤沈复生、王子余等为代表发
起的"诗巢壬社",漓渚人张振兖、张振滋兄弟的"螭阳文学社"等等。

1931 年以后,日本军国主义复活,侵略的铁蹄由东北、中原,逐渐向江南延
伸。1937 年 12 月杭嘉湖地区全部沦陷,绍兴成为抗战前线。一时间由群众团
体和进步人士组织的各种抗战文艺团体如雨后春笋般兴起,绍兴县有《前线》
《越王魂》《战旗》《禹风》等,上虞县有《同仇》《钟声》《怒吼》《舜江通讯》等,嵊县
有《抗敌》《群力》《焰影》等,新昌有《新生》《民众》《妇女阵地》等,诸暨有《动员》
《抗战知识》等等。这一时期绍兴的纯文艺刊物是由马园太、王传本建立的"东
南文艺社"创办的《东南文艺》,这是标举"东南文艺"旗帜的社团和刊物。《东
南文艺》创刊的缘起和宗旨是:"东南文艺是绍兴爱好文艺者的同人杂志,创刊
的动机很简单,大家觉得绍兴文艺园地很沉寂,文艺工作者应当有拓荒的任
务,尤其在这个斗争的时代中,尤其在站在钱塘前哨的越王古城中,抗战文艺
已成为文艺起动的主流。我们把握住这在后方、在内地难得的题材,以文艺来
暴露、来反映。"①

第二节　近代至民国时期的文人社团

一、清咸丰年间的言社、月楼吟社

清咸丰初年,越中有一批青年文人,他们感慨"典型颓废,风流谵然,后世
少年几不知经史文章为何物?"②"风雅道微,士大夫无以矜式,后进学者且汩于
荣利,而文章之道几乎欲熄。"③在周星誉、孙垓的倡议下成立了"言社",与社者
多是越中才俊,他们自觉承担复兴风雅的使命,以江南特有的文化底蕴和生活

---

① 转引自《王嘉良学术文集·战时东南文艺史论》,上海文艺出版社 2011 年,第 29 页。
② 周星誉《鸥堂日记》卷 3,光绪十二年刊本。
③ 冒广生《碑传集·二品顶戴两广盐运使周公传》,宣统二年刊本。

情趣为创作源泉，写下了不少优秀诗文。

（一）言社

1. 言社创办的缘由及社名考辨

同治十年（1871），李慈铭为王星诚《西凫浅草序》云："至癸丑（即咸丰三年）予二十五岁，孟调二十三岁，始通家为兄弟，是年予与孙子九等举言社于里。"由此可知言社创建于咸丰三年（1853）。然而，言社的主要创办人之一周星誉在《鸥堂日记》咸丰九年（1869）云："当道光末祚，风雅道衰，吴越夙称文教之区，而典型颓废，风流谐然，后世少年几不知经史文章为何物？山阴周星誉时以翰林家居，慨然有复兴之志，于是创益社于浙东，一时名士如许棫、孙垲、余承谱、周光祖，周灏孙、孙廷璋、周星诒、李模（即李慈铭）及君（指王星诚）均列社籍。"这又是怎么一回事呢？

对于"言社"与"益社"的不同称名，我们可以从其他社员及后人的记载中找到答案。社长孙垲《退宜堂诗集自序》云："乃与祥符周素生、叔子、季贶昆季、暨同郡周君息鸥、王君孟调、李君爱伯定交。叔子执友为阳湖许大眉征士，征士学有宗传，故叔子年最少，而得诗法最早，于是结言社于湖上，朝夕相切劘，始得窥此中门径，而余已三十七矣。"①社员孙德祖在《退宜先生小传》亦云："并时如李爱伯户部慈铭、周锡侯刑部光祖、陈珊士刑部寿祺、孙莲士副使廷璋、周叔云运使星誉、季贶、建宜星诒、王孟调副使星诚，先生遍交之。月举诗酒之余，迭主齐盟，所谓'言社'也。"②后人亦有称言社的，如近人黄濬《花随人圣庵摭忆·李莼客痛诋祥符二周》云："莼客初与祥符周星譬沐人、周星诒季贶、周星誉昀叔、同黑王星诚平子结言社于浙。……周为祥符望族，高门名士，既相接纳，各以言之偏旁为名，莼客之原名为星谟。"③周氏兄弟是言社的中坚力量，其名中各以"言"字偏旁为之，综观其他社员之名，如王星诚、李慈铭曾名谟，与社名关联。黄之言可备一说。

李慈铭后来为周星誉作《芝村读书记》，忆及周氏兄弟创立社团云："时天下初乱，浙东西尚帖无事，周子（周星誉，字叔云）因得躬耕养亲，益奋发读书，

① 孙垲《退宜堂诗集》，光绪七年刊本。
② 孙垲《退宜堂诗集》，光绪七年刊本。
③ 黄濬《花随人圣庵摭忆》，上海古籍出版社1983年，第150页。

务为有用之学,思所以济艰难,致太平者。季子(周星诒季贶)年少,气豪甚,视世无可当意,独师事其兄,友其兄之友,限同邑若孙子垓、王子星诚、周子光祖、陈子寿祺、孙子廷璋、徐子虔复、陈子润等咸矫首厉翼,以昌明绝世为己任,于是有言社之举,推周子主盟,从而和者数十人,皆都邑之望。盖有负重名而不得入者,有势位显赫自命乡老,求一与会而不获者。未几,江南北浙西争以所业来质,书币车马,日萃于越,势必主芝村,于是有益社之广,好事者定为益社六子、续六子、后六子、广六子之目,而芝村之名胫千里矣!"据此可知,"言社"成立在前,后因慕名参加者众,遂扩充人员更名为"益社",两者之间一脉相承,基础成员相同,会规及活动也相同。至于周星誉不提"言社",可能他认为"益社"的规模和影响更大。"言社"之社长,按理非周星誉莫属,因为他是进士及第改庶吉士丁忧家居,功名远在众人之上,且其兄星誉、弟星诒皆是社中中坚。孙垓虽是未有功名,授徒为生,但在当地有较高名望,且年龄较大,较长时间为筹备诗社工作,故众人一致推他为社长。

2. 言社成员简介

社长孙垓(1810—1885),字子九,号少楼,晚号退宜,绍兴府会稽人。诸生,终生不遇,以授徒为生。乐观好咏,其诗夷然清淡如其人。著有《退宜堂诗集》六卷。

许械(1800—1881),字太眉,号梦西,江苏阳湖人。诸生,咸丰初举孝廉方正,主讲道南书院以终。著有《东夫山堂诗选》诗八卷、词一卷、《读说文杂识》一卷。

周星誉,原名灏孙,字涑人,号神素,祖籍河南,出生山阴。道光二十三年(1843)举人官安徽无为州知州。著有《传中堂古文》一卷。

周光祖(1816—1865),字锡侯,号雪鸥,绍兴府山阴人。咸丰元年(1851)举人,九年(1859)进士,官刑部主事。著有《耻自集》一卷,收诗60余首,附摘句二十一则。

周星誉(1826—1884),字昀叔,一字叔云,号鸥公,祖籍河南,出生绍兴府山阴。道光二十九年(1849)举人,三十二年(1852)进士,改庶吉士授编修,累官两广盐运使,中法战争期间支前甚力。少工诗词及骈体文,兼工画。著有《东鸥草堂词》《鸥堂剩稿》《鸥堂日记》等。

孙廷璋(1825—1866),字仲嘉,号莲士,绍兴府山阴县人。道光二十九年(1849)举人,明年试国子监学正,录为第一助教,咸丰三年(1853)告归。有忧生之嗟,积瘁早衰。诗作千锤百炼,务必奇丽。著有《亢艺堂集》,收入《越三子集》中,诗两卷,词一卷。

李慈铭(1829—1894),初名模,后更名慈铭,字爱伯,号莼客,晚号越缦堂老人,绍兴府山阴县人。光绪六年(1880)进士,官至山西道监察御史。遇事敢直言,多次弹劾大臣,无所畏惧。自幼好学,经史子集,无不涉猎,为文沉博艳丽,于诗尤工,自成一家,尤长于史学。著作颇丰,有《越缦堂文集》《白华绛跗阁诗词》《越缦堂日记》等。

陈寿祺(1829—1867),原名源,字子谷,一字珊士,绍兴府山阴县人。父早亡,家境贫寒,而学锐进,21岁举于乡,咸丰六年(1856)进士,历官刑部主事,卒于京都,年仅39岁。文章警敏,不由师授,尤工于诗词,情藻艳发,著有《陈比部遗集》。

王星诚(1830—1859),原名于迈,字平子,更字孟调,绍兴府山阴人,诸生。性温默而心质凌厉,不可一世,与李慈铭关系密切。为文不蹈故常,为诗镂心剔骨,刻意自异。咸丰九年(1859)应京兆试,试毕病益甚,越日遂卒,年仅29岁。著有《西凫残草》。

徐虔复(1830—1861),字宝彝,或葆意,绍兴府上虞人。屡试不第,至道光廿九年(1849)副榜,太平军攻占绍兴,决然不降,自刃而死。著有《寄情斋遗集》诗稿一卷、词集一卷。

端木百禄(1820—1861),字叔总,一字小鹏,浙江青田人。道光二十九年(1849)举人,官河南府教授。著有《石门山房诗钞》。

丁文蔚(1827—1890),字豹卿,号蓝叔,绍兴府萧山人。咸丰九年(1859)举人,善绘画,遗作未传。

沈昉,字寄帆,藏书家沈复灿之子,绍兴府山阴县人。曾入曾国藩幕府,善刻印章。

陈润(?—1882),字荃谱,绍兴府萧山人。道光二十六年(1846)举人,著有《润斋诗集》。

余承谱(?—1882),字晓云,绍兴府山阴县人。诗集未传。

杨师震,字渔宾,生平不详。

僧彻凡,字寄凡,绍兴府会稽人。工诗,著有《募梅精舍诗存》。

3. 言社交游活动

言社成立时会规每年秋冬二季举行大型集会,由社长拈题课诗文;每月小集会,诸成员轮流出题,切磋诗文,以课诗为主。言社于咸丰三年(1853)七月成立,九月首次秋禊会于山阴兰亭天章寺,以兰亭秋禊为题。此年正好是距王羲之兰亭春禊1500周年,此次活动是祭祀先贤,游赏古迹,即席分韵赋诗,可谓寄意深远。李慈铭与徐虔复的诗集中有诗记之。

言社每月小集活动比较频繁,主要是以周星誉居地芝村为主。一是此地距各成员较近,举行酒会方便;二是此地周围名胜古迹较多。社员大多年少风流,喜好山水,饮宴赋诗,既可相互学习,也是表现自己的好机会,因而谈笑风生,乐而忘返。活动形式多样,演社戏,赛龙舟,迎庙会,各自借此机会互相唱酬,切磋诗艺,乡镇湖山留下他们的足迹,也留下了他们咏觞的诗篇。李慈铭《越缦堂日记》咸丰四年(1854)三月廿七日记载:"买舟赴社会。……午宴后社长孙子九出题,文题为《拟明故相胶州高公祠堂碑记》,诗题为'姚宫保启望象鼓歌'。写单分课。诸子向主人乞花,园中牡丹黄紫蔷薇诸花采摘一空。旋同下舟送韵琴回萧山,余附叔子舟至柯山,一路山色苍郁,林树浓雾,夕阳中晃晃作金碧色。余与叔子顾而乐之,谓此地可偕隐。"禹陵、兰亭、鉴湖、东湖、柯山等地山水,常常出现在他们的诗篇中,越中诸多的寺院,如天章寺、传灯寺、显圣寺等也是他们经常聚集之所。山阴兴教寺寺僧彻凡与社员交游甚频且密,众人常至禅房品斋饭、听经书、分韵赋诗。兰亭修禊也是他们社集的主要内容。如陈润写于咸丰三年(1853)的《八月十七日集兰亭天章寺,会者十九人,以'群贤毕至,少长咸集'为韵,分得'至'字》五言长诗,李慈铭的《癸丑兰亭秋禊偕孙子九等十九人,分韵得'咸'字》五言诗;徐虔复的《癸丑秋日偕社中诸子修禊兰亭,即席分韵,得'有'字》五言长诗。

社团活动除游览山水赋诗作文外,他们之间还相互为诗文集作序跋,推赏备至。如周星誉为孙垎《退宜堂诗集》作跋,余承谱为徐虔复《寄情斋遗集》作序,周星誉与李慈铭共同为陈润诗集删订,陈寿祺题写李慈铭集等。其中尤以李慈铭乐于推扬社友。王星诚卒后,李慈铭将其百余首诗作抄存于自己日记中,与后去世的孙廷璋、陈寿祺之遗集一并校阅,并交付潘祖荫刻入"滂喜斋丛书",亲作《越三子集》冠其首;刊刻后又将《越三子集》寄赠师友乡人;又为周光祖集作序,为徐虔复作传。为后人研究"言社"及其成员生平和活动情况提供了有价值的丰富资料。周星誉是"言社"诸成员中中进士最早、声誉早显的,他对诸社友的引荐也不能埋没。如咸丰六年(1856)陪同周光祖入京,咸丰九年(1859)丁忧期满入都补官,将随同前往的李慈铭、王星诚俩介绍给京城名流使之名扬。

　　同治四年(1865),李慈铭与周星誉兄弟关系破裂,标志着言社历史的终止。此时言社成员也已零落,徐虔复死难,王星诚病卒,孙廷璋、陈寿祺也相继病逝,作为言社中坚力量的李慈铭与周星誉兄弟的关系也由亲善走向绝交,此后,他们之间再也没有交往了。

　　4.言社的诗论主张及创作成就

　　言社是纯粹的诗文社团,结社时诸成员大多是二十刚出头的青年人,他们的诗歌理论主张与创作倾向明显受到当时浙派诗人厉鹗宗宋的影响,因而言社诸成员的诗歌创作也呈现浙派风格,与道咸诗坛著名的宗宋诗风相呼应。钱仲联先生曾说:"(李慈铭)自述平生得力所在,举出自汉代枚乘以下各体的作家五十余人,其中五古、七律、七绝都举例厉鹗。集子里一些幽秀鲜妍的作品,可以说是厉鹗、吴锡麒一派的遗承。……慈铭同里的诗人,如周星誉、周星诒、孙廷璋、陈寿祺、王星诚、沈宝森、马赓良、曹寿铭、王诒寿诸家风格大都相同。"①这里提及的前五人都是言社社员,后四人则是属于同治年间的"皋社",他们同言社成员之间皆有或师或友的关系,交往密切。李慈铭自己也坦然承认:"予诗与先生(指厉鹗)颇不同轨,而生平颇喜先生诗,同社中叔子、孟调、莲士雅有同嗜。三子中叔云有其秀、孟调有其幽、莲子有其洁,所趣固近,宜其尤相契矣。"②可见言社诸人对厉鹗的作品都有所好,但他们又主张转益多师。咸丰五年(1856)正月二十日,李慈铭置酒招诸社友小聚座间谈诗:"吾辈近来好为高论,论五古必称十九首,称陶,次则称三谢,七古必称杜。余始也不免此,

---

① 钱仲联《当代学者自选文库·钱仲联卷》,安徽教育出版社1999年,第377页。
② 李慈铭《越缦堂日记》,江苏广陵书社2004年影印本。

颇描摹萧选、盛唐，近颇自悟，盖凡事必陶冶古人，自成面目。"①

言社的诗歌创作成就主要是山水诗。李慈铭年轻时就有山水之好，曾自言："于世事一切无所好。……身丁百忧而结念芳华，流连景物，有生之癖。"他与社友聚会场所大多选择在山水佳处或佛寺，如漓渚山、化山、柯山、九里山、梅山寺、小云栖寺、云门寺等。如《人日晚泊柯山大风中著屐至岩中看梅花》中有"天外远香传洞壑，暝边雪色见楼台"，从中可见诗人驾驭文字的独到功力，体验景物细致入微，独具巧思，而且字里行间流溢着对自然山水的眷恋陶醉之情。周星誉《春日西湖即席》、周星诒《雨后野步》、周光祖《续山居诗》、王星诚《晓晴走马河阳道中》等皆是山水诗的佳作。

此外，交游、酬赠怀人、抒写人生感慨之作也有特色，如李慈铭《孟春下旬偕晓湖、慎斋、孙生景华妹夫、郑恺季弟惠铭游兰亭，时邑令杨君新辑流觞亭右军祠》云：

> 载酒来寻兰上里，依然胜赏属山池。
> 衣冠旧事三春褉，岩壑新妆六代诗。
> 天际晴云欧冶灶，竹间斜日右军祠。
> 费他曲水邯郸步，岂有清流似晋时？

该诗融叙事、写景、抒情于一炉，重在叙写朋友聚会游戏时的所见所感。又如《寄蓉生》：

> 人生无一可，念尔益伤神。骨节穷途累，文章薄俗嗔。
> 坩鱼颐老母，市绢慰妻贫。老去休憔悴，功名似买臣。

诗人饱经世故，痛感人生无一事可心，身处穷途，功名无望，尚持骨节，但文章为世俗所嗔，只能憔悴以老。

反映太平军占据绍兴时期百姓乱离疾苦的，如李慈铭《点民兵》，前有小序："时大府调台州乡兵备贼犯浙，日累累过郡以万计，李子感而作此。"诗云：

---

① 李慈铭《越缦堂日记》，江苏广陵书社 2004 年影印本。

朝见点民兵，暮见点民兵。材官领健儿，朝暮趋王程。

童稚惊走啼，禾黍践纵横。国家重武备，列郡屯严营。

承平一废弛，按籍存其名。草野慕忠义，训练资遐征。

此辈好身手，什九不知耕。侧闻启行日，祖道无哭声。

慷慨期报国，岂爵今日情。自古称善将，约束务乎精。

官兵不知战，况责蚩蚩氓。失业仰军廪，努力为圣明。

莫久苦父老，租赋无常赢。

此作揭示了为备战太平军，抽调乡民，加重了百姓租赋负担。陈寿祺的《故乡寇惊后数月不得家书，旅夜一灯，百感聚沓，用昌黎"示儿韵"一首》和孙廷璋的《江东父老书》则抒发了战争给自己带来了痛苦无奈之情。

　　言社作为一个文学社团，反映了这批年轻人早期的诗歌创作成就。这批成员的诗歌创作，后期远非早期可比。张之洞评论李慈铭诗歌之"明秀"与王闿运诗歌之"幽奥"，称其"一时殆无伦比"①。陈衍评周星誉诗"自多丽句"，评周星诒诗"多真挚语句"。② 研究言社，了解清咸、同时期越中文坛状况，探讨他们早期结社对他们后来的文学创作的影响，具有重要意义。

　　（二）月楼吟社

　　清咸丰十一年（1861）绍兴府嵊县石硙人郭昭佐，廪贡生，家有光月楼，他交结周围文士，以诗会友，相互切磋，娱情怡性，以"月楼吟社"名之。成员有长乐人钱秋湘、钱质庵，开元人周浩、周芍轩、周鱼帆，沃基人邢羲河、邢籀青，孔村人有黄仪廷，新沃人王芝生，雅安人吕矫等。这些人中以郭昭佐年龄最大，为31岁，最小者为22岁，皆为年轻人。众人推举新沃王芝生为祭酒。王芝生著有《静观室诗存》，惜活动情况不详。

二、同治年间的皋社、鹿泉吟社、同云文社

　　（一）皋社

　　皋社成立于同治初年（即1862—1865），由会稽人秦树敏发起，因其家居皋

---

① 李慈铭《越缦堂日记》，江苏广陵书社 2004 年影印本。

② 陈衍《近代诗钞》，商务印书馆 1935 年。

埠,有园亭之胜曰"娱园",郡邑名士常造园觞咏,故相与结社称为皋社。他们共推同邑的孙垓为社长,因为他曾担任过言社的社长。

社长孙垓(1810—1885),字子九,号少楼,晚号退叟,绍兴府会稽人。诸生,曾任"言社"社长。著有《退宜堂诗集》六卷(1889),卷首有皋社社友王诒寿序、自序及皋社社友孙德祖《退宜先生小传》,卷尾有言社社友周星誉跋。

秦树敏,又名树铦,号娱园,别号勉锄,绍兴府会稽人,生卒不详。同治十二年(1873)举人,官大桃知县。家居皋埠,娱园为其别业,郡中文士常造园游览,必扫径欢迎并治酒肴以待。嗜诗善画,遂相与以结社赋诗为乐,为皋社发起人。著有《娱园诗存》。

王诒寿(1834—1881),字眉叔,山阴廪贡生,官金华训导。少孤,由祖母授经书,好博涉,能文章,以辞赋为泰兴吴侍郎赏识,援例授训导,母丧不仕。著有《笙月词》《缦雅堂诗》。

马赓良(1835—1889),字幼眉,号鸥堂,会稽皋埠人。与秦树敏为少儿交。应乡举不售,专力于百家,博观约取,尤精史学,为文成一家言。以其余事为诗歌,庄雅峻整。著有《鸥堂诗稿》。

曹寿铭,字文孺,会稽人,生卒未详。少孤力学,以时文名于世,然九试不售,乃聚资治装至京就选县令,辗转以疟痢归而去世。喜为歌诗,每有所作则殚思精索,穷日夜之力不止。其诗入韩出杜,无艰涩拙率之病,有元遗山、青丘子之遗蕴。著有《曼志堂诗》。

陶方琦(1845—1884),字子缜,会稽陶堰人。同治六年(1867)举人,光绪二年(1876)进士,官翰林院编修,督学湖南,丁母忧归葬,服阙,北上供职,染疾,光绪十年(1884)卒于京邸。著有《湘麋阁诗》《兰当馆诗余稿》等。

任塍,字秋田,别号似庄,会稽人,生卒不详。光绪六年(1880)进士,历任贵州遵义、安平等县知县,为官清廉。归越后尝任教于龙山书院。未仕时与秦树做,陶方垮诸名士在皋埠娱园结皋社。著有《倚舵吟稿》。

孙德祖(1829—1908),字彦清,会稽人。世居昌安门外,咸丰十一年(1861)太平军攻占绍兴,房屋被毁,遂移居皋埠,与皋埠诸子联吟结社唱和,一时文宴之盛为泊鸥、言社所未有。同治六年(1867)中举,六上春闱不第,光绪六年(1880)就任长兴县教谕,后升任山西石玉县知县,以才力不及而辞。二十九年(1903)改选淳安县教谕,严州府讲席。著有《寄龛文存》《诗质》等。

陶在铭(? —1916),字仲彝,会稽陶堰人。同治九年(1870)举人,曾任江苏上元、江宁、高淳、铜山等地知县,官至江西盐法道。长于诗文,《娱园诗存》四卷,一至三卷中有陶在铭的诗文,晚年致力修纂陶氏族谱。

蔡以璐,字季珪,萧山人。生平不详。

皋社活动与言社同,除一年两集于龙山诗巢祭祀觞咏外,其主要社集活动在皋埠娱园,随兴而集,人数不拘,灵活自由。而祭祀觞咏则比较隆重,人人必至。其诗论主张受言社影响,主要推尊浙派诗人厉鹗,同时也主张转益多师。诗文创作内容多以山水田园为主,也有关注民生疾苦。

(二)鹿泉吟社

清同治初年,嵊县开元人周伯珍,沙地人商子羡等,以相互切磋、交流情性为宗旨结"鹿泉吟社"。成员除周伯珍、商子羡外,还有钱凤赓、钱申夫及张石史等14人。

周伯珍,名锡璜,光绪二十三年(1897)举人,曾任长阳山书院、富仁书院山长,名藉甚,百里外负笈前来请业者踵相接。著有《借庐诗存》八卷。

其余人生平未详。

(三)同云文社

清光绪十八年(1892)嵊县甘霖桃源吕寿铭以研讨学问、砥砺进步为宗旨,于甘霖聚合俞壬霖、张东生、楼光顾、关顾亚、周仲贞、楼梧同、邢鞠汀、赵佩雄、张荣鼎等12人结"同云文社",相互盟誓:"近或旬日,远或数月辄会,会则数日留,各以所得相质,然则相视笑,否则辩论断断穷日夜,要于当乃止。"可见这是一个主张学习时文写作的文社。

吕寿铭,嵊县桃源黄胜堂人。历任县校、县中学堂教职,立志高雅,为时辈推重。著有《我园文存》,诗得唐贤三昧。其余人员生平不详。

三、辛亥与民国时期的大同社、焱社、蟫阳诗文社、少年社

光绪末年受到西方资产阶级民主思想影响和一批新型知识分子的产生,绍兴出现了一批与社会政治相关的新型文人社团。

（一） 大同社

"大同社"是清光绪三十年（1904）由嵊县人谢飞麟、周志由等数十人创办，他们以购阅书报，研究学术，砥砺德行，宣传变革，推行新式教育，与社会政治相关的政治社团。

1. 大同社成立的时代背景

两次鸦片战争以后，外国侵略者对中国加紧了侵略掠夺，由于清政府腐败无能，中国已陷于国将不国，民不聊生的严重危机。光绪二十年（1895）康有为公车上书，要求维新图强，光绪帝采纳了这个建议，实行了一些变法措施，但不久就遭到了以慈禧太后为首的顽固派的血腥镇压。接着义和团反帝斗争的兴起，随后又为清廷勾结外国侵略者所扑杀。至此，人们越来越看清了清王朝反动卖国的本质，觉得非革命不能挽救危亡。以慈禧太后为首的清王朝统治集团，迫于客观形势，不得不打起"新政"的旗号，实行所谓的"改革"，以缓解日益尖锐的阶级矛盾。在此形势下，改革的浪潮也波及了偏远的山城嵊县，以谢飞麟、周志由等一批接受新思想的读书人认识到"非维新变法，则不能图强"的历史趋势，于是他们提出购买书报研究学术，砥砺德行提高民智，积聚力量等变革的主张，成立了大同社。

2. 大同社的成员与领袖

据裘孟涵《王金发其人其事》文中披露，大同社成员有数十人之多，有姓名可查的如下：谢飞麟，廪生，38 岁；周志由，30 岁；周锡赓，秀才，30 岁；王金发，秀才，22 岁；张廷萱，秀才，31 岁；张廷献，秀才，20 岁；竺绍康，秀才，28 岁；袁子清，26 岁；童德淼，19 岁；以及胡士俊、赵伯棠、胡醉堂、屠世效、周祀国、胡竞思、冯苏、张斌甫、胡春霖等。

大同社成员都是青年学子，论年龄，数谢飞麟最大，时年 38 岁，其次是张廷萱、周志由、周锡赓，年龄最小的是童德淼，19 岁；论功名，也以谢飞麟最高，为廪生，张廷萱、周锡赓、竺绍康、张廷献、王金发等人为秀才。其他成员有无功名不得而知；论学识，也以谢飞麟最博。谢飞麟肄业于杭州崇文学院，与王国维为同学，后馆于西湖滨叶家，与叶季衍、虞青士、景毓华等交往，结西湖吟社。光绪廿七年（1901）冬，拟进浙江武备学校，而为友人何良仙劝阻，介绍加入绍兴东湖通艺学堂任教。光绪三十年（1904）应东乡公学之聘回嵊，并在县高小任教。可见他是一位接受了西方民主思想的新型知识分子，在其思想鼓动下，创办了大同社，自然也就成为大同社的领袖。

3.大同社的宗旨与活动

大同社的宗旨与谢飞麟的思想相关。据沈鹏年《孙中山与王金发》文中说：谢飞麟"私淑宋平子（恕）先生，并去求是学院向宋先生请教，接受了他的大同思想"。宋恕（1862—1910），原名存礼，字燕生，后改名恕，字平子，号六斋，温州平阳人。光绪十三年（1887）随岳父在杭州、南京、上海等地，助岳父授课、阅卷，著有《六字课斋卑议》，后任杭州求是学院教习，是近代的维新思想家。他的维新主张"比当时浙江其他维新思想家突出之处，在于他对妇女，特别是关于对待少数民族问题，有较多注意和较先进的观点"①。谢飞麟只比宋恕小一岁，他私淑于宋恕，可见他对宋恕的钦仰，宋恕的维新思想对他的影响很深。

大同社作为一个文人政治团体，详细活动无资料记载，主要是：在大同社创办的次年，谢飞麟邀请同社胡士俊创办爱华女校，推行近代教育，建立团体聚集同志，提高女权，这是嵊县历史上的第一所女校，也是浙东开办女校的先声。1906年谢飞麟重赴绍兴东湖通艺学堂任教，并任监督，爱华女校校务由社友周锡赓代理主持。后来成为女革命家的尹维峻、徐湘筠、谢莲英等，都曾是爱华女校肄业。1907年周锡赓、周志由在其家乡石头堆办了大同小学，学习内容创新，既学习文化知识，又健身学武，男女同校，学校有体育，以军号掌管上下课的信号，老师有张廷献、屠世效。这与当时以四书五经为内容的书院、私塾相比，是一种大胆的突破和改革。

4.大同社的影响

在谢飞麟创办大同社兴办新式教育的影响下，嵊县县城于光绪三十一年（1905）出现了以谢冠生、赵观涛等人创办的"勤业学社"。他们以进学堂求知识相互切磋，琢磨研究学问为宗旨，结成勤业学社，参加者除谢、赵外，还有周岩、宋洪波、宋希尚、郑午昌、尹志涛、袁喜聪、钱乃希等10余人。宣统年间，谢自新、周之翰、茹祖香、吕绍东等继起，社员至民国二年（1913）发展到30余人，活动10余年后才解散。同年嵊县县城知识界名人裘佩秋、钱孔和、俞芝祥、宋

---

① 徐和雍、郑云山、赵世培《浙江近代史》，浙江人民出版社1982年。

季琮、裴湘渠、张昧真等 20 余人结"正谊社",他们以认清世界潮流,关注国事,研讨学术为宗旨,在剡山书院旧址创办剡山高等小学堂,改革教育,推广新学。民国四年(1915)嵊县县城知识界钱智修、张佩璇、支秉渊、冯农等 53 人以研究学术,增进新知识为宗旨,于县城结"剡溪学社",创设剡溪图书馆,传播新文化,开办学校,推广国民教育,后来多数社员成为文化、教育、实业界的骨干。

(二)爰社

"爰社"成立于民国二年(1913)4 月 27 日,系浙江省第五中学(即绍兴府中学堂改名)学生发起的革命文学团体。"爰"字原是四面聚拢之意,其目的是推进学术研究,原名是"同志研究社",时值国人反对袁世凯窃国,又值黄花岗烈士二周年纪念日,省立第五中学校方不同意放假,于是发生了学潮。学生们以写诗文发表自己的意见,于是创办了"爰社"和《爰社》的刊物。《爰社》迄今发现出版共有五期:第一期名为《爰社》,第二期改名为《爰社丛刊》,第三、四两期又恢复原名《爰社》,第五期又称《爰社丛刊》。发起人有屠钦樾、杜尔梅、陈诵洛、王殿元,还有施宗昱、沈继伟、周作人、周建人等共 40 余人,公推施宗昱为社长,杜尔梅、屠钦樾、陈诵洛、王殿元诸君辅佐,建规定约,确定社址——龙山强民学校,佥议岁出杂志一册。民国四年(1915)爰社改选,由童君一任社长、周兆海、金海观等辅佐,此时社员已达百人之多。该社曾得到鲁迅先生鼎力支持。

(三)螭阳诗文社

"螭阳诗文社"成立于民国二年(1913)秋,民国十年(1921)停办,八年于兹,屡经改革,由诗社进为诗文社,社员发展至百数十人,远及燕北,近遍江南,出版了《螭阳诗稿》五集。一般冬季出刊,两年一期,佳作如林,裒然成帙。社员中或忧国而毁身,或立志以求学,人才纷呈。"因值国事日非,南北之兵争未已,列强之虎视方深,兼之边陲倮扰,内政寡修,民乱遍野。因国家沦亡无日,正志士拯民之日,岂骚人歌咏之秋? 班超之投笔堪佳,屈平之行吟奚益?"[①]因此诗文社停办,《螭阳诗稿》停刊。

所谓"螭阳"乃绍兴漓渚镇内的螭山,社友钱荐演于民国九年(1919)为《螭

---

① 《螭阳诗稿序》,见"绍兴丛书"第 1 辑《地方志丛编》第 10 册,中华书局 2006 年,第 832 页。

阳志序》云："蟛山为吾乡屏障之秀所钟，即一丘一壑无不奇幽奇丽，故景物之盛，冠此一方。……回忆二十年前与其先君子时纵论地理，于其所辟之爱松居，退则游山水间，互相唱和，希风管郭，上叩羲农，每至风景奇幽之处，辄同思发诸诗歌。"社友王师曾于民国九年为《蟛阳志序》云："蟛阳为绍兴名区，山川奇丽，甲于全越。"又说："余客数万里，如滇、如粤、如蜀，虽不乏名胜之区，然皆不及越中山水明秀，入其境者几于应接不暇。"漓渚境内胜景繁多，有镜水松涛，紫兰泉石、双峰怀古、五岭登高、岊岭探幽、墨池修禊、义桥牧笛、蟛麓高峰等18处胜景，令人留恋，诗兴大发。

社长张振夼(1887—957)，字筱霞，号野牧，别号象玄，绍兴漓渚镇人。父春霞公为儒医世家，在镇上天元堂悬壶济世，颇孚名望。生三子：长振明，字少霞，次振滋，尽得乃父真传。季振夼，自幼酷爱金石书画，童年时即以画受知于新派巨子王世裕，并在其主持的《白话报》作过插画。喜好古诗文，尤爱屈原的《离骚》，能背诵如流。他仰慕屈原的求索精神，与二兄振滋、秋午桥、唐德方等创办了"蟛阳诗文社"，并定期出刊《蟛阳诗稿》。多方搜集绍兴出土文物，撰写了《绍兴出土文物调查记》，发表在《文澜学报》1936年第3卷第3期上。1956年浙江文史馆宋云彬先生奇其才，聘其为浙江文史馆员，是著名的金石画家，同年推选为绍兴县人民委员会委员。

张振滋(1885—1957)，字若霞，号野逸，为张振夼二兄。自幼习医，得乃父真传。与何廉臣等创立神州医药会绍兴分会，推为副会长，兼任《绍兴医药报》编辑。新中国成立后在苏州开业行医，任苏州市卫生工作协会副主席，著有《食物疗病新书》《本草新纂》等书。关心乡梓教育事业，善画雁，亦有诗才。

秋午桥，秋瑾长兄，誉章之次子，通医理、医术，尤精通《本草纲目》，生平未详。

俞星槎，著名伤科医生，生平未详。

秋宗章(1896—1952)，秋瑾之弟，著有《六六诗乘》。

范郁哉，生平未详。

(四)少年社

民国十年(1920)冬成立于绍兴县道墟村，该社成员因感慨旧学之渐微，新学日盛，社中诸子以敦睦友谊，保存国粹为宗旨，提倡诗文。社内成员年龄均不满三十岁,故取名为"少年社",推举范孔良为社长,创办刊物,编辑出版《社友鸿文吟稿》。

范孔良,绍兴县道墟乡(今属上虞)人。幼失怙恃,赖邻人王母抚养成人。才学优秀,能文章耽吟咏。民国十年(1921)冬与郑丹夫等人倡少年社,邀同志十余人仿效吟风弄月之举,兴高歌杯酒之怀。著有《济荫轩诗话》,1923 年在《小报》连载。

郑丹夫,绍兴县人,生平未详。

四、参加南社活动的绍兴人

"南社"是辛亥革命前成立的一个革命文学团体,以提倡发扬民族气节,鼓吹反清革命,研究文学为主要任务。发起人为陈去病、高旭、柳亚子。南社之社,既有广义的社团之意,与明末清初的复社、几社有关。南社酝酿于 1907 年,成立于 1909 年 11 月 13 日,至 1922 年 6 月 11 日,前后雅集 18 次,刊印《南社丛刻》22 集。南社成员遍及全国,达一千余人。新南社发起于 1923 年 5 月,发起人为柳亚子、叶楚伧、邵力子等八人,至 1924 年 10 月 10 日第三次聚餐会后停止。其后,又有南社湘集。1928 年 11 月 12 日,陈去病、朱锡梁等发起南社 20 周年纪念,1935 年 12 月 29 日柳亚子等成立南社纪念会,这些只能说是南社解体后的余响。

据孙之梅的《南社研究》统计,浙江考籍里的社员共计 226 人,其中,绍兴地区计有 49 人,具体参加人员见表 2。

表 2 来自绍兴地区的南社社员信息汇总

申请加入南社编号	姓 名	字 号	籍 贯
265	诸宗元	字贞壮,号迦持	浙江绍兴人
91	胡颖之	字栗长,别署力涨、幸止	浙江绍兴人
957	王念祖	字筱瀛,号笑影	浙江绍兴人
984	王瀛洲	字汉彤,号倩士,别署眉禅	浙江绍兴人
387	平智础	字复苏	浙江绍兴人
568	刘锦江	字哲庐,号斐村,别署苦海余生,懵懂书生	浙江绍兴人

续　表

申请加入南社编号	姓　名	字　号	籍　贯
141	宋琳	字克强，号紫佩	浙江绍兴人
1033	沈英领	字铁民，号饮泠	浙江绍兴人
54	沈家康	字希侠	浙江绍兴人
169	沈钧业	字越民，号复生	浙江绍兴人
575	沈达先	字达先	浙江绍兴人
574	沈骏声	字骏声	浙江绍兴人
408	邵闻泰	字仲辉，号力子，别署天富，景奎	浙江绍兴人
356	邵庸舒	字元冲，号翼如，别署中子，玄中等	浙江绍兴人
990	周安元	字善伯	浙江绍兴人
776	柳荣煦	字煦甫	浙江绍兴人
937	袁天庚	字梦白，别署无耳尊者	浙江绍兴人
214	陶铸	字望潮，号冶公	浙江绍兴人
476	钱寿萱	字宪僧	浙江绍兴人
397	蒋箸超	字子旌，号抱玄	浙江绍兴人
1071	寿石工	名玺，一署石工，又作硕工	浙江绍兴人
278	孙世伟	字敬仁，一字俶仁，号傲庐，别署瓦鸣	浙江绍兴人
73	孔庆莱	字蔼如	浙江萧山人
860	朱蔚堂	字怡生	浙江萧山人
（未填入社书）	郁　华	原名庆元，号曼陀	浙江萧山人（一说富阳人）
541	郁九龄	字九龄	浙江萧山人
460	丘志贞	字梅白	浙江诸暨人
526	吴霭	字仲辉	浙江诸暨人
535	陈弃	字子牟，号无私，别署澹园	浙江诸暨人
469	陈樗	字药义，号越流	浙江诸暨人
470	陈无名	字微庐，	浙江诸暨人
516	陈无用	字子韶，号虑樽（无名兄）	浙江诸暨人

续 表

申请加入南社编号	姓 名	字 号	籍 贯
534	陈仲觚	原名蜕	浙江诸暨人
536	陈梨梦	号亚子,(陈弃弟)	浙江诸暨人
650	陈诤彦	字亚汀,号亚公	浙江诸暨人
458	郦忱	字赓九	浙江诸暨人
716	徐亚柏	字侠儿,号公庶	浙江诸暨人
457	徐道政	字平甫,号病无	浙江诸暨人
346	张涤洲		浙江余姚人
386	戚牧	字饭牛	浙江余姚人
429	倪中轸	字羲抱,号无斋	浙江上虞人
823	经彦颐	字子渊	浙江上虞人
154	夏铸	字勉旃,号丏尊,别署无闷、夏盖山民	浙江上虞人
530	潘普恩	字少文	浙江上虞人
267	邢启周	又名越,字知骍、志汉	浙江嵊县人
606	郭庆嵩	字兰余	浙江嵊县人
604	吕寿民	字子虚	浙江嵊县人
605	赵镜年	字佩雄	浙江嵊县人
283	邢钟翰	字诵华	浙江嵊县人

据柳亚子编《南社纪略》、郑逸梅编著《南社丛谈》记载,参加南社雅集活动和在《南社丛刻》发表作品的社员有诸贞壮、陈三立、邵力子、邵元冲、寿石工、袁天庚、蒋箸超、孙世伟、徐道政、陈越流、经享颐、潘普思、邢启周、邢锺翰、蔡元培等。

诸贞壮(1875—1932),名宗元,字贞壮,一字真长,号迦持,晚号大至居士,浙江山阴县(今绍兴)人。光绪二十九年(1903)举人,宣统年间与同乡胡栗长为江苏巡抚满人瑞莘儒幕僚。南社成立于宣统元年(1909)11月13日,得其两人掩护,其功甚大,为浙江第一批参加的南社社员。辛亥革命,瑞莘儒逃窜,诸宗元由南京赴沪,为张季直秘书。入民国后,与黄节、邓实等人在上海创办"国学保存会",筹办《国粹学报》,并加入同盟会。此后历任浙江都督朱瑞秘书,浙江巡阅使署卢永祥秘书，国民政府教育部次长马夷初秘书，后刘大白继任教育部次长被辞。在此期间，一度留居西湖红柏山庄，楼居数楹，藏书达一万五千余卷，内多古今名人书画，由其姬人居守。他往来沪杭之间。民国十八年（1929）杭寓失火，时贞壮在上海，所藏图书殆为灰烬，待其得讯归杭，徒存颓壁断垣，一片焦土。其时贞壮55岁，忧伤之余，白发盈颠，俨然一古稀老人了，逾年大病几死，及愈，便以所遭的不幸，病痛之状写成七言绝诗72首，名《病起楼诗》。柳亚子于1930年曾写有《题诸贞壮〈病起楼诗〉》，诗云：

> 与人家国原多事，托意风骚剧苦辛，
>
> 一病翻教吟笔健，先生毕竟是诗人。
>
> 虎踞龙盘付夕阳，秦淮流水绕宫墙。
>
> 咸兴蒋帝何年歇？长向青溪拜女郎。

该诗对贞壮的遭遇表示同情同时又给予鼓励。此后贞壮生活日渐贫困，幸赖好友李拔可、朱炎午资助，死后无以为殓，得柳亚子、梅兰芳、于伯敏、梁爱居等资助，且为其刊印《大至阁集》。

据柳亚子《南社纪略》所载，诸贞壮只参加了南社第一次成立大会的雅集活动，但其多次在《南社丛刻》中发表诗词、文章。他和吴昌硕友善，宣统元年（1909）在苏州吴昌硕的"癖斯堂"，见其斋壁悬有画菊二帧，奇横可喜，很想得到，过了数日，作了一首五言古诗，题名《缶老斋壁张自写菊花二帧，欲纂取之，而谊有不可，恝然置之，又不能去予怀，用投此篇，若以一帧为赠，则吾诗不虚作矣》，寄给昌硕，索其二帧之一。诗云：

> 荒斋苦无菊，秋色去大半。凌晨登君庭，菊也何灿漫。
>
> 异者霜下杰，不信出君腕。落笔无丑姿，森然列枝干。
>
> 西风在篱落，撷之不敢玩。有如拜家姬，虽美岂容赞。
>
> 狂思劳点染，倦恐累问散。知难千绢酬，敢以一诗换。
>
> 眷言癖斯堂，将何答家难。

吴昌硕得诗，慨然将二帧送给他，人比之清狂杜司勋，当筵索取紫云故事的重演。此诗即发表在《南社丛刻》第二集上。此后又为作《缶庐先生小传》刊于《南社丛刻》第十集，称"（其画）以松梅、以兰石、以竹菊及杂卉为最著，间或作山水、摹佛像、写人物,大都自辟町畦,独立门户","篆刻研习为尤深,所用刀圜干而钝刃,异于常人","治印当代,诚无其匹","耽于诗歌","文不苟作,然其考核金石,或自为书画题记,下笔洒洒数言,虽工于文者,见者叹服",确切评价了吴昌硕书画诗文的成就。第三集又有其《游拙政园感赋》七律诗和词《解语花·元夕和美成》《满庭芳·代赠和韵》二首,第六集有《曼殊来海上问讯故人奉投一诗》等七律三首,第八集有文《酒喻》一篇,针对当时越酒业萧条的现状,提出国家应振兴经济,"强国之民好酒",则"越酒者,亦必随政治之能力,弥漫大陆,突飞于世界"。贞壮虽为绍兴人,却不饮酒,每逢宴会,必先说明:"不饮酒,否则有妨病体。"但他却十分盼望家乡越酒业能够兴旺发达。

诸贞壮交游甚广,与苏曼殊、黄晦闻、夏剑丞、陈去病、柳亚子、朱沤尹、刘季平、陈伯严、朱炎午、郑太夷、李拔可、俞恪士、林景行、胡颖之皆有诗词往还。其《曼殊来海上问讯故人奉投一诗》云:

> 浮海归来国事新,裌衣相对况青春。摊床画卷留行笥,欲向筝床问旧人。
> 有母将迎湖上住,工诗聊慰客中贫。四年一别今重见,积感知犹共苦辛。[1]

又有《拔可归自日本遂摭所谈为诗并谢馈物》诗云:

> 癸卯前游今再游,二十三年非久留。日光之山岚川水,
> 已足尽此蜻蜓洲。兹行君弟挟妇稚,君独垂橐无他求。
> 归来为说山川胜,卅年不改惟林丘。政成维新俗守古,
> 地方有尽翻深忧。奉亲筑园者谁子,还视我国将何俦。
> 岩溪幽崄不自辟,沿缘篙桨仍操舟。市町往返列涂轨,
> 昼夜不绝闻鸣鞧。登山见湖下见瀑,行处但觉烟云浮。
> 车难转毂眩旁瞬,五噫莫解梁鸿愁。花时况过吉野盛,
> 樱林正合东风柔。度海诗成写示我,久信洞壑工寻搜。
> 瓷盘分贻可盛果,赋色淡冶同越瓯。于阗贡马出宋绘,
> 影本亦足传千秋。纵谈往往快心目,觇国始可言伐谋。
> 一盘一图置左右,我何思兮海东头。[2]

---

① 郑逸梅编著《南社丛谈》,上海人民出版社1981年,第513页。
② 郑逸梅编著《南社丛谈》,上海人民出版社1981年,第513—514页。

长诗叙述了李拔可从光绪廿九年（1903）至民国十四年（1925）久游日本归国，以日本地图和瓷盘赠送给他，并以其所谈，叙写日本国山川风物，抒发了相互之间的深厚友谊。南社社友黄节，字晦闻，广东顺德人。其《宾虹为贞壮写杨华图题一律于此》七律诗，为我们介绍了诸贞壮与黄宾虹之间的交游，其《送贞壮南归》七律诗，抒发了他们之间互相眷顾之深情。

柳亚子的《磨剑室诗词集》有一首《寄林秋叶、诸贞壮杭州》，诗曰：

> 勾践当年启霸图，夫差愎谏卒为奴。
>
> 千秋种蠡谋臣在，霸越亡吴事有无？

他在《南社纪略》书中回顾此诗说："第一首（即《寄林秋叶、诸贞壮杭州》）是那年（即 1924 年）八月廿七日做的，正是齐卢开火的一天。林秋叶、诸贞壮都是南社社友，同时又是卢永祥的秘书。我这首诗的命意，是以勾践比卢，夫差比齐，希望林、诸两位做文种、范蠡，建亡吴霸越之功。"可见，1924 年，诸贞壮是在杭州担任浙江督军卢永祥的秘书，而且帮助卢永祥打败了江苏督军齐燮元。

陈去病比诸宗元大一岁，光绪三十三年（1907）五月，曾在上海与诸宗元共同编辑《国粹学报》，其间与诸宗元约会欢谈甚勤，有时连日邀饮。九月诸宗元赴南昌，陈去病曾作 五言长诗《脑病复发百感交集，书示贞壮，即送其行》。民国五年（1916）陈去病出任浙江民政厅秘书，其时诸宗元也在杭州担任浙江督军朱瑞秘书，陈去病数次上门求见，未遇，为此写了《湖上怀贞壮》七律诗，诗云：

> 南山隐约北山昏，晓色初明雾尚存。山艇纵横疑欲渡，春花灿烂却无言。
>
> 凭栏拟作沧溟想，入耳惟闻鸟雀喧。奕事故人长落寞，深深帘幕不开门。

此诗抒发了欲与诸贞壮见面一叙的急切心情。诸贞壮去世后，社友陆丹林曾为之编《诸贞壮遗诗》，柳亚子也为之撰《诸贞壮遗诗叙》，后为叶楚伧刊行。

胡颖之，字栗长，别署力涨，浙江绍兴人。生卒年不详，据夏敬观《忍古楼词话》记载："山阴大令颖之，生长江右，余三十年前之旧交也。笃学敦行，工为诗词，尝赋全韵诗（依《佩文韵》）每韵一篇，真能所不能矣。"又据其《齐天乐》词前小序云："予只身往来吴头楚尾十五年矣，名姬、骏马、侠客、文人因缘甚盛。

今来开江山城,寂处不怡中夜,爱集定庵词句写之,所谓借他酒杯,浇我块垒也。"①

《南社丛刻》第二十二集出版于民国八年(1919)二月,若以此年计算,"予只身往来吴头楚尾十五年矣",那么,可以说胡颖之是从 1905 年开始就来往"吴头楚尾"了。可见,他长期在吴中做幕僚,交游甚广,但却孤独,心境不佳。他与同乡诸宗元于 1909 年担任江苏巡抚满人瑞莘儒幕僚,同年 11 月 13 日参加南社第一次雅集,曾多次在《南社丛刻》发表诗词作品,如《南社丛刻》第一集有《念奴娇·和伯苏沧浪亭红茶花作》,第二集《台城路·游虎丘归同小柳作》,第九集《二郎神·曹园夜坐,与小柳话旧,用徐典乐韵》,第十集《琵琶仙·近十年来吴中歌妓罕有能琵琶者,和伯苏小柳作》《念奴娇·和伯苏见贻元韵》,第十一集《琵琶仙·庚戌二月二日贞壮、小芙、伯苏,泛舟虎丘,用白石韵》《满庭芳·贞壮以此调记虎丘之游,依韵和之》《琵琶仙·用白石韵送贞壮赴鄂》,第十二集《踏莎行·庚戌春分坐雨和伯苏韵》《拜星月楼·贞壮自武昌来苏,视眷属晤谈客京师时事,怅然不怡,用清真韵》等等。胡颖之名义上在清衙门内当幕府,不方便公开加入反清革命组织,但他应约赴会并依然担任南社成立时的"保镖",足见他是一个彻底的革命派人士。这些词作中提到的"伯苏""小柳",就是陶牧(1874—1934),字伯苏,号小柳,江西南昌人。曾寓居吴中及沪上,和胡颖之、胡朴安、俞剑华最为友善,喜听琵琶,谓"琵琶柱配律吕,有八十四调之多,于音乐上不在七弦琴之下"。他曾调寄《琵琶仙》一阕以志其感,并与胡颖之传递唱和为乐。"贞壮"即诸宗元,字贞壮,别署迦特,晚号大至,绍兴人。他们之间交往多,友谊颇深。胡颖之擅长填词,诗也有成就,其《春日湖滨赋步杜园茗坐诗韵,寄散原年丈、闲止映庵、贞壮》七律诗云:

> 风微雨歇喜天清,无恙湖山展嫩晴。
> 懒啄芹泥怜病燕,学歌蛮曲怅雏莺。
> 草痕绿转余兵燹,绒唾红添带笑声。
> 已惜离群谁共赏,更难消遣故园情。

---

① 《南社丛刻》第 22 集,江苏广陵古籍刻印社 1996 年,第 6155 页。

散原,即陈三立,号散原老人,江西义宁人,有《散原精舍诗》;映庵,即夏敬观,字剑丞,江西新建人,有《映庵词》《忍古楼诗》;贞壮即为诸宗元,同乡好友。此诗展现了杭州西湖滨枯草转绿,绒唾红添,懒啄病燕、学歌雏莺的初春雨后初晴景象。用词准确贴切,抒发了即将离别,无心欣赏消遣故园风光的感情。

邵力子(1882—1967),初名景奎,改名闻泰,字仲辉,笔名力子,绍兴陶堰邵家娄人。清末举人,弃仕途,读书南洋公学、震旦公学,因矮小面麻,同学取绰号为"麻团"。于右任创立《民立报》聘其为编辑,成语有"力子天所富",为署名"力子"的开始。光绪三十二年(1906)随于右任赴日本考察新闻,三十三年协助于右任创办《神州日报》,同年再赴日本,在东京加入同盟会。宣统元年(1909)五月,于右任先后创办《民呼日报》《民吁日报》《民立报》,南社创始人陈去病的《南社雅集小启》,高旭《南社启》,宁调元的《南社诗序》以及柳亚子等合拟的《南社条例十八条》等,都率先在他主编的《民吁日报》上发表,民国三年(1914)参加南社,时为《民立报》主编,先后参加了南社第十次、第十二次、十三次、十四次、十五次、十六次、十七次雅集活动。十二年(1923)五月,时任《民国日报》经理兼编本埠新闻,与柳亚子、叶楚伧、陈望道共同发起成立新南社,所以柳亚子说:"新南社是以《民国日报》为大本营。"新南社第一次聚餐会后出版《新南社月刊》和"新南社丛书",他担任编辑主任,在第二次聚餐会上发表演说,作为社刊编辑事务主任,是南社同人中参加雅集和聚餐活动最多的人之一。

邵元冲(1890—1936),名庸舒,字翼如,号元冲,浙江绍兴人。光绪二十九年(1903)秀才,三十三年(1906)考入浙江高等学堂,与陶望潮为同学,同年加入同盟会。宣统二年(1910)任江苏镇江地方审判庭庭长,三年(1911)东渡日本留学,辛亥革命爆发后回国,出任《民国日报》总编辑。民国二年(1913)七月,参加讨袁之役,失败后亡命日本,三年(1914)担任《国民》杂志编辑,并在《南社丛刻》第九集发表《送陶望潮东游序》《与心三书》两文。四年(1915)十二月参与上海肇和兵舰起义,民国五年(1916)8月27日在北京中央公园上林春参加南社北京事务所第六次雅集活动。六年(1917)4月15日参与南社于上海徐园举行的第十六次雅集,并在《南社丛刻》第十二集发表《焦大鹏传》《宋钝初先生诔并叙》,第十四集有《与曼殊、孟硕同游江之岛》五古诗。八年(1919)冬,赴美国留学,先后就读于威斯康星大学和哥伦比亚大学,后又奉孙中山之命考察海外国民党工作,游历美、英、法、苏联等国,并在《南社丛刻》第二十二集发表《罔两湖一首并序》,又在《新南社社刊》发表《英国的新村运动》。据郑逸梅《南社丛谈》记载,1924年十月十日,新南社第三次在上海南京路的新世界西餐部聚餐,恰逢邵元冲和张默君结婚在沧州饭店办喜宴,因为新婚夫妇都是南社社员,参加聚会的社友都前去祝贺。过了几天,新人赴杭州蜜月旅行,新南社社友又在杭州雅聚园聚餐宴请新婚夫妇,情况十分热闹。其后,邵元冲历任国民党中央执行委员会常委,黄埔军校政治部主任,国民党中央党史编纂委员会常委,立法院副院长,代理院长等职。民国二十五年(1936)应蒋介石电召去西安,恰逢张学良、杨虎城发动西安事变,被士兵开枪击伤不治而去世。著有《各国革命史略》《孙文主义总论》《西北览胜》《邵元冲日记》等。

寿石工(1889—1950),名玺,字石公,又作硕功,浙江绍兴人。出生于师爷之家,其父曾当过山西巡抚俞廉三的幕友。寿玺早年也在山西和东北办过文案,民初才定居北京。擅治印,自号"印侯",有时作"印丐",又工书法。先后执教于北京女子文理学院、北京艺术学院,著有《忆当代印人集》,对数十家印人均有中肯的品评。其《铸梦庐篆刻学》《篆刻学讲义》对印章起源、文字探究、篆刻方法、风格流派以及篆刻工具的制作均有详尽的叙述。文笔精妙,论述精辟。石工面黑体矮,乐观,善嬉笑,人们常喜欢与他开玩笑,他不以为忤,一笑而已。他曾与张大千开玩笑,说他盗窃了黄宾虹的名号,因为黄宾虹在民国初年曾有作品署名"大千",登载在《真相画报》上。沈禹钟(1892—1971),名德庸,浙江嘉善人,擅长作诗,其《印人杂咏》七绝诗云:"暇日寻碑踏月还,摩崖每上会稽山。石工自是工无敌,入手真教石头顽。"此诗称扬了寿玺的石刻治印技术的高超。

他加入南社的时间较迟,其申请加入南社的编号为"1071"。但他却参加了1949年四月十六日北平中山公园今雨轩的南社、新南社临时联合雅集活动。[①] 石工工诗词,著有《珏庵词》二种,即《枯桐怨》和《消息词》,1939年印本增加了《柳边词》。《南社丛刻》第二十二集有词作《犯剪梅花》《天香丁》。还喜

---

① 郭长海《柳亚子文集补编》,社会科学文献出版社2004年。

藏古墨，著有《重玄锁记》。夫人宗君方，也善绘事，一门风雅。

袁天庚，字梦白，耳聋，因号无耳尊者，晚号白衲，室名八百里湖荷花词馆，浙江绍兴人。生卒年不详。旧宅住于绍兴城长桥直街（现越城区树人中学所在地）。程雪楼视军黑龙江时，曾受聘为军事顾问，后寓居上海，加入南社，以卖画为生，为南社画家之一。工花卉，笔意近张熊（1803—1886），其画重写意，寥寥数笔已传神，这与其擅长书法不无关系，其字轻盈、灵动，师法自然，他深谙书画同源、以书入画之理。诗词之功不亚于书画，重诗名，更重画名。民国后，徐世昌督奉天，曾保为县令，程雪楼、倪嗣冲又复推荐，皆不受。人问其故，他说："宦海浮沉，非我所乐，愿以幕养贫，不愿以官致富。"和裴伯谦、景相孙相友善，常于书画典籍相互研讨，凡盛京大内所藏及宁波天一阁、上虞王氏天香楼、裴氏壮陶楼、景氏小如庵等秘籍文物，大小不下万余件，都经他鉴赏，因此鉴别特精。著有《馑肤》四卷，《痴寮萝呓》二卷，《八百里荷花渔唱词》四卷，诗二卷。

袁梦白词风婉约，清新可人。其《水调歌头》咏故乡鉴湖，词前有序说："夜梦坐渔舟泛郭西上下湖塘、三山湖桥，云水之趣，使人涉想尘外，世有烟波叟如张志和者，当笑我一歌。"词曰：

> 梦境忽空阔，天地入扁舟。随波来去无定，身世托闲鸥。朝食莼菜菱芡，晚食鱼虾蛤蚬，不作稻粱谋。摊饭画桥侧，沽醉酒楼头。　　柳姑祠，梅尉里，尽勾留。镜湖多少风月，装满箬篷否？准备短箫长笛，歌唱杂渔讴。欸乃一声绿，烟水六朝秋。

序和词皆以"夜梦""梦境"点题，幻想过一种隐居自由自在的生活。当然这不是袁梦白的全部，只是表现了某种特定环境下的心理状态。他后期写作的《沁园春·谒岳鄂王墓感时事不觉涕零》词云：

> 大宋江山，大将旌旗，岿然崇封。溯君王南渡，何来白雁；兵戈北指，未抵黄龙。铁像无心，金牌有恨，浩浩荡荡神鸦叫晚风。斜阳赤，千秋苍土，一片精忠。　　年来军事难穷，倒对干戈作内攻。痛誓师杀贼，谁为仇敌，残民辱国，辄号英雄。天地忌才，贤豪丧志，覆辙相寻例或同。栖霞路，有填胸热泪，洒向幽宫。

　　面对日本侵略者大肆吞食中华国土,残杀国民,国民党反动政府却破坏国共同仇敌忾的大好形势,掉转枪口打内战,这与南宋初年宋高宗及其权相秦桧投降卖国、残害忠良又有什么不同呢! 袁梦白借古伤今,表现了对蒋介石为首的国民党政权强烈的不满,对"倒对干戈作内攻"政策的忧虑,抒发了对现实高度的关心,与前词所表现的心态大不相同。

　　蒋箸超,名子旌,号抱玄,浙江绍兴人。生卒年不详。出生于书香家庭,从小受良好教育,对于书道颇有研究。及长,外出至杭州、南京、沈阳等地谋生。辛亥革命时应聘《民权报》编辑副刊,他和徐吁公合撰《蝶花劫》说部,后单行本问世。又编辑《民权素》月刊,征集当代文坛巨子作品,出了 17 期,汇集为《民权素汇编》五大册。此后,供职会文堂书局,抑郁不得志,抗战前逝世。他曾于民国三年(1914)十月出版的《南社丛刻》第二集上发表《柳絮》七律诗,诗云:

　　　　何堪着地卷红尘,疑是青萍梦后身。带雨神滋工笑语,
　　　　禁风力怯锁愁频。一天静堕无声雪,三月轻摇有脚春。
　　　　莫道飘零谁管领,玉箫门巷燕呼人。

　　首联起势有力,颔颈两联对仗工整,尾联余味无穷,全诗清新可人。他著有《听雨楼随笔》《听雨楼诗话》《听雨楼日记》,后日记被焚,续写为《蔽庐日记》,由他的胞弟昂孙校刊,汇为《箸超丛刊》。又有与张冥飞、龙玄天、何一雁合作的《古今小说评林》,皆为民权出版社出版。

　　孙世伟(1883—1958),字敬仁,又字俶仁,号徽庐,别署瓦鸣,浙江绍兴人。毕业于日本法政大学,获法学士学位,回国后在清政府法部任职。民国元年(1912)任浙江都督府秘书,翌年(1913)二月,任浙江省实业司司长,九月任内务司司长,三年(1914)六月任浙江瓯海道尹,同年调任福建汀漳道尹,六年(1917)六月任何南省政务厅厅长,十七年(1928)三月任直隶省省长,六月去职。后曾任浙江实业银行监察人及杭州分行经理。

　　他曾在民国五年(1916)四月出版的《南社丛刻》第十五集上发表《次韵答小柳赠诗》《病疟初逾得小柳遣闷诗次韵》《次小柳和朴庵见贻韵兼柬朴庵》《次小柳和朴庵韵以抒近感》《七夕叠征字韵答小柳》《克庵寄示莅闽以来诗稿,哀时感物忧谗畏讥赋此以志同声之感,并呈朴庵》《访黄石斋先生读书石室和静

初先生韵作》《和多字韵答小柳允公并呈朴庵》《中秋夜月》《和静初先生四十三岁初度诗》等 12 首诗，其中多为七律诗。小柳为陶牧（1874—1934）之号，字伯荪，江西南昌人。工填词，与胡朴安、胡颖之、俞剑华等南社社友交往密切。他在南社成立初即加入，入会号码为 28 号，《南社丛刻》第一集中有词二首，第二集中有词六首，可见在南社创社之初，他就积极投入南社活动。朴庵当为胡朴安（1878—1946），名韫玉，字仲民，号朴安（庵），安徽省泾县人。辛亥革命前就到上海，担任《太平洋报》主笔，参加南社较早，编有《国学汇编》及"朴学斋丛书""文艺小丛书""南社丛选"等。静初当为金庆章，字静初，上海人。可见他与南社成员交游较多。

宋琳（1887—1952），原字子培，后改紫佩，浙江绍兴人。先从徐锡麟游而入绍兴大通学堂学习，1907 年皖浙起义失败，大通学堂被抄没，遂入绍兴府中学堂学习，时陈去病受聘到该校任教，由陈去病介绍加入同盟会，并一起组织匡社。后入浙江两级师范学堂学习，并与任教该校的鲁迅先生熟识，1910 年毕业后，受聘任教于山会师范学堂，次年接受鲁迅邀请，担任绍兴府中学堂教务兼庶务，在此期间与鲁迅共同创办了"越社"和《越铎日报》，并聘请陈去病出任《越铎日报》总编辑，由陈去病介绍加入了南社，参加了 1911 年 9 月 17 日于上海愚园召开的南社第五次雅集活动。其后由于《越铎日报》内部纠纷，鲁迅到北京教育部任职，宋琳也在绍兴另创"天觉报"，后由鲁迅介绍到北京图书馆任职。其后参加了 1913 年 4 月 27 日南社北京事务所于北京畿辅先哲祠召开的第二次雅集活动，被推荐为书记员，1916 年 9 月 24 日于北京参加了徐园召开的第七次雅集活动。1949 年 4 月 16 日又参加了北平中山公园今雨轩的南社、新南社临时联合雅集活动。

徐道政（1866—1950），原名尚武，改名平夫，为"匹夫平天下"之意，字道政，号病无，因其经历坎坷，事业无成，取"君子病无能"之意。晚号射勾山民，诸暨县化泉乡黄畈阳村人。幼贫苦，以农为业，中秀才后，以教授蒙童为生。据《南社丛刻》第十六集《得古琴记》云："余少嗜丝竹，岁乙酉（光绪十一年1885）教授浙之两级师范学校识会稽马一浮，造其湖上寓庐，见案横一琴，窃喜之，而未暇习焉。其后肄业京师大学，研古周礼。中经丧乱漂泊南北，癸丑（民国二年 1913）秋复应第一师范之聘……明年春……待贾十二金无敢贬，酬之金,而欣然抱归焉。马君见之,贺曰:'此非凡材,今不敢确定为朱子遗器,察其断纹,是五百年前古物无疑'。"可知,光绪十一年(1885),教授浙江两级师范,后考入京师大学堂,研古周礼和中国文字学,潜心研究许慎《说文解字》,评价各家注释,指正段玉裁注释之谬,所撰《中国文字学》为学界所重。肄业后,漂泊南北,经历坎坷。民国二年(1913)应浙江两级师范学堂之聘,出任校长多年,在教学实践中,以诗歌形式阐述中国文学结构,著有《说文部首歌括》一卷,由上海汇文堂书局出版,并被教育部定为初级小学教科书。民国四年(1915)柳亚子、高吹万等游览杭州,经陈无用介绍与柳亚子结识,并加入南社。民国二十四年(1935)辑成乡邦文献《诸暨诗英》。

徐道政与马一浮、柳亚子、蒋堂、张霞轩等来往频繁。《得古琴记》中已知其与马一浮交谊深厚。《南社丛刻》第十六集有《与柳亚子书》《再与柳亚子书》和《柬亚子》诗,其书中曾作一绝云:"茂林我亦慕相如,口不能言善著书。不若并书亦无有,韩王湖上只骑驴。"对柳亚子虽口吃却善著书表示钦佩。又有《题亚子分湖旧隐图》七古诗:"与君高拍洪崖肩,安能婢膝奴颜事权贵,使我内热如熬煎。"大有杨维桢之风。晚年隐居家乡,自称"射勾山民",平时善书法,擅长篆刻,纵情诗书,种花卉自娱。有诗稿名《射勾山房集》,惜毁于"文革"时期。

陈越流(? —1923),名樗,浙江诸暨人。兄弟六人,长兄陈无用,字虑尊;二兄,陈无名,字微庐;三兄陈蜕,字仲觚,四兄陈无私,字淡园,五兄陈梨梦,字梨梦,五人中依次小一岁。越流最小,距离长兄相差十余岁。他体质较弱,自堕地直至中年不离药饵,因自号"药叉"。后涉足梨园,由柳亚子介绍和梨园演员冯春航订交。民国十二年(1923)至上海,此年九月积食致疾,误于庸医,致病情加重,十月廿一日竟客死上海。《柳亚子日记》曾有记载:"得陈越流噩耗。越流名樗,字药叉,书法古拙,学黄学斋,诗文亦奇崛,名下士也。患消渴疾,死于冯春航家,诗以哭之。"又作《追悼陈虑尊、越流昆季,兼示其犹子仲光,再叠前韵》,对陈越流及其长兄相继去世表示惋惜,诗云:

> 邻笛无端变微声,故人心迹证双清。
>
> 最怜季孟同时尽,敢道才华与命争。
>
> 红蜡听歌愁旖旎,白衣纵酒记将迎。
>
> 何堪今日山阴道,独遣狂咸慰我情。

　　陈越流兄弟六人皆为南社成员，1915 年 5 月 9 日南社于上海愚园第 12 次雅集之后，柳亚子与高吹万、姚石子三人同游杭州，时值冯春航在杭州湖滨演剧，杭州丁氏兄弟白丁、不识、展庵和陈氏兄弟虑尊、微庐、越流以及林秋叶、陈稚兰、程光甫等人殷勤接待，流连 20 余天，在西泠印社举行南社杭州临时雅集，柳亚子介绍陈氏兄弟六人加入南社。据《南社丛刻》第十三集陈无名《与柳亚子书》云："蒙招我入南社，不才之木，见顾匠石，荣幸何如。"自此，陈氏兄弟六人与柳亚子、姚石子、冯春航等书信往还，交流频繁，冯春航还跟随陈越流学习写诗，居然斐然成章。

　　陈氏兄弟六人也在《南社丛刻》第十三集、十四集、十七集、十九集、二十二集陆续发表诗词文作品。如陈无名在第十三集《文录》中就有《与柳亚子书》《再与柳亚子书》《三与柳亚子书》；陈樵也有赞扬冯春航演技的《伶圣》《与冯春航书》《再与冯春航书》《与民立报记者书》《与不平生书》《与柳亚子书》《再与柳亚子书》《三与柳亚子书》连续 12 封书。第十四集《诗录》有陈无名的《赠春航》《和越流观春航血泪碑作》《题亚子分湖旧隐图》《杭州第一台观毛韵珂演剧赋赠三绝》等多首诗作。陈樵也有《冯郎曲》《赠春航和微庐韵》《亚子以梦春航之什寄示即和原韵》等多首诗作。第十六集《文录》有陈无用《与姚石子书》《与柳亚子书》共九封；陈无名也有《与柳亚子书》共七封；还有陈无私《与柳亚子书》，陈樵《与柳亚子书》计 11 封；《诗录》有陈无名《秋璇卿墓下作》《口占柬亚子湖上》等多首诗作；陈蜕也有《赠春航四首》《题亚子分湖旧隐图》等诗作；陈无私也有《题亚子分湖旧隐图》诗，陈梨梦有《毛郎曲》《观毛韵珂剧五首》《春航题名小青墓诗以赠之》等诗作；《词录》有陈无用的《西子妆·为冯春航作》《三姝媚·为毛韵珂作》《浣溪沙·亚子招饮湖楼即席分得歌韵》等多首词作。陈无名有《少年游·为春航题名小青墓作用虑尊韵》《贺新凉·题亚子分湖旧隐图》；陈樵也有《少年游·为春航题名小青墓作用虑尊韵》，可见他们兄弟六人不仅能文，而且也擅作诗和词，同时对戏剧表演也有很高的鉴赏能力。

　　经亨颐（1877—1938），字子渊，晚号颐渊，浙江上虞人。清光绪十九年（1893）游沪上，寄寓伯父经元善家。戊戌政变，经元善联合蔡元培等维新人士联名通电反对建储之举，旋遭清廷通缉查办，寻亡命澳门，至光绪二十六年（1900）归沪，二十九年（1903）留学日本，专攻教育与数理，计时八年毕业。期间与孙中山、廖仲恺等相识。宣统元年（1909）归国，先后担任浙江两级师范学堂教务长、校长多年，民国十年（1921）迫于省长齐耀珊反对学生运动的压力辞职，回家乡创办了上虞春晖中学，一时国内知名人士如夏丏尊、朱自清、杨贤江、朱光潜、丰子恺、王任叔来校任教。民国十三年（1904）孙中山改组国民党后，加入国民党，先后担任国民党第二届、第三届、第四届执行委员。1928年冬，与何香凝、陈树人、柳亚子等人在上海发起组织"寒之友社"，以诗言志，以画喻节，互相砥砺，坚守革命情操，拒与浊流合污。1931年日本发动侵华战争，经亨颐与宋庆龄、何香凝等积极投入抗日救亡运动，专门组织书画义卖支援抗战。二十六年（1937）夏因病返家乡白马湖，二十七年（1937）春返沪治病。

经亨颐何时参加南社不明，只知其南社编号为823号，大约于南社的中后期。1923年10月14日成立新南社，郑逸梅编著的《南社丛谈》中附《新南社社员录》的216人中有"经子渊"之姓名。南社领导人柳亚子为其写的《经颐渊先生传》中称"十六年（1927）夏，余游南都，始识先生……二十一年秋，始复相见。时廖仲恺夫人何香凝女士养病于先生白马湖私邸，余渡海往诣，与先生同行，下榻长松草堂三昼夜。酒醑往来，抵掌高谈，未能忘情于天下事也。"柳亚子写的《经颐渊先生挽诗》对经亨颐的一生给予了客观的评价，诗云：

> 五绝颐渊旧著声，病床殡舍若为情？
>
> 辩奸每詈东窗妇，得婿宁辞左袒名。
>
> 早死美君成解脱，余生留我砺坚贞。
>
> 放翁家祭知何日？白马湖头絮酒倾。

经亨颐不仅是我国著名的教育家，也是一位才华横溢的艺术家。他自己曾说："吾治印第一，画第二，书与诗其次焉"。可见，金石、书、画、诗皆有很高的造诣。著有《颐渊诗集》《经亨颐日记》《经亨颐教育论著选》等。

潘普恩，字少文，上虞松厦人，生卒年不详。其父潘炳南（1850—1930），字赤文，杭州总商会会长，浙江省钱业总董事。潘少文雅好诗词，光绪年间尝与陈蝶仙、章雏卿等于杭州博济堂后楼共结诗社唱和。宣统元年（1909）又与季逢元等结射湖社，又与经亨颐、夏丏尊、倪羲抱同为南社社员。民国四年（1915）柳亚子、高旭、姚石子三人来杭州西湖游览，将所作之诗印行，定名为

《三子游草》，潘少文为之作《三子游草跋》，诗云："有游草西湖荣，有三子游草而湖益荣……是三子与西湖同不朽，西湖亦足千古。"此诗高度评价柳亚子等三人所作游草。又有《柳亚子来杭戏赠一绝》《赠亚子》《题三子游草》《题亚子分湖旧隐图》等诗作，其《赠亚子》诗云：

> 《春航集》里读君诗，文采风流恨见迟。
>
> 双鲤不来归雁杳，教人何处寄相思。

该诗表现了对柳亚子的仰慕心情。又有《少年游·为冯春航题名小青墓作用虑尊韵》词，可见他与戏伶冯春航、诸暨陈无用兄弟之间也有唱和交往。

邢启周，一名越，字知鼒，又字志汉，浙江嵊县人，生卒年不详。他的申请加入南社编号为"267"，可见加入南社较早。他曾于宣统二年（1910）一月出版的《南社丛刻》第一集上发表《赠悲秋生》七律诗一首，诗云：

> 亦相逢又旋别离，光阴迅速令人悲。仆南君北休回首，
>
> 心事拚教酒盏知。跨马提刀救国时，风尘何幸遇心知。
>
> 相期奋臂挽危局，男子当为天下奇。

可见他也是一位争取共和的革命志士。其后又于民国四年（1915）五月出版的《南社丛刻》第十四集上发表《追哭太一先生》七绝四首，其中前两首云：

> 蕙折兰摧又一秋，怒潮江汉自东流。
>
> 任他国狗疯狂急，毅魄英魂千古流。
>
> 长江今后坏长堤，国事飘摇忍再提？
>
> 大好河山归浩劫，苌弘碧化杜鹃啼。①

"太一"为宁调元（1873—1913）之号，湖南醴陵人。南社社员，因反对袁世凯称帝而被杀。此诗赞颂了宁调元反对袁世凯称帝而从容就义的英雄行为，同时也为创建共和大业不顺而忧虑。

邢锺翰，字诵华，浙江嵊县人，生卒年与生平不详。他申请加入南社编号为"283"，可见是与邢启周同时参加。他曾于民国三年（1914）十月出版的《南

---

① 《南社丛刻》，江苏广陵古籍部刻印社1996年，第3125页。

社丛刻》第十二集上发表《月夜不寐》五律诗一首,诗云:

> 惨淡灯还在,横窗月一轮。蛙声喧远近,客意叠酸辛。
>
> 云气微将逝,庭花空自春。难堪消此夜,况复渺无邻。

首联以"惨灯""横月"点明所处环境,颔颈两联对仗工整,点明浪迹在外,经历坎坷,前途无望的心境,尾联抒发了孤独凄凉的心情。

此外,据栾梅健的《民间的文人雅集——南社研究》记载,参加新南社的还有:王思默,浙江绍兴人;谢凝远,名惠,浙江绍兴人;陈永霖,名瑛,浙江绍兴人;封光甲,浙江绍兴人;张聿光,浙江绍兴人;戴仪仲,浙江绍兴人;蒋伯诚,浙江诸暨人;叶天底,浙江上虞人,时任《民国日报》主笔;王晓籁,浙江嵊县人;胡宝贞,晓籁妻,嵊县人;蔡元培、字子民,浙江绍兴人,南社纪念会名誉会长。

蔡元培(1868—1940),字子民,又字鹤卿,别字民友。蔡元培在上海工作期间就与南社的创始人陈去病、高旭、柳亚子有过交往。1902 年陈去病参加了蔡元培等发起的中国教育会,其后柳亚子也于第二年加入了中国教育会。1903 年,陈范担任《苏报》"学界风潮"专栏编辑,时在日本留学的陈去病与在沪的蔡元培轮流撰写评论。1904 年 2 月 26 日,由蔡元培出任总编辑的《警钟日报》在上海创刊,陈去病、高旭、柳亚子三位南社元老曾在该报"杂录"栏发表诗文,后来加入南社的高燮、蔡寅、王无生等人也一同参与其中。1906 年柳亚子由高旭、朱少屏介绍加入了同盟会,后又一起参加了由蔡元培等主盟的光复会。中国教育会是当时国内最早的革命团体,在近代革命史上的贡献是巨大的,她开创了继维新派民权宣传后中国民主思想传播的新阶段,把舆论准备推进到以民主共和为核心的新高度,培养和聚集了一批反清反专制的革命骨干,直接为同盟会、光复会输送了力量;同时也促成了革命学术团体国粹派的诞生,也孕育了革命文学团体南社。《警钟日报》《苏报》和《民吁日报》等新闻报刊也锻炼和培育了一大批反清反专制的文化人,为南社成立发展积累了人才。蔡元培虽然未参加南社,也未参加南社多次的雅集活动,但与南社的许多社员皆有交往,且对南社予以一贯的支持与关心。1934 年 3 月 4 日,南社于上海北四川路新亚酒店举行临时雅集,到会社友和非社友 109 人,蔡元培时任中央研究院院长、国民政府委员、中国国民党中央监察委员,出席了此次雅集。后来由胡寄尘提议,柳亚子仿照《东林点将录》和《乾嘉诗坛点将录》的办法,将蔡元培列为第一号"梁山开山头领托塔天王",当时的《上海市年鉴》也将这一消息编入。1936 年 2 月 7 日,南社纪念会在上海福州路同兴楼举行第二次聚餐会,函聘蔡元培为名誉会长,由此可见蔡元培在南社中的巨大影响。

五、南社分支——越社成立始末

"越社"是辛亥革命前南社革命文学团体在浙江的分支机构,它是最早受南社影响而出现的文学革命社团。当时孙中山同盟会领导的资产阶级民主革命运动正在逐渐高涨,也是陶成章、徐锡麟、秋瑾、蔡元培等领导的光复会,配合孙中山建立资产阶级共和国不断取得胜利,同时也付出巨大代价的时期。徐锡麟、秋瑾、马宗汉等光复会领导人相继被清政府杀害;陈去病、高旭、柳亚子创建的南社于 1909 年 11 月 13 日成立后影响逐渐扩大,越社、辽社、广南社、淮南社等南社分支也相继成立。

（一）越社成立的背景

1905 年春,光复会领导人徐锡麟、陶成章、秋瑾等借绍兴古贡院预仓空屋数间,创立"大通师范学堂",以合法办学名义暗中进行武装革命,培训金华、台州、处州、绍兴等地会党骨干,内设体操专修科,并将寄存于府学堂枪弹尽数移往大通师范学堂,学生皆为光复会会员。1906 年,徐锡麟、陶成章、秋瑾相继往日本留学,学习有关军事技术,学堂事务委托曹钦熙、竺绍康襄办。1906 年底秋瑾回国,接任并主持学堂事务,组织培训光复军。1907 年,秋瑾与徐锡麟密商于 6 月举行皖浙起义,7 月徐锡麟在安庆武装起义失败被害;不久清军包围了大通学堂,秋瑾被害,大通学堂被查封。浣浙起义失败后,国内革命形势趋于低潮,大批光复会成员受到清政府的通缉。于是一部分光复会员出走南洋、日本,一部分逃亡沪上。

1907 年底,秋瑾遇难,遗骸由绍兴善堂草草收殓,槁葬于府山西北麓张神殿背后,凄凉野祭,鬼雄难安。徐自华、陈去病等秋瑾生前好友为营葬秋瑾于西湖一事积极奔波。1908 年 2 月,陈去病受聘于浙江绍兴府中学堂任教,期间,会同徐自华等加紧筹划营葬秋瑾,组织秋社追悼等事宜;又在教学之余,奔走联络原大通学堂师生,组织匡社,积蓄革命力量,据宋紫佩《二十年来之回首》记载:"二十岁秋案发生,大通被抄,予幸而获免,是年府校更新,遂复入府校,得遇陈去病先生介绍加入同盟会。先生为同盟会会员,固革命之先觉也。屡受熏育陶冶,而予之民族思想遂大炽。因与先生联络越中同志,合前大通同学,结为匡社(寓继承秋志,匡复中华之意),蓄意排满。同盟会诸子,亦频相往来,颇引以为同志焉。"①同年7月,正值秋瑾就义一周年之际,陈去病与徐自华等数人欲借西湖凤林寺秘密追悼秋瑾,不料事泄,遭到清政府阻挠并追缉,陈去病避祸去粤,匡社活动几乎停顿。

1909年11月13日,南社在苏州虎丘宣告成立,出席南社第一次雅集的有17人,绍兴籍文士诸宗元、胡颖之参加,此时两人都在江苏巡抚瑞征衙门内担任秘书。南社与同盟会、光复会遥相呼应,逐渐群集了海内外一大批革命知识分子,鼓吹反清,在辛亥革命中起到了积极推动作用。宋紫佩原与陈去病有师生之谊,故陈去病函招其加入南社。1911年春,从浙江两级师范学堂毕业的宋紫佩,主讲浙江第五中学理化讲席,"时革命思潮,贯注于人之脑海,而吾越尤为甚。予因征集匡社同志,另设越社遥与南社相呼应,社员以数百计,一时名流如周豫才、陈子英、范爱农、李宗裕等诸君子皆与焉"②。鲁迅曾提及绍兴光复前去过他家的朋友中有"南社中的想到绍兴来组织越社的人"之说,指的就是宋琳、宋紫佩。《鲁迅年谱》载:"在南社的影响下,陈去病等人在绍兴发起成立越社……实际宗旨与南社类似。鲁迅曾参加该社筹备工作。"③鲁迅在1911年4月12日致许寿裳信中说:"迩又拟立一社集资刊越先正著述,次第流布,已得同志数人,亦是蚊子负山之业,然此蚊不自量之勇,亦尚可嘉。"此即后来之越社。可见,鲁迅也是越社的倡导者之一。宋紫佩与鲁迅一起组织越社,由宋紫佩出面请陈去病为越社作叙。陈去病在《叙》中肯定人可胜天,希望南社由越而闽而粤,不断发展壮大。

越社的成立时间当在1911年阳历的3—4月间。据宋紫佩《二十年来之回首》文中提到的是1911年春夏,鲁迅给许寿裳信的时间也是1911年4月12日,而陈去病所撰《越社叙》最初发表在1911年6月26日出版的《南社丛刻》

---

① 《鲁迅研究资料》第10辑,天津人民出版社1982年。
② 《鲁迅研究资料》第10辑,天津人民出版社1982年。
③ 《鲁迅年谱》,安徽人民出版社1997年。

第四辑，说明此时越社已经成立。1912年2月出版的《越社丛刊》第一集载有《越社丛刊》第二次修改《章程》，注明是"辛亥十一月十二日"，据此推定越社成立并通过《章程》应在半年之前，因为《章程》规定"越社"夏冬二季各活动一次。

（二）越社的主要成员

据宋紫佩《二十年来之回首》文中所载"予因征集匡社同志，另设越社，遥与南社相呼应，社员以数百计"云云，可见越社人数之多，其中主要有以下诸位。

宋紫佩（1887—1952），名琳，原字子培，绍兴人。曾从徐锡麟游而入大通学堂学习，1907年皖浙起义失败，大通学堂抄没后，遂入绍兴府中学堂学习。时陈去病受聘该校任教，由陈去病介绍加入同盟会，并一起组织匡社，后入浙江两级师范学堂学习，与任教该校的鲁迅先生熟识，由陈去病推荐加入了南社。1910年毕业后，受聘于山会师范学堂任教，次年接受鲁迅邀请，担任绍兴府中学堂教务兼庶务，在此期间共同创办了"越社"和《越铎日报》《天觉报》，1911年9月17日参加了于上海愚园南社的第五次雅集活动。1913年鲁迅到北京教育部任职，经鲁迅先生介绍，到北京图书馆任职，与鲁迅先生关系密切。

鲁迅（1881—1936），原名周树人，字豫才。绍兴城关人。光绪二十四年（1898）就读南京水师学堂，江南陆师学堂学习，1901年毕业后，官费留学日本，先学医后再学文。1908年加入光复会，1909年回国任教于浙江两级师范学堂，1910年7月任教绍兴府中学堂兼监学，任教期间与宋琳创办越社。辛亥革命后，出任会初级师范学堂监督，又共同筹办《越铎日报》。鲁迅以黄棘为笔名在该刊的《发刊词》中提出："唯专制永长，昭苏非易，况复神驰白水，孰眷旧乡，返顾高丘，正哀无女。"可见其对封建专制的顽固性具有清醒的认识。同时，他认为"行自由之言议，尽个人之天权，促共和之进行，尺政治之得失，发社会之蒙覆，振勇毅之精神"，正有赖于报刊新闻的奋发有为，"立新报，就商同胞，举文宣意，希冀治化"①他希望通过报刊的力量反对封建专制，唤醒民众。民国元年（1912）2月应蔡元培之邀出任南京教育部部员，后迁北京，出任教育司第一科长。

---

① 《鲁迅全集》第八卷，人民文学出版社1981年，第40页

王文浩(1892—1953),字铎中,绍兴城关人。在绍兴府中学堂读书时组织学生自治团体"校友会",并参加越社。1911年6月绍兴光复后,在鲁迅、陈子英和孙德卿等支持下筹办《越铎日报》,历任绍兴自治会委员、越社董事、诗巢壬社成员等职。新中国成立后作为特邀代表参加绍兴市第二次代表大会。

陈子英(1880—1950),名浚,字子英,绍兴东浦人。早年与徐锡麟志趣相投,参加光复会,并参与筹办"热诚学堂""大通学堂"。1905年冬与徐锡麟同受萧山巨富许仲卿资助向清政府捐官,以图进行反清活动。1907年徐锡麟率先进行皖浙起义,事败被杀,陈子英受牵连逃亡日本。1910年与鲁迅同时任职于绍兴府中学堂,参加"越社"。翌年,与鲁迅等参加欢迎王金发革命军进驻绍兴等光复活动,支持创办《越铎日报》。后出任绍兴丝绸银行行长、县参议员、东浦镇镇长。1950年病殁于上海。

范爱农(1883—1912),名肇基,字斯年,号霭农,亦作爱农,绍兴皇甫庄人。清末生员,1905年经徐锡麟介绍加入光复会,绍兴府中学堂毕业后,随徐锡麟夫妇、陈伯平留学日本。1907年徐锡麟皖浙起义殉难后,两江总督端方密电驻日使臣杨枢严密监视,范爱农处境十分困难,叔父不愿继续资助,不得不中途辍学回国,在绍兴府中学堂任学监,不久辞职。1911年11月,王金发主政绍兴,任命鲁迅为山会师范学堂监督,范爱农任监学,其间加入"越社"。1912年鲁迅离绍北上后,范也被排挤。7月,与绍兴《民兴日报》社友小皋埠看戏,归途中不慎落水去世。

孙德卿(1866—1932),原名秉彝,字长生,外号大王,绍兴孙端人。1904年留学日本,与陶成章、鲁迅熟识,先后加入光复会、同盟会,回国后,资助徐锡麟创办绍兴大通学堂,聘任庶务。又与秋瑾等创办孙端小学,竟成女学。1907年徐锡麟、秋瑾皖浙起义失败被害后,遭清政府逮捕,后具保就医获释,参与越社,绍兴光复后出任民团局副局长。民国元年(1912)陶成章被刺后,于东湖创办陶社,出任社长,在城区创办成章小学,与鲁迅等筹办《越铎日报》。民国三年(1914)出资组织孙端剧社,民国五年(1916),孙中山视察绍兴,陪同至孙端参观,孙中山亲题"大同"横幅赠之,在孙端开办稻谷良种试验场,出资重修孙端大桥等。民国二十一年(1932)卒于家。

魏諴(1859—1927),字铁珊,号匏公,绍兴人。光绪举人,工书法,尤擅魏

碑,兼工诗词声律,通胡琴、琵琶、筝等乐器和昆、徽弋、黄等戏曲,善武术,尤精
壁虎功。著有《魏铁珊陈肖芝遗集》。

　　马鹤琴(1887—1952),名斯藏,绍兴孙端人。浙江法正学堂毕业,从事新
闻教育工作,先任《越铎日报》编辑,主编画刊,后任同仁小学、绍兴职业学校校
长。民国十九年(1930)设立绍兴律师事务所,连任两届律师事务所长,二十四
年(1935)任绍兴县志委员会委员,参加龙山诗巢壬社,著有《尊清诗草》。

　　赵汉卿(1889—1950),名建藩,字叔屏,号汉卿,绍兴临浦(今属杭州市萧
山区)人。早年参加光复会,与陶成章关系密切。民国元年(1912)参与创办
《越铎日报》,陶成章遇刺后参与发起筹办成章女校,并为校董。民国十六年
(1927)四一二事变后,因反蒋被捕,蔡元培、邵力子出面保释,从此脱离政界,
在上海银行任职。1950年病卒。《越社丛刊》第一辑诗录有其《吊友》《秋感》两
首诗。

　　周建人(1888—1984),字乔峰,绍兴城关人。光绪二十三年(1897)入会稽
县学堂学习,三十一年(1905)毕业。次年任绍兴僧立小学教师、校长。辛亥革
命时,参加越社,与兄鲁迅一起组织学生武装演说队上街宣传,民国元年
(1912)后任绍兴水神庙小学校长、明道女校、成章女校教员。

　　李鸿梁(1894—1971),字孝友,号老鸿,祖籍湖南,清光绪年间随父定居绍
兴会稽。15岁考入绍兴府中学堂,师从鲁迅。1911年加入越社,《越铎日报》
创刊后,经常在该报发表书画作品,民国四年(1951)毕业于浙江第一师范学
校,师从李叔同,先后任教于南京高等师范、厦门集美学校,十二年(1923)回归
绍兴,历任省立绍兴第五中学、省立第五师范艺术教师,20世纪60年代初退
休,任浙江省文史馆馆员,专事国画创作,著有《粉笔画法》《普通乐理》《图画理
论教材》等。

　　李宗裕(1887—1931),字仲侃,号霞卿,会稽县横路村(今绍兴市柯桥)人。
光绪三十三年(1907)入绍兴东湖通艺学堂读书,宣统二年(1910)考入绍兴府
中学堂,师从鲁迅,读书期间加入革命文学团体越社,追随陈去病、鲁迅、宋紫
佩积极从事光复绍兴的活动,担任《越铎日报》编辑。《越铎日报》社分裂后,李
宗裕与马可兴、范爱农、郁稚青等退出,另办《民兴日报》,后又参与宋紫佩创办
的《天觉报》编辑工作。

宋沅(1881—1962),字芷生,号华先,又号梦兰,会稽宋家店(今属绍兴市柯桥区)人。光绪三十二年(1906)考取优贡,朝考二等,以县丞分发安徽补用。宣统二年(1910)考取法官,历任镇江、南汇、南京、太原等地推检官,财政部文秘工作。鲁迅编辑的《越社丛刊》"文录"中有他的《游崇效寺记》,"诗录"中有《和彬史游崇效寺规训鸡图次韵》《和彬史冬日书怀次韵》二首。

生平未详者有:

马可兴,时任《越铎日报》会计员,绍兴人。

宋成钦,时任《越铎日报》庶务,绍兴人。

陈国惠,字仙翔,山阴人。在《越社丛刊》第一辑发表《书王凝之奉天师道借鬼兵以御寇后》文和《游金陵》等多首诗。

秋复,字壬林,山阴人。在《越社丛刊》第一辑发表《落花诗小序》。

杨兆兰,字挹芳,上虞人。在《越社丛刊》第一辑发表《秋日杂咏》《重游冷泉亭口占》。

鲁其浚,字寄湘,会稽人。《越社丛刊》诗录有《仲秋夜坐书感》。

郁颖炯,字稚青,萧山人。《越社丛刊》诗录有《早渡》《燕》《哀南宋》《禽言》等诗。

阮恒,字久巽,会稽人。《越社丛刊》诗录有《寄友》《湖上》《客途》《夜半闻声》。

潘春波,字宅溪,缙云人,《越社丛刊》第一辑有《登快阁见陆放翁像》诗。

吴邦藩,字桂轩,山阴人。《越社丛刊》第一辑诗录有《咏古》《梦见先亲醒后泣赋》《观涨》《大水》《咏怀》等。

周开山,字仲翔,会稽人。《越社丛刊》第一辑诗录有《初夏》《山居》《春日即事》《流萤》《春夜客来》等。

雷昭性,字铁厓,蜀南人。《越社丛刊》第一辑诗录有《侨寓西湖漫兴五十韵》。

越社成员不仅有文化人,绍兴军警界人员也都参加,故人员超过百数。

(三)越社宗旨、章程、刊物及活动情况

越社宗旨在《越社第二次修改章程》第二条标明:"本社以益智辅仁兼敦友睦任恤之风为主义,是南社分设于越的分支。凡品学优长得社友二人以上之介绍即可入社，入社者须由本社书记发给入社书，依式填送，能以著述及照片并寄尤妙。入社者应纳社金一圆，岁纳常捐一圆。""社中公推总编辑一人，副编辑二人，干事三人、书记、会计各一人。""岁逢春秋佳日，即择湖山胜地，邀同社雅集二次，岁刻丛刊两集，分诗文词三种，社友均可不时投稿，编辑部由编辑员汇选付梓，岁集出版后，各社友均分赠一册，其余作卖品。"5月26日北京《帝国日报》发表了《越社简章》。该简章由鲁迅、宋紫佩、陈去病拟订，与南社相仿，共十条并一附则。当时通讯处暂设于绍兴城大路坤记参局。越社有《越铎日报》，通讯处设在《越铎日报》社。越社曾由鲁迅主编出版过《越社丛刊》第一集，分为文录、诗录。鲁迅在此刊物上分别以周建人、周作人名义发表了《辛亥游录》和《古小说钩沉序》二文。

越社在绍兴光复前后活动相当活跃，是当地革命力量中的激进派。绍兴光复前，绍兴城里社会秩序混乱，宋紫佩与鲁迅取得共识："宜先设武装演说队以镇人心，一面更集同志组织学生军队，举矛为之长。由周豫才、陈子英诸君子赞襄擘画，求统其成"，在越社成员组成的武装演说队上街宣传后，人心很快得到安定。接着，越社又派出代表赴杭请求革命军尽快进驻绍兴。1911年11月10日，越社社员以及府中学生等校师生一百余人，于绍兴开元寺集会，共推鲁迅为会议主席，欢迎王金发率革命军主政绍兴。

为"监督行政，促进共和"，越社发起人宋紫佩、鲁迅发起共同创办《越铎日报》，该报聘请陈去病任总编辑，1912年1月3日出版，创刊号上鲁迅以黄棘为笔名发表了《越铎出世辞》，规定报纸的任务为"纾自由之言议，尽个人之天权，促共和之进行，尺政治之得失"。鲁迅告诫人们："桎梏顿解，卷宗尚多"，"专制永长，昭苏非易"，必须"振勇毅之精神"，继续战斗。1912年1月26日越社与秋社于大善寺联合举行秋瑾追悼大会，到会者三四千人，素东白马，十分隆重。

1912年2月《越社丛刊》第一集出版，大体仿照《南社丛刻》的体例。首列陈去病的《越社叙》，次列《越社第二次修改章程》明确宣称："本社由南社分设于越，故以越名。"其次为《文录》和《诗录》。书末有高旭的《南社启》和《南社第四次修改条例》，上海《民声日报》于1912年2月20日发表了柳亚子高度评价越社和《越社丛刊》的文章："越社为会稽宋紫佩君发起，与南社相犄角，振风骚于绝响，追几、追复之芳踪，甚盛事也。顷衰集社著述汇为《越社丛刊》，承以第一集见惠,挖雅扬风,芳馨排恻,足以发扬大汉无声矣。自建房兴狱,文献坠地;民国初建,弦诵未遑。得此空谷足音,快何如之耶?"

(四)越社的消亡

绍兴光复后,王金发主政绍兴之初,采取了一些有利于民的措施,如免收一年粮税;限令米商出粜米价,以恤穷黎;奖励兴学,劝导实业;公祭徐锡麟、秋瑾等先烈;训练部队,准备北伐等。可是好景不长,他逐渐被封建势力所包围,"今天送衣料,明天送翅席",使他也"变成老官僚一样,动手刮地皮",遵循"不修怨"的古训,听信章介眉"毁家纾难"的鬼话,将已打入牢狱的"国民之蠹"章介眉平白开释。对于王金发的这些错误言行,鲁迅、陈去病、宋紫佩等发表政论文,还运用时评、打油诗、漫画等各种形式进行规劝、批评,然而王金发固执己见,使得鲁迅等和他的冲突逐渐加深,不久,鲁迅接受蔡元培邀请,出任教育部之职,离开了绍兴。

鲁迅离开绍兴以后不久,《越铎日报》内部也发生了分裂。时任绍兴民团局副局长的孙德卿与民团局局长徐叔荪却阴谋劫夺"越社"机关报《越铎日报》的大权,拉拢报社编辑陈瘦蝶,把矛头对准王金发,并进行人身攻击。宋紫佩与陈去病发觉后,决定停止刊登《警告军政府》《立早(指章介眉)先生入囹圄,致敢怒不敢言》两篇文章,孙德卿却趁宋紫佩、陈去病回家过年之机,伙同王文浩决定改组《越铎日报》,由孙德卿任总经理,陈瘦蝶任总编辑,王文浩任执事,在春节休假期间继续出刊,刊登辱骂王金发为章介眉呼冤的文章。宋紫佩、陈去病回绍后,向孙德卿提出交涉,徐叔荪多方阻挠、袒护,《越铎日报》大权终于为孙德卿等所把持。不久,宋琳在《民声日报》发表文章,揭露《越铎日报》分裂之内幕:"……出版以来,颇受欢迎。嗣拟大加扩充。……特公决呈准浙江民政司立案,移设省垣。不料甫经就绪,而张越民、王文浩二人,忽于旧历年关,照议停版,移省清账之际,同人星散,突然乘间破窗入室。攫取簿据要件,私行出版,琳即向之争……讵二人非特不服,反号召党徒向琳抗抵……彼等势盛,当经会计员马可兴、庶务员宋成钦出于理论,竟遭殴辱……于是琳即邀同办事诸人前往绍兴,方期两相融洽,讵意张、王二人竟串同乡人,向琳等恃蛮抵抗……又捏造多人……通电各报,污琳为借报敲诈……故特据实上陈,伏希列入报端,无任企盼。"①其后,宋琳先在绍兴创办《天觉报》,陈去病即离开《越铎日报》,应邀赴杭州组织《平民日报》并任总编辑之职,不久即接受时任教育部教育司第一科长的鲁迅之邀去北京工作。从此"越社"也就烟消云散了。

六、20世纪二三十年代的诗巢壬社、鹿山吟社

(一)诗巢壬社

"诗巢壬社"系由绍兴名流,如名宦乡贤沈复生、王子余、钱荫乔等,诗画名人、科技大家李生翁、杜亚泉等于1932年发起成立,因该年为壬申年,故以"诗巢壬社"命名,简称"壬社"。其结社宗旨可以"发扬遗烈,重振雄风"概之。据记载,诗巢壬社一年社集12次,每次祭祀一位先贤、亨祀先贤与"龙山诗巢"已有变动,除祭祀陆放翁生日10月17日、徐渭生日2月4日外,增祀杨维桢生日11月25日、西园吟社诗人刘宛委生日3月18日、仓圣生日3月28日、吕洞宾生日4月10日。刘宛委为龙山诗巢创始人之一,为龙山诗巢的建设作出贡献,人们纪念他并取代唐之贺知章、方干、秦系而代之也有道理可循。仓圣与吕洞宾既非乡贤又非名诗人,取唐贤而代之,不知何故? 有人认为仓圣即为文字之祖的仓颉,因诗巢地址与仓圣庙同在一起;吕洞宾为道教领袖人物,因时俗尚道,故祭祀之,此一说暂且备之。上述人物生辰均在春秋佳日,风和日丽,天高气朗,正是联袂吟唱荡漾情性的最好时机。

据1936年重编的《龙山诗巢壬社社友名录》所载,壬社社友有80多人,现择其重要者扼要介绍如下:

王子余(1874—1944),名世裕,笔名余子,晚号瓢庐老人,绍兴城关人。曾出任绍兴府会稽督办,与沈亚泉等组织越郡公学,创办了绍兴第一张铅印报纸《绍兴白话报》,积极支持徐锡麟、秋瑾反清的革命活动,为"龙山诗巢壬社"创始人之一,提倡发扬先贤精神,倡议修纂绍兴县志,是一位著名的民主爱国人士。

沈复生(1884—1951),名钧业,一字馥荪,晚号馥庵,绍兴张墅人。民主主义战士、诗人。曾加入中国同盟会、南社、光复会,历任浙江省政务厅厅长、山

---

① 《陈去病全集·陈去病年谱》,上海古籍出版社2009年,第184页。

东省公署政务厅厅长,江苏省财政厅观察等。"诗巢壬社"发起人之一。著有《睫巢诗话》和诗作 200 余首。

杜亚泉(1873—1933),原名炜孙,字秋帆,绍兴伦塘乡人。16 岁中秀才,24 岁应"乡试"。1898 年应蔡元培聘请,担任"绍郡中西学堂"算术教师。后赴上海独立创办"亚泉学馆",同时创办中国人自办的第一份科学期刊《亚泉杂志》。1903 年回绍创办"越郡公学",自任校长并兼教理化课,1904 年秋慕名应邀去上海任商务印书馆编译所理化部主任,一直工作达 28 年之久。他是一位自然科学家,又是一位爱国主义者,著有《动物学》《自然科学》《动物学讲义》等。

朱仲华(1897—1988),原名承洵,绍兴府城保佑桥人。1912 年秋去沪求学,后考入复旦公学中学部,1920 年复旦大学文学系毕业。期间曾任校学生自治会会员,《复旦季刊》和《平民教育》编辑等职务,毕业后回乡组织"绍兴复旦同学会"举办平民夜校,担任私立"稽山中学"代理校长,为稽山中学的发展卓有贡献。新中国成立后担任绍兴市民革主任委员,市政协文史组长,"秋瑾研究会"顾问等职。著有《邵力子先生的家世和前期经历》《怀念老友俞大维先生》等文章。

(二)鹿山吟社

"鹿山吟社"是一个以嵊县文人秀才为主,兼及新昌、诸暨等县的诗社组织,建于民国元年(1912),至民国二十年(1931)仍在活动,其时间之长,人员之多,为其他诗社所不及。社址设在嵊县县城鹿山之麓,主要成员有商宝慈、周颂文、赵树诚、吕子虚、郭庆嵩、钱宗岱等。前期社长为吕寿名、郭庆嵩,后期为商宝慈、钱宗岱。其结社目的为"得力于鹿昭、卧龙、锦屏、石鼓、竹桂、剡嵫诸山,而后发为可惊、可喜可歌、可咏之句,大丈夫有奋翮云程,则以文章典制黼藻盛治,固极人生快意事。不然,则一丘一壑、吟风弄月,以抒写其天真烂漫之性灵,又或则有触于怀,大如吊忠孝之芳徽,小如咏里巷之琐事,而一段爱国忧民之忱,不禁流落于字里行间,异日风会所趋,潜移默化,此亦柔道治世之一法也。反之,则从雄浑悲壮之歌,导健儿忠爱之志,小戎驷铁复见于今,亦可以化恣睢而刚果,怯私门而急公义"。① 前期于每年的上巳、重九,效兰亭韵事举行

---

① 《鹿山吟社·第一集·序》,中华书局 1915 年。

吟咏活动。民国四年(1915)、八年(1919)吟社搜集采录社员诗作，先后镌刻了初集、二集。《鹿山吟社》第一集于民国四年冬中华书局排印出版，录有62人诗作计80首。《鹿山吟社》第二集于民国九年(1920)夏出刊，录有28人诗作计192首。第二集出版后不见有较大的集体活动。民国二十年(1931)春出刊了《鹿山吟社》第三集，录有75人诗作计381首。

《鹿山吟社》第一集选录了62人的诗篇，内容多为寄赠、送迎、题咏、感怀等抒写性灵的题材，从中反映了清末社会政治民生，抒发作者忧国忧民的情怀，如孙瑞文(雪舲)的《取士》批判当道用人"墨守成规，不知变置"；姚麟(定生)的《题阮上公参戎马上杀贼图》斥责"万方鼙鼓"之时，达官贵人却"四海笙歌"；周锡璜(伯珍)的《雪中有怀》讽刺"海外集群房，孱主但和戎"；商宝慈(子羿)的《丁丑雪积雪歌赠钱质庵》慨叹"守财之房坐拥千金，不肯济一饥"，《蚕奴叹》《赈饥叹》哀叹"号寒啼饥比比是"，"蚕妾年年此布衣"，"官账义账目不足，饥者累月歌鼓腹"，"城中日日施棉衣，山南犹有僵饿尸"。反映民国初年政治民生的诗篇，如商宝慈的《感怀诗》"新学谈天演，雄图尚竞争"，郭炳文(寿白)的《感事》"纵横狐鼠连城社，桀骜蛟龙伺海天"，赵树诚(意园)的《谒戴墓》"漠北独立，极西叛乱，宇内分党"，"前朝冠服，后朝冠见"，揭示了当时的社会乱象。郭庆嵩的《东邻》则是通过一个邻居老人的话，叙述了一家老少饿死的悲剧，揭示了荒年乱世中人民生活的惨状，而官厨却照样过着"厌弃肥猪鸭，赌酒征歌昏达晓"的腐败生活。

此外，其中也有表现吟社交游活动的作品，如商宝慈《春日吕子虚招同赵意园、赵佩雄、郭兰余、吴巨卿、周雪溪、裘谱南、张春皆、登鹿山绝顶放歌》，赵树诚《次韵和子羿登鹿胎山一首》，郭庆嵩《吕子招同登鹿山绝顶即席成五律一首》。商、赵诗均系七言古诗，但着眼点不同。商诗主要是写登鹿山绝顶所见的远近景象，"何况眼底公园二三亭阁等诸培塿，更无足颉颃，镇日看山犹未足，夕阳忽地下前冈"；赵诗则重在抒发襟怀，"今翻五千年来皇帝圣贤案，本与吾识相颉颃。无如黄河难澄水，蜀山鲜平冈"。

《鹿山吟社》第二集内容以民国四年(1915)鹿山吟社举办秋禊为中心，采选了28人的诗篇，其中有当时知县陈云慎的《重九日鹿山吟社招饮并摄影片，诗以纪之》，此诗记述了此次秋禊活动的地点、时间、聚会情景，亭前摄影及会中韵事、个人今昔感触，被社友郭庆嵩誉为："临川一序绝风尘，拈示风诗妙谛真。分付黄花莫惆怅，使君今是读书人。"商宝慈的《乙卯九日鹿山二集登高感赋》写的则是"比闻朝士策筹安，有识深愁改革难"的"眼底沧桑"的浩叹。赵树诚的次韵诗认为"情多未必能如愿，时蹇何妨付达观"。钱宗岱用七言古长诗叙述了时间、地点、宴会情景，社友吕子虚的豪饮，自己对岁月流逝，世事反复，聚会难得，强作自我安慰的感慨："顾此身世两茫茫，但愿长醉人称狂。况复群贤会合非偶耳，郁郁不乐更何俟。"此集还有民国五年（1916）对陈元慎《留别鹿山社诸子》诗的酬倡，如丁谦《和陈祗常知事留别》。不少诗作抒发了当时人们对神州"国步变更""欧海战云诡谲"的忧愤，同时也有"男儿毕竟蔡松坡"的豪情壮语。

《鹿山吟社》第三集打破了"以嵊县为断"的畛域限制，采选了诸暨、新昌邻邑社友的诗作，也有本邑清末同光年间人的遗诗，共选录了72人的作品。因为吟社成员在县城的不多，仅三五人来往，活动仅限公园、四郊，诗作内容多系登临、赠答、感时、咏物，大多社友散处四乡及外地，组织社集十分困难。但此集诗作仍有许多亮点，如钱宗岱的《书愤》七律诗："地坼天崩日暗光，死中求活岂无方？卧薪尝胆越勾践，破釜沉舟楚项王。能效海鳅鏖采石，定教风鹤败青冈；含羞忍辱诚难解，不战何如一战亡。"该诗痛快淋漓地斥责了当道屈辱求和的不抵抗政策。张味真《游大龙湫》气势磅礴，有韩昌黎之风格；张士楷《秋暮郊游偕兰村作》才气纵横，王蛰国《热河杂诗》具边塞诗的苍凉气氛，赵佩雄的《咏梅六绝》韵味深隽，施谦祥的三首咏史诗则洞察了时局；《书明末兴国公王之仁事》讽刺当道卖国投敌；《道小昆溪回家至止止亭作》暗示革命不能半途停止；《项王》指出夺取政权的关键在于得"人心"。有些诗作还将"社会学说""大同主义"的新词语和"左联"的文艺思想观点融入了作品中，表现了吟社成员虽僻居山城，却关心国家时政，与时俱进，奋发有为的精神。

七、清末民初周大封、陈福荫、徐行恭等参与兰亭修禊

据《兰亭右军祠石碑》记载：周大封、陈福荫、徐行恭、孙雄师、戴振声五人都写有以《题咏兰亭》为题的七律诗，可见是共同参与兰亭修禊活动时写的，但参与时间不明。

周大封，字辨西，绍兴人，生平未详。1913 年 1 月 3 日，鲁迅在《日记》里记载："午后周大封来访，自云居筇头山，父庆榕，与我家为同族。"可见，周大封与鲁迅年龄相仿。其《题咏兰亭》七律诗云：

> 湖上裙屐醉芳辰，千载风流卅二人。
>
> 觞咏重追三月禊，林亭常驻六朝春。
>
> 形骸自外欣忘老，诗卷长留迹未陈。
>
> 喜盍朋簪临曲水，当筵花鸟一时新。

陈福荫，字勉庵，广西桂林府临桂县人。光绪十八年（1892）进士，同年五月以主事分部学习，官户部主事，后任湖南宁乡知县，光绪三十年（1904）改知浙江石门知县，著有《勉庵灯谜》二卷。"兰亭文人即兴碑"曾提及"己巳"年"桂林陈福荫等十九人"，但并无诗作留存。其《题咏兰亭》七律诗云：

> 名区胜迹本天留，佳日登临禊事修。
>
> 汉腊已更新岁月，晋贤堪溯旧风流。
>
> 崇山曲水供诗料，竹箭花枝当酒筹，
>
> 文字因缘今视昔，肯教王序独千秋？

徐行恭（1893—1988），字颙若，号曙岑，别号竹闲居士，室名梅花填词研斋，杭州人。善填词作诗，喜收藏名人字画、古砚、印章，藏品皆精美绝伦。曾任北洋政府财产部第一司司长，业行银行行长，杭州市商会执委，浙江省文史馆特约馆员。著有《竹闲集》。其《题咏兰亭》七律诗云：

> 禊事殷勤踵昔规，十年一梦醒华芝。
>
> 衣冠故国尊南渡，花树春心缓旧陂。
>
> 高会永怀遥相接，片驰峭峭去犹迟。
>
> 隔江睹唱星河动，我政斜风理钓丝。

戴振声，字鹤皋，号鬻庵、鹤龛，江苏丹徒人。清季以县令仕浙，未竟图用，国步既更，寄隐西泠，不求闻达，吟咏自娱。曾参与杨吟庐于民国五年（1916）发起的"求声诗社"（原名"鸣社"），著有《鬻庵诗钞》若干卷。其《题咏兰亭》七律诗云：

> 赚得千秋一帖传,至今人说永和年。
>
> 韶光岁转重三节,高会风追卌二贤。
>
> 胜入山阴开画帧,禊修水曲棹觥船。
>
> 横江我滞东来鹤,倦羽褵褷骨未仙。

孙雄师,生平不详。民国二十年(1931)八月印行的《拯灾百事》序中有"庚午孟冬之月常熟孙雄师"字句,"庚午"为民国十九年(1930),可见其时尚在世,他是常熟人。其《题咏兰亭》七律诗云:

> 万殊静躁不同规,齐物何须别薤之。
>
> 坐借图书散东壁,遥知文燕续西陵。
>
> 浮觞犹见风流盛,击楫难溯迥驭迟。
>
> 别有伤心忆天水,六陵王气绝如丝。

从上述5人的生平及诗作内容分析,周大封"喜盍朋簪临曲水"之句看,他与其他四人均有交谊。"盍朋簪"原为"盍簪",《易·豫》载:"勿疑,朋盍簪。"孔颖达疏为"群朋合聚而疾来也",后人常用以指朋友相聚。而从徐行恭、陈福荫等人的生平看,他们的兰亭修禊活动不可能在清末民初,因为那时徐行恭年纪还小,但也不可能推迟到民国二十几年以后,因为陈福荫已届年迈之年。故此修禊活动大致当发生在1924年至1931年。

八、浙江安定中学的绍兴学子结课余诗学社、姚江同声社

清光绪二十八年(1902),在废除科举,兴新学的形势下,杭州资本家胡子悴在原敷文讲庐基础上创办了浙江安定学堂,开创了杭州私立学校教育的历史先河。宣统元年(1909)更名为钱塘县私立安定学堂,民国元年(1911)更名为杭州私立安定学校,1923年改行新学制,又更名为杭州私立安定初级中学,抗战时先迁诸暨县次坞,再迁象山县墙头,后迁缙云壶镇,1939年招收高中生,改为杭州私立安定中学,1945年迁回杭州后迎来了新中国的诞生,1956年2月转为公立,更名为浙江杭州第七中学,一直沿用至今。

民国四年(1915)就读于该校的奉化吴家埠人吴载盛,字际卿,号天放,22岁,有感于晚清之际新学盛行,国粹将亡,利用最后一学年时间,每月两次,首

先在班级中发起成立校课余诗学社，得到了班中大多同学响应，参加者有 20 人，年龄最大者 23 岁，最小者 17 岁，其中绍兴地区学子就有 8 人，几乎占了诗学社的一半。其中，绍兴县 4 人：钱湘，字伯康，号颖周，23 岁，绍兴县漓渚人；金寿祖，字诒丞，号奋庸，22 岁，绍兴县袍渎乡人；秋农，字颂获，22 岁，绍兴漓渚中市人；陈绩裳，字炳生，号悲观，绍兴县昌安门外马山镇人。诸暨县 3 人：钱延祥，字兆统，21 岁，诸暨江藻人；陈荫柱，字伯楼，号翰青，18 岁，诸暨店口镇人；陈祖焚，字君彝，17 岁，诸暨店口镇人。余姚县 1 人：李启沅，字邻湘，号云裳，19 岁，余姚县城东门人。积一年时间，将全班各人所写之诗结集刊行，名之曰《浙江安定中学校课余诗学诗吟稿》第一集。

从吟稿内容来看，首先主要是游览山水名胜的抒怀之作，如署名云裳的《西湖晚眺》诗云："淡烟锁树六桥东，一笛轻舟度晚风。宛似李营邱粉本，是谁偷挂夕阳中。"奋庸的《岳墓》："岳王勋业炳旂常，誓扫黄龙志气昂。三字狱成冤莫白，十年功废恨难忘。宋家宫阙埋荒土，葛岭楼台冷夕阳。独有祁连高冢峙，春秋俎豆荐馨香。"《西湖谒徐烈士墓》："胡人未灭身先死，往事回头泪满巾。犹幸河山还汉室，巍巍石像峙湖滨。"《钱江观潮》："浪花如雪卷寒飚，荡决雷雷山岳摇。十万军声来夜半，灵胥余怒几时消。"颂周的《万松岭怀古》："听涛眺景独盘桓，落魄当年动永艰。结得苍松千万干，好留劲节与人看。"颂获的《孤山怀古》："逋仙老去留亭在，鹤放亭空山久孤。剩有梅妻长守节，墓门相对总颜矑。"其次是毕业离校与诗社同学告别之作，如奋庸的《将去安校留别诗社诸君》："弹指韶光忽四年，追随裙屐乐陶然。前程渺渺催归雁，行色匆匆唤杜鹃。春树莫云成想象，花晨酒夕几缠绵。渡江倘遇邮传便，得句还宜寄一笺。"颂获的同题诗云："欲着归鞭去又迟，四年团聚忍分驰。天涯地角踪无定，周北张南会有期。"颖周同题七绝："满园桃李发新枝，愁煞河梁握别时。此后琅函望远寄，莫教鸿雁度迟迟。"云裳的《送金君奋庸秋君颂获钱君颖周陈君悲观之越》："四年聚首忽分行，听到骊歌暗自伤。此后相思渺何极，三春花雨九秋霜。"翰青的《金君奋庸秋君颂获吴君天放钱君颖周吴君两溪陈君悲观卒业归赋诗送之》诗云："骊歌乍唱各分驰，此后相思莫我知。水远山长君去也，西窗话雨更何时。人去春归三月天，重逢未卜是何年？乘风破浪时方好，惟觉离情总黯然。"兆统同题诗："汽笛声声出武林，鹏飞万里迹难寻。西窗剪烛联吟处，此后何人复赏音。"再次是关于时序变更的感叹,如颂获的《闻雁》:"黄叶西风又一年,故园遥望路三千。不知今夜南来雁,可有乡书系足边。"悲观的同题诗:"惊寒阵阵过楼头,犹忆衡阳浦上秋。一叫一回肠一断,惹人重起故乡愁。"云裳的同题诗:"霜林风战雁声酸,景色萧萧增莫寒。我恨年年长作客,他乡明月几回看。"翰青的《暮雨》:"客衾寒到酿花天,杏雨敲窗夜不眠。料得三篙春水涨,明朝可泛五湖船。"君彝的同题诗:"西山夜雨送残红,江上归舟半掩篷。我亦欲投人处宿,淡烟横锁断桥东。"

从诗的体裁来看,几乎全是七绝和七律,因为是初学,五律、五绝不易写,更遑论五古、七古和歌行体了,相比而言,七律、七绝容易上手。从诗作语言来看,大致通顺,意境亦清新,但也有的诗句显得稚嫩,缺乏推敲。

姚江同声社①由余姚县徐世英发起并创立于民国十一年(1922)年三月三日。当时他鉴于白话诗通行,遂担心旧体诗之衰亡,说:"诗以见性情,外国亦视为审美教育,乃国内反为白话体以浅陋之若,惟恐国学之不亡者,窃滋惑焉!"同邑谢宝书则认为:"子之意则善矣!而未会其通也。诗三百篇多劳人思妇之作,在当时亦白话诗也,乐府歌谣已降,而至于李、杜、白、陆诸家间用白话入诗流传既久,遂皆为绝妙之文言。古之人无意为诗,但就胸中之所磅礴郁积者偶尔为之自足,千古若徒斤斤于声音文字之工拙,是诚宋儒所谓玩物丧志也,乃必别文言白话而二之何耶?夫辞达而已矣!故曰'诗言志'。揣创为白话之意,岂不以大众易于通晓,然里巷歌谣所在,皆有抵牾百出,仍赖文言以沟通之,是文言与白话两存之可矣,若借以自文其浅陋,必举往昔之精义微言拉杂而摧烧之,则非余所敢知也。"遂与徐世英等年少好学者结为同声社。公推余姚汪鉴照(字铭绪)、上虞陈敬照(字吉人)等为名誉社长,徐世英(字松坡,号药溪)为编辑主任。

社员中可知籍贯的有:黄瓒,字瑟厂,号星东,余姚人;黄嘉蕙,字子董,余姚人;黄葆桢,字梁柏,余姚人;杨泰塈,字子厚,余姚人;谢凤藻,字莆青,余姚人;谢颐,字羭吾,余姚人;邵之炳,字蔚文,余姚人;陈承云,字漱泉,上虞人;陈

---

① 徐世英《姚江同声诗社初编》,民国十一年(1922)铅印本,收入曹辛华、钟振振选编《清末民国旧体诗词结社文献续编》,国家图书馆出版社 2016 年。

炬，字士一，上虞人；黄廷范，字守斋，余姚人；黄丙照，字菊香，余姚人；黄日林，字济源，余姚人；黄启泰，字伯阳，余姚人；谢宝书，字佩青，余姚人；谢金柱，字少庚，余姚人；黄肇基，字初一，余姚人；经松传，字贯之，余姚人；黄振庭，字巧之，余姚人；王仁溥，字袖沧，萧山人；金保三，余姚人；严竹卿，上虞人。

此外，未署籍贯而发表诗作的社员有：周楚材、华平如、黄子乘、许嗣衡、俞绎声、经帙香、黄汝明、黄之趣、陈而新、杨伯豪、谢谷苍、黄润珊、费邹蟾影女士、陈金奎、谢显猷、陈毓陶、谢鲁珍、杨馥笙、平半山人、薛阆仙、陈友臧、刘介庵、姚师侠、曹逸山、刘琴樵、倪效卿、金福僧、毛客葭、黄锺翰、谢虚谷等51人。

社内诗友发表的诗作由徐世英汇编为《姚江同声诗社初编》集，于民国十一年（1922）铅印。诗歌内容大致为以下几种。

其一，游览山水名胜及节日感怀之作，如周楚材《游上林湖至普济寺》五律五首、《端阳感怀》；黄子乘《端阳感怀》《游石窗》，许嗣衡《春游》，经贯之《端阳抒怀》，黄梁柏《西湖纪游》《游潺湲洞》，谢佩青《金山寺杂咏》，天半山人《薄暮同赵君散步海塘》等。

其二，步韵社友之作，如许平如《步经贯之君元韵》《再步元韵》，黄子乘《春晓和寿诒元韵》，经贯之《消夏和平如君元韵》，周楚材《依元韵慰和黄君介寿抒怀》《雪夜杂咏和寿诒》《中秋后一日奉和许嗣衡君秋夜抒怀元韵》，黄汝明《和华平如君元韵》，杨馥笙《朱二见和遣闷之作兼示得孙消息叠韵答之》，刘介庵《步徐松坡先生杂感原韵》，谢茀青《次徐君韵奉答》，倪效卿《和徐松坡君自随小影谨步元韵》，王仁溥《冬柳和万柏先元韵》等。

其三，咏物之作，如华平和《艾虎》《薄剑》，周楚材《艾虎》《薄剑》《对菊抒怀》，徐松坡《花烛诗》，华平如《十菊吟》（插菊、访菊、对菊、问菊、采菊、供菊、画菊、品菊、怜菊、忆菊），周楚材《十菊吟》（艺菊、护菊、采菊、赏菊、问菊、羡菊、怀菊、梦菊、画菊、饯菊），陈毓陶《菊花诗十二首依红楼梦命题》、谢虚谷《咏海棠》《咏水仙》。

其四，友朋交酬之作，如俞绎声《重午立初归自杭垣时余犹在四门姚西医院朝夕过从逾月余亦休假回里留别四绝》《耦樵函询行止覆呈一绝》，徐松坡《题瑟厂先生小影》《题铁仙草堂主人小影》，陈奏轩《题松坡居士小影》，陈二新《松坡先生属写煤照并题二绝》。

其五,四时抒怀之作,如许嗣衡《秋夜抒怀》,周楚材《秋吟》组诗,华平和《秋吟》。

其六,祝寿吊唁之作,如徐松坡《寿张星陔先生七十》《追悼》六首,俞绎声《哭仲兄容声》五首,青黄之趣《寿慎斋先生五十》,陈士一《题罗坤祥君母六旬寿》,杨伯豪《寿金福僧先生次五十自述韵》,陈金奎《寿金福僧先生五十》,谢佩青《哭积臣族弟》《悼亡》,金福僧《五十自述》,黄锺翰《悼亡五古十四韵》。

诗作体裁大多为七律、五律,七绝、五绝,古体诗很少,只有一首。从诗作语言意境来看,清新流畅。

九、"乐石社"中的绍兴人

"乐石社"是一百年前浙江省立第一师范学校师生组织的一个金石研究社团,社长由当时该校最负盛名的教师李叔同担任,成员以学生社友为主,也有喜好篆刻的教师,如夏丏尊,还有该校校长经亨颐也是该社的成员。学生社友中绍兴府籍占了一半左右。

(一)成立的背景

民国元年(1912),经亨颐出任浙江两级师范学堂校长,他主张"人格教育",以"勤、慎、诚、恕"为校训,提倡"德、智、体、美、群"五育并重。经校长的办学思想受到许多具有真才实学的教师欢迎。经亨颐(1877—1938)与夏丏尊(1186—1946)既是同乡(经亨颐老家在上虞驿亭,夏丏尊老家在上虞崧夏),又同在日本留学。经亨颐1908年4月被聘为浙江两级师范学堂,而此时的夏丏尊正辍学在家,为此就被聘为浙江两级师范的教师,在该校任教达11年之久。1913年两级师范学堂改为浙江省立第一师范学校,经亨颐继续担任该校的校长并兼任浙江省教育会会长。经亨颐教育思想开明,反对旧教育封闭和压制教育的方法,主张"人格教育",推行"德、智、体、美、群"全面发展的五育教育,培养正直、坚强、学识兼备的人才,为国家建设服务。在教学方法上,提倡"自动、自由、自治、自律",将教师本位之原状,改为学生本位的主动教育。他还主张活跃学术氛围,不加任何拘束,让学生主动地学习,多方面培养和陶冶学生的思想人格。

为了贯彻落实上述的教育思想,经亨颐尊师敬贤,多方延揽思想进步、学问渊博的知名人士来校任教。1912 年 10 月，为加强学校的艺术教育，经亨颐从上海延请了"二十文章惊海内"的李叔同来校担任图画和音乐教学。李叔同长夏丏尊六岁，李叔同多才多艺，诗文、词曲、话剧、绘画、书法、篆刻无所不能，且造诣很高。夏丏尊也博学多才，擅长国文、理学、绘画、金石、书法等。夏丏尊与李叔同一起共事了七年，在这段时间里，他们朝夕一堂，彼此关系密切，常在一起吟诗唱和，谈论佛学，互赠印章。1914 年农历九月，在该校高师图画手工专修科就读的诸暨人邱志贞和一批爱好篆刻的学生倡议下，得到了校长经亨颐和教师李叔同、夏丏尊、堵福诜、周承德等人支持，正式成立了以"研究印学"为宗旨的"乐石社"，取"吉金乐石"之义，定名为"乐石社"。大家一致推选李叔同为社长，李叔同为此写了情洋溢的宣言《乐石社记》："同学邱子，年少英发，既耽染翰，尤嗜印文。校秦量汉，笃志爱古。遂约同人，集为兹社，树之风声，颜以乐石。切磋商兑，初限校友。既乃张皇，他山取益。志道既合，声气遂孚。"

（二）社团的成员

"乐石社"是一个师生课余篆刻活动的文艺团体，以在校学生社友为主，也有篆刻特长的教师参与指导。初有近 20 人，后发展为 27 人。据李叔同《乐石社社友小传》记载：除教师李叔同、夏丏尊、经亨颐、堵福诜、周承德外，学生社友有下面几位。

邱志贞（1891—1951），字梅白，诸暨人。对篆刻有奇癖，见书画篆刻等恋而不忍离去。家人寄其生活费，多以购买古书画碑帖之类。初学刻石，不足以言印。民国元年（1912）求学杭州以后，始与西泠诸印人交往，得西泠印社所藏名人印谱而卒读之，学乃大进。书画浑健，不失古法，所作新颖。

徐啸涛，名葆玚，上虞人，生卒年不详。知诗善画，篆刻初师辛谷，1912 年就读于浙江两级师范学堂后，与西泠诸印人朝夕研求，知印以宗汉为正。尽弃辛谷之学而学之。浑厚高古，得汉人神髓。尤善白文。

徐志行，字拙夫，上虞人，生卒年不详。性聪慧，嗜金石文字。善行楷，兼工篆刻。

徐渭仁，字善扬，上虞人，生卒年不详。自幼好学，因家贫而中途辍学。年二十佣于两级师范学舍，执役之暇，手持书本，吟诵不辍。以贫故无资购书，拾字篦中弃书读之。又以余暇,为乐石社拓印本,工洁可爱。李叔同予以资不受,以书画印章等赠之,则大喜称谢。

陈兼善(1890—1988),字达夫,诸暨人。李叔同在《乐石社社友小传》中称其嗜古金石之学,天资聪慧,学印仅一年,已深入汉人堂奥。南社社员。1955年执教台中东海大学,创办鱼类标本馆。著有《台湾脊椎动物志》《普通动物学》等。

杜振瀛,字丹成,别号郯道人,嵊县人,生卒年不详。善写兰,劲健中尤饶秀气。间写梅竹,亦有可观。其以余力刻印,以浑古称。

胡宗成,字梦庄,号止安,绍兴人,生卒年不详。工文辞,喜金石之学。搜罗汉魏六朝碑版及唐人墓志,精拓甚,富好书八分,刻印以秦汉为宗。尝与二三同志创立臧社,推为社长。

教师社友中经亨颐、夏丏尊两人是上虞人。堵福诜,字申甫,又号屹山,会稽人。工画,喜作印。

(三)社团活动及出刊

乐石社成立之初有社友近 20 人,其中学生社友 15 人。1915 年后先后两次发展了非校友社员,如绍兴的胡宗成、柳亚子、张一鸣、姚石子等,社员达到 27 人,规模和活动达到鼎盛时期。乐石社社章规定每月举行一次雅集活动,专门研究治印方法及其他关于印学之参问;每月由主任或社长编辑社刊《乐石》一集,分赠社友每人一册。在主任李叔同主持下,于 1914 年 11 月至 1915 年 8 月的时间里,先后出版社刊《乐石》共八集,并编印《乐石社友小传》一册。后因李叔同在杭州、南京两地兼职,难于料理社务,根据乐石社章程改选,改主任制为社长制,公选经亨颐为社长。此后在经亨颐主持下编印出版了《乐石集》第九、第十集。至 1917 年,因大部分学生骨干社友毕业离校,李叔同去虎跑试验断食,已无心俗事,乐石社活动也就停止了。

社刊《乐石集》亦叫《乐石印存》,是每次雅集创作后的篆刻作品的汇集。每集的数量并不统一,由参加人数、作品多少而定,一般有四五十页。第一集最多,有 56 页。第五集最少,仅 30 页,这是 1915 年三月春季增刊,参加这次雅集的 15 位社友合作篆刻了温庭筠《诉衷情》词调,每人选择其中的几个字或一句成其印文,依序排列成一首完整的"莺语"词,实为新奇风雅,作者依次是邱志贞、楼启鸿、徐志行、陈兼善、戚纯文、夏丏尊……2014 年西泠春拍中面世的《乐石集》，就是这次雅集活动产生的作品。封面题签轮流由社友题写，第一集由息翁（李叔同），第二集由石禅（经亨颐），第三集由申甫（堵福诜），第四集由丏尊（夏丏尊）署名，第五集以后由学生社友题写。

"乐石社"存在四年，活动频繁，效果显著，培养了一批在篆刻治印方面的能人，至今，他们的篆刻及印章已成为国家宝贵的文化遗产。作为一个文艺社团，他的存在时间之长和活动方式之新颖灵活，都是值得研究探讨的。

十、民国十八年（1929）袁天庚等人于兰亭雅集

中华书局 1999 年《绍兴县志》第三十七编《文物胜迹》"兰亭文人即兴碑"条记载："清同治八年（1869）三月初三，绍兴袁天庚、上海孙玉声、吴兴姚洪淦、武进邓春澍、青（郁之误）餐霞、桂林陈福荫、杭城徐行恭等十九人在兰亭觞咏，追怀往事，即兴作诗五首，后刻石嵌于壁间，故名。"邹志方编《历代诗人咏兴亭》也沿其说。① 其实，此"己巳"非清同治八年（1869），而是民国十八年（1929）。查析上述诸名士的生平经历即可明白。

袁天庚，字梦白，因耳聋故号无耳尊者，晚号白衲，室名八百里湖荷花词馆，绍兴县陡亹杨望村人。旧宅位于绍兴城长桥直街，生卒年不详。民国时著名词人、书画家、文化鉴赏家。清光绪甲午（1894）出关，为程雪楼督抚黑龙江幕宾，聘为军事顾问。后寓居上海，加入南社，在南社中颇有画名，尤工花卉，书画多见题画。后在倪嗣冲幕府任职多年。著有《槿肤》四卷、《痴寮萝呓》两卷、《八百里荷花渔唱词》四卷、诗两卷。其《己巳上巳兰亭觞咏》七律诗云：

> 典午而运世几迁？右军一序独巍然。
> 偶来小集传觞咏，别有清谈胜篁弦。
> 白裕最宜三月节，青山犹认六朝天。
> 中原戎马何时已？怅对斜阳问昔贤。

另，其词集中有《沁园春·谒岳鄂王墓感时事不觉涕零》，词云：

---

① 邹志方编《历代诗人咏兴亭》，新华出版社 2002 年。

　　大宋江山，大将旌旗，岿然崇封。溯君王南渡，何来白雁，兵戎北指，未抵黄龙。铁像无心，金牌有恨，浩浩荡荡神鸦晚风。斜阳赤，千秋苍土，一片精忠。　　年来军事难穷，倒对干戈作内攻。痛誓师杀贼，谁为仇敌，残民辱国，辄号英雄。天地忌才，贤豪丧志，覆辙相寻例或同。栖霞路，有填胸热泪，洒向幽宫。

　　面对日本侵略者大肆吞食中华国土，残杀国民，国民党反动政府却破坏国共同仇敌忾的大好形势，掉转枪口打内战，这与南宋初年宋高宗及权相秦桧投降卖国，残害忠良，又有什么不同呢？袁天庚借古伤今，表现了对蒋介石为首的国民党政权的强烈不满，对"倒对干戈作内攻""覆辙相寻例或同"政策的忧虑，对现实政治的高度关心。此词写作时间当在抗战全面爆发以后，可见袁天庚生年当在同治初年，不可能参与同治八年（1869）的兰亭修禊活动。　　徐元钊（1861—1926），字吉荪，号遏园，晚号周园，会稽人。近代图书馆事业家、藏书家徐树兰之子。光绪十四年（1888）副贡，司铎台州、太平，推升河南知县，工诗词古文，作画其余事，花卉古拙可爱，著有《遏园诗草》。其有《奉和无耳尊者十月三十日放舟兰渚遇雨醉归原韵》诗云：

　　　　镜水稽山里，峰尘误少年。不堪修禊客，迟入小春天。
　　　　丝竹联吟侣，烟波荡画船。从今兰上里，风雨尚凄然。

　　此诗写于哪年不明，但徐元钊卒于民国十五（1926）年，可见袁天庚于民国十五年前曾与徐元钊参与过兰亭修禊活动，既然称"吟侣"，年龄不会相差很大，其生年可能在咸丰末年或同治初年。

　　参与"己巳"年兰亭修禊的孙玉声（1864—1940），名家振，别署海上漱石生，惊梦痴仙，上海人。出身官宦家庭，文学修养高，酷爱戏曲，迷恋京戏，经常出入上海于三雅、南丹桂、金桂等当时著名茶园听戏。清末民初小说家，知名报人。光绪十九年（1893）聘为《新闻报》编辑主笔，二十四年（1898）自办《采风报》，三十一年担任《申报》本埠新闻编辑，前后从事报业达19年之久，成为"上海通"。代表作有《海上繁华梦》《三十年来上海剧界见闻录》《上海名伶史》《上海戏院变迁志》等。其《己巳上巳兰亭觞咏》七律诗云：

　　　　兰亭修禊群贤集，风日清和是暮春。

曲水畅观觞咏乐，崇山游尽古今人。

悟言契合情犹昔，俯仰兴怀迹已陈。

此会快然欣得地，相娱一室岂无因？

邓春澍（1884—1954），一名澍，号青城、石圣，又号五百石印富翁，自号邓蛮，江苏武进人。青年起设私塾课徒外，爱好写字吟诗、作画，精铁笔，好遨游，以画石著，故称石圣。以藏石印丰，故又自号五百石印富翁。1950年武进县城解放，家中房舍被分，后常往来上海。著有《绘余计草》《四韵堂印存》《两宜室随笔》《青城画萃》《青城石谱》《胜游图韵》等。其《己巳上巳兰亭觞咏》七律诗云：

欣从吴会集群公，都是骚坛角逐雄。

觞咏刚逢上巳日，笑谈绰有永和风。

兴义韵夏琅玕碧，激滟香斟琥珀红。

一例兰亭传盛会，山阴如在画图中。

郁葆青（1881—1941），又名锡祯，号餐霞，又号诗翁、兰藕等，江苏武进人。清末民国诗人，善书法，尝于上海营别墅于湖上丁家山，与陈鹤紫、孙玉磬、姚洪淼组织鸣社。著有《餐霞书稿》《餐霞集》《郁屏翰赴闻》《餐霞书话》《兰襟集》《鸣社话旧集》等。其《己巳上巳兰亭觞咏》七律诗云：

山阴驴背驮诗叟，来续兰亭修禊筵。

三月樱花春未老，千秋鸿雪迹成烟。

情怀寥廓泯今昔，天地穹庐岂变迁？

一十九人真放浪，此身如在永和年。

姚洪淼，字涤源，一字劲秋，号心僧，吴兴人。生卒年不详。清光绪十七年（1891）举人，辛亥革命后寄居上海，著有《劲秋诗稿》。其《己巳上巳兰亭觞咏》七律诗云：

永和癸丑山阴会，禊事重修几暮春。

万里风烟干净土，一亭觞咏古今尘。

南华妙彻蒙庄旨，东晋难逢逸少人。

香火斯文缘又结，后来追念感前因。

以上四人,孙玉声、邓春澍、郁葆青的生年已经说明他们绝不可能于同治八年(1869)参与修禊活动,舍此,"己巳"只能是民国十八年(1929)。

十一、鲁迅、周作人等一批文化人在北京、上海组织的社团

民国六年(1917)以后,一部分绍兴文士走出绍兴,进入了上海、北京、广州更加广阔、更富有竞争性的天地,如以鲁迅为代表的周氏三兄弟,还有罗家伦、孙伏园、孙福熙、孙大雨、邵洵美、陈梦家、章廷谦、陶亢德、许钦文、许寿裳、经亨颐、董秋芳、何植三等等,他们在文学活动的中心北京、上海等地结社,他们学习掌握中国共产党人的进步文学主张,通过办刊物,出书籍,在中国的现代文学运动史上产生了深远影响。一部分绍兴文士固守乡土阵地,他们也与时俱进,以办报刊为手段,积极参与结社活动。

(一)鲁迅、周作人与《新青年》

《新青年》原名《青年杂志》,1915 年 9 月由陈独秀创办于上海,1917 年迁往北京,从 1917 年至 1919 年,在陈独秀的延揽下,《新青年》集结了一批新文化和新文学运动的发难者和先驱人物如李大钊、胡适、钱玄同、刘半农、鲁迅、周作人等。他们以《新青年》为舆论阵地,比较系统又有组织地对旧文化、旧文学进行了广泛批判,对新文化、新文学的建设进行了热烈的讨论,提出了许多具有历史意义和理论价值的意见,在意识形态领域里掀起了一场轰轰烈烈的革命。《新青年》一方面是一个完整的新文化团体,另一方面也具有鲜明的文学社团流派的色彩。

鲁迅与周作人约于 1918 年才加入《新青年》阵营,但在《新青年》中所起的作用是很大的。早在 1908 年,鲁迅和周作人在《摩罗诗力说》与《论文章之意义暨其使命及中国近时论文之失》等文章里,就提出了比较完整的启蒙文学观念,他们认为文学与民族的盛衰有密切的关系,文学是国民精神的寄托所在,而文学的变革与进步所宣扬的新思想,则能改变国民的精神。他们强调文学的思想启蒙意义,又十分重视文学的审美特征,认为文学必须具备意义、感情、风味等审美因素,做到思想、感兴和美的融和,这样才能涵养人的神思,使国民精神在潜移默化中得到改变,从而获得改造国民灵魂之效。

然而,尽管鲁迅、周作人提出了一个比较完整的具有现代意义的文学命

题,却未能造成广泛的社会影响,直至《新青年》的创刊,才扩展成为强大的文学思潮。1917 年 1—2 月,标志"五四"文学革命兴起的重要文章——胡适的《文学改良刍议》和陈独秀的《文学革命论》探讨文学形式的改革和社会价值、审美趣味等问题时,鲁迅提出了文学"必须是'为人生',而且是要改良人生,我深恶先前的称小说为'闲书',而且将'为艺术而艺术',看作不过是'消闲'的新式的别号,所以我的取材,多采自病态社会的不幸的人们中,意思是在揭出病苦,引起疗救的注意"①。周作人也提出了"人的文学"的理论观点。周作人以人为本位,肯定人的价值,维护人的权利,把灵肉一致是人类本性作为立论的逻辑前提和思想依据,从中引申出"人的文学"三项内容:一、以人道主义为思想指导,观察、研究、分析社会人生诸问题,用形象的文学反映"非人的生活",同时又要写出他们灵魂里"时时露出美与光明来";二、作者既要真实地反映"非人的生活"的实在情状,又要怀着"悲哀或愤怒"的感情,采取改造不合理的人生社会的积极态度去从事创作;三、文艺要为"人生服务",作者"应当用艺术的方法,表现他对于人生的情思,使读者得到艺术的享乐与人生的解释"。②

　　1918 年 1 月《新青年》第 4 卷第 1 期上刊登了 39 首新诗以后,陆续发表了鲁迅、周作人的新诗。鲁迅以"唐俟"笔名写了《梦》《爱之神》,发表于第 4 卷第 5 号上;被誉为"新诗中的第一首杰作"的周作人的《小河》,意境优美,作者运用拟人手法,赋予自然景物以动态的生命。"堰外田里的稻","田边的桑树","田里的草和虾蟆","稳稳地向前流动的小河",都充满着生机与活力。作者将自己认识到的哲理融进这一春意盎然的诗的画面中,说明自然界和人类社会的对立统一:水能造福万物,也能危害万物,而作为社会主体的人民群众也如水,既能载舟,亦能覆舟。这里,也抒发了作者对人民群众的态度:认人民群众为"好朋友",感激人民的"润泽之恩",并且从人道主义出发承认人为生存而要求改造社会环境,犹如"水要保它的生命",总须"流动"一样,完全符合"自然律"。

　　《新青年》现代白话散文的创作迟于新诗,但成就却远胜于新诗。1918 年

---

① 鲁迅《我怎样做起小说来》,见《鲁迅全集》第 4 卷,人民文学出版社 1981 年,第 512 页。
② 周作人《新文学的要求》,载《晨报副刊》1920 年 1 月 8 日。

4月《新青年》第4卷第4号开辟的《随感录》的新栏目,是杂文蓬勃生发的园地。在《新青年》众多的散文家中,拓荒成绩最大的自然要算鲁迅、周作人兄弟二人。周氏兄弟在《随感录》上发表杂感,在谋篇布局和行文时都不为陈规旧矩所束缚,表现出一种特别的格式和新颖的文风。尤其是鲁迅所创作的杂感,不只扩大了散文题材的范围,在文体方面也进行了革新,形成了独特的"鲁迅风"。鲁迅写这些杂感,正当《新青年》杂志四面受敌之时,所以笔锋多指向封建思想伦理道德,以及一些复古倒退的社会现象,或驳斥形形色色的"兽性企图"的谬论。如《热风》"有的是对于扶乩、静坐、打拳而发的;有的是对于保存国粹而发的;有的是对于那些旧官僚以经验自豪而发的;有的是对于上海《时报》的讽刺画而发的"①。作品对中国社会的现状和前途作了比较深入的思考,提出了比较系统的思想启蒙的观点,体现出反帝反封建的不妥协精神,于论敌重围中从容不迫,气度沉稳,进行广泛的社会批评和文明批评,为正义与真理尽了守卫阵地、开辟战线的责任。

周作人的杂感小品虽无匕首的闪光,却也有着理性的思考,如在《新青年》第5卷第3号的《随感录·二十四》中,他批评封建士大夫文人"把外国异教的著作,都变作班马文章、孔孟道德"的窳劣作风,给人以思想的启迪,同时笔法舒缓逶迤,于隽冷冲淡的言语中,侧击现实,鞭挞世态。作为散文大家,周作人的成就是学界公认的。郁达夫在其选编的《中国文学史大系·散文二集》的导言中,明确指出:"中国现代散文的成绩,以鲁迅、周作人两人的最丰富最伟大。"现在看来,周作人的散文"伟大"不能与鲁迅相比,但"丰富"性可能是超出鲁迅的。

1918年5月,《新青年》第4卷第5号发表了鲁迅的《狂人日记》。它通过一个精神病患者的谵语和臆想,揭露了封建礼教的吃人本质,从而把整个封建思想文化体系推上理性的审判台。小说以激昂人心的呐喊,试图唤醒被封建思想文化禁锢了千百年的国人,表达了对民族新生的渴望和对历史传统的反诘。鲁迅在《新青年》上先后发表了《孔乙己》《药》《风波》《故乡》等小说,着意于改革社会,改良人生,同时也为同人呐喊助威,实践《新青年》团体倡导的改

---

① 鲁迅《热风题记》,见《鲁迅全集》第1卷,人民文学出版社1981年,第291页。

造民族灵魂的文学主张。

鲁迅和周作人虽然不是《新青年》杂志的创办者，但他俩在《新青年》上发表的论文、杂感、诗歌、小说，充分显示了文学革命的实绩，由此他俩成为《新青年》的砥柱人物，尤其是鲁迅，其小说标志《新青年》团体所取得的成就。陈独秀在鲁迅逝世一周年后，曾这样说过："鲁迅和他的弟弟启明先生，都是《新青年》的作者之一人，虽然不是最主要的作者，发表的文字也很不少，尤其是启明先生；然而他们两位，都有他们独立的思想，不是附和《新青年》作者中那一个人而参加的，所以他们的作品在《新青年》中特别有价值，这是我个人的私见。"①

（二）罗家伦、孙伏园、周作人、孙福熙与"新潮社"

"新潮社"是五四时期北京大学学生中受《新青年》影响的一个文学社团，酝酿于 1918 年秋，同年 10 月 13 日召开了第一次筹备会，由傅斯年、罗家伦、徐彦之等发起，决定出版《新潮》杂志。《新潮》创刊号于 1919 年元旦出版，杂志初期由傅斯年和罗家伦担任编辑，次年改组，推荐北大教授担任主编，实际上由孙伏园、毛子水主持。《新潮》杂志至 1922 年 3 月悄然收刊，共出版 3 卷 2 期，共 12 期。

1．"新潮社"及《新潮》的文学主张

"新潮社"受新文化运动的影响，得到了北大进步师生的援助，其实是《新青年》团体的一部分。《"新潮社"成立启示》云："同人等集合同趣组成一月刊杂志，定名曰《新潮》。专以介绍西洋近代思潮，批评中国现代学术上、社会上各种问题为职司。不取庸言，不为无主义之文辞。"作为《新青年》之文学辅翼，《新潮》杂志吸收西方文艺思潮，批判中国旧文学的同时，亦注重对存留于旧文学乃至整个社会中的旧思想、旧道德的批判，进而理直气壮地喊出"伦理革命"的口号，对中国的封建伦理道德和封建文学进行猛烈的攻击，并且声称："本志以批评为精神，不取乎'庸德之行''庸言之谨'，若读者以'不能持平'而批评，'则同人更所乐闻。'"②鲁迅曾将《新青年》与《新潮》作比较："《新青年》其实是

---

① 《我对于鲁迅先生之认识》，见《陈独秀文章选编》，三联书店 1984 年。

② 傅斯年《〈新潮〉发刊旨趣书》，载《新潮》第 1 卷第 1 号 1919 年 1 月 1 日。

一个议论性的刊物,所以创作并不怎么看重,比较旺盛的只有白话诗;至于戏曲和小说,也依然大抵是翻译。""(创作)较多的倒是在《新潮》上。"[①]"新潮社"给文学以更多的关注,增加了文学作品在杂志中的篇幅,他们在征稿启事中明确地说,小说、诗、剧等文艺作品尤为欢迎,但均以白话新体为限。由于《新潮》以创作取胜,推出了自己的青年作家群,一批年轻人成为《新潮》的新锐力量。同时聘任胡适为《新潮》的顾问,新文化运动的领袖人物如蔡元培、陈独秀、李大钊、鲁迅等也常在《新潮》发表文章。

2."新潮社"及《新潮》的成员

《新潮》主要成员有傅斯年、罗家伦、徐彦之、顾颉刚、俞平伯、孙伏园、孙福熙等 20 余人,后来周作人、冯友兰、叶绍钧、朱自清也加入了。其中绍籍人士有:

罗家伦(1897—1969),字老希,笔名毅,浙江绍兴人。出身于江西南昌,16 岁回到绍兴,但只待了两年便到上海读书。1914 年考入上海复旦公学,1917 年毕业考入北大文科。五四运动时期,成为风云人物,他常接触的是胡适和李大钊,最崇拜的是校长蔡元培,他是白话文、新诗和简化汉字热情的倡导者、实践者。受《新青年》的影响,1919 年元旦他与傅斯年等筹备创办了"新潮社"和《新潮》杂志,初期傅斯年是主任编辑,他是编辑,1919 年 11 月傅斯年出国留学,他担任了主任编辑工作。在《新潮》上发表作品仅次于傅斯年,共计 36 篇之多。他还是五四运动的领袖,积极参加反帝反军阀的斗争。"五四"集会和游行示威散发的宣言就是出自其手笔。他还以"毅"为笔名,在《每周评论》第 23 期上发表了《五四运动精神》一文,该文不仅首创了"五四运动"这个词,而且及时总结了这场运动所蕴含的精神。1920 年秋前往美国留学,游学欧洲,1926 年归国,历任清华大学校长、中央大学校长、新疆监察区监察使、国民党驻印度大使等职。

孙伏园(1894—1966),原名福源,1918 年考入北大后更名伏园,浙江绍兴人。1919 年 11 月加入"新潮社",并在《新潮》上发表《海外中国大学为什么不成舆论》的杂文和介绍托尔斯泰的小说《高加索的囚人》《伊凡的故事》等文章。

---

① 《鲁迅全集》第 6 卷,人民文学出版社 1981 年。

1920年8月该社第3次改选,周作人担任主任编辑,孙伏园任编辑。他与李小峰一起编辑"新潮文艺丛书",该丛书先后出版了冰心诗集《春水》,鲁迅的小说集《呐喊》及其翻译的俄国盲诗人爱罗先珂的《桃色的云》和,孙福熙的《山野掇拾》,李小峰翻译的《两条腿》,冯文炳的《竹林的故事》,周作人译作《陀螺》等。

周作人(1885—1967),原名櫆寿,又名启明,笔名遐寿,绍兴人。由于"新潮社"成员都是学生,他们毕业后,大多分赴全国各地,留在北京工作的很少,为此,社团成立后,面临经济和干部的困难,为了稳定社团发展,新潮社决定聘请周作人加入,《新潮》第2卷第4期刊出《本社特别启事》,"郑重宣布"周作人为"新加入本社社员"。罗家伦于1920年秋留学美国,周作人接任主任编辑,实际工作由孙伏园、毛子水主持。

孙福熙(1898—1962),字春台,笔名丁一,绍兴人。1912年小学毕业后,考入浙江第五师范学校,五四运动爆发后,经鲁迅介绍到北大图书馆任职员,并在北大文史哲学系选课旁听,同时参加"新潮社"。1920年赴法国勤工俭学,1925年回国后,协助其兄孙伏园编辑《京报副刊》。散文家,著有《山野掇拾》;画家,曾为鲁迅《野草》等著作绘制封面和插图。

3."新潮社"与《新潮》杂志的贡献

"新潮社"与《新潮》的成员绝大多数是青年作家,以文学创作取胜,他们对小说、诗歌、戏剧等文学作品尤为重视,取得了不俗的成就。作为团体的实践,新小说成为《新潮》的首要兴奋点,从1919年第1卷第1号到1922年第3卷第2号,共刊出小说22篇。汪敬熙是《新潮》杂志小说作家,其处女作《雪夜》和后出的《一个勤学的学生》《渔家》《贞女》,叶圣陶的《这也是一个人》,俞平伯的《花匠》,罗家伦的《是爱情还是苦痛》等,都是针对当时社会现实而发的,他们继承了先驱启蒙主义的文学思想,把批判锋芒对准社会现实中的旧传统、旧思想,从中表现了"批判人生"的团体性格。虽然在总体质量上未能超越作为师长的《新青年》作家群,但在数量上却获得了丰收。

"新潮社"在诗歌领域也有执着的探索、创造,诗作发表最多的是俞平伯、康白情、寒星、傅斯年、罗家伦等。俞平伯提出"努力创造民众化的诗"的主张,认为诗歌应该真实自由表现人生和自我的艺术,其《打铁》《挽歌》和《最后的烘炉》等,率真表现了对劳动者的同情,对反动军警镇压学生暴行的义愤。康白情努力开拓新诗选材和表现手法,既有真切抒写"热血少年"受时代大潮冲激而发的呼喊,也有低声倾诉遭受迫害的痛苦心情,还有描写民间习俗、自然风光诗篇,风格大多明快朴实。傅斯年的《深秋永定门城上晚景》,罗家伦的《雪》用自由体,借景起兴,寄托自己的思想情怀,表达了五四时期青年对生活的热爱和对事业的追求。

《新潮》对国外戏剧作品的翻译,不仅数量多,而且质量高,如易卜生的《群鬼》、王尔德《扇误》、萧伯纳《华伦夫人之职业》等,为推动个性解放的思潮起过一定作用。

"新潮文艺丛书"的出版是新潮社为中国新文学贡献的一份厚礼,这套丛书有许多开创性的作品,可以说是新文学的第一次集体亮相,在中国现代文学奠基和发展中的意义是绝不能低估的。

(三)周作人、孙伏园、刘大白、鲁迅与"文学研究会"

"文学研究会"1921年1月成立于北京,是中国第一个大型的新文学社团,该会12个发起人中,周作人、孙伏园、郑振铎、沈雁冰、蒋百里皆是浙江人。其中周作人与沈雁冰(茅盾)两位的作用尤为显著。先后加入的成员有170人之多,遍布北京、上海、广州等大中城市。文学研究会没有统一的领导,组织比较松散。1925年"五卅"运动后,随着时代的兴奋点的转移,成员发生分化,有的继续沿着文学研究会道路向前发展,如叶绍钧、冰心创作了优秀作品;有的另起炉灶,如孙伏园、俞平伯另组语丝社,徐志摩成为"新月派"的中坚力量;有的投身实际革命斗争实践,如张闻天、陈毅等;有的则从事文学创作(小说),如沈雁冰等。直到1932年"一·二八"事变爆发,《小说月报》因商务印书馆编译所毁于战火而被迫停刊,文学研究会也就自然解散了。

文学研究会成立之初,周作人撰写了宣言,明确指出:"将文艺当作高兴时的游戏,或失意时的消遣的时候,现在已经过去了,我们相信文学是一种工作,而且又是于人生很切要的一种工作;治文学的人也当以这事为他终生的事业,正同劳农一样。"①这一宣言揭示了"为人生而文学"的目标,成为文学研究会的活动总旨之一。周作人在文学研究会的初期主要贡献是散文:《自己的园地》、

---

① 《文学研究会宣言》,见《新青年》第8卷第5号。

《雨天的书》、《谈虎集》（上下）、《泽泻集》、《谈龙集》等。这些散文从内容和文体看，可分为两大类：第一类为议论性散文，这是周作人散文中的"正经文章"，涉及的内容十分广泛，而且充满了浓烈的政治色彩与时代意识。从封建旧军阀的"讨赤"到国民党新军阀的"清党"，从北方反动"执政"对内的腐败治绩，到南方政府对外的腼颜附逆，从"三一八"惨案到女师大风潮，从日本帝国主义的阴险用心到卖国者的丑恶嘴脸，从封建的旧道德到传统的中国文化，从妇女问题到儿童问题……现实生活的层层风云，人世间的种种意识，各类政治家的嘴脸，道德家的高论，一切有违于时代进步与人道原则的言论、人事行为，各种奇怪的丑相、病态，周作人都以如椽的巨笔，给予了辛辣而又尖锐的揭露与批判。第二类是写景、状物、抒情的小品文，也是文学研究会散文中意蕴深远、风格独特、造诣极高的精品。这类散文"有关人生与自然巨细都谈，虫鱼之微小，谣俗之琐屑，与生死大事同样看待，却又当作家常话地说给大家听"①，题材极为广泛，有"吃茶喝酒"之类生活琐事的"闲话小品"，也有如"苦闷"的《乌篷船》之类的叙事写景之文，还有如《昼梦》之类的抒写个人情思之作。这些小品文虽时代意识淡薄，社会价值不高，但由于闪烁着智慧之光，文化意味浓厚，影响很大。胡适在《五十年来中国之文学》中指出："这几年来，散文方面最可注意的发展乃是周作人等提倡的'小品散文'。这一类的小品，用平淡的谈话，包藏着深刻的意味；有时很像笨拙，其实却是滑稽。"②

在对新文学作品的评论上，周作人针对封建复古派对一些新文学作品的攻击或误解，条分缕析地阐发这些新文学作品的时代倾向和积极意义，为新文学摇旗呐喊。他从性爱乃是人类一种最自然的生命现象入手，彻底揭露了封建卫道者们攻击新文学、新事物的阴暗心理，充分肯定了汪静之《蕙的风》的社会价值与艺术价值。又从丰富文学社会学、人类文化学的理论出发，彻底反驳了封建卫道者攻击郁达夫《沉沦》"不道德"的观点，并高度赞扬"《沉沦》是一种艺术的作品"，它"描写的是青年现代的苦闷"，"虽然有猥亵的分子，而并无不道德的性质"，"他的价值在于非意识地展览自己，艺术地写出了升华的色情，

---

① 《谈文章》，见《周作人文选》第 4 卷，广州出版社 1996 年，第 77 页。
② 胡适《胡适文存二集》上册，上海亚东图书馆 1924 年。

这也就是真挚与普遍之所在"。这在当时曾产生过强烈的反响。1925 年"五卅"运动以后,随着文学研究会中心南移上海,周作人就很少参加活动了。

1921 年 28 岁的孙伏园从北大毕业,参加文学研究会,为文学研究会的 12 个发起人之一。他出任《晨报》专职编辑,接替李大钊主编《晨报》第七版《文艺栏》,并将该栏改为四版单张,定名为《晨报副镌》,其间,编辑刊发鲁迅的文章达 50 余篇,其中《阿 Q 正传》在《晨报副镌》连载。《阿 Q 正传》是中国现代文学史上一座不朽的艺术丰碑,可以说,是孙伏园催生了鲁迅的《阿 Q 正传》。这不仅仅体现在向鲁迅催稿上,更主要的是将《阿 Q 正传》从《开心话》栏目移至《新文艺》栏目。这一移,使《阿 Q 正传》的发表意义非凡、影响深远,充分证明了孙伏园的慧眼和非凡的编辑水平,也提升了《晨报》副刊的地位。

刘大白 1924 年到复旦大学以后,作为第 79 名会员加入了文学研究会,他登记的通信地址为"上海江湾复旦大学"。根据会员登记表记载,他当时是以"刘靖裔"的姓名入会的,字大白,籍贯"浙江绍兴"。刘家思著的《刘大白评传》认为:"刘大白加入文学研究会,也可能还有其他原因。"①1922 年 8 月,刘大白将自己编写的《旧梦》诗集交给上海商务印书馆出版,却拖延到 1924 年 3 月。因为前面出版的文学书籍,其作者都是文学研究会的成员,而刘大白却不是,自然不能进入其中。这样刘大白就有了"自动"寻找组织的内驱力。终于于1924 年 3 月加入文学研究会。刘大白加入文学研究会以后,除了将《旧梦》纳入文学研究会丛书出版外,还在文学研究会主办的《文学周报》上发表了《八病订误》《心钟》《谨防利用》《我的恸哭》《我所见闻的徐文长故事》《太阳姑娘和月亮嫂子》《胡适之流毒无穷》《人话文和鬼话文》《中国戏剧起源之我见》等杂文、诗歌、小说、民间文学以及学术论文。后来,刘大白还加入了以柳亚子为首的"新南社",在《新南社月刊》第 1 期上发表了《秋燕》等新诗 4 首。可以说,加入文学研究会和新南社,使刘大白有了组织的依托,这也使得他由五四时期倡导个性解放走向新的群体。

鲁迅虽然没有正式参加文学研究会,却是文学研究会最强有力的支持者。在文学研究会与鸳鸯蝴蝶派、学衡派的论争中,鲁迅态度鲜明地站在文学研究

---

① 刘家思《刘大白评传》,中国社会科学出版社 2013 年,第 284 页。

会一边，他多次写文章声援文学研究会，还与文学研究会及其《小说月报》保持密切的关系。据统计，从 1921 年到 1929 年，鲁迅在《小说月报》上发表小说 3 篇，翻译小说、论文 13 篇，为译文写的《附记》《后记》9 篇。此外，鲁迅翻译的《工人绥惠略夫》《一个青年的梦》《爱罗先珂童话集》《世界的火灾》等 4 本译著，是作为文学研究会丛书出版的。这个数量远远超出了一般文学研究会的会员的作品，说明了鲁迅与文学研究会非同一般的关系。

（四）邵洵美、孙大雨、陈梦家与"新月社"

"新月社"是五四以后形成的一个文学社团，也是一个文艺流派或诗歌流派，也有人认为它是一个文化社团，一个文化派别。"新月社"成立于 1922 年，终于 1933 年《新月》的停刊。大约以 1927 年"新月社"南移为界分为前后两期，前期在北京，后期在上海。

1."新月社"的性质与概况

北京时期"新月社"的社团活动发展经历了"聚餐会""新月社""新月社俱乐部"的三个阶段。没有什么严密的组织形式、明确的宗旨纲领，维系这个社团的是在思想文化上的认同，以及社交和人际关系方面的纽带。1924 年正式成立了"新月社俱乐部"，徐志摩是"新月社"的主要发起人和核心人物。新月社结社以后的社团活动，一是社员间的社交活动（聚餐会），二是以"演剧旨趣"为主的文化活动和 1925 年 10 月至 1926 年 9 月徐志摩执掌的《晨报副刊》及《晨报副刊·诗镌》《晨报副刊·剧刊》。《晨报副刊》在徐志摩主笔期间，基本上成为新月社的一个文化传播阵地，特别是 1926 年 4 月 1 日《晨报副刊·诗镌》创刊，新月社的文学活动由此进入一个更为自觉的时期，由此形成了一个以闻一多、徐志摩、刘梦苇和"四子"——饶孟侃（子离）、朱湘（子沅）、杨世恩（子惠）、孙大雨（子潜）等为成员的诗人群体。《晨报副刊·诗镌》只办了 11 期便停刊了。其后《晨报副刊·剧刊》正式登场，《晨报副刊·剧刊》共办 15 期，于 1926 年 9 月 3 日宣告停刊。

上海时期"新月社"的社团活动是北京时期"新月社"活动的南移和重振，它以 1927 年春新月书店的创办为序幕，继之《新月》月刊和《诗镌》的刊行。新月书店成立后，刊行《新月》月刊外，还出版了诸多新月派成员的著作及编译作品，如陈梦家编选的《新月诗选》等。1928 年 3 月 10 日《新月》正式发刊，徐志摩执笔发表了《新月的态度》,《新月》正式跻身中国现代思想言论和文艺"市场",直接导致与其他思想文化势力的对垒。1929 年 6—7 月开始,就遭到了国民党当局的查禁,直到 1931 年 10 月胡适另创办《独立评论》和徐志摩的去世,《新月》政治色彩急剧淡化,文艺性比重回升,《新月》也就走向"末路"了。至 1933 年新月书店盘出,两个刊物也停刊。

《新月》月刊从 1928 年 3 月创刊,至 1932 年 6 月停刊,共出刊 4 卷计 43 期。《新月》月刊是新月社前后期所有核心人物的文化活动的成就的展现,也确立了新月社作为一个独立的文化派别的地位价值。

1931 年 1 月 20 日,陈梦家等人另办《诗刊》,其中作者有徐志摩、陈梦家、邵洵美、孙大雨等,《诗刊》至 1932 年 6 月 7 日第 4 期停刊,它是新月社中文艺派成员的一次聚合。

"新月社"的成员政治思想和文艺思想极为复杂,因此它不仅是一个文学团体,更是一个文化团体。作为文学团体,新月文学的主体是诗歌,形成了颇具成就和影响的新月诗派,如徐志摩、闻一多、朱湘、孙大雨、陈梦家、邵洵美、方玮德等一批诗人,此外,还有戏剧、小说、散文和文学理论批评;作为一个文化派别,新月派与西方近现代文化传统特别是英美文化传统有着直接的血缘关系。

2."新月社"中的绍兴籍文人

邵洵美(1906—1968),浙江余姚人。他出生于世代名宦家庭,却不愿做官。早年留学英国牛津大学,即从事新诗创作,1927 年毕业后回国,以投资者身份接办新月书店,出版《新月》和《诗刊》,并出版了自己早期创作的《花一般的罪恶》《天堂的五月》《诗二十五首》《一个人的谈话》四本诗集。后期代表作有《蛇》《女人》《季候》《自然人命令》等。他的诗作格律严谨,形式多样,颇得颓废派情韵,以情欲观照宇宙一切,在诗界独树一帜,其影响超越了新月诗派的范围,在近代诗坛上有一定影响力。他还翻译出版美国作家马克·吐温的《汤姆·莎耶侦探案》和英国拜伦的《青铜时代》、雪莱的《麦布女王》等名著,是一位有影响的翻译家。

孙大雨(1905—1997),字子潜,浙江诸暨人。他是新月社前后期的重要成员,在诗歌创作和英诗汉译两方面均有不凡的成就。他的十四行诗格律谨严,深得西式商籁体之精髓,颇受诗界同道推重。而他的一首千行长诗《自己的写照》,也深得行家激赏。陈梦家评论说:"这是一首精心结构的惊人长诗,是最近新诗中可以纪念的创造。他有阔大的概念,从整个的纽约城的严密深切的观感中,托出一个现代人错综复杂的意识。新的辞藻,新的想象,与那雄浑的气魄,都是给人惊讶的。"从整个现代文学史来看,这样的长诗也是不多见的。

陈梦家(1911—1966),浙江上虞人。5 岁入学,1922 年南京师范附小毕业,中学只读了 5 年,即以同等学力于 1927 年考入中央大学法律系,读书期间,他志在文学,又喜爱写诗,在闻一多、徐志摩两位名师指导下,于 1932 年大学毕业后,应中央大学业师闻一多之邀,任山东大学法律系助教,半年后回北京,入燕京大学教学院学习。其间,在《新月》和《诗刊》以及《国立中央大学半月刊》上发表了大量诗篇。后来结集出版了《研花的春》《铁马集》《梦家存诗》等专集。1931 年陈梦家出版了他第一部诗歌结集《梦家诗集》,胡适、闻一多先后在《新月》月刊上发表评论,由此陈梦家声誉鹊起。他一面写诗,一面又把诗人徐志摩、闻一多、邵洵美、方令孺、林徽因、卞之琳、沈从文以及自己的诗作编辑,出版《新月诗选》,并附有长序,阐明"新月派"诗人对于诗歌创作的观点。他说:"人类最可宝贵的,是刹那间灵感的触发,记载这自己情感的跳跃,才是生命与自我的真正实现。"他强调自我意识、自我实现、自我表现,发而为诗。同年 11 月徐志摩死于空难,他又为徐志摩编辑出版遗诗《云流》,以及最后一期《诗刊》"志摩纪念号"。作为"新月派"后起之秀,他对新月派后期的发展作出了很大贡献。他的诗作以"醇正"与"纯粹"为宗旨,体现了新月诗派的典型风格。他"主张本质的醇正,技巧的周密和格律的谨严",直接承袭徐志摩等人的新道统,颇能揭橥新月诗派的整体特色。

(五)孙伏园、鲁迅等与"语丝社"

《语丝》文艺周刊于 1924 年 11 月 17 日在北京创刊,逢周一出版。《语丝》的创刊,标志着"语丝社"的正式成立。这个社团是一个没有严格的组织形式,却有着相近思想倾向与文学倾向的同人团体。这个团体的组织者是孙伏园,其主心骨与催促它诞生的主要人物是鲁迅。

1."语丝社"与《语丝》刊物创立的缘起

孙伏园因为《晨报副镌》抽掉了鲁迅《我的失恋》小诗,以及不得登载周作人的"某地方的民间故事"而辞职,从而直接导致了"语丝社"的成立和《语丝》文艺周刊的出版。对此,周作人曾坦率地说:"《语丝》发刊于民国十三年的秋天,正是孙伏园离开'晨副'之后的若干日。《语丝》的发刊本来没有一定的目的,只是平常喜欢写点随感录式的文章,随时在副刊上发表的人们,现在没有了发表的地方,有如叫花子没蛇弄了,觉得有点无聊,所以发起自办一个刊物,以便自由登载,这样看来《语丝》的产生全是偶然的,假如'晨副'上可以继续揭载略于世道人心有妨的民间故事,则《语丝》也就出不了。"①就在这种偶然与必然的因素作用下,孙伏园提议另办一个刊物,得到了鲁迅、周作人、川岛等人的支持。刊物的名称来自张维祺当时未署名发表于《小说月报》上的《小诗》中"伊的长长的语丝"中的最后两个字。1924 年 11 月 17 日,《语丝》第一期正式出版。初时社址在北京大学第一院新潮社,翌年改由北新书局发行。孙伏园为始任编辑。1926 年秋,周作人(启明)担任主要编务。1927 年 10 月 22 日第154 期出版后,被军阀张作霖查禁而停刊。同年 12 月 17 日在上海复刊,是为4 卷 1 期,改由鲁迅主编,仍由北新书局发行。1929 年 3 月 11 日出 5 卷 1 期,此时鲁迅辞去主编一职,由柔石担任编辑,至 5 卷 26 期。从 1929 年 9 月 16 日5 卷 27 期始,由北新书局李小峰担任编辑,再次遭到国民党政府的警告及浙江省党务指导委员会的禁止。至 1930 年 3 月 10 日 5 卷 52 期终刊,前后共出260 期。

在《语丝》上发表文章是没有稿酬的,回报的方式是赠送《语丝》刊物,后来是请吃饭。"语丝社"聚餐会一般是每月一次,通常是在周日或周六。

2."语丝社"及《语丝》的文学主张

《语丝》在第一期的《发刊词》中明确宣布他们的出版意见和文学主张:"我们几个人发起这个周刊,并没有什么野心和奢望。我们只觉得现在中国的生活太枯燥,思想界太是沉闷,感到一种不愉快,想说几句话,所以创刊这张小报,作自由发表的地方。……我们并没有什么主义要宣传,对于政治经济问题也没有什么兴趣,我们所想做的只是想冲破一点中国的生活和思想界的昏浊停滞的空气。我们个人的思想尽自不同,但对于一切专断与卑劣之反抗则没

---

① 《周作人文选》第 4 卷,广州出版社 1996 年。

有差异。我们这个周刊的主张是提倡自由思想,独自判断,和美的生活。"①其后,1925 年 11 月 9 日,孙伏园在《语丝》第 52 期上发表了《语丝的文体》,由此引起了"语丝社"同人围绕"语丝体"的讨论,并演变成 20 世纪散文批评家们第一次自觉、有意识的探讨和批评活动。

"语丝社"同人特别强调文学的社会功能,要求文学关心社会的政治问题,对"政治社会种种大小问题一概都要评论","语丝同人对于政治问题的淡漠,只限于那种肤浅的红脸打进黑脸打出的政治问题,至于那种替政治问题做背景的思想学术言论等问题还是比别人格外留意的"。② 他们"冷漠"的,"不感兴趣"的政治,只是"肤浅的红脸打进黑脸打出的政治问题",对于"中国的生活和思想界的昏浊停滞的空气"和"替政治问题做背景的思想学术言论等问题",他们是要去"冲破"的,是要"比别人格外留意的"。

在主张文学的外在社会功能的同时,"语丝体"同人对文学的内在功能也作了明确的表述:文学必须说真话,"发表自己所要说的话",《语丝·发刊词》中特别强调"自由思想""独立判断"。后来鲁迅曾对"语丝体"散文的特点作了总结,那就是《语丝》"在不经意中显示了一种特色,是任意而谈,无所顾忌,要催促新的产生,对于有害于新的旧物,则竭力加以排击"。鲁迅、周作人、孙伏园、川岛及林语堂、钱玄同等,都秉持这种创作的主张。如鲁迅发表于《语丝》第 74 期上的《记念刘和珍君》、第 73 期周作人的《新中国的女子》、72 期上林语堂的《悼刘和珍杨德群女士》,皆以满腔义愤抨击刽子手的凶残,将屠夫的罪恶暴露在光天化日之下,揭示了"民国最黑暗的一天"。上述文章虽出自不同作家之手,却有着激情昂扬,愤慨之情溢于全文的相近风格。

3.“语丝社”内的绍兴籍成员

据《语丝》第 3 期、第 5 期、第 6 期与第 8 期中缝间的几段说明来看,《语丝》长期撰稿人为 16 人,而《语丝》1924 年 11 月 7 日创刊到 1927 年 10 月被北洋军阀政府查封的三年多时间里,在《语丝》上发表文章,且能代表《语丝》风格的人物,主要有 16 人。他们是孙伏园、鲁迅、周作人、林语堂、钱玄同、刘半农、

① 曹植芳主编《中国现代文学社团流派》上卷,江苏教育出版社 1989 年,第 373 页。
② 孙伏园《语丝的文体》,载《语丝》第 52 期,1925 年 11 月 9 日。

川岛、俞平伯、江绍原、章衣萍、冯沅君、顾颉刚,还有后来加入的周建人、许钦文、李小峰、孙福熙等。

孙伏园(1894—1966),浙江绍兴人。作家、编辑,新文化运动重要的参与者。他是"语丝社"的发起者、《语丝》周刊的创办者,担任了《语丝》初期的众多编务工作。他虽然只在《语丝》上发表 3 篇文章,但《语丝的文体》却引发了"语丝体"散文的讨论,有力推动了中国现代散文创作和批评进入一个自觉时代。

鲁迅(1881—1936),原名周树人,字豫才,浙江绍兴人。中国现代文学的奠基人,伟大的文学家、思想家。1918 年 5 月参与《新青年》杂志的编辑工作,积极支持"语丝社"和《语丝》周刊工作。

周作人(1885—1967),原名櫆寿,又名启明,笔名遐寿等,浙江绍兴人。五四运动时,与兄鲁迅一起参加《新青年》的编辑工作,1924 年参与"语丝社",《语丝》周刊第 1 期的《发刊词》就是他写的。1926 年秋担任《语丝》的编辑工作,在《语丝》上发表散文《喝茶》,杂文、随感录《我们的敌人》《萨满教的礼教思想》《关于三月十八日的死者》《乡村与道教思想》等。

川岛(1901—1981),原名章廷谦,字矛尘,笔名川岛,绍兴道墟(今属上虞)人。现代文学家。1918 年考入山西大学哲学系,1919 年 10 月转入北大哲学系学习,旁听鲁迅《中国小说史》,1922 年毕业留校工作,1924 年参与"语丝社"及《语丝》周刊的筹备工作,并在《语丝》上发表散文、杂感,如《桥上》《欠缺点缀的中国人》《药》等多篇文章,杂谈《晒鹅肉》,小说《家里的几篇日记》,猛烈抨击旧传统、旧文化的罪恶。川岛的散文感情真挚,文字清新婉约,情致缠绵,在现代文学史上占有一席地位。

孙福熙(1898—1962),字春台,笔名丁一,浙江绍兴人。现代散文家、画家。五四运动时期经鲁迅介绍在北大图书馆任职,并在北大文史哲学系旁听。既是"语丝社"社员,也是《语丝》周刊的发起人之一,在《语丝》上发表散文《萤火》《上场与预备》等。1925 年协助其兄孙伏园编辑《京报副刊》,著有《山野掇拾》。

周建人(1888—1984),字乔峰,笔名松山、高山,浙江绍兴人。著名社会活动家,科普作家。1920 年在北大旁听,1925 年参与"语丝社",是《语丝》周刊撰稿人,在《语丝》上发表《论求婚》《我们今日所需要的是什么》等杂文。

　　许钦文（1897—1984），笔名田耳、湖山客等，浙江绍兴人。五四时期在北大半工半读，旁听鲁迅讲课和李大钊的演讲。1922年开始创作小说，在《晨报副刊》发表，1924年加入"语丝社"，并在《语丝》周刊发表小说《嫁资》。

　　4."语丝社"和《语丝》的成就

　　"语丝社"和《语丝》撰稿人们的政治立场、思想观点并不相同，但总体而言，刊物还是形成了自己的思想倾向和艺术特色："任意而谈，无所顾忌要催促新的产生，对于有害于新的旧物则竭力加以排击。"这种"排击"最显著的内容，就是对中国国民性展开的社会批评。"国民性"是《语丝》从一开始就关注的课题。周作人将国民文学的目标，首先定为"竭力发掘铲除自己的恶根性，这才是民族再生的希望"[①]。鲁迅是最早关注国民性的先驱，而且也是改造国民性理论的集大成者。他最全面、最深刻地揭示了国民的"魂灵"："自大的爱国，卑怯的心理，官本位的定规，瞒和骗的恶习，不肯反省自己的顽固，'假'的普遍追求……"与此同时，《语丝》的同人还对现代评论派展开了批评，这种批评构成了《语丝》另一个主题。鲁迅发表于《语丝》的许多文章直接或间接地批评了现代评论派，其中多少夹杂着一些私怨，但是在私怨中深含着人生真谛，不和中处处反映着文化思想和政治主张的撞击。这种思想主张和艺术特色，就决定了《语丝》所发作品的内容与形式，即以杂文和短论为主，并形成了一种颇具泼辣与幽默色彩的"语丝体"，以此实现社会批评与文明批评。同时又刊发小说、诗歌、剧本。翻译也是《语丝》的重要内容，体裁有诗歌、小说、散文、随笔。愈到后来，翻译比重愈大。此外还刊登书信、日记、序跋、民间文学等，周氏兄弟，特别是鲁迅的一些重要作品如散文诗集《野草》《坟》中的一些重要论文，还有许多著名杂文，都首发于《语丝》。《语丝》对杂文、随感、短评、散文诗的创作和发展，对于外国文学艺术的介绍，在中国现代文学史上都产生了重大影响，取得了中国现代文学史上任何一个社团都无法比拟的成就。而其中周氏兄弟影响尤其大。正如郁达夫说："中国现代散文的成绩，以鲁迅、周作人两人为最丰富最伟大，我平时的偏嗜，亦以此二人的散文为最溺爱。"《语丝》时代鲁迅、周作人的散文，成就和影响是很大的，我们要充分认识它。

---

　　① 　周作人《与友人论国民文学书》，载《语丝》第34期，1925年7月6日。

（六）鲁迅与"左翼作家联盟"

1928 年和 1930 年，在苏联先后召开了国际革命作家联盟大会，在此影响下，自 1927 年大革命失败后，中国共产党因势利导，加强对文艺运动的领导。1929 年秋，中共江苏省委指示创造社、太阳社党小组立即"停止论争"，"与鲁迅团结起来"，发挥鲁迅"站到党的立场方面，站在左翼文化战线上来"的巨大影响和作用。在此情势下，1930 年 3 月 2 日在上海窦乐安路中华艺术大学成立了"中国左翼作家联盟"（简称"左联"）。"左联"实行集体领导，"鲁迅是旗手，是盟主"，"重要的事情一定要得到他的同意"。[①]鲁迅在"左联"成立大会上作了题为《对于左翼作家联盟的意见》的演讲，指出：左翼作家要"明白革命的实际情况"，要与"实际的社会斗争接触"，才能不断了解无产阶级的生活和思想感情；"对于旧社会和旧势力的斗争，必须坚决，持之不断，而且要注重实力"。纠正和补充了"左联"理论纲领的偏颇和不足，对"左联"工作具有重要的指导意义。

从"左联"成立到 1931 年 6 月瞿秋白参与"左联"领导，这段时期为"左联"前期。"左联"前期受到"左"倾路线影响，把主要精力用于组织盟员参加实际的政治斗争，致使许多盟员被捕，造成了无谓的损失，鲁迅曾批评为"赤膊上阵"。从 1931 年 6 月瞿秋白参与领导到 1936 年"左联"自动解散止，这是"左联"后期。"左联"后期在瞿秋白、鲁迅为核心的正确领导下，在文化战线上同国民党的反革命文化围剿展开了英勇斗争，取得了重大胜利，"左联"作家在血与火中磨炼了革命意志，左翼文学、"左联"的刊物和青年作家在斗争中不断壮大发展。

鲁迅在"左联"中的作用，用冯雪峰的话说："像一个老战士带领一批新战士那样，自己走在最前面，同时非常亲切、具体和周到地照顾与教育着新战士。"这是对鲁迅是"左联"的"旗手""盟主"的形象解释。具体来说，有以下几点。

其一，英勇反击国民党反革命文化围剿，深刻揭露国民党反动派虐杀作家的罪行。1930 年 4 月 29 日，国民党反动派查封"左联"的"艺术剧社"，并逮捕

---

① 夏衍《"左联"成立前后》，见《"左联"回忆录》上册，中国社会科学出版社 1982 年。

五位剧作家，1931 年 1 月 7 日，又秘密逮捕"左联"革命作家柔石、胡也频等，并于 2 月 7 日将其秘密杀害，而且传闻要搜捕鲁迅。鲁迅在避难的同时，内心无限悲愤，写了《无题》七律诗："惯于长夜过春时，挈妇将雏鬓有丝。梦里依稀慈母泪，城头变幻大王旗。忍看朋辈成新鬼，怒向刀丛觅小诗。吟罢低眉无写处，月光如水照缁衣。"鲁迅决心要把国民党的这一血腥罪行暴露于光天化日之下。3 月 18 日，鲁迅将写成的《黑暗中国的文艺界的现状》一文交给美国友人史沫特莱，请她译成英文拿到国外发表。为了进一步揭露国民党反动派的卑劣和凶残，表示对烈士的悼念，鲁迅又与冯雪峰等编辑了《前哨·纪念战死者》专号，鲁迅为专号撰写了《中国无产阶级革命文学和前驱的血》《柔石小传》等文章，并亲笔题写了刊头。两年后，在柔石等五烈士牺牲的忌辰，鲁迅又写了《为了忘却的记念》，再次谴责国民党反动派的罪行，告慰牺牲的烈士。1933 年 6 月 18 日，中国民权保障同盟总干事杨铨遭到国民党特务暗杀，鲁迅也被列入暗杀名单。6 月 20 日，杨铨入殓，鲁迅毫无畏惧地前去送殓。出门时，他不带钥匙，以示牺牲的决心。归家后，又悲愤地写了《悼杨铨》："岂有豪情似旧时，花开花落两由之。何期泪洒江南雨，又为斯民哭健儿。"面对接踵而来的恐怖威胁，鲁迅不懈地抗争，机智地更换笔名，写下大量匕首、投枪般的杂文。

其二，以犀利的政治眼光与笔锋无情揭露日本侵略者屠杀中国人民的罪行。1931 年 9 月 18 日，驻扎东北的日本关东军突击沈阳，发动震惊中外的"九一八"事变，全国各地数万爱国学生齐集南京要求国民党出兵抗日，竟遭残酷镇压。鲁迅怒不可遏，奋笔疾书，写下了著名杂文《"友邦惊诧"论》。1932 年 1 月 28 日，日本侵略者发动了"一·二八"事变，鲁迅与上海文化界知名人士茅盾、叶圣陶、郁达夫等 43 人联名发表《上海文化界告世界书》，坚决反对日本军国主义的侵略。1933 年 5 月 13 日，鲁迅与宋庆龄等至德国领事馆递交抗议书，谴责德国法西斯疯狂迫害进步作家、焚毁书籍的无耻行径，撰写了《华德焚书异同论》等文章，声讨希特勒法西斯罪行。

其三，坚决驳斥"新月派""民族主义文学""自由人""第三种人"反动文艺思潮：针对"新月派"梁实秋鼓吹永恒不变的人性和超阶级的"人性论"，鲁迅运用马克思主义的立场、观点和方法，发表了《"硬译"与"文学的阶级性"》一文，"操马克思主义批评的枪法"来"狙击"论敌。又在《萌芽》月刊上发表《"丧家的""资本家的乏走狗"》,进一步揭露梁实秋之流"遇家所见的阔人都驯良,遇所有的穷人都狂吠"的"走狗"本性,彻底动摇了"新月派"文人宣扬的"人性论"的理论基础。

继"新月派"之后向"左翼"文艺进行反扑的是国民党 CC(中央俱乐部)派头目陈果夫、陈立夫等纠集的一批政客、御用文人组成的"六一社",他们掀起所谓"民族主义文艺运动"的反动逆流。鲁迅仅仅抓住他们几部代表作进行分析示众,如鲁迅指出黄震遐的诗剧《黄人之血》,是借成吉思汗的孙子拔都联合黄色人种西征俄罗斯的历史影射现实,力图煽动黄色人种奉行日本军国主义的"大细亚细主义",去进攻消灭苏联这个"无产阶级的模范"。这就揭示了民族主义文学反苏、反共、媚日卖国的本质。鲁迅进一步指出"民族主义文学",是"和主人一同做一回最后的挣扎",替主子"尽些送丧的任务",其最后的归宿,将是在无产阶级革命汹涌波涛的冲刷下,陷入"沉滞猥劣和腐烂的运命"。①

1931 年 10 月到 1932 年 10 月,以"自由人"自诩的胡秋源鼓吹文艺"至死也是自由的民主的",叫嚷政治"勿侵略文艺",反对"某一种文学把持文坛"等,接着又有自称"第三种人"的苏汶(杜衡)反对政治干涉文学,攻击"左联"把文学变成了"人尽可夫的淫妇","损坏了文学对真实的把握"等等,论争的焦点涉及文艺与政治关系和革命文艺家对待小资产阶级作家的态度问题。鲁迅撰写了《论"第三种人"》,深刻批驳了超阶级超政治的文艺观,以及蔑视群众文艺的贵族老爷态度,同时也指出"左联"本身存在的"左"的关门主义的错误。鲁迅在"左联"时期写的杂文收录在《三闲集》和《二心集》中。

其四,鲁迅在"左联"时期还对文艺问题、儿童问题、妇女问题等,发表了许多精辟的见解。如关于文艺创作的内容与技巧、作家的思想改造、大众化与拉丁化、民间文艺、创作方法、文艺批评、翻译工作、对中外遗产的批判与继承等问题,都能运用马克思主义的立场、观点方法和丰富的学识,给予准确透彻辩证的分析,从而形成了自己的理论体系,这些成为中华民族极其宝贵的文化遗产。

其五,鲁迅言传身教,指引、培养了大批青年作家。"左联"时期,鲁迅以"旗手"和一个富有经验的老战士的身影,指引着青年作家与国民党的文化围

① 鲁迅《"民族主义文学"的任务和命运》,见《鲁迅全集》第 4 卷,人民文学出版社 1981 年,第 320 页。

剿斗争,他以自己的敏锐的政治嗅觉、犀利的笔锋、老辣的论辩手法,不断变化笔名,与国民党反动派周旋,极大地启迪、教导年轻作家在与敌人的斗争中,要不断学习运用马克思主义的立场、观点方法,要发扬韧性的战斗精神。鲁迅热情鼓励年轻作家的创作,他为青年作家写下了一系列"序"和"小引",堪称"左联"批评界的珍品。鲁迅以"内容的充实和技巧的上达"为批评标准,热情指出青年作家的成功与不足。当叶永蓁小说《小小十年》遭到各方面的责难时,鲁迅及时肯定它"描出了背着传统,又为世界思潮所激荡的一部分的年轻的心","将为现在作为一面明镜,为将来留一种记录";同时又指出主人公是"遥望着集团主义的大纛"的"个人主义者",而艺术上则有"说理之处过多","语汇不丰"等不足。[①]鲁迅对萧红、萧军、叶紫、白莽的作品都作了精到的评价,把议论、说理与生动的艺术形象融合在一起,给人以深刻的教益和美好的艺术享受,并热情推荐和鼓励。鲁迅乐于与青年作家做朋友,与他们通信、交流思想感情,指导青年作家创作,如鲁迅给沙汀、艾芜回信,极为精辟地阐明创作与生活的关系,给他们指明了创作方向。

（七）鲁迅与"莽原社""未名社"

"莽原社"和"未名社"是 20 世纪 20 年代中期成立于北京,由鲁迅直接培植的两个小而坚实的文学社团。"莽原社"成立于 1925 年 4 月 24 日,以《莽原》周刊创刊为标志;"未名社"成立于 1925 年 8 月,以《未名》半月刊创刊为标志。鲁迅在谈编辑《莽原》周刊的缘起时曾说:"我早就很希望中国的青年站出来,对于中国的社会、文明,都毫无忌惮地加以批评,因此曾编印《莽原》周刊,作为发言之地。"[②]后来又在《两地书·十七》中说:"中国现今文坛的状况实在不佳,但究竟作诗及小说者尚有人,最缺少的是'文明批评'和'社会批评',我之以《莽原》起哄,大半也就为了由此引些新的这一种批评者来。"[③]可见鲁迅的用意就是通过文学社团来锻炼青年人,使他们能关注国家大事,并且能积极地置身其中,为社会为人民作出切实的有益的贡献。两个社团虽各立名目,但他们的基本撰稿人是相同的,主要有鲁迅、尚钺、向培良、高长虹、冯文炳、冯沅

---

①　鲁迅《叶永蓁作〈小小十年〉序》,见《鲁迅全集》第 4 卷,人民文学出版社 1981 年,第 147—148 页。

②　鲁迅《华盖集·题记》,见《鲁迅全集》第 3 卷,人民文学出版社 1981 年,第 4 页。

③　鲁迅《两地书·十七》,见《鲁迅全集》第 11 卷,人民文学出版社 1981 年,第 63 页。

君、李霁野、台静农、章衣萍、荆有麟等。

1. "莽原社"的成立及其主张

"莽原社"于 1925 年 4 月 24 日成立，《莽原》周刊同日在北京出版，作为《京报》第五种周刊，于周五随《京报》附送。《京报》的邵飘萍在 4 月 20 日《京报》上，以"本社特白"登出广告："思想界的一个重要消息：如何改造青年的思想，请自本星期五起快读鲁迅先生撰的《口口周报》，详情明日宣布。"鲁迅反对人家称他为青年的导师，于是在 4 月 21 日的《京报》上刊出亲拟的《莽原》周刊出版预告："本报原有之《图画周刊》（第五种），现在团体解散，不能继续出版，故另刊一种，是为《莽原》。闻其内容大概是思想及文艺之类，文字则或撰述，或翻译，或稗版，或窃取，来日之事，无从预知。但总期率性而言，凭心立论，忠于现世，望彼将来云。由鲁迅先生编辑，于本星期五出版。以后每星期五随《京报》附送一张，即为《京报》第五种周刊。"①

(1)"莽原"的名称

《莽原》的名称如何得来？据鲁迅先生说："那'莽原'二字，是一个八岁的孩子写的，名字也无意义，与《语丝》相同，可是又仿佛近于'旷野'。"②"莽原社"没有章程，也没有宣言一类的文字，周刊和后来的半月刊，也没有发刊词发表。办社的宗旨也只能从周刊出版预告中，摘出"率性而言，凭心立论，忠于现世，望彼将来"几句。鲁迅先生团结引领一批青年作者，创办"莽原社"，目的十分明确，就是要进行"社会批评"和"文明批评"，撕去旧社会的假面，大胆、彻底地揭露社会的黑暗和腐朽，完成反帝反封建的历史任务。"以《莽原》周刊为阵地，发表文章，培养青年作者，我所要多登的是议论，而寄来的偏多小说、诗。"③鲁迅着力培养作论文的作者，无论从进行批评的目的，还是从作者群的成长，都表明了他"望彼将来"的殷切期望。

---

① 鲁迅《集外集拾遗补编》，见《鲁迅全集》第 8 卷，人民文学出版社 1981 年，第 424 页。
② 《两地书·十七》，见《鲁迅全集》第 11 卷，人民文学出版社 1981 年。
③ 鲁迅《两地书·三十四》，见《鲁迅全集》第 11 卷，人民文学出版社 1981 年。

（2）"莽原社"的成员

莽原社无严格的社章，也没有入社的手续，它是以鲁迅为核心的一个文学社团，发表作品的阵地是《莽原》周刊和稍后的半月刊。鲁迅是本刊的编辑，其次是高长虹、黄鹏基、尚钺、向培良，此外还有韦素园、韦丛芜、李霁野和台静农。

（3）"莽原社"的终结及其贡献

1925 年 4 月 24 日至 11 月 27 日，《莽原》周刊共出了 32 期。1926 年 1 月 10 日《莽原》改为半月刊复刊，改由"未名社"出版发行，而不再附在报纸上发行。《莽原》半月刊 1 月 10 日出版，1926 年 8 月，鲁迅离京去厦门后，《莽原》半月刊改由韦素园编辑，1927 年 12 月停刊，它每年标为一卷，一共出了两卷 24 期。

《莽原》半月刊由"未名社"发行，鲁迅离开北京后，"莽原社"内部高长虹、向培良与韦素园、李霁野之间发生矛盾，高长虹等于上海另设了"狂飙社"，并竭力攻击鲁迅先生，向培良也沦落为国民党的御用文人。由此，"莽原社"也就消失了。

鲁迅于 1926 年前后，在《莽原》周刊与半月刊上发表了许多重要的杂文，如《春末闲谈》《灯下漫笔》《论"费厄泼赖"应该缓行》等，揭示了中国人"想做奴隶而不得"或"做稳了奴隶"的历史现实，猛烈地抨击了封建复古派鼓吹倒退，反对革新的言论，真诚地号召青年们起来掀掉在中国摆了几千年的"人肉筵宴"，"扫荡这些食人者"。并以自己亲历的辛亥革命的事实，告诫人们不能姑息已被打倒的敌人，对敌人不能心慈手软，而应发扬"痛打落水狗"的精神。鲁迅的杂文不仅丰富了《莽原》的文学园地，扩大了《莽原》的影响，更主要的是为青年人示范了如何进行"社会批评"和"文明批评"，为批评旧社会培养了一批新人。

2."未名社"

（1）"未名社"的成立与文学主张

"未名社"成立于 1925 年夏天，是鲁迅和他的学生、朋友组成的一个文学社团。当时鲁迅编辑了两套丛书，均由北新书局出版。收创作的为"乌合丛书"，收翻译的为"未名丛刊"。为什么以"未名"二字命名？鲁迅说："所谓"未名丛刊"者，并非无名丛书之意，乃是还未定名目，然而这就作为名字，不再去苦想他了。"①又说:"因这丛书的名目,连社名也就叫了'未名',但并非'没有名目'的意思,是'还没有名目'的意思,恰如孩子的'还未成丁'似的。"②后来成立了"未名社",就用丛刊名作为社名。

"'未名社'既没有什么章程,也没有什么名目,只在以后对外必得有名,这才以已出的丛书来名社了。"③但"未名社"有极严格的社员标准,"未名社"是个集资印行自己译著的同人小社团,成员有6人。当时由6个成员筹集了款项,开始印书。"未名社"成立后,最初的社址在沙滩新开路五号,是韦素园住的一间小屋,鲁迅先生称为"破寨"。韦素园病倒后,"未名社"的社址改为西老胡同一号。

"未名社"的主张是介绍外国文学到中国来,而为了出版的方便,就筹资自办了"未名社"。鲁迅在《忆韦素园君》中说"创作谁都知道可尊,但还有人只能翻译,或者偏爱翻译,而且深信有些翻译竟胜于有些创作,所以仍是悍然翻译,而印在这《未名丛刊》中"。"五四"后的中国文坛,正需要介绍外国文艺到中国来,"他山之石,可以攻玉",无论是思想上的启蒙,还是艺术上的借鉴,翻译都有着特殊的地位。"未名社"是个典型的同人社团,6个成员集资办出版机构,自己翻译,自己出版发行。李霁野说:"印费大部分是鲁迅筹的,其余五个人各出五十元,估计可以印一本书和几次期刊。"

(2)"未名社"的贡献及其消亡

"未名社"的贡献就是出版了一套"未名丛刊"。从1925年8月到1931年3月的六七年间,"未名丛刊"一共出版了24种图书,其中6种由北新书局出版,18种由"未名社"出版,全部是"未名社"的6个成员的著作或译作。鲁迅的3种为译作《苦闷的象征》《工人绥惠略夫》和《一个青年的梦》,编入"未名丛刊",皆由北新书局出版。他虽是"未名社"的成员和领导者,筹资也是最多的,但他不愿把有限的资金用来出版自己的译作,而是腾出资金用于青年社员作品的出版。

"未名社"的贡献,首先是翻译介绍了一批世界名著:如俄国的陀思妥耶夫斯基的《穷人》《罪与罚》,果戈理的《外套》,契诃夫的《蠢货》,韦丛芜译的英国斯威夫特的《格列佛游记》前两卷,曹靖华译作俄国爱伦堡的《烟袋》、拉甫列涅

---

① 鲁迅《忆韦素园君》,收入《鲁迅全集·且介亭杂文》,人民文学出版社1981年,第64页。
② 鲁迅《忆韦素园君》,收入《鲁迅全集·且介亭杂文》,人民文学出版社1981年,第64页。
③ 李霁野《忆素园君》,收入《鲁迅先生与未名社》,人民文学出版社1984年。

夫《第四十一个》。其次，出版了一批外国文艺理论著作，如鲁迅翻译的日本厨川白村的《苦闷的象征》《出了象牙之塔》，韦素园、李霁野译的俄国托洛茨基的《文学与革命》。再次，介绍了一些弱小的被压迫民族的文学：如韦素园译的《黄花集》，李霁野选译的《不幸的一群》，鲁迅译作荷兰 F. 望蔼覃《小约翰》等。

"未名社"终结于 1931 年 3 月，据李霁野说有两个原因：一是经济上的困难，二是韦丛芜与李霁野之间的矛盾。"莽原社"与"未名社"都是鲁迅组织领导的文学小团体，鲁迅对此怀着很大希望，希望能够造就一批斗士，批评社会，改造社会。然而由于内部分裂，两个文学团体先后都溃散了。

（八）周作人、陶亢德、邵洵美与"论语派"

"论语派"由 1932 年 9 月创刊于上海的《论语》半月刊而得名，林语堂任主编，后又有《人间世》《宇宙风》相呼应，形成一个在散文领域的自由主义文学流派，也是一个比较松散的文学社团。

1. "论语派"的名称及其演变概况

"论语派"得名于林语堂创办的刊物《论语》杂志，其办刊缘由未涉及党派政治背景，而是出于自由主义文士消闲解闷的兴致。据章克标回忆，最初是在时代书店老板邵洵美的客厅里聚谈，章克标偶由林语堂"林语"两字的谐音想到"论语"，后经大家商定，便幽默地借用儒学经典《论语》作为刊名。最初参加讨论的有林语堂、邵洵美、李青崖、章克标、林徽因、陶亢德等 10 人，公推林语堂为《论语》主编。"论语派"与原"语丝社"有明显的继承关系，主编林语堂曾是"语丝社"的骨干，"语丝社"的周作人是"论语派"的精神领袖，原"语丝社"的俞平伯、川岛、孙伏园、孙福熙曾为之撰稿，鲁迅、茅盾也常在《论语》半月刊上发表文章。《论语》半月刊从第 27 期开始由陶亢德主编，以后接任主编的有郁达夫，至 1937 年 8 月第 117 期停刊。1946 年 12 月复刊，邵洵美为主编，至1949 年 5 月终刊，前后活动时间长达 8 年，出刊 177 期。《人间世》创刊于1934 年 4 月，由林语堂主编，陶亢德编辑，该刊自 1935 年 12 月第 42 期停刊。停刊前 3 月，即 1934 年 9 月林语堂与陶亢德、徐玗又创办了《宇宙风》，直至1947 年 8 月停刊，共出 152 期。

2. "论语派"的思想倾向和文学主张

作为一个文学社团流派，论语派具有明显的资产阶级自由主义即民主个人主义者的思想倾向。其资产阶级自由主义倾向与所谓中间派的立场,充分表现在他们所办刊物的方针和相应的活动中。《论语》创刊号《发刊缘起》宣称:"'论语社'同人,鉴于世道日微,人心日危,发了悲天悯人之念,办一个刊物,聊抒愚见,以贡献于社会国家。"他们否认办刊"宣传什么主义","持什么主张","站什么立场"。其撰稿者既有原"语丝派"的成员,也有原"新月派"的成员,还有左派人士,可谓兼容并包。林语堂手书并影印于《论语》扉页上的《论语社同人戒条》中,列为首位的是"不反革命"。《论语》第 15 期《编辑后记》中提出要走一条"界于革命和反革命之间"的中间道路。《人间世》创刊号的《投稿约法三章》,"本刊地盘公开","文字华而不实者不登","涉及党派政治者不登",无异于为《人间世》办刊的中间派立场和自由宽松的文风做广告。《宇宙风》公布办刊主张:"以畅谈人生为宗旨,以言必近情为戒约,希望办成一个合于现代文化、贴近人生的刊物。"①论语派标榜的不左不右的中间派立场,处于当时革命与反革命两军对垒时期,表现了正如鲁迅所称的"那走同几步的'同路人'及'那站在路边看看的看客'"②的角色。

"论语派"从创办《论语》起就提出"以提倡幽美为目标"的文学主张,而《人间世》又竭力鼓吹"以自我为中心,以闲适为格调"的小品文,主张以"较闲话之笔调语出性灵",提倡"幽默""闲话"和抒写"性灵"构成了《论语》最重要的文学主张。鲁迅在《论语一年》《小品文的危机》等文中,曾批评林语堂"独抒性灵"抹杀了文学的社会性,以"超然""幽默"冲淡了一切事物的是非、善恶与美丑的界限,一方面使青年摩挲了"小摆设"式的小品文之后,"由粗暴变为风雅",丧失战斗的意志,另一方面又"将屠夫的凶残,使大家化为一笑"。

3. 绍兴籍文人在其中的表现

周作人 20 世纪 30 年代以后出版的散文集《看云集》《书房一角》《夜读钞》《苦茶随笔》等绝大多数都是发表在《论语》《人间世》《宇宙风》等刊物上的。这一时期,周作人与林语堂互相唱和,他的《厂甸》《苦茶店小品》《文饭小品》《说闲情》《入厕读书》《谈桐城派与随园》等多以一种朴讷而又空灵的笔调,谈论生

---

① 陶亢德《本刊一年》,载《宇宙风》第 25 期 1936 年 9 月。
② 鲁迅《南腔北调集·论"第三种人"》,见《鲁迅全集》第 4 卷,人民文学出版社 1981 年,第 439 页。

活琐事和文化掌故,宣扬闲话的情调与思古之幽趣。另如《老人的胡闹》影射和攻击鲁迅从事无产阶级革命文学运动,《再谈油炸鬼》为历史上的卖国奸佞秦桧作翻案文章,这些都表现了他已由中间派向右转的思想倾向。林语堂在《人间世》创刊号上发表周作人的两首五十自寿诗,对其消沉隐逸的处世态度和古奥幽曲的诗文风格大加赞赏。从林语堂等"论语派"人士对周作人小品文的推崇备至来看,周作人不仅是"论语派"的主要成员之一,也是其精神领袖。

陶亢德(1908—1983),字哲庵,笔名徒然、室暗等,浙江绍兴陶堰人。出身贫寒,天资聪慧,刻苦勤奋,几乎没有接受正规的学校教育,全凭自学获得很高的文学素养和外语造诣。1931年"九一八"事变后,闯荡上海滩,与人短期合办《白桦》刊物,后又加盟《生活》周刊,为主编邹韬奋所赏识。1933年10月由邹韬奋向邵洵美推荐,接任《论语》主编,自27期至82期,历时近两年。陶亢德与林语堂办刊志趣相同,注重小品散文,以"提倡幽默文字为主要目标"。所以,1934年4月5日林语堂又在上海创办《人间世》半月刊时,聘请陶亢德任编辑。陶亢德在这段编辑经历中,结识了鲁迅、周作人、郁达夫、老舍、俞平伯、徐懋庸等众多精英。鲁迅在陶亢德编辑的《论语》《人间世》发表了10余篇文章,并与他书信往还,私交甚好。1935年9月16日,陶亢德与林语堂创办《宇宙风》。不久,林语堂定居美国,陶亢德成为《宇宙风》的实际负责人。上海沦陷以后,陶亢德丧失民族气节,沦为"文化汉奸"。新中国成立后,人民政府发挥其专业特长,使其在新知识出版社、辞书出版社任编辑。

邵洵美(1906—1968),浙江绍兴府余姚县人。1927年毕业于英国牛津大学,回国后在光华大学主讲英语文学。1929年5月与徐志摩、胡适筹办新月书店,出版《新月》月刊,加入"新月派"。1934年创办时代印刷厂,主办时代书局,一度出任《论语》半月刊主编,成为"论语社"成员。1937年8月《论语》停刊,1946年12月复刊,邵洵美担任主编,至1949年5月终刊,推动出了60期。

(九) 董秋芳、许钦文、何植三、顾仲雍、龚宝贤等于北大结"春光社"

20世纪二三十年代,在新文化运动的倡导者们直接影响下,有着相近思想和文学倾向的北大学子纷纷组织文学社团。1923年4月15日,在读的北大学生董秋芳与同籍的许钦文、何植三、顾仲雍和外籍的同学发起组织了"春光社",召开成立大会,邀请导师莅临指导。虽然影响不及"语丝社""新潮社""新月社""论语派",但他们的社团活动也显示了从文学革命到新文学建设的伟大进程,为中国现代文学的发展增添了多样性和丰富性。

1."春光社"的得名及结社目的、活动方式

据董秋芳《春光社的过去和将来》记载:"'春光'两字译成英文是 The Spring Dawn,他底过程便是严冷的冬天。那就是说,我们要有和煦的春光,必须经过坚忍的长冬的决斗,换句话说,春光不是可以侥幸获得,不是可以随便享受,这是象征我们社员在这种严酷枯槁的状态之下,在文学方面,也是在社会方面,要努力奋斗。而且春光闪射的时候,便是生机乍舒的一季,大地虽然回春了,却不是全盛的时期,这是象征我们社员并无造成文学黄金的野心。那末我们底将来,已可于此决定了。"[①]

这里的"春光"主要是指文学的春光。其一,本文开头"集几个有文学兴趣的朋友,来研究文学,是一桩很普通的事。中国本来有所谓'以文会友'的故例"。"文学团体的组合……在同一个团体之内,互相讨论,互相发明,得益实多,未可厚非。"他们结文学社团,就是要互相讨论,共同提高。其二,春光社的组合来自不同兴趣方面的同学,如"许钦文、顾仲雍、鲍文蔚三君是在小说方面而努力的;何植三、陈铸两君是在诗歌方面而努力;龚珏、许孝炎两君是在戏曲方面而努力的;研究批评的有张非怯君;研究中国旧时文学的有林之棠君;其余如郑振夏、钟家桐、陶承喧、智证四君正在不断的努力中"[②]。但他们都有共同的文学主张:即主张文学要反映时代的精神,无论是小说、诗歌、戏曲、文艺批评,都应"关切到现社会底不安的状态",通过自然的讽刺,热烈的表现,实现文学的呐喊。其三,他们对当时中国文学界现状强烈不满:"我们现在文学界惟一缺少了一种热烈的反抗的有生命的精神。"[③]他们指出当时的中国文学界对于"冷酷枯槁"的社会状态麻木不仁。为此,他们要求"真切热烈地发出对于现在社会政治的腐败的呼声","在沙漠似的中国文学界里却要做尽力的呐喊的一员,这是我们要组织并且敢组织'春光社'的原本的动机"。[④]

---

① 《董秋芳》,裘士雄、类国忠编,香港天马出版有限公司 2009 年,第 21 页。
② 《董秋芳》,裘士雄、类国忠编,香港天马出版有限公司 2009 年,第 21 页。
③ 《五四运动在中国文学的价值》,原载于 1924 年 5 月 4 日《晨报副刊》。
④ 《董秋芳》,裘士雄、类国忠编,香港天马出版有限公司 2009 年,第 21 页。

从 1923 年 4 月 15 日成立到 1924 年 6 月 11 日止，他们讨论过"历史剧之能否成立，语体诗之应否叶韵，和小说的描写方法等等"亟须解决的问题。而每次讨论会，他们都邀请了有关方面的导师参加，如鲁迅、周作人、郁达夫都曾出席过他们的讨论会。鲁迅在"春光社"成立会上勉励他们："'春光社'的名字很好，同学们喜欢美丽的春天，我们已经组织起来了，就要一起努力奋斗，让明媚的春光普照大地。"

由于"大多数社员还侧重在研究某一方面"，"因此春光社社员的发表量，除了一二位外，差不多等于零了"。① 直到 1926 年 3 月，董秋芳连续在《京报副刊》上发表了《一致抗日》《大屠杀以后》《吊刘杨女烈士记》等文章后，遭到了军阀张作霖和陈源的迫害，被迫离开北大，"春光社"也就终止了活动。

2."春光社"的成员

据《春光社的过去和将来》的记载，春光社成员共有 14 人，其中绍籍学人有以下三人。

董秋芳(1898—1977)，字先修，笔名有冬芬、秋航等，浙江绍兴县王坛镇人。1913 年考入绍兴第五师范，1919 年五四运动时期，担任绍兴"国耻图雪会"副会长，1920 年考入北大预科，两年后转入正科英语系学习。1923 年董秋芳发起成立"春光社"文学社团，积极从事批判中国的旧文化、旧思想的新文化建设活动，1926 年 3 月遭到恶势力迫害，被迫离开北大，1927 年 7 月，在鲁迅等人的支持下，重返北大继续学习，1929 年 7 月毕业。在"春光社"结社期间，董秋芳实践了"要努力奋斗"的诺言，积极以文学为武器，向中国的旧文化、旧思想发起了批判，先后在《京报副刊》《语丝》等刊物上发表了匕首似的文章。1926 年 3 月，董秋芳参加了天安门反对日军炮击大沽口事件集会和请愿活动，该活动遭到了血腥镇压，他连续在《京报副刊》发表了《一致抗日》《大屠杀以后》等文章，又在《语丝》半月刊上发表《陈源教授的报复》《反说难》等文章，产生了较大影响，因而遭到恶势力的迫害，只得中途辍学，离开北大。

何植三(1899—1977)，原名钦忠，浙江诸暨人。1913 年在大东乡高小毕业

---

① 《批评文学与文学原理》，原载 1925 年 2 月 10 日《京报副刊》。见《董秋芳》，裘士雄、娄国忠编，香港天马出版有限公司 2009 年，第 25 页。

后,考入浙江省立第五(绍兴)师范学校,1921年考入北大哲学系。因家境贫困,一边读书一边兼任图书馆职员。他爱好文学,经常旁听鲁迅的课。1923年4月,他与董秋芳、许钦文、龚宝贤等发起组织了学生文学团体"春光社",共同约请鲁迅、郁达夫、周作人为指导老师。在名师指导下,何植三从事新诗创作,同时,他还参加了北京大学歌谣研究会,取得了可喜的成绩。1923年,他编定诗集《农家的草紫》,1929年由上海亚东图书馆出版,周作人为其作序:"我对于他编集的意思是很赞同的……在好些篇里,把浙东田村的空气、山歌童谣的精神表现出来,很有趣味。"1935年朱自清在《选诗杂记》中写道:"我注意了何植三先生。他《农家的草紫》中的小诗,别有风味,我说是小诗里我最爱的。"他还在北大《歌谣周刊》发表了《歌谣与新诗》的论文,曾得到专家和读者的好评。1925年北大毕业后,他先后在浙江的杭州、绍兴、嘉兴和新昌、诸暨忠义中学(今学勉中学)等地从教,一生执教40余年。

许钦文(1897—1984),学名世桢,笔名田耳、湖山客、蜀宾等,浙江绍兴人。早年就读东浦热诚小学,1917年从浙江第五师范学校毕业后任母校附小教师。五四运动后到北大半工半读,旁听鲁迅讲课和李大钊演讲,并开始文学创作。1923年与董秋芳等组织"春光社",经孙伏园介绍与鲁迅交往。1927年到杭州,先后在台州、福建永安、杭州高级中学任教。新中国建立后,先后在浙江师范学院,浙江省政协、作协、文联工作,致力于鲁迅作品研究和宣传。著有《许钦文小说选集》、散文集《蝴蝶》、理论专著《文学概论》《创作三步法》《国语文法讲坛》和《鲁迅杂文选释》《语文课中鲁迅作品的教学》《鲁迅日记中的我》等。

(十) 经亨颐与"寒之友社"

"寒之友社"是上虞经亨颐于1929年发起成立的,地点就设在上海光裕坊的经亨颐寓所内,这是一个由金石书画家组成的社团,成员多是当时的知名人士。它是一个没有章程、没有固定社址,入会自由、比较松散的艺术家社团。所谓"寒之友"来源于《论语·子罕》"岁寒,然后知松柏之后凋也"和"岁寒三友"的成语,松竹经冬不凋,梅则耐寒开花,比喻在逆境艰困中而能保持节操的人,借此以艺寓志。活动时间一直到1938年经亨颐去世为止。

1."寒之友社"成立的背景

经亨颐(1877—1938),字子渊,号石禅,晚号颐渊,浙江上虞人。他既是一位著名的教育家，又是一位具有远见卓识的政治家，还是一位才华横溢造诣极深的艺术家。1924年1月，孙中山在广州主持召开国民党第一次全国代表大会，改组国民党，重新解释三民主义，制定联俄、联共、扶助农工的三大政策，组成了允许中国共产党党员参加的国民党中央。经亨颐拥护新三民主义和孙中山的革命主张，与国民党左派、中国共产党皆有较深的交往，因而加入了国民党。1925年，孙中山、廖仲恺相继去世，蒋介石窃取了国民党的军政大权，国民党内部对孙中山的新三民主义政策产生了分裂，斗争十分激烈。经亨颐在浙江与中国共产党密切合作，支持工农运动，与国民党内的右派势力展开了斗争，何香凝称他是"真心拥护孙先生遗志、拥护仲恺，坚守孙中山先生改组国民党，实行三大政策主张的人"。1926年1月，国民党第二次全国代表大会在广州召开，经亨颐作为浙江的三个代表人之一赴会，当选为二届中央执委。1927年4月，蒋介石在上海发动反革命政变，大肆屠杀中国共产党党员，血腥镇压工农运动，经亨颐反对蒋介石的叛变，反对国共分裂，眼见他的一些同事、学生相继遭到蒋介石的杀害，激起他更大的不满，为此他遭到了蒋介石等国民党右派势力的猜忌，他虽是国民党第三届、第四届中央执行委员、国民党政府委员，却"空悬名义"无所事事。经亨颐金石书画无所不精，文章学问辉耀当世，他感到自己的政治抱负已很难实现，于是就把更多的精力转移到金石书画诗歌方面。为此于1928年冬辞官归隐，与何香凝、陈树人、姜丹书等一批书画金石家在沪成立"寒之友社"，以画喻节、以诗言志，互相砥砺，坚守革命节操，拒与反动势力同流合污。

2."寒之友社"的主要成员

陈树人（1884—1948），原名政，又名韵哲，字树人，别号"葭外渔子"，别署猛进，晚号安定老人，广东番禺化龙镇人。两度赴日留学，同盟会会员，辛亥革命元老，曾任国民党党委部长、广东民政厅厅长等职。为岭南画派的创始人，作画擅长山水、花卉，尤工木棉花。其绘画融中西画法而别具明洁雅逸，有《寒绿吟草》《战尘集》诗集。

何香凝（1879—1972），原名谏，又名瑞谏，广东南海人。1897年在广州与廖仲恺结婚。婚后夫妇共同赴日本留学，先后就读于女子师范学校、东京本乡好美术学校，跟随日本名画家田中赖璋学习绘画，1903年加入同盟会，1914年加入中华革命党,参加孙中山领导的反袁斗争。1924 年国民党第一次全国代表大会,当选为中央执行委员、妇女部长,是中国女权运动的先驱,中国国民党革命委员会主要创始人,国民党元老。著名的女画家和诗人,著有《何香凝诗画集》。

王祺(1890—1937),字淮君,又号思翁,别署醉散,湖南衡阳人。1905 年加入同盟会,参加过辛亥革命和北伐战争,历任国民党内务部秘书,湖南省护国军总司令部秘书长,国民党第四届候补中央执行委员、第五届中央执行委员等职务。他博学多才,曾任浙江省立师范大学教师,暨南大学教授,潘天寿、丰子恺、曹聚仁、冯雪峰均为其门生。40 岁后全力从事诗书画创作,任中国美协理事兼总干事长。他的书法飘逸俊美中显磅礴大气,画意境界高远,千姿百态。其诗清新淡雅,编有《孙中山全集》,著有《醉散书画集》《醉散诗存》。

姜丹书(1885—1962),字敬庐,号赤石道人,斋名"丹枫红叶楼",江苏溧阳人。迁居杭州,终生在艺术教育园地耕耘。光绪三十三年(1907)毕业于南京两江师范学堂图画手工科,曾游日本、朝鲜及国内各地考察艺术教育,任教于上海、杭州、华东各艺术院校达五十余年,编写出版《美术史》《美术史参考书》,擅长艺术论,如解剖、摄影等,喜作国画,尤长于画红柿、红叶,工诗健谈。70 岁后退居西湖滨,仍从事写作,传世作品有《黄山图》,著有《艺术论文集》《敬庐画集》《艺用解剖学》《透视学》等十余种。

方介堪(1901—1987),原名文渠,字溥如,后改名岩,字介堪,浙江永嘉(今温州鹿城区)人。1920 年从金石家谢磊明学治印,1926 年随邑绅吕文起赴沪,以邻居关系结识经亨颐、柳亚子、何香凝等名流,以刻玉印驰名上海滩,加入西泠印社,上海美术专科学校校长刘海粟聘其任教篆刻,得与郑曼青、黄宾虹、张大千、马孟容等共事,广结墨缘。抗战爆发后南归,温州三度沦陷,父丧妻亡,困苦颠沛。1946 年任教瑞安中学,后应张大千之邀前往上海,新中国成立后任温州市文管会常务副主任,郭沫若评其印章"炉火纯青",堪称篆刻大师。

郑曼青(1902—1975),原名岳,字曼青,自号莲父,别署玉井山人,又号曼髯,浙江永嘉(今温州市鹿城区)人。十岁开始习画,1917 年到杭州结识马一浮、经亨颐等,相与研习诗书画,1920 年到北京与名士唱和,1928 年执教于国立暨南大学,任上海美术专科学校国画科主任,1931 年与黄宾虹等创办中国文艺学院,1932年师从阳湖国学大师钱名山,专攻经学,又习太极拳。1934年出任中央军校拳击教师,1939年任湖南省图书馆馆长,1949年去台湾与于右任等结诗社,又结"七友书画社"。1965年赴美国客居纽约,创办太极拳社,广授门徒。由于擅"诗、书、画、拳、医"五长,称为"永嘉五绝"。

马孟容(1892—1932),名毅,以字行,温州人。少时由父亲启蒙学习中文及书画,1905年考入温州府学堂,1908年考入浙江高等学堂学习理科,深受陈去病、张宗祥等老师赏识,毕业后回温州任教,主要从事美术教学,注重学生写生观察自然,并尝试吸收西洋绘画某些特点从而融入国画,编著出版《墨趣专述》《花鸟画集》《草虫鱼蟹谱》。

赵少昂(1905—1998),字叔仪,广东番禺人。少丧父,家贫,做工谋生,业余自学绘画。1921年入美学馆学画,1925年在广州创办岭南制版所,从事广告设计,1930年设岭南艺苑,教授绘画,1937年任广州市立美术学校中国画主任,广州大学美术科教授,后移居香港。擅长花鸟、走兽,继承岭南画派专长,主张革新中国画,他的画能融汇古今,汲取外国绘画的表现形式,同时又能注重师法造化。作品笔墨简练生动,形神兼备。著有《少昂近作集》《少昂画集》《赵少昂画集》《实用绘画学》等。

王梦白(1888—1934),名云,字梦白,号破斋主人,江西丰城人。父亲流寓浙江衢州,因住地与三溪接壤,自号三溪渔隐,又号三道人。年轻时在上海钱庄当学徒,喜画花鸟画,尤喜任颐花鸟画,后受吴昌硕指导,画艺大进。1919—1924年间陈师曾劝其改学华喦画,艺事又大进。推荐任北京美术专门学校中国画系主任、教授,擅花卉翎毛,喜写生,尤擅画猴,1929年曾赴日本举办个人画展,后在天津,穷困潦倒而死。

张大千(1899—1993),原名正权,后改季爰,字大千,号大千居士,四川内江人。1917年东渡日本在京都公平学校学习染织,课余坚持自学绘画,学诗学治印。1919年完成学业回沪,拜上海名画家曾熙、李瑞清为师,此后多次游历,广交朋友,他是20世纪中国画坛最具传奇色彩的泼墨画师,尤其是山水画方面成就卓著。代表作品有《爱痕湖》《长江万里图》《四屏大荷花》《八屏西园雅集》等。

张聿光(1885—1968),自号鹤苍头,别号冶欧斋主,浙江绍兴人。1904年在上海华美药房画照相布景,1907年在中国青年会学堂任图画教员,1909年至 1911 年在《民呼报》《民吁报》《民立报》发表漫画。以后曾任上海美术学院校长、上海新华艺术学校校长,新中国成立后聘为上海画院画师,一生兼治中西绘画,作品取材宽广,画风近任颐,并能融中西画法,构图新颖,设色明净绚丽。传世作品有《黄山云海图》《孔雀图》,著有《聿光画集》。

张书旂(1900—1957),原名世忠,字书旂,号南京晓庄,七炉居士,室名小松山庄,浙江浦江人。曾任南京中央大学教授,抗战期间去美国举办个人画展,讲学作画,后定居旧金山。勤于写生,工于设色,尤善用粉,画风艳丽秀雅,别具一格,与徐悲鸿、柳子谷同称为画坛的"金陵三杰"。其作品曾被美国总统收藏,著有《书旂花鸟集》《张书旂画集》。

丰子恺(1898—1975),原名丰润,号子恺,浙江桐乡石门镇人。1914 年考入浙江省立第一师范,师从弘一法师(李叔同)学习绘画音乐,又从夏丏尊学习文史,1922 年任教上虞春晖中学,历任上海艺术大学、浙江大学、上海文史馆馆员,中国美术家协会上海分会副主席,上海文联副主席等。是中国现代著名画家、散文家。著有《子恺漫画》《缘缘堂随笔》《丰子恺书法》《丰子恺儿童漫画集》等。

俞剑华(1895—1979),原名琨,字剑华,山东济南人。1915 年 9 月考入北京高等师范手工图画专修科,师从名画家陈师曾、李毅士学画。毕业后历任山东省立第一中学、北京美术学校、北京师范学校、山东美术学校国画和国文教员,上海新华艺术专科学校教授,与黄宾虹、张大千等组织"烂漫画社",在日本大阪举办个人画展,1940 年后任暨南大学教授、华东艺术专科学校教授。擅长山水画兼花卉,并工书法。著有《中国绘画史》《立体图案法》《书法指南》《中国画论类编》《中国山水画的南北宗论》,编有《中国美术家人名大辞典》等。

黄宾虹(1865—1955),名质,字朴存,号宾虹,以号行,祖籍安徽歙县,出生于浙江金华。清廪生,早年与陈去病组织反清团体"黄社",南社社员。历任上海神州国光社、商务印书馆编辑,中国艺术专门学校校长,上海美专、北平美专、杭州美专教授,新中国成立后任中央美术学院华东分院教授、全国政协委员。精通书画,兼擅金石篆刻、诗词、文物鉴定,著有《中国画学史大纲》《宾虹草堂藏古玺印》《宾虹画语录》《虹庐画谈》等。

柳亚子(1887—1955),初名慰高,字安如,后改名弃疾,改字亚子,江苏吴江人。同盟会会员,南社和民革的创始人之一,现代史上有影响力的民主主义革命者。《南明史》专家、诗人。著有《磨剑室诗词集》《磨剑室文录》《柳亚子书信辑录》等。

3.结社活动的方式

"寒之友社"结社活动的参与人员、地点机动灵活，或是几个人同时出游，或是三五成群聚会，地点或在太原、天津、广州，或在上海经亨颐家中，或在上虞白马湖。

《颐渊诗集》是经亨颐先生于1937年60岁时印行的自选诗集，是以写作时间为顺序编排的。其写于1929年的《山茶水仙》诗的标题下明确标明"创寒之友社"，诗曰：

> 淡墨一池朱半盏，兴来权作画家禅。
>
> 为将广结寒之友，又学山茶与水仙。

活动地点自然是在上海光裕坊经亨颐的寓所，参加人员有张聿光、方介堪、郑曼青和他自己。他们以画寓志，"每逢雅集，大家翰墨淋漓，尽情挥毫，以诗言表，以画喻节，极一时之盛。雅声所播，闻者莫不望风怀想，欣慕不已。而先生又经常为画家们题诗。因而他的题画诗也不胫而走，脍炙人口"[①]。这就是经亨颐即兴为画友们题写的诗。此外尚有《朱竹水仙》《墨竹》《松梅水仙》《晴竹》。张聿光也在他人画的《梅》上补画了鹤，又在他人画的《菊》上补画了鸡，《竹》上补画了双鹤；方介堪画了《水仙》，郑曼青与其合作在同幅画上又画了赭牡丹，经亨颐一一为他们的画题了诗。此次雅集虽然没有标明具体时间，但从其与下次活动所写的诗题看，很可能是在二三月间。

1929年4月，经亨颐邀请何香凝、陈树人、方介堪和居若文夫妇等著名画家、金石篆刻家，从上海径直至上虞白马湖，他们在白马湖的经亨颐长松山房住了三宿，游览了百官、兰芎山，又乘舟游览了绍兴东湖、禹陵、兰亭、柯岩、鉴湖等风景名胜，登山涉水，吟诗作画，这是一次艺术家的聚会。在此期间，何香凝创作了《雪景山水》《松梅》两幅画，经亨颐画了《墨竹》《兰竹》。经亨颐有喝绍兴酒的嗜好，张聿光为其画了《饮酒图》。回到上海不久，何香凝出国赴欧洲

---

① 斯尔螽《略谈经亨颐先生艺术的辉煌成就》，见《上虞文史资料：一代师表 纪念经亨颐专辑》，第93页。

考察,临别之际,何香凝以《红树青山白马湖图》赠给经亨颐,经亨颐随即在画上题诗一首,并小序缘由,以表惜别之情。序云:

廖夫人何香凝将远适异国,过沪以此画相赠。忆春间与夫人、树人、若文等同游白马湖,有诗诗到红树青山还来新居长松山房之约。今不得而以红树青山白马湖与长松山房绘为一图。展玩之余,深感聚散无常,书画缘永。诗云:

伊人葭水渺孤蓬,秋色苍茫一望中。

红树青山云乍散,萧然寒意护长松。

1930 年 8 月中秋,经亨颐与陈树人游览山西太原,经亨颐为乡友陶望朝画了一幅《松菊》图,并题写了"异乡共对中秋月,松菊犹存白马湖",抒发对老友的思念之情。陈树人在晋祠写生,画了宋柳、唐槐、周柏,又画了菊、水仙,在《菊》图上补画了桂,在《水仙》图上补画了《梅》。

1931 年经亨颐"半年避地在津沽",与陈树人、苏吉亨在天津一起作画,经亨颐作了《梅竹》《松》《松菊》《松蕉》《水仙》《雨竹》等;陈树人画了《赤松》,又补画了《白梅》,在《雨竹》上补画了凌霄、红叶,在《石》上补画了秋海棠。苏吉亨则画了《山水》《兰》,又在《兰》上补画了山石、松、水仙等。

同年 6 月,又与陈树人由天津抵广州旅游,会同友人雅集于北郊甘泉山馆,合作画竹。诗云:"五载重来客广州,北郊诗画缔清游。一竿乔与高林伍,为有寒之友可求。"经亨颐先是画了两幅《竹》《梅》《兰》,陈树人依次在画上补画了鸟、石榴、萱、桂。

1935 年中秋前一日,经亨颐在南京邀请了"寒之友社"的张善孖、郑曼青、张目寒、马元凤、姚心斋、朱横秋等人游黄山,画黄山松。写下了《黄山纪游》《黄山杂咏》《黄山松》《黄山题画》《黄山归途杂感》等诗。

1936 年春天,经亨颐由光裕坊移居颐和路,他将居所命名为"春霜草堂",邀集陈树人、张大千、郑曼青等社友合画牡丹。并题诗云:

共醉春霜后,娟娟各一枝。澹而如衲钵,懒不买胭脂。

寒友斯为绝,神仙岂可期。草堂尘月梦,多少洛阳思。

此作抒发了甘愿为艺术而奋斗一生的思想感情。

各人即兴创作又协作,诗书画结合,思想感情高度融洽、和谐。1932 年 6

月，经亨颐邀请"寒之友"社友去白马湖品赏上虞"二都杨梅"，他们从上海出发，同行的有张大千、黄宾虹、张书旂、赵少昂、马孟容等人。等他们到达"长松山房"后，经亨颐就在屋后山坡的石桌上摆上酒菜，让他们亲手采摘身旁的杨梅，品尝"树头鲜"。第二天，在山房宽敞的画室里，大师们忙着绘画创作。张大千生性豪放诙谐，画路开阔。经亨颐夫人袁氏请他画一幅仕女图，他挥笔立就，但当落款时，却误题"经翁"，引得在旁看画的人忍俊不禁。经亨颐见状，随即提笔写下《大千来白马湖啖杨梅。内子索画仕女，误识余款。戏题，归之》诗为之解围，诗云：

> 姗姗何故其迟来，白马湖滨迨有梅。
> 此是髯公作化相，老妻无用费猜疑。

张书旂兴致勃勃地画了一幅山雀，放下画笔，似乎又感到画面单调，便请经亨颐补画了水仙、绿竹和梅花。经亨颐对张书旂画的那只山雀很感兴趣，认为它在山间与梅、竹作伴，也不失为寒之友，又在画侧题了诗，诗题为《书旂写鸟，索补水仙、竹梅》，诗云：

> 山间沉寂久，冷香谁消受？小雀自诩诩：我亦寒之友！

经亨颐刚画完了一幅松，似乎意犹未尽，正执笔凝思，岭南派画家赵少昂便凑过去在画幅上补画了几只白鸟。他们可谓是"心有灵犀"，经亨颐随即在画上题了诗，诗云：

> 翔集空山暂歇脚，萧然不觉松千尺。
> 天荒地老无荣枯，独立苍茫秉大白。

黄宾虹已是年近古稀的老翁了，他见晚辈们如此兴致，也禁不住手痒，卷起长袖，随即作了一幅山水图。画面远处是一座座树木葱茏、云烟缭绕的青山，近处是一江春水，沙碛平波，芦汀浅滩，有几只野凫戏水。江面上远远驶来一只小船，船上二人：一个站立摇橹，一个端坐品茗。整幅画层次感强，具有江南山水风光的特色。人物工细，小而逼真。引得众人点头称赞。此时马孟容刚画完了一幅花鸟画，听到人们的赞扬声，也走过来一同观赏。

主人经亨颐看见宾老精神很好，就势提出合作一幅画给春晖中学林子仁先生,以酬谢他慨然赠送家藏的高档宣纸供给大家作画的感情。宾老欣然同意,张大千也愿助一臂之力。经亨颐与两人稍作商量后,就在画纸上画出一棵挺拔苍老的青松,几乎占据了画面的一半。接着,宾老在松树左侧根部画上一块长满苔藓、青草的山石,张大千一看,画面所剩无几,就在山石后补画了几根竹子。只费了一小时,整幅苍松山石竹子图就珠联璧合,浑然天成。经亨颐请宾老题额落款,黄宾虹在画面的右角题写了"寒之友"三个较大的篆体字,接着又用行书写上"子仁先生属正,壬申长夏,集长松山房合作,颐渊松,大千竹,宾虹石,并题"。这是一幅由经三位大家精心合作的"寒之友"图,其珍无比,如今仍由春晖中学珍藏。①

1932 年是经亨颐邀请"寒之友社"成员相聚白马湖雅集频繁的一年。此年,何香凝寓居白马湖的"双清楼"休养。九月底,经亨颐、何香凝得悉柳亚子夫妇和南社诗人朱少屏、徐蔚南正游览普陀,于是发电报邀请他们来上虞。柳亚子夫妇、朱少屏、徐蔚南均有"烟霞之癖",早闻白马湖自然风光,于是欣然接受邀请。十月初,柳亚子"偕佩宜暨朱少屏、徐蔚南访何香凝女士于上虞白马湖,留经颐渊先生长松山房三夕"②。经亨颐虽然上了年岁,还是拄着拐杖亲往驿亭车站迎接,陪同他们乘小船到"长松山房"。柳亚子一行为眼前白马湖的美丽景色所吸引,更为老朋友的真情感动,顿时诗兴大发,口占七绝两首,诗云:

> 向晚停车访驿亭,经翁扶杖早相迎。
>
> 扁舟载我湖中去,无限葭苍白露情。
>
> 结伴朱徐并俊流,山妻荏弱恣狂游。
>
> 名湖东道谁为主,一老峥嵘未白头。

何香凝虽然病体未愈,却早早在"长松山房"等候。柳亚子夫妇与何老相见,热烈握手,互相问候。柳亚子看到何老病体未复,但精神仍然很好,英豪之气不减当年;再看看身旁的经亨颐如长松挺拔,豪气磊落,又触发了诗兴,又随口赋了一绝:

---

① 参见陈绵武《名人与上虞》,炎黄文化出版社 2009 年,第 296 页。
② 柳亚子《自撰年谱》,文明国编,人民日报出版社 2012 年。

入门快睹女元龙，病后孱躯坐起慵。

湖海宾朋都磊落，山房今日见长松。

经亨颐、何香凝觉得柳亚子一行的到来，煞是难得，听了柳亚子的吟诗，也画兴大发，于是两人乘兴合作了一幅《岁寒三友图》。柳亚子不会作画，却受画意所感，随即在画上题诗，诗云：

炯炯长松不世姿，罗浮消息证南枝。

可容添我成三友，劲节虚心洵足师。

画以明志，诗以传情，珠联璧合，万分珍贵。临行前一日，张同光又画了一幅《红树青山白马湖图》赠给柳亚子，柳亚子在画上题诗曰：

款客山厨盛酒浆，连宵文宴集秋堂。

梁鸿千载传佳话，合拜床头老孟光。

"寒之友社"建于1929年，至经亨颐1938年去世，整整十年，除了在上海光裕坊和后来移寓的颐和路寓所、上虞白马湖"长松山房"频繁雅集外，还在北平、太原、天津、广州、南京、黄山、杭州等地举行雅集，他们在祖国的风景名胜之地畅游，于自然山水中作画写诗，有时互相协作，有时独立创作，寄寓自己的思想和情操，相互交流，提高画艺，同时又培养了后进，在我国的艺术史上传为佳话。

第七章　文人雅集与结社对绍兴和全国文化史的影响

第一节　促进了地方科举教育质量的提高

文人结社最初的目的是以文会友，即以"文"的方式结成志同道合之友。东晋以来发展成为文人们被褉雅集、诗酒唱和的重要交流方式。随着隋、唐、宋科举文化不断发展，士子们往往以结社或雅集的方式来探讨举业，这样科举文化就与文人结社和雅集融合在一起。文人结社与文人雅集最初虽然与科举考试没有直接的关系，但是随着文人雅集与结社的发展，却与科举考试关系越来越密切。科举考试推动了绍兴地方文人结社、文人雅集的发展，反之，文人结社、文人雅集又促进了地方科举教育质量的提高。

自隋唐以来，科举取士成为历代统治者遴选人才最重要的方式，它改变了汉魏以来选拔人才的方式，以统一考试作为选拔进士的唯一手段，极大地激励了广大士子走上仕途。随着科举考试影响的扩大，士子们为了更好地交流学习心得，揣摩考试题目，相互切磋答题，或者为了加强相互之间的联系，以便日后在政治上相互提携，纷纷参与结社、雅集，这种为科举而结社或雅集的活动方式就迅速地蔓延开来。

唐代科举考试内容主要是诗赋。最初提出的时间是在高宗调露二年（680），后又改年号为永隆元年（680）。《唐六典》卷76《贡举中进士》条记载："调露二年四月，刘思立除考功员外郎。先是，进士但试策而已。思立以其庸浅,奏请帖经及试杂文,自后因以为常式。"①可见唐科举进士明经科目考试先前只考射策而已,这种射策的考题形式相当于今天的填空题与问答题,着重于记诵。为此《唐会要》卷 75《贡举上·帖经条例》记载:"永隆二年八月敕:如闻明经射策,不读正经,抄撮义条,才有数卷,进士不寻史籍,惟诵文策,铨综艺能,遂无优劣。自今已后,明经每经,帖十得六已上者,进士试杂文两首,识文律者,然后令试策。"②这里奏章和敕令中所说的"杂文",指的就是诗和赋。而诗就是唐律,即试帖诗。清代学者徐松在《登科记考》卷一"永隆二年"条里解释说:"按杂文两首,谓箴铭论表之类,开元间始以赋居其一,或以诗居其一,亦有全用诗赋者,非定制也。杂文之专用诗赋,当在天宝之季。"③可见,《唐六典》卷 76 经刘思立奏请考试杂文,即试诗赋,在调露二年(680)四月以后"以为常式"之说,实际上并没有真正实行,直到开元年间才开始将诗歌创作列入考试科目,尽管少数年份间歇,却基本上贯穿下来,但是在每届大考的三场考试中,先后次序仍不固定。《唐六典》卷四《礼部》记载:"凡进士先帖经,然后试杂文及策。文取华实兼举,策须义理惬当者为通。旧例帖一小经并注,通六已上,帖《老子》兼注,通三已上,然后试杂文两道,时务策五条。开元二十五年,依明经帖一大经,通四已上,余如旧。"④这里记载的是把诗赋考试安排在第二场进行。大约到中唐,就改成第一场考诗赋,第二场考帖经,第三场考策文。唐人权德舆,字载之,在他的《权载之文集》卷 41 中载有他与柳冕讨论贡举的一封书信,信中说:"况以蒙劣,辱当仪曹,为时求人,岂敢容易。然再岁计偕,多有亲故,进士初榜有之,帖落有之,策落有之,及第亦有之。不以私害公,不以名废实,不敢自爱,不访于人。"⑤这里的"初榜",就是指诗赋考试,排在第一。而唐代考试制度,明经科以"帖经"试士。《文献通考·选举二》:"凡举司课试之法,帖经者,以所习之经,掩其两端,中间开唯一行,裁纸为帖。"⑥后考生因帖经难记,就总括经文,编成歌诀,便于熟读,又叫帖括。帖经列于第二,试策就列于

① 《文渊阁四库全书》第 595 册,上海古籍出版社,1987 年,第 38 页。
② 王溥《唐会要》卷 75,中华书局,1960 年,第 1375 页。
③ 《续修四库全书》史部政书类,第 829 册卷 2,上海古籍出版社 2002 年,第 37—38 页。
④ 《四库全书》第 595 册,上海古籍出版社,1981 年,第 39 页。
⑤ 《权载之文集》卷 41,商务印书馆,上海涵芬楼借印无锡孙氏藏大兴朱氏刊本影印,第 240 页。
⑥ 马端临《文献通考·选举二》,中华书局 1986 年,第 271 页。

第三了。

唐代科举考试的一大特点是不糊名和可以通榜,考官可以看到考生的个人信息,并且可以依照名人举荐优先录取有关士子。这客观上促使士子们把大部分精力放在如何结交名人上,得到举荐,所谓"生不愿封万户侯,但愿一识韩荆州",以致"行卷",或隐居名山,走终南捷径,通过各种渠道宣扬自己的价值。唐代明经科考试内容简单:书帖、墨义,相当于今天的填空题与问答题,主要是注重记诵,不像宋代经义与明代八股文那样对经书加以阐释。因此,明经科并不为时人所重视。因此,唐人很少组织诗社、文社之类的团体去研究举业。

以诗赋取士成为科举考试的重要科目之一,从唐代开始,延续到北宋前期。直到宋神宗熙宁(1068—1077)年间,王安石变法对科举制度进行改革,罢明经诸科,即罢诗赋、帖经、墨义这些科目。宋神宗死后,科举制度几经变革,司马光执政一度恢复用诗赋,但到宋哲宗亲政后的绍圣元年(1094),又重新实行"进士罢诗赋,专习经义"①,终宋一朝,虽然诗赋与经义取士互相交错,但总的来说,诗赋仍然占上风。

宋代科举考试制度鉴于唐代的不糊名及通榜的弊端,首先在殿试中实行糊名制度,之后又应用于乡试。知贡举,封卷官及点检人员都不是同一人,这就避免了个别人操作的可能,也保障了考试的公正性。真宗大中祥符八年(1015)又设立誊录院,并应用于乡试中。由誊录官另行抄写一份考生的试卷,再由点校官认真校勘,然后才由改卷官批阅。糊名制和誊录制的实施,很大程度上维护了考生的利益,显示了考试的公平,杜绝了按声望取人和请托种种弊病。

由于宋朝历代对科举改试后的"经义",专限于从儒家经典出题,且大都是从经典中摘出的片言只语,要求考生加以敷衍阐发,这就需要考生平时必须熟读儒家经典。而且,这类文章在内容上专注一家之说,不允许考生自由发挥,考生为了出人头地,只有从形式技巧上寻找门道。因而对文章形式的钻研练习,就成为考生准备应试的最重要的功课之一。

---

① 马端临《文献通考》,中华书局 1986 年,第 296 页。

宋代科举考试针对唐代科举的弊端作了一系列的整顿改革,如禁止"公荐",实行锁院、弥封、誊录等制度,逐步建立了一整套严密的科举方法,这就基本上排除了权贵对科举取士的操纵,行贿和请托等营私舞弊现象大为减少。唐代盛行的"行卷""温卷"之习逐渐杜绝,取士的标准主要看考生的成绩,而不是其他,这就对考生本人的才学提出了更高的要求,促使考生将全部精力投身于科举考试内容的学习掌握上。基于当时交通、通讯不发达,书籍流通也不方便的情况下,促使士子自发结社,一起攻读钻研切磋与科举有关的考试内容,以期能在科举考试中得到理想的成绩。

宋代文人结社普遍展开还与当时整个社会结社风气有关。耐得翁《都城纪胜》"社会"条记载:"文士则有西湖诗社,此社非其他社集之比,乃行都士夫及寓居诗人。旧多出名士。隐语则有南北垕斋西斋,皆依江右。谜法、习诗之流,萃而为斋。又有蹴鞠打球社、川弩射弓社。奉佛则有上天竺寺光明会,皆城内外富家助备香花灯烛,斋衬施利,以备本寺一岁之用。又有茶汤会,此会每遇诸山寺院作斋会,则往彼以茶汤助缘,供应会中善人。城中太平兴国传法寺净业会……锦体社、八仙社、渔父习闲社、神鬼社、小女童像生叫声社、遏云社、奇巧饮食社、花果社、七宝考古社,皆中外奇珍异货;马社,豪贵绯绿;清乐社,此社风流最胜。"[①]社会上各行各业为增强自身行业的实力和竞争力,纷纷结社,为文人结社的开展提供了良好的社会基础。

宋代与科举相关的文人结社名称繁多,有称课会、课社,或书会、书社、文会、讲会等等,作为此类会社最重要的功能,就是考生间的相互切磋,互通信息,以求登科。根据结社的环境,可分为本地结社,即在自己家乡组成社团,相互交流切磋举业;也有在外地结社,这种结社一般都是士子在考试前的途中或是考试地的结社,也有出仕后在当地与有关同僚、朋友、弟子的结社。

元代未能延续两宋文人结社的盛行风气,主要是元代统治者在相当长的时间里停止了科举取士,宋元易代对士人造成了极大冲击。南宋王朝的覆亡,对于汉族知识分子来说,不是一般意义上的朝代兴替。民族歧视的屈辱感,停止科举的失落感,社会地位的沦丧带来的人格和自尊心的贬损,构成巨大的心

---

① 耐得翁《都城纪胜》,上海古典文学出版社1956年,第98页。

灵创伤和强烈的感情激荡。这种朝代兴替的风云剧变和文士们心灵的惶恐，催生了以抒发眷怀故宋的遗民情结和归隐田园的隐士情怀的一批遗民诗社的产生，如月泉吟社、吟社、汐社、越中诗社、山阴诗社等等。这些诗社规模明显扩大，"一会至二百人"，月泉吟社达到两千余人；组织形式更为正规严密，如月泉吟社由主盟定出诗题，聘请考官甄选评裁，选出优胜，确定名次，写出评语，给予奖赏，俨然是一个组织有序的正规文学团体。以诗社活动行使科举考试的功能，使许多士子得到精神补偿。

元初诸多诗社以亡宋遗民为中心，与元初士人的遗民心态及其对于元代科举制度的不满密切相关，和两宋诗社不同，带有元代的特定色彩。元皇庆二年(1313)元仁宗下诏恢复科举，将前代的诗赋和经义科目归并、减省为经义一科，采用宋代理学家特别是朱熹所注的"四书"和"五经"作为考试的主要内容，确立了朱学独尊地位。随着时间的推移，遗民政治色彩渐渐褪去，文人群体活动的组织形式也由最初的严密逐渐走向松散，于是，结社的风潮渐告消隐，取而代之的是雅集的盛行。在元末众多的文人雅集中，有上虞以魏仲远为首的夏盖湖雅集、杨维桢与友朋的"西湖竹枝词"唱和、杨维桢与顾瑛玉山雅集，刘仁本的余姚"续兰亭会"等，其中尤以玉山雅集参与人员众多，历时长久，传世作品也多，是真正以诗歌为事的文人雅集，对当时的诗歌创作风尚影响深远。

明代科举考试废弃了唐宋以来以诗赋与经义取士的格局，沿用元代成法，又有所发展，即专以"四书""五经"及程朱注疏为主的经义为取士标准，其文略仿宋之经义，然以代古人语气为之。体用排偶，谓之八股，亦谓制义，又称时文。从此直到清末，都是八股文取士。八股文是明清时期科举考试的专用文体，八股文的一个最大特点，就是它有一定的写作体式和结构。八股文每篇由破题、承题、起讲、入手、起股、中股、后股、束股等部分组成。"破题"共两句，说破题目的要义；"承题"用三句或四句承接破题的意义而说明之；"起讲"概括全体，为议论的开始；"入手"为起讲后入手之处；起股、中股、后股和束股这四个段落才是正式的议论，中股为全篇文字的重心。在这四个段落中，每一段落都有两股两相比偶的文字，合起来共有八股，所以叫作八股文，亦称八比。八股文延续了五百年之久，在这五百年中，所有的名人学者无不花费巨大的精力研究它，几乎没有读书人不受其熏染。

　　试帖诗源于唐代高宗时明经科举考试以帖经取士,具体做法是将经书上下文用纸帖起,空出中间一行,令考生将帖起的经文补写出来,这是一种默写经书的方法,当时称为试帖。由于诗歌创作在唐代盛行,一些考进士的学子往往以作诗代替帖经,称为帖括,试帖诗的得名由此而来。北宋神宗熙宁年间,王安石变法,对科举考试制度进行改革,罢明经诸科,不再以诗取士。元明两朝科举考试也不用诗。到了清乾隆二十二年(1757),高宗出于选拔真才实学的愿望,下令自本年会试为始,将第二场考试表文一道改换成"五言八韵唐律一首",次年乡试时"一体用诗,垂为定制"①。从此,试帖诗成为清代科举考试的一项主要内容,直到科举制度的消亡而随之湮没。

　　试帖诗的写作要求,虽与八股文科目不同,但同样是严格而苛刻的。试帖诗的题目必用经史子集中之语句,也可用前人的诗句,举凡天地草木虫鱼及古物、情景都可入题。诗题一律有"赋得"二字,其下句是一句古人的五言或七言诗,后注"得义字",即限定必须押该字的韵,又注"五言八韵"。详细要求如下:第一,必须是五言句;第二,必须是 16 句,五言八韵的排律;第三,限韵,必须限定以某字为韵,不能出韵;第四,对偶,除首尾各两句可以不对偶外,其余各联必须对偶;第五,一般是仄起平落,每一联末字入韵。仄起平落一般称为"正格",平起平落为"偏格";第六,必须是律调句,不能有拗句。即必须依照平仄的常格进行写作;第七,试帖诗的前四句即首颔两联有严格的要求,要点明题目,概括题意,相当于八股文的"破题",出官韵,要押题后规定的"得义字"的韵,首颔两联里要把题目中的字嵌进诗句中,就是说要把题目中的多数字分散出现在这四句中;第八,诗末两句要有颂扬当朝皇帝英明之意;第九,抬格、常规的书写格式是,题目低两格写,诗的正文也低两格写,与题目对齐,凡涉及当朝皇帝的字词,必须提高两格;第十,语言庄重典雅,绝不允许出现俚俗等嬉谑之语,试帖诗和八股文一样,须以孔孟和朱熹的思想为依据,考生不能离开诗题任意发挥自己的见解。

　　明初,朱元璋采取了偃武修文的政策,一方面科举制度促使文人群体进一步扩大,另一方面对文人群体的种种优容尊崇提高了士人群体的社会地位:府

---

　　①　《光绪会典事例》卷 331《清会典事例》,中华书局 1991 年。

州县生员"免其家徭役二丁"①,明仁宗时期更加推崇科举选官的制度:"非进士翰林,非翰林不入内阁,南北礼部尚书、侍郎及吏部右侍郎,非翰林不任。而庶吉士始进之时,已群目为储相。通计明一代宰辅一百七十余人,由翰林者十九。盖科举视前代为盛,翰林之盛则前代绝无也。"②读书人一旦博得功名,进士及第,便得高官厚禄,诱使无数儒士入毂。明朝廷的这种礼遇士人、偃武修文的政策,使得进士具有辉煌的前程和傲视群彦的社会地位,也促使儒士们去实现抱负的决心。随着社会经济的发展,明代登科人数的增多,激发了士子们参加科举的信心。加之官本位思想的吸引和地方对科举教育的重视,学官的考核以中举人数的多少来定优劣升黜,各府州县皆努力追求中举及第率;绍兴的世家大族为了延续自身的荣耀,或要摆脱素封之家的地位,或者为了逃避政府的徭役,往往争送子弟考入地方官学,以便加入科举的队伍。这就造成了童生入学考试和科举极其激烈的状况。据明谢肇淛《五杂俎》卷14《事部》记载:余姚、山阴两县应试的童子多达万人,这在全国也是少有的现象。以上诸种情况,时刻激励着有着好学传统的甘心苦读的一代又一代的绍兴读书人。

据多洛肯的《明代浙江进士研究》统计:明代自洪武四年辛亥科(1371)至崇祯十六年癸未科(1643)的272年中,共举行殿试88科,③共录取进士24876人,浙江省共考取进士3458人,占全国13.9%,总体而言,明代每8个进士中,就有一个浙江人。④而浙江3458名进士中,绍兴府籍进士836人,遥居浙江榜首。如以县论,绍兴府余姚籍进士有339人,居绍兴府属县第一,其次是山阴县。明代浙江进士不仅数量在全国名列前茅,而且其科试名次在全国也是最为突出的。明代共产生89名状元、89名榜眼,89名探花,88名会元,合计355人,其中浙江就占73人。浙江登科的状元20人中,绍兴府占6人,榜眼20人中,绍兴府占8人,探花14人中,绍兴府占5人。

又据多洛肯《清代浙江进士群体研究》统计:清朝自顺治二年(1645)首开,

---

① 顾公燮《消夏闲记摘抄》卷中,上海商务印书馆1924年。

② 《明史》卷70,中华书局1974年,第1702页。

③ 其中洪武三十年(1397)有春夏两榜进士,应算一科殿试,另崇祯十五年(1642)为赐特用出身进士。

④ 多洛肯《明代浙江进士研究》,上海古籍出版社2004年。

至光绪三十年(1904)的 260 年中,共举行文进士科举考试 112 科,共录取进士,浙江占 2808 名,约占全国 10.48％,比明代略低。在浙江的 2808 名进士中,结兴府占 563 名,约占全省 20.05％,主要集中在山阴、会稽两县,余姚、萧山进士也不少,仅次于杭州府。同样,清代浙江进士不但数量上在全国名列前茅,而且其科名次,主要是"三鼎甲"成绩在全国最为突出。清代共产生 114 名状元,浙江占 20 名,113 名榜眼中,浙江占 29 名,114 名探花中,浙江占 26 名。绍兴府在浙江进士的科名次仅次于杭州府。[①]

乡试录取举人,明清各省皆有定额。据康熙五十八年(1719)俞卿主修的《绍兴府志》卷 35"举人"条记载:"明制,浙额广至百七人,而绍郡常十余人或二十人,盖四之一焉。"又曰:"皇清开科仍照前额,后稍裁损,今渐增至九十三人,与明额上下。"绍兴府中举者少则十余人,多则近三十人左右。主要集中在山阴、会稽两县,萧山、余姚、诸暨、上虞亦不少。

随着八股文考试的程式化,其特点就是代圣人立言和排偶体式的确立。代圣人立言就是要求士子在思想内容上以圣人语气去阐述答题,考试文体采用排偶式固定的写作模式,按起比、中比、后比、束比等几个步骤安排结构。这就需要士子们仔细揣摩钻研,他们不能任意发挥,只能依照固定的程式化结构去写作。由于入学和应试人数的激增,而入学和科举考试录取皆有名额的限制,于是结社风气在前代基础上更加兴盛。为了配合士子对八股文的揣摩和模仿,一些书商和八股文专家纷纷通过对时文和历代进士、举人考试的优秀文章的刊选,还有对时文评点之类书籍的刊刻来牟利。这些书籍的发行,其影响迅速波及全国各地,许多文人社团也自发去揣摩研究八股文的试题,从而练习八股文的写作。倪元璐《倪文贞集·题素盟社刻》谓:"越多文社,而吾门士子王毓耆英奇自命,别以其声气集同人之有才者,凡十数士,键镂以其社霸矣。其曰:'素盟'。"绍兴府山阴州山人吴楚材、吴调侯叔侄于康熙三十二年至三十三年(1693—1694)间纂辑的《古文观止》,收辑上自先秦下至明末的优秀文章 220 多篇,以散文为主,间收骈文,选材广泛得当,体例周密,每篇末加简要评注,是当时较好的一种文学启蒙读本,也是文士学习八股文的文本。

---

① 多洛肯《清代浙江进士群体研究》,中国社会科学出版社 2010 年,第 53 页。

    绍兴的官宦富室为培养子弟读书，走科举入仕之路，往往在家族内开设家塾、族塾，所延聘的教师多是富有科举经验和有见识的饱学之士。如生活于明万历年间的会稽人章颖，肆力于经术，以《易》闻名，但数奇，参加乡试 11 次均落第而归，遂罢科举，开塾授徒，极富传授举业的经验和见识，"夙负人伦鉴，每射覆名士，士不爽一二"①。故学生中登进士为显宦者，南京礼部尚书陶承学之子陶望龄，万历十七年（1589）中会试第一，廷试第三，官至国子监祭酒。明代著名文学家张岱祖父张汝霖中万历二十三年（1595）进士，官至广西参议，叔祖父张汝懋中万历四十一年（1613）进士，官至大理寺丞，均为章颖门下。刘宗周从 7 岁投师到 20 岁补绍兴府学生员，就曾在外祖父章颖的家塾中学习过。所以其"行教四方及京师，四方及京师士所至争延先生"②。黄汝亨（1555—1626）名寓林，字贞父，仁和县（今杭州）人。明万历二十六年（1598）进士，与张汝霖志趣相投，称莫逆之交。他写于万历三十七年（1609）的《云门山记》谓："经山阴访求肃之司马……而肃之诸郎尔韬、葆生、尔含、尔盘皆余门人，相留为旬日名山游。"③可见张汝霖的四个儿子皆为黄氏弟子。其晚年，张岱又跟从黄汝亨学习八股文的写作，"余好举业，则有黄贞父、陆景邺两先生，马巽青、赵驯虎为时艺知己"④。会稽陶堰陶望龄（1562—1609），万历十七年会试第一名，廷试第三，为官 21 年，立朝者仅 6 年，其余时间皆在家乡，曾设立"石篑书院"，从事讲学活动，其孪生弟弟陶奭龄、胞弟祖龄及陶氏弟子皆跟随其学习，拜他为师。

    据吕妙芬《阳明学士人社群》研究，明代中后期官僚体制已经饱和，而科举考试的名额及士人社群扩大的矛盾日益尖锐。从 15 世纪到 17 世纪，中国全国人口约增加一倍，而生员人数大约从 3 万增至 60 万，然而相对于准备应考的生员人数激增，科举的举人、进士名额并没有增加，科举仕进的困难，而地方社会累积了相当多又无法挤入官场窄门的生员。加之明代中后期讲学风气甚盛的社会背景，随着城市商业、交通、知识传播更加容易，也越来越超出官方意

---

① 吴光主编《刘宗周全集》第 6 册，浙江古籍出版社 2007 年，第 728 页。
② 吴光主编《刘宗周全集》第 6 册，浙江古籍出版社 2007 年，第 279 页。
③ 黄汝亨《寓林集》，见《续修四库全书》，上海古籍出版社 2002 年，第 114 页。
④ 张岱《琅嬛文集·祭周戬伯文》，见《张岱诗文集》，夏咸淳校点，上海古籍出版社 1991 年，第 361 页。

识形态允许的边缘，士绅与市民所拥有的财富资源，也使得另外开辟思想表达和思想传播的渠道成为可能。正是在这样的一种自由背景下，大批士人又重新开创了体制以外的讲学风气。正是在这种社会背景下，王阳明倡导的心学讲会活动得风气之先，迅猛流行。明正德八年（1513）至嘉靖六年（1527）王阳明于绍兴府讲学，而真正使阳明心学讲会遍行天下的则是王门后学，越中则有阳明弟子王畿、钱德洪，及其门人周汝登、陶望龄、陶奭龄以及刘宗周、沈国模、黄宗羲、董玚、张应鳌、邵廷采等人。阳明心学讲会是明代讲学影响最大的一种模式，也是最典型的一种模式，它是一种有组织的学术团体，有一套管理体制。第一，坚持常规的月会制度：月有会，会有讲。证人书院定于每月初三日，姚江书院定于每月朔日。此外还会有季会、望会。第二，每次聚会规定会讲一人，会史一人，会约二人，会赞二人，各有不同的职责：会讲以阐道，会史以记事，会约以纠仪，会赞以相礼，司会者分工协作。第三，有一套严格的礼仪制度：谒先圣、先贤礼，蔽云板，童子歌诗，开讲，质疑等。第四，讲会备有茶果点心。

　　讲会出现于科举文化兴盛的大背景中，王阳明等人试图通过心学讲会培养科举人才去争取朝廷对其讲会的认可，也试图通过科举考试维护阳明心学，成为阳明学说的传播者。为此，讲会的科举考试目的虽然不如文社、文会、诗社那样突出，但却是探讨的内容之一。会中也时常讨论举业，相互交流与切磋。"文之一字最难言。今业制举义便以为文，不知曰文不在兹。此时无制义可作。夫子曰：'文其必有所指矣。'……诸生参得明，始可以言文。"①参与讲会中的士子绝大多数皆为生员，生员要想具备参加科考的资格，尤其是附学生员上升到廪膳、增广生员，必须经过岁考和科考。有些就是文社或文会中人，所以，讲会与文会、文社一样，都具有相同的功能。讲会教学方法灵活，坚持启发式和教学相长原则，允许学生发表与教师不同的意见；因材施教，允许学生有不同的兴趣爱好，鼓励他们向各自不同的学术领域发展；以学生自学为主，教师讲解为辅，自由讨论，自由辩难。绍兴一大批年轻士人如钱德洪、王畿、夏淳、范引年、孙应奎、朱节、杨珂等，纷纷投入阳明门下，他们后来先后都成为举

---

　　①　邹元标《愿学集》卷 8《圆塘钱氏兴文会条件》，收入《文渊阁四库全书》第 1276 册，上海古籍出版社 1987 年，第 251 页。

人、进士。王畿门下的张元忭、裘子充、邓以赞、罗万化、查毅斋、张应泰、周汝登也先后成为进士，罗万化隆庆二年（1568）戊辰科状元，张元忭隆庆五年（1571）辛未科状元。陶望龄万历十七年（1589）会试第一，廷试第三，历任翰林院编修、太子中允右谕德兼侍讲、国子监祭酒等职。万历二十七年（1599），陶望龄至嵊县与周汝登合作，于嵊县鹿山书院讲学，郡中一批青年学子慕名纷纷聚集在周汝登门下。参加人员多达数十人。康熙六年（1667）五月，黄宗羲应甬上弟子郑梁、万公择、万季野、陈环村、董允韬、钱汉臣等邀请，至甬上证人书院讲学，至康熙十四年结束。这一时期，董允韬、郑梁于康熙八年（1669）中举，康熙十四年（1675），陈锡嘏、万言、仇兆鳌、范光阳中举，陈锡嘏为榜首，万言副榜，一时传为佳话。康熙十五年（1676）陈锡嘏中进士，康熙十八年（1679）陈紫芝中进士，康熙二十四年（1685）仇兆鳌中进士，康熙二十七年（1688）范光阳、郑梁中进士。甬上证人书院第一批 28 位黄宗羲弟子中，先后有 7 人中举或中进士。黄百家说："向之笑者，始讶讶然疑，向之疑者亦稍稍信，以为古学之士，非惟不妨于进取，或反有胁于进矣！"[1]过去攻击黄宗羲创办甬上证人书院，认为讲经妨碍仕途的人，现在都认为黄宗羲的讲学很成功。不仅如此，他的弟子仇兆鳌选辑中榜的时文以及他中榜后自己的时文，刻印成书，有人卖给书坊，风行一时。黄宗羲对甬上弟子在科举上和学术上的成就十分满意，陈锡嘏、陈献章相继去世，为他们作的《陈夔献墓志铭》中说："如万季野之史学；万充宗、陈同亮之穷经；躬行则张旦复、毛孝章；名理则万公择、王文三；文章则郑禹梅青工，李杲堂纬泽，董巽子、董在中函雅；而万贞一、仇沧注、陈匪园、陈介眉、范国雯，准的当时，笔削旧章，余子亦复质其有文，呜呼盛矣！"[2]

经过几百年甚至上千年的繁衍，至明清时期，绍兴府各县出现了许多的世家大族，据《绍兴县资料》第一辑《氏族编例言》所载："吾邑旧志无'氏族'一门，是编所载，系以各家谱牒为依据，加以采访所得者汇录而成，以为他日修志时撰写氏族志之底本。……是编所录共一百二十氏，四百八十三族。"这里的绍兴县其实包涵山阴、会稽两县，其中较著者，可称为名门望族的，山阴县就有山

---

① 黄百家《学箕初稿》卷 1《范国雯制艺稿序》，齐鲁书社 1997 年。
② 《黄宗羲全集》第 10 册《陈夔献墓志铭》，浙江古籍出版社 2005 年，第 453 页。

阴梅市祁氏、水澄巷刘氏、状元坊张氏、白渔潭张氏、州山吴氏、白洋朱氏、东武朱氏、峡山何氏、后马周氏、前梅周氏等；会稽县有陶堰陶氏、偁山章氏、赏祊胡氏、樊江商氏、渔渡董氏、宵盛童氏、皋埠沈氏、鲁氏等；余姚县有新河吕氏、秘图王氏、梅川孙氏、清风邵氏、咸汇姜氏、梅川胡氏、竹桥黄氏、半霖史氏、四门谢氏等；上虞县有贺溪倪氏、管溪徐氏、葛氏等；诸暨县有枫桥骆氏、宅埠陈氏、高湖余氏、店口冯氏、蒋氏等；萧山县有埭上黄氏、长河来氏等；嵊县西隅周氏、新昌友睦吕氏等等。这些家族人丁繁衍，他们聚居于一地，往往形成一乡一镇一村是一姓的格局。洪亮吉曾对此现象做过描述："或占一乡，或占一镇，即小有迁徙，亦不出数百里之外。"[①]上述众多世家望族，大多为科举世家。随意翻阅这些家族的家谱、族谱及相关的地方志，就能看到他们辉煌的科举成就。仅以东距绍兴古城16公里的会稽陶堰陶氏家族为例，明清两代就孕育了进士42人，举人111人（其中包括联捷的进士），贡生83人和非科举出身的学者多人。其中有明一代，从成化元年（1465）到崇祯十二年（1639）近两百年里，共出举人32人，其中1人为"解元"（即乡试得第一名者），3人获得"经魁"（即乡试名列前五名者），有14人联捷为进士。嘉靖四十四年（1561）全国录取进士394名，陶堰陶氏独得2名，陶大顺与陶允淳父子同登进士榜，时人誉为"父子进士"。据统计，从明洪武四年（1371）至万历四十四年（1616）的245年中，全国共出状元、榜眼、探花和会员244名中，其中浙江得48名，而陶家堰陶氏就占榜眼、探花、会员各1名，占全国名额的十六分之一。有的官至礼部尚书、吏部尚书和国子监祭酒[②]。有清一代276年中，陶堰陶氏共出举人79人，康熙五十九年（1720）陶峒、陶仕春等3人同时中举，乾隆三年（1738）陶光煦、陶杏春等3人同时中举，乾隆十五年（1749）陶士麟等2人同时中举，乾隆四十二年（1777）陶鉴等2人同时中举，道光八年（1828）陶绍泉等2人，咸丰二年（1852）陶模等2人，同治元年（1862）陶嘉猷等2人，同治六年（1867）陶方琯等2人，光绪二年（1876）陶浚宣等2人，光绪十五年（1889）陶绍学等2人，考上举人。有清一代，陶堰陶氏同时2人考上举人者达16次。陶堰陶氏家族于清代的79名举

---

① 《洪亮吉集》卷1《诸氏族谱序》，中华书局2001年，第23页。

② 朱顺佐、张能耿《江南人才名镇——陶堰》，浙江大学出版社1993年，第1页。

人中,有 28 人联捷进士。乾隆十年(1745)全国录取进士 313 名,陶氏家族独得 2 名。乾隆四十六年(1761),全国录取进士 170 名,陶氏家族独得 2 名,陶鉴、陶廷珹叔侄同登进士榜;光绪二年全国录取进士 324 名,陶摺绶、陶方琦同时荣登,光绪二十一年(1895)全国录取进士 292 名,陶氏家族的陶联琇、陶仁荣、陶邵学同时荣登①。

除科举之途外,陶氏家族出现了著名史学家陶澄龄、陶思渊,文学家陶在铭、陶渭、陶及申、陶元藻,目录学家陶方琦,书画家陶在宽、陶子清、陶慧,教育家陶浚宣,还有官费留日童生、官至清外务部左丞,官阶从一品的陶大均。近现代有民主革命家陶成章、陶冶公,著名教育家陶行知,著名美术家陶元庆、著名文学家陶亢德等。

绍兴其他家族的进士、举人也很多,如山阴县州山吴氏在明代就有文进士 8 名,武进士 22 名,清代文进士 7 名,武进士 6 名;山阴白洋朱氏朱篔、朱篊于嘉靖五年(1562)同科进士;余姚县梅川孙氏自孙燧始,一门四世 12 进士,其中孙堪、孙升两兄弟文武科相继魁天下。孙升四子鑨、铤、鏓、矿皆为进士;余姚清风邵氏于明清两代则有 13 人考中进士;上虞县管溪徐氏于明清两代也有 15 人中进士;萧山县长河来氏明清两代进士达 10 人,来天球至来宗道一门五代 4 进士 1 举人,来集之与来燕雯父子相继中进士;诸暨店口祝家坞冯氏,明清两代也有 3 进士 2 举人不俗的科举成绩。

结兴文化望族不仅举人进士及第数量多,名次也大多列于榜首,许多家族出过状元、榜眼、探花、会员、解员。一族之内同登进士也是常有之事,除前面提到的会稽县陶堰陶氏外,如余姚四门谢氏谢迁(1450—1531),成化七年(1474)浙江会试解员,次年进士第一甲第一人;余姚秘图王氏王华(1446—1522),成化十七年(1481)进士第一甲第一人;会稽县渔渡董氏董玘(1453—1546),弘治十八年(1505)会试第一,廷试第一甲第二人;余姚梅川孙氏孙鑨(1525—1594),嘉靖三十五年(1556)廷试第二甲第二人;山阴县诸大绶(1523—1573),嘉靖三十五年(1556)进士,第一甲第一人;会稽县罗万化(1536—1594),隆庆二年(1568)廷试第一甲第一人;山阴县状元坊张元忭

---

① 朱顺佐、张能耿《江南人才名镇——陶堰》,浙江大学出版社 1993 年,第 56 页。

(1538—1588),隆庆五年(1571)进士,第一甲第一人;会稽孟莪谢弘仪,万历三十七年(1609)顺天武解元,次年会试会元,殿试状元;会稽余煌(?—1646),天启五年(1625)进士,第一甲第一人;会稽梁国治(1723—1786)乾隆十三年(1748)进士,第一甲第一人;会稽茹棻(1755—1821),乾隆四十九年(1784)进士,一甲第一名;山阴史致光(1752—1828),乾隆五十二年(1787)进士,一甲第一名;原籍山阴县,寄籍顺天宛平陈冕(1859—1893),光绪九年(1883)进士,一甲第一人。

在学而优则仕的文化背景下,绍兴文化望族科举成就的辉煌也造就了他们官职的荣耀,许多家族都曾有人担任过国家的高级官位。如余姚谢迁,弘治八年(1495)诏命入阁,参与机务,加太子少保,兵部尚书兼东阁大学士。新昌县人何鉴(1435—1514),成化五年(1469)进士,至正德六年(1511)任刑部尚书,加太子太保。余姚王华,成化十七年(1481)状元,官至吏部尚书。新昌县吕光洵(1508—1580),嘉靖十一年(1532)进士,嘉靖四十二年(1563)进兵部尚书。余姚吕本(?—1587),嘉靖十一年(1532)进士,二十八年(1549)以少詹事兼学士入阁,参与机务,晋礼部尚书,少保兼武英殿大学士、太子太傅。孙鑨官至大理寺卿,南京吏部尚书,参赞机务。山阴吴兑(1525—1596),嘉靖三十八年(1559)进士,万历五年(1577)总督宣大、山西军务,蓟、辽、保定总督,兵部尚书。山阴朱赓(1536—1608),隆庆二年(1568)进士,万历二十九年(1601)礼部尚书,兼东阁大学士参与机务。萧山县长河来宗道(1571—1638),万历三十二年(1604)进士,天启六年(1626)礼部尚书,户部尚书,太子少保,东阁大学士,文渊阁大学士。山阴县白洋朱燮元(1566—1638),万历二十年(1592)进士,天启四年(1624)以兵部尚书兼督云南、四川、贵州、广西军务,进少保,赐尚方剑。上虞倪元璐(1593—1644),天启二年(1622)进士,崇祯十五年(1642)为兵部右侍郎兼侍读学士,翌年,擢户部尚书兼翰林院学士,充日讲官,兼摄吏部事。山阴州山吴兴祚(1632—1697),康熙二十一年(1682)任两广总督,二十二年(1683)加兵部尚书。诸暨高湖余文仪(1687—1782),乾隆二年(1737)进士,三十六年(1771)任福建巡抚,四十一年(1776)为刑部尚书。会稽梁国治,乾隆十三年(1748)状元,乾隆三十八年(1773)为军机大臣入直南书房,任户部尚书东阁大学士,充任《四库全书》副总裁。会稽县茹棻,乾隆四十九年(1784)状元,官至兵部尚书,国史馆副总裁。山阴县史致,乾隆五十二年(1787)状元,累官至贵州布政使,云南巡抚,云贵总督、都察院左都御史。以上只是略举了考中进士,身居高位者,若是将各个家族中考中的举人、进士任职计算在内,其数量将大得惊人。如此众多的文化望族的人才汇集成一支浩浩荡荡的人才大军,对家族、对地方、对国家的影响都是巨大的。

文人雅集与文人结社虽然与科举考试没有直接的联系,但是随着文人雅集与文人结社的发展,却与科举考试越来越密切。从科举考试的内容和文体来看,科举具有文学考试的性质。文人雅集与结社的活动使文士们相互切磋,得到临场发挥锻炼的机会。特别是文会、文社组织的八股文写作不必说,雅集的曲水流觞,临流赋诗与结社时的社团活动形式,以"一炷香"的时间成诗[①]或命题作诗[②],都是训练在规定的时间内能敏捷地吟(写)出一首合乎格律的诗作。由于乾隆元年(1736)召试博学鸿词科考试时考过试帖诗,乾隆二十二年(1757),朝廷明确规定试帖诗成为科举考试的内容之一,所以兰亭雅集活动在这一时期显得格外频繁。

绍兴文人结社绝大多数是受科举的影响,也有少数怡老结社,如明成(化)弘(治)年间的"鉴湖吟社"、隆庆年间的"山阴四皓社"、崇祯年间的"稽山八老社"、清道光年间的"龙山九老社"等等。

清光绪三十一年(1905)盛行了千余年的封建科举制度废除了,但文人结社、文人雅集这一"以文会友"的文化传统依然保存并沿袭下来,但此时的文人结社、文人雅集进入了转型期。文士们与时俱进,他们结社以办刊、办报、出版书籍为手段,宣传自己的政治主张和文学文艺观点。绍兴地区出现了一大批新型的知识分子人才,其中尤以蔡元培、鲁迅两位文化巨人为代表,在他们的影响下,许多读书人纷纷走出绍兴,进入北京、上海、广州、杭州,来到更加广阔、更富于竞争力的天地。蔡元培、陶成章、徐锡麟、秋瑾、蒋智由、蒋尊簋、张伯歧、王金发、陈伯平、邵力子、刘大白、沈钧业、陶冶公、范爱农、邵元冲,尹锐志、尹维峻等一批旧民主革命人士,以推翻最后一个腐朽的封建王朝,为建立

---

① 陈维崧《陈维崧集》,陈振鹏标点,李学颖校补,上海古籍出版社 2010 年。
② 张岱《木寓龙》,见《张岱诗文集》,夏咸淳校点,上海古籍出版社 1991 年,第 43 页。

民主共和国家政权为目的，成立光复会、同盟会等革命政治团体；以鲁迅为首，周作人、孙伏园、孙福熙、章廷谦、陶亢德、许钦文、孙大雨、许寿裳、董秋芳、何植三、胡愈之、周建人、孙席珍、陶元庆及罗家伦、邵洵美、蒋梦麟、经亨颐、陈梦家、竺可桢、杜亚泉、叶恭绰、黄云眉、陈登原、蔡东藩、夏丏尊、王钟声、许啸天、钱智修、马寅初、马一浮、蒋瑞藻、陶行知、范文澜、陈建功、徐懋庸等一大批新知识人才在北京、上海、杭州等大城市，组织文学、艺术、教育等各种社团，他们在中国民主革命时期，在政治、文学、艺术、历史、科学研究、教育、医学、美术等多方面发挥了极其重要的作用，极大地彰显了绍兴"名士之乡"的巨大影响。

第二节　繁荣了历代的文学创作并推动了绍兴地方文学艺术的深入发展

绍兴文人雅集和文人结社的发展大致经历了三个发展阶段。

一、从东晋永和年间至唐宋时期，以外地文士为主

绍兴是越国古都的所在地。越国消亡后，从秦到两汉、三国时期，北方移民多次进入绍兴。其后永嘉之乱，当时一些官员、士人、名流移居到当时自然环境幽美，属于会稽郡中心的山阴、会稽、余姚、上虞、剡县等地。东晋举足轻重的两个大族琅邪王氏和陈郡谢氏，还有北地高阳傅氏、颍州鄢陵庾氏、高阳许氏、陈留阮氏、太原中都王氏、高平金乡郗氏、谯国戴氏等先后定居于此。东晋永和九年（353）王羲之在兰亭雅集的 42 人中，十之八九都是北方移民的后代，其中相当一部分人在会稽郡及所属各县或当官或游览，绍兴的文人雅集滥觞于此。东晋以来盛行的王羲之、孙绰的《兰亭》的玄言诗，往往借助自然山水表现玄思理致，因而其本身就包含着一定的山水成分，或写春景，或绘秋色，表现出一种以外物为描写对象的趋势。到了南朝宋时，史载谢灵运东游，"与族弟谢惠连、东海何长瑜、颍川苟雍、泰山羊璇之以文章赏会，共为山泽之游，时人谓之四友"①。山水描写终于从玄言诗中独立出来，一个崭新的诗歌领域出

---

① 《宋书》卷 67《谢灵运传》，中华书局 1974 年，第 1774 页。

现于人们面前,而谢灵运便是确立山水诗派的第一位著名诗人。唐代许多诗人追慕晋宋高人逸士之遗风,纷纷入越探访,蔚然成风。王勃说:"许玄都之清风朗月,时慰相思;王逸少之修竹茂林,屡陪动宴。加以惠而好我,携手同行,或登吴会而听越吟,或下宛委而观禹穴。"① 刘长卿说:"永和春色千年在,曲水乡心万里赊。"② 孟浩然说:"将探夏禹穴,稍背越王城。"③ 杜甫"枕戈忆勾践,渡浙想秦皇。"④ 李白说:"谢公宿处今尚在,渌水荡漾清猿啼。"⑤ 崔峒说:"遥想兰亭下,清风满竹林。"⑥ 元稹说:"百里油盆镜湖水,千峰钿朵会稽山。"⑦ 白居易说:"东南山水越为首,剡为面,沃洲、天姥为眉目。"⑧ 唐代诗人钦慕晋宋名士寄情山水的这份逍遥,希望通过山水游弋来体悟文献中的自然风光和人生境界。如唐代宗广德元年(763)袁修与皇甫冉、李嘉祐、刘长卿等于镇压台州爆发的袁晁农民起义后,以经过剡中山水为题进行了联唱;大历年间以鲍防为首的"浙东联唱",人数最多,场所变动频繁;唐宪宗元和年间,越州刺史杨于陵与其僚属王承邺、陈谏、卫中行、路黄中等前往玉笥山石伞峰探访齐推,曾有联唱;元和二年(807)浙东观察使薛苹及其僚属崔述、李绅等17人于禹庙祈雨,也曾有唱和,《欧阳文忠公文集》卷142《集古录跋尾》卷9《唐薛苹唱和诗》云:"右薛苹唱和诗,其间冯宿、冯定、李绅皆显人。灵澈以诗名后世,皆人所想见者,然诗皆不及苹。岂唱者得于自然,和者牵于强作邪?"其中指明参与者有冯宿、冯定、李绅、灵澈等著名诗人。长庆年间,元稹担任越州刺史与时任杭州刺史的白居易竹筒酬唱,与副使窦巩"兰亭绝唱";大中六年(852)时任浙东观察使的李讷与僚属杨知至、封彦中、卢邺、高湘、卢潘等人联唱;咸通十年(869)陆龟蒙游历四明山与皮日休联唱;咸通十五年(874)吴融与皮日休联唱。进入宋代以后,诗人唱和在越州更是络绎不绝。

---

① 《越州永兴李明府宅送萧三还齐州序》,见《全唐文》卷181。
② 《上巳日越中与鲍侍郎泛舟耶溪》,见《全唐诗》卷151。
③ 《与崔十二游镜湖寄包、贺二公》,见《全唐诗》卷160。
④ 《壮游》,见《全唐诗》卷222。
⑤ 《梦游天姥吟留别》,见《全唐诗》卷174。
⑥ 《送薛良史往越州谒从叔》,见《全唐诗》卷294。
⑦ 《送王十一郎游剡中》,见《全唐诗》卷417。
⑧ 《沃洲山禅院记》,见《全唐文》卷670。

　　北宋陈尧佐(963—1044),字希元,四川阆州人。宋仁宗天圣七年(1029)时任枢密副使参知政事,曾于巡视两浙东路越州、明州途中,于上虞屯驻多日,游览了梁湖的兰芎山,写下了《题上虞兰芎山》七绝诗,又游了被誉为"岱宗"的萝岩山麓的古刹"智果教寺",写了《智果教寺》五绝一首。回京后,与同僚张士逊、曼殊、吕夷简、薛奎、王随等人举行了《忆越州》的联唱。蒋堂,字希鲁,苏州人。以吏部员外郎知越州,公余,忆及王羲之与谢安兰亭雅集韵事,忽发雅兴,命监兵李文都于卧龙山麓,凿渠引来鉴湖水筑曲水阁,建流觞亭,事毕,于第二年三月,亲率僚属唐询、杜概、刘述、邵必等 21 人游览州治卧龙山下西园,赋诗奏乐相贺,并亲题《曲水阁诗》,和者有唐询、林概、列述、邵必等人,最后由唐询作《题曲水阁诗并序》。宋神宗熙宁四年(1071),孔延之(1014—1074)以度支员外郎知越州军州事,领浙东兵马钤辖在越达一年半时间。其间,孙立、赵诚、沈绅、吴可几、裴士杰、孙昌龄、顾临、江衍等八人于州城府山蓬莱阁,均写有《和孔司封题蓬莱阁》诗唱和,但在其亲自编辑的《会稽掇英总集》中,却未留下他自己的《题蓬莱阁》诗篇。神宗元丰二年(1079)五月,秦观赴越州看望任会稽尉的叔父秦定和依叔父生活的祖父,前后在越州生活了八个月。其间秦观与时任越州知州的程师孟唱和,写有《会蓬莱阁》《次韵公辟会蓬莱阁》《次韵公辟将受代韦蓬莱阁》《次韵公辟州宅月夜偶成》《次韵公辟即席呈太虚》《次韵公辟闻角有感》《游龙门山次程公韵》《游龙瑞宫次程公韵》等诗。时任杭州知州赵抃来越州看望好友程师孟,两人登临赋诗,秦观为他们作《会稽唱和诗序》。

　　南宋高宗绍兴二十八年(1158)王十朋任绍兴府佥判,二十九年(1159)腊月解官,历时两年。其间,于前一年十一月在绍兴天衣寺"举白飞觞,唱酬交作,杂以谐笑,咸有余适","初登山,某首赋一章,同行即席而和,既而吟咏者,多不记篇目"。王十朋首赋《游天衣寺》诗云:

　　　　　　　拂晓篮舆出蠡城,稽山照眼鉴湖明。

　　　　　　　千岩深处十峰好,万壑流中双涧清。

　　　　　　　香霭嘘成普贤像,风松晚作法华声。

　　　　　　　灵鸟不肯来城郭,长伴高僧避宠荣。[①]

---

① 《王十朋全集》,上海古籍出版社 1998 年,第 199 页。

同行者有梁尉陆宰、会稽县尉喻叔奇、主簿林日华、察推赵大可、府学莫子奇教授、濮十太尉，王十朋作《游天衣寺序》。绍兴二十九年（1159）中秋赏月蓬莱阁，又同莫子奇、朱县丞、朱司理游西园，皆有唱和。

南宋孝宗淳熙八年（1181）春，浙东一路七州灾害频仍，越州境内灾害尤为严重。七月，朱熹出任浙东茶盐提举，具体负责救灾事宜，在任九个月。其间，陆游罢官在乡，听到此消息，兴奋异常，随即赋诗《寄朱元晦提举》，催其早日赴任，诗云："市聚萧条时，林墟冻馁稠。劝分无积粟，告籴未通流。民望甚饥渴，公行胡滞留。征课得宽否，尚及麦禾秋。"公余，与时任上虞五夫月林书院潘時父子交往，感情深厚，潘時之子潘友端、潘友恭皆拜其为师，又请其讲学。又与上虞孙邦仁、新昌石熟交好唱酬。

南宋宁宗嘉泰三年（1203）夏，辛弃疾起用为绍兴知府兼浙东安抚使。在任时间只有七个月，期间于府治卧龙山东畔，蓬莱阁相向之地创建秋风亭，亭成，词人登临蓬莱阁，写下了千古绝唱的《汉宫春·会稽蓬莱阁观雨》《汉宫春·会稽秋风亭怀古》两词。两词一出，姜夔即以辛词原韵写了《汉宫春·次韵稼轩蓬莱阁》《汉宫春·次韵稼轩秋风亭怀古》两首和词；张镃也写了《汉宫春》词，前有小序云："稼轩帅浙东，作'秋风亭'成，以长短句寄余，欲和久之，偶霜晴，上楼登眺，因次来韵，代书奉酬。"丘崈也有《汉宫春·和辛幼安秋风亭韵》和词。其间，辛弃疾还招刘过（1154—1206），字改之，自号龙洲道人，吉州太和人，至绍兴幕府，"馆宴弥月，待为上宾"，"致馈数百千"，两人常以词作唱和。又特地至鉴湖三山看望好友，时已79岁高龄的诗人陆游，两人也有诗作唱和。辛弃疾于当年十二月进临安陛见，启程前，陆游作《送辛幼安殿撰造朝》诗送行。

楼钥（1137—1213），字大防，号攻媿主人，明州鄞县人。隆兴元年（1163）进士，历任温州知州，起居郎兼中书舍人、翰林院学士、同知枢密院参知政事等。他与上虞潘時长子潘友端（字端叔，淳熙进士，历任太常博士），次子潘友恭（字恭叔，江淮宣抚司干官）两兄弟交谊深厚。潘友端曾专程赴鄞县楼家赠送红梅数枝，楼钥收到后为表示感谢，一口气写了20首咏红梅的七绝诗相赠，并在诗前写有小序曰："潘端叔惠红梅一本，全体皆江梅也。香亦如之，但色红，尔来自湖湘，非他种比，自此当称红江梅，以别之。王文公苏文忠、石曼卿诸公有红梅诗,意其皆未见此种也,感叹不足,为赋二十绝。"楼钥喜梅,又喜养鹅。潘友恭去鄞县看望楼钥,两天后送时,竟别出心裁地放鹅相送,并作《放鹅送潘恭叔司理》七律诗,《再送潘恭叔》七绝诗。楼钥还与宁宗皇后杨皇后之兄杨次山其二子杨谷、杨石、上虞学者李文溪等有诗歌唱酬书信往来。

南宋著名词人姜夔(1155—1209),于宋光宗绍熙四年(1193)春跟随张俊之子张鉴至绍兴游览禹陵,与张鉴及绍兴诗人葛天民、黄长庆、苏泂均有诗词唱和,写有《陪张平甫游禹陵》《同朴翁登卧龙山》《次朴翁兰亭韵》《水龙吟·黄长庆夜泛鉴湖》等。嘉泰三年(1203)又与时任绍兴知府兼浙东安抚使的辛弃疾唱和,依辛词原韵写了《汉宫春·次韵稼轩蓬莱阁》《汉宫春·次韵稼轩秋风亭》两首词作。

南宋著名词人吴文英(1205—1270?),曾四次至绍兴与当地官员和绍兴诗人唱和。第一次是宋理宗淳祐四年(1244),与时任绍兴知府的史弥远之子史宅之(1205—1249),于府城飞翼楼唱和,写有《丑奴儿慢·雪(麓翁飞翼楼观雪)》等词;第二次是于淳祐九年(1249)八月至淳祐十一年(1251)三月,与时任绍兴知府兼浙东安抚使的吴潜,写有《浣溪沙》《绛都春·题蓬莱阁灯屏·履翁帅越》等词;第三次是在宝祐四年(1256)秋,与时任宗学谕的冯去非(1189—?),同游禹陵,写有《齐天乐·与冯深居登禹陵》;第四次是在宋理宗景定元年(1260)六月,客幕嗣荣王赵与芮邸,写有《水龙吟·寿嗣荣王》等词。四次期间,吴文英还与绍兴文人钱德闲交往,写有《庆春宫·越中钱德闲园》等词,又与山阴尹梅津交游,写有词作达11首之多。吴文英与时任绍兴官员及绍籍文人酬唱,共写有词作39首,占《梦窗词集》341首的十分之一强。

绍兴地区优越的山水人文环境给当时宦游于越地的文士提供了文学创作的契机,他们在越地创作了大量的诗词文作品,不仅丰富了他们个人的文学创作,有的作品甚至成为生平的代表作或名作,为当时的文学繁荣作出了贡献。

自东晋至唐宋时期,绍兴本土涌现了一些世家大族的政治家、文学家,如南朝宋时余姚虞氏、山阴的贺道庆、贺道期、贺道养、贺琛、孔愉、孔安国、孔季恭、孔琳之、孔灵符;南朝陈时的贺循、贺德基等,齐时的孔稚圭、孔觊、孔琇之,梁时有孔翁归,陈时有孔奂、孔鱼、孔范等。隋朝有孔德绍、孔绍安,唐朝有贺知章、贺朝、万齐融、康子元、虞世南、徐浩、王叔文、秦系、严维、朱庆余、吴融、北宋有贺铸、王佐、华镇、李兆宽、石公弼及山阴陆氏家族的陆轸、陆佃、陆宰，南宋有李光、高观国、陆游、王英孙、王沂孙、唐珏、王易简等等。这些人中大多外出为官，只有少部分留在本地，他们名声不显。而大批非本土的官僚和文学家来越或宦或游，如东晋的王羲之、谢安，唐之王勃、骆宾王、宋之问、孟浩然、李白、杜甫、顾况、鲍防、薛苹、刘长卿、皇甫冉、孟郊、元稹、白居易、李绅、刘禹锡、陆龟蒙、温庭筠，北宋时期有欧阳修、范仲淹、柳永、秦观、曾几，南宋有王十朋、范成大、辛弃疾、姜夔、吴文英、周密、张炎等等，他们的地位与影响占据着绍兴文坛的主导地位，绍兴本土的文士只能起到配角的作用。外籍的文士为绍兴地区的文学、文化事业的发展作出了诸多贡献，同时本土文士与外籍文士的文化交流，也开阔了视野，为繁荣地方文学与文化作出了杰出的贡献。

从东晋永和九年（353）至北宋熙宁（1072）的约七百年间，绍兴文人雅集（或集会）活动所酬唱的诗作，保存下来的有孔延之的《会稽掇英总集》。《会稽掇英总集》为现存绍兴第一部文学总集，具有深远的文献价值，它不仅汇集了宋代熙宁五年（1072）之前有关会稽郡、越州时期文人雅集或集会的绝大多数作品，而且其精确、广泛之程度，为后人整理古籍提供了借鉴，可以与严可均辑的《全上古三代秦汉三国六朝文》、逯钦立辑校的《先秦汉魏南朝诗》、董浩等编的《全唐文》、陆心源编的《唐文拾遗》、彭定求编的《全唐诗》、傅璇琮等主编的《全宋诗》相对校。

除此之外，绍兴文人雅集或集会的诗文作品还收录于嘉泰《会稽志》、宝庆《会稽续志》和高似孙编的《剡录》，还有参与当时集会酬唱的唐宋诗文作家的专集，以及后人整理的《全唐诗》《全唐文》《全宋诗》《全宋词》等等。绍兴文人雅集或集会丰富了绍兴地方文学的宝藏，为研究今天绍兴区域文化，特别是研究绍兴地方文学，提供了可靠的研究资料。

二、元明清时期，以本土文士为主体

元至元十三年（1276）开始，改绍兴府为绍兴路，辖领山阴、会稽、上虞、萧山、嵊县、新昌六县，余姚州、诸暨两州。明清至近代所辖相同。从此，绍兴失去了兼领东南其他州府的优势地位，完全成为一个与台州、明州相埒的州府级的行政区域。此时也有一些旅越的诗人，但他们犹如匆匆过客，对绍兴本土文化影响不大。由于以前历代的移民在绍兴长期交融积累，到了元明清，各代皆出现了一批具有高素质文化修养的世家大族，如宋末元初的王英孙，字才翁，号修竹，其父王克谦为南宋度宗少保端明殿学士，家资富裕，德祐年间将任监簿，入元不仕。为人豪爽，尚义乐施，延致四方名士如林景熙、郑朴翁、谢翱、唐珏等，一时为士大夫所宗。景祐三年（1278）十二月，元僧杨琏真伽盗发会稽宝山南宋诸帝后妃陵墓后，王英孙成为搜寻重葬陵骨主使者，吟社、汐社的组织者。又如元末上虞魏仲远，名寿延，"唐郑公二十四世孙，世居上虞夏盖湖上，绕屋植万竹"。昆弟三人仲仁、仲远、仲刚并嗜奇好古，仲远尤好诗。他不仅组织本地文士结"敦交社"，还邀请外地名士雅集，一时贤士大夫过上虞者必造其居，集倡酬之什，为《敦交集》。"其人则淮南潘纯、钱塘沈惠心、陆景龙，永嘉李孝光、高明，天台陈廷言、毛翰、朱右，诸暨陈士奎（起章），剡王肃（公玉），会稽王冕（竹斋）、陈谟（仲嘉）、唐肃（处敬），山阴陈敬（白云）、赵俶（本初）、余姚郑彝（元秉）、张克问（九思）、徐本诚（存敬）、宋僖（无逸），上虞徐士原（仁初）、严贞（宗正）、余恒（时中）、徐以文（用章）、则文（惟章），又有于德文、释宗昉、李延兴、戴良、凌彦翀。大抵同里十七。宋濂为作《见山楼记》，朱彝尊为搜补集诗。"[1]明清两代绍兴地区出现了诸多的名门望族，这些名门望族大多是北方南迁望族的后裔，他们经历朝代兴废，在明清渐成气候，蔚为文化望族。这里所说的名门望族，是指在当地三代以上均有科举成功且有官宦之声，对朝政及地方经济、教育和文化诸方面都产生过较大影响，获得较高知名度的家族。这些名门望族的出现，都是经过数代的累积才形成的。"在中国传统社会政治格局内，特别是明王朝统治背景下，免受外界力量破坏的白丁家族要爬到官宦的位置，一般需要 4.7 世，而遭受战乱、朝代更替等因素干扰的白丁家族则上升缓慢，平均需要 7.4 世，才能完成民户向官户的转型。"[2]清代望族亦然。如以三十年为一世，则平常之家族进入士绅望族需要百余年时间。据《绍兴县资料》第一辑《氏族编例言》："吾邑旧志无'氏族'一门，是编所载，系以各家谱牒为依据，加以采访所得者汇编而成，以为他日修志时撰写《氏族志》之底本……是编

---

① 《毛奇龄全集》，学苑出版社 2015 年。

② 宗韵《明代家族上行流动研究》，华东师范大学出版社 2009 年，第 181—182 页。

所录一百二十四氏,四百八十三族"云云,这里的绍兴县其实包涵了山阴、会稽两县。又据张岱起草的康熙《会稽县志凡例》:"会稽与山阴,其界止一水,故邑之人互置产弗问,互讼狱弗问,互考校弗问。且郡城为八邑之人所聚,多迁居焉。其姓之最著者,余姚之孙之王之吕之姜,上虞之徐之倪之李,嵊县之商,皆登山阴、会稽之版籍久矣。"①上述提到的氏族中可称为名门望族的:山阴县有梅墅祁氏、水澄巷刘氏、州山吴氏、白洋朱氏、东武朱氏、状元坊张氏、白渔潭张氏、峡山何氏、后马周氏、前梅周氏等;会稽县有陶堰陶氏、赏祊胡氏、称山章氏、孟葑谢氏、渔渡董氏、皋埠沈氏、鲁氏、富盛童氏、樊江商氏等;余姚县有秘图王氏、新河吕氏、梅川孙氏、咸汇姜氏、清风邵氏、竹桥黄氏、四门谢氏等;萧山县有长河来氏、埭上黄氏等;诸暨县有宅埠陈氏、枫桥骆氏、高湖余氏、店口冯氏、蒋氏等;上虞县有管溪徐氏、云阳叶氏、贺溪倪氏、上虞葛氏等;嵊县有西隅周氏;新昌县有五峰俞氏、潘氏、友睦吕氏等。

明清时期绍兴府文化望族家学兴盛,文化发达,雅集与结社活动频繁,成为江南学术重镇之一,大多文化家族凭借几代人的传承,往往具有自己独特的治学方向与风格,形成所谓的家学。王文荣《明清江南文人结社考述》提出:"家学有三个特色:一是具有传承性,前辈有筚路蓝缕之功,后世有发扬光大之力;二是要形成一定的规模,家族中要有一定数量的子弟参与到研习学问的队伍中来,如果仅仅是父子相传,或者是独脉相连,则很难成为家学,更无从谈及影响。三是往往有权威人物,他们的学术造诣,文学修养不仅在家族中,在当地乃至全国范围内都有着重要的名声与影响,以权威人物为中心,以家族成员为赓和者,形成一层层不断向外拓展延伸的文化圈。"②家学成为绍兴众多文化家族赖以传家的一件法宝,也是他们扩大家族对外影响的一张名片。如绍兴府山阴县状元坊张天复(1513—1574),嘉靖二十六年(1547)进士,他在湖广提学副使任上参与纂修《湖广通志》,此后又主持编纂《山阴县志》。其后张元忭(1538—1588),隆庆五年(1571)进士第一甲第一人,继父未竟之志,续修《山阴县志》,主持纂修《绍兴府志》《会稽县志》。"三志并出,人称谈、迁父子。"③《张

---

① 《会稽县志凡例》,见《张岱诗文集》,夏咸淳校点,上海古籍出版社 1991 年,第 413 页。

② 王文荣《明清江南文人结社考述》,凤凰出版社 2015 年,第 176 页。

③ 《张岱诗文集》,夏咸淳校点,上海古籍出版社 1991 年,第 249 页。

阳和文选·寄孙越峰论志书事二通》是一篇论述纂修地方志书的理论文章,所持观点公正,成为后来编纂地方志书的指导理论。张元忭之子张汝霖(1557—1625),万历二十三年(1595)进士,万历四十二年(1614)为南京刑部主事期间,创"读史社",他虽未著有史学著作,却极为重视藏书和对孙子张岱的读史习惯的培养,使张岱自小熟读《左传》《国语》《史记》《汉书》《后汉书》《论语》《孟子》《庄子》《韩非子》《文选》等史籍和诸子的著作,指导其读书"凡看经书,不读各家的注解",要端坐,集中精神,反复朗读经文十数次至数十次,在朗读中求得理解。有些文句一时不能理解,就把它记下来,以后或读其他书,或听人议论,或在外游览,就会有所感悟而黟然明白。这为张岱在学术上的发展夯实了基础,使其终身受益。张岱就是在祖父张汝霖的精心教育下,立志修志,陆续阅读了正史、野史、历代笔记和经史子集大量书籍,青年时编纂了《古今义烈传》《史阙》,后又以毕生精力编写了皇皇巨著《石匮书》(共 264 卷),使张家的史学得到了极大发展。

张家的家学不仅是史学,还有易学和戏曲。张汝霖著有《易经澹窝因指》《四书荷珠录》《砎园文集》等。《易经澹窝因指》现有明万历三十年(1602)史继辰刻本,《四库全书存目丛书》影印。该书有朱敬循(张汝霖妻弟,朱赓长子)作的《因指后序》云:"越之有《易》,实自大父(即朱赓之父朱公节)先生鼓吹之,而内山(即张汝霖之祖父张天复)先生之后为宫谕公(即张元忭),递传而为肃之。"其后张岱也曾著有《易学》,可见也是张家家学传统。

张家还好戏曲,张汝霖于万历三十四年(1606)山东提学副使任上于落卷中录取文士李延赏,遭到弹劾,罢职归家,为排遣心头的冤屈,采办优童,创办"可餐班",又在杭州寄园创办"武陵班";万历四十四年(1616)张岱父亲张耀芳因为屡困科场,牢骚抑郁,也采办优童,创办"梯仙班""吴郡班",兴建楼船,鼓吹剧戏。其后张岱也置办"苏小小班",胞弟平子置办"茂苑班",他们亲自教习家优唱曲,排练演戏。天启三年(1623)正月十二日亲率戏班于陶堰司徒庙串演《白兔记》,天启六年十二月登龙山城隍庙与家优一起唱曲,崇祯元年(1628)夏天,得知魏忠贤垮台的消息,张岱立即改编传奇《冰山记》并令家优排演,最后在龙山城隍庙演出,聚观者达万人。崇祯二年(1629)八月为庆贺时任鲁王长吏的父亲五十寿辰,张岱赶排了《韩蕲王大战金山》《冰山记》诸剧,率领家班自杭州卖鱼桥乘舟,沿京杭大运河赴山东兖州,途经镇江金山寺,命小傒张灯大殿中,演唱《韩蕲王大战金山》;至兖州,又上演《冰山记》。张岱不仅创作杂剧《乔坐衙》,传奇《冰山记》,精于戏曲排演指导,还是戏曲理论家,他的戏曲理论散见于《陶庵梦忆》《琅嬛文集》等著作中。

会稽陶堰陶氏是一个文学世家,陶悰于弘治三年(1490)成为陶家第一位进士,著有《克斋稿》;陶谐于弘治九年(1496)成为陶氏第二位进士,他坚持家学,为文博厚庄严,诗宗盛唐,著有《陶庄敏文集》;其后陶大年著有《读史日抄》《竹屏偶录》,陶大年善为歌诗,著《鸣春楼诗集》;陶望龄更是致力于古文词,其吟咏佳作,碑板之雄文,记述之短篇,无不可诵,尽载其《歇庵集》中。其与袁宏道等结"公安派",坚守"独抒性灵,不拘格套"的文学主张,是"公安派"的中坚。受其影响的胞弟陶奭龄著有《今是堂文集》《喃喃录》。万历年间,陶氏族人还组织了"阳辛文学社",定期举办雅集结社活动,参加者有陶允嘉、陶万龄、陶奭龄、陶崇义、陶崇谦等陶氏族人 16 人,又有陶氏亲友谢启迪、董人凤、高维原等13 人,编有《阳辛社草》诗集。天启年间,陶崇义、陶祖龄、陶履平等陶氏族人又组织了"丛云文学社",他们拈题会课,编有《丛云社草》诗集,梓以行世。入清以后陶氏族人仍然坚持文学传家。陶作楫,顺治十六年(1659)进士,著《鲁斋文集》和《花隐居诗稿》;陶及申,康熙五十六年(1717)贡士,博学多才,著有《筼厂诗文集》;陶元藻,号篁村,他自幼秉承家学,尤喜唐诗骈文,然九次乡试均败北,逐游历燕、赵、齐、鲁、扬、粤等地,晚年建"泊鸥山庄"于杭州西湖,著有《珠江集》《韩江集》《江淮集》《南楼集》《赵北燕南集》《二十四桥集》《闽游集》《泊鸥庄文集》《全浙诗话》《凫亭诗话》等。陶廷琡,号南园,陶元藻次子,清代诗人,著有《南园诗草》。乾隆四十六年(1781)进士,在贵州清平县令任上,将多年所积薪金刻印其父《全浙诗话》50 卷,陶元藻激动地对人说:"刻此书胜过寄我金多矣!"陶恩培,道光十五年(1835)进士,秉承曾祖陶元藻、祖陶之珍遗教,均以文学著称于世。陶方琦字子珍,光绪二年(1876)进士,博通经史,著《湘湄阁遗诗》《兰当馆词》,与族人陶在铭(字仲彝)、陶浚宣(字文冲),皆长于诗文,曾一起结"皋社",社集《娱园诗存》皆保存他们的诗作。陶氏家学不仅以文学著称,此外如小学、书画、史学也有成就。

提及绍兴文化望族的家学,余姚梅川孙氏和新河吕氏不能不提,这是明代中后期绍兴府最为显赫的两个家族。余姚新河吕氏不仅是出过吕本这位内阁大学士的大家巨族,而且是文化世家,其独特之处,便是在戏曲领域的作为。梅川孙氏也是余姚的文化望族,著述总数达 200 余种数千卷。孙燧(1460—1519),弘治六年(1493)进士,正德十四年(1519)以右都御史巡抚江西,适逢"宸濠之叛",宁王朱宸濠胁迫在江西的官员为其同党,孙燧坚不屈节苟从,结果以身殉难,朝廷赠谥"忠烈"。孙燧三个儿子,孙堪、孙升兄弟二人先后取得文武双科的状元和榜眼,大学士徐阶赞叹曰:"以文武科相继魁天下,凡称世家,未有过焉者也!"①吕孙两家皆以科举发家,作为同乡,门当户对,自然结成姻亲关系。孙升之女孙镮许字吕本之子吕兑。孙镮出身于风气开放的簪缨之家,父亲孙升与母亲杨文俪一样喜好收藏戏曲剧本,仅金元杂剧就达 300 余种。她以其受到的良好教育及深厚的文化素质相夫教子,其子吕胤昌,字玉绳,万历十一年(1583)进士,万历三十七年(1609)挂冠归里。年轻时与舅父孙矿既是师生,又是舅甥,受到孙矿多方指教和培育;吕胤昌与孙鑨之子孙如法为表兄弟,两人同科登第,共同精通戏曲,他们与戏曲大家汤显祖也是同科进士,与当时戏曲作家汪道昆、屠隆、梅鼎祚、王骥德都有频繁而深情的交谊,为此戏曲声乐成就了吕孙两家的家学。吕胤昌之子吕天成登上吕家家族戏曲文化的高峰,成为明代杰出的戏曲作家、戏曲理论家和小说家。

　　吕师著(1599—1664),名王师,号客星,吕天成之子。诸生,仕途坎坷,崇祯十六年(1643)参加国子监试,恰逢李自成军攻破北京,不得已南归,途中随众人降清,顺治初年应试,授予江南江宁府北捕通判、三衢教授,继承家学,著有传奇七种;吕师濂,字黍字,号守斋,又号何山草堂,其醉而自数曰:"诗一、字二、酒三、文四、词五"之语,可见其奇崛才情。身为故明大学士吕本的后裔,曾经安享祖上留下的"黄金"与"甲第",谁知入清后,"青毡旧物鲜遗留",功名无望。他曾散财结客,参与抗清起义队伍,失败后浮大江,渡黄河,浪迹四方,游滇南,为吴三桂幕府座上客;复游闽粤,为两广总督吴兴祚幕府上客。著有《何山草堂诗稿》和《守斋词》,传奇《金马门》等。文坛盟主王士祯曾为《何山草堂诗稿》作序,朱彝尊、吴兴祚、万树等与其交游甚密。

---

① 《大宗伯文恪孙公墓志铭》,见徐阶《世经堂集》卷 13。

吕洪烈(1642—1702),字清卿,号弦绩、药庵,吕天成之孙。一生游幕,于康熙二十年(1681)与其族叔吕师濂加入吴兴祚幕府,与万树、吴棠桢、金烺等交游。康熙四十年(1701)以贡生授儒林郎,官湖州府训导,次年病卒于任所。著有《药庵词》和《回头宝》《状元符》《双猿幻》《宝砚缘》等传奇。

余姚竹桥黄氏家族也是姚邑乃至浙东的文化名家,代不乏人,不仅诞生了思想界巨匠、著名文学家黄宗羲,而且黄宗羲的父亲黄尊素,弟弟黄宗炎、黄宗会,儿子黄百家、孙子黄炳垕等在诸多领域都取得了令人神往的成就。余姚邵氏家族,自邵曾可、邵廷采至邵晋涵学统不绝。这些成了绍兴文化望族家学兴盛、文化发达的典范。

绍兴文化望族还表现出多方面的学养。有的善绘画,如常被人提起的徐渭、倪元璐、陈洪绶、赵之谦、张尔葆、刘世儒、任熊、任伯年、陶元庆等人,形成的青藤、海派等流派,这局面的形成,往往与家族文化底蕴滋养密切相关。有的善书法,如陶谱、杨宾、赵之谦、陶鉴、陶浚宣、陶在宽、李因等;有的善中医,如陶本学、张景岳和章楠等;有的善藏书,如山阴祁承㸁,状元坊张汝霖,陶堰陶氏,上虞管溪徐氏,余姚孙氏、吕氏,越城徐树兰等。这些文化家族学养的形成,并不是某一人、某一代的成就,而是世代累积下来的。在这种家族文化艺术氛围影响下,加之众多家族成员的参与,逐渐形成了群体性的家族文化链与文化效应。

绍兴文化望族的丰富著述是文化兴盛最好的证明,几乎每个文化型的家族都有丰富的著述。打开这些家族的家谱或地方志看,著述之多令人惊叹。如以会稽陶堰陶氏为例:

陶怿《克斋稿》,陶大年《读史日抄》《竹屏偶录》《闻见琐录》,陶大有《鸣春楼诗集》,陶承学《字学集要》,陶允淳《兴渚遗稿》,陶大临《格言》,陶大顺《官辙私记》《职方题稿》,陶允宜《镜心堂稿》,陶本学《脉症治例辨疑》,陶履卓《安雅堂文集》《孝经通解》《四书正讹》《人子要言》,陶望龄《歇庵集》《解老》《解庄》《金垒子》,陶崇道《拜环堂文集》《拜环堂奏疏》《道德印》《庄子印》,陶师文《宜都志》《农桑辑要》,陶奭龄《向名山堂漫稿》《今是堂集》《今是堂诗集》《喃喃录》,陶秉礼《大儒要言》《醒迥闲读随笔》,陶允嘉《陶幼美先生泽农吟》《杂花林》,陶愈隆《曙林诗意》,陶杏秀《泰安府志》,陶作揖《鲁斋文集》《花隐居诗稿》，陶士铣《千一真稿》，陶鉴《荀庄诗文集》《制艺印谱》，陶中郎《南居草》《北游草》，陶廷琡《南园诗草》，陶在宽《自嘻堂论书》，陶思渊《一螺草》《西征草》《婺州草》《白门近稿》《圣水文稿》，陶方琦《香草灵嬉册》《湘媚阁遗诗》《兰当馆词》《仓颉篇字林考辑》，陶元藻《泊鸥庄文集》《全浙诗话》《凫亭诗话》《越画见闻》《越中经籍志》，陶峒《课孙集》《贻谋集》，陶廷珍《午庄诗草》，陶良翰《求放心斋文》《怡云精舍诗稿》，陶庆仍《强恕堂文集》《鄂粤游草》，陶方琯《心影楼诗集》《梅花吟诗集》，陶湝《文漪堂文集》《山居度夏诗》，陶簠《陶小羞集》《陶簠指头书引》，陶及申《筼厂诗文集》，陶师孟《治河明镜》，陶文彬《摩云文集》《金台集》《锦江集》《武夷集》，陶大均《中日战纪》《戊戌政变纪要》《庚子劫余录》《平龛文存》《劫余委游草》《平龛公牍》《平龛日记》，陶成章《浙案纪略》《教会源流考》，陶承煦《章学诚学案》《章学诚著作年谱》《姚海槎先生年谱》《天放楼日记》，陶元庆《陶元庆的出品》《元庆的画》。以上仅是明清至近代会稽郡陶堰陶氏家族的一部分著述。

此外，其他文化家族还有更多的著述。现仅据崔建英辑、贾卫民、李晓亚整理的《明别集版本志》①，李灵年、杨忠主编《清人别集总目》②和袁行云著《清人诗集叙录》③中辑录的有关绍兴府文人著述整理如下：

> 唐肃，会稽人，著有《丹崖集》；章敞，会稽人，著有《章质庵先生集》；戴良，诸暨人，著有《九灵山房集》；杨恒，诸暨人，著有《白皮子文集》；谢谠，上虞人，著有《谢海门集》；谢肃，上虞人，著有《密庵稿》；张天复，山阴人，著有《鸣玉堂稿》；张元忭，山阴人，著有《张阳和先生不二斋稿》；孙矿，余姚人，著有《孙月峰先生全集》；季彭山，山阴人，著有《季彭山先生文集》；朱赓，山阴人，著有《朱文懿文稿》；朱公节，山阴人，著有《东武山人集》；倪宗正，余姚人，著有《倪宗正诗文集》；徐渭，山阴人，著有《徐渭集》；徐学诗，上虞人，著有《石龙庵诗草》；沈炼，山阴人，著有《青霞沈公集》；祁承㸁，山阴人，著有《澹生堂集》；董玘，会稽人，著有《董中峰先生文选》；骆象

---

①　中华书局 2006 年版。
②　安徽教育出版社 2000 年版。
③　文化艺术出版社 1991 年版。

贤,诸暨人,著有《溪园逸稿》《归全集》《羊枣集》《梅花百咏》;郑天鹏,诸暨人,著有《南溟集》《蓬莱亭集》《闽游唱和集》;叶宪祖,余姚人,著有《青锦园文集选》;胡粹中,山阴人,著有《思复斋稿》;田嘉生,山阴人,著有《松月轩诗稿》;刘永基,山阴人,著有《刘止庵先生语录》;刘宗周,山阴人,著有《刘蕺山先生集》;陆梦龙,会稽人,著有《憨生集》;陈鹤,山阴人,著有《陈海樵先生全集》;周祚,山阴人,著有《周氏集》;陶谐,会稽人,著有《陶庄敏公集》;陶廷奎,会稽人,著有《庸庵先生集》;陶崇谦,会稽人,著有《镜佩楼诗选》;陶崇政,会稽人,著有《北征草》《野弦阁草》;陶允宜,会稽人,著有《镜心堂草》;曾益,会稽人,著有《坻场集存》;余侹,会稽人,著有《徙厓馆诗》;钱宰,会稽人,著有《临安集》;王雨谦,山阴人,著有《硕迈集》;张岱,山阴人,著有《琅嬛文集》;陈洪绶,诸暨人,著有《宝纶堂集》;骆问礼,诸暨人,著有《续羊枣集》《万一楼集》;张陛,山阴人,著有《静远居诗选》;来集之,萧山人,著有《南行偶笔》;吕师濂,山阴人,著有《何山草堂诗集》;俞得鲤,上虞人,著有《种玉轩遗草》;余缙,诸暨人,著有《大观堂集》;余文仪,诸暨人,著有《嘉树堂集》;钱霍,山阴人,著有《望舒楼诗集》;吴兴祚,山阴人,著有《留村诗钞》;姚祖振,山阴人,著有《丛桂轩近集》;傅仲辰,山阴人,著有《心孺诗选》;章大来,山阴人,著有《后甲集》;杨宾,山阴人,著有《晞发堂诗集》;杨大瓢,山阴人,著有《杂文残稿》;谢迁,余姚人,著有《归田稿》;王曡,会稽人,著有《妙园堂诗集》《闽游草》;王承勋,山阴人,著有《瑞云楼稿存》;王畿,山阴人,著有《龙溪先生全集》;王自超,会稽人,著有《柳潭遗草》;王守仁,余姚人,著有《居易集》《王阳明先生全集》;王浚初,山阴人,著有《薇垣小草》;王淡,会稽人,著有《墙东集》;王漪,会稽人,著有《䂬园诗稿》;王思任,山阴人,著有《王季重先生文集》《谑庵文饭小品》;孙鏊,余姚人,著有《端峰先生松菊堂集》;孙升,余姚人,著有《孙恪公集》;邵濂,会稽人,著有《砥庵集》;魏骥萧山人,著有《南齐先生魏文清公摘编》;倪元璐,上虞人,著有《倪文贞公集》;倪大继,山阴人,著有《亦颣集》;徐如翰,上虞人,著有《檀燕山藏稿》;宋僖,余姚人,著有《庸庵诗集》;祁彪佳,山阴人,著有《远山堂诗集》《祁忠敏稿五种》;来汝贤,萧山人,著有《菲泉先生存稿》;来斯行,萧山人,著有《槎庵诗集》;叶逢春,余姚人,著有《起曹稿存》；胡膏，余姚人，著有《龙江先生文集》；胡安，余姚人，著有《趋庭集》；胡敬辰，余姚人，著有《坛雪斋集》；车汾，会稽人，著有《改轩诗集》；吕兑，余姚人，著有《吕季子甬东杂咏》；金兰，会稽人，著有《刻金进士临场近议》；舒绶，余姚人，著有《嘉南集》；丁蛙，山阴人，著有《泊如轩诗草》；丁尧臣，会稽人，著有《蕉雨山房诗钞》；万方煦，山阴人，著有《豫斋集》；万同伦，山阴人，著有《补蹉跎斋诗存》；马炳章，会稽人，著有《效学楼述文》；马赓良，会稽人，著有《鸥堂诗稿》；马锡康，山阴人，著有《守拙轩吟稿》；王惠，会稽人，著有《竹里诗存》；王缣，山阴人，著有《晚晴集》；王霖，山阴人，著有《弆山诗稿》；王灏，山阴人，著有《避尘居诗集》；王文玮，会稽人，著有《志隐斋诗稿》；王文淳，山阴人，著有《爱竹居诗草》；王龙光，会稽人，著有《同难二先生诗文》；王在宣，山阴人，著有《瓠樽吟草》；王舟瑶，余姚人，著有《水云集》；王汝鼎，山阴人，著有《适安庐诗钞》；王聿鑫，绍兴人，著有《春生诗草》；王谷韦，山阴人，著有《谷韦诗文集》；王诒寿，山阴人，著有《曼雅堂诗文集》；王星诚，山阴人，著有《西凫山居诗钞》；王衍梅，会稽人，著有《绿雪堂遗集》；王继谷，会稽人，著有《听桐庐残草》；王继香，会稽人，著有《醉吟集》；王敬铭，山阴人，著有《绿督轩遗稿》；王锡九，山阴人，著有《会试朱卷》；王锡康，会稽人，著有《一笏山楼骈体文》；王端叔，山阴人，著有《映然子吟红集》；平浩，山阴人，著有《金粟书屋诗稿》；平恕，山阴人，著有《留春书屋诗集》；平畴，山阴人，著有《耕烟草堂诗钞》；平一贯，山阴人，著有《珠山集》；平世增，山阴人，著有《讷斋未定稿》；平步青，山阴人，著有《越吟残草》《安越堂外集》《樵隐昔呓》；田易，山阴人，著有《天南一峰集》；史善长，山阴人，著有《味根山房诗钞》；冯锦，会稽人，著有《小诗航诗》；冯春潮，会稽人，著有《金帚集》；朱山，山阴人，著有《六行堂诗草》；朱沄，会稽人，著有《鉴泉诗钞》；朱英，山阴人，著有《石厂诗草》；陈通声，诸暨人，著有《玉溪生诗类编》；等等。这里所录的只是其中一部分而已。

这一时期文人雅集与结社的成员构成明显与前一时期不同，即本土文士占据着主导地位，约占人数的百分之九十以上，呈现出一边倒之景象，外籍人士只是配角。无论是宋末的"吟社""汐社"，还是元末的上虞"敦交社"，其主持人都是本籍文士，参加的人员也以本地文士为主。明清时期由于众多的望族出现,参加人员更是如此。外籍文士除了担任本府本县长官以外,其余只是被邀请参与的对象。随着人员结构的改变,有力推动了绍兴文化艺术著述的兴盛和繁荣,也为当时朝代的文学艺术发展作出了卓越的贡献。

三、近现代时期,绍兴文士走向大中城市

近现代时期,本土文士走出绍兴,走向北京、上海、广州、杭州等大中城市,进行结社雅集,彰显了绍兴文士在全国的巨大影响力。

从走出绍兴参与外域的文人雅集和结社而言,三个阶段各自呈现由点到线,再由线到面的辐射式的发展趋势。唐宋阶段呈点式辐射状态。所谓点式辐射,即指通过某一两个文士与外域文士的交游唱和,从而展示绍兴文士及绍兴文化在全国的影响。据洛阳偃师市南蔡庄村 1998 年夏天出土的《徐浚墓志》云:"至于'制作侔造化,兴致穷幽微',往往警策,蔚为佳句。常与太子宾客贺公、中书侍郎族兄安贞、吴郡张谔、会稽贺朝、万齐融、余杭何睿为文章之游,凡所唱和动盈卷轴。"[①]可见,贺知章不仅与徐浚等人结成文学群体,经常唱和,他还与越州的贺朝,万齐融,湖州的包融,扬州的张若虚、邢巨等吴越之士交游唱和。贺知章与张旭、包融、张若虚号称"吴中四士";又与颜元孙、韦述、陆象先、践猷相善,经常相聚,人称"五总龟";又与张说、徐坚、赵元默、康子元、韦述、侯行果、冯德宪、李子钊、陆元泰等称为"含象亭十八学士";又与李琎、李适之、崔宗之、苏晋、李白、张旭、焦遂等人常聚在一起,喝酒赋诗论文,恣意尽兴,豪放旷达,人们称为"饮中八仙",杜甫《饮中八仙歌》称其"知章骑马似乘船,眼花落井水底眠";又与陈志昂、卢藏用、宋之问、高适、毕构、李白、孟浩然、王维、司马承祯等称为"仙宗十友"。他的才情性格还得到了唐玄宗的赞许。贺知章在朝廷中名声很高,晚年回到山阴故居,唐玄宗下旨"供帐青门"为之饯别,自皇太子李亨以下,几乎在朝权贵都为之赋诗送行。仅据《会稽掇英总集》所载:此次饯别的应制诗就达 37 首之多。贺知章亡故后,不少诗人面对贺知章在京城活动的遗迹遗物写诗怀念:天宝五年(706),杜甫初抵长安作《饮中八仙歌》,乾元二年(759)又作《遣兴》五首,其四云:"贺公雅吴语,在位常清狂。上疏乞

---

① 转引自胡可先《唐代越州文学试论》,见《陆游与越中山水》,人民出版社 2006 年,第 547 页。

骸骨,黄冠归故乡。爽气不可致,斯人今则亡。山阴一茅宇,江海日清凉。"中唐诗人刘禹锡在洛中寺见到贺知章的草书,便作了《洛中寺北楼见贺监草书题诗》,晚唐诗人温庭筠在秘书省看到贺知章草书,也作了《秘省草书》诗及序。不少旅越诗人及本籍诗人往返其故里,油然萌生怀念及敬仰之情,李白于天宝四年(745)来到越中,连续写了《访贺监不遇》《对酒忆贺监二首及序》,深情赞扬"四明有狂客,风流贺季真"这位忘年之交。晚唐温庭筠于宣宗大中十一年(857)至越中,写有《题贺知章故居叠作》诗。本籍诗人对其更是敬仰怀念,经常于其生日祭祀悼念。

频繁交友饮酒赋诗酬唱的另一位诗人,就是南宋时期的陆游(1125—1210),字务观,号放翁。陆游一生经历了高宗、孝宗、光宗、宁宗四朝,在南宋王朝处于屈辱投降、偏安一隅的形势下,历任福建宁德主簿、敕令所删定官、镇江府通判、隆兴、夔州军州事、福州常平盐公事、江西西路常平茶盐公事、严州知府、军州少监、礼部郎中等职,造就了他爱国思想和人格力量,成为南宋"中兴四大诗人"之一。陆游先后与当时的官员兼诗人周必大、邹德章、王十朋、张孝祥、张栻、方滋、韩大吉、王炎、张演、范成大、杨万里、尤袤、辛弃疾等都有过密切交往和诗词唱酬,在南宋文坛上有非常重要地位。他以高扬爱国主题的黄钟大吕,承担起振作诗风的历史使命,对南宋后期诗歌产生了积极影响,江湖诗派中的戴复古、刘克庄都师承陆游,戴复古登门受教,刘则为私淑弟子,在诗歌主题倾向和艺术风格上都受到陆游深刻影响。宋末,国破家亡的时代背景更使陆游的爱国精神深入人心。宋末元初的吟社、汐社、越中诗社、山阴诗社直接承其爱国之精神,林景熙在宋亡之后作《书陆放翁诗卷后》,沉痛追悼陆游。明末天启、崇祯年间,因钱谦益推崇陆游"素称宋人诗当学务观",最终形成"天启、崇祯中,忽崇尚宋诗,迄今未已。究未知宋人三百年间本末也,仅见陆务观一人"[①]的局面。这股风气一直延续到清康熙乾隆年间。李振裕《新刊范石湖诗集序》载:"今《渭南》、《剑南》遗稿家置一编,奉为楷式。"[②]乾隆间青浦人诸联《明斋小识》卷八载:"自康熙(壬)子(癸)(1672-1673)丑以降,尽好范

---

① 贺裳《载酒园诗话》卷1,《清诗话续编》第1册,上海古籍出版社1983年,第453页。
② 李振裕《白石山房文集》卷14,康熙香雪堂刊本。

陆诗,家置一编。……唯以平易率直互相标榜。诗坛月旦绝少公评。"①绍兴本籍文士更是将其与贺知章,连同以前的秦系、方干和后来的杨维桢、徐渭等定为六君子,长期奉祀学习膜拜。

　　元末至明清两代,绍兴则有更多的文人走出绍兴,参与外域各地的文人雅集与结社唱和活动,我们称其为线式辐射作用。其中有杨维桢与"西湖竹枝词""玉山雅集"及其与弟子张宪等人间的雅集唱和;元至正十年(1350)至十六年(1356)杨维桢、唐肃于嘉兴参与聚桂文会,会稽漏瑜于明宣德(1426—1435)年间于湖州乌青镇结"九老会",王阳明追随李梦阳、何景明于京城结社唱和;徐渭于嘉靖三十一年(1552)参与上流社会活动,与吕本、唐顺之、薛应旂、王畿等交游唱和,其后又参与胡宗宪幕府、李春芳幕府、吴兑幕府、张元忭幕府、李如松幕府,广泛交游,与沈明臣、唐顺之、茅坤、梅国帧等人诗文往还;吕胤昌出任宁国府推官期间,与汪道昆、梅鼎祚、屠隆、汤显祖结"白榆社"互相唱和;王思任于万历十六年(1588)在京城与张林宗、阮太冲结社唱和;陶望龄万历二十六年于京城崇国寺与"公安三袁"等人结"葡萄社";张汝霖于万历四十二年(1614)在南京结"读史社",天启三年(1623)于杭州结"饮食社";张联芳于天启四年与谭元春等在京城结"长安古意社",徐介眉于崇祯六年(1628)在京师结"因社",黄宗羲、周戬伯、骆复旦作为越中文士代表参与复社尹山大会、嘉兴南湖十郡大社;祁彪佳于苏州、杭州与冯梦祯、王元寿、张遂辰等结社;康熙年间吴兴祚与陈维崧、屈大均、万树等人诗词唱和;商盘参与扬州"邗江吟社"、天津"水西园"结社,与格调派沈德潜,性灵派袁枚、蒋士铨,秀水诗人王又曾,浙派厉鹗、严遂成均有诗文交酬;晚清李慈铭于京师与张之洞、王闿运、王先谦、樊增祥等人诗文交酬。他们在与外域文士交游中相互学习,共同提高,极大地彰显了越地文人和越文化在全国各地的文化影响力。

　　近代至民国时期,由于社会政治的剧烈动荡,绍兴文士中的一部分有识之士纷纷由绍兴走向北京、上海、广州、杭州等大中城市,或组织革命团体,或结社雅集,如上虞罗振玉、蒋伯斧于光绪二十二年(1886)在上海筹办农学会,创办《农学报》;胡道南、童亦韩于1897年在杭州创办《行世报》,1904年留学日本

---

① 诸联《明斋小识》,乾隆刊本。

东京的绍兴学人蒋尊簋、许寿裳、陶成章、鲁迅、蔡元培于上海成立光复会，推举蔡元培为会长，不久，徐锡麟、秋瑾等也参加了光复会。诸宗元、胡颖之、袁天庚、徐道政等大批文化人参与南社雅集。我们把这段时期称为面式辐射作用，不仅人数众多，而且在全国产生的影响较之前两个阶段更为巨大。

五四前后至大革命时期，1915 年鲁迅、周作人参加了李大钊、陈独秀在北京创办的"新青年"组织。1918 年罗家伦、孙伏园、周作人、孙福熙在北京组织"新潮社"。1921 年鲁迅、周作人、孙伏园、刘大白、周建人在北京成立"文学研究会"。1922 年邵洵美、孙大雨、陈梦家在北京成立"新月社"，以 1927 年为界，前期在北京，后期移至上海。1924 年孙伏园、鲁迅、川岛（章廷谦）、许钦文等在北京成立"语丝社"。1925 年鲁迅与高长虹、黄鹏基、尚钺、向培良等于北京成立"莽原社"，又与其学生韦丛芜、韦素园、台静农、曹靖华、李霁野等组织"未名社"。1923 年董秋芳、许钦文、何植三、顾仲雍、龚宝贤在北大成立"春光社"。1929 年上虞经亨颐于上海与何香凝、陈树人、姜丹书、方介堪、马孟容、郑曼卿、张聿光、张大千、丰子恺、黄宾虹、柳亚子等一批艺术家结"寒之友社"。1930 年 3 月鲁迅与瞿秋白、夏衍在上海成立"左翼作家联盟"。1932 年周作人、陶亢德、邵洵美等于上海结"论语派"。

近现代文人结社与传统的文人雅集、结社不同。传统的文人雅集与结社是以诗会友，三五知己或更多的气味相投的人员聚集在一起，通过吟诗锻炼临场竞技，临时发挥写诗的才能，也以此交友，互相交流情感，有时他们也将雅集与结社活动写的诗篇汇编成册，予以刊印。而近现代的文人结社已与时俱进，这些文学社团不仅是文学社团，而且还是文学流派，他们往往与出版自由，宣扬民权、民主，彰显自己的政治观点和文学主张有关，以一个或数个刊物为中心而得名，刊物在这里起到了一种有力的组织作用。他们有发起人和基本成员，又有大量从读者中发掘出来的新生力量作补充，从而形成了一种文学的力量，在文坛上造就自己的或大或小的影响和声势。这种文学社团在初创时期，大都有明显的旗号，具有自己的思想倾向、文学观点和艺术追求，并以此形成自己的独特的文学风格和艺术素养。20 世纪 50 年代中期以后，有些人把上述的文学社团视为政党组织、宗派门户，以至谈社团、流派，往往把政治和学术混为一体。其实这些文学社团或流派是中国现代文学在特定的历史时期产生，且具有代表性的文学主张、艺术特色,对于中国现代文学运动有其巨大贡献和影响,它们是中国现代文学大厦中的支柱之一。通过这些社团活动,造就了一大批的绍兴文士,如周氏兄弟、孙伏园、孙福熙、许寿裳、许钦文、蒋智由、蒋尊簋、诸宗元、经亨颐、刘大白、夏丏尊、章廷谦(川岛)、孙席珍、马寅初、马一浮、沈知方、陈梦家、沈钧业、陶冶公、陶亢德、竺可桢、罗家伦、范文澜、蒋梦麟、章锡琛、徐懋庸、胡愈之、杜亚泉等等,其中尤以鲁迅产生的影响为最大。鲁迅逝世以后,他的杂文创作在杂文领域开辟了一条革命现实主义的广阔道路,在上海"孤岛"时期,杂文的"鲁迅风"歌颂进步文化人和前方将士顽强抗战的英雄行为,批判国民党反动派卖国投降,发动内战,镇压人民进步力量的种种无耻行径,揭露其文化专制的暴行,与国民党御用文人的反动谬论及民主个人主义者的错误论调作斗争。产生以鲁迅为首的文学社团为平台,最后成为中国文化巨匠,正如毛泽东主席在其《新民主主义论》中所评价的:"鲁迅是中国文化革命的主将,他不但是伟大的文学家,而且是伟大的思想家和伟大的革命家。鲁迅的骨头是最硬的,他没有丝毫的奴颜和媚骨,这是殖民地半殖民地人民最可宝贵的性格。鲁迅是在文化战线上,代表全民族的大多数,向着敌人冲锋陷阵的最正确、最勇敢、最坚决、最忠实、最热忱的空前的民族英雄。鲁迅的方向,就是中华民族新文化的方向。"不仅如此,以鲁迅领衔的绍兴群体作家,"各自成为一个方面的领袖人物和代表人物",构成一种"典型的具有区域特征的重要文学现象"。这一时期产生了以鲁迅为首的浙东乡土作家群,如许钦文、王鲁彦,还有巴人、许杰等;汇聚于上虞境内的白马湖作家群,如夏丏尊、朱自清、丰子恺等;以绍兴人为主体的语丝作家群,如"三沈"(沈尹默、沈远士、沈兼士)、"三马"(马裕藻、马衡、马鉴)等;声势壮观的浙东左翼作家群;如柔石、殷夫、潘漠华、应修人等。越地作家群立足越地又超越越地,他们以其特殊品格及传统累积的先导性文学思想,引领中国现代文学潮流,从而凸现于 20 世纪的中国文学史上。

在近现代绍兴文人走出绍兴,走进北京、上海、杭州等大中城市的第三阶段活动中,还产生了以蔡元培为首,以缔结政党(光复会、同盟会)为目的的一大批绍兴文人,如陶成章、秋瑾、徐锡麟、陈伯平、王金发、邵力子、沈定一、邵元冲、沈钧业、梁柏台、宣中华、俞秀松、宣铁吾、叶天底等等。他们在推翻腐朽的清王朝统治,其后又在新民主主义建设中作出巨大贡献,成为国共两党的政治家、活动家。他们虽然不是本书研究范围,其中一部分人却又与文人雅集与结社密切相关。1934 年 3 月 4 日,时任中央研究院院长的蔡元培,出席了南社于上海北四川路新亚酒店举行的临时雅集,柳亚子仿照《东林点将录》和《古乾嘉诗坛点将录》的办法,将蔡元培列为第一号"梁山开山头领托塔天王",1936 年 2 月 7 日,南社纪念会在上海福州路同兴楼举行第二次聚会,函聘蔡元培为名誉会长,由此可见蔡元培在南社中的巨大影响。邵力子于 1923 年 5 月曾与柳亚子等发起成立"新南社";蔡元培虽未参加南社,但与南社的许多成员皆有交往,并予以一贯支持。蔡元培不仅是一位伟大的政治活动家,而且又是一位伟大的文化巨人。除了在政治、教育方面,而且在文学、哲学、伦理学、美学诸方面都有杰出的贡献。推翻腐朽的清王朝斗争中,蔡元培是个暴力革命的信徒,上海光复会的首任会长。武昌起义成功后,孙中山做了首任大总统,蔡元培出任首任教育总长,绍兴的许多文人都曾得到他的提携帮助,包括许寿裳、周氏兄弟等人在内。1911 年南京临时政府成立,许寿裳应蔡元培之邀,一同组建教育部,1912 年 5 月,许寿裳随部迁往北京,任教育部金事、科长、参事和普通教育司司长,后又在北京大学、北京高等师范学校做兼职教授。1912 年鲁迅应蔡元培之邀,于教育部任职,前后达 14 年之久。鲁迅到上海成为自由撰稿人后,与蔡元培仍交往不断,如"世笔会"活动,萧伯纳到上海,宋庆龄、蔡元培、鲁迅都曾一起接见作陪。后来,鲁迅和蔡元培齐名了,他们仍然相互信任支持。鲁迅去世后,蔡元培担任治丧委员会主席,亲致悼词,他在撰写的《挽鲁迅联》中写道:"著作最谨严,非徒中国小说史;遗言太沉痛,莫作空头文学家。"随后,蔡元培出任鲁迅纪念委员会主任,积极支持《鲁迅全集》的出版,并为《鲁迅全集》作序言。

除了许寿裳和鲁迅、周作人与蔡元培有过交往外,绍兴的文人中还有孙伏园、孙福熙、许钦文、经亨颐、刘大白、邵力子、马寅初、沈知之、马一浮、夏丏尊、章锡琛、竺可桢、姚蓬子、范文澜、陈建功、胡愈之、魏金枝、孙席珍、徐懋庸、俞启威(黄敬)、陈梦家等等。此外还有一大批在政府里当官做职员的绍兴人,他们都曾得到过蔡元培直接的或间接的支持与帮助。

蔡元培逝世后,毛泽东唁电誉其为"学界泰斗,人世楷模",周恩来总理为其撰写的挽联云"从排满到抗日战争,先生之旨在民族革命;从五四到人权同盟,先生之行在民主自由",生动形象地概括了蔡元培一生光辉的业绩。

第三节　构建并传承了绍兴文化的优秀传统

绍兴地区在历史上具有优越的山川、物象、气候之类的自然条件,更有历史形成的人文环境的种种因素:从古越大禹巡狩会稽山,到越国崇武称霸,再到东晋南朝重文,南宋至明清既重文又兼武、通谋略的事功追求,在其累积相互作用过程中,总是不断地与其他因素"综合"而丰富其内涵,产生出新质。纵观越地文化发展历史,既有"远传统"的"越文化"精神积淀,也有"近传统"意义的"两浙文化"传统,尤其是启蒙传统的近现代延续的相互作用,从而影响并塑造了越地文士们的文化品格,形成自然传承的文化传统。

一、开放包容的文化心态

纵观绍兴文人雅集与结社的发展历史,它经历了一个由外籍文人与本籍文人相互影响的消长过程:东晋永和九年(353)王羲之举行规模盛大的兰亭修禊活动,参与活动的 42 人中,本籍文人只有镇军司马虞说和前余姚令谢胜等 6 人,呈现出外籍文人一边倒的绝对优势。到了唐代大历四年(767),鲍防、严维于越州兰亭等多地举行联唱活动,据贾俊华考证有 57 人之多,其中绝大多数是北方来越避乱之士,本籍文士只有严维少数几个人,但与参与兰亭修禊活动的虞说、谢胜不同的是,严维在其中的作用仅次于鲍防,他与当时参与联唱的大多文人皆有交往。严维官职不高,却是本籍名流的代表,他有较广的人脉关系,且 17 次联唱活动中,其中有两次就是在他家园林举办的,所以成为大历浙东联唱文人集团中的第二号人物。

中唐至两宋期间,越州孕育了不少文人名士,如贺朝、万齐融、康子元、贺德仁、虞世南、贺知章、徐浩、秦系、王叔文、吴融、王佐、陆佃、陆宰、陆游、苏洞、高观国等等,但此时的越地文化在全国仍无优势可言,只能说是处在发展积淀中,为后来的飞跃奠定基础。

直至宋末元初,"吟社""汐社"的参与者才改变了外籍文士多于本籍人士的状况,一变成为由本籍人士为主的唱酬格局。王英孙,号修竹,会稽人。家贤豪富,入元不仕,为人豪爽,尚义乐施,延致四方名士,为"吟社""汐社"的组织者。王沂孙,号碧山,会稽人。工词,与周密、张炎常相唱和。唐艺孙、赵汝钠、王易简、唐珏皆为山阴人。元末上虞魏仲远的"敦交社"的社集、雅集,本籍人士占有十之八七,出现了一边倒的绝对优势。同时,杨维桢参与的昆山"玉山雅集",形成了一个"铁崖诗派",诗派的宗主成为"玉山雅集"的灵魂人物,"铁崖诗派"也成为元末诗坛的主流。明清至近现代,本籍文人完全成为本地的结社或雅集的主导力量,而且,越地文人纷纷"走出越地",并深刻影响全国的思想学术及文学艺术的走向。科举及第者"走出越地",参与外域文人结社,直接参与朝政,如王阳明、吕本、孙升、吴兑、商为正、朱南雍、罗万化、张元忭、朱赓、陶望龄、朱燮元、倪元璐、刘宗周、王思任、祁彪佳、黄宗羲、商盘、李慈铭等等;还有人以幕僚或商人身份"走出绍兴",间接地参与政治,扩大越文化的影响力,如徐渭、王骥德、张岱、汪辉祖、胡天游、章学诚、龚末斋、许葭村等等;现代则以鲁迅、蔡元培、蒋智由、陶成章、徐锡麟、秋瑾、许寿裳、周作人、孙伏园、陈梦家、竺可桢、章廷谦、罗家伦、徐懋庸、孙席珍、范文澜等人为代表,他们走出绍兴,走向北京、上海等大城市创办"文学研究会""语丝社""莽源社""未名社""新潮社""寒之友社"等等,反对腐朽的封建统治和蒋介石国民党的独裁,以杂文作为匕首、投枪,揭露批判旧文化反动势力,通过办报办刊宣传革命主张,彰显了绍兴文士的影响力。

　　绍兴本籍文化名人在与旅越的外域文化名人长期相处交游过程中,始终秉持开放、包容的文化心态,虚心学习,取长补短。六朝、唐宋时期,当时本籍文人稀少时是如此,宋末元初绍兴文人渐多后,仍然坚持开放包容的文化心态,如身为豪富的王英孙,尚义乐施,结交四方人士如林景熙、郑朴翁、谢翱、王沂孙,与周密、张炎等人唱和。上虞魏仲远家有园亭之胜,兄弟三人皆善诗,为人轻财尚义,乐交文士,故四方文士亦乐与交游唱和,如永嘉李孝光、安徽合肥的潘纯、临海的朱右、北平的李延兴、杭州仁和的凌彦翀等等。明清两代,绍兴世家大族之间广泛的"地缘""亲缘""学缘"关系,成为重要的"黏合剂",他们往往结成文学社群,经常举行雅集。如明嘉靖二十八年(1549)绍兴知府吴江人沈启重修兰亭,举行修禊活动,吴江名士文徵明应邀参与,本地文士陈鹤、沈炼、徐渭也参与了此次雅集活动。清乾隆八年（1743）钱塘桑调元，秀水吴高增、吴高峻等，与山阴刘鸣玉等一起于兰亭开展修禊活动。

二、以文会友，重在举业切磋、竞争的文化活力

"令甲以科目取人而制义始重。士既重于其事，或思厚自濯磨，以求付功令。因其尊师会友，互相砥砺，多者数十人，少者数人，谓文社。即此以文会友，以友辅仁之遗则也。好修之士，以此为学问之地；驰骛之徒，亦以此为功名之门。所从来旧矣。"① 自文人结社形成风尚以后，大多结社似乎没有离开"以文会友、以友辅仁"的原则，他们相信朋辈结社，可以互相砥砺猎取知识，广博学问。这种情况以明嘉靖年间的"越中十子社""越中七贤社"，清初的"蓬莱社""越三子社"，康熙年间的"龙山二十子社"，乾隆年间的"西园吟社""越中七子"表现比较明显。当然，其中有些结社目的并非如此单一，如"越中十子社"有丁忧在籍的官员沈炼、朱公节，有致仕的乡绅钱梗、陈鹤，他们自然不必为制举业操心，其目的主要是结交联络朋友怡悦性情；其余如杨珂、诸龙泉、柳文、萧勉、徐渭、吕对明等，则无学历功名，因而孜孜矻矻地用心揣摩八股制艺，以求进取。与已仕进的前辈结交，一者可以学习制艺，更主要的是通过他们的提携奖掖扩大社会知名度，加上沈炼等前辈也有意要培养同乡后进，因此可谓是两者兼而有之。比较而言，又以后者为主。"龙山诗巢二十子""西园吟社"的成员少数是致仕的官员或德高望重的宿儒，多数是没有取得功名的年轻人，为获得诸生和举人的晋身之阶而参加结社活动。"越中七子"则全是白衣秀士，除童钰、茅逸两人不屑举业外，其余皆渴望步入仕途。自然其中的多数人终因各种原因未能如愿，只能以"诸生"的头衔，甚至是"童生"终老。毋庸讳言，科举制度既造就了一大批人才，这抹杀不了，但同时也埋没了无数人才，然而又在幸与不幸的因果关系链中冶炼出大量的诗人、文学家、教育家。

三、忧心为国的爱国情怀

时代的巨变与生存环境的恶化，导致许多生活在前朝的士大夫和文人留

---

① 陆世仪《复社纪略》，上海古籍出版社 1995 年，第 28 页。

恋旧朝,而仇视新朝。大多文人秀士虽然未能投笔从戎,未能直接参与反抗王朝兴替的斗争,但他们却往往负荷着巨大的心理压力,以节操自励,隐逸不仕,或联络志同道合之士雅集结社,或依恋自然山水,以诗词等文学形式抒发国家兴亡之慨,痛斥新朝统治者的野蛮残暴行为,表现了志士仁人高昂的参与意识。这种留恋前朝的节概精神可以追溯到越王勾践"卧薪尝胆""十年生聚,十年教训"的隐忍复国精神;曹魏时期嵇康"刚肠恶疾",拒绝与马氏合作;嘉靖年间会稽人沈炼刚正不阿,指斥权相严嵩贪贿陷害忠良,以自己的血肉之躯,呼唤那个无道社会的道义与良知;明季,王思任怒斥奸相马士英"夫越乃报仇雪耻之国,非藏垢纳污之地",在社稷沦陷之际,表现了崇高的民族气节。值得关注的是宋末元初、明末清初朝代的兴替,这是汉民族政权的消亡与异族统治中国的兴起。南宋末年的"吟社""汐社""越中诗社""山阴诗社";明季的"枫社""文昌社"和"云门十子社"的结社,皆具有反抗新朝怀念旧朝,抒发国家兴亡之慨的宗旨,"吟社"和"云门十子社"尤为典型。作为南宋贵族后裔的王英孙、王沂孙和唐珏、林景熙、谢翱、周密等爱国文士冒着结伙搜寻南宋皇陵遗骨重葬的危险,发起结社吟咏,抒发哀悼故国不存的民族感情,表现了他们赤诚的忠君爱国精神。在明末"殉难文臣"中,倪元璐于京师沦陷时取帛自经而绝。清军进驻绍兴,鲁藩政权败亡,强征绍兴籍明朝官员入仕清政权,他们坚拒当朝延聘,"枫社"的王思任隐居孤竹庵祖墓旁,绝食而死;祁彪佳则沉水自尽,刘宗周绝食而死,余煌、王毓蓍也纷纷自尽。黄宗羲、朱舜水等组织地方武装与清军周旋。祁熊佳、陈洪绶等十子则毅然削发,与云门僧为伍,以示他们决不与清政权合作的鲜明立场,以"日与老衲蒲团相对,谈世外烟霞",无视当朝的狂士手法反抗现实,发泄自己郁闷的心怀,表现他们对故国的忠贞之情。张岱、黄宗羲晚年闭门著述,以遗民身份参与"存国史"即"存明"的文化壮举。朱彝尊曾至绍兴亲身参与魏耕的反清复明的秘密结社活动,亲身感受了绍兴文士坚贞不屈的民族气节,因而写下了"闭户坐忧天下事,临危真与古人同""此地由来多烈士,千秋哀怨浙江东"①的诗句。相反,清末民初腐朽的清王朝统治即将消亡,而民主共和的新政权即将建立,文人们或结社或雅集,皆具有不寻常

---

① 《吊王义士毓蓍》,见《朱彝尊诗词选》,罗仲鼎、陈士彪选注,浙江古籍出版社1989年。

的意义。以鲁迅、宋紫佩为首的"越社""觉社"建立于最后一个封建王朝行将灭亡和资产阶级共和政权即将诞生之际,他们结社的目的则是毫不留情地揭露批判封建政权的腐朽本质,以积极行动推翻它的统治,加速旧朝的死亡,欢呼资产阶级共和时代的新生。不仅如此,他们还为维护新制度的健全,大胆批判新政权中的落后势力与封建政权妥协,表现了他们坚决彻底的反对封建制度的斗争精神和进步的历史观。诞生于元末的"上虞敦交社"则比较复杂,少数人虽然参加元政权的科举和出仕,如高明、赵俶、宋僖等,但由于他们仕途坎坷和固有的汉民族感情,他们对元政权并无好感,不久皆隐居不仕;多数人则或由于科举的艰辛或坚守汉民族的感情,而为布衣隐士。处在新旧王朝兴替之际,他们对旧王朝——元政权既无留恋,对新政权则因缺乏了解也无多少追求,因而往往寄情山水,游戏人生,企图远离政治,然而又不时地流露对国家民生和自身前途的忧虑。

四、缅怀先贤,继承发扬优秀传统文化

绍兴文人历来有重视发扬先贤优秀的文化传统。东汉山阴人赵晔所著《吴越春秋》,在人物记载上较《越绝书》尤胜,除了已见于《越绝书》中的人物外,还记载了越王勾践的其他重要名宦,完备而详尽。三国时期,山阴学者谢承撰有《会稽先贤传》,为会稽郡历来的著名先贤立传,供后人学习效法。晋代虞预撰《会稽典录》,贺循撰《会稽记》,钟离岫撰《会稽后贤传记》,孔灵符撰《会稽记》,孔晔撰《会稽记》,夏侯曾先撰《会稽地志》等。北宋孔延之编纂《会稽掇英总集》,明末张岱著有《于越三不朽图赞》,刘宗周撰有《绍兴府乡贤考次》,清初余姚人邵廷采在其所著的《思复堂文集》中,大力表彰以忠烈学问闻于时的乡贤,如《王门弟子所知传》《刘门弟子传序》《宋遗民所知传》《明遗民所知传》等等。

由东晋永和年间王羲之开创的兰亭文人雅集活动,历代文人继承发展至今天。唐代宗大历四年(769)鲍防、严维等35人写下《经兰亭故池联句》,以每人吟诗一句,再由首唱者收结的形式继承发展兰亭雅集活动的方式。元至正二十年(1360),越帅刘仁本于余姚仿兰亭雅集,为当年未能写出诗作的十人各补四言、五言诗各一首的方式,称之为"续兰亭会"。明清两代又有以王羲之

《兰亭集序》中的"清流激湍，映带左右"或"崇山峻岭，茂林修竹"等字韵为诗的方式，从内容到形式多方面多角度地发展丰富雅集活动。文人结社也是如此。从康熙年间的"龙山诗巢"至 20 世纪 30 年代的"诗巢壬社"，都是在"廉夫诗巢"遗址上葺庐结社，都以祭祀越中先贤贺知章、陆游、杨维桢、徐渭等六君子，并以陆、徐生日为社集之日。"西园吟社"以后又陆续增祀已故乡贤诗人，有姓名记载的就达四百余人。他们结社的主要目的正如"泊鸥社"杨棨《诗巢怀古》诗所云："此六君者皆人豪，忠孝绪余兼多识。临崖结宇祀事崇，千载瓣香如可接。松风时作卧龙吟，长为诗人壮魂魄。""言社"诗人陶仲彝撰写的楹联："远溯盛唐两宋元明清，诗卷长留，各秉宗风辉祖国；兼考诸公之功勋气节，英灵不爽，应期后学还前贤。"缅怀先贤不仅可以增强域中人的身份认同感和凝聚力，让他们产生以先贤为羡、以生长于斯的自豪感，更是为了发扬以贤遗志，学习他们积极入世，参与社会民生活动的强烈自信心和进取精神，忧国忧民的思想意识，继承先贤坚韧、顽强、真诚的本性，在人生和文学的道路上脚踏实地、坚定执着的精神。

第四节　绍兴世家大族对文人雅集与结社的推动作用

雅集与结社的对象是文人，在重视教育且文化底蕴深厚的世家大族中，人才辈出，为雅集和结社提供了充足的人才保障，良好的家族教育。族内文士雅集与结社唱和的影响，使雅集唱和、结社联吟成为文化家族中的优良传统。世家大族相互联姻形成的血缘宗亲，同邑、同学从儿时交往累积起来的友情，使他们聚集在一起雅集唱和、结社联吟。从纵向来看，地方文化望族的世代传承，使区域之文运绵延不绝。从横向来看，同一区域文化家族之间的交往，尤其是与域外文化的互动，推动了地域文化的发展，扩大了地域文化的影响。

一、世家大族家庭教育文化环境对子孙的深远影响

我国古代文化发展的历史呈现出这样一种现象，文化需要多代积累，真正具有深厚文化素养的人才，往往出现于素有积累的世家子弟中。在这方面，封建的大家庭，尤其是有一定文化素养的书香门第，对一个人的成长有着潜移默

化的影响,且"学而优则仕"的儒家文化传统,也在一定程度上促使封建大家庭出于自身利益,对子弟的读书寄予厚望。一部分贵族子弟后来成为文化名人,固然有个人与时代等诸多因素的促成,但家庭文化环境和教育对一个人的影响,无疑是一个不可忽视的原因。

绍兴文化望族都把教育读书作为传家兴业的根本,非常重视对后代子孙的教育。山阴州山吴氏在《家训》中就有"不求子孙个个出仕,但得世世读书能文章足矣"的遗训。山阴状元坊张元忭在其《遗子说》中,反对以田宅传子孙,主张"以贤且智待我子"。又在《十月朔月课儿曹勉之以诗》说:"古人惜三冬,兹辰乃其始。晨兴展六籍,课尔二三子。糟粕非虚陈,千圣沥精髓。岂伊粗浮肠,可晰渊微旨。勖哉日沉潜,贯通庶可拟。敷词取达意,慎勿竞夸靡。乘此风日佳,焚膏足继晷。明师临尔前,自弃能无耻? 丁宁望尔曹,毋堕前人美!"在他的严厉督促,悉心指导和言传身教下,其子汝霖、汝懋皆中进士,汝霖官至江西参政,汝懋官至御史,长孙耀芳官至鲁王长史,次孙联芳官至扬州司马,分署淮安。王阳明出生于一个书香官僚家庭,祖父王伦,饱读诗书,以授徒为生;父亲王华成化十七年(1481),廷试第一甲第一,授翰林院修撰。作为长子长孙的王阳明从小就在祖父、父亲的关爱下诵读古书,成化十八年(1482),阳明11岁,全家至京师,次年入私塾,尝问塾师曰:"何为第一等事?"塾师告曰:"惟读书登第耳。"王阳明却曰:"登第恐未为第一等事,或读书学圣贤耳。"为此得到祖父、父亲的宠爱和关注。然而在13岁那年,生母郑氏去世,祖母岑氏更为宠爱有加,致使王阳明一度"倜傥出常规","日与群儿戏,斗鸡走狗,靡所不为"①的行为,后来在父亲王华、祖母岑太夫人、继母赵夫人共同的教育下,才彻底得以扭转。王华为人"气质醇厚,平生无矫言饰行,仁恕坦直,不立边幅,与人无众寡大小,待之如一"②,具有朴素自然的学者气质。他自己虽在科举上取得了巨大成功,但他对长子王阳明在科举上期望价值并不高,只是希望他求得圣人之学和圣人之道。王华反对通过神仙道术求得生命安顿,不赞成佛教僧侣之作为。王阳明在成长过程中,曾对道教养生术如醉如痴,在"龙场悟道"前曾先

---

① 王世贞《凤洲笔记》卷14《名卿纪绩二·王守仁》,见《四库存目丛书》集114,齐鲁书社1997年,第612页。

② 《王阳明年谱》,中国文联出版社2000年,第1397页。

后两次上九华山访道求仙,弘治十五年(1502)八月趁告病归越之机,在宛委山"筑室阳明洞中,行导引术"①。王阳明崇尚道教主要与身体素质较差有关。同时也与其认为儒道佛三教在本质上相通或一致的哲学思想有关。由于父亲王华多次教诲,弘治十八年(1505)王阳明吟诗道:"长生在求丹,金丹非外持。谬矣三十年,于今吾始悔!"②此诗表明他已开始从慕仙养生之立场转向儒家经世路径。王华重视孝道,把孝养之心置于高官厚禄和自己的健康之上,不仅自己以身作则,而且还要求王阳明身体力行。对此,王阳明对父亲王华、岑太夫人、赵夫人也是竭尽孝道的。正德十四年(1579),当阳明听说岑太夫人病重的消息,便"屡屡乞终养,弗遂",后"闻讣,已不胜痛割"③,表现了王阳明的至孝精神。王华为官刚正不阿,正德年间,刘瑾专权,王华不奉承、不献媚,坚持正直之傲骨。以上诸方面都与王阳明后来成为一位伟大思想家密切相关。

绍兴文化望族非常重视对后代的家世教育,他们经常利用节日祭拜祖宗、揭遗像、修宗谱等,激发后人树立读书科举、扬名显亲的志气。如会稽陶堰陶氏、山阴状元坊张氏等家族,皆于年节开放宗祠,通过揭祖宗遗像,瞻仰祖先遗容及祭祀之机,向子孙后人宣讲祖先勤奋读书,科举发家,为官廉洁的丰功伟业。张岱的高祖张天复少时不甘心经商,一心要走读书仕宦道路,因而刻苦学习,终于如愿以偿,改变了个人和家族的命运,张岱对此充满了"张家发祥始于高祖"的由衷赞扬之情。

绍兴文化望族非常重视图书的积累和收藏,以供子孙阅读,学问研习。如山阴梅市祁承爜、祁彪佳父子相承的"澹生堂",就藏有数万册珍贵图书,供族内子弟阅读;山阴状元坊张汝霖也收藏了两万多卷,他还鼓励孙子张岱阅读,亲自传授读书之法。余姚新河昌氏与梅川孙氏两家维持姻亲关系,皆喜好戏曲收藏,单是金元杂剧就有300余种,明清传奇更是搜罗殆尽。两家在戏曲音韵方面皆有深厚之造诣。孙如法的父亲孙鑨、堂伯孙鋆、叔父孙矿、姑母孙镮都喜欢戏曲。受家庭环境影响,孙如法、孙如游也精通词曲,而且兴致一来,就曼声长歌,绕梁振木,不绝于耳,闻者莫不止步、侧耳、击掌、赞叹,以为妙绝。

---

① 《邹东廓先生文集》卷12,见《四库存目丛书》集66,齐鲁书社1997年,第241页。
② 《赠阳伯》,见《王阳明全集》,上海古籍出版社2011年,第673页。
③ 《王阳明全集》,上海古籍出版社2011年,第989页。

吕氏家族的成员更是遍布曲坛,如吕胤昌、吕天成、吕师著、吕师濂、吕洪烈等,可谓家有名人、代有传人,呈现出一个戏曲薪火相传不绝的文化族群。

绍兴的文化家族几乎家家都建有自己的家塾。家塾有启蒙和读经两类,也有蒙经兼设的,而以启蒙为多。家塾有私塾,即由富户一家所设,也有几家合办的,一般只有一名教师,采用个别教学;公设的学塾系为义塾或义学,由宗族或私人集资创办,选择有名望的塾师执教。如山阴白洋朱和之妻陆氏(1466—1541),父亲为钱清世家,自幼聪慧喜读书,兄弟学业归,必跟其学,为此父甚惊喜,教其女史,长而赋诗。女工之巧,无不备极。出嫁白洋村朱和为妻。朱和年三十而去世,留下筐、篓、篇、簪四子。陆氏俭以治家,兼理刺绣、纺织,甚至变卖首饰、衣服,以补家用。经济困难,唯独对先人所留产业不敢出售,以示独立。陆氏在朱氏"翠园精舍"别墅辟家塾,亲课子侄。篕、篦二侄为二伯朱导之子,正德庚午(1510)自蜀中学成,归越就试。陆宜人视为亲子,安顿其生活,劝其温习经史。并延师余姚王守仁先生授课讲学,亲诣恳托王先生说:"二伯(导)在蜀,遣二子归越就试,如学不进,是负二伯父之托,惟劳先生玉成之。"并将己子篓、堂伯朱科之子节一并拜于王守仁门下。王守仁先生阅旧课改作时,肃然起敬,赞扬陆氏"巾帼才若此,吾见亦罕也!"[1]后篕、篦、节皆中进士,子篓中举人。

会稽陶堰陶氏既有家塾,也有宗族用宗祠学田举办的义学。有的富户或官宦之家单独聘请塾师,由于陶氏家族读书人多,有的科举不顺的,在某一时间或终生从事教育的,也都为家族聘为塾师。如陶文彬(1665—1749),字仲玉,号月山,虽有文才,却科举蹭蹬,又因家贫,为此在陶堰设馆授徒。徐渭落第后也曾在陶堰设塾授徒。

二、世家望族相互联姻形成的血缘宗亲的文化影响

明清时期,绍兴的文化望族间由于信守门当户对的婚姻观念,相互联姻成为普遍现象。绍兴城中以山阴状元坊张氏为例,张岱高祖张天复娶上虞富户

---

① 《山阴白洋朱氏族谱》。

刘晓之之女为妻,张天复之女嫁与余姚赵锦之子淳卿为妻,双方结为亲家。张天复死后,长子张元忭请时任南京金都御史的赵锦为其父撰写墓志铭,今所见《张太仆墓志铭》系为徐渭代撰。曾祖父张元忭之妻系山东曲阜缙绅王六湖之女,祖父张汝霖之妻系由张元忭与朱赓指腹为婚结下的亲事;父亲张耀芳之妻系陶堰陶允嘉之女、陶大顺之孙女;张岱本人娶的是山阴县城水澄巷诸生刘世谷之女。这种望族婚姻,按其交际关系,大致可分为以下几类。

其一,父辈为同学、同年、同社友关系,结为莫逆之交而缔结为姻亲。如山阴诸大绶与会稽陶大临两人间为嘉靖三十五年(1556)丙辰科进士,诸大绶为一甲第一,陶大临为一甲第二,两位同年的巍科人物结为儿女亲家,陶大临之子陶允宜娶诸大绶之女;朱公节与陈鹤同为嘉靖年间"越中十子社"成员,于是"海樵先生有女,即心许之,未言也。先是朱公节之陆夫人与山人夫人胡同孕,两夫人以通家故,约为婚姻"。朱公节次子朱赓的夫人就是陈鹤之女陈氏;朱赓、罗万化、张元忭三人少时入阳和书院,同学越中名师俞咨之门,三人自少时即为莫逆之交。后一为宰辅,一为状元,朱赓学步其父,与张元忭定下指腹为婚的亲事,后张元忭之子张汝霖娶朱赓之女为妻。这种指腹为婚,在越中望族中颇为多见。如余姚梅川孙燧和同邑韩廉结为姻亲也属于同一情况,孙燧与韩廉同为弘治五年(1492)举人且所在科目皆是经魁,孙燧为《易经》第一,韩廉为《礼记》第一,两人因此友善而约为婚姻。余姚新河昌氏吕本与余姚四门谢氏谢一鹏皆同受业于谢丕之门,吕本是谢丕的入室弟子,深得谢家的信任,在官场平步青云的同时,他不忘谢丕的恩惠,遂与谢氏的继承人之一的谢一鹏结为姻亲,即以第三子吕兖娶谢一鹏之女为妻,后又将爱女许配给谢迁之子谢用模为妻。

其二,由师生而引发的家族婚姻。作为后生晚辈在学业、品行上受到恩师的赏识,他们主动将中意的入室弟子招为佳婿,这在越中望族的姻亲中也不乏少见,如王守仁的嫡子王正亿,仅两岁而父王守仁卒于江西,故王正亿少年时寄居于阳明门人黄绾家中。在朝廷视王学为异端的社会背景下,王守仁义子王正宪与王正亿"离仳窜逐,荡析厥居",围绕王守仁家事问题阳明弟子也分裂为两派,以王畿、钱德洪为首的维嫡派力主娶时任南京礼部侍郎黄绾之女为妻,才有足够的政治资本给予庇护。

刘宗周门生弟子众多，其子刘汋娶黄宗羲之妹为妻，其三个女儿分别嫁于陈刚、王毓芝、秦祖轼为妻，后两位即为刘宗周入室弟子。上虞贺溪倪元璐少时受业于余姚邹学柱，邹学柱为进士出身，未仕前即以女嫁与倪元璐，他在倪元璐童时就已发现其潜质，其敏锐的洞察力令人敬佩，可惜邹氏女早卒，未能做成一代名臣的岳丈。

其三，连环婚与累世婚。民谣云："姑舅亲，辈辈亲，砸断骨头连着筋。"这种以姑舅表兄弟姐妹结成的中表亲，两姨表兄弟姐妹结成的外表亲，也称为连环婚，在绍兴望族中多有表现：如山阴梅市祁氏和白洋朱氏，祁承㸁的幼子祁象佳娶朱燮元之女为妻，朱燮元次子朱兆宪之子朱用调娶祁承㸁从子祁熊佳之女为妻；朱燮元三子朱兆宜之子朱尧日娶祁承㸁四子祁彪佳的次女为妻；朱兆宜之女朱德蓉又嫁祁彪佳次子祁班孙。祁朱两个望族在短短的两代子孙之间，便有四次通婚。祁氏与山阴状元坊张氏也是姻亲：祁彪佳娶会稽吏部尚书商周祚长女商景兰为妻，张岱堂弟张萼娶商周祚次女为妻，祁彪佳次子祁理孙娶张萼之女张德惠为妻，祁理孙与张德蕙为外表兄妹，可谓是亲上加亲。

会稽陶堰陶氏与渔渡董氏亦是连环婚姻。陶承学有个女儿嫁于董懋史为妻；陶承学季子陶望龄年长无嗣，其弟陶奭龄的儿子陶履平为其继子，陶履平娶了董懋史的女儿为妻；而董懋史的长子董昭宪又为其子董念陛娶了陶履平的女儿为妻。陶履平夫妇与董念陛夫妇皆是中表兄妹的关系，陶、董二人都娶了自己姑姑的女儿为妻。上述三代联姻：陶承学女儿陶氏与董念陛的关系，陶氏既是董念陛的祖母，又是他姑夫的姑姑，又是他妻子的姑奶奶。如此盘根错节的家族婚姻，使陶、董两家的文士交谊甚是密切。

山阴、会稽间的望族联姻频繁，有的还跨县联姻，如萧山来氏与诸暨枫桥陈氏的联姻，陈洪绶娶来斯行之女为妻，陈洪绶之妹陈胥宛又嫁于来宗道之子来咨诹为妻；上虞贺溪倪氏多与外县婚配，如倪元璐娶余姚邹学柱之女，未婚邹氏先卒；倪会鼎娶余姚姜一洪之女，倪元璐妹嫁与山阴朱赓之孙朱贞元，上虞管溪女诗人徐昭华嫁与诸暨枫桥骆加采，山阴祁彪之女嫁与余姚姜廷梧，上虞名媛姚克俊之女嫁与余姚黄尊素，诸暨陈洪绶之女嫁与山阴张汝霖曾孙张桢耆。这都是门当户对，双方皆是名门望族结成的姻亲关系。

余姚梅川孙氏是余姚的首望之一。孙燧的季子孙升（1501—1560）的继室杨文俪(1515—1584)是仁和县杨应獬之女。一般而言,作为官僚家庭的闺秀是不愿成为他人续弦的,除非此人拥有较大的政治权势,可以给女方家庭带来多方面的利益。孙升之父孙燧为宁王朱宸濠杀害,被朝廷赠谥"忠烈",长兄以荫为锦衣卫千户,嘉靖五年(1526)中武会试第一,家势雄厚。杨文俪19岁嫁于孙升为继室,其时孙升尚未扬名,但才华出众,博取功名指日可待。婚后的第二年,即嘉靖十四年(1535),殿试一甲第二名,"尤显名于世,孝友忠信,德器凤成"。后官至南京礼部尚书。杨应獬当时只是藩王府的长史,位卑权轻,他敏锐地抓住了孙升丧偶的机会,多方谋划,终于为女儿找到了绝佳归宿。其后孙升一支在杨文俪的悉心教育下人才辈出,孙升四子相继登进士,成为江南最负盛名的科举世家,孙升与杨文俪的女儿孙镮嫁与余姚吕本之子吕兑,杨家自然地借孙氏家族之力扶摇直上。嘉靖三十年(1551)三月十日,杨应獬八十大寿,女婿孙升、女儿杨文俪因事不得登堂拜寿,特地请吕本致辞驰贺,吕本《贺东园杨公八十寿序》有记。

　　文化望族以姻娅关系为纽带,所获得的不仅是相互间的助推声势,政治权势上的相互支持,更主要的是文化教育上的影响。这些文化望族群体中不乏文化名人、学者,盘根错节的亲缘关系如外公、外婆、舅舅、姨父、姑姑等,有时还兼有老师的角色,且这种教育关系更为稳固,也更具有榜样性。前辈的声望成为后辈学习的荣耀和动力,也成为后辈的责任与使命。余姚梅川孙升将女儿孙镮嫁与吕本之子吕兑,生子吕胤昌,吕胤昌少时常住外祖母家,孙升与杨文俪共同喜好戏曲,收藏了许多剧本,单是金元杂剧就有300余种。他们经常在节庆时将戏班请到家里来和家人一起观看,评论剧情和演技,他们的子女由此受到家庭氛围的影响,也都喜爱戏曲,尤其是儿子孙矿和女儿孙镮。孙镮自少受到良好的教育,孙矿在《寿伯姊吕太安人六十序》中说:"(孙镮)少从夫人习为声诗,居常手不废籍,自大家以下,若咸以女博士目之。"①嫁到吕家后,孙镮把孙家的爱好和收藏古今剧戏之习带到吕府,吕胤昌、吕天成能在词山曲海中成长,与这位母亲、祖母的教育和影响密不可分。孙镮之弟孙矿与吕胤昌既是甥舅关系,又是师生关系。吕胤昌14岁进学时,孙矿就给予正确的引导和

---

① 　《月峰先生居业次编》卷2,北京大学图书馆馆藏明末刻本。

鼓励,赠其五古诗一首:"嗟子世家彦,十四衣青衫。行将献长策,至身青云端。筮仕方在初,努力期先贤。高位岂难跻?无使颜色惭。"①孙矿在戏曲音韵方面造诣深厚,经常指导吕胤昌音韵知识。孙矿之侄孙如法与吕胤昌同科登第,孙如法精通词曲,兴致一来,就曼声长歌,两人自小一处学习,有同样的爱好,过从甚密。孙如法还与吕胤昌之子、外甥吕天成也是"埙篪胶合,臭味略同","并工《风》《雅》之修,兼妙声律之度"②。甥舅二人加上王骥德,三人常在一起"把酒商榷词学,娓娓不倦"③。

明清至近代,绍兴文化望族人才辈出,雅集与结社唱和已成为一种时尚,他们常常以同族、同学、同乡或者姻娅关系,自由结社,雅集唱和。如会稽陶堰陶氏于明万历年间,族中文人陶允嘉、陶允亮、陶修龄、陶奭龄、陶镕、陶崇道、陶崇谦等与族中亲友谢启迪、董大风、谢启廷、何光道、朱榜、范继业等16人结"阳辛文学社",定期于陶家园林酣中阁、丛云阁等处结社唱和,并将唱和诗稿编成《阳辛社草》出版。天启年间,陶氏族中陶祖龄、陶崇义、陶崇圣、陶履平、陶仲选、陶泖、淘潢、陶阳春等18人重结"丛云文学社",他们定期于陶氏园林丛云阁拈题会课,并将唱和之诗什编刻成《丛云社草》梓行于世。崇祯后期,陶氏族人陶湑因科举不顺,遂与旅内陶大章、陶容庵及族中亲友姜与可等结成"废社文学社",经常以诗文自娱,并将诗什结集梓行。直到明亡,清兵南下,陶湑避居平水,"废社"活动才停止。

陶氏族中文士不仅结诗社吟咏唱和,而且在族中举行雅集活动。据《明代绍兴陶堰陶氏家族珍贵手稿现身——2017年西泠绍兴秋拍》资料揭示:约于崇祯某年的新春,陶氏家族以第四代的陶祖龄为长,陶履中、陶允教为次,陶崇谦、陶崇文为幼,三代12人举行了以"自然风物"为题的新春雅集歌咏,留下了大量优美诗歌,如陶祖龄有《新春》七言绝句曰:

　　　　春风叶叶正吹裾,春风微微自剪蔬。

---

① 《赠吕甥玉绳》,见《孙月峰先生全集》卷6,明末刻本。

② 王骥德《曲律自序》,见中国戏曲研究院编《中国古典戏曲论著集成》第4册,中国戏剧出版社1959年,第50页。

③ 王骥德《曲律自序》,见中国戏曲研究院编《中国古典戏曲论著集成》第4册,中国戏剧出版社1959年,第50页。

知有花无陪丈室，原持香饭一分余。

祖龄为这 12 人中最年长者，但从落款"为弟祖龄"推断，与之应和的人，应有他的兄长，也许是陶望龄，也许是陶舆龄，如今已不得而知，但可想见的是，当时雅集与会的族人，肯定不止这 12 人。陶崇谦(1582—1629)，作为族中的第六代，自幼跟随公安派、泰州学派重要成员陶望龄学习，考取贡生后官至运判。其《咏梅诗》云：

> 罗浮古仙种，群卉逊高格。会有霜雪姿，粲英沁肌骨。
> 笑傲梅花间，仙人来八百。

冬去春来，万物复苏，生命的张扬激发了诗人的雅兴。在陶氏家族新春雅集上，"崇"字辈的陶崇谦一气呵成的《咏梅诗》，引得众人纷纷作诗应和。雅集作为文化家族的诗歌创作存在方式意义重大，无疑是继承了东晋王羲之兰亭雅集的文化传统。陶氏作为绍兴的文化望族，其形成离不开一个长期的文化积累过程，除了科举外部因素的推动，更有族人潜于学、游于艺的内在动力，使得整个家族不断"文"化、"雅"化。

陶氏家族不仅在自己家族内部频繁地举行结社雅集等文化活动，他们还积极参加外地的文人结社和雅集活动，如陶望龄参与了万历二十七年(1599)由公安三袁和黄辉、江盈科、潘士藻、顾天峻等在京城崇国寺的"葡萄社"的社事活动。崇祯四年(1631)刘宗周在越中创立"证人社"，陶奭龄参与了"证人社"的讲学活动。清同治年间，会稽县皋埠的秦树铦、马赓良与陶在铭等一起创立"皋社"文学社，参加的还有陶方琦、陶浚宣等人，他们结社赋诗，因为结社地点在秦树铦的娱园，其编纂的诗刊称为《娱园诗存》，出刊 4 期 4 卷。

山阴状元坊张氏与梅市祁氏、白洋朱氏、后马周氏等，是晚明越中山会两县文人交游活动最为活跃的几个家族，仅张岱在《陶庵梦忆》中提及的就有"斗鸡社""丝社""枫社"和"蕺山亭"雅集，其《闰中秋》记载了雅集规模之大、气势之闹猛：

> 崇祯七年闰中秋，仿虎丘故事，会各友于蕺山亭，每友携斗酒、五簋、十蔬果，红毡一床，席地鳞次坐。缘山七十余床，衰童塌妓，无席无之。在席者七百余人，能歌者百余人，同声唱"澄湖万顷"，声如潮涌，山为雷动。

诸酒徒轰饮，酒行如泉，夜深客饥，借戒珠寺斋僧大锅，煮饭饭客，长年以大桶担饭不继。命小傒岕竹、楚烟于山亭演剧十余出，妙入情理，拥观者千人，无蚊虻声，四鼓方散。月光泼地如水，人在月中，濯濯如新出浴。夜半，白云冉冉起脚下，前山俱失，香炉、鹅鼻、天柱诸峰，仅露髻尖而已，米家山雪景仿佛见之。①

七百人的聚会雅集，又是唱歌，又是演剧，虽然各自携带食物、酒水及娱乐器具，但公用的设施（大锅煮饭）及通宵演剧费用支出，仍然是一笔不可小觑的费用。

据《祁彪佳日记》记载：祁氏家族先后曾创立"放生社""文昌社""萍社""雁社""枫社"等，祁彪佳于明崇祯九年（1636）创立的"放生社"，就有明确的集会时间和地点，规定每月的初八日为放生日，地点在寓山附近的六竹庵，参加人员除了祁氏族人外，还有山阴县乡绅及祁彪佳的友人郑九华、潘鸣歧、茅心镜、金大来、王云岫、何芝田、王大含和禅师迩密、历然、无量等人。"文昌社"是崇祯年间祁氏家族主持的社局，也有固定的社集时间与地点，即每年正月十二日文昌神的生日，众人集于文昌庙举行社祭，然后或游览名胜，或举觞吟咏。"文昌社"自崇祯九年创办，延续六年有余，参加者为祁氏族人及祁氏亲友陆长耀、陈振孟、陈绳之、赵应候等。上述两社带有鲜明的宗教和民间风俗的色彩。"枫社"则是完全的文学结社，其结社的地点并不固定，大多在祁、张两家族的园林，参加人员有王思任、祁彪佳、倪元璐、孟称舜、张岱、谢弘毅、王业洵、张弘、张萼等越中文化界的名流。他们以燃灯照水、华灯代月的浪漫行为拈题吟诗或观戏剧演出。王思任《社集》诗，张岱《社集凤嬉堂》《木寓龙》诗，皆是参与枫社吟咏之作。

白洋朱氏朱纯（1417—1492），于成化年间与乡邻罗顾、张皓结"鉴湖吟社"，其《白莲池》诗云：

石沼新开一曲通，秋风开遍白莲丛。

寒生汀露微消玉，光艳溪霞半染红。

---

① 张岱《陶庵梦忆》，罗伟注译，北方文艺出版社 2019 年，第 144 页。

结社定应追惠远，衔环还许著陶公。

世人欲识逃禅趣，月色波光总是空。

嘉靖后期朱篷(1491—1571)、朱篦(1493—1546)、胡方山、黄涂峰四位致仕后于稽山鉴水结"山阴四皓社"，他们朝夕赋诗，携杖放歌，连舟于稽山鉴水间。

明崇祯年间，山阴后马周氏周懋宗"与兄载庵懋谷，弟默庵懋宜并称'周氏三凤'，结'应社'"①，参加者有祁熊佳、来集之、王自超、陶履卓、王观瀛、余增远、鲁集等人。这是一个以山阴后马周氏家族为核心的文人结社群体，周懋谷是其中的领袖人物，他在山、会两县有较大影响力。

文人雅集与结社活动场所皆是风景优美之所，人文胜地，只有这样才能彰显风雅，激发才情。绍兴雅集社事之盛，离不开绍兴优美的自然环境和深厚的文化底蕴，以及望族数不清的园林山庄的助推。无论是东晋永和九年(353)王羲之倾心陶醉于山阴兰渚山下的"崇山峻岭，茂林修竹，又有清流激湍，映带左右"的兰亭自然美景，还是唐代大历年间文人联唱和宋代越中文人集会选择的禹庙、兰亭故池、法华寺、云门寺、若耶溪、严长史宅、鲍端公宅等等，皆是越中山水人文胜地。到了明清时代，更有官宦富户兴建的众多园林山庄。园林山庄不仅是外在的物质堆砌，更是文人内在精神的体现，文人品位的追求。每一座亭台楼榭的巧妙布置，每一块匾额、对联，无不给人以美感，引人遐想。如山阴梅市的祁承爜"生平有园林之好。上公车时即废箸构此。然亦止密园、夷轩、澹生堂数处耳。嗣后俸余所入，尽用置园。旷亭一带以石胜，紫芝轩一带以水胜，快读斋一带以幽邃胜，蔗境一带以轩敞胜"②，到了祁彪佳手里，他经营的寓山园，祁豸佳的柯园、祁凤佳的弦圃，规模更为宏大，布局更为幽深新奇。会稽陶氏更是人文荟萃之族，族中各房皆建有园亭，专供读书、雅集、社集之用。余姚吕、孙、王、姜诸望族不仅在所在县城建有豪华园林，在府城山阴、会稽境内均建有相当规模的园林，如吕本的"吕府十三厅"，绍兴城南的樛木园。《徐谓集》中有题"吕文安公樛相"的对联："万壑千岩，秀色尽来供揽结；先忧后

---

① 周源《后村周氏渊源录》卷3，清道光十年引碧斋刻本。

② 《祁彪佳诗词编年笺校》，赵素文笺校，浙江古籍出版社2016年，第88页。

乐,关心正苦在江湖。"①明末清初上虞倪氏、徐氏两族,其园亭馆阁,与山阴祁氏齐名越郡,"宫室皆甲于天下"②。倪元璐在府城南所构别墅,除了《越中园亭记》中提及的衣云阁外,还有儿山书屋,内有"落手亭、满听轩、延妙楼、宁作我与弥勒同龛"诸胜。徐人龙在府城南三里建有别业,内有"青未了阁",其孙女徐昭华曾著有《青未了阁诗集》,陈维崧、毛奇龄为之作序。

　　这些文化望族不仅在府城修建园林豪宅,在县邑城郭也建有宅第园亭。吕本在余姚南城建有"宰辅第",俗称"大狮子墙门",上公旧阁、宝纶楼、王兰堂、瑞日楼等,还有园林别墅如江北的"众乐园"、江南的"乐志园"。吕本晚年曾于上林湖参与孙子吕胤昌发起的"白榆诗社"活动。谢迁在余姚县城有银杏山庄,新昌县的吕氏亦有园亭之胜,吕光洵曾花重金购地天姥、石桥之间,建造皆可园,好友茅坤感叹其地"多长林美壑,而古之隐君子所托而逃焉者也"③。万历《新昌县志》卷3记载:当时新昌园林有12座,其中俞氏4座、吕氏3座、潘氏1座、何氏1座,四大家族几乎占了新昌全县园林的十分之九。

　　除了在本邑、府城造有园亭外,绍兴的一些世家大族还在省城杭州购置园亭别墅,这些园亭大多选在杭州西湖之畔,风景秀丽,特别适合文人雅集结社。张岱《西湖梦寻》中记载:由柳州亭"过小桥折而北,则吾大父之寄园,铨部戴斐君之别墅,折而南,则钱麟武阁学、商等轩冢宰、祁世培柱史、余武贞殿撰、陈襄范掌科各家园亭,鳞集于此。过此,则孝廉黄之辰之池上轩、富春周中翰之芙蓉园,比间皆是。"④张汝霖、戴斐、钱象坤、商周祚、祁彪佳、余煌、陈襄范等所居别墅相邻,彼此雅集结社唱和,十分方便。

---

　　① 《徐文长佚稿》卷7《徐渭集》,中华书局1983年,第1168页。
　　② 乾隆《绍兴府志》卷71《古迹志》,"儿山书屋"条。
　　③ 茅坤《白华楼藏稿》卷7《皆可园记》,见《四库存目丛书》,齐鲁书社1997年。
　　④ 张岱《西湖梦寻》卷4《柳洲亭》,上海古籍出版社2001年,第238页。

参考文献

一、古人论著

《南齐书》,中华书局 1974 年。

《全宋诗》,北京大学出版社 1998 年。

《宋书》,中华书局 1974 年。

白居易:《白居易集》,顾学颉校点,中华书局 1979 年。

程钜夫:《雪楼集》,见《文渊阁四库全书》第 1202 册,上海古籍出版社 1987 年。

程敏政:《宋遗民录》,文海出版社 1981 年。

董浩等编:《全唐文》,中华书局 1983 年。

范仲淹:《范仲淹全集》,李勇先、王蓉贵校点,四川大学出版社 2002 年。

房玄龄等:《晋书》,中华书局 1974 年。

顾嗣立编:《元诗选》,中华书局 1987 年。

黄宗羲:《黄宗羲全集》,浙江古籍出版社 1985 年。

孔延之编:《会稽掇英总集》,邹志方点校,人民出版社 2006 年。

李慈铭:《越缦堂日记》,广陵书社 2004 年。

李慈铭:《越缦堂诗文集》,刘再华校点,上海古籍出版社 2008 年。

李绅:《李绅集校注》,卢燕萍校注,中华书局 2009 年。

李修生主编:《全元文》41 卷、42 卷,凤凰出版社 2004 年。

李肇:《唐国史补》,中华书局 1991 年。

林景熙:《林景熙诗集校注》,浙江古籍出版社 1995 年。

刘基:《刘基集》,林家骊点校,浙江古籍出版社 1999 年。

刘宗周:《刘宗周全集》,浙江古籍出版社 2007 年。

陆世仪:《复社纪略》,上海古籍出版社 1995 年。

陆游:《剑南诗稿校注》,钱仲联校注,上海古籍出版社 1985 年。

马端临:《文献通考》,中华书局 1986 年。

毛奇龄:《毛奇龄全集》,学苑出版社 2015 年。

欧阳修:《归田集》,中华书局 191 年。

欧阳询:《艺文类聚》,上海古籍出版社 1982 年。

彭定求等编:《全唐诗》,中州古籍出版社 2018 年。

祁彪佳:《祁彪佳集》,中华书局 1960 年。

祁彪佳:《祁彪佳日记》,浙江古籍出版社 2017 年。

秦观:《淮海集笺注》,徐培均笺注,上海古籍出版社 2000 年。

屈大均:《屈大均全集》,人民文学出版社 1996 年

邵廷采:《思复堂文集》,祝鸿杰校点,浙江古籍出版社 1987 年。

宋范晔:《后汉书》,中华书局 1965 年。

宋濂:《宋濂全集》,浙江古籍出版社 2014 年。

孙矿:《月峰先生居次业编》,北京大学图书馆馆藏明末刻本。

陶宗仪:《南村辍耕录》,中华书局 1980 年。

脱脱等:《宋史》,中华书局 1985 年。

汪道昆:《太涵集》,黄山书社 2004 年。

王十朋:《王十朋全集》,梅溪集重刊委员会编,上海古籍出版社 1998 年。

王守仁:《王阳明全集》,吴光、钱明、董平等编校,上海古籍出版社 2011 年。

王思任:《王季重十种》,任远校点,浙江古籍出版社 1987 年。

王云五主编:《乐府补题》,商务印书馆 1937 年。

魏耕:《雪翁诗集》,浙江古籍出版社 2000 年。

吴文英:《梦窗词汇校笺释集评》,吴蓓笺校,浙江古籍出版社 2007 年。

夏承焘笺校:《姜白石词编年笺校集》,上海古籍出版社 1981 年。

谢翱:《存雅堂遗稿斠补》,方勇编,学苑出版社 2014 年。

谢枋得:《叠山集》,黄屏点校,浙江古籍出版社 1987 年。

辛弃疾:《稼轩词编年笺注》,邓广铭笺注,上海古籍出版社 1993 年。

徐渭:《徐渭集》,中华书局 1983 年。

徐震堮笺校:《世说新语校笺》,中华书局 1984 年。

杨维桢:《杨维桢诗集》,邹志方校点,浙江古籍出版社 1991 年。

元稹:《元稹集》,冀勤点校,中华书局 1982 年。

袁宏道:《袁宏道笺校》,钱伯城笺校,上海古籍出版社 191 年。

岳珂:《桯史》,中华书局 1983 年。

曾巩:《曾巩集》,陈杏珍、晁继周点校,中华书局 1984 年。

张岱:《陶庵梦忆》,弥松颐校注,西湖书社 1982 年。

张岱:《张岱诗文集》,夏咸淳点校,上海古籍出版社 1991 年。

朱彝尊:《静志居诗话》,人民文学出版社 1990 年。

朱彝尊:《曝书亭集》,见《文渊阁四库全书》第 1318 册,上海古籍出版社
1987 年。

二、方志、资料汇编

(光绪)《上虞县志》,上海书店出版社 1993 年。

(光绪)《余姚县志》,上海书店出版社 1993 年。

(光绪)《诸暨县志》,上海书店出版社 1993 年。

(民国)《嵊县志》,上海书店出版社 1993 年。

(民国)《萧山县志稿》,上海书店出版社 1993 年。

(民国)《新昌县志》,上海书店出版社 1993 年。

《会稽掇英总集》,邹志方点校,人民出版社 2006 年。

绍兴丛书编辑委员会编:"绍兴丛书"第二辑《史迹汇纂》(全 12 册),中华
书局 2009 年。

绍兴丛书编辑委员会编:"绍兴丛书"第一辑《地方志丛编》(全 10 册),中
华书局 2006 年。

陈谷嘉、邓洪波主编:《中国书院史资料》,浙江教育出版社 1998 年。

陈剩勇:《浙江通史·明代卷》,浙江人民出版社 2005 年。

桂栖鹏等:《浙江通史·元代卷》,浙江人民出版社 2005 年。

悔堂老人:《越中杂识》,浙江人民出版社 1983 年。

李永鑫主编:《绍兴通史》,浙江人民出版社 2012 年。

李志庭:《浙江通史·隋唐五代卷》,浙江人民出版社 2005 年。

沈东海、范立舟:《浙江通史·宋代卷》,浙江人民出版社 2005 年。

汪林茂:《浙江通史·清代卷(下)》,浙江人民出版社 2005 年。

王志邦:《浙江通史·秦汉六朝卷》,浙江人民出版社 2005 年。

叶建华:《浙江通史·清代卷(上)》,浙江人民出版社 2005 年。

赵世培、郑云山:《浙江通史·清代卷(中)》,浙江人民出版社 2005 年。

三、今人论著、论文

曹书文:《家族文化与中国现代文学》,中国社会科学出版社 2002 年。

曹辛华、钟振振选编:《清末民国旧体诗词结社文献续编》,国家图书馆出版社 2016 年。

曹植芳主编:《中国现代文学社团流派》(上下册),江苏教育出版社 1989 年。

陈宝良:《中国的社与会》,中国人民大学出版社 2011 年。

陈绵武:《名人与上虞》,炎黄文化出版社 2009 年。

戴玄子:《中国秘密宗教与秘密结社》,台北商务印书馆 1990 年。

丁楹:《南宋遗民词人研究》,凤凰出版社 2001 年。

多洛肯:《明代浙江进士研究》,上海古籍出版社 2004 年。

多洛肯:《清代浙江进士群体研究》,中国社会科学出版社 2010 年。

方勇:《南宋遗民诗人群体研究》,人民出版社 2001 年。

方祖猷:《黄宗羲长传》,浙江大学出版社 2010 年。

高利华:《越文化与唐宋文学》,人民出版社 2008 年。

葛剑雄:《中国移民史》,福建人民出版社 1997 年。

龚笃清:《明代八股文史探》,湖南人民出版社 2006 年。

郭英德:《中国古代文人集团与文学风貌》,北京师范大学出版社 1998 年。

何宗美:《文学结社与明代文学的演进》(上下),人民出版社 2011 年。

季学原主编:《姚江文化史》,宁波出版社 1998 年。

贾俊华:《唐代集会总集与诗人群体研究》,北京大学出版社 2001 年。

蒋寅:《大历诗人研究》,北京大学出版社 2007 年。

李灿朝:《越水悲歌——明末清初越中文人及文学研究》,南京大学出版社
2011 年。

李康化:《江南之际江南词学思想研究》,巴蜀书社 2001 年。

刘家思:《刘大白评传》,中国社会科学出版社 2013 年。

鲁迅:《鲁迅全集》,人民文学出版社 1981 年。

吕晓英:《孙伏园评传》,中国社会科学出版社 2011 年。

缪钺、叶嘉莹:《灵谿词说》,上海古籍出版社 1987 年。

欧阳光:《宋元诗社丛编稿》,广东教育出版社 1996 年。

钱杭、承载合:《十七世纪江南社会生活》,浙江人民出版社 1996 年。

钱茂伟:《国家、科举与社会——以明代为中心的考察》,书目文献出版社
2004 年。

裘士雄、娄国忠编:《董秋芳》,香港天马出版有限公司 2009 年。

绍兴市政协文史资料委员会编:《绍兴王阳明》,中国文史出版社 2017 年。

佘德余:《宦游集——域外名人与绍兴》,浙江人民出版社 2013 年。

佘德余:《山阴(绍兴县)州山吴氏家族研究》,中国社会科学出版社
2015 年。

佘德余:《越中曲派研究》,中国文联出版社 2000 年。

孙昌建:《民国有个绍兴帮》,花城出版社 2011 年。

王世则:《中国社团史》,安徽人民出版社 1994 年。

王文荣:《明清江南文人结社考述》,凤凰出版社 2015 年。

王晓初:《中国现代文学发展演变史 1898—1989》,西南师范大学出版社
2002 年。

王志邦:《六朝江东史论》,中国青年出版社 1989 年。

吴震:《"证人社"与明季江南士绅的思想动向》,《中华文史论丛》,2008 年
第 89 期。

熊海英:《北宋文人集会与诗歌》,中华书局 2008 年。

徐林:《明代中晚期江南士人交往研究》,上海古籍出版社 2006 年。

严迪昌：《清诗史》，浙江古籍出版社 2002 年。

阳达：《明代科举文化与文人结社》，中山大学硕士论文，2009 年。

杨镰：《元诗史》，人民文学出版社 2003 年。

叶岗、陈民镇、王海雷：《越文化发展论》，中华书局 2015 年。

叶晔：《明代中晚期越中望族研究》，浙江大学硕士论文，2006 年。

曾莹：《文人雅集与诗歌风尚研究初探——从玉山雅集看元末诗风衍变》，广东高等教育出版社 2011 年。

张宏生：《宋诗：融通与开拓》，上海古籍出版社 2001 年。

张杰：《清代的科举家族》，社会科学文献出版社 2003 年。

张萍：《明代余姚昌氏家族研究》，浙江大学出版社 2012 年。

张清河：《晚明江南诗学研究》，武汉大学出版社 2013 年。

张涛：《20 世纪中国古代社团研究史论》，《河北学刊》，2006 年第 5 期。

张涛：《文学社群与文学关系论》，人民文学出版社 2016 年。

张希清：《中国科举考试制度》，新华出版社 1993 年。

张玉洁：《清季的立宪社团》，北京大学出版社 2011 年。

赵素文：《祁彪佳研究》，中国社会科学出版社 2011 年。

中国陆游研究会编：《陆游与越中山水》，人民出版社 2006 年。

钟小安：《许寿裳评传》，中国社会科学出版社 2012 年。

周焕卿：《清初遗民词人群体研究》，上海古籍出版社 2008 年。

周新曙：《历代进士殿试策对名篇赏析》，湖北人民出版社 2010 年。

朱顺佐、张能耿编：《江南人才名镇——陶堰》，浙江大学出版社 1993 年。

邹志方、车越乔编：《历代诗人咏兰亭》，新华出版社 2002 年。